더미를 위한

밀레니얼 세대 인사관리

더미를 위한

밀레니얼 세대
인사관리

한나 L. 우블, 리사 X. 왈든, 데브라 아르비트 지음

김지연 옮김

시그마북스
Sigma Books

더미를 위한
밀레니얼 세대 인사관리

발행일 2018년 6월 1일 1쇄 발행
지은이 한나 L. 우블, 리사 X. 왈든, 데브라 아르비트
옮긴이 김지연
발행인 강학경
발행처 시그마북스
마케팅 정제용, 한이슬
에디터 권경자, 김경림, 장민정, 신미순, 최윤정, 강지은
디자인 최희민, 김문배

등록번호 제10 - 965호
주소 서울특별시 영등포구 양평로 22길 21 선유도코오롱디지털타워 A404호
전자우편 sigma@spress.co.kr
홈페이지 http://www.sigmabooks.co.kr
전화 (02) 2062 - 5288~9
팩시밀리 (02) 323 - 4197
ISBN 978 - 89 - 8445 - 987 - 8 (04320)
        978 - 89 - 8445 - 962 - 5 (세트)

이 도서의 국립중앙도서관 출판예정도서목록(CIP)은 서지정보유통지원시스템 홈페이지(http://seoji.nl.go.kr)와 국가자료공동목록시스템(http://www.nl.go.kr/kolisnet)에서 이용하실 수 있습니다.
(CIP제어번호: CIP2018011808)

* **시그마북스**는 (주)**시그마프레스**의 자매회사로 일반 단행본 전문 출판사입니다.

사람에게 일을 시키는 방법은 오직 하나,
상대방이 바라는 것을 주는 일이다.

- 데일 카네기

들어가는 글

만약 필자들이 참가상을 수여하는 업계에 종사했다면 이 책을 집어든 독자 여러분께 대상의 영예에 빛나는 반짝거리는 빨간 리본을 달아드렸을 것이다. 하지만 안타깝게도 (독자 입장에서는 다행일지도 모르지만) 필자들은 정보 업계 중에서도 세대 정보 업계에 몸담고 있어서 이런 상과는 연관이 없다. (그다지 섬세하지 못한 책 제목 탓에 이미 눈치채셨겠지만) 이 책에서는 밀레니얼 세대를 집중 조명한다. 모두에게 미움을 사고 있는 세대이자 다양한 도구와 기술과 전략으로 무장한 밀레니얼 세대를 낱낱이 파헤치는 것이 이 책의 목적이다. 이 책이 다루기 어렵기로 소문난 밀레니얼 세대를 보다 수월하게 경영하고 관리할 수 있도록 도와줄 것이다.

『더미를 위한 밀레니얼 세대 인사관리』는 밀레니얼 세대를 관리/경영하는 사람 또는 밀레니얼 세대와 함께 일하는 모든 사람을 위하여 밀레니얼 세대에 관한 진실을 밝히고 골칫거리는 해결해 드리고자 쓴 책이다. 이 책이 많은 이들이 골머리를 앓는 밀레니얼 세대 문제에 대한 최고의 해법이라든가 만병통치약이라든가 하는 허풍을 떨 생각은 추호도 없다. 대중적인 믿음과는 달리 밀레니얼 세대도 인간이며 인간은 복잡한 존재이기 마련이다. 필자들도 밀레니얼 세대에 속하니 이 말을 믿어도 좋다. 밀레니얼 세대도 타인의 고통을 느낄 수 있다. 밀레니얼 세대도 동정심을 느끼고 타인의 감정에 공감할 줄 알며 직언을 해야 할 때와 하지 말아야 할 때를 구분할 줄 안다. 세대를 연구하는 학자이자 경영 컨설턴트로서 필자들은 밀레니얼 세대에 대한 이야기라면 좋은 소리 나쁜 소리 가리지 않고 들어보고 이 책에는 거짓은 가려내고 진실만을 담고자 부단히 노력했다. 이 책은 밀레니얼 세대를 채용하고 보유하는 방법에 대해 연구한 바를 집대성한 결과물이다. 부디 독자 여러분의 편의대로 이 책을 마음껏 활용하셔서 오해받기 일쑤인 밀레니얼 세대에 대한 이해를 넓히는 동시에 밀레니얼 세대 경영에 도움을 줄 실행 가능한 전략만 쏙쏙 뽑아 내시길 바란다. 그리고 혹시 가능하다면 책장을 덮을 때쯤 이 복잡미묘한 세대에 대해 기존에 가졌던 인식도 바뀌었기를 (밀레니얼 세대를 미워했던 마음이 눈 녹듯 사라지기를) 감히 바라 본다.

이 책은 첫 장부터 차례대로 읽어야 하는 지침서가 아니다. 현재 직장에서 한꺼번에 네 세대(혹은 다섯 세대)를 함께 관리해야 하는 위치에 있다면 이 책을 처음부터 끝까지 정독하는 일을 제쳐두더라도 이미 할 일이 태산일 것이다. 그러니 고도의 지성과 집중력을 발휘해서 필요한 부분만 입맛대로 골라 읽어도 좋다.

덧붙이는 말 : 비록 이 책은 밀레니얼 세대를 파헤치는 데에 집중하고 있지만 밀레니얼 세대 또한 직장 상사가 속한 세대나 다른 세대에 대해 배워야 할 필요가 있다. 따라서 이 책에서는 지면이 허락하는 선에서 다른 세대에 대해서도 다루고 있다. 베이비부머 세대, X세대, 밀레니얼 다음 세대에 할애한 장도 있지만 이 책에 담긴 내용과 전략 대부분은 밀레니얼 세대를 이해하고 경영하는 데에 초점을 맞추고 있다.

이 책에 대하여

비록 책 제목은 『더미를 위한 밀레니얼 세대 인사관리』이지만 꼭 인사관리자가 아니더라도 이 책에서 얻을 수 있는 것은 많다. 이 책은 어떤 조직의 CEO, 밀레니얼 세대 자녀가 도대체 '왜' 저러는지를 이해하고 싶은 은퇴한 부모 세대, 밀레니얼 세대를 채용하고 보유할 수 있는 더 좋은 방법을 찾고 있는 관리자, 자기 세대를 더 깊이 이해하고픈 호기심 많은 밀레니얼 세대 이 모두를 위해 쓴 책이다. 한 가지 부탁 드리고 싶은 것은 세대별 색안경을 벗고 밀레니얼 세대의 눈으로 이 책을 읽어 달라는 것이다.

딱 하나만 더 부탁드린다면 가능하면 선입견이나 의심은 잠시 내려놓고 책을 읽어 주셨으면 한다. 필자들은 밀레니얼 세대 경영이 결코 쉽지 않은 일임을 안다. 부디 이 말이 진심임을 믿어주시기 바란다. 필자들 자신도 밀레니얼 세대에 속할 뿐만 아니라 실제로 다른 밀레니얼 세대를 관리하는 일을 맡고 있기에 그 고충을 이해할 수 있다. 무엇보다 이 책을 집필하면서 직장 내 신입 인력인 밀레니얼 세대와 직접 부대끼며 일하는 관리자 수천 명을 실제로 만나서 이야기를 나누었다. 밀레니얼 세대와 일하면서 난항을 겪는 이도 있었고 순항을 거듭하며 승승장구하는 이도 있었지만 이들은 모두 최선을 다하고 있다는 공통점이 있었다. 밀레니얼 세대는 억울하게 이런저런 누명을 쓰고 있기도 하지만 (인기 투표 1위와는 거리가 먼 세대임은 확실하다) 오늘날 기업 환경에 걸맞는 최고의 축복이라는 찬사를 듣는 세대이기도 하다. 하지만 언제나 그렇듯이 진실은 그 중간쯤 되는 곳에 있다. 이 책은 그 진실에 빛을 비추는 길잡이이다. 밀레니얼 세대의 장점은 칭찬하고 단점은 어떻게 관리할 수 있는지 알려주며 세대 간 협력적인 조직 문화를 세우기 위한 단계별 이행안을 제시한다.

이 책의 가장 독특한 점은 일면 러시아 전통 인형 마트료시카(서로 크기만 다른 인형 여러 개를 겹쳐 놓은 러시아 전통 목각 인형-역주)를 연상케 한다는 점일 것이다. (무슨 말인고 하니) 이 책은 밀레니얼 세대에 관한 것이라면 무엇이든지 연구하는 회사에서 밀레니얼 세대 필자들에 의해 쓰인 밀레니얼 세대에 관한 책이기 때문이다. (똑같은 인형이 계속계속 나오는 러시아 목각 인형 마트료시카와 닮은 구석이 있지 않은가.) 혹시라도 밀레니얼 세대라면 치를 떠는 분이 이 책을 집으셨다면 미리 고백하건대 필자들은 밀레니얼 세대 예찬론자이다. 밀레니얼 세대에 대한 통렬한 비판을 기대하고 이 책을 펼쳤다면 잘못된 선택을 하신 것이다. 비록 밀레니얼 세대가 자라면서 당연하게 받아 온 수많은 상이 (주로 참가상이지만) 자격이 충분해서 받은 상은 아닐지라도 밀레니얼 세대는 여전히 이해할 만한 가치가 있는 세대이다. (게다가 애초에 밀레니얼 세대가 상을 달라고 떼를 쓴 것도 아니지 않은가!)

진정한 밀레니얼 식 사고방식은 '백지장도 맞들면 낫다'가 아니라 '백지장도 셋이 들면 낫다'이다. 한나 우블, 리사 X. 왈든, 데브라 아르비트 우리 세 사람은 이러한 밀레니얼 세대의 사고방식에 입각해 이 책을 썼고 각각 초기 밀레니얼 세대, 후기 밀레니얼 세대, X세대와 밀레니얼 세대 사이에 끼인 세대로서 서로 다른 세 가지 시각을 대변한다.

독자에게 드리는 말씀

감히 독자 여러분에 대한 몇 가지 가정을 해보고자 한다. 물론 가정에는 이런저런 뒷말이 따라온다는 사실을 잘 알지만 이번 한 번만 눈감아 주시길 바란다. 예상컨대 이

책의 독자는 다음 중 하나에 해당할 것이다.

> » 리더나 관리자 또는 경영 마인드를 가진 사람
> » 밀레니얼 세대 관리에 어려움을 느끼는 사람
> » 다세대 인사관리 기술을 연마하고 싶은 사람
> » 밀레니얼 세대가 보석 같은 존재라고 생각하거나 아니면 적어도 약간의 가공만 거치면 보석으로 거듭날 수 있는 원석이라고 생각하는 사람(밀레니얼 세대가 얼마나 최악인지에 관한 글을 읽고 싶다면 책을 잘못 고르셨다.)
> » 일반적인 세대 이론에 관심을 가진 사람. 특히 밀레니얼 세대에 관심이 많은 사람

이 중 어느 하나에라도 해당된다면 책을 제대로 고른 셈이다. 개인적으로 쓸모없다고 생각하는 부분은 과감히 건너뛰고 필요한 부분만 얼마든지 골라 읽으셔도 좋다.

용어 설명

이 책을 집필할 때 간결함을 최우선으로 삼고자 노력했다. 독자 여러분이 혼란 없이 즐겁게 이 책을 읽으실 수 있도록 아래와 같은 몇 가지 규칙을 세웠다.

> » 이 책에서 밀레니얼 세대란 1980년도부터 1995년도 사이에 출생한 자를 가리킨다.
> » 이 책은 미국 세대 이론에 토대를 두고 있기 때문에 미국 내에서 직장을 다니는 밀레니얼 세대만을 다루었다.
> » 필자들은 관리(managing)와 경영(leading)이 똑같이 중요하다고 생각하기 때문에 책 전반에 걸쳐서 두 동사를 모두 사용했다.

아이콘 설명

이 책을 읽는 동안 몇몇 아이콘이 눈에 띌 것이다. 이 책이 택한 접근 방식에 따라 꼭

필요한 요소이니 왼쪽 여백에 있는 아이콘에 주의할 것. 아래에 아이콘의 종류와 의미가 정리되어 있다.

더미를 위한 팁

이 아이콘은 밀레니얼 세대 인사관리를 손쉽게 만들어 줄 유용한 도움말을 제시한다.

경고메시지

이 아이콘은 자칫 범하기 쉬운 실수를 경고한다. 경고를 새겨들어서 나쁠 건 없다.

체크포인트

이 아이콘은 이미 언급한 사실이나 관리자로서 독자 여러분의 유능함을 다시 한 번 상기시켜 준다.

책 이외의 자료

'마트 계산대에 줄 서 있는 동안 킨들 또는 모바일로 읽을 수 있는 요약본을 달라'는 독자가 나타나도 전혀 문제없다. 인터넷 주소창에 www.dummies.com을 입력하고 검색창에서 이 책의 원저서명인 *Managing Millennials for Dummies*를 검색하면 원하는 요약본인 Managing Millennials for Dummies Cheat Sheat를 다운로드할 수 있다. 여기에는 가장 자주 묻는 세대 관련 질문과 답이 잘 정리되어 있다.

나아갈 방향

이 책이 이제 막 모험을 시작한 독자 여러분을 과연 어디로 데려갈지 기대가 된다! 그전에 특정 세대에 대한 판단은 잠시 유보하고 다른 세대의 입장이 되어 기존의 시각은 얼마든지 바뀔 수도 있다는 마음가짐으로 책에 실린 풍부한 지식을 탐구해 나가길 바란다. 이 책은 독자 여러분이 주체적으로 어느 부분을 어떤 순서로 읽어 나갈지를 결정하고 저마다 가장 유용한 정보를 취합할 수 있도록 쓰였다.

만약 요술 지팡이를 휘둘러 마법으로 독자 여러분이 이 책을 처음부터 끝까지 정독하게 할 수 있다면 좋겠지만 일개 머글에 불과한 필자들에게 그런 능력은 없다. 그 대신 한 말씀만 드리겠다. 부디 가장 중요하다고 생각하는 부분만 골라서 읽으시길 바란다. 시간은 금이다. 그 사실을 누구보다 잘 알기에 필자들은 눈 코 뜰새 없이 바쁜 사람들을 위하여 이 책을 띄엄띄엄 읽어도 전혀 문제가 없도록 썼다. 따라서 원하는 부분을 펼쳐 시간과 노력 대비 가장 유용한 정보만 쏙쏙 골라서 취하면 된다. 재미있지만 (반드시 알아야 할 필요는 없는) 곁가지 정보, 이를테면 세대 이해에 피가 되고 살이 되는 채소 같은 정보가 아니라 있어도 그만 없어도 그만인 향신료 같은 정보는 글상자 안에 따로 넣었다. (바라건대) 이 곁가지 지식이 재미있어서 술술 읽히더라도 경영 방식을 바꿀 만큼의 영향력을 발휘하지는 않았으면 한다.

각 장마다 다양한 내용을 다루고 있으며 제목만 보고도 그 방향을 분명하게 예상할 수 있도록 하였다. 실행 가능한 전략을 중점적으로 제시하는 장도 있고 세대에 대한 인식을 높이고 대화의 물꼬를 트는 장도 있다. 세대에 대한 인식 증진에 할애된 장 (제1장, 2장, 3장)이 별로 중요하지 않다고 생각해 건너뛰고 싶을 수도 있지만 시간이 허락한다면 웬만하면 읽어보시길 권한다. 세대에 대한 인식은 세대 경영이라는 퍼즐을 풀 때 없어서는 안 될 매우 커다란 조각이기 때문이다. 이미 밀레니얼 세대에 대한 이해도가 높다면 세대 간 충돌 지점을 다루고 있는 제2부로 곧장 건너뛰어도 좋다. 밀레니얼 세대에 대하여 쉽게 접할 수 없었던 깊이 있고 섬세한 분석을 원한다면 제3부로 직행하면 된다.

이 책의 궁극적인 목적은 독자 여러분이 책장을 넘기는 내내 무릎을 치고 영감을 받아 세대 문제에 색다르게 접근하도록 하는 것이다. 그러니 과감하게 모험을 감행하시길 바란다. 밀레니얼 세대는 흔히 생각하는 것처럼 나쁘거나 상대하기 어려운 존재가 아니다. 아직까지도 오해하고 있는 사람이 있다면 이 책이 이같은 결론에 도달할 수 있도록 도와줄 것이다. 이제 책장을 넘길 일만 남았다. 밀레니얼 세대의 마음속으로 들어가는 여행이 여러분을 기다리고 있다.

차례

밀레니얼 세대 경영의 기초

제1부 미리보기

- 왜 밀레니얼 세대를 경영하는 일이 그토록 어려운지를 파헤친다.

- 세대별로 오늘날의 정체성을 형성하는 데 영향을 미친 주요 사건과 조건을 살펴보고 자신이 어느 위치에 속하는지 가늠해본다. 이러한 영향은 함께 살거나 일하는 사람들에게 받은 것으로 정체성을 좌우한다.

- 세대 이론이 어디서부터 시작되었고 어떻게 이용해야 하는지 (또한 어떻게 이용해서는 안 되는지) 살펴본다.

- 밀레니얼 세대의 정신 세계를 깊숙이 들여다본다.

- 밀레니얼 세대는 누구이고 어떻게 지금과 같은 정체성을 형성했으며 직장에서의 모습은 어떠한지 살펴본다.

- 밀레니얼 세대에 대한 고정관념 가운데 무엇이 진실이고 무엇이 허구인지를 가린다.

- 밀레니얼 세대를 베이비부머 세대와 X세대와 비교·대조한다.

- 밀레니얼 세대를 경영할 때 생길 수 있는 편견을 살펴보고 벗어난다.

밀레니얼 세대 인사관리에서
부닥치는 난관

지금 당신이 이 책을 집어들고 책장을 휘리릭 넘기며 책 내용을 빠르게 훑어보는 데에는 분명히 그만한 이유가 있을 것이다. 마음에 드는 직장 동료나 후배가 밀레니얼 세대라길래 그들에 대해 더 알고 싶어서일 수도 있고, 밀레니얼 세대라는 부하 직원들이 자신이 언제쯤 승진할 수 있느냐고 자꾸 물어오는 통에 곤혹스러워서일 수도 있다. 직장에서도 헤드폰을 쓰고 일하며 상사인 당신과도 해피 아워에 지역 특산 맥주를 기울이며 스스럼없이 어울리고자 하는 밀레니얼 세대를 어떻게 동기 부여할 수 있는지에 대한 해답을 찾기 위해서일 수도 있다. 아니면 당신 스스로가 밀레니얼 세대임에도 불구하고 이 세대 집단을 이해하기가 어려워서일 수도 있을 것이다. 어떤 이유에서건 이 책을 집어든 것은 잘한 일이다. 소위 말하는 '밀레니얼 세대만의 특징'은 만들어진 것이 아니라 실재하는 것이기 때문이다. 따라서 이를 더 잘 알고자 하는 것은 당연한 일이다.

밀레니얼 세대가 미디어의 관심을 독차지하고 있다는 것은 공공연한 사실이다. 2015년에만 약 4만4천 건의 기사가 밀레니얼 세대를 조명하며 온라인 뉴스를 수놓았다. 미디어가 이토록 밀레니얼 세대에 주목하는 부분적인 이유는 이들이 2025년까지 세계 노동 인구의 75퍼센트를 차지할 거대 세대이기 때문이다. 살짝 과하다 싶을 정도의 미디어의 관심 속에서 밀레니얼 세대는 게으르고 자기도취에 빠져 있으며 자기 권리만 내세우는 버르장머리 없는 세대로 보도되며 그 이미지에 꽤 심각한 타격을 입었다.

10년 전쯤 네온 컬러 패션과 풍성한 헤어 스타일로 대변되는 또 다른 젊은 세대가 노동 시장에 진입했다. 이 새로운 세대는 만사에 시큰둥해 보였고 플란넬 셔츠를 즐겨 입었으며 록 밴드 너바나와 런DMC에 열광했다. 하지만 입사한 뒤로는 성공을 향한 확고한 의지를 내비치며 일과 삶의 균형을 추구했다. 직장 상사와 동료들은 이들 세대를 (활짝까지는 아니지만) 두 팔 벌려 환영하며 속으로는 '언젠가 우리가 얘네를 파악할 날이 오겠지만 그때까지는 얘네 스스로 자신이 누구인지를 알아내야 할 거야'라는 직감에 키득거렸다. 한때 플란넬 셔츠를 입고 다녔던 이 젊은이들이 바로 오늘날 관리자와 리더의 자리에서 조직을 이끌어 가고 있는 X세대이다. 당시 X세대를 환영했던 기업들은 그 보상을 받았다. 반대로 X세대를 고용하기를 꺼리고 베이비부머 세대에만 의존했던 기업들은 그 대가를 치르고 있다. 기회를 놓친 것이다. 오늘날 밀레니얼 세대를 바라보며 '내가 얘네한테 관심을 기울일 필요가 있나? 굳이 기존의 관행을 바꾸면서까지 새로운 요구사항에 맞춰줄 필요가 있을까? 밀레니얼 세대는 그냥 건너뛰고 그다음 세대를 고용해도 되지 않을까?'라고 생각하는 기업이 있다면 과거 X세대를 포용하지 않았던 기업과 비슷한 운명을 맞이하게 될 수도 있다. 독자 여러분이 밀레니얼 세대를 향해 의구심을 품는 것도 무리는 아니다. 하지만 이미 직장에서 새로운 물결을 일으키고 있는 이 막내 세대를 애써 무시하려 할 때 문제가 생긴다는 사실을 잊어서는 안 된다.

이 장에서는 밀레니얼 세대로의 교체가 현재 실제로 일어나고 있는 현상임을 증명하려 한다. 이를 위해 먼저 우리는 현재와 미래의 세대별 인구통계학적 변화를 예측하고 밀레니얼 세대가 누구인지를 소개할 것이다. 밀레니얼 세대가 누구인지뿐만 아니라 밀레니얼 세대가 어떻게 지금과 같이 다른 세대와 구분되는 정체성을 확립하게 되었는지도 살펴볼 것이다. 마지막으로 미래에 직장에서 밀레니얼 세대가 다른 세대와 충돌할 때 어떤 일이 벌어질지를 예측해보며 이 장을 마무리할 것이다.

세대 구분 연대표 상에서 밀레니얼 세대의 위치

세대를 이해하는 일은 출생 연도가 정체성에 영향을 미친다는 사실을 인정하는 데에서 출발한다. 표 1-1은 출생 연도별로 세대를 구분한다.

이 세대 구분 표를 보고 '네모 몇 개로 모든 세대가 정리되네!'라고 쉽게 생각할 수도 있겠지만 진실은 이보다 훨씬 복잡하다. 수십 년 동안 세대 이론 학자들은 한 세대의 종말과 다음 세대의 시작은 인격 형성기에 그들이 공유한 경험에서 기인한다는 사실을 발견했다. 그림 1-1에 나타난 세대별 연대표를 찬찬히 살펴보면서 세대별로 어떤 중요한 순간을 공유했는지를 떠올리며 잠시나마 향수에 젖어보기를 권한다.

기억할 점은 이 같은 출생 연도에 따른 세대 구분이 정적이지 않고 유동적이라는 사실이다. 더 궁금한 점이 있다면 아래 간단한 FAQ를 참조하길 바란다.

더미를 위한 팁

» 내가 알고 있는 세대 구분법에서는 출생 연도를 다르게 구분하던데 이유는?
세대별 구분은 고정적이지 않고 유동적이다. 세대 이론은 사회 과학에 속

표 1-1 세대 구분		
세대	출생 연도	특기 사항
전통 세대	1946 이전	라디오 뉴스를 듣고 자람
베이비부머 세대	1946~1964	집집마다 텔레비전이 들어옴
X세대	1965~1979	케이블 TV가 등장
밀레니얼 세대	1980~1995	인터넷이 소셜미디어가 되는 것을 최초로 목격
경계 세대(일명 Z세대)	1996~2010	와이파이와 스마트폰을 끼고 자람

하므로 반드시 따라야 할 정해진 규칙이 없기 때문이다. 위와 같은 세대 구분은 한 세대가 자라는 과정에서 세대 정체성을 형성하는 데 결정적인 역할을 한 사건이나 조건을 조사하여 반영한 결과이다. 사회학과 심리학의 차이를 더 자세히 알고 싶다면 제2장을 참조하자.

각 세대를 성급하게 정의하기 전에 세대 이론을 공부하는 것이 상황을 올바르게 직시하는 데 도움이 될 수 있다. 세대와 관련된 모든 것에 정통한 세대 전문가가 되고 싶다면 제3장을 공략하자.

» **Y세대가 빠져 있는데?**

만약 당신이 Y세대에 대한 글을 읽고 Y세대와 밀레니얼 세대가 얼마나 다른지 알고 싶어 하는 독자라면 또는 스스로 밀레니얼 세대가 아니라 Y세대임에 자부심을 느끼는 독자라면 우선 실망을 안겨 미안하다는 말을 전한다. 'Y세대'와 '밀레니얼 세대'는 다름 아닌 동의어이기 때문이다. X세대의 뒤를 잇는 다음 세대가 노동 시장에 진입해 이들의 정체에 대한 궁금증이 일기 시작했을 무렵, 연구자들은 이 새로운 막내 세대를 일컬어 Y세대라고 부르기 시작했는데 여기에는 중의적 의미가 있었다. 첫 번째는 단순히 X세대 다음 세대라는 뜻이고 두 번째는 알파벳 'Y'의 발음이 '왜'를 뜻하는 영어 단어 'Why'와 발음이 같기 때문이다. 감탄스러운 작명 센스이지만 시간이 지나 연구가 진행될수록 '밀레니얼 세대'라는 명칭이 고착되었다. 어떤 용어를 사용해도 무방하지만 Y세대와 밀레니얼 세대는 같은 세대를 가리키는 용어임을 명심하자. 이 책에서는 '밀레니얼 세대'라는 용어를 주로 사용한다. (다만 미국 외 국가에서는 Y세대라는 용어를 훨씬 더 많이 사용한다.)

» **세대별 인구 수는?**

인구 정점 기준

- 전통 세대 – 7,500만 명
- 베이비부머 세대 – 8,000만 명
- X세대 – 6,000만 명
- 밀레니얼 세대 – 8,200만 명

참고 : 인구 정점이란 세대별 인구 수가 최대였던 시점을 가리킨다. 상기 정보는 미국 인구 조사 자료에서 수집했다.

> » **밀레니얼 세대는 첨단 기술에 얼마나 밝은가?**
> 진실을 말하자면 모든 밀레니얼 세대가 첨단 기술에 익숙하고 능숙한 것
> 은 아니다. 가장 나이가 많은 밀레니얼 세대는 대학을 졸업한 직후부터 핸

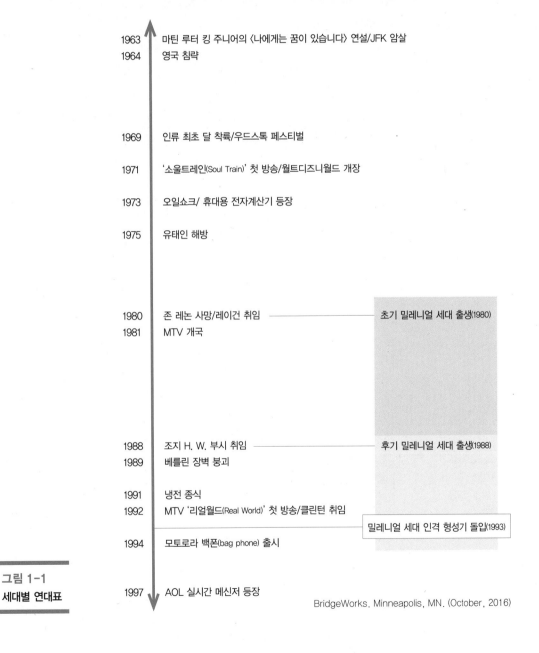

1963	마틴 루터 킹 주니어의 〈나에게는 꿈이 있습니다〉 연설/JFK 암살
1964	영국 침략
1969	인류 최초 달 착륙/우드스톡 페스티벌
1971	'소울트레인(Soul Train)' 첫 방송/월트디즈니월드 개장
1973	오일쇼크/ 휴대용 전자계산기 등장
1975	유태인 해방
1980	존 레논 사망/레이건 취임 ——— 초기 밀레니얼 세대 출생(1980)
1981	MTV 개국
1988	조지 H. W. 부시 취임 ——— 후기 밀레니얼 세대 출생(1988)
1989	베를린 장벽 붕괴
1991	냉전 종식
1992	MTV '리얼월드(Real World)' 첫 방송/클린턴 취임
	밀레니얼 세대 인격 형성기 돌입(1993)
1994	모토로라 백폰(bag phone) 출시
1997	AOL 실시간 메신저 등장

그림 1-1
세대별 연대표

BridgeWorks. Minneapolis, MN. (October, 2016)

드폰을 사용하기 시작했고 가장 나이가 어린 밀레니얼 세대는 중학교 때부터 핸드폰을 사용하기 시작했다. 즉 밀레니얼 세대는 항상 이전 세대보다 첨단 기술에 더 밝을 것이라는 기대 속에서 살아왔다는 뜻이다. 새로운 세대가 등장할 때마다 그속에서는 항상 첨단 기술을 가장 능숙하게 다루는 집단이 나타났다.

》 **노동 인구에서 밀레니얼 세대가 차지하는 비율은?**

노동 인구에서 밀레니얼 세대가 차지하는 비율은 계속 변하고 있기 때문에 지금 이 순간 딱 꼬집어 정확한 숫자를 제시하긴 어렵다. 하지만 예전에도 그랬듯이 시간이 지날수록 점점 더 많은 밀레니얼 세대가 노동 인구에 편입될 것으로 보인다. 2020년까지 미국 노동 인구의 50퍼센트를 밀레니얼 세대가 차지할 것이라는 예측이 지배적이다. 퓨리서치센터가 2015년에 업데이트한 통계 자료가 그림 1-2에 제시되어 있다.

참조 : 퓨리서치센터의 세대별 출생 연도 구분은 이 책에서의 출생 연도 구분과 살짝 다르지만 데이터 동향에 유의미한 영향을 미칠 정도는 아니다.

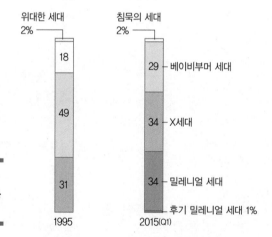

세대별 노동 인구 구성 (%)

그림 1-2
세대별 노동
인구

"X세대를 제치고 미국 노동 인구에서 가장 큰 비중을 차지하게 된 밀레니얼 세대", 퓨리서치센터, 워싱턴 DC(2015년 5월), http://www.pewresearch.org/fact:tank/2015/05/11/millennialssurpass-gen-xers-as-the-largestgeneration-in-u-s-labor-force/ft_15-05-04_genlaborforcecompositionstacked-2/

노동 인구에 이는 변화의 물결

노동 시장에서는 지금 한창 그레고리가 애벌레로, 지킬 박사가 하이드로, 꽃봉오리가 꽃으로, 소나기가 폭풍우로 변하는 과정에 비견할 만한 급격한 변화가 일어나고 있다. 세대 교체는 빠르게 진행되고 있으며 독자 여러분이 이 문장을 읽고 있는 지금 이 순간에도 직장에서는 세대 교체로 인한 연쇄적 변화가 일어나고 있다. 따라서 밀레니얼 세대를 다른 세대와 떼어 놓고 진공 상태에서 관찰하는 것만으로는 충분하지 않다. 밀레니얼 세대를 잘 관리할 수 있는 최선의 방법을 고민하는 동안에 다른 세대도 동시에 변화하기 때문이다. 거대한 은빛 쓰나미가 빠져나가는 썰물 때가 가까워졌음을 이미 예감하고 있는 독자도 많을 것이다. 베이비부머 세대가 대거 은퇴할 시기가 다가오면서 그로 인해 생겨날 리더십 공백을 준비된 태풍이라고 할 수 있는 X세대가 메우거나 아니면 해일같이 밀려드는 밀레니얼 세대가 장악할 것으로 예견된다.

이 책을 펼친 이유가 밀레니얼 세대 인사관리법을 배우기 위해서라는 사실은 잘 안다. 다음에 올 내용에서는 은퇴 및 리더십과 관련하여 현재 조직 내에서 다른 세대는 어떤 위치에 있는지를 주로 다룬다. 언뜻 이 책의 주제와 관련없어 보일 수도 있지만 밀레니얼 세대를 진공 상태에서 분석하는 실수를 범하지 않기 위해서는 다른 세대를 이해하는 일도 반드시 필요하다. 밀레니얼 세대 관리법을 터득하려면 지금 베이비부머 세대와 X세대에게는 어떤 일이 일어나고 있는지를 파악하는 것이 필수적이다. 그러나 만에 하나 밀레니얼 세대하고만 일하는 특수한 환경에 놓인 독자가 있다면 제1장 중반부인 '밀레니얼 세대 101'로 바로 넘어가도 좋다.

실제 경영 환경에서는 직원 개개인이 가장 중요할 텐데 왜 집단에 대한 세대 연구까지 신경 써야 하는가? 개별 직원을 파악하는 것은 좋은 관리자가 갖추어야 할 중요한 자질이지만 세대별 동향까지 파악한다면 단순히 좋은 관리자를 넘어서 훌륭한 관리자가 될 수 있다. 세대별 동향을 단지 성급한 일반화나 고정관념쯤으로 치부하지 말고 직원 개개인을 이해하기 위해 반드시 필요한 토대로 인식하길 바란다.

밀려오는 은빛 쓰나미 : 베이비부머 세대의 은퇴

베이비부머 세대는 지난 수십 년간 뛰어난 리더십으로 칭송받았다. 투철한 직업 윤리로 칭송이 자자했던 이 거대 세대는 이제 경력에서 매우 중요한 순간을 맞이하고 있다. 베이비부머 세대의 은퇴라는 엄청난 노동 인구 변화에 대비하는 것은 너무나도 중요한 일이다.

관리자라면 베이비부머 세대를 단순히 조용히 저물어 가는 그래서 기업 현장의 일선에서 물러나는 집단으로 바라보아서는 안 된다. 객관적인 나이야 어찌 되었건 베이비부머 세대는 여전히 직장에서 발전과 변화를 이룰 수 있기를 기대한다. 베이비부머 세대에게 나이란 그저 마음가짐에 달린 것이며 관리자 역시 그렇게 생각해주길 바란다. 그러니 베이비부머 세대를 단순히 나이가 많다는 이유로 과소평가하거나 무시하는 실수를 범해서는 안 된다.

놀라운 토막 통계 지식

베이비부머 세대는 항상 생애주기를 이전 세대와는 다르게 재정의해왔고 은퇴에 대해서도 예외는 아니다. 여기 몇 가지 통계를 살펴보자.

- » 매일 1만 명에 달하는 베이비부머 세대가 은퇴 정년을 맞이한다. (퓨리서치, 2010년)
- » 베이비부머 세대는 4명에 1명 꼴로 은퇴 후 두 번째 직업을 계획한다. (메트라이프, 2011년)
- » 미국 기업의 66퍼센트는 베이비부머 세대가 소유하고 있다. (넥스트애비뉴, 2015년)
- » 33퍼센트의 베이비부머 세대가 정년 퇴임을 미룬다. (AARP, 2015년)
- » 베이비부머 세대는 62세가 중년에 해당하는 나이라고 생각한다. (포브스, 2014년)
- » 베이비부머 세대가 은퇴하면 가장 큰 타격을 입는 분야는 우주항공 및 방어 산업, 정부 기관 산업, 의료 산업이다. (다수 출처)

앞으로 10년 안에 일부 베이비부머 세대는 은퇴를 하겠지만 모든 베이비부머가 은퇴를 하는 것은 아니다. 현재 세대별 인생 시간표에서 내 위치가 정확히 어디인지를

가늠해보는 것을 잊지 말라. X세대가 어느덧 50대가 되었고 젊은 베이비부머 세대
역시 아직 50대이다. 정년이 한참 남았고 당연히 은퇴도 아직 먼 이야기다.

향후 수십 년간 베이비부머 세대가 모두 은퇴하고 난 뒤 그 빈자리가 몰고 올 파장
을 우려하는 목소리도 있다. 많은 기업이 베이비부머 세대의 은퇴에 따른 적절한 대
비책을 마련하기 위해 고심하고 있다. 인수인계는 제대로 이루어지고 있는가? 베이
비부머 세대의 은퇴가 불러올 두뇌 유출에 대한 두려움으로 남은 직원들이 동요하
고 있진 않은가? 정년 퇴임이 가까운 베이비부머 세대가 여전히 성실하게 근무하고
있는가?

밀레니얼 세대 인사관리의 어려움

마침내 때가 임박했다. 베이비부머 세대가 은퇴하고 나면 다음 세대가 리더십 공백
을 메워야 한다. 일부 X세대가 야심차게 그 빈자리를 꿰차겠지만 X세대만으로 모든
공백을 메우기에는 머릿수가 모자라다. 어쩔 수 없이 남는 자리는 밀레니얼 세대가
채워야 한다.

완벽한 태풍 X세대의 예상 경로

X세대가 노동 시장에 진입했을 때만 해도 이들이 직장 내에서 승승장구하리라 장담
할 수 있을 만한 근거가 전혀 없었다. 열정과 패기로 똘똘 뭉친 청년 시절부터 X세
대가 들었던 말은 '너희는 부모 세대보다 못한 첫 세대가 될 거야'였다. 이제 갓 사회
생활을 시작한 야심만만한 20대 신입 사원의 사기를 북돋아 주어도 모자랄 판에! 엎
친 데 덮친 격으로 X세대는 한창 자라고 일할 나이에 경제 불황을 한 번도 아니고 두
번도 아니고 무려 세 번이나 겪었다. 이러니 X세대가 안정적인 직업을 선택하고 성
공을 위해 위험을 무릅쓰지 않으며 고위 임원보다 중급 관리자로 승진하기 좋은 직
장을 선호하는 것도 당연하다. 그러나 많은 X세대가 '회색 천장(grey celing, X세대가 충
분한 능력을 갖추었음에도 베이비부머 세대 때문에 고위직으로 승진하지 못하는 상황을 비유적으로 이
르는 말-역주)'에 부딪쳤다. 베이비부머 세대가 예상보다 더 오래 직장 생활을 한 탓에
X세대는 승진을 하고 싶어도 못 한 채 갈 곳을 잃고 제자리걸음을 할 수밖에 없었다.

X세대 최상위 인재를 보유할 방법을 집중해서 연구한 연구소나 조직이나 기업 관계

자는 드물었다. X세대는 '잊힌 세대', 부모 관심 밖으로 밀려난 둘째 아이 같은 세대', '잃어버린 세대' 같은 별명만 잔뜩 얻었다. 그러나 관리자라면 이제는 이런 꼬리표는 완전히 배제하고 X세대를 바라보아야 한다! X세대야말로 현재와 미래에 조직을 이끌어갈 핵심 리더십이며 여러 세대가 어우러진 역동적인 노동력을 구축하려면 이들 X세대에 대한 이해가 반드시 필요하다.

놀라운 토막 통계 지식

친구나 직장 동료에게 모두에게 사랑받는 '잊힌 세대'에 대한 재미있는 사실들을 알려주고 싶다면 X세대에 관한 믿기 힘든 다음 사실들에 주목하자.

» X세대의 50퍼센트가 자신의 경력이 교착 상태에 빠졌다고 느낀다. (BBC, 2011년)

» INC 500에 선정된 CEO 중 68퍼센트가 X세대이다. (타임, 2014년)

» X세대의 44퍼센트가 '모든 것이 불확실하므로 은퇴 이후를 계획하는 것은 부질없다'라고 생각하는 반면 베이비부머 세대에서는 31퍼센트만 동일한 응답을 했다. (알리안츠, 2015년)

통제 불가능한 완벽한 태풍 X세대의 인구통계학적 변화를 통제할 수 있는 방법을 모색하고 있다면 다음 두 가지 예상 경로를 예의주시하자.

1. 더 높은 직급으로 복상

   많은 X세대가 베이비부머 세대가 은퇴하고 비로소 승진하는 날이 오기를 참을성 있게 기다려 왔다. 이들 눈에는 베이비부머 세대가 떠나고 생긴 리더십 공백에 자신들과 똑같이 눈독을 들이는 밀레니얼 세대가 참을성 없고 자기 권리만 내세우는 세대로 보일 공산이 크다. 어쩌면 일부 X세대는 이렇게 생각할지도 모르겠다. '아니, 어떻게 직장 생활한 지 얼마 되지도 않은 애들이 내가 15년이나 일해서 겨우 올라갈 수 있게 된 자리를 벌써부터 넘겨다보는 거야?!'

2. 더 많이 선택한 진로

   X세대 가운데 다수는 자신의 경력에 백 퍼센트 만족하고 굳이 승진해야 할 필요를 느끼지 못한다. 이들 X세대는 언젠가는 밀레니얼 세대를 상사로 모시게 될 가능성이 크거나 이미 모시고 있을 수도 있다. 밀레니얼 세대가 다른 세대를

관리할 역량을 갖출 수 있도록 하는 방법을 찾는 것이 중요하다.

밀레니얼 세대 인사관리의 어려움

X세대가 승진을 열망하고 있다는 사실은 곧 다음 세대 리더십의 주체를 전망할 때 밀레니얼 세대만을 염두에 두어서는 안 된다는 뜻이다. X세대는 리더로서 준비가 되었다. X세대와 밀레니얼 세대가 동시에 승진의 사다리를 올라간다면 이들은 서로 함께 일하는 법을 숙달해야만 한다. 또한 현재 직급에서 다음 직급으로 매끄럽게 이행하기 위한 전략을 세워야 한다. 현재 밀레니얼 세대를 관리하고 있거나 미래에 관리하게 될 사람은 베이비부머 세대가 아니라 대부분이 X세대임을 명심하라. 조류는 이미 바뀌고 있다.

밀레니얼 세대라는 새로운 조류

독자 여러분이 밀레니얼 세대라는 새로운 조류에 앞서 있거나 적어도 지금 편승하고 있기를 바란다. 왜냐하면 밀레니얼 세대는 이미 미국 노동 인구에서 가장 높은 비율을 차지하고 있기 때문이다. 최근 수십 년간 이 거대 세대에 대한 기사가 쏟아지는 데에는 그만한 이유가 있으며 그중에서도 가장 큰 이유는 순전히 압도적인 인구수 때문이다.

놀라운 토막 통계 지식

지금까지는 용케 밀레니얼 세대를 피할 수 있었다 하더라도 머지않아 불가능해지는 날이 올 것이다. 밀레니얼 시대는 오늘날 노동 인구에서 주류를 형성하고 있다.

» 2020년까지 밀레니얼 세대가 미국 노동 인구의 50퍼센트를 차지하게 될 것이다. (포브스, 2012년)

» 2025년까지 밀레니얼 세대가 전 세계 노동 인구의 75퍼센트를 차지하게 될 것이다. (U.S. 인구통계청)

» 퓨리서치센터에 따르면 2015년 밀레니얼 세대가 전체 노동력의 35퍼센트를 차지하며 다른 모든 세대를 앞질렀다. X세대는 1퍼센트 뒤진 34퍼센트를 차지했다. (퓨리서치, 2015년)

밀레니얼 세대 인사관리의 어려움

앞서 언급한 통계 자료는 많은 설명이 필요없다. 통계에서 엿보이는 밀레니얼 세대 인사관리의 어려움이 곧 독자 여러분이 이 책을 집어든 이유일 테니까 말이다. 리더나 관리자는 직장 내 막내 세대인 밀레니얼 세대가 보이는 태도와 행동에 당황해서 자칫 고정관념을 가질 수 있다. 앞으로 여러 장에 걸쳐서 이러한 고정관념이 어디서 비롯되었는지 조목조목 따져보고 왜 사실과는 거리가 먼지 또한 밝힐 것이다.

수평선 위로 떠오르기 시작한 경계 세대

밀레니얼 세대 인사관리가 남의 일이 아님을 직시하고 나니 마음이 한결 가벼워졌다면 또다시 새로운 세대 신입 사원을 맞이할 준비를 해야 한다. 경계 세대 가운데 가장 나이가 많은 96년생이 이제 대학을 졸업할 나이가 되었다. 이미 경계 세대 신입 사원을 채용한 기업도 있을 것이고 경계 세대 최상위 인재를 영입하기 위해 준비 중인 기업도 있을 것이다. 경계 세대에 대해서는 제16장에서 자세히 다루고 있다.

놀라운 토막 통계 지식

경계 세대가 밀레니얼 세대와 행동 양식 등이 흡사한 '리틀 밀레니얼 세대'라고 생각했다면 오산이다. 아래 통계는 경계 세대가 밀레니얼 세대와는 또 다른 세대임을 보여준다.

> » 경계 세대의 90퍼센트가 여성 상사가 더 많아지기를 바란다. (브리지웍스, 2017년)
> » 경력적 측면에서 경계 세대가 가장 걱정하는 점은 1) 재정적으로 안정된 삶을 누릴 수 있을지와 2) 일을 즐기면서 할 수 있을지이다. (브리지웍스, 2017년)
> » Z세대(경계 세대를 일컫는 또 다른 이름)는 미국 역사상 인종적으로 가장 다양한 집단으로 47퍼센트가 소수 인종이다. (포브스, 2016년)

> » 경계 세대의 주의 지속 시간(attention span)은 8초에 불과한 것으로 추산되
> 며 밀레니얼 세대의 주의 지속 시간은 12초이다. (포브스, 2016년)

밀레니얼 세대 인사관리의 어려움

밀레니얼 세대 인사관리 때문에 애먹고 있는 X세대가 있다면 희망을 가지시길 바란다. 경계 세대는 밀레니얼 세대와 닮은 점이 많기 때문에 그때 가서는 신입 사원 관리가 지금보다는 수월하게 느껴질 테니 말이다. 게다가 경계 세대 인사관리는 상당 부분 밀레니얼 세대가 책임지게 될 것이다. 밀레니얼 세대 또한 순간순간 느껴지는 세대 차이에 당혹감을 감추지 못할 것이다. 밀레니얼 세대에게도 여러 세대를 관리하는 일은 넘어야 할 산이다. 따라서 관리자는 부하 직원이 나중에 신입 관리자가 되어서 여러 세대를 관리하는 책무를 능숙하게 감당할 수 있도록 적절하게 교육해야 할 의무가 있다.

밀레니얼 세대 101

이 책을 집어들게 만든 장본인인 밀레니얼 세대를 이해하기 위한 첫 번째 수업에 오신 것을 환영한다. 꾹 억누르고만 있던 세대 차이 때문에 느꼈던 좌절감을 자세히 들여다볼 수 있게 이 책이 도와줄 것이다. 필자들은 밀레니얼 세대가 어렵고 복잡하며 자칫 민감할 수 있는 주제라는 점에 충분히 동감한다. 그래서 독자 여러분이 생각을 조금 달리할 수 있도록 지도하는 교수 같은 역할을 하는 책을 쓰기로 한 것이다. 이 책은 밀레니얼 세대 입문 과목(101)이라고 할 수 있다. 훗날 심화 과목(또는 이 책의 뒷장)을 수월하게 이해할 수 있도록 돕기 위해 '밀레니얼 세대 이해'의 초석을 다지는 일종의 요약본이 되었으면 한다. 본 밀레니얼 101 강의에서는 기초부터 다룰 것이다.

학습목표는 다음과 같다.

> » 밀레니얼 세대를 대략적으로 이해한다.
> » 직장에서 막내 세대인 밀레니얼 세대에 대한 고정관념을 타파한다.
> » 밀레니얼 세대에 대해 꼭 알아야 하는 정보를 습득한다.

밀레니얼 101을 수강하기에 앞서 세상을 밀레니얼 세대의 눈으로 바라보아야 한다. 다음과 같이 상상해보라.

> » 인터넷이 없는 세상에서는 살아본 적이 없다. 어릴 때부터 학교와 직장에서 컴퓨터를 사용했고 검색창이나 채팅창을 능숙하게 다루는 법을 배우면서 자랐다. 이후 기술 업그레이드는 사회적으로 당연하게 받아들이는 일상이 되었다. 기술이 주기적으로 업그레이드되는 세상에서 살아 왔고 또 살고 있다.
>
> » 유치원에서나 초등학교에서나 무슨 일을 하든 참가상이라도 꼭 받으며 자랐는데 이제는 그로 인해 모두에게 놀림감이 되고 있다. 애초에 달라고 한 적도 없는 상 때문에 말이다. 대체 왜 4살 때 유아 발레 교실에서 받은 5등 상장 때문에 지금 부끄러워해야 한다 말인가?
>
> » 미국 전역이 각종 폭력 사태로 얼룩진 시절에 십 대 청소년기를 보냈다. 중학교 2학년 때 같은 반 친구들과 TV로 9/11을 목격했고 그 이후에도 나라 안팎으로 총격 사건, 폭동, 테러 등이 끊이지 않았다.
>
> » 열심히 일하고 싶은데 모두가 게으르다고 손가락질한다. 실제로 어떤 행동을 하고 무슨 말을 하는지와는 상관없이 대부분의 상사나 나이 든 어른들은 밀레니얼 세대라고 하면 함께 일할 때 항상 색안경을 끼고 바라본다.

이제 밀레니얼 세대의 입장이 조금 이해가 되는가? 다른 세대의 편견과 고정관념에 맞서며 앞서 묘사한 환경에서 자랐다면 어땠을지 상상할 수 있는가? 아직도 밀레니얼 세대를 바라볼 때 색안경을 벗기가 힘들다면 이 책을 계속 읽어 나가길 바란다.

밀레니얼 세대의 공통적인 특성

베이비부머 세대나 X세대와 마찬가지로 밀레니얼 세대라고 하면 으레 떠올리는 특징이 있다. '단순무식하게'라는 원칙에 입각하여 살펴본 밀레니얼 세대(1980년생부터 1995년생까지를 통칭)의 가장 공통적인 특징은 다음과 같다.

덧붙이는 말 : '단순무식하게'라는 원칙을 따랐다고 해서 독자 여러분이 무식하다고 생각하는 건 절대 아니다.

협업을 잘한다(Collaborative)

밀레니얼 세대는 교실마다 붙은 '팀(team)에 '나'는 없다'라는 포스터를 보면서 자랐다. 교사들은 밀레니얼 세대에게 협력하면 훌륭한 일을 해낼 수 있다며 격려했다. 소셜네트워크 또한 사적인 단체 모임을 부추겼다.

» **밀레니얼 세대의 표면적 특성** : 열린 사무 공간, 화이트보드로 된 벽, 브레인스토밍 회의, 각자 다른 업무를 처리할 때도 한 공간에서 근무, 업무 진행 상황 정기적으로 점검, 팀의 목표와 의사 결정을 개인의 목표와 의사 결정보다 우선시한다.

» **다른 세대의 부정적 시각** : 다른 세대는 밀레니얼 세대가 자꾸 보채고 독립적으로 일하기를 불편해하며 (혹은 독립적으로 일을 할 능력이 없거나) 집중력이 부족하다고 생각하기도 한다.

첨단 기술에 밝다(Tech savvy)

밀레니얼 세대는 기술의 영향력이 전혀 미치지 않았던 시대를 기억하지 못한다. 비록 부모님이 컴퓨터나 비디오 게임을 할 수 있는 시간은 제한했지만 게임이 아니더라도 컴퓨터 화면 앞에서 시간을 보내야 할 일이 많았다. 밀레니얼 세대는 인터넷에서 소셜미디어를 이용하기 시작한 첫 세대이자 청소년기부터 핸드폰과 스마트폰을 사용하기 시작한 첫 세대이기도 하다.

» **밀레니얼 세대의 표면적 특성** : 신제품이 나올 때마다 배워서 쓰려고 노력한다. 업무 효율을 높이기 위한 해답을 기술에서 찾으려 한다. 전화 통화보다 문자나 메신저 앱을 선호한다. 승진, 사무 공간, 업무 과정이나 절차 등 직장 생활이나 사생활에서 계속해서 업그레이드를 추구한다.

» **다른 세대의 부정적 시각** : 다른 세대 눈에 밀레니얼 세대는 집중력이 떨어지고 페이스북에 중독되었거나 직접 얼굴을 보고 대화할 능력이 없는 것처럼 보이기도 한다. 또한 다른 세대에게도 새로운 기술 플랫폼을 사용하라고 강요하는 밀레니얼 세대 때문에 혼자만 낙오되고 시대에 뒤떨어진 느낌을 받거나 불편함을 느끼기도 한다.

적응력이 강하다(Adaptable)

기술의 업그레이드는 변화의 촉매제 역할을 하기도 한다. 밀레니얼 세대는 끊임없이 변화하는 세상에서 자랐기 때문에 미래의 어떤 변화에라도 적응하는 법을 배울 수 있었다. 밀레니얼 세대에게 변화와 파괴는 넓은 의미에서 보면 성공을 위한 필수 요소이다.

> » **밀레니얼 세대의 표면적 특성** : 직장에서 변화가 일어나더라도 가장 편안하게 받아들일 세대이다. 실제로 밀레니얼 세대는 대부분 변화를 잘 받아들이거나 변화가 자생적으로 일어날 수 있는 환경을 원한다. 사회적인 변화에 있어서도 이전 세대들과 마찬가지로 진보적인 성향을 띠며 신념을 위해 기꺼이 투쟁한다.
>
> » **다른 세대의 부정적 시각** : 다른 세대의 눈으로 보면 밀레니얼 세대는 새로운 환경에는 쉽게 적응할지 몰라도 구조나 전통을 지키고자 하는 의지는 없다. 새로운 변화에 잘 적응하는 것은 좋지만 다른 세대에게도 같은 속도로 적응하기를 요구하는 것은 잘못이다.

밀레니얼 세대의 공통적인 가치관

밀레니얼 세대가 (가족, 친구, 돈을 제외하고) 가치 있게 여기는 것이 무엇인지를 알면 밀레니얼 101 과목에서 추가 점수를 받을 수 있다. 어느 세대나 가치관에 따라 의사 결정을 내린다. 밀레니얼 세대가 가장 중요하게 생각하는 가치는 다음 세 가지이다.

목적의식(Purpose)

대부분의 밀레니얼 세대는 세상을 더 나은 곳으로 만들겠다는 목적의식을 가지고 일하지 않으면 훌륭한 세계 시민이 될 수 없다고 믿는다. 부모 세대는 밀레니얼 세대에게 항상 열정을 좇아 살라고 가르쳤고 미디어에서는 의사 결정 과정에 열정 말고 다른 불순한 무언가가 개입하면 어떤 결과가 초래되는지를 강조해서 보여주었다(부정부패, 거짓말, 월스트리트와 대기업에게 닥친 재앙 등). 밀레니얼 세대는 무엇을 소비하고 어디에서 일할지를 결정할 때 자신이 내린 결정이 더 큰 목적에 부합하는지를 알고 싶어 한다. 이러한 사고방식은 종교가 아니라 '이 세상에 살아가는 모든 존재를 위해 더 나은 세상을 만들자'는 가치관에 바탕한다.

진정성(Authenticity)

밀레니얼 세대에게 존경받고 싶다면 가장 피해야 할 것이 바로 불필요한 격식이다. (스리피스 정장, 위선적 언어, 엘리트주의 등) 과거 어떤 세대는 당연하고 중요하게 여겼던 업무 예절을 지금 세대는 외면하고 있다. 언론의 자유가 커지고 소셜미디어에서 각종 사회 이슈와 대중 정서가 적나라하게 노출되면서 세상은 너무나 투명해졌고 이제 잘 차려입은 양복과 넥타이 뒤로 진짜 의도를 숨기기란 불가능해졌다.

선택(Choice)

핸드폰 케이스부터 스니커즈, 학부 커리큘럼까지 모든 영역에서 맞춤 생산 및 소비 열풍이 불면서 밀레니얼 세대는 경력이나 사무실 및 근무 환경 역시도 당연히 선택할 수 있다고 생각하게 되었다.

밀레니얼 세대의 자기 평가

별로 비밀이랄 것까진 없는 비밀 이야기를 하나 하자면 밀레니얼 세대는 사실 밀레니얼 세대라 불리는 것을 매우 싫어한다. 2015년에 퓨리서치센터는 세대별로 각자 자신의 세대를 어떻게 생각하는지를 조사했다. 그 결과 밀레니얼 세대가 가장 자신이 속한 세대를 자랑스러워하지 않는 것으로 조사됐다. 밀레니얼 세대의 60퍼센트가 자신은 밀레니얼 세대가 아닌 것 같다고 답한 것이다. '왜'라고 의문을 가지기 전에 밀레니얼 세대에게 자기도취에 빠진 낭비벽 심한 욕심쟁이라고 손가락질한 사람이 누군지 자문해보길 바란다. (참고로 설문 조사 결과 밀레니얼 세대는 자기도취, 낭비벽, 욕심 이 세 가지를 자신의 세대를 묘사하는 가장 큰 특성으로 꼽았다.)

사실 수많은 설문 조사 가운데 하나일 뿐이지만 결과를 반박하고 싶은 마음이 굴뚝같다. 설문 조사 결과 하나만을 놓고 단정짓기에는 너무 복잡한 문제이기 때문이다. 지난 수십 년 동안 필자들은 통계 사실을 뒷받침하기 위해 질적 연구에 의존해왔고 이 책도 예외는 아니다. 책장을 넘기다 보면 밀레니얼 세대 관리자나 밀레니얼 세대와 인터뷰한 내용을 인용한 것을 많이 볼 수 있을 것이다. 인터뷰 내용 중에는 밀레니얼 세대가 고정관념에 질렸다는 사실을 뒷받침해주는 증언도 있다.

"모두가 우리 세대가 게으르고 자기 권리만 내세우고 싫증을 잘 내고 별 이유도 없이 걸핏하면 직장을 옮긴다고 비난합니다. 참을성도 없대요."

-마이클 S., 밀레니얼 세대

"밀레니얼 세대는 첫날부터 CEO가 되고 싶어 안달을 낸다는 말이 제가 들은 밀레니얼 세대에 대한 가장 노골적인 발언이었습니다. 자기 권리만 내세우면서 중책을 맡으려 한다나요."

-카라 F., 밀레니얼 세대 관리자

그나마 다행인 것은 밀레니얼 세대가 스스로를 이상주의적이며 첨단 기술에 밝고 사회적으로 포용력이 있다고 긍정적으로 평가하기도 한다는 사실이다. 이는 밀레니얼 세대가 리더의 위치에 올라 다음 세대를 받아들일 때 진가를 발휘할 훌륭한 특성들이다.

부하 직원 중에 밀레니얼 세대가 있다면 밀레니얼 세대라는 꼬리표가 따라다니는 것이 좋은지 물어보아라. 좋다고 대답한다면 왜 좋은지 싫다고 대답한다면 왜 싫은지도 물어보아라. 개인적으로 밀레니얼 세대를 좋게 보거나 높이 평가하는 이유를 말해주면 대답을 이끌어내는 데 도움이 될 것이다. 그러면 밀레니얼 세대인 부하 직원도 자신이 속한 세대를 부끄러워하기보다는 자랑스러워하게 될 수도 있다. 한 세대가 밀레니얼 세대를 편견 어린 시각으로 바라본다고 해서 다른 모든 세대도 같은 편견을 가지고 있지는 않다는 사실을 기억하길 바란다.

고정관념에서의 탈피

세대 차이를 이해하는 데 있어서 가장 큰 걸림돌은 고정관념이다. 밀레니얼 세대에 대해 사람들이 흔히 가지는 다음과 같은 고정관념에서 최대한 빨리 벗어나길 바란다.

- » 자기도취가 심하다.
- » 게으르다.
- » 자기 권리에 대한 주장이 강하다.
- » 상이나 명예에 집착한다.
- » 손이 많이 간다. (자립 능력이 떨어진다.)

2015년 퓨리서치센터가 시행한 설문 조사에 따르면 나이 든 세대일수록 자신의 세대를 더 긍정적으로 평가하는 것으로 드러났다. 어쩌면 나이가 들수록 자신이 속한 세대에 대한 자부심이 높아지는 것일 수도 있다. 아니면 나이가 어릴수록 더 자아비판적이기 때문일 수도 있다. (후자가 이유의 전부는 아니길 바란다.) 독자 여러분이 알아 두어야 할 통계 사실 두 가지는 다음과 같다.

1. X세대의 58퍼센트는 자신이 X세대임을 받아들인다. 설문 조사 결과에 따르면 X세대는 X세대의 특성을 더 많이 알면 알수록 자신이 X세대라는 사실을 더 기꺼이 자랑스럽게 받아들이는 것으로 나타났다. (퓨리서치센터, 2015년)

2. 베이비부머 세대는 자신이 베이비부머 세대라는 사실을 사랑해 마지않는다. 청소년 시절에도 그랬고 지금도 마찬가지다. 베이비부머 세대는 베이비부머라는 꼬리표가 구세대와 동의어라고 생각하지 않는다. 안타깝게도 다른 세대의 생각은 다르지만 말이다.

베이비부머 세대와는 많이 다른 밀레니얼 세대, X세대임을 자랑스러워하는 X세대

각 막대 그래프에 표시된 숫자는 세대별 전체 응답자 가운데 자신의 세대 정체성을 인정한 응답자 비율(퍼센트)이다.

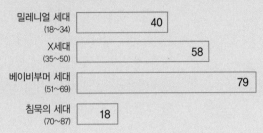

밀레니얼 세대 (18~34)	40
X세대 (35~50)	58
베이비부머 세대 (51~69)	79
침묵의 세대 (70~87)	18

미국 동향 패널 조사(wave 10). 2015년 3월 10일~4월 6일에 시행. 응답자가 자신이 무슨 세대인지 복수 선택 가능하도록 했음.

퓨리서치센터

"대부분의 밀레니얼 세대가 '밀레니얼' 세대임을 거부하다" 퓨리서치센터, 워싱턴 DC (2015년 9월), http://www.peoplepress.org/2015/09/03/most-millennials-resist-the-millennial-label/9-2-2015_01/

» 참을성이 없다.
» 지나치게 예민하다.
» 집중력이 부족하다.

다른 밀레니얼 세대가 실제로 스스로에 대해 어떻게 생각하고 있는지도 들어 보자.

"제 생각에 우리 세대는 아주 글로벌한 세대예요. 유학도 많이 가고 여행도 많이 가고 또 인터넷 덕분에 매우 글로벌한 사회에서 자랐고 손끝만 까딱해도 많은 정보를 얻을 수 있잖아요. 우리 세대는 열린 시각을 가지고 있는 것 같아요."

―알렉사 S., 밀레니얼 세대

"[제 생각에 우리 세대는] 첨단 기술에 밝고 성취 욕구가 높아요. 우리 세대가 하는 일도 없이 관리자가 되고 싶어 한다고 말은 뭘 모르고 하는 소리인 듯해요. 우리는 우리가 무엇을 원하는지를 알고… 다른 세대보다 더 현실적이에요."

-카라 F., 밀레니얼 세대 관리자

만성 밀레니얼 피로 극복

밀레니얼 세대는 뜨거운 화제이다. 구글에 '밀레니얼(Millennial)'이라고 검색하면 최근 한 시간 내에 새로이 올라온 기사가 열두 건은 될 것이다. 적어도 체감상으로는 그렇다. 문제는 미디어에서도 밀레니얼 세대를 어떻게 바라보아야 할지 아직 명확한 입장을 정하지 못했다는 데에 있다. 싫어해야 하나? 좋아해야 하나? 기업 입장에서는 골칫덩이인가 아니면 기적인가? 어찌 됐든 '밀레니얼'이라는 단어가 미디어를 잠식한 것만큼은 사실이다.

독자 여러분도 밀레니얼이라는 소리만 들어도 진절머리가 나는 '만성 밀레니얼 피로'에 이미 감염된 건 아닌지 다음 퀴즈를 통해 자가진단해보자.

누군가 '밀레니얼'이라는 단어를 말할 때마다 인상을 찌푸리는가?

회사에서 세대 간 이해 교육을 실시할 때마다 투덜거리는가?

지금 동료들과는 딴판인 밀레니얼 세대에 대한 정보를 읽는 데에 질렸는가?

밀레니얼 세대에 관한 90분짜리 발표를 듣느니 칠판에 못 긁는 소리를 5분간 듣겠는가?

X세대나 베이비부머 세대에 관한 정보는 도대체 언제 들을 수 있는지 궁금한가?

위 질문 가운데 어느 하나에라도 '그렇다'고 대답했다면 '만성 밀레니얼 피로'에 걸렸을 가능성이 높다. 치료법은 다음과 같다.

» 부정적인 언급은 피하고 통계 이면을 해석하는 편견이 적은 정보나 기사를 찾아본다.

» 밀레니얼 세대인 부하 직원에게 밀레니얼 세대 관련 대화를 주도해 달라고 부탁한다.

» X세대와 베이비부머 세대에 관한 자료도 읽어본다.

» 브리지웍스(BridgeWorks)에게 재미있고 유용한 세대 간 교육을 위탁한다.
  (약간의 회사 홍보는 누구에게도 해가 되지 않는다.)

» 집필 의도대로 이 책에서 필요한 부분만을 골라서 읽는다.

밀레니얼 세대라는 집단 내에 존재하는 개별성

사회학은 세상을 볼 수 있는 강력한 도구이다. 사회학과 심리학을 구별해야 하는 순간을 명확히 분간할 수만 있다면 말이다. 밀레니얼 세대를 연구한다고 하면 보통 반응은 크게 두 가지로 나뉜다.

1. "사람은 개개인으로 봐야지 집단으로 봐서는 안 된다."

   반박 : 맞는 말이다! 수백만 명이 넘는 학자들이 개인을 연구하는 일에 매진하고 있는 이유이기도 하다. 하지만 집단을 연구하는 일 또한 집단에 영향을 미칠 수 있다. 직장에서나 변화의 시기에 어떤 인구통계학적 집단이 보이는 행동이나 반응의 범위를 안다면 세상을 더 넓고 지속 가능한 시각으로 바라볼 수 있을 것이다. 집단에 대한 연구가 궁극적인 연구 방법은 아니지만 주변 사람을 이해할 수 있는 기초인 것만은 사실이다.

2. "밀레니얼 세대 연구가 나를 설명해주지도 내가 함께 일하는 다른 밀레니얼 세대를 설명해주지도 못한다."

   맞는 말이다. 바로 앞에서도 말했지만 세대 이론은 집단에 대한 연구이다. 게다가 필자들 또한 모든 밀레니얼 세대가 동일하다고 생각하지 않는다. 세대를 이해하고자 하는 목적에 따라 때로는 한 세대를 세분화하는 것이 반드시 필요할 때도 있다. 제13장에서는 밀레니얼 세대를 초기 밀레니얼 세대와 후기 밀레니얼 세대 두 집단으로 나누어 살펴본다. 알고 싶은 시장 정보가 무엇인지에 따라 더 여러 집단으로 세분화해도 되지만 시작은 이 정도로도 충분하다. '당신은 어떤 종류의 밀레니얼 세대입니까?'라는 과학 실험이 있다면 집단의 동향은 비교 기준을 세우는 데 유용한 도구가 될 수 있다.

불량한 직원과 밀레니얼 세대 직원 구별

지금 어디에든 앉아 있는가? 빅뉴스가 있다. 바로 밀레니얼 세대라고 해서 모두가 좋은 직원이 아니라는 사실이다. 다른 모든 세대와 마찬가지로 싱싱한 달걀이 있으면 썩은 달걀도 있기 마련이다. 문제는 함께 일하는 밀레니얼 세대 동료나 부하 직원에 대한 편견 내지 고정관념을 진실과 분리하지 못하는 데 있다. 아래 문항에서 '그렇다'라고 대답한 문항이 두 개 이상이면 지금 함께 일하고 있는 밀레니얼 세대가 단순히 불량한 직원일 가능성이 높다.

> **그렇다/아니다**   밀레니얼 세대 부하 직원이 해당하지 않도록 계속해서 변명을 해주고 있는가?
>
> **그렇다/아니다**   밀레니얼 세대인 특정 직원 한 명 때문에 힘든가 아니면 여러 명 때문에 힘든가?
>
> **그렇다/아니다**   밀레니얼 세대 부하 직원의 동료들은 그와 함께 일하는 것을 힘들어 하는가?
>
> **그렇다/아니다**   밀레니얼 세대 부하 직원이 밀레니얼 세대에 대한 고정관념 가운데 상당 부분을 충족하는가?
>
> **그렇다/아니다**   밀레니얼 세대 부하 직원은 자신이 고정관념대로 행동하고 있다는 사실을 자각하지 못하고 있는가? 해당 부분을 지적받은 후에도 시정하지 않는가?
>
> **그렇다/아니다**   진솔한 대화를 나누고 변화를 위한 도구를 제공한 이후에도 해당 직원의 행동에는 아무런 변화가 보이지 않는가?

위에서 두 개 이상의 문항에 '그렇다'라고 대답했다면 계획을 재정비하고 해당 직원과 직설적인 대화를 나누어야 할 때일지도 모른다.

여기서 핵심은 말썽을 부리는 부하 직원이 있는데 그 직원이 밀레니얼 세대라고 해서 밀레니얼 세대 전체를 싸잡아 문제라고 결론지어서는 안 된다는 점이다. 미꾸라지 한 마리가 물을 흐린다고 해서 다른 신입 사원까지 모조리 한통속이라고 생각해 버리고 싶은 충동에 넘어가서는 안 된다.

잠재적 세대 간 충돌 지점

밀레니얼 세대 부하 직원 한 명 때문에 의견 충돌이나 좌절 또는 힘든 순간을 겪은 적이 있다면 그때 그 순간이 바로 세대 간 충돌 지점이었을 가능성이 높다. 세대 간

충돌 지점이란 서로 다른 세대가 의견 차이 때문에 격돌하는 영역을 가리킨다. 이때 양쪽에서 제시하는 의견이 모두 타당하므로 어느 쪽이 옳다 그르다를 판단하기는 어렵다. 서로 타당한 의견을 내세워도 세대 간 충돌이 발생할 수 있다. 이렇게 어떤 세대도 틀리지 않았음에도 충돌이 발생한다는 사실은 세대 차이를 논할 때 가장 중요하지만 자주 간과되곤 하는 부분이다. 실제로 대부분의 경우에 양쪽 세대가 모두 옳다. 이 책의 제2부에서는 다음과 같은 세대 간 충돌 지점을 하나하나 자세히 살펴볼 것이다.

» **조직 구조 변화에 대한 적응**(제6장)

미리보기 : 과거에 전통적 조직 흐름은 일방통행이었다. 승진의 사다리를 올라가는 일이나 사다리 위쪽에 있는 임원과의 의사소통은 오로지 한 방향으로만 가능했다. 베이비부머 세대는 이러한 조직 구조 안에서 순항하는 법을 통달했고 X세대 또한 학습을 통해 적응했다. 그러나 밀레니얼 세대는 조직 흐름은 여러 갈래일 수 있으며 의사소통은 어느 방향으로든 무제한으로 흐를 수 있다는 생각을 가지고 조직에 합류했다. 각 세대의 출신 배경을 잘못 해석하면 밀레니얼 세대가 조직 충성도가 낮다거나 터무니없이 고속 승진을 기대한다거나 조직 내 명령 체계를 존중하지 않는다는 등의 오해를 할 수 있다.

» **협업 장려 및 촉진**(제7장)

미리보기 : 밀레니얼 세대는 학교나 직장에서 과하다 싶을 정도로 협업을 선호하기로 유명하다. 밀레니얼 세대는 팀으로 일할 때 가장 좋은 성과를 낼 수 있다고 생각한다. 이러한 사고방식 때문에 베이비부머 세대와 충돌이 일어난다. 베이비부머 세대는 협업의 가치는 인정하지만 체계적인 조직 환경이 갖추어졌을 때만 협업하는 것을 선호하기 때문이다. 지나치게 독립적인 X세대는 '일이 제대로 되길 원한다면 스스로 하라'를 모토로 삼으며 자랐기 때문에 밀레니얼 세대의 협업 욕구가 성가시고 비효율적이며 공연히 일만 만드는 것처럼 느낄 수도 있다.

» **가장 효과적인 피드백 고리 설계**(제8장)

미리보기 : 다른 세대가 귀 기울일 만한 방식으로 피드백을 주는 것은 결코 쉬운 일이 아니다. 베이비부머 세대는 젊은 시절부터 열렬히 피드백을 받

고 싶어했고 결국에는 좋든 나쁘든 어떤 피드백이라도 이끌어내기 위해 연례 평가 제도라는 것을 도입했다. X세대는 그때그때 검토했어야 하는 피드백을 기록해 두었다가 다시 들여다보는 방식을 혐오하고 밀레니얼 세대도 덜 형식적이고 덜 체계적인 방식으로 피드백을 받기를 원한다. 자아존중감을 높이자는 운동이 한창일 때 자라난 밀레니얼 세대는 주기적인 피드백을 선호하며 피드백이 좋지 않아도 크게 개의치 않지만 아무런 피드백이 없으면 불안해한다. 이러한 세대 차이 때문에 세대 간 충돌이 발생할 수 있으며 특히 부하 직원이 최선의 성과를 내기를 바라는 관리자 입장에 있다면 충돌 가능성은 더욱 높아진다.

» **밀레니얼 세대 동기 부여하는 법**(제9장)

미리보기 : 다른 세대와 마찬가지로 밀레니얼 세대에게도 금전적 보상은 좋은 동기 부여가 될 수 있지만 보증수표는 아니다. 밀레니얼 세대를 동기 부여할 수 있는 요소는 매우 다양하지만 핵심은 더 큰 대의에 직업을 연결하는 것과 개인별 맞춤 보상을 설정하는 것과 직장에 받은 만큼 돌려줄 기회를 제공하는 것으로 귀결된다. (그렇다. 어떤 밀레니얼 세대는 반려견을 직장에 데려올 수 있게 해주는 것만으로도 동기 부여가 된다.)

» **직장 내 불필요한 격식 탈피**(제10장)

미리보기 : 1960년대 이후 회사의 복장 규정이 얼마나 바뀌었는지를 보면 한때 격식을 많이 따졌던 회사라는 조직이 지금은 얼마나 격식을 허물었는지를 확연히 볼 수 있다. 밀레니얼 세대는 복장, 의사소통 방식, 몸짓 언어, 일과 삶의 융합 등 다양한 면에서 비격식이 몸에 배어 있다. 밀레니얼 세대는 직장에서도 간편한 복장을 선호한다. 격식을 차린 복장이 교육 수준, 업무 태도, 다른 동료에 대한 존중 등으로 환원된다고 생각하여 자랑스럽게 여기는 다른 세대들은 밀레니얼 세대의 옷차림에 화가 날 수밖에 없다.

관리자가 좋아하는 밀레니얼 세대의 장점

밀레니얼 세대가 억울한 누명을 쓰고 있는 부분도 있지만 관리자들이 밀레니얼 세대를 직접 겪으며 깨달은 것은 이들이 여러 면에서 기업에게는 크나큰 이득 아니 심지어 축복이라고까지 할 수 있는 존재라는 것이다. 진짜로 그렇다! 밀레니얼 세대가 기업 입장에서 축복이라는 말에 동의하는 관리자가 있다면 비록 소수일지라도 목소리를 키우시라고 부탁 드리고 싶다. 밀레니얼 세대에 대한 긍정적인 경험을 나누는 사람이 많아질수록 밀레니얼 세대가 고정관념이라는 산에 가로막혀 좌절하지 않고 위기나 기회에 적절히 대응해 나갈 가능성이 높아질 것이다. 실제로도 관리자들이 좋아하는 밀레니얼 세대만의 특성이 많이 있다.

> "밀레니얼 세대는 어떤 일에든 적극적으로 참여해요. 자신이 한 일이 어떤 영향력을 만들어내는지만 볼 수 있다면 어떤 과제라도 신나게 참여하죠. 제 개인적인 경험에 비추어 보면 [밀레니얼 세대는] 협업을 잘하고 팀이 어떻게 돌아가는지에 대한 이해가 뛰어나요. 지독한 일벌레이기도 하고요. 무슨 특혜인지 제 사무실 바로 옆에 밀레니얼 세대가 세 명이나 근무하고 있는데 이들 덕분에 밀레니얼 세대에 대한 고정관념이 매일매일 깨지고 있어요. 우리는 서로에게 좋은 동료이자 친구예요."
>
> – 앤 F., 관리자

밀레니얼 세대는 혁신적인 마음가짐으로도 칭찬받는다. 밀레니얼 세대는 일이 이루어진 과정을 꼭 점검한 뒤 '더 효율적이고 창의적인 방법이 있을 텐데'라고 생각한다. 모든 세대가 나름대로 창의적이니 괜한 오해는 하지 말 것. 차이가 있다면 밀레니얼 세대는 어린 시절부터 기술이 창의적 해답을 제공하는 도구라고 생각한다는 점이다. 밀레니얼 세대가 자라면서 성공할 수 있었던 유일한 길은 창의적 접근법을 갖추는 것에 달려 있었으니 오늘날 창의력 대장이 될 수밖에 없었던 데에는 다 그만한 이유가 있다.

> "밀레니얼 세대는 항상 새로운 관점과 아이디어를 제시해요. 하지만 동시에 회사 전통도 존중해요."
>
> – 앤 M., 관리자

밀레니얼 세대에 대한 가장 큰 고정관념 가운데 하나가 게으르다는 것이지만 사실 밀레니얼 세대 대다수는 부모인 베이비부머 세대와 비슷한 직업 윤리를 가지고 있다. (1980년대 초반에 출생한 밀레니얼 세대는 특히 더 그렇다.) 대부분의 밀레니얼 세대는 성실하게 출근하고 열심히 일하고 맡은 임무를 완수하고자 노력한다.

> "우리 조직은 직원들의 자아 정체성에서 오는 가치와 고객과의 관계에서 제공할 수 있는 가치가 무엇인지를 중요하게 생각해요. 결국 중요한 것은 직무가 아니라 관계죠."
>
> – 뎁 N., 관리자

밀레니얼 세대가 기업 문화의 형식적인 측면을 모두 몰아내고자 할 때 생기는 부작용은 직장에서도 모든 측면에서 진정성을 추구하려 한다는 점이다. 밀레니얼 세대는 직장 동료와도 의례적인 인사나 나누는 사이가 되기보다는 친밀한 교제를 나누는 사이가 되고 싶어 한다. 그러다 보니 자칫 사생활과 직장 생활을 구분하고 싶어 하는 사람을 소외시키는 결과를 낳을 수도 있다. 하지만 앞에서 인용한 인터뷰 내용처럼 밀레니얼 세대 덕분에 직장에서 조금이나마 숨통이 트인다고 생각하는 사람도 많은 듯하다.

미래 노동 인구를 위한 준비

관리자나 리더는 지금 이 순간에도 서로 세대가 다른 현재와 미래의 조직 구성원 모두를 포용하는 조직 문화를 창조해야 한다는 책임감으로 어깨가 짓눌려 있다. 때때로 세대 차이라는 문제가 좌절스럽게 느껴질 수 있지만 최대한 다양한 세대를 아우르는 건강한 근무 환경을 조성하는 것이 최선이다.

어디선가 '왜 내가 다음 세대를 위해서 모든 걸 바꿔야 해?!'라고 외치는 마음의 소리가 들리는 듯하다. 모든 것을 바꿀 필요는 없다. 왜냐하면 까놓고 말해서 밀레니얼 세대 또한 조직 환경에 맞추어 변화해야 하기 때문이다. 그러나 변화를 도모할 수 있는 순간이 언제인지를 생각해보라. 훗날 과거를 돌이켜 '우와, 변화할 수 있는 모든 기회를 차 버려서 정말 다행이야'라고 생각할 사람은 별로 많지 않다. 제발 부탁이니 그런 인간은 되지 말자.

미래 조직 구성원에게 적합한 근무 공간을 만들어 가고 있는지 확신을 얻고 싶다면 아래 기본 규칙만 충실히 따르면 된다.

> » 열린 마음을 가진다.
> » 미래를 충분히 들여다보았다는 생각이 드는 순간에도 절대 눈을 떼지 않는다.
> » 누군가 '우린 못해'라고 말할 때 '우린 할 수 있어'라고 말한다.

지금 이 순간 미래를 준비하면서 현재에 집중하는 법을 배울 수 있다. 그 말은 어떻게 밀레니얼 세대 부하 직원 모두를 동기 부여하고 참여시킬 수 있는지를 이해할 수 있다는 뜻이다. 그러다 보면 밀레니얼 세대에 대한 고정관념이 아니라 그들의 강점이 무엇인지를 기초로 다음 세대 리더를 육성하게 될 것이다. 그러면 선순환으로 밀레니얼 세대 또한 리더나 관리자의 입장이 되었을 때 다음 세대 조직 구성원을 비슷한 방식으로 대할 것이다. 많은 밀레니얼 세대가 이미 그런 순간을 맞이하고 있다! 현재 밀레니얼 세대는 베이비부머 세대, X세대, 같은 밀레니얼 세대뿐만 아니라 그 다음 세대인 경계 세대까지 이끌어야 하는 관리자나 리더의 위치에 있다. 당연한 얘기지만 밀레니얼 세대 이후에도 계속해서 새로운 세대가 나타날 것이기 때문에 세대 변화 추이를 공부하는 것은 모든 관리자에게 중요한 일이다. 밀레니얼 세대 다음에 올 세대는 또 어떤 세대인지 궁금하다면 제4부를 참조하자.

실제 경영에서 세대 이론의 활용

세대라는 주제에 관심을 가지고 이 책을 읽는 데에는 분명한 이유가 있을 것이다. 독자 중에는 다음 세대를 더 잘 이해하려고 노력하는 관리자 또는 인사 담당자가 있을 수도 있고 (본능적으로 세대 관련 주제에 흥미를 느끼는) 뼛속 깊이 세대 이론에 중독된 사람이 있을 수도 있다. 어쩌면 상사가 이 책을 손에 쥐어 주면서 꼭 한 번 읽어보라고 권했을 수도 있다. 동기가 무엇이든지 간에 이 책을 선택해주셔서 감사하고 또 이번 장을 읽어 주셔서 더욱 감사하다. 제2장은 세대 이론의 기초를 이해하기 위한 단기 습득 강좌라고 할 수 있다. 과목으로 치면 '세대 경영 101'쯤 되겠다. 세대 경영에 대한 사전 지식이 있고 없고를 떠나서 이번 장은 더 나은 세대 경영 전략을 세우는 데 지침서가 되어줄 것이다. 세대 이론을 구성하는 기본 개념은 무엇이고 정확하게 세대를 정의하는 기준과 근거는 무엇인지 살펴볼 것이다.

이번 장을 간단히 훑어보거나 그냥 건너뛰는 독자도 있을 텐데 그것도 나쁘지 않다. 하지만 세대라는 매개 변수를 둘러싼 인식 변화는 너무 광범위하기 때문에 세대 차이를 얼마나 잘 중재하느냐에도 영향을 미친다. 밀레니얼 세대를 어떻게 정의하는지 알고 있는가? 밀레니얼 세대는 단순히 출생 연도에 따른 구분인가 아니면 훨씬 더 미묘한 기준에 따른 구분인가? 짐작했겠지만 답은 후자다. (제2부에서 다룰 내용인) 다른 세대와 일할 때 근무 전략을 살펴보기 전에 해당 주제를 구성하는 중심이 되는 기본 요소를 탄탄하게 이해하고 넘어가는 것이 좋다. 따라서 세대 이론에 대한 이해를 단단히 다지고 싶다면 이번 장을 계속 읽어 나가길 바란다. 회의론자에게 언제라도 반박할 준비가 되어 있고 싶다면(또 마음속에 있는 부정적 자아를 입 다물게 하고 싶다면) 이번 장을 계속 읽어 나가길 바란다. 세대 이론이 어떻게 직장 내 밀레니얼 세대와의 관계 개선에 도움이 되고 나아가 그 근간에 긍정적인 영향을 미칠 수 있는지 알고 싶다면 이번 장을 계속 읽어 나가길 바란다. 인식을 전략으로 전환하는 방법을 알고 싶다면 이번 장을 중간에 그만두지 말고 쭉 계속해서 읽어 나가길 바란다.

세대 이론의 이해

세대 이론은 살면서 만나는 모든 사람을 더 잘 이해할 수 있는 효과적인 방법이다. 이 책은 세대 이론을 직장 생활에 적용하고 밀레니얼 세대 인사관리 기술을 연마하는 데 중점을 두고 있지만 세대 이론 자체는 모든 세대에 적용 가능하며 직장 생활뿐만 아니라 저녁 식사 자리나 학회에서도 적용할 수 있다. 그러나 세대 이론이 직장 생활의 모든 측면에 궁극적인 해답을 제공하진 않으므로 세대 이론이 적용될 수 있는 범위를 명확히 규정할 필요가 있다.

세대 이론인 것과 세대 이론이 아닌 것

세대 이론은 곧 _____이다.

> » **다양성 장려** : 세대란 다양성의 한 형태로 리더와 관리자는 두 가지 특별한 이유 때문에 세대 다양성을 확보하고 싶어 한다. 첫 번째 이유는 세대는 매우 독특한 다양성의 한 형태로 '민감한 주제에 대한 차별적(politically

incorrect)' 발언을 하는 실수에서 비교적 자유롭다. 두 번째 이유는 세대는 모든 사람과 관련 있는 주제라는 사실이다. 사무실에 있는 모든 사람이 어느 한 세대에 속하기 때문에 세대는 누구도 소외시킬 염려가 없는 편안한 대화 주제이다. 오늘날 직장 내 다양성이 중요하다는 사실에는 모두가 동의한다. 세대 다양성 또한 다른 모든 형태의 다양성을 확보하는 일만큼 중요하며 함께 일하는 다른 세대를 이해해야만 비로소 (제대로 기능하는) 다세대 근무 환경을 만들어나갈 수 있다.

» **변화 수용** : 세대 관련 주제는 여러 모로 변화에 대해 운을 떼기 좋은 주제다. 변화는 그 자체만 놓고 보면 이해하기 힘든 개념이다. 추상적이기 때문이다. 변화란 무엇인가? 그렇게 정의한 변화는 어디에 적용될 수 있는가? 하지만 변화의 주체가 사람이라면 이야기가 조금 쉬워진다. 이제 막 걸음마를 뗀 어린아이에게 채소를 먹이려고 할 때 브로콜리를 조그만 나무라고 말하며 구슬리는 것과 같은 이치라고나 할까! (그 나무에 맛있는 치즈가 덮여 있다면 효과는 더 좋을 것이다.) 세대 관련 주제는 변화를 마치 삼키기 쉬운 알약, 심지어는 달콤한 사탕이나 초콜릿처럼 느낄 수 있게 해준다. (세대 다양성이 아니면) 다양성을 논하는 자리에서 언제 또 어린 시절 가장 좋아했던 장난감 이야기를 꺼낼 수 있겠는가? 다음 세대에 초점을 맞춘 세대 프레임워크를 사용하면 변화라는 개념을 구체적이고 접근하기 쉽게 소개할 수 있다.

» **관점의 변화** : 세대 이론을 경영 기술에 적용할 방법을 찾고 있다면 일명 '세대 렌즈(Gen Lens)' 착용을 고려해보라. 부하 직원들이 더 또렷하게 보일 것이다. 세대가 인간을 명확하기 구분할 수 있는 완벽한 도구는 아니지만 세대 구분을 간과할 때 생기는 맹점을 극복하는 방법이자 함께 일하는 사람들을 더 잘 이해할 수 있는 방법인 것은 틀림없다. 세대 렌즈를 끼면 양쪽 눈 시력이 모두 2.0이 된 것처럼 주변 사람들이 잘 맞물린 톱니바퀴처럼 서로 협력해 일할 수 있는 방법을 통찰할 수 있을 것이다.

세대 관련 주제는 _____이 아니다.

» **모든 밀레니얼 세대를 관리할 수 있는 확실하고 궁극적이며 포괄적인 해답** : 인간은 복잡하고 다층적인 존재이다. 따라서 인간 군상을 네모 몇 개에 획

일적으로 구분해 넣는 일은 절대 피해야 한다. 대신에 좀 더 느슨하고 개인에 따라 유동적인 세대 구분을 이용해보면 어떨까. 사람은 누구나 개별적인 존재이다. 너무 딱 떨어지는 세대 구분표로 사람들을 분류하려다 보면 같은 밀레니얼 세대라도 서로 완전히 다른 인간이 지니는 복잡성을 서서히 없애는 실수를 범할 수 있다.

» **탁월한 경영 능력의 원천** : 세대 렌즈를 통해 조직 구성원을 이해하는 것만이 능력 있는 관리자임을 나타내는 유일한 지표는 아니다. 세대에 대한 통찰은 다른 지식이나 직감과 결합해 경영 전반에 현명하게 적용해야 한다.

세대 이론을 구성하는 핵심 원리

세대라는 주제를 진지하게 섭렵하고 싶다면 윌리엄 스트라우스(William Strauss)나 닐 하우(Neil Howe)의 저술을 읽어보길 권한다. 스트라우스와 하우는 세대 이론을 속속들이 연구한 학술서를 집필한 학자들이다. 이들이 쓴 책은 세대 이론의 고전이라 할 수 있다. 요약본을 원하시는 분들을 위해 스트라우스와 하우의 두껍고 방대한 저술에 담긴 핵심 개념 중 하나를 여기에 단순화해서 정리해 놓았다. 이름하여 세대를 정

【 나는 세대 이론 중독자일까? 】

듣는 순간 세대라는 주제가 너무나도 매력적이라고 느끼는 사람들이 있을 것이다. 이 책을 읽고 있다는 사실만으로도 독자 여러분도 그런 사람 중 하나일 가능성이 높다. 스스로가 세대 이론 중독자인지 아닌지를 알고 싶다면 다음 퀴즈를 풀어보면 된다. 세 개 이상의 문항에 '그렇다'라고 대답한다면 스스로를 세대 이론 중독자라고 판단해도 좋다.

● 그렇다/아니다 이 책에서 읽은 내용을 다른 사람에게 벌써 말해주었는가? (아니면 나중에라도 말해주려고 표시해 놓는가?)

● 그렇다/아니다 끼인 세대(cusper), 가장 위대한 세대(The Greatest Generation), 홈랜드 세대(Homelanders) 같은 용어에 익숙한가?

● 그렇다/아니다 의견 차이를 보이는 다른 나이대 사람에게 "꼭 세대 차이로 비화할 필요가 있나요?"라고 말한 적이 있는가?

● 그렇다/아니다 인터넷에서 세대 차이에 관한 기사를 탐독하느라 시간 가는 줄 몰랐던 적이 있는가?

● 그렇다/아니다 다음 문장을 읽어 보라. '밀레니얼 세대 80퍼센트가 _____과 함께 잔다.' 빈칸에 들어갈 말이 무엇인지 검색해보고 싶은 충동이 드는가?

검색하는 수고를 덜어주기 위해 답을 알려주자면 빈칸에 들어갈 말은 '핸드폰'이다.

의하는 필수 원칙이다.

세대는 약 15년에서 20년 사이에 태어난 사람들의 집단이다. 이 기간은 생애주기의 한 단계에 해당하는 기간이다. 스트라우스와 하우에 따르면 한 세대를 정의하는 핵심 기준은 다음 세 가지이다.

» **역사상 동시대를 향유**

거창하게 들리지만 그저 한 집단이 동일한 생애주기에 큰 역사적 사건이나 조건 동향 등 같은 경험을 공유했다는 뜻이다. 거창하고 학술적으로 들릴 것이다. 하지만 실생활에서 예시를 찾아보면 이해가 쉽다. 베이비부머 세대는 닐 암스트롱이 처음으로 달에 착륙하던 순간이나 존 F. 케네디 대통령이 암살당하던 순간 느꼈던 기분을 성인이 되던 날까지도 잊지 못했다. X세대는 MTV 개국 초기에 반복 재생되던 뮤직 비디오 몇 편을 일일이 추억하며 나열할 수 있고 흰색 브롱코 차 추격전(O.J. 심슨이 전처를 살해한 유력한 용의자로 지목되어 경찰과 고속도로에서 벌인 추격전을 말한다-역주)을 아직까지도 생생하게 기억한다. 밀레니얼 세대에게는 뉴욕 쌍둥이 빌딩에 두 번째 비행기가 충돌하던 순간이 머릿속에 평생토록 각인되어 있을 것이다. 이렇듯 각 세대마다 동일한 생애주기에 특정 사건을 함께 맞닥뜨리면서 역사상 동시대를 살고 있는 집단이라는 인식은 더욱 공고해졌다.

» **공통적인 믿음과 행동**

이러한 집단 경험 때문에 각 세대는 비슷한 믿음이나 행동, 특성, 가치, 동기 부여 등을 공유한다. 다소 딱딱하게 들리는 이 문장에 생명을 불어넣어 보자. 베이비부머 세대, 그중에서도 나이가 많은 축에 속하는 베이비부머 세대는 경제가 폭발적으로 성장하고 사회가 급격하게 변화하던 시기에 성장했다. 그 결과 베이비부머 세대는 낙천적이고 긍정적인 경향이 있다. 반면 X세대는 각종 기관과 제도가 붕괴되는 것을 목격하며 자랐기 때문에 회의적인 성향이 짙다. 밀레니얼 세대는 집에서는 제 목소리를 내도록 격려받고 학교에서는 주로 그룹 과제나 활동을 하며 자랐기 때문에 매우 협동심이 강한 집단이 되었다.

» **소속감**

소속감은 한마디로 특정 집단에 자신이 소속되어 있다는 느낌을 말한다.

어떤 세대에 속해 있다는 것은 그 세대에 속한 다른 이들과 끈끈한 유대감을 공유한다는 뜻이다. 회원만 출입할 수 있는 모임에 소속되어 있는 것과 마찬가지인 것이다. 교회 모임, 여대생 친목 동아리, 체스 동호회 등 누구나 소속된 단체가 있고 공통점(이나 단체에 속하지 않은 사람들과의 차이점)을 중심으로 유대감을 형성한다. 세대별로 보면 베이비부머 세대는 직장 생활에서 자신이 중요하게 생각하는 직업 의식을 다른 베이비부머 동료나 상사가 공유할 때 일종의 세대 소속감을 느낄 것이다. X세대는 맞벌이 부모 밑에서 자랐던 기억을 함께 공유할 것이다. 밀레니얼 세대는 AOL 채팅방이 유행했던 때를 떠올리며 자신들의 닉네임이 얼마나 유치했는지를 공유하며 낄낄거릴 것이다. 각 세대가 공유하는 이러한 노스탤지어(nostalgia, 과거에 대한 향수-역주)는 소속감을 더욱 강화하는 요인이다.

세대 구분

이제 한 세대를 묶는 기준이 15년에서 20년임을 알았다. 아래에는 출생 연도에 따른 공식적인 세대 구분표가 나와 있다.

세대	출생 연도
전통 세대	1946년 이전 출생자
베이비부머 세대	1946~1964
X세대	1965~1979
밀레니얼 세대 (또는 Y세대)	1980~1995
경계 세대 (또는 Z세대)	1996~2010

출생 연도를 보고 이런 생각이 들지도 모르겠다. '잠깐, 그러면 1979년 12월 31일에 태어난 사람과 1980년 1월 1일에 태어난 사람은 서로 완전히 다른 세대적 관점을 가진단 말이야?' 물론 그건 말도 안 되는 소리다. 출생 연도에 따른 세대 구분은 단순히 세대를 나누는 한 가지 방편으로 기준점 역할을 할 뿐이다. 세대별 행동 특성을 정의할 때 가장 중요한 요인은 세대별 인격 형성기(formative years)에 발생한 (역사적) 사건과 조건이다. 이러한 이유로 출생 연도에 따른 세대 구분이 책이나 기사마다 조금씩 다르다. 세대를 구분하는 출생 연도 기준은 확정되어 있지 않고 세대 이론의 다

른 측면들 또한 마찬가지다. 이러한 상황에서 어렵지만 중요한 일은 알려진 사실과 숫자로 무엇을 하느냐이다.

세대별로 공유한 주요 역사적 사건 및 조건

(역사적) 사건 및 조건은 세대 이론의 심장이자 영혼이다. 여기서는 세대별 정체성 형성에 지대한 영향을 미친 주요 영향 요인(key influencers)을 규명해보려 한다. 주요 영향 요인이라는 개념을 자세히 살펴보기에 앞서 표 2-1에 '추억 떠올리기 활동'을 통해 정신을 가다듬자.

혼자서 표 2-1에 빈칸을 채우고 난 뒤 친목 다지기 용도로 회사에서 다른 직원들과 함께 해보아도 좋다.

활동 도움말 : 자신이 속한 세대를 찾은 다음 열거된 목록 중에서 스스로에게 영향을 미쳤다고 느끼는 사건이나 조건이나 인물 두세 개에 동그라미를 친다. 그다음이 어렵다. 동그라미 친 사건 등이 오늘날 내 정체성에 어떤 영향을 미치고 있는지 생각해 보라. 과거 해당 사건이나 조건이 발생했던 순간에 들었던 감정이 아니라 (물론 그것도 신나고 재미있겠지만) 그로 인해 현재 자신에게 아직까지 어떤 영향을 미치고 있는지를 생각해야 한다. 더 난도를 높이고 싶다면 스스로에게 다음과 같이 질문해보라. 동그라미 친 사건/조건/인물 등이 직장에서의 내 정체성에는 어떤 영향을 미쳤는가?

필자들은 서로 다른 세대에게 똑같은 질문을 던져 보았다. 그 대답 가운데 일부를 아래에 예시로 실어 두었으니 참고할 것. 다만 스스로 답하기 전에 미리 훔쳐보아서는 안 된다. 그러면 실격이다.

(회사에서 그룹 활동으로 진행할 때) 대화의 흐름을 이끌어나가기 위해서나 또는 단순히 다른 사람들의 일반적인 생각이 궁금하다면 먼저 읽어도 좋다.

전통 세대 조건 : 라디오
"요새 애들은 모든 뉴스와 오락거리를 핸드폰으로 접하지만 우리가 자랄 때는 전부 라디오 주위에 모여 앉았어요. 슈퍼맨도 라디오로 들었고 대통령 연설도 전부 라디오로 들었어요. 볼 수 없으니까 상상할 수밖에 없었죠. 덕분에 사진이 없을 때도 머릿속으로 이미지를 그리는 능력이 발달할 것 같아요. 오늘날처럼 정보가

표 2-1	추억 떠올리기 활동			
전통 세대	베이비부머 세대	X세대	밀레니얼 세대	경계 세대
제2차 세계대전	비틀스	MTV	채팅방	뉴타운 총기난사
라디오	인권 운동	챌린저 우주왕복선 폭발	9/11 테러	버락 오바마
원자 폭탄	달 착륙	냉전 시대	리얼리티 방송	유튜브
알프레드 히치콕	로사 파크스	아타리 쇼크	매튜 셰퍼드 살인 사건	#페미니즘
라이프(LIFE) 잡지	섹스, 마약, 로큰롤	에이즈(AIDS)	냅스터	ISIS
베이브 루스	피임약	스타워즈	이라크 전쟁과 아프가니스탄 전쟁	넷플릭스
시민 케인(Citizen Kane)	글로리아 스타이넘	이혼율 증가	콜럼바인 고교 총기 난사	와이파이
대공황	OPEC 오일 쇼크	O.J. 심슨/골드먼 살인 사건	문신, 피어싱, 신체 예술(body art)	대법원의 동성결혼 합법 판결
헨리 포드	존 F. 케네디	Title IX	페이스북	스냅챗
스푸트니크	출산율 증가	레이건 암살 시도	트위터	경기 불황
진주만	베트남 전쟁	개인용 PC	스마트폰	글로벌 경쟁
기타 :	기타 :	기타 :	오프라 윈프리	비욘세
_____	_____	_____	월드와이드웹(WWW)	건강보험 개혁법안(Affordable Healthcare Act, 일명 오바마케어-역주)
_____	_____	_____	기타 :	기타 :
_____			_____	_____
			_____	_____
			_____	_____

넘쳐나진 않았지만 주어진 정보를 가지고도 얼마든지 의사 결정을 할 수가 있었어요. 지금도 직장에서 내 앞에 놓인 정보만으로 보이지 않는 부분까지 상상해서 결정을 내릴 수 있어요."

베이비부머 세대 사건 : OPEC 오일 쇼크

"당시 겪었던 기름 부족 사태는 평생 절대 잊지 못할 거예요. 저는 그때 열네 살이었는데 그날 아침에 아빠가 주유소가 문을 여는 시각보다 두 시간이나 일찍 저를 깨우셨어요. 우리가 기름 배급을 받기로 배정받은 날이라서 주유소에 가서 줄을 서야 했거든요. 베이비부머 세대로 자라면서 단 한 번도 무언가가 충분하다고 느졌던 적이 없었던 것 같아요. 우리는 너무 거대한 세대였기 때문에 우리를 전부 수용하기에는 세상이 너무 작다고 느껴졌어요. 원하는 것뿐만 아니라 필요한 것을 얻기 위해서도 항상 싸워야 했고요. 그게 기름이든지 좋은 성적이든지 직장이든지 말이에요. 그 결과 당연히 저는 현재 더 경쟁적인 사람이 되었죠. 주유소가 문을 열기 두 시간 전에 가서 줄을 서 있었던 것처럼 전 항상 사무실에 일등으로 출근해요. 제대로 일을 못하면 내 자리를 대신할 사람이 널렸다는 걸 알고 있거든요."

X세대 사건 : 챌린저 우주왕복선 폭발

"절대 잊지 못할 거예요. 제가 8학년 때였어요. 선생님이 TV 카트를 끌고 들어오셔서 반 전체가 우주선이 발사되는 장면을 볼 수 있었어요. 그리고 몇 분 뒤에 교실 전체가 숨막히는 정적에 휩싸였어요. 챌린저 호가 폭발하는 장면이 나왔거든요. 너무 무섭고 슬펐던 기억이 나요. 폭발 장면을 보는 건 그날로 끝인 줄 알았는데 아니었어요. 케이블 뉴스에서는 그 장면을 계속해서 방송에 내보냈어요. 몇 달이 지난 뒤에 당시 폭발은 충분히 일어나지 않을 수 있는 일이었는데 누군가가 푼돈을 아끼려다가 그런 사고가 발생했다는 사실이 밝혀졌어요. 챌린저 호 폭발 사건은 지금까지도 제 정체성에 영향을 미치고 있는 것 같아요. 왜냐하면 그때 이후로 저는 어떤 개인이나 조직도 신뢰할 수 없다는 생각을 하거든요. 나사(NASA)조차도 예산을 삭감하느라 인명을 위험에 빠뜨리는데 제가 일하는 회사는 그렇지 않을 거라고 제가 어떻게 장담할 수 있겠어요?"

밀레니얼 세대 조건 : 냅스터/음원 스트리밍 서비스

"제가 고등학교에 들어갔을 때 냅스터가 대유행이었어요. 냅스터가 나오기 전에는 듣고 싶은 노래가 있으면 라디오에서 그 노래를 틀어 주거나 음반이 나올 때까지 기다려야 했어요. 냅스터가 생기면서 무슨 노래든 듣고 싶은 노래를 클릭 한 번이면 언제든 들을 수 있게 됐죠. 그뿐만이 아니라 심지어 다 공짜였어요! 냅스터는 제 직장 생활에서도 몇 가지 측면에서 영향을 끼친 것 같아요. 일단 저희 세대는 즉각적인 반응을 원해요. 직장 생활도 개인의 요구에 따라 맞춤할 수 있길 원하고 지난 세대가 일하던 방식을 그대로 답습하기를 원치 않아요. 그리고 때로는 대가를 치르지 않고 공짜로 무언가 얻기를 바라기도 하고요."

경계 세대 조건 : 유튜브

"요새 유튜브를 진짜 많이 이용하고 있어요. 유튜브가 없던 시대는 상상하기도 힘들다니까요. 유튜브는 진짜 좋은 도구인 것 같아요. 무엇이든 배울 수 있거든요. 어찌 보면 저희 세대는 전부 스스로 학습을 해요. 알고 싶은 것이 있으면 유튜브를 찾아보면 되니까요. 또 내가 뭔가 특출나게 잘하는 게 있다 그러면 직접 영상을 만들어 올리기도 하고요!"

전 세계적 영향

물론 개인이 경험하는 사건, 조건, 인물은 어느 나라에 사느냐와 불가분의 관계에 있다. 세계 대전 같은 사건은 전 세계적으로 영향을 미치지만 이혼율의 3배 증가라든가 대학 등록금의 극단적 인상 같은 사건은 미국에만 국한된다. 이러한 사실을 고려하면 나라마다 세대별 특성이 다르게 나타난다는 사실은 전혀 놀랄 일이 아니다. 미국의 베이비부머 세대와 인도의 베이비부머 세대는 서로 다른 특성을 보인다. 주로 서구에 있는 몇몇 국가에서는 국경을 넘어 세대별 특징이 비슷하게 나타나기도 하는데 이는 기술 혁신이나 국제적인 사건을 함께 경험했기 때문이다. 그러나 최근에 부상하는 중국이나 인도 같은 나라는 나라마다 세대별 특성에도 큰 차이가 날 수밖에 없다. 그러나 연구 결과에 따르면 세계화와 인터넷의 발달로 밀레니얼 세대와 경계 세대만큼은 국적에 관계없이 차이점보다는 공통점이 더 많은 것으로 나타났다.

이민과 민족

증조할아버지 때부터 계속 미국에 정착해 살아온 가정에서 자란 밀레니얼 세대와 이민 1세대인 밀레니얼 세대는 어떻게 다를까? 이 질문에 대한 대답은 조금 복잡하다. 가장 단순한 대답은 세대 이론에는 순환적 요소가 있다는 것이다. 연구 결과에 따르면 이민 1세대는 (충성심이 높고 열심히 일하고 주어진 직업에 감사하는 등) 전통 세대와 비슷한 행동 특성을 보이는 것으로 나타났다. 이민 2세대는 (더 높은 교육 수준을 추구하고 남들보다 앞서 나갈 길을 모색하며 현 체제에 순응해 일하는) 베이비부머 세대와 비슷했고 이민 3세대는 (현재 상태에 의문을 가지고 제도를 완전히 신뢰하지 않으며 각자 갈 길을 찾는) X세대와 비슷했다. 이러한 순환성은 일반적인 경향일 뿐이지만 직장에서 함께 일하는 사람들을 이민 관점에서 관찰할 수 있는 틀을 제공해준다는 점에서 유용하다.

앞서 언급한 대로 인간은 다층적이고 복잡한 존재이다. 세대별로 분류하고 넘어가기에는 충분하지 않다. 중요한 것은 여러 요인이 작용하고 있으며 이민과 민족도 세대를 이해할 수 있는 중요한 렌즈라는 사실을 이해하는 것이다.

"그렇긴 한데…"로 시작되는 세대 이론 반박 유형

세대 차이는 유일하게 고정관념에 기반해 상대방을 깎아내리거나 헐뜯거나 조롱하는 게 허용되는 다양성 영역이다. 예를 들면 이런 식이다. "밀레니얼 세대는 권리를 보장해 달라며 찡찡대는 어린애들이야. X세대는 그렇게 냉소적이고 냉담할 수가 없어. 베이비부머 세대는 입을 떼기도 싫다. 어찌나 일중독자들인지! 핸드폰에서 이메일 하나 제대로 못 보내는 주제에!" 종교나 성별 같은 다른 다양성 영역에서 누군가 이런 류의 발언을 내뱉는 걸 상상이나 할 수 있겠는가? 상상도 할 수 없는 일이다! 그런데 어째서 세대 차이에 관해서는 이토록 잔인해질 수 있는지 놀랄 노릇이다. 심지어 더한 말도 서슴지 않으니 말이다.

세대 이론을 경영 전략에 도입하려 할 때 가장 큰 장애물은 부정적 여론이다. 이를 두고 부정성(negativity, 긍정적인 면보다 부정적인 면으로 더 기우는 경향-역주)이라고 보는 사람까지 있다. 직장 동료가 독자 여러분이 이 책을 들고 있는 모습을 보면 대놓고 또는 속으로 이렇게 말하거나 생각할 수 있다. "그렇긴 한데… 밀레니얼 세대는 어릴 때부터 어디 참가만 해도 상을 받으면서 자랐으니까. 그래서 그런지 자기 권리밖에 생각 안 하고 징징대는 어린애들 맞지 않나? 뭘 신경 쓰고 그래?" 밀레니얼 세대 신입 사원들은 이러한 고정관념에 엄청난 타격을 입고 있다. 신입 사원들은 그냥 밀레니얼 세대도 아니고 최악의 밀레니얼 세대라는 비난에 직면하고 있다. 입사 첫날부터 이런 고정관념을 맞닥뜨린 신입 사원들은 벌써부터 힘든 싸움을 하고 있다.

세대에 관해 이야기하는 것을 비난하거나 반대하는 사람도 많을 것이다. 아래에 회의적인 질문과 반대 여론이 바로 독자 여러분의 반응일지도 모르겠다! "그렇긴 한데…"로 시작하는 가장 흔한 반응 유형을 모아 보았다.

» **심리학형 "그렇긴 한데…"** : 세대 이론에서는 개인이 내향적인지 외향적인지 같은 요소는 고려 안 하잖아.

» **생애주기형 "그렇긴 한데…"** : 얘네 세대도 나이 들면 결국 우리랑 똑같이

행동하게 돼 있어.

» **이상값(outlier)형 "그렇긴 한데…"**: 난 X세대라도 전혀 그렇지 않은 걸.

» **고정관념형 "그렇긴 한데…"**: 사람을 그렇게 딱딱 무 자르듯 구분할 수가 있어?

» **갈등회피형 "그렇긴 한데…"**: 사실 우리 모두 다른 점보다는 비슷한 점이 더 많은 거 아냐? 세대 이론이 서로를 더 멀어지게 한다면 필요없지.

이제 이 반응 유형을 하나하나 자세히 살펴보면서 마음속에서 일어나는 '그렇긴 한데'로 시작되는 의문이나 반론을 몰아내 보자. 그러면 지금 쓰고 있는 세대라는 색안경에 묻은 얼룩이 효과적으로 제거되어 부하 직원을 더 또렷하게 바라볼 수 있을 것이다.

주요 관점 비교 : 사회학 대 심리학

[요약] **심리학형 "그렇긴 한데…"**: 세대 이론에서는 개인이 내향적인지 외향적인지 같은 요소는 고려 안 하잖아.

이러한 반응 유형에서 벗어나기 위한 첫 번째 단계는 세대 이론이 심리학이 아니라 사회과학이라는 사실을 이해하는 것이다. 세대 이론의 목표는 사람들이 대규모 집단일 때 어떻게 행동하는지를 관찰하는 것이다. 여기서 '집단(group)'이란 같은 세대로 이루어진 무리를 뜻한다. 세대 이론은 역사적 사건과 조건이 세대의 정체성과 페르소나에 어떤 영향을 미쳤는가에 관한 사회학 연구이다.

반면 심리학은 개인에 초점을 맞춘다. 심리학은 개개인의 마음, 감정적/사회적 반응, 개성 및 고유한 특성을 이해하려는 학문이다. 저 사람이 저런 행동을 하는 이유는 무엇인가? 무엇이 저 사람을 행복하게 하는가? 무엇이 저 사람을 슬프게 하는가? 저 사람의 행동 이면에는 어떤 동기 부여가 작용하는가? 저 사람의 정신 세계와 성격을 형성하는 데에 기여한 특별한 영향 요인은 무엇인가?

따라서 사회학과 심리학의 차이는 미시와 거시의 차이만큼이나 단순하다. 파란색 M&M 한 알의 맛과 모양이 어떠하냐와 사탕 분류에서 M&M이 어디에 속하느냐를 비교하는 것과 유사하다고 보면 된다.

세대 이론은 유체 과학(fluid science)이다. 내가 속한 세대의 특성이나 행동 패턴에만 공감하고 다른 세대에는 공감하지 못하는 것은 완벽히 정상이다. 다른 사회학 연구와 마찬가지로 세대 이론에도 예외와 이상값이 존재한다. 세대 이론은 사람들이 서로를 이해하고 자신을 둘러싼 세상을 이해하도록 도와주는 하나의 관점일 뿐이다.

생애주기와 세대 관념 비교

[요약] 생애주기형 "그렇긴 한데…" : 얘네 세대도 나이 들면 결국 우리랑 똑같아질 거야. (세대 차이가 아니라) 그냥 청소년 문화 아닌가?

이 생애주기 유형은 중요하다. 이 주장에 터럭만큼의 진실도 포함되어 있지 않다고 설득하려는 것은 아니다. 물론 특정 태도나 행동은 꼭 세대 특성이라기보다 생애주기와 더 관련이 있는 것이 사실이기 때문이다. (세대가 바뀌어도) 젊은이들은 여전히 젊을 것이고 십 대들의 방은 언제나 지저분할 테니까 말이다. 생기발랄함이라든지 충동적이거나 무모한 성향 같은 세대를 불문하고 젊은이들에게서 발견되는 공통적인 심리적 요소가 있다.

뒷장으로 넘어가기 전에 세대별 특성과 생애주기별 특성과 시대별 특성을 구별하는 법을 알아보자. 가령 22세 루시와 32세 미나라는 인물이 있다고 하자. 나이 차이는 나지만 둘 다 밀레니얼 세대이다. 루시와 미나는 일하는 방식도 다르고 직장 생활에서 기대하는 것도 매우 다르다. 미나는 날카롭고 논리정연하게 말하며 암묵적인 규칙을 존중한다. 이러한 성격 특성은 경험에서 나온 것이다. 루시는 학부 시절에 특히 신입생이었을 때 빨리 이루고 싶었던 꿈에 대해 이야기한다. 이러한 특성은 생애주기 때문이다. 이렇듯 생애주기가 다르면 직장 생활에도 다른 영향을 미친다. 미나가

갚아야 할 주택 담보 대출이 있고 곧 출산을 할 예정이라면 책임져야 할 식구가 늘어남에 따라 안정적인 수입이 우선순위가 되어 현재 다니고 있는 직장에 오래 근무할 가능성이 더 높아진다. 루시와 미나 둘 다 협업을 잘하고 에너지가 넘치며 변화를 만들어내고 싶어 한다는 점은 같다. 이런 것이 바로 세대 특성이다.

세대 특성을 생애주기 탓으로 돌리고 싶은 유혹이 들 때마다 마음속에서 '그렇긴 한데…'로 시작하는 다음과 같은 생각을 떨쳐내길 바란다.

"우리 모두는 이 역사적 순간을 함께 지나고 있어. 서로 다른 점보다 비슷한 점이 더 많은 사람들이라고!"

십 대 시절에 어떤 시대를 살았느냐는 세대별 성격 형성에 매우 근본적인 영향을 미친다. 청소년기는 자신을 둘러싼 주변 세상을 어떻게 받아들일 것인지를 결정하는 시기이기 때문이다. 이 시기에는 외부의 영향을 쉽게 받고 모든 것을 (나름의 방식으로) 이해한다. 9/11을 예로 들어보자. 9/11이 세대를 불문하고 모든 사람의 인생을 바꾸어 놓은 사건임은 두말할 나위가 없다. 그런데 9/11이 발생한 시점은 밀레니얼 세대가 인격 형성기(혹은 그냥 십 대 청소년기)를 지나고 있을 때였다. 똑같이 9/11을 경험했다고 하더라도 9/11이라는 사건이 예순 살이었던 노인과 중학생의 인생에 미친 파장은 달랐을 것이다. 밀레니얼 세대는 전 세계적으로 일어나고 있던 테러 위험에서 비교적 안전한 것처럼 보였던 미국이라는 나라가 순식간에 공격당하는 장면을 생생히 목격했다. 밀레니얼 세대가 타고 있던 안전한 줄만 알았던 비누 방울은 가차없이 터졌고 미국은 더 이상 극악무도한 테러 위협에서 안전한 곳이 아니었다. 눈 깜짝할 사이에 테러의 목표물이 된 밀레니얼 세대는 이제 내일을 장담할 수 없게 되었다.

'오늘을 살자'는 밀레니얼 세대의 사고방식은 생애주기가 바뀌어도 여전히 굳건하다. 외부의 영향에 가장 민감한 시기에 9/11이라는 역사적 사건을 겪으면서 형성되고 다져진 사고방식이기 때문이다. 밀레니얼 세대가 부모가 되고 정년 퇴임을 하고 손주를 보아도 '오늘을 살자'는 마음가짐은 바뀌지 않을 가능성이 높다. 밀레니얼 세대는 항상 지금 여기 이 순간을 최대로 살아내고 싶어 한다. 얀켈로비치나 갤럽 같은 리서치계 거장들이 수십 년간 세대별 특성을 추적 조사한 결과 세대별로 추구하는 가치는 생애주기와 상관없이 항상 일정한 것으로 밝혀졌다.

"얘네 세대도 나이 들면 결국 이전 세대와 똑같아질 거야."

X세대는 항상 너희도 성인이 되면 베이비부머 세대와 똑같이 행동하게 될 거라는 말을 들었다. 그러나 실제로는 달랐다. 나이가 들어 다음 생애주기에 진입해서 이제는 가족도 생기고 집도 생기고 봉양해야 할 연로하신 부모님도 떠안았지만 X세대는 여전히 X세대다운 특성을 간직했다. 심지어 이러한 특성을 자녀 세대인 경계 세대에게 물려주기까지 했다.

밀레니얼 세대에게는 어른이 되기 싫어하고 정착하기 싫어하는 세대라는 꼬리표가 오랫동안 따라다녔지만 제아무리 밀레니얼 세대라도 '때'가 되면 어쩔 수 없이 순응하게 될 것이다. 교육, 취직, 결혼, 자녀, 은퇴라는 전통적인 생애주기에 따라 사는 것이 어른이 되는 유일한 길이라는 인식이 존재한다. 그러나 밀레니얼 세대는 이전 세대와는 달리 이 기정사실을 받아들이지 않는다. X세대 또한 갓 직장에 들어갔을 무렵 일과 삶의 균형을 주장하며 한바탕 소란을 일으켰다. X세대가 전통적인 방식을 뒤흔들어 바꾼 것처럼 밀레니얼 세대도 다르지 않을 것이다. 이미 밀레니얼 세대는 전통적인 약혼 반지 대신에 그 돈을 보태 집을 사는 데 투자한다. 그 편이 약혼자와의 관계를 더 확실하게 담보해주고 무엇보다 실용적이기 때문이다. 여기서 이야기하고자 하는 바는 다음과 같다. "아니 그렇지 않아요. 다른 세대가 성인이 되기만 하면 이전 세대와 똑같이 행동하게 될 거라고 기대하기는 힘들어요."

"생애주기별 단계는 본질적으로 변하지 않아요. 육아는 시간이 지나도 육아니까요."

요즘 부모가 되는 것은 1940년대에 부모가 되는 것과는 매우 다르다. 밀레니얼 세대가 생애주기상 부모가 되는 단계에 접어들면서 베이비부머 세대가 밀레니얼 세대를 키울 때는 겪지 않아도 되었던 온갖 어려움에 직면하고 있다. 온라인 왕따부터 시작해서 스마트폰이나 인터넷 중독, 거의 매주마다 일어나는 학교 총기 난사 사건까지 요즘 부모들은 예전에는 없던 문제로 씨름하고 있다. 다시 말해 밀레니얼 세대는 새로운 생애주기에 접어들면서 자신들만의 고유한 세대적 특성뿐만 아니라 시대적 특성 때문에 같은 생애주기라도 이전 세대와는 다르게 경험하고 있는 것이다.

"청소년기나 성인이 된 이후나 우리 모두는 비슷한 생애주기를 경험해요. 나이가 드는 과정이죠."

각 생애주기를 경험하는 연령대는 시간이 지나면서 달라졌다. 밀레니얼 세대는 이제 막 정착해서 집을 장만하고 부모가 되기 시작했다. X세대나 베이비부머 세대와 비교하면 훨씬 늦은 나이이다. 밀레니얼 세대는 늦은 나이에 부모가 되었고 이 사실이 자녀 양육에 영향을 미치리라는 데에는 의문의 여지가 없다.

규칙을 입증하는 예외

[요약] 이상값(outlier)형 "그렇긴 한데…" : 난 X세대라도 전혀 그렇지 않은 걸.

한 번쯤 이런 말을 들어보았을 것이다.

> "내가 아는 밀레니얼 세대는 기계랑 안 친해."
>
> "나는 베이비부머 세대지만 행동 특성이나 사고방식은 전부 밀레니얼 세대야."
>
> "나는 X세대 중에 출생 연도가 빠른 편인데 베이비부머 세대와 더 동질감을 느껴."

이 같은 예외 사례가 세대 이론이 틀렸다는 반증은 결코 아니다. 세대 연구를 하면서 이상값 유형에 해당하는 반론을 수도 없이 들었다. 아마 독자 여러분도 마찬가지일 것이다. 본인이 반론을 제기한 당사자일 수도 있고 세대 이론을 경영 전략에 적용하려고 시도할 때 반대하는 측에서 이 같은 반론을 제기했을 수도 있을 것이다. 이런 사례는 수도 없이 많은데 통계학적으로 보면 이러한 반론은 이상값에 해당한다. 그러므로 대부분의 경우 각 세대를 이루는 큰 구조가 진실이라는 사실에는 변함이 없다.

세대 특성을 결여한 이상값

세대 이론에 반대하는 사람은 마치 대단한 영예라도 되는 것처럼 세대 특성을 결여한 이상값을 들먹인다. 기계치인 밀레니얼 세대를 안다느니 신기술을 자유자재로 다루는 베이비부머 세대를 안다느니 이메일이라면 질색하는 X세대를 안다느니 하면서 말이다. 세대 이론이 밀레니얼 세대에 속하는 모든 개개인의 특성, 신념, 행동, 동기부여 등을 일일이 파악해 정의하는 학문이 아니라는 사실을 기억해야 한다. 세대 이론은 지도보다는 나침반에 가깝다. 이 책에서 제시하고자 하는 것은 일반적인 인구통계 척도이지 확정적인 밀레니얼 세대 페르소나가 아니다. 따라서 여기서 제시된 밀레니얼 세대 특성 중에 자신은 여기에도 해당이 안 되고 저기에도 해당이 안 된다고 말하는 밀레니얼 세대를 만나는 건 지극히 정상적이고 당연한 일이다. 세대 연구의 본질이 그러하기 때문이다.

다른 세대에 동질감을 느끼는 이상값

가끔 정말로 세대 정체성에 혼란을 느끼는 사람을 만날 수도 있다. "나는 X세대인데 거의 밀레니얼 세대에 가깝고 아주 약간 베이비부머 세대와도 비슷한 것 같아요. 그런데 X세대 특성에는 전혀 공감할 수 없어요." 당황할 필요는 없다. 세대 이론 따위는 창문 밖으로 던져버려야 한다는 의미도 아니다. 이런 경우가 생기는 이유는 다음 중 하나에 해당하거나 둘 다에 해당할 때이다.

> » **가족 관계** : 세대 정체성에 혼란을 느끼는 이 X세대의 부모는 누구인가? 혹시 후기 베이비부머 세대가 아닌가? 밀레니얼 세대 형제자매와 함께 자라진 않았는가? 만약 그렇다면 이 X세대는 흔히 밀레니얼 세대의 정체성 형성에 영향을 준 역사적 사건과 조건에 노출되었을 가능성이 높고 따라서 결과적으로 자신이 속한 X세대보다 밀레니얼 세대와 자신을 동일시했을 가능성이 높다.
> » **'내면적 세대(inner generation)'** : 상당히 흥미로운 개념이다. '내면적 세대'는 스스로 선택한 세대 정체성이라는 설명이 가장 맞다. 예를 들어 베이비부머 세대 중에는 매우 미래지향적이고 나이 듦에 대한 저항이 심해서 정말로 스스로가 밀레니얼 세대라고 느끼고 행동하는 사람들이 있다. 반면 십대 청소년이라도 매우 보수적이거나 전통적인 성향을 지녀서 또래 친구들보다는 70대 사람들과 더 동질감을 느낄 수도 있다. 이러한 세대 정체성을 '내면적 세대'라고 한다.

끼인 세대 이상값

자주 나타나는 또 다른 이상값 유형은 '끼인 세대(cusper)'이다. 끼인 세대는 베이비부머 세대/X세대, X세대/밀레니얼 세대, 밀레니얼 세대/경계 세대 등 두 세대를 가르는 경계가 되는 해나 그 무렵에 태어난 사람을 가리킨다. 끼인 세대는 종종 양쪽 세대의 특성을 모두 보인다. 끼인 세대는 이따금 세대 이론이 자신들에게는 전혀 적용이 안 되며 아예 틀렸다고 느낄 수 있다. 끼인 세대는 서로 다른 두 세대의 관점으로 세상을 볼 수 있다는 이점이 있다. 따라서 기업 입장에서 끼인 세대는 축복이며 종종 세대 간 갈등을 해결하는 데 도움을 준다. 끼인 세대에 대해 더 알고 싶다면 제13장을 보면 된다.

고정관념 형성과 패턴 인식을 구별하는 법

[요약] 고정관념 유형 "그렇긴 한데…" : 어차피 성급한 일반화가 난무하는데 그냥 고정관념 좀 가지면 안 되나요?

먼저 고정관념부터 정의하고 넘어가자. 고리타분하게 대학원에서 하던 식으로 '이 단어의 정의를 사전에서 찾아보자'로 시작하는 것에 대해서는 양해를 구한다.

> **고정관념**(stereotype) : 어떤 유형의 사람이나 사물에 대한 널리 퍼져 있는 지나치게 단순화되고 고착된 생각들.

이 정의를 보면 왜 일부에서 세대 이론을 나이에 따라 인간을 나누고 고정관념을 만들어 내는 수단이라 일축해 버리는지 알 수 있을 것이다. 그러나 고정관념은 세대 이론이 지향하는 바와는 큰 차이가 있다. 그 차이를 두 가지로 압축하면 다음과 같다.

» **부정 여론을 선도함** : 세대 이론을 사람들을 단정 짓고 무시하는 데 이용하는 것이 바로 고정관념을 형성하는 것이다. 밀레니얼 세대는 손이 많이 가. X세대는 피도 눈물도 없어. 베이비부머 세대는 자기밖에 몰라. 이런 것이 바로 고정관념이다. 이런 고정관념은 부정적인 데다가 (무엇보다) 그러한 부정적 인식이 '왜' 생겨났는지에 대해서는 일말의 고민도 해보지 않고서 다른 세대에게 무분별한 잣대를 들이댄다.

» **사람들을 상자에 집어넣음** : 세대 이론의 목표는 사람들을 상자에 집어넣는 것이 아니라 상자 뚜껑을 열어서 안에 뭐가 들어있는지를 보는 것이다. 세대 이론은 인간의 행동을 평가하고 이해하는 데 도움이 되는 도구 중 하나일 뿐이다. 이런 도구를 이용해 다른 사람의 정체성을 단정해 버리기보다는 다른 사람을 이해하고 관계를 쌓아 나갈 수 있는 길을 여는 데 사용

┃ 해야 한다.

부정적 반응을 긍정적 반응으로 전환하는 법

[요약] 갈등회피형 "그렇긴 한데…" : 사실 우리 모두 다른 점보다는 비슷한 점이 더 많은 거 아냐? 세대 이론이 서로를 더 멀어지게 한다면 필요없지.

세대 이론에 대한 이런 류의 부정적 반응을 가리켜 필자들은 '우리가 얼마나 다른 사람들인지를 지적하는 이런 교육에는 이제 넌더리가 나요' 이상값이라고 부르곤 한다. 많은 사람이 좌절하거나 지쳐 버리는 게 당연하게 느껴지는 대목이기도 하다. 인간의 행동을 항상 관찰하는 일은 피곤하다. 시중에 나와 있는 수많은 심리학과 사회학 검사지 앞에서 두 손 두 발 들고 다음 문장 중 하나를 외치는 순간이 지금 이 책을 읽고 계신 독자 여러분께도 찾아올지 모른다.

» **"결국에는 우리 모두 인간이잖아. 우리가 원하는 건 결국 똑같다고!"** 맞는 말이다. 우리 모두가 기쁨, 성취, 자신과 가족을 먹여 살릴 만큼 충분한 자원 등 인간의 기본적 욕구를 충족하기 위해 살아가는 동일한 존재라는 사실에 동의한다. 개인차를 고려하지 않은 획일적인 접근법을 경계하라고 당부했지만 사실 관리자와 리더가 얼마나 힘든 자리인지 안다. 획일적인 처우가 관행이 되어 버린 데에는 어쩔 수 없는 측면도 있을 것이다. 세대 이론이 부하 직원을 완벽하게 이해할 수 있는 유일한 해법은 아니지만 그 기초가 될 수는 있다.

» **"항상 우리가 얼마나 다른지만 이야기하는 것은 너무 부정적이에요. 그냥 우리가 얼마나 비슷한 존재들인지에 대해서 이야기하면 안 되나요?"** 이 말을 이렇게 바꿔 보면 어떨까. "우리는 다른 점보다는 비슷한 점이 더 많지만 중요한 건 바로 그 다른 점이에요." '충돌'이나 '차이점' 같은 단어가 때로 분열을 조장하는 것처럼 느껴질 수 있지만 다양성에 대한 진정한 이해야말로 포용으로 나아갈 수 있는 길이다. 자신이 속한 세대가 다른 세대와 어떻게 다른지를 이해하려고 하다 보면 역설적으로 서로 닮은 점을 더 많이 찾을 수 있는 계기가 될 것이다.

더 나은 근무 환경 조성을 위한 세대 이론의 활용

세대 이론은 배우면 배울수록 실제 삶에 적용할 수 있는 부분이 많아진다. 나아가 더 나은 관리자나 리더가 될 수 있다.

훌륭한 리더가 되려면 한 세대가 다른 세대보다 더 나을 것이 없다는 사실을 인정해야 한다. 이 책은 직장 내에서 가장 어린 밀레니얼 세대에 초점을 맞추고 있다. 현재로선 관리자가 뒷머리를 가장 자주 긁적이게 만드는 세대이기 때문이다. 하지만 다른 여러 다양성과 마찬가지로 세대 다양성도 높을수록 좋다. 각 세대마다 고유한 재능이 있기 때문에 다양한 세대가 함께 일할수록 더 완전함에 가까워지는 전체주의적 (holistic) 접근 방식을 취할 수 있다.

조직 구성원들에게 더 나은 근무 환경을 만들어 주는 일은 관리자와 리더에게 달려 있다. 세대별로 미묘한 차이나 행동을 이해하는 일은 그 첫걸음이 될 뿐만 아니라 나아가 조직 근간에 영향을 미쳐 실질적인 변화를 이끌어낼 수 있다.

회사 재정에 미치는 영향

종종 세대 이론은 말만 번지르르하고 실질적인 내용은 없는 부드러운 과학 또는 연성 과학(soft science)이라며 무시를 받곤 한다. 완전히 틀린 말이다. 세대 역할을 이해하면 곳곳에서 새로운 눈이 뜨인다. 당연히 기업의 재무 분야를 포함해서 말이다. 세대 이론을 그저 사람들과 두루두루 잘 지내기 위해 친밀감을 높여 주는 대화 주제 정도로 치부해 버릴 수도 있지만 실제로 세대 이론은 기업의 손익과 관련된 문제이다.

여전히 설득력이 떨어진다고? 그렇다면 다음 주장을 곱씹어 보라. '세대 이론은 직장 생활의 모든 영역에 관여한다.' 신규 채용과 인력 보유부터 마케팅 및 영업에 이르기까지 세대 간 충돌이 일어나면 조직에 막대한 금전적 손해를 입힌다. 작년 한 해를 꼬박 투자해 전도유망한 신입 사원을 채용했는데 세대 갈등 때문에 얼마 지나지 않아 회사를 떠나는 뒷모습을 바라보아야 한다면 그 심정이 어떻겠는가. 세대에 관한 통찰을 활용하지 않을 산업이나 기업 또는 조직 전략은 없다. 의심스럽다면 이미 진행 중이거나 곧 닥쳐올 세대 간 갈등을 잘 감당해낼 준비가 되었는지 스스로에게 질문해보라.

» **신규 채용**

- 다음 세대 인재는 역대 가장 다양성이 높은 집단이다. 이러한 사실을 반영해 신규 채용 전략을 세웠는가?
- 아직도 글자만 빽빽한 소책자를 신규 채용을 위한 회사 홍보 자료로 사용하고 있는가 아니면 소셜미디어나 다음 세대가 자주 찾는 네트워크를 활용해 창의적이고 역동적인 방식으로 신규 채용을 진행하고 있는가?

» **신입 사원 교육**

- 경계 세대는 시각적이고 독립적으로 문제를 해결하는 능력이 뛰어난 세대이다. 어떻게 경계 세대 특유의 학습 방식에 맞는 교육 프로그램을 구상할 것인가?
- 밀레니얼 세대는 동료와 협업하고 친분 쌓기를 좋아한다. 이런 특성을 고려해 신입 사원 교육 프로그램에 친분 또는 나아가 우정까지 쌓을 수 있는 기회를 마련했는가?

» **인력 보유**

- X세대 직원들이 현재 조직에서는 경력이 막혔고 승진할 수 있는 유일한 길은 이직뿐이라고 생각하지 않도록 하기 위해 어떤 일을 하고 있는가?
- 한 직장에서 밀레니얼 세대의 평균 근속 기간은 3년에서 5년이다. 밀레니얼 세대 인력 유출을 막기 위해 어떤 대책을 세우고 있는가?

» **이직**

- 최근에 사무실을 개방형으로 바꾸었더니 X세대와 베이비부머 세대가 대거 직장을 그만두고 있다. 왜 그럴까?
- 한 번 조직을 떠났던 직원이 쉽게 돌아올 수 있는 창의적인 개방 정책을 시행하고 있는가? (덧붙이는 말 : 한 번 이직했다가 돌아온 직원이 가장 충성도 높은 직원이 되는 경향이 있다. 이런 말도 있지 않은가. '사랑한다면 보내 줘라. 돌아온다면…' 뒷말은 다 아시리라 믿는다.)

» **인수인계**

- 베이비부머 세대가 한꺼번에 은퇴하기 시작했는데 그들이 보유한 제도적 지식(institutional knowledge)도 함께 사라지는 것을 방지하기 위한 대책이 있는가?
- 신입 사원을 백전노장 경력 사원이나 차세대 리더와 연결해주는 성공적

인 멘토링 프로그램을 운영하고 있는가?

» 영업

- X세대와 밀레니얼 세대는 영업 사원이 모든 정보를 투명하게 낱낱이 공개하기를 원한다. 이 새로운 영업 방식에 적응했는가?
- 전통 세대는 여전히 영업 사원과 서로 사사로운 이야기도 나누며 충분한 시간을 함께 보내기를 원한다. 고객이 무슨 세대이냐에 따라 다른 영업 방식을 취하도록 사원들을 교육시켰는가?

» 마케팅

- 밀레니얼 세대는 사회적 책임을 공표하는 기업에 갈수록 큰 관심을 보이고 있다. 마케팅 전략을 수립할 때 이를 어떻게 반영할 것인가?
- 새로운 삶의 국면에 접어드는 베이비부머 세대는 '이제 은퇴하니까 한숨 돌리고 쉬엄쉬엄하면서 긴장을 풀라'는 메시지에 전혀 동의하지 않는다.

'무엇'을 '그다음에는 무엇'으로 전환

세대 이론에 관심이 있는 사람 중에는 너무 진지하게 학문적으로 접근하는 유형이나 아니면 재미있는 취미 정도로 치부해 버리는 유형이 너무 많다. 이런 유형은 이 책에 나오는 최신 연구나 설문 조사 결과를 섭렵하거나 책을 처음부터 끝까지 정독하기도 하지만(으흠…) 문제는 그러고 나면 끝이다. 그들이 습득한 정보는 개인의 머릿속에 사장되는 것이다. 그 심정이 충분히 이해는 간다. 세대 이론은 너무나 매력적인 주제이기 때문이다. 인간은 언제나 매력적인 존재이고 세대 이론은 다름아닌 이 인간에 관한 학문이다 보니 빠져들기 십상이다. 그러나 세대 이론이 재미있고 유익하길 바라는 만큼이나 독자 여러분이 단순한 정보 습득에서 한걸음만 더 앞으로 나아가 주시길 바라는 바이다.

독자 여러분이 세대 이론을 안다고 자신감을 가지는 데서 그치지 마시고 실천으로 옮겨 주시길 바란다. 아는 것은 성공적인 시작에 불과하다. 시작이 반이고 실천이 나머지 반이다. 지금까지 어떤 것(what) 이면에 숨겨진 이유(why)에 대한 이해와 전략 사이에 균형점을 찾아 어떤 것에 해당하는 세대별 특성이 실질적인 행동으로 이어지도록 만들기 위해 노력했다. "오, 나 이제 왜 밀레니얼 세대가 기술을 좋아하는지 알겠어."만으로는 충분하지 않기 때문이다. 거기서 더 나아가 이렇게 물을 수 있어야 한다. "어떻게 밀레니얼 세대의 기술 사랑을 기업 자산으로 활용할 수 있을까?" 밀레니얼 세대가 일과 삶의 경계를 허물고 싶어 한다는 사실을 아는 것만으로는 충분하지 않다. 그 정보를 활용해 유연 근무제나 근무 복장 규정 등을 바꿀 수 있는 현실적인 (그리고 실행 가능한) 방안을 마련해야 한다. 조직 차원이 아니더라도 최소한 직속 부하 직원들과의 일대일 관계에서라도 습득한 지식을 활용해 변화를 도모해야 한다.

이 책에서는 모든 장마다 세대 이론에서 학습한 '무엇(what)'을 '그다음에는 무엇(so what)'으로 바꾸어 실전에 적용할 수 있는 전략이 포함되어 있다. 하지만 가장 실행에 옮기기 쉬운 전략이 지금 당장 필요하다면 제2부를 집중해서 살펴볼 것을 권한다. 제2부에서는 세대 간 충돌 지점과 이 충돌 지점을 관리하는 방법을 자세히 다루고 있다.

더불어 더 경쟁력 있는 사내 노동력을 구축하는 방법에 대한 지침을 제공하고 이를 실행에 옮길 수 있는 도구도 함께 제시한다.

chapter **03**

밀레니얼 세대의 정신 세계

제3장 미리보기

- '다음 세대는 누구이며 어떻게 탄생했는가?'라는 질문에 대한 답
- 밀레니얼 세대의 관점에 영향을 준 사건 및 조건
- 밀레니얼 세대 정체성을 이루는 핵심 특성 및 가치
- 해로운 고정관념에서 탈피하기

"세대 인기 투표를 실시하면 밀레니얼 세대가 1등일 거야!" 지금까지 이렇게 말한 사람은 아무도 없었다. 현실을 직시하자… 밀레니얼 세대는 자기 홍보(PR)에 심각한 문제가 있다. 밀레니얼 세대에 대한 묘사를 보면 스펙트럼은 존재하지 않고 양 극단만이 존재한다. 역대 노동 인구 가운데 최고의 세대 아니면 최악의 세대로 평가가 극명하게 갈린다.

최악이라는 평가를 보면 밀레니얼 세대는 자기 권리밖에 모르고 자기도취에 빠져 있으며 온실 속 화초처럼 자라서 게으르고 예민한 기술 중독자 집단이다. 호의적인 반응과는 거리가 먼 이러한 부정적인 묘사는 마치 짙은 안개와 같아서 시야를 완전히 가린다. 고정관념으로 이루어진 이 안개가 너무 짙어서 밀레니얼 세대는 입사 첫날

부터 힘든 싸움을 벌여야 한다. 직장 동료나 상사는 이미 밀레니얼 세대에 대한 부정적인 선입견에 휩싸여 있기 때문에 좋은 첫인상을 남기기란 매우 어렵다.

스펙트럼의 또 다른 극단에서는 밀레니엄 세대를 일컬어 잘려서 나오는 식빵(sliced bread) 이래로 인류에게 일어난 가장 위대한 축복이라며 떠받든다. 슈퍼히어로에 비견할 만한 자질과 (일과 중간에 크래프트 맥주를 마시며 휴식을 취하고 구내 식당에서 탁구 토너먼트 대회를 여는 등) 타성에 젖은 구세대에게 새로운 근무 방식을 전수할 혁신적인 창의성을 갖춘 집단이라며 추켜세운다. 호의적인 묘사이지만 사실 전혀 도움은 되지 않는다. 오히려 이런 식의 긍정적 묘사는 다른 세대의 화를 더욱 부추긴다. (칭찬이랍시고 묘사한 밀레니얼 세대의 특성 중 일부가 사실 그다지 칭찬거리가 아니라는 점은 둘째 치고) 현실에는 이런 불가능에 가까운 기준을 만족시키는 세대란 존재하지 않는다.

언제나 그렇듯이 진실은 양극단의 중간쯤에 있다. 이번 장에서는 조금 더 균형 잡히고 가능하면 더 공정한 접근 방식을 취하려고 한다. 여기서부터는 밀레니얼 세대의 정체성을 형성하는 데 중요한 역할을 한 핵심 사건 및 조건을 살펴볼 것이다.

이번 장은 살사(Salsa) 교본과 비슷하다고 생각하면 된다. 기초를 다지고 밟아야 할 단계를 보여 주고 앞으로 무엇을 배워 나갈 것인지도 알려 주기 때문이다. 그러나 실제로 누군가와 파트너가 되고 배움을 실전에 적용해보기 전까지는 절대 성공할 수 없다. 제3장에서는 주로 밀레니얼 세대의 정체성 형성에 영향을 준 요인이 무엇인지를 알아볼 것이다. 실행 가능한 전략이 궁금하다면 세대 간 충돌 지점에 대해 다루고 있는 제2부를 보면 된다.

'밀레니얼 세대의 정신 세계를 분석'한다고 할 때 밀레니얼 세대는 개인이 아니라 집단을 가리킨다. 세대 이론은 대규모 패턴과 동향을 파악하는 사회학 연구에 뿌리를 두고 있다. 이를 명심하고 이번 장을 읽어 나가길 바란다. 여기서 연구하고 분석하는 대상은 밀레니얼 세대라는 집단의 페르소나이지 (복잡한 심리학에 해당하는) 밀레니얼 세대 개개인의 성격이 아니다.

집단으로 바라본 밀레니얼 세대

밀레니얼 세대가 양극단으로만 비춰지는 것은 유감이다. 밀레니얼 세대를 전체적으로 완전하게 묘사한 그림이 있다면 관리자와 일반인 모두에게 이익일 것이다. 그러나 지금 밀레니얼 세대를 묘사하는 주체는 가정을 바탕으로 그림을 그리는 아마추어이다. 따라서 밀레니얼 세대는 (다른 세대도 마찬가지겠지만) 3D로 온전하게 묘사될 권리가 있는데도 사람들은 밀레니얼 세대에 대한 선만 끼적인 듯한 묘사를 접하고 있다.

밀레니얼 세대에 대한 서로 다른 묘사

너도나도 앞다투어 밀레니얼 세대에 대해 근거 없는 의견을 내놓는 듯 보인다. 여기서는 밀레니얼 세대가 가장 일반적으로는 어떻게 묘사되고 있는지를 살펴볼 것이다. 스포일러 주의 : 비교적 호의적인 묘사도 있지만 중요한 것은 모든 묘사가 이 복잡한 세대를 정확하고 공정하고 완전한 시각으로 묘사하는 데는 실패했다는 사실이다.

» **언론 보도 버전** : 언론은 중립적인 입장을 취해서는 이득을 보지 못한다. (잡지를 팔거나 높은 조회수를 유도하려면 말이다.) 따라서 언론에서 볼 수 있는 밀레니얼 세대 묘사는 둘 중 하나이다. "밀레니얼 세대는 잘려서 나오는 식빵 이래로 인류에게 내린 가장 큰 축복이며 이들이 세상을 구원할 것이다!" 아니면 "이 새로운 세대는 지금까지 우리가 힘들게 싸워 쟁취한 모든 선을 파괴해 버릴 것이다. 막아야 한다!" 이러한 극단적인 묘사는 잡지에서도 흔히 접할 수 있다. 왜냐고? "빗장을 걸어라. 밀레니얼 세대가 우리에게 익숙한 모습의 직장을 파괴하려고 들이닥친다." 같은 자극적인 제목을 달아야 잡지가 불티나게 팔릴 테니까.

» **1인 포커스그룹 버전** : 포커스그룹 버전은 기억에 남는 밀레니얼 세대 한 명의 행동을 모든 밀레니얼 세대에 투영하는 것을 말한다. 가령 랜달이라는 밀레니얼 세대를 만났다고 가정해보자. 랜달은 밀레니얼 세대에 대한 모든 고정관념에 부합하는 인물이다. 랜달의 행동을 보면 고정관념이 증폭되어 모든 밀레니얼 세대를 부정적으로 바라보게 된다. 랜달은 항상 스

마트폰을 붙들고 살고 시간 약속은 결코 지본 적이 없으며 직업 윤리라고는 눈을 씻고 찾아볼 수도 없고 주말에는 술을 마시며 이름도 생소한 밴드 공연에 갔다고 자랑하고 종종 상사에게 터무니없는 의견을 제시한다. 반대로 클레어처럼 언제나 완벽해 보이는 외모에 세련되고 아이디어가 넘치며 야망이 있으면서 동시에 배려심도 깊은 밀레니얼 세대를 만날 수도 있다. 그러면 다른 세대보다 밀레니얼 세대를 더 좋게 평가할 수밖에 없을 것이다. 그러나 어느 쪽이든 밀레니얼 세대에 대한 극단적인 평가에 불과하다. 한 명뿐인 포커스그룹에 근거해 밀레니얼 세대 전체를 판단하는 셈이기 때문이다.

» **뒷담화 버전** : 슬프지만 모여서 다른 사람 칭찬보다는 뒷담화를 즐기는 것이 인간의 본성이다. 직장에서도 정수기나 커피 머신 앞에 삼삼오오 모여 다음과 같은 뒷담화를 할 때마다 전우애가 싹튼다. "그 사람이 CEO가 되다니 말이 돼?!", "완전 짜증나. 이건 뭐 하는 프로젝트마다 일일이 다 코치를 해줘야 하니!", "신입 사원을 왜 자꾸 뽑는 거야? 어차피 2년도 안 되서 다 떠날 텐데 이런 시간 낭비, 돈 낭비가 어딨어!" 이런 식의 뒷담화는 반작용으로 밀레니얼 세대에 대한 고정관념을 강화시키는 결과만을 낳을 뿐이다.

» **고슴도치 부모 버전** : 이런 류의 밀레니얼 세대 묘사는 보통 한 개인(대개 밀레니얼 세대 자녀를 둔 베이비부머 세대 부모)에게서 비롯되는 경우가 많다. "딸이 하나 있는데 걔도 밀레니얼 세대야. 내 딸이지만 말썽 한 번 피운 적 없어. 나한테 항상 요새 세상이 어떤지도 가르쳐 줘. 기술에 대해 아는 것도 엄청 많아. 뇌섹녀야 뇌섹녀. (이것도 딸한테 배운 말인데 머리가 좋은 여자라는 뜻이래.) 우리 모두 밀레니얼 세대가 우리를 (구세대적) 악습에서 구해줄 거라는 믿음을 가져야 해." 고슴도치 부모의 편견이 분명히 작용했음을 볼 수 있다. 이로써 밀레니얼 세대에 대한 온전하지 않은 묘사가 하나 더 추가되었다.

무엇(What) 뒤에 숨어 있는 왜(Why)

앞서 제시한 모든 예시에서는 데이터가 오염되어 있다. 표본의 크기가 너무 작거나 (고슴도치 부모처럼) 데이터를 수집하는 사람이 편향되어 있거나 (조회수를 올릴 미끼를 찾는 언론처럼) 다른 숨은 목적이 있기 때문이다. 그러나 정보가 왜곡된 가장 큰 이유는 밀레니얼 세대는 무엇이고 왜 그러한 정체성이 형성되었는지를 무시했기 때문일 것이다. 이번 장의 제목은 '무엇 뒤에 숨어 있는 왜'라고 붙여도 손색이 없었을 것이다.

이미 예상했겠지만 밀레니얼 세대 전체가 '왜' 그런지를 간단명료하게 설명할 수 있는 정답은 없다. 개개인이 특정한 행동, 선호, 특성, 동기 부여를 가지게 된 배경에는 제각기 다른 요소가 복잡하게 작용한다. 태어난 곳은 어디인지, 부모는 누구인지, 성격이 내향적인지 또는 외향적인지, 어떤 교육을 받았는지, 시골에서 자랐는지 도시에서 자랐는지, 인종과 성별은 무엇인지 등 수많은 요소가 복합적으로 얽혀 있기 때문이다. 그러나 밀레니얼 세대를 개개인이 아닌 집단으로 보면 이야기가 다르다. 밀레니얼 세대가 인격 형성기에 공유했던 집단 경험을 연구하면 밀레니얼 세대라는 집단을 이해하거나 '밀레니얼 세대의 정신 세계'를 해부할 수 있는 뿌리를 찾을 수 있다. (인격 형성기 이론은 제2장에서 자세히 다루고 있다.)

지금의 나가 나인 이유 : 밀레니얼 세대의 인격 형성기

인격 형성기에 겪었던 경험이 성인이 되었을 때의 정체성을 결정한다. 그렇다면 밀레니얼 세대의 인격 형성기는 어떻게 정의할 수 있을까? 먼저 밀레니얼 세대의 출생연도를 알아야 한다. 이 책에서는 밀레니얼 세대를 1980년생부터 1995년생까지라고 정의했다(그림 3-1 참조). 이론학자나 심리학자마다 인격 형성기를 다르게 정의하지만 세대 이론에서는 그림 3-2에서 보다시피 인격 형성기를 사춘기 또는 청소년기와 동의어로 본다. 따라서 밀레니얼 세대의 인격 형성기는 1993년부터 2014년 사이이다. 세대 연대표 상에서 밀레니얼 세대의 위치를 가늠하고 싶다면 표 3-1을 참고하자. (재차 말하지만 밀레니얼 세대의 인격 형성기가 언제인지는 논의를 진행하기 위한 한 방편이며 학자마다 다르게 정의할 수 있다. 어떤 이론 학자는 인격 형성기를 일고여덟 살부터 이십 대 초반까지로 훨씬 길게 정의하기도 한다.)

인격 형성기가 뭐가 그렇게 중요한지 모르겠다면 이 시기가 집단에 미치는 영향력이 얼마나 큰지를 보여주는 몇 가지 사례를 살펴보자.

> » **통과의례** : 수백 년 동안 여러 문화권에서는 남자나 여자가 인생에서 새로운 생애주기에 들어서면 축하해주는 풍습이 있었다. 일반적으로 유년기에

서 성년으로 넘어가는 순간을 축하해주곤 했다.

» **십 대에 집착하는 대중 문화** : 세대를 뛰어넘어 시대를 풍미했던 드라마나 영화 중에는 십 대를 겨냥한 작품이 많았다. '조찬 클럽(The Breakfast Club)', '해피 데이즈(Happy Days)', '베이사이드 얄개들(Saved By the Bell)'(덧붙이는 말 : 속편인 '베이사이드 얄개들 대학에 들어가다(Saved by the Bell: The College Years)'는 상 대적으로 전작만큼 큰 성공을 거두지 못했는데 부분적인 이유는 인격 형성기 이후의 이야기 를 다루고 있기 때문일 것이다). '더 오씨(The OC)', '벨에어의 프레시 프린스(Fresh Prince of Bel Air)' 등이 대표적이다. 십 대 시절은 인생에서 짧은 시간이지만 평생 사라지지 않는 커다란 흔적을 남긴다. '맙소사, 고등학교 졸업하고 15 년 만에 가는 동창회인데 제일 예쁜 모습으로 나가야 해'라며 호들갑을 떠 는 순간만 떠올려 봐도 이 주장이 참임을 알 수 있지 않은가.

밀레니얼 인격 형성기에 해당하는 21년 동안 수많은 일이 일어났다는 것만큼은 분 명하다. 여기서 모든 사건을 다룰 순 없고 해당 기간 동안 일어난 사건 중에 가장 영 향력이 큰 사건만 골라서 다루려고 한다. 맛보기로 다음 사실들을 살펴보자.

» 밀레니얼 세대는 인격 형성기가 시작되는 순간부터 인터넷이 삶의 일부였 던 최초의 세대이다.

» 밀레니얼 세대는 예전에는 PG-13(13세 이상 관람가)이 없었다는 사실을 모 른다.

» 밀레니얼 세대는 페이스북의 실험용 쥐 세대로 페이스북 베타 버전을 학 교 이메일로 가입해 처음으로 사용했다.

그림 3-1
밀레니얼 세대
출생 연도

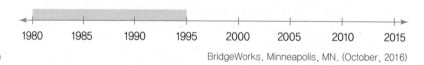

BridgeWorks. Minneapolis, MN. (October, 2016)

그림 3-2
밀레니얼 세대
인격 형성기

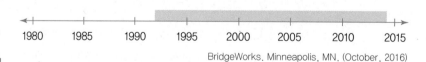

BridgeWorks. Minneapolis, MN. (October, 2016)

표 3-1	세대별 출생 연도와 인격 형성기
출생 년도	인격 형성기
1980	1993~1999
1981	1994~2000
1982	1995~2001
1983	1996~2002
1984	1997~2003
1985	1998~2004
1986	1999~2005
1987	2000~2006
1988	2001~2007
1989	2002~2008
1990	2003~2009
1991	2004~2010
1992	2005~2011
1993	2006~2012
1994	2007~2013
1995	2008~2014

» 인격 형성기의 3분의 1에 해당하는 기간 동안 흑인 대통령이 재임했다.

» 밀레니얼 세대 대부분은 분단 독일을 기억하지 못한다. 베를린 장벽이 붕괴되었을 때는 가장 나이가 많은 밀레니얼 세대조차 인격 형성기에 접어들기 전이었다.

» 밀레니얼 세대는 현재까지 (밀레니얼 이후 세대를 제외하면) 가장 교육 수준이 높고 가장 다양성이 높은 세대 집단이다.

» 밀레니얼 세대는 집집마다 컴퓨터가 없었던 시절을 살았던 적이 없다.

밀레니얼 세대 가운데 가장 어린 집단(직장 생활 경험이 기껏해야 2년밖에 안 된 밀레니얼 세대)과 가장 나이가 많은 집단(직장 생활 경험이 10년 이상인 성인으로서 자리잡은 밀레니얼 세대)은 분명히 다르다. 이번 장에서는 한 세대를 정의하는 기간인 15년을 기준으로 밀레니얼 세대 전체를 평가하지만 13장에서는 초기 밀레니얼 세대와 후기 밀레니얼 세대 두 집단으로 나누어 살펴볼 것이다. 구체적으로 초기 밀레니얼 세대와 후기 밀레니얼 세대 사이에 차이가 가장 두드러지는 순간은 언제이며 두 집단을 어떻게 다르게 관리해야 하는지를 살펴볼 것이다.

기술 발전이 밀레니얼 세대에게 미친 영향

기술은 밀레니얼 세대의 페르소나를 이해할 때 가장 중요한 요인 중 하나이다. 1993년부터 2014년 사이에 일어난 주요 기술 발전이나 새롭게 출시된 기술 또는 기술 혁명 등을 정리한 아래 연대표를 살펴보자.

> » 1993 : 펜티엄 프로세서, 전화선 인터넷 상용화
> » 1994 : 소니 플레이스테이션, 야후, 아마존
> » 1995 : 자바, 이베이
> » 1996 : DVD 플레이어 발명, 닌텐도 64, 팜파일럿, 핫메일
> » 1997 : AOL 인스턴트 메신저, 광대역 통신망 등장, 넷플릭스 설립, DVD 플레이어 미국 진출
> » 1998 : 구글 탄생, 블루투스 기술 출시
> » 1999 : 냅스터 설립, 최초의 현대식 광학 컴퓨터 마우스 등장, 와이파이 상용화, 최초의 하이브리드 자동차 대량 생산 모델인 혼다 인사이트 미국 출시
> » 2000 : AT&T가 문자 서비스 제공, GPS의 대중화, USB 시장 출시
> » 2001 : 위키피디아 출범, 최초의 아이팟, 아이튠즈
> » 2002 : 미국 최초 카메라폰 출시, 프렌드스터 서비스 시작하자마자 이용자 300만 명 달성
> » 2003 : 스카이프, 마이스페이스
> » 2004 : 페이스북 '더페이스북'으로 이름 변경하고 서비스 시작
> » 2005 : 유튜브 출범
> » 2006 : 닌텐도 Wii, 트위터, 페이스북 모두에게 공개됨

- » 2007 : 애플 최초 아이폰 출시, 킨들, 넷플릭스 스트리밍 서비스 시작
- » 2008 : 구글 안드로이드, 스포티파이
- » 2009 : 우버, 핏비트 첫 디지털 만보계 출시
- » 2010 : 애플 아이패드 출시, 인스타그램
- » 2011 : 시리, 스냅챗, 아이비엠 왓슨
- » 2012 : 구글 무인 자동차 네바다 주에서 운전면허 취득
- » 2013 : 구글 글래스, 애플 터치ID(지문 인식) 기술 채택, 드론의 대중화
- » 2014 : 3D 인쇄 산업 부흥, 애플 워치 출시

지나가던 사람을 붙잡고 밀레니얼 세대의 특징을 하나만 말하라고 하면 '첨단 기술에 밝다(혹은 기술에 중독되었다)'라는 답변이 심심찮게 돌아올 것이다. 베이비부머 세대와 X세대도 상당한 기술 혁명을 경험하며 자랐지만 밀레니얼 세대는 특히나 폭발적인 기술 혁명으로 근무 방식부터 미디어 소비 행태에 이르기까지 모든 분야에서 근본적인 변혁이 일어난 시대에 성장했다. 기술 연대표를 보면 시대별로 일어난 주요 기술 혁명을 통찰할 수 있다. 하지만 가장 큰 영향을 미친 기술 혁명을 순서대로 나열하라고 한다면 인터넷의 대중화, 소셜미디어의 발달, 냅스터, 스마트폰, 그리고 마지막으로 우버를 꼽을 수 있을 것이다.

지난 20년간 수많은 기술 발전이 일어났지만 인터넷, 소셜미디어, 냅스터, 스마트폰, 우버 이 다섯 가지는 기업 문화와 사회 문화 전반에 지속적으로 영향을 미치고 있다. 특히 이들 기술 발전과 함께 성장한 밀레니얼 세대는 더욱 더 그 영향을 크게 받았다.

- » 밀레니얼 세대는 유난히 변화에 잘 적응하는 집단이다. 변화의 물결이 밀려올 때 바로 그 자리에 서 있었던 밀레니얼 세대는 새로운 조류가 밀려올 때마다 올라타는 방법을 배우며 자랐다. 밀레니얼 세대는 급격하게 변화하고 업그레이드되는 세상에 빠르게 적응하는 법을 배우며 청소년기를 보냈다. 또한 새로운 시스템을 받아들이고 적응하는 법을 배웠다.
- » 밀레니얼 세대에게 기술이란 단순히 하드웨어가 아니다. 기술은 곧 삶의 방식이다. 밀레니얼 세대는 이전 세대와는 완전히 다른 방식으로 언제나 세상과 연결되어 있었다. 이번 장의 뒷부분에서는 소셜미디어가 밀레니얼 세대를 어떻게 예전과는 다른 방식으로 세상에 연결시켜 주었는지를 살펴볼 것이다. 그러나 지금은 기술 발전 자체가 어떻게 밀레니얼 세대의 페르

소나 형성에 영향을 미쳤는지를 자세히 살펴볼 것이다.

» **정보가 곧 권력이다.** 인터넷은 '아는 것이 힘이다'라는 격언의 의미를 근본적으로 바꾸어 놓았다. 과거에는 경험과 인맥과 신분이 지식 수준을 결정했다. 그러나 밀레니얼 세대는 세상의 지식을 손에 넣기 위해 브리태니커 백과사전 전권을 살 필요가 없었다…. 전화선으로 고속 (별로 빠르지 않을 때도 있었지만) 인터넷에 접속만 하면 원하는 정보를 퍼 올릴 수 있었기 때문이다.

» **소비자 시장은 새로운 영업 사원을 원한다.** 온라인 쇼핑이 구매와 판매의 경제를 변화시켰다는 사실은 말할 필요도 없다. 밀레니얼 세대는 원하는 즉시 물건을 살 수 있었을 뿐 아니라 신뢰할 수 있는 브랜드를 가려낼 수 있었다. 어떤 제품이나 서비스라도 검색이 가능하고 대부분 크라우드소싱도 가능하다.

알다시피 기술은 모두에게 영향을 미쳤다. 모든 사람이 스마트폰을 사용하고 인터넷에 지나치게 의존한다. 다만 잊지 말아야 할 중요한 차이점이 있다면 밀레니얼 세대 이전 세대는 인터넷 같은 기술 혁명을 인격 형성기가 지나고 난 뒤에 경험했다는 사실이다. 세상을 이해하는 방식이 이미 정립되고 난 이후에는 아무리 아이폰 같은 혁신적인 제품이 등장하더라도 세상을 바라보는 시각 자체는 크게 변하지 않는다. 하지만 이러한 변화를 십 대 시절에 겪은 밀레니얼 세대는 기술 혁신이라는 개념이 머릿속 깊숙이 탑재되었다. 밀레니얼 세대에게 인터넷이란 처음부터 생활 필수품이었다.

밀레니얼 세대의 기술 의존성

서너 시간 넘게 회사에 전기가 끊긴다면 직원들을 붙잡아 두는 건 무의미한 일일 것이다. 불도 없고 폰도 없고… 굳이 회사에 남아 있을 이유가 무어란 말인가? 직장에서 전기는 편의 시설이 아니다. 필수 기반 시설이다. 여기에는 이의가 없을 것이다. 그렇지 않은가? 그런데 잠깐… 전통주의자는 의견이 다를지도 모른다. 그들은 이렇게 말할지도 모른다. "지금 애들을 망치고 있는 거예요! [전기가 없다면] 연필과 종이를 쓰세요. 창문도 좀 열고요. 삶은 멈추지 않아요. 그깟 전기 좀 끊긴다고 해서 일을 못하란 법 있나요."

이 사례를 기술 중독으로 유명한 한시도 인터넷에 접속해 있지 않고는 못 배기는 밀레니얼 세대에 적용해보자. 이런 밀레니얼 세대를 마주쳤던 적이 있을지도 모르겠다. 아무튼 직장에서 인터넷이 다운되었다고 가정해보자. 독자 여러분은 살짝 패닉에 빠졌다가 곧 인터넷 없이도 할 수 있는 업무를 생각하기 시작할 것이다. 밀레니얼 세대의 반응은 어떨까? "앗, 퇴근하거나 근처 스타벅스에 가야겠네요, 그렇죠?" 인터넷이 다운되면 인터넷에 길들여진 밀레니얼 세대의 근무 방식(과 삶의 방식) 또한 다운되고 만다.

밀레니얼 세대에게 인터넷은 언제나 필수재에 가깝다. 밀레니얼 세대가 인터넷에 의존하는 이유는 다음과 같다.

» **모든 정보** : 밀레니얼 세대는 기술을 활용해 자신을 둘러싼 세상을 이해하면서 자랐다. 구글과 위키피디아와 스마트폰 덕분에 밀레니얼 세대는 어떤 주제나 관심 분야에 대해 알고 싶거나 전문 지식이 필요할 때 언제나 모든 정보에 접근할 수 있었다. 컬링 게임 잘하는 법, 맨해튼 마티니 제조법, 남북전쟁사 과목에서 A학점 받는 법 등 원하는 정보를 습득하는 일이 밀레니얼 세대의 성장기 때만큼 쉬웠던 적이 없었다.

» **길 찾기** : 이전 세대는 동네 지리를 익히거나 길 찾기의 달인이 되기 위해서는 오늘날 '구시대의 유물'이라 불리기도 하는 종이 지도 보는 법을 익혀야 했지만 밀레니얼 세대는 그럴 필요가 전혀 없었다. GPS 기술과 스마트폰 덕분에 지도 읽는 법을 익힐 필요가 전혀 없었기 때문이다. 주변에 매일 다니는 출퇴근길도 스마트폰에 탑재된 네비게이션 없이는 다니지 못하는 밀레니얼 세대가 있다면 바로 이러한 연유에서이다.

» **인간 관계** : 밀레니얼 세대는 역대 가장 글로벌하고 다양성이 높은 세대로 가족과 친구들이 전 세계에 퍼져 있다. AOL 인스턴트 메신저로 친구들과 문자를 주고받기 시작했던 밀레니얼 세대는 이제는 스카이프와 왓츠앱과 페이스타임으로 영상 통화를 한다. 밀레니얼 세대에게 영상 통화나 채팅은 거리가 멀든 가깝든 친구들과 관계를 유지하는 너무나도 당연한 방식이다.

» **협력 수단** : 크라우드소싱을 하고 옐프에 다녀온 식당에 대한 후기를 작성하고 이벤트 해쉬태그를 팔로잉하고… 인터넷은 필요한 정보를 친구들에

게서 얻을 수 있는 협력의 신세계를 열었다. 어떤 면에서는 정보의 민주화가 이루어졌다고 할 수 있다.

밀레니얼 세대는 항상 기술에 의존해서 많은 일을 해낸다. 인터넷에 접속할 수 있고 작업 능률을 최대화할 수 있는 기술 환경만 뒷받침된다면 근무 외 시간에 일하는 것도 개의치 않는다. 관리자로서 밀레니얼 세대 부하 직원에게 해줄 수 있는 최선은 그들에게 맞는 방식으로 기술을 사용할 수 있는 유연성을 허락해주는 것이다.

밀레니얼 세대의 차별화 욕구

아마도 밀레니얼 세대는 모든 것을 개인별로 맞춤할 수 있는 세상이 도래한 것이 기술 발전이 가져다준 가장 획기적인 변화라고 생각할 것이다. (최초의 온라인 음악 파일 공유 서비스로 현재 시장 강자인 아이튠즈, 스포티파이, 애플뮤직의 모태가 된-역주) 냅스터를 예로 들어 보자. 냅스터를 모르시는 독자를 위해 잠깐 설명 드리자면 냅스터는 친구끼리 (P2P 기반) MP3 형식의 파일(주로 음악 파일)을 공유할 수 있는 서비스이다. 여기서 초점은 '와, 라디오에서 나오는 음악을 녹음하지 않아도 이렇게 많은 노래를 공짜로 들을 수 있다니'가 아니라 (이 부분에 대해서 이야기했다가는 삼천포로 빠질 가능성이 너무나도 높다) '와, 내가 원할 때 언제든지 원하는 노래는 선택해서 다운로드할 수 있네'이다. 냅스터 덕분에 밀레니얼 세대는 앨범을 구입하지 않아도 (앨범을 구입하면 좋든 싫든 앨범에 수록된 전곡에 노출된다) 듣고 싶은 곡만 다운로드해서 들을 수 있게 되었다. 현대 기술 발전으로 개인별 맞춤 생산 및 소비의 시대가 활짝 열린 것이다. 핸드폰 벨소리도 마음껏 선택할 수 있게 됨에 따라 밀레니얼 세대에게 벨소리는 단순히 벨소리 그 이상의

【 (핸드폰) 분리 불안 】

기술에 의존하다 보면 의존도가 지나쳐 중독이 될 때가 있다. 그리하여 핸드폰을 집에 두고 나오면 회사에 지각을 하는 한이 있더라도 더없이 소중한 이 기계를 가지러 다시 집으로 돌아가야만 직성이 풀리는 세대가 탄생한 것이다. 밀레니얼 세대에게 문자 메시지 알림음 등은 삶의 일부이기 때문에 없으면 뭔가 '허전하다'는 느낌을 받는다. 이러한 과잉접속성(over-connectedness) 때문에 생기는 폐단은 분명히 존재하며 밀레니얼 세대도 자각하고 있는 문제이다. 최근 들어 마음을 챙기고 (mindfulness) 잠시 동안이라도 인터넷이나 스마트폰 등에서 벗어나 주변 사람과 세상에 접속하자는 #언플러그 운동이 일어나고 있다.

의미를 지니게 되었다… (핸드폰 벨소리가 마리오 브라더스 게임 효과음이냐 스파이스걸스의 워너비이냐는 많은 것을 말해준다.)

맞춤 생산 및 소비에 대한 욕구는 비단 기술 분야에만 국한된 것이 아니다. 치폴레(Chipotle) 같은 멕시칸 음식 전문 패스트푸드 체인점에서도 한정된 메뉴판에서 벗어나 원하는 재료를 자유롭게 선택해 음식을 주문할 수 있다. 밀레니얼 세대는 아주 어렸을 때부터 각자 취향에 따라 맞춤 소비를 할 수 있었다. 나이키 같은 유명 의류 브랜드도 소비자가 세상에서 오직 하나뿐인 자신만의 옷을 디자인해서 구입할 수 있는 서비스를 제공한다. 이러한 맞춤 소비 동향의 극단적인 형태는 밀레니얼 세대가 심지어 문신으로 피부도 차별화한다는 것이다. 밀레니얼 세대는 마음속 깊이 자신이 매우 특별한 존재이며 어느 각도로 보아도 자신과 비슷한 사람은 세상에 존재하지

【 상상력의 종말 】

기술 발전이 상상력에 종지부를 찍었다는 주장도 있다. 전통 세대가 되었다고 상상해보자. (방금 '상상해' 보자고 했다.)

- 전통 세대는 뉴스를 보지 않는다. 조간 신문으로 뉴스를 읽는다.
- 전통 세대는 '슈퍼맨'을 보지 않는다. 라디오에서 방영되는 내용을 들으면서 슈퍼맨이 망토를 휘날리며 지구 둘레를 날아다니는 모습을 상상한다.
- 전통 세대는 세상과 일부 단절되어 있어서 무슨 일이 일어나고 있는지 파악하려면 상당한 상상력이 필요했다.

전통 세대 때에는 전체 그림을 파악하기 위해서는 어느 정도의 상상력이 반드시 필요했지만 요즘 세대는 이미 탄탄한 밑그림을 가지고 출발한다. 일부에서는 '모든 정보에 접근 가능함'이 젊은 세대가 창의적인 가설을 세우는 능력을 발휘하지 못하도록 방해한다는 시각도 있지만 단순하게 생각하면 더 큰 창의력을 자극하는 도구를 손에 쥐고 새로운 방식으로 상상력을 발휘할 수 있게 된 것은 아닐까? 이번에는 스스로를 밀레니얼 세대라고 상상해보자.

- 밀레니얼 세대는 소셜미디어에서 짧은 영상이나 실시간으로 중계되는 무삭제/무편집본 형태로 뉴스를 소비한다.
- 모든 TV 프로그램이나 영화는 원하는 것만 원하는 시간에 소비한다.
- 게임 플랫폼 상에서 원하는 세상을 창조할 수 있다.
- 창의적인 아이디어가 있으면 온라인에서 재현해볼 수 있고 그 과정을 통해서 더 발전된 아이디어가 탄생할 수 있다.

따라서 [기술 발전이 상상력에 종말을 고했다는 주장에 대한] 반론은 각자 재량에 따라 할 수 있는 일이 많아질수록 더 틀을 벗어난 사고를 할 수 있게 되고, 따라서 한계 없는 상상이 가능해진다는 것이다. 모든 것이 다른 무언가에 반응해서 나온 결과물이라면 진정한 창작물이란 건 있을 수 없지 않냐고 반박할 수도 있다. 그러면 또 다시 이런 반문이 가능하다. 과거의 경험이나 인물에 전혀 아무런 영향도 받지 않은 창작물이 존재하는가? 우리의 모든 생각이 서로의 상상력 위에 세워졌다는 말은 시적이기까지 하다. 윌리 웡카는 분명 자랑스러워 할 것이다.

【 나만의 퍼스널 브랜드 】

기술 발달로 맞춤 생산 및 소비 시대가 열리면서 퍼스널 브랜딩의 시대도 함께 열렸다. 퍼스널 브랜딩(Personal Branding)이란 개인의 겉모습을 하나에서부터 열까지 차별화하는 것이다. 핸드폰 벨소리, 머리 모양, 팔뚝에 있는 죽음의 생물 문신 등 모든 것이 그 사람이 누구인가를 말해 준다. 한마디로 기술은 밀레니얼 세대에게 자신만의 브랜드를 만들어 나갈 수 있는 기회를 주었고 실제로 많은 밀레니얼 세대가 어렸을 때부터 그렇게 해오고 있다. 인터넷에서 모두에게 공평하게 제공되는 도구를 사용하면서 자랄 때 생길 수 있는 부작용은 항상 스스로가 세상 사람들 눈에 어떻게 비치는지를 의식하면서 살아야 한다는 것이다. 밀레니얼 세대는 자신만의 고유한 퍼스널 브랜드를 만들어 나가는 것에 자부심을 느낀다. 잘 다듬어진 정체성은 여러 모로 도움이 될 수 있다. 꿈의 직장에 취직할 때 도움이 될 수도 있고 혹은 비슷한 사상과 문제 의식을 공유하는 사람을 끌어당기는 도구가 될 수도 있다.

않는다고 믿는다.

기술 발달로 물건을 맞춤 구매할 수 있게 되었을 뿐만 아니라 정보도 맞춤 소비할 수 있게 되었다. 예를 들어 페이스북에서는 친구를 선택할 수 있다. 소셜미디어 피드에는 보고 싶은 정보만 올라오도록 설정할 수 있다. RSS 피드는 좋아하는 뉴스 매체로만 채울 수 있다. 물론 이러한 선별적인 정보 소비는 부정적인 결과를 낳기도 한다. 동의하지 않는 정보나 의견은 무조건 차단해 버린 탓에 세계가 더 양극화되어 버린 것이다. 의견의 다양성을 확보하기란 점점 더 힘들어지고 나와 다른 의견을 수용하는 인내심을 기대하기도 점점 더 힘들어지고 있다.

직장에서도 밀레니얼 세대는 사무 공간이나 업무 일정 등을 개인별로 맞춤 설계할 수 있는 기회를 원한다. 밀레니얼 세대에게 업무에 집중하고 스스로를 동기 부여하기 위해서 선택은 필수 요소이다. 선택이 보장되어야만 계속해서 자신의 퍼스널 브랜드를 유지해 나갈 수 있기 때문이다.

비디오 게임을 통해 드러난 밀레니얼 세대의 협력적 성향

기술은 또한 밀레니얼 세대가 협력적인 사고방식과 태도를 형성하는 데 영향을 끼쳤다. 이는 게임이 어떻게 진화했는지만 보아도 알 수 있다. 게임이 밀레니얼 세대에게 어떤 의미인지를 이해하기 위해서는 시간을 거슬러 X세대의 인격 형성기로 되돌아가 X세대의 게임 경험을 들여다보아야 한다.

게임계에서 가장 최근에 일어난 진화라고 하면 트위치의 탄생을 꼽을 수 있다. 트위치는 인터넷에서 방문객 수가 가장 많은 단체 게임 사이트 중 하나로 밀레니얼 세대보다는 (그다음 세대인) 경계 세대와 더 밀접한 관련이 있다. 트위치에서는 친구가 게임하는 모습을 그냥 앉아서 지켜본다. 컴퓨터 화면에서는 다른 사람이 구경하는 친구들에 둘러싸여 게임하는 모습도 볼 수 있다. 비디오 게임을 보면서 친구들과 '노는' 방식인 것이다. 너무 걱정할 필요는 없다. 이해가 안 되는 건 밀레니얼 세대인 필자들도 마찬가지니까 말이다.

X세대는 주로 1인용 비디오 게임을 하면서 자랐고 X세대가 매우 독립적인 세대라는 사실도 이와 무관하지 않다. X세대는 비디오게임을 접한 첫 세대였다. 당시 유행했던 비디오 게임에는 퐁, 테트리스, 스페이스 인베이더, 동키콩, 프로거, 덕헌트 등이 있다. 대부분이 1인용으로 개발된 게임이었다. X세대는 친구가 아타리 게임을 하는 동안 옆에서 시간을 때우거나 아니면 매우 기본적인 기능만 제공하는 다인용 모드로 함께 게임을 하기도 했다. 하지만 다인용 모드는 접속도 불안정했고 게임방에 접속한 사람과 게임 조종기 개수에 따라 접속이 제한되었다.

X세대와는 달리 밀레니얼 세대는 게임도 서로 도와가면서 했다. 시간이 지날수록 밀레니얼 세대는 게임당 네 명까지 함께 참여할 수 있는 다인용 게임을 즐기기 시작했다. 유례 없이 개선된 인터넷 접속 환경 덕분에 전 세계 사람과 게임을 할 수 있었다. 에버퀘스트나 워드오브워크래프트처럼 엄청나게 많은 플레이어가 한꺼번에 참여할 수 있는 게임이 생겨나면서 밀레니얼 세대는 수백만 명의 다양한 국적을 지닌 각계각층의 사람과 게임을 할 수 있게 되었다. 휴대용 게임기인 게임보이가 출시되고 나서는 걸어다니면서도 게임을 할 수 있게 되었다. 게임보이는 닌텐도 DS로 진화했고 나중에는 스마트폰이 등장하면서 밀레니얼 세대는 이제 폰으로 게임 앱을 다운로드해서 언제 어디서나 어느 누구와도 게임을 즐길 수 있게 되었다.

게임 업계는 밀레니얼 세대의 협동심을 이해할 때 매우 중요한 퍼즐 조각이다. 밀레니얼 세대에게 협력이란 일상 생활의 일부였다. 따라서 밀레니얼 세대는 직장에서 일을 할 때도 단체 스포츠 경기를 하듯이 접근한다는 사실을 받아들여야 한다. 글쓰기 같은 창의적인 일이든지 예산 편성 같은 기계적인 일이든지 간에 밀레니얼 세대는 언제든 협력하여 일할 준비가 되어 있다.

'업그레이드 주기' 세대 해부

밀레니얼 세대는 끊임없이 변화하는 세상에서 자랐지만 그 와중에 변하지 않던 한 가지는 변화하는 속도 그 자체였다. 이전 세대도 (라디오나 텔레비전의 발명 같은) 놀라운 기술 혁명을 경험했지만 밀레니얼 세대는 십 대 시절에 전 세계적으로 유례 없이 빠른 기술의 진화를 목격했다. 변화의 속도가 점점 빨라지는 현상을 '업그레이드 주기 (upgrade cycle)'라고 부르기로 하자. 이 업그레이드 주기는 밀레니얼 세대의 호주머니 속에 들어 있는 핸드폰부터 인터넷 접속 속도, 밀레니얼 세대가 원하는 승진 속도, 인권 향상에 이르기까지 모든 분야에 적용된다.

밀레니얼 세대의 인격 형성기(1993~2014년) 동안 이 업그레이드 주기에 영향을 미친 주요 요인을 간략하게 살펴보자.

- » **핸드폰**
  - 초기(1993년) : (길고 가는 막대 모양이 초콜릿 바를 닮았다고 해서 이름 붙여진) 못생긴 캔디바 폰
  - 후기(2014년) : 얇고 잘 빠진 아이폰 6 플러스
- » **집에서 영화 시청**
  - 초기(1993년) : VCR('되감기해서 반납해주시면 감사하겠습니다')(1990년대 비디오 대여점 앞에 붙어 있던 문구-역주)
  - 후기(2014년) : 스마트폰에서 넷플릭스로 실시간 시청
- » **인터넷 접속**
  - 초기(1993년) : 팝타르트를 토스트기에 넣으면서 불안정한 전화선 접속을 기다리곤 함
  - 후기(2014년) : 커피숍, 공항, 심지어 달리는 버스에서도 언제 어디서나 접속 가능한 와이파이
- » **음악**
  - 초기(1993년) : 라디오 옆에 붙어 앉아서 좋아하는 노래가 나오면 공테이프에 녹음함
  - 후기(2014년) : 월 일정액을 지불하고 어느 기계에서나 언제 어디서든 원

하는 음악을 들을 수 있음

» 비디오 게임

- 초기(1993년) : 슈퍼 닌텐도 엔터테인먼트 시스템(가정용 게임기로 우리나라에 서는 슈퍼 패미컴이라고 불렸음-역주)으로 친구와 번갈아 가면서 슈퍼 마리오 올스타 게임을 함
- 후기(2014년) : 트위치에서 다른 사람이 할로 게임 하는 모습을 시청

변화의 속도

계획된 노후화(planned obsolescence)라는 용어를 들어본 적이 있는가? 밀레니얼 세대에게 계획된 노후화는 언제나 예상 가능한 일이었다. 밀레니얼 세대는 새로운 폰을 사도 얼마 지나지 않아 더 혁신적인 새로운 폰이 나오리라는 사실을 알고 있었다. 변화의 속도는 너무 빨라서 밀레니얼 세대 내부에서도 분열을 일으킬 정도였다. 초기 밀레니얼 세대는 고등학교 때는 노키아폰을 사용했고 나중에야 스마트폰을 사용했다. 후기 밀레니얼 세대는 고등학교 때부터 이미 스마트폰을 사용하기 시작했고 대학교에 가서는 똑같은 스마트폰이지만 업그레이드된 버전을 사용했다. 겉으로 보기에는 사소해 보이는 이 경험의 차이가 두 집단이 선호하는 교육 방식, 친구들과의 의사소통 방식, 세상에서 벌어지고 있는 일에 대한 인식 등을 갈라놓았다.

업그레이드 주기는 핸드폰에만 적용되는 것이 아니다. 인터넷 접속 속도 또한 점점 더 빨라졌다. 비디오 게임은 이제 가상 현실을 구현할 수 있을 정도로 발전했다. 소셜미디어조차 업그레이드와 진화를 거듭하며 새로운 기능과 용도를 내놓는다. 이러니 이제 막 노동 인구에 편입된 밀레니얼 세대가 직장을 주기적으로 업그레이드하려는 것도 놀랄 일은 아니지 않은가? 업그레이드는 밀레니얼 세대가 자신을 둘러싼 세상과 그 안에서 자신의 위치를 이해하는 과정 속에 자연스럽게 녹아 있는 일부인 것이다.

밀레니얼 세대에 대해 가장 널리 퍼져 있는 불만 중 하나는 자기 권리만 내세운다는 것이다. 기존 직원들은 경력도 없는 신입 사원들이 입사하자마자 일 년 또는 이 년 만에 승진하기를 바란다고 불만을 토로한다. 밀레니얼 세대가 왜 이런 기대치를 갖게 되었는지를 짐작하기는 이제 어렵지 않을 것이다. 앞서 설명한 업그레이드 주기는 기술뿐만 아니라 직장 생활에 대한 기대치도 바꾸어 놓았다. 게다가 밀레니얼 세

대는 부모에게서 '너는 네가 원하는 무엇이든 될 수 있어'라는 격려를 받으며 자랐다. 이 사실을 감안하면 빨리 승진하고자 하는 욕구도 이해할 수 있다. 직장에서 원하는 목표를 이루지 못하거나 5년이 지나도록 발전이 없고 정체된 것 같은 느낌이 들면 밀레니얼 세대는 아마 다른 데로 눈을 돌릴 것이다. 밀레니얼 세대에게 변화와 진화와 파괴는 너무나도 당연한 것이기 때문이다.

고속 인터넷

태초에 전화선 인터넷이 있었다. 초기 밀레니얼 세대는 전화선으로 인터넷에 접속되기를 기다렸던 기억이 있을 것이다. 아직도 귓가에 익숙한 연결음이 끝나고 나도 인터넷 접속이 성공하리라는 보장은 없던 지루하고 기나긴 기다림의 시간을 말이다. 겨우 접속에 성공하더라도 이미지를 불러오고 프로그램을 다운로드하려면 또 한참을 기다려야 했다. 만약 엄마나 아빠가 당장 전화를 써야 한다고 하는 날엔… 그걸로 끝이다. 통화가 끝나고 전화선이 다시 한가해질 때까지 티비나 보는 수밖에 별도리가 없다.

시간은 빠르게 흘러 지금은 상황이 급변했다. 전화선 하나로 인터넷에 접속해야 하는 시대는 끝났다. 스마트폰만 있으면 거의 모든 순간 초고속 인터넷에 접속이 가능하다. 와이파이를 통해서든 4G를 통해서든 문자 그대로 손가락만 까딱하면 모든 정보와 자원과 도구에 접근할 수 있다. 덕분에 일을 처리하는 속도도 빨라졌고 물리적 장벽도 무너졌다. 이제 이더넷 케이블로 인터넷에 연결된 데스크톱 컴퓨터 때문에 발이 묶일 일은 영영 없어졌기 때문에 어디서나 일할 수 있게 되었다.

사람들 마음속에는 아래와 같은 공식이 깊이 뿌리내리고 있다. 그리고 슬프게도 이 공식이 밀레니얼 세대와 불가분의 관계라는 인식 또한 자리잡고 있다.

즉시 접속 = 즉각 만족 = 버르장머리 없고 + 제 권리만 찾는 인간

밀레니얼 세대처럼 모든 것에 즉각 접속할 수 있는 환경에서 자랐다면 어떤 세대라도 밀레니얼 세대와 비슷하게 세상을 인식했을 것이다. 따라서 밀레니얼 세대 때문에 좌절하거나 짜증을 내기 전에 즉각적인 접속이 초래한 결과가 제 권리만 주장하는 세대가 아니라 다음과 같은 욕구를 가진 세대임을 기억하라.

» 권력 구조에 대한 애착
» 권력 구조 상단에 위치한 사람들과의 자유로운 소통

【 선택의 역설 】

기술이 진화하면서 선택의 폭이 엄청나게 넓어졌다. 베이비부머 세대와 X세대가 생애 첫 (유선) 전화기를 구입할 때만 해도 선택할 수 있는 기종이나 색깔이 몇 개 없었다. 그러나 밀레니얼 세대가 생애 첫 (휴대) 전화를 구입할 때는 브랜드나 디자인이나 색깔 별로 선택할 수 있는 기종만 수백 개였다. 이렇게 넓어진 선택의 폭은 언뜻 보면 선택의 보물 상자가 열린 것 같았지만 부작용도 많았다. 배리 슈워츠가 2004년에 출간한 『선택의 역설』이란 책에서는 선택 가능한 가짓수가 많아질 때 생기는 불안감에 주목한다. 밀레니얼 세대는 인격 형성기에 막대한 선택권을 손에 쥔 첫 세대이다.

● 인터넷에서 접하는 수많은 정보 가운데 가장 신뢰할 수 있는 정보 제공자를 어떻게 가려낼 수 있을까?
● 부모님과 선생님은 밀레니얼 세대에게 원하는 것은 무엇이든 될 수 있다고 말씀하셨지만 어떤 꿈을 좇고 무엇을 할지는 어떻게 정해야 하는가?
● 내가 원하면 어디든 갈 수 있는 세상이다. 어디로 갈지는 어떻게 정해야 하는가?
● 15가지 맛 요거트 아이스크림 중에 3가지 맛만 골라서 컵에 담으라니 이게 가능하단 말인가! (이건 그나마 선택에 따르는 스트레스가 적다. 아무튼 여기서 하고자 하는 말이 무엇인지는 이해했으리라 믿는다.)

> » 직장 내 최첨단 기술(아니면 적어도 현대 기술)
> » 업무 속도를 높일 수 있는 도구가 완비된 빠르고 효율적인 근무 방식

소셜미디어의 영향 : 프렌드스터부터 스냅챗까지

밀레니얼 세대의 인격 형성에 영향을 미친 사건 및 조건을 이야기할 때 많은 세대 연구자가 입을 모아 9/11이 가장 결정적인 사건이라고 주장하던 시기가 있었다. 9/11은 발생 당시 전 세계를 뒤흔들며 미국 역사와 세계사 모두에 전환점이 된 사건이었다. 당시 밀레니얼 세대는 어렸고 외부의 영향을 쉽게 받는 나이였기 때문에 9/11은 여전히 밀레니얼 세대에게 가장 큰 영향을 미친 사건 중 하나로 손꼽힌다. 그런데 밀레니얼 세대의 정체성 형성에 9/11만큼이나 혹은 어쩌면 그보다 더 큰 영향을 미쳤을 수도 있다고 알려진 조건이 있다. 바로 소셜미디어의 등장이다.

아래에 1993년부터 2014년 사이에 등장한 주요 소셜미디어를 연대순으로 살펴보자.

> » 1993 : 해당 없음
> » 1994 : 저스틴스 링크(최초의 블로그)

- » 1995 : 앤지스 리스트
- » 1996 : 핫메일
- » 1997 : AOL 인스턴트 메신저, 식스디그리즈
- » 1998 : 구글
- » 1999 : 라이브저널, 블로거, MSN 메신저
- » 2000 : 크레이그리스트, e하모니
- » 2001 : 위키피디아
- » 2002 : 프렌드스터
- » 2003 : 마이스페이스, 링크드인, 워드프레스, 스카이프
- » 2004 : 페이스북, 플릭커, 옐프
- » 2005 : 유튜브, 레딧
- » 2006 : 트위터, 슬라이드쉐어
- » 2007 : 텀블러
- » 2008 : '페이스북 선거'라고도 알려진 2008년 미국 대통령 선거
- » 2009 : 채트룰렛, 포스퀘어
- » 2010 : 인스타그램, 핀터레스트, 쿠오라
- » 2011 : 스냅챗, 구글플러스, 트위치tv
- » 2012 : 미디엄, 틴더
- » 2013 : 바인
- » 2014 : 없음

많은 사람이 AOL 인스턴트 메신저(AIM)와 함께 시작된 소셜미디어 혁명을 기억한다. 밀레니얼 세대는 어린 시절 학교를 마치면 부리나케 집으로 달려와 채팅방에 접속한 다음 다른 유저와 A/S/L[나이(Age)/성별(Sex)/사는 곳(Location)] 정보를 교환하곤 했다. AOL 채팅창에서 밀레니얼 세대는 유독 편안함을 느꼈고 자신들만의 언어와 (예 : brb[be right back; 금방 돌아올게], ttyl[talk to you later; 나중에 얘기해], lol[laugh out loud; 완전 웃겨]) 에티켓(예 : 컴퓨터 앞에서 5분 이상 자리를 뜰 때는 반드시 메시지를 남긴다)도 만들었다. AIM 채팅방은 시작에 불과했다.

프렌드스터, 마이스페이스, 더페이스북 같은 플랫폼이 새로 생겨났다. 많은 초기 밀레니얼 세대가 페이스북이 '더페이스북'이었던 시절을 기억한다. 그때는 (.edu로 끝나

는 학교 이메일 계정이 있는) 대학생만 가입할 수 있었다. 후기 밀레니얼 세대는 중학교 때 페이스북 계정을 만들었던 기억이 있다. 초창기 때는 소셜미디어 사용자 중에 어른은 없었다. 페이스북은 페이스북이 아니었으면 연락이 끊겼을 친구들과 연락을 주고받을 수 있는 가상의 놀이공간이었다. 페이스북이 등장하면서 미디어 소비 행태는 점점 더 개별화되었다. 뒤이어 등장한 트위터에서는 사용자가 140자 이내로 자신을 표현해야 했다. 그다음으로 깔끔한 네모 안에 들어가는 사진 공유에 특화된 플랫폼인 인스타그램이 등장했다. 최근 들어 우후죽순으로 생겨나는 소셜미디어 가운데에는 스냅챗과 페리스코프도 있다. 어떤 새로운 형태의 소셜미디어 플랫폼이 등장하더라도 밀레니얼 세대는 바로 적응하며 함께 진화했다. 소셜미디어는 밀레니얼 세대가 살아가는 방식에도 긍정적으로든 부정적으로든 상당히 큰 영향을 미쳤다.

소셜미디어의 긍정적인 영향

소셜미디어가 미친 긍정적인 영향 가운데 확실한 한 가지는 집단이 하나가 되도록 연결해주고 온라인에서 협력할 수 있는 도구를 제공해주었다는 것이다. 소셜미디어가 사용자와 세상에 미친 긍정적 영향은 여기서 그치지 않는다.

전문가의 종말(크라우드소싱)

정보가 대중화되면서 전문가에게만 의존해야 할 필요가 없어졌다. 밀레니얼 세대는 저마다 가지고 있는 전문 지식을 위키피디아에서 작성해 공유했고 서비스나 상품 구매 후기도 옐프나 아마존 같은 사이트에서 공유했다. 다른 사람의 지혜를 빌릴 수 있고 자신의 식견도 공유할 수 있게 되면서 밀레니얼 세대는 언제나 최대한의 정보에 입각한 의사 결정을 할 수 있게 되었다. 벨리즈에서 머무르기에 가장 좋은 숙소를 찾고 싶다면 온라인에서 정보를 구할 수 있다. 여행사에 돈을 지불하지 않아도 되고 사적인 이해 관계가 얽혀서 정보가 부정확한 건 아닌가 하는 걱정 따위는 하지 않아도 된다. 대중이 전문가를 대신하게 된 것이다.

그렇다고 해서 전문가가 필요하지 않다는 뜻은 아니다. 누구나 뇌수술은 신경과학을 전공한 외과 전문의에게 맡기고 싶어 한다. 밀레니얼 세대에 관한 책도 세대 전문가들이 쓴 책을 읽고 싶어 하듯이 말이다. ;-)

물리적 장벽을 넘어선 연결

옛날에는 멀리 여행을 가서 가족에게 연락을 할 때나 해외에 있는 사람과 교류할 때 연락 수단이 매우 제한적이었다. 아주 비싼 요금을 내고서 국제 전화를 하거나 이메일 또는 (낭만주의자라면) 편지를 보내는 것이 다였다. 오늘날 밀레니얼 세대에게는 사랑하는 사람이나 우연히 만난 관심 가는 사람과도 연락할 수 있는 수단이 차고 넘친다. 페이스북, 스카이프, 페이스타임, 왓츠앱, 스냅챗 등 세상과 연락할 수 있는 방법은 셀 수 없이 많다. 온라인 세상 덕분에 물리적 장벽을 감당하기가 훨씬 쉬워졌다.

쉬워진 동족 찾기

최근 십 년간 소위 말하는 '덕후(일본어 오타쿠에서 온 말로 한 가지 취미에 심취한 사람을 뜻한다-역주)'가 많아진 것이 과연 우연일까? 아마도 우연이 아닐 것이다. 소셜미디어가 등장하면서 자신과 비슷한 부류의 사람, 즉 동족을 찾는 일이 한결 쉬워졌다. 예전에는 머리 좋은 애, 운동하는 애, 공주과, 사회 부적응자, 범죄자, 약쟁이 등 존 휴즈 감독 영화에 나오는 인물 군상 가운데 나와 얼추 비슷한 부류가 하나쯤은 있었다. 그 시절에는 덩치 좋은 운동하는 남자애들과 치어리딩하는 예쁜 여자애들만 유명했고 별로 내세울 것 없는 애들이 자신과 비슷한 부류를 찾기란 지금보다 훨씬 어려웠다. 하지만 요새는 판타지 소설 취향이 같은 사람을 찾을 수도 있고 던전 앤 드래곤 게임할 사람을 모을 수도 있고 매직 더 개더링이나 해리포터 문신을 한 사람과 공감대를 형성할 수도 있고 데이비드 테넌트가 '닥터 후' 역할을 맡은 것에 대한 찬반 토론에 참여할 수도 있고 또… 이쯤하면 요점은 전달되었으리라 생각한다. 어쩌면 지금 이 책을 읽고 있는 독자가 채식주의자이면서 조류를 관찰하러 나갈 때 들으려고 돌리 파튼의 LP판 수집을 즐기는 피겨 스케이팅 선수일 수도 있다. 그런 이상한 사람이 과연 존재하겠느냐고? 그렇다고 대답하는 누군가가 있을지도 모르지만 없을 가능성이 더 크다. 하지만 온라인 커뮤니티로 가면 이 묘사에 딱 들어맞는 인물을 찾을 수 있을 가능성이 충분하다. 심지어 이렇게 말하는 사람을 만날지도 모른다. "뭐하러 조류 관찰을 하러 멀리까지 가려고 그래요. [돌리 파튼의] '물결 속에 떠 있는 섬'이나 크게 트세요. 내 방 창문에서 보이는 홍관조(앵그리버드로 더 잘 알려져 있다-역주)나 감상합시다."

온라인 시민 사회 운동

온라인에서 펼쳐지는 사회 운동을 게으른 사회 참여 방식이라며 '슬랙티비즘(slacktivism; 사회 운동을 뜻하는 영어 단어 '액티비즘(activism)'과 게으름을 뜻하는 '슬랙(slack)'을 합성한 단어-역주)'이라고 폄하하는 사람들도 있지만 이로 인해 일어난 놀라운 변화를 부인할 수는 없다. 코니 2012 운동과 ALS 아이스버킷 챌린지와 킥스타터와 고펀드미 같은 크라우드펀딩 플랫폼에서 진행된 모든 기금 운동은 밀레니얼 세대의 선한 일을 하고자 하는 욕구와 온라인 사랑이 합쳐진 결과물이다. 온라인 사회 운동을 통해 밀레니얼 세대는 세상에 놀랍고도 긍정적인 변화를 일으키고 있다. 온라인 사회 운동은 게으름에서 비롯된 슬랙티비즘이 아니라 모두가 체감할 수 있는 변화를 만들어내고자 하는 새로운 형태의 사회 운동이다.

무너지는 사생활과 직장 생활의 경계

소셜미디어는 사생활과 직장 생활의 경계를 흐릿하게 만드는 데 일조했다. 밀레니얼 세대는 진짜 친구들뿐만 아니라 때로는 직장 동료나 상사, 심지어 고객까지도 페이스북에 친구 추가를 한다. 밀레니얼 세대에게 소셜미디어는 효과적인 인맥 관리 도구이다. 어떤 분야는 (콕 집어 금융 업계에서는) 링크드인 말고는 아직까지 어떤 소셜미디어도 용납하지 않는다. 하지만 밀레니얼 세대가 이러한 전통까지 무너뜨리고 있다. 회사 사람들에게 온라인에서 자신이 어떤 사람인지 엿볼 수 있도록 허용함으로써 밀레니얼 세대는 직장에서도 한결 자유롭게 자신의 진짜 모습을 드러내 보인다.

과거에서 현재 : 밀레니얼 세대의 직장 생활에 미친 영향

소셜미디어가 밀레니얼 세대의 직장 생활에 미친 긍정적인 영향을 요약하면 다음과 같다.

» 생각을 종합해 정보에 입각한 의사 결정을 내리는 데 일가견이 있다.
» 직장에서 관심사가 일치하는 사람들을 잘 찾아내고 관용과 다양성을 존중하는 분위기를 조성한다.
» 온라인에서 한목소리를 내서 사람들을 움직여 변화를 일으킬 수 있다고 믿는다.
» 진실된 인간 관계를 가치 있게 여긴다. 비단 현재 노동 인구뿐만 아니라 미래 노동 인구는 이를 더 중요하게 생각할 것이다.

소셜미디어의 부정적인 측면

소셜미디어가 사람과 사람을 연결하고 공유와 협동을 장려하는 도구로서 놀라운 역할을 한 것만큼이나 부정적인 영향도 무시할 수 없다.

무대 위의 모습 대 무대 뒤의 모습

소셜미디어에서는 남들에게 보여주고 싶은 모습만 극단적으로 편집해서 보여줄 수 있다.

> » 엄격하게 선별된 사진만 소셜미디어 계정에 올린다.
> » 대부분 승진이나 휴가나 결혼 같은 좋은 소식만 공유하고 나쁜 소식은 쉬쉬한다.
> » 소셜미디어에는 포토샵으로 편집하고 효과를 적용해 가장 잘 나온 사진만 올린다.

따라서 남들이 소셜미디어에서 보는 내 모습은 언제나 가장 멋지고 가장 좋을 때의 모습이다. 그런데 그게 정말 나일까? 밀레니얼 세대는 다른 사람과 끊임없이 스스로를 비교하다 보니 불안감도 높고 쉽게 번아웃된다. 끊임없는 비교는 누구에게도 득이 되지 않는다.

왕따 문화와 책임감 부족

아직까지 여러 면에서 인터넷은 '와일드 와일드 웨스트(Wild Wild West)'(서부 개척 시대를 다룬 영화-역주)의 온라인 버전이다. 여전히 꽤 낯선 곳이라 문화도 아직 탐사 중이고 통제도 시도 중이다. 그러나 온라인 세상에는 아직까지 위협이나 괴롭힘으로부터 안전하고 자유로울 수 있게 견제와 균형을 갖춘 법 체제가 자리잡지 못했다. 아바타나 가명 뒤에 숨은 채 온라인에서 자행되는 괴롭힘은 갈수록 문제가 되고 있지만 아직 뾰족한 대책은 없다. 과거에는 집으로 돌아오면 괴롭힘에서 벗어날 수 있었다. 그러나 지금은 어딜 가도 괴롭힘이 따라다닌다. 온라인 왕따 문제가 밀레니얼 세대와 뒷세대에게 미친 결과는 심각하다. 필자나 독자 여러분 같은 관리자에게는 이 문제와 관련해 변화를 주도하고 모범을 보일 책임이 있다.

취약함과 실패에 대한 두려움

지금과 같은 속도로 모두가 의사소통이 가능한 것은 기술 발달이 가져다준 혜택이다. 그러나 빨라진 속도 때문에 의사소통이 조금이라도 지체되면 불안해한다. 폰에 이런 문자가 왔다고 가정해보자.

아마 빨리 답장하지 않는 상대방 때문에 신경이 쓰여 견딜 수가 없을 것이다. 밀레니얼 세대는 이메일을 보낸 후 48시간 동안 답장이 없으면 마지막으로 주고받은 이메일에 마침표와 느낌표와 이모티콘 하나하나를 살펴보며 불안해하기 시작한다. 인터넷에 올린 글이 곧 나 자신인 시대이니만큼 문자 하나도 공을 들여 작성할 수밖에 없다. 온라인에서의 자아 때문에 밀레니얼 세대와 그다음 세대는 실패를 겁내고 약점이라도 잡힐까 봐 전전긍긍하며 조금이라도 완벽해 보이지 않는 것을 두려워한다는 분석도 있다. 자신의 모든 삶이 온라인에서 낱낱이 보여지고 남겨지는데 어찌 그렇지 않겠는가?

위축된 사교성

밀레니얼 세대는 대인 관계에 서툴다는 비판을 받는 세대이다. 밀레니얼 세대가 가장 선호하는 의사 소통 방식은 문자이다. 게다가 소셜미디어 탓도 크다. 사교성을 키우려면 얼굴과 얼굴을 맞대고 이야기하며 실전 경험을 쌓는 것이 반드시 필요하다. 많은 밀레니얼 세대는 성장 과정에서 사람들과 실제로 만나서 어울리는 대신 채팅이나 페이스타임을 하거나 함께 온라인 게임을 하면서 교류했다. 밀레니얼 세대에게는 X세대나 베이비부머 세대만큼 사회성을 발달시킬 기회도 많지 않았고 솔직히 말하면 밀레니얼 세대가 자라 온 사회도 이를 강요하지 않았다. 그나마 다행인 점은 밀레니얼 세대 스스로가 면대면 의사소통에 약하다는 사실을 자각하고 있다는 사실이다. 브리지웍스가 시행한 한 설문 조사에서 밀레니얼 세대의 약 60퍼센트가 직장에서 얼굴을 마주 보고 의사소통할 때 어려움을 느낀다고 대답했다.

양극화된 소비

소셜미디어에서 누구를 팔로우하고 뉴스 피드에서 무엇을 볼지를 선택할 수 있게 되면서 소셜미디어는 보고 싶은 것만 보고 듣고 싶은 것만 듣는 반향실(echo chamber)이 되었다. 자신과 다른 견해를 가진 사람과 마주칠 일이 적어진 것이다. 소셜미디어는 지평을 넓히고 물리적 경계를 넘어 사람과 사람을 이어 주는 수단으로 출발했지만 지금은 이념적 경계선을 따라 가상의 벽을 세우는 수단으로 전락했다.

과거에서 현재 : 밀레니얼 세대의 직장 생활에 미친 영향

소셜미디어가 밀레니얼 세대의 직장 생활에 미친 부정적인 영향을 요약하면 다음과 같다.

» 밀레니얼 세대는 비교당할 위험을 감수하면서 일해야 하고 온라인에서 비춰지는 자기 모습을 항상 신경 쓰면서 살아야 하기 때문에 잠재적 불안감이 높고 위태로운 상태이다.

» 밀레니얼 세대에게 기다림은 곧 미덕이다. 사생활을 포함해 인생 전체에서 쉴 새 없이 다른 사람과 소통이 일어나기 때문이다.

» 소셜미디어 때문에 사교성의 의미가 재정의되고 있지만 다른 세대에게는 썩 달갑지 않은 현상이다.

» 밀레니얼 세대는 대부분 반향실에 살고 있어서 과거의 이전 세대들만큼 다른 의견을 가진 사람에게 둘러싸일 일이 별로 없다.

밀레니얼 세대의 정체성을 형성한 메시지

밀레니얼 세대는 어렸을 때부터 자부심을 가지고 팀의 일원으로 협력하여 일하며 부분이 아닌 전체적인 관점으로 세상을 바라보라고 배웠다. 이러한 가르침과 각종 테러 및 폭력 사태와 불안정한 경제 상황 전부가 오늘날 밀레니얼 세대의 정체성과 근무 방식을 만들어냈다.

자아존중감 운동의 결과

많은 사람이 탐탁지 않게 여기는 밀레니얼 세대의 (그중에서도 특히 초기 밀레니얼 세대의) 특성 중 일부가 자아존중감 운동과 직접적인 관련이 있다. 가령 (일곱 명이 출전한) 줄넘기 대회에서 받은 7등 상도 바로 이 자아존중감 운동의 직접적인 결과물이다. 그렇다면 (별로 어렵지도 않은) 일을 잘했다고 주는 상은? 맞다. 그것도 자아존중감 운동의 성과이다.

이 자아존중감 운동이란 정확히 어떤 운동인가? 자아존중감 운동은 심리학자 나다니엘 브랜든이 주창한 이론에서 출발했다. 나다니엘 브랜든은 1969년에 출간된 『자존감의 심리학(The Psychology of Self-Esteem)』이라는 유명한 책을 쓴 저자이다. 브랜든이 주장한 자아존중감 이론에서 핵심은 유년기에 주입된 자아존중감이 성인이 되었을 때 성공을 좌우한다는 것이다. 따라서 브랜든은 부모들에게 자녀가 따뜻하고 격려하는 집안 분위기에서 자신을 가치 있게 여기도록 북돋아 주면서 키우라고 조언했다. 브랜든은 처벌과 비난은 가볍게 하고 칭찬과 인정은 후하게 주어서 자녀에게 자신감을 심어 주는 양육 방식을 추천했다. 밀레니얼 세대가 받은 수많은 참가상이 다 어디서, 여기서 비롯된 것이다.

브랜든의 책은 순식간에 백만 부 이상 팔리며 미국 전역에 자아존중감 열풍을 불러일으켰다. 1970년부터 2000년 사이에 자아존중감을 주제로 한 기사나 논문이 수천 편이 쏟아져 나왔다. 자아존중감 운동이 절정으로 치달았을 무렵 밀레니얼 세대는 막 인격 형성기에 접어들었고 베이비부머 세대인 부모에게서 인정과 사랑과 관심을 듬뿍 받으며 성장했다.

그림 3-3은 90년대 중반에 '자아존중감(self-esteem)'이라는 검색어 유입이 가장 많이 증가했음을 보여주는 엔그램뷰어 결과이다. 엔그램뷰어는 기간을 설정하고 특정 검색어를 입력하면 해당 검색어 유입을 추적해서 보여주는 검색 엔진 도구이다.

밀레니얼 세대를 더 섬세하게 이해하고 싶다면 그림 3-3을 더 자세히 살펴보라. '자

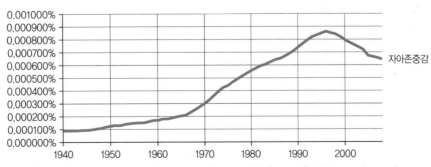

그림 3-3
자아존중감
그래프

"Self-esteem." Google Books Ngram Viewer. (March, 2017). http://books.google.com/ngrams

아존중감' 검색어 유입량이 90년대 중반을 기점으로 떨어지기 시작한다는 사실을 발견할 수 있을 것이다. 이러한 변동이 일어난 이유는 복잡하다. 하지만 기억해야 할 중요한 사실은 초기 밀레니얼 세대가 후기 밀레니얼 세대보다 자아존중감 운동에 더 큰 영향을 받았다는 사실이다. 초기 밀레니얼 세대의 부모 역시 초기 베이비부머 세대로 이들은 후기 베이비부머 세대보다 더 낙천주의적이고 이상주의적인 성향이 강하다.

자아존중감 운동은 자녀 양육 방식을 바꾸어 놓았다. 부모와 자식 간 관계는 이제 엄격한 권위주의에서 벗어나 더 열린 관계가 되었다. 그러나 자아존중감 운동이 양육 방식에만 영향을 미친 것은 아니었다. 이 운동은 공교육에도 영향을 미쳤다. 교사는 학생에게 긍정적인 피드백을 주도록 교육받았다. 교사는 학생이 잘못을 저질렀을 때 벌을 주는 것보다 칭찬받을 만한 일을 했을 때 상을 주는 것에 더 집중하기로 했다. 또한 경쟁의 기회를 보장하기보다는 팀워크와 협력을 장려하고 단순히 학생들이 좋은 기분을 유지할 수 있도록 맞춰 주는 데 집중했다. 부풀려진 성적은 이러한 자아존중감을 높여 주기 위한 노력이 낳은 또 다른 부산물이다. 결국 브랜든이 베스트셀러에서 했던 주장 대부분을 반박하는 연구가 나오기 시작했지만 이미 때는 늦었다. 밀레니얼 세대, 특히 초기 밀레니얼 세대는 이미 브랜든이라는 자아존중감 운동의 선지자의 인도 아래 성장한 뒤였다.

자아존중감 운동에 결점이 있는 것도 사실이었지만 마냥 나쁘지만은 않았다. 덕분에 모든 사람이 저마다 고유한 강점이 있다는 사실을 기꺼이 인정하고 협력하여 일하기를 매우 좋아하는 세대가 탄생했으니 말이다. 자아존중감 운동은 밀레니얼 세대가 다양성을 포용하도록 도와주었다. 밀레니얼 세대는 성과가 제일 좋은 직원뿐만 아니라 팀 전체를 칭찬한다. 밀레니얼 세대는 모두가 어떤 방식으로든 전체의 이익에 기여할 수 있는 부분이 있다는 사실을 인정하며 모든 사람의 목소리를 중요하게 생각한다. 리더로서 밀레니얼 세대는 민주적이고 다양한 동기 부여 방식을 존중한다.

베이비부머 세대 부모가 밀레니얼 세대에게 미친 영향

밀레니얼 세대의 정신 세계를 온전히 이해하려면 무엇이 밀레니얼 세대에게 영향을 주었는지뿐만 아니라 누가 영향을 주었는지도 반드시 살펴보아야 한다. 밀레니얼 세대가 정체성을 형성할 때 그 부모도 분명히 커다란 영향력을 미쳤을 것이기 때문이다.

그러므로 베이비부머 세대의 양육 동향을 한번 살펴보자. 양육 방식이 어떻게 변화할 것인지를 예측하기란 비교적 쉽다. 대부분 성인이 된 자녀는 부모를 사랑하고 존경한다. 하지만 자신의 자녀에게만큼은 어렸을 때 자신이 부모에게서 받지 못한 것을 주기를 원한다. 여기에는 물질적인 것뿐만 아니라 양육 방식도 포함되어 있다. 그래서 자신이 자라온 방식과 자녀를 키우는 방식 사이에 진자 이동이 살짝 일어난다.

베이비부머 세대는 대부분 민주주의보다는 독재에 가까운 집안 분위기에서 보수적이고 엄격한 부모 손에 자랐다. 가정에도 분명한 위계 질서가 존재했다. 보통은 아빠가 권력의 최상단에 있고 그다음이 엄마와 장남 또는 장녀 순이었다. 베이비부머 세대는 아무리 어려도 부모님 말씀을 거역해서는 안 된다는 사실을 알았다. '[어른이] 말을 걸기 전에는 말을 해서는 안 되고' '아이들은 눈에 띄는 곳에 있되 소리를 내서는 안 되는' 시절이었다. 엄격한 훈육 방식을 경험한 베이비부머 세대는 자신의 자녀만큼은 다르게 키우겠다고 다짐했다. 자신의 자녀에게는 생각과 의견을 표현할 수 있는 자유와 현실적이고 전문적인 직업 대신 순전히 관심사를 좇아서 진로를 탐색할 수 있는 기회를 주리라고 스스로에게 맹세한 것이다.

베이비부머 세대 부모가 밀레니얼 세대 자녀를 키우면서 했을 법한 말은 다음과 같다.

» **"너는 특별해."** 베이비부머 세대 부모는 밀레니얼 세대 자녀가 모든 사람이 다 다르다고 생각하도록 키웠다. 베이비부머 세대는 자녀 세대에게 눈송이마다 결정체 모양이 제각기 다르듯이 세상에 똑같은 사람은 단 한 명도 없으며 모두가 나름대로 특별하다고 가르쳤다. 베이비부머 세대 부모는 자녀가 스스로를 가치 있고 중요한 사람이라고 생각하기를 원했으며 실제로 개개인의 고유한 개성과 능력이 세상을 바꿀 수 있다고 믿었다.

» **"마음만 먹으면 뭐든지 할 수 있어."** 베이비부머 세대는 엄청난 변화를 목격하고 만들어내며 성장했다. 이들은 밀레니얼 세대 자녀에게도 열심히 노력하면 자신들처럼 변화를 만들어낼 수 있다는 믿음을 심어 주었다. 베이비부머 세대는 불가능해 보이는 변화를 이루어내며 성장했다. 자녀들이라고 해서 똑같은 변화 혹은 더 나은 변화를 이루어내지 못하란 법은 없지 않은가?

» **"자기 의사를 표현하는 걸 두려워하지 말아라. 누가 뭐래도 네 의견은 중요하다."** 베이비부머 세대는 어린 시절 '눈에 띄는 곳에 있되 소리는 내지 말

라'고 교육받으며 자랐다. 그래서인지 자녀 세대만큼은 자기 목소리로 확실히 의사 표현을 하기를 원했다. 뿐만 아니라 베이비부머 세대 부모는 컴퓨터에 새 프로그램을 설치할 때나 가족 여행을 위해 가장 저렴한 비행기 표를 검색할 때 밀레니얼 세대 자녀에게 종종 조언을 구하기도 한다. 베이비부머 세대는 자녀를 인정하고 때로는 의지하며 자녀 세대가 자신 있게 생각이나 의견이나 아이디어를 공유하도록 키웠다.

» **"정말 좋아하는 일을 하라. 그럼 평생 단 하루도 일을 하지 않는 셈이다."** 노동 인구에 처음 진입했을 때 베이비부머 세대는 매우 경쟁적이었고 남보다 앞서가거나 승진하거나 임원이 되기 위해서라면 할 수 있는 건 뭐든지 했다. 베이비부머 세대는 믿을 수 없을 정도로 오랜 시간 동안 일했고 스스로 시인하는 것보다 훨씬 많은 가족 행사를 놓쳤다… 그런데 무엇을 위해서 그토록 열심히 일했는가? 베이비부머 세대는 밀레니얼 세대 자녀에게는 중요하고 의미 있는 일을 하기 위해서 필요한 일이라면 무엇이든 하라고 격려했다. 밀레니얼 세대 자녀만큼은 기업의 목표나 다른 사람이 정의한 성공을 좇지 말고 평생 동안 즐기며 할 수 있는 일을 찾기를 바란 것이다.

» **"필요하다면 언제나 이 자리에 있을게."** 베이비부머 세대가 부모 품을 떠났을 때 어릴 때부터 오랫동안 썼던 방은 순식간에 운동 기구를 놓는 방이나 서재나 손님방으로 바뀌었다. 베이비부머 세대는 부모로서 완전히 다른 노선을 택했다. 베이비부머 세대 부모 중에는 밀레니얼 세대 자녀가 독립한 뒤에도 자녀가 쓰던 방을 마치 기념관처럼 그대로 보존하는 경우도 있다. 베이비부머 세대는 밀레니얼 세대 자녀에게 머물 곳이 필요하거나 금전적 지원이 필요하거나 조언이 필요하거나 도움이 필요하면 언제든지 손을 뻗을 수 있는 곳에 자신들이 있겠다는 확신을 심어 주었다. 베이비부머 세대 부모는 도망갔던 자녀도 돌아오면 언제든지 반갑게 맞아준다. 밀레니얼 세대는 게으르다는 고정관념을 갖기 전에 다음 사실을 떠올려 보라. 1) 밀레니얼 세대는 부모를 영원한 아군이라고 생각하며 친밀한 관계를 유지한다. 2) 많은 밀레니얼 세대는 경기 불황 속에서 산더미 같은 빚을 지고 졸업했다. 게다가 모두가 5년 이상의 경력직만 채용하려고 하는 실정이라 직업 전망도 어두웠다.

이 모두는 베이비부머 세대 부모의 가르침일 뿐이다. 밀레니얼 세대가 부모의 가르침이 진실이라도 되는 것처럼 자랑스러워한다고 호도하지 않도록 주의해야 한다. 가령 밀레니얼 세대를 눈송이 세대라고 비아냥거린다고 해서 인구통계학적 진실이 바뀌지는 않는다.

상담 교사의 증가

교내 상담 교사가 증가한 것은 밀레니얼 세대의 인격 형성기에 각종 테러와 폭력 사건이 급격하게 증가한 것과 밀접한 관련이 있다. (밀레니얼 세대의 인격 형성기에 일어난 폭력 사건이 궁금하다면 이 장의 앞부분을 훑어볼 것.) 9/11 테러와 학년이 올라갈수록 더욱 빈번해지는 학교 총기 난사 사건에 대응하여 교내 상담 교사를 고용하기 위한 모금 운동이 활발히 일어났다. 상담 교사는 아이들이 이미 발생한 끔찍한 사건이나 혹은 비슷한 사건이 우리 학교에서도 일어날지도 모른다는 두려움 때문에 생기는 정신적 트라우마에 잘 대처하도록 돕는 역할을 했다.

상담 교사는 어떻게 밀레니얼 세대에게 안전하다고 느낄 수 있는 공간을 제공해주었을까? 우선 권위주의를 버리고 또래 친구처럼 다가갔다. 또한 밀레니얼 세대가 마음을 열고 감정을 있는 그대로 솔직하게 말하며 주위에서 일어나는 일을 보면서 드는 생각이나 의견을 공유하도록 격려했다. 상담 교사가 학생들에게 전한 메시지는 '우리는 모두 평등하다. 내 의견도 중요하고 네 의견도 중요하다. 모든 목소리에 귀 기울여야 한다'였다.

상담 교사는 '권위주의'를 무너뜨린 또 다른 표본이었다. 밀레니얼 세대는 학교 상담 교사와 교사, 코치와 멘토 등 다른 사람에게 자기 의견을 말하고 공유하는 것에 익숙하다. 밀레니얼 세대는 권위 있는 인물과도 언제든지 원할 때 대화할 수 있었다. 밀레니얼 세대가 고위 임원이나 CEO와 직접 대화를 나누려고 시도하는 일이 전혀 문제가 되지 않는다고 생각하는 것도 무리는 아니지 않은가? 밀레니얼 세대에게는 너무나도 자연스러운 일인 것이다.

'팀에 나는 없다'에 담긴 정신

밀레니얼 세대가 인격 형성기였을 때 '팀워크가 꿈을 이루어준다'는 메시지가 범람했다. 협력은 하나의 사상이 되었다. 모든 어른이 밀레니얼 세대에게 서로서로 손을 잡고 협력의 힘을 보여주라고 격려했다.

교실에서의 협력

학교에서 밀레니얼 세대는 최고의 결과는 혼자 일할 때는 절대 나올 수 없고 팀으로 일할 때만 나올 수 있다고 배웠다. 밀레니얼 세대는 서로 다른 강점을 합쳐서 성과를 만들어내는 그룹 과제에 점점 더 익숙해졌다. 방과 후에는 부모님이 이끄는 대로 각종 스포츠 및 클럽 활동을 전전했다. 농구, 축구, 발리볼, 라크로스, 토론팀, 드라마 클럽 등 계절별로 다양한 팀 활동에 참여했다. 밀레니얼 세대의 부모는 자녀가 다른 사람과 잘 어울리기를 바랐다. (드리블도 못하고 경기장 선이 어디인지 몰라도) 팀 활동에 참여하다 보면 팀이 어떻게 기능하는지는 배울 수 있을 것이라고 생각했다.

어른들과의 협력

밀레니얼 세대는 또래들과만 협력한 것은 아니었다. 밀레니얼 세대는 권위 있는 어른들과도 같은 방식으로 협력하는 방법을 배웠다. 밀레니얼 세대가 자란 세상에서는 삶의 모든 영역이 (베이비부머 세대와 X세대에게 익숙한) 위계 질서가 잡힌 권위주의적 체제보다는 개방적인 민주주의에 가까운 방식으로 돌아갔다. 집에서 가족은 모든 구성원이 평등하고 활발하게 참여하는 팀이자 공동체였다. 학교에서 선생님은 권위를 내세우는 엄격한 교사상 대신 모든 학생이 쉽게 다가갈 수 있는 친근한 교사상을 선택했다. 상담 교사는 아이들에게 목소리를 높여 자기 생각을 공유하라고 부탁했다. 어른이라고 해서 아이들을 무시하거나 덜 중요한 존재라는 식으로 대하지 않았다. 교사는 밀레니얼 세대가 자신감을 가지고 담대하게 생각을 공유하고 주변 사람과 (같은 학년 친구이든 선생님이든지 간에) 함께 협력하기를 바랐다.

온라인에서의 협력

소셜미디어가 등장하면서 밀레니얼 세대는 협력적 사고방식을 온라인 세상으로도 확장했다. 물리적 장벽은 더 이상 장애물이 아니었다. 자기 방에 앉아 있을 때도 온라인에서 협력하여 일할 수 있는 도구가 생긴 셈이었다. 90년대 중반 이후로 협업 기술은 발전에 발전을 거듭해왔다. 가장 어린 밀레니얼 세대는 페이스타임이나 구글독을 이용해 협업하는 일에 너무나도 익숙해져서 직접 얼굴을 맞대고 협력할 때와 큰 차이를 느끼지 못할 정도이다.

많은 사람이 직장에서 협업하여 일하는 것을 일정 수준까지는 중요하게 생각한다. 일정 수준을 넘어선 협업 요구는 지나치게 의존적이거나 독립적으로 의견을 내는 것을 두려워하거나 비효율적이라고 생각한다. 협업은 집단 사고(group think)와 동일하다고 바라보는 부정적인 시각도 존재한다. 집단 사고란 창의성과 혁신을 희생시켜 합의에 이르는 것을 뜻한다. 그러나 밀레니얼 세대는 혁신적이고 창의력이 높기로 유명한 세대이다. 밀레니얼 세대는 협업을 하면서 창의력을 죽이는 것이 아니라 강화한다.

부모든 교사든 기술이든 대중 문화든 밀레니얼 세대에게 던지는 메시지는 동일했다. '혼자일 때보다 함께일 때 더 강하다.' 밀레니얼 세대가 협업을 즐기도록 만드는 데 기여한 요인을 정리하면 다음과 같다.

» **가정 교육**
- 부모님은 항상 밀레니얼 세대가 제 몫을 해내는 중요한 가족 구성원이므로 의견이 있으면 소리 내어 공유하라고 가르쳤다.
- 장남인가 막내인가 혹은 딸인가 아들인가는 전혀 중요하지 않다. 부모님은 밀레니얼 세대 자녀에게 항상 중요한 결정을 내릴 때 가족 구성원 모두의 의견이 똑같이 중요하다고 말했다.
- 베이비부머 세대 부모는 자녀가 '선의의 경쟁'을 펼치길 원해서 승리보다는 팀의 일원이 되는 것이 더 중요한 스포츠 활동에 등록시켰다. (참가상이 유행한 것도 같은 맥락이다.)

» **학교 교육**
- 밀레니얼 세대는 협력이 필요한 그룹 과제를 주로 하면서 자랐다.
- 밀레니얼 세대는 버디 제도나 방과후학교를 통해 서로 협력해서 안전을 지키는 법을 배웠다.
- 방과후학교를 위한 모금 운동은 90년대 중반에 가장 활발하게 일어났으며 단체 활동을 더 촉진하는 결과를 낳았다.

» **기술**
- 인터넷은 게임도 협력해서 할 수 있는 세대를 열었다.
- 채팅방부터 페이스북과 옐프에 이르기까지 소셜미디어는 친구들과 '어

울리고' 아이디어와 의견을 크라우드소싱할 수 있는 플랫폼을 창조했다.
- 온라인에서 협력하여 일할 수 있는 도구가 많아지면서 협력의 힘을 이끌어내기 위해 반드시 물리적으로 함께 일해야 할 필요가 없어졌다.

» 머리기사
- 단결에는 공공의 적만한 것이 없다는 말이 있는 것처럼 비극적인 9/11 사건은 모두 하나가 되어 테러의 공포와 부당함에 맞서 싸우도록 만들었다.
- 학교에서 일어난 총기 난사 사건은 학생들이 하나가 되어 공동체 구성원 중 어느 누구도 소외시키지 않는 계기가 되었다.
- 캡틴플래닛, 빌 나이, 펀 걸리 같은 TV 프로그램은 밀레니얼 세대가 집단으로 기후 변화에 대응해야 한다고 격려하고 한목소리를 내는 것만으로 변화를 일으킬 수 있다는 생각을 장려했다.

» 대중문화
- 밀레니얼 세대가 인격 형성기일 때 백스트리트보이즈, 스파이스걸즈, 데스티니 차일드 같은 걸그룹이나 보이밴드가 폭발적인 인기를 끌었다.
- '보이 미츠 월드(Boy Meets World)', '세이브드 바이 더 벨(Saved by the Bell)', '프렌즈(Friends)', '세인필드(Seinfeld)', '더 리얼 월드(The Real World)' 등 유명 시트콤에서 출연진을 뽑을 때 팀 단위로 오디션을 진행해서 팀 전체를 선발하는 방식이 유행했다.
- 이 시대의 가장 유명한 영웅인 해리포터는 팀이 있었기에 영웅의 자리에 오를 수 있었다. 혼자서는 절대 불가능했을 것이다. 해리포터가 밀레니얼 세대를 대표한다면 '헝거 게임'의 히로인인 캣니스 에버딘은 경계 세대를 대표한다고 할 수 있다.

과거에서 현재 : 밀레니얼 세대의 직장 생활에 미친 영향

직장에서 밀레니얼 세대 직원의 특징은 다음과 같다.

» 협력하여 팀 단위로 과제를 수행하기를 좋아한다.
» 동료뿐만 아니라 상사와 협업하는 일도 주저하지 않는다.
» 다양한 사람을 팀원으로 더 쉽게 받아들인다.

> » 멘토링 프로그램은 언제든지 환영이지만 일방적인 관계는 원하지 않는다.
>
> » 집단 지성 없이 혼자 의사 결정을 내릴 때 힘들어할 수도 있다.
>
> » 모든 구성원의 합의를 이끌어내기를 원한다.

세계화 : 국경을 초월한 세대

밀레니얼 세대는 세계화 시대에 성년을 맞이했다. 밀레니얼 세대는 지금까지 미국 노동 인구 중에서 가장 다양성이 높은 집단이다. 밀레니얼 세대는 문자 그대로나 비유적으로나 국경이 개방된 시대를 살고 있다. 1990년 이래로 미국 내 이민 인구는 두 배가 되었다. 미국 내 기술 분야가 성장하면서 전 세계에서 두뇌 유입이 폭발적으로 증가한 것도 한몫한다. 학교에서도 세계화 시대에 맞는 인재를 키워내기 위해 미국 학생이 해외에서 수학할 수 있는 기회도 늘리고 외국 학생이 미국에서 공부할 수 있는 기회도 늘렸다. 미국에서 공부하는 외국 학생 수는 2000년 이후로 72퍼센트 증가했으며 해외에서 공부하는 미국 학생 수도 같은 기간 동안 두 배로 증가했다.

물론 세계화에 가장 큰 공헌을 한 것은 인터넷이다. 인터넷 덕분에 물리적 거리가 아무리 멀어도 연락하고 지내기가 수월해졌다. 인터넷 덕분에 미국의 밀레니얼 세대는 인도나 중국에나 콜롬비아나 뉴질랜드나 탄자니아에 있는 사람과도 바로 연락할 수 있게 되었다. 물리적인 위치는 무의미해졌다. 양쪽 모두 인터넷에만 접속할 수 있으면 서로 연락해서 (온라인 번역기의 도움을 받아) 대화하는 일이 가능해졌다. 밀레니얼 세대는 물리적 세계도 온라인으로 탐방할 수 있다. 일본에 있는 절을 구경하기 위해 도서관에 가거나 값비싼 비행기표를 살 필요가 없어졌다. 대신 '구글'(모든 형태의 정보 수집 행위를 일반적으로 지칭하는 동사가 됨-역주)만 하면 순식간에 관련 사진이나 동영상, 책, 기사가 뜬다. 물론 직접 보는 것만 못하겠지만 아무튼 인터넷 덕분에 밀레니얼 세대는 이전 세대보다 나머지 세상을 훨씬 더 많이 경험할 수 있었다.

세계화 덕분에 밀레니얼 세대는 전 세계적으로 문화적 이정표를 가장 많이 공유한 세대가 되었다. 지구 반대편에 있어도 밀레니얼 세대라면 함께 경험하는 TV 드라마나 영화나 연예인이 많아진 것이다. 전 세계에 있는 밀레니얼 세대는 기술이 빠르게 변화하는 세상에서 적응해나가야 하는 독특한 과제를 함께 공유하며 자랐다. 물론 어느 국가에서 자랐느냐가 큰 영향을 미쳤겠지만 밀레니얼 세대라면 태어난 곳에 상관없이 공통적으로 인터넷과 업그레이드 주기와 소셜미디어의 영향을 받았다. 전 세계의 밀레니얼 세대에 대한 글을 더 읽고 싶다면 제11장을 읽으면 된다.

과거에서 현재 : 세계화가 밀레니얼 세대의 직장 생활에 미친 영향

밀레니얼 세대는

> » 직장에서도 국적뿐만 아니라 성별, 인종, 종교, 세대, 생각 등 모든 면에서
>   다양성을 기대한다.
> » 사회적으로나 경제적으로나 문화적으로나 세계에서 일어나는 일에 관심
>   이 많다. 특별히 마음이 쓰이는 자선 사업 등이 있을 수도 있다.
> » 방랑벽이 있다. 출장이나 화상 회의는 업무인 동시에 문화적 호기심을 채
>   우는 수단이기도 하다.

미국 땅에서 벌어진 각종 폭력 및 테러의 영향

이 주제에 대해 이야기를 시작하기 전에 분명히 짚고 넘어가야 할 것이 있다. 여기서
밀레니얼 세대가 폭력이나 테러에 영향을 받은 유일한 세대라고 주장하고 있지 않다
는 사실이다. 전통 세대는 제2차 세계대전의 잔혹함을 몸소 겪었다. 베이비부머 세대
는 베트남 전쟁에 참전했고 미국 내에서도 폭력적 시위나 폭동, 경찰이 휘두르는 폭
력을 목격했다. X세대는 걸프 전쟁에 직접 참전했거나 아니면 그 잔혹한 실상을 텔
레비전으로 보았다. 유괴 사건이 늘어나면서 죄 없는 어린이가 범죄의 희생양이 되
는 것 또한 목격했다. 모든 세대가 저마다 폭력을 경험했지만 밀레니얼 세대는 너무
도 가까이에서 폭력을 목격했다. 단순히 미국 영토에서 발생한 테러를 뜻하는 것은
아니다. 가장 안전하다고 생각했던 곳, 바로 학교 교실에서도 밀레니얼 세대는 폭력
을 경험했다.

누구도 안전하지 않다는 깨달음 : 테러리즘

밀레니얼 세대의 인격 형성기에 일어난 테러를 이야기할 때 가장 큰 사건은 단연코
9/11이다. 9/11이 밀레니얼 세대의 마음에 오래도록 없어지지 않을 흔적을 남겼다는
것만큼은 의심할 나위가 없다. 그렇지만 9/11 당시 누가 무슨 세대였는지는 중요하
지 않다. 두 번째 비행기가 쌍둥이 빌딩에 부딪치는 장면을 목격하는 순간 세상은 송
두리째 바뀌었다. 9/11이라는 비극적인 사건은 우리 모두에게 영향을 주었다.

그러나 생각해보면 9/11 발생 당시 밀레니얼 세대는 십 대 청소년이거나 어린이였다. 나머지 어른들은 이미 외부의 영향에 취약한 이 시기를 지나고 난 뒤였다. 이미 자신을 둘러싼 세상이 안전하다는 사실을 인식이 굳게 형성되고 난 뒤였다. 반면 아직 정체성을 확립하지 못한 채 성장통을 겪고 있던 밀레니얼 세대에게 9/11은 땅이 흔들릴 만큼 충격적인 사건이었다. 미국 영토에서 그토록 규모가 큰 테러 공격이 일어난 것은 역사상 유례가 없는 일이었다. 밀레니얼 세대가 학교 텔레비전으로 뉴스 보도를 보면서 느꼈을 침묵과 두려움의 무게는 감히 감당하기가 어려웠을 것이다. 우리 모두 9/11 발생 당시 자신이 어디에 있었는지를 기억한다. 하지만 밀레니얼 세대가 기억하는 것은 그날 있었던 장소뿐만이 아니라 9/11의 의미와 그로 인해 형성된 자아 정체성이다.

9/11 테러는 전혀 예상치 못한 귀청이 찢어질 듯한 모닝콜 같은 사건이었다. 9/11 때문에 밀레니얼 세대는 신변의 안전을 의심하게 되었다. 보호막은 찢어졌다. 밀레니얼 세대는 미국에 살고 있다고 해서 테러의 위협으로부터 안전하지 않다는 사실을 깨달았다. 밀레니얼 세대는 이 깨달음을 내면화했다. 그야말로 아무것도 장담할 수 없었다. 밀레니얼 세대는 순간순간을 최대로 즐기며 살기로 결심했다. 내일 어떤 일이 벌어질지는 아무도 모르는 거니까.

교실에 드리운 폭력의 그림자 : 학교 총기 난사

9/11 테러는 미국이라는 커다란 보호막에 구멍을 뚫었다. 미국도 더 이상 안전한 나라가 아니었다. 그러나 밀레니얼 세대의 인격 형성기에 미국 영토보다 더 가까운 곳에서 또 다른 폭력이 연달아 일어났다. 다른 곳도 아닌 밀레니얼 세대가 날마다 배우고 자라는 교실에서 말이다. 학교 총기 난사 사건은 밀레니얼 세대에게 영원한 성역은 어디에도 존재하지 않는다는 사실을 증명했다. 배움의 전당조차도 예외가 아니었다.

콜럼바인 고등학교 총기 난사 사건은 학교를 겨냥한 폭력의 신호탄이었다. 밀레니얼 세대의 인격 형성기 후반기에는 더 끔찍한 버지니아텍 총기 난사 사건과 감히 상상조차 할 수 없는 샌디훅 초등학교 총기 난사 사건이 일어났다. 샌디훅 초등학교에서 일어난 총기 난사는 희생자 대부분이 예닐곱 살 어린이였다. 콜럼바인 총기 사건 이래로 학교에서 일어난 총기 난사는 수백 건에 이르렀고 분노한 여론은 더 강력한 총기 규제를 부르짖었다.

그러나 총기 난사 사건은 학교에만 국한된 것이 아니었다. 불특정 다수를 겨냥한 총기 난사가 전염병처럼 미국 전체에 번져 나갔다. 총기 난사는 2000년 이후로 가파르게 증가했다. FBI 보고에 따르면 2000년에서 2006년 사이에는 연간 평균 6.4건이 발생한 반면 2007년에서 2013년 사이에는 연간 16.4건이 발생했다. 총기 난사는 이제 너무 흔한 일이 되다시피 해서 미국 생활의 당연한 일부인 것처럼 느껴질 정도이다. 끔찍하지만 부인할 수 없는 현실이다.

뻔한 결말이지만 이 모든 유혈 사태와 불확실성에 대응하기 위해 밀레니얼 세대는 회복하는 법을 터득했다. 힘든 시기를 눈앞에서 목격한 뒤 부모님과 상담 교사와 친구들의 도움으로 현실을 납득했고 과거 다른 세대 앞에도 연약함과 불확실성이 놓여 있었다는 사실을 이해하기에 이르렀다. 밀레니얼 세대는 여기 이 순간을 최대한 즐기기로 결심했고 변화를 피할 수 없다면 할 수 있는 최선을 다해서 앞으로 나아가기로 마음먹었다.

밀레니얼 세대의 회복탄력성을 강점으로 인정해주어라. 이를 두고 그저 세상에 대한 반응이 무덤덤해졌을 뿐이라고 말할 수도 있다. 반대로 눈물로 얼룩진 얼굴과 소셜 미디어에 올라온 반응을 종합해보면 밀레니얼 세대가 얼마나 회복탄력성이 높은지를 알 수 있지 않느냐고 반문할 수도 있다. 여기서 분명하게 말할 수 있는 사실은 한 설문 조사 결과 초기 밀레니얼 세대가 자신들이 후기 밀레니얼 세대보다 회복탄력성이 떨어진다고 묘사했다는 것이다. 따라서 출생 연도를 기준으로 밀레니얼 세대를 절반으로 나누었을 때 나중에 태어난 후기 밀레니얼 세대의 회복탄력성은 얼마나 더 뛰어날지 기대해도 좋다.

끊임없는 폭력의 무게 : 주머니 속으로 들어온 뉴스

밀레니얼 세대가 폭력을 경험한 방식을 논할 때 살펴보아야 할 중요한 조각이 하나 더 있다. 아마도 이 조각은 비교적 어린 밀레니얼 세대와 관련이 깊을 것이다. 이전 세대 때만 해도 언론에 범람하는 잔인한 뉴스로부터 멀어지는 것이 어느 정도까지는 가능했다. 세상에서 무슨 일이 벌어지고 있는지 알려면 적극적으로 신문을 집어 들거나 TV를 켜고 그날의 사건사고에 관심을 기울여야 했기 때문이다. 그러나 후기 밀레니얼 세대에게 뉴스는 언제나 코앞에 (또는 주머니 속에) 있다. 페이스북 피드는 가장 최근에 발생한 총기 사건으로 도배되어 있다. AP 모바일 속보는 새로운 대량 학살 사건이나 전 세계에서 자행된 믿기 힘든 뉴스를 전하며 아침잠을 깨운다. 어찌어찌하여 하루는 가까스로 모든 뉴스를 피하는 데 성공했다고 치자. 그런데 잠깐… 친구들로부터 문자가 쏟아진다. '대박. 뉴스 봤어?'

세상과 계속 접속되어 있을 때 생기는 부작용이 있다. 탈출구가 없다는 것이다. 밀레니얼 세대는 청소년 시절부터 모든 정보에 접속되어 있었기 때문에 넘쳐나는 뉴스와 정보에 둘러싸여 있는 것에 익숙하다. 불행히도 대부분의 뉴스는 심각하다. 자극적인 뉴스에 끊임없이 노출되다 보면 경각심이 생기는 대신 무감각해지는 것이 아니냐는 우려 섞인 목소리가 나온다. 주문한 커피를 기다리는 동안 폰으로 날라든 또 다른 속보가 아무렇지도 않게 느껴지는 일상이 반복되다 보면 말이다.

과거에서 현재 : 폭력이 밀레니얼 세대의 직장 생활에 미친 영향

밀레니얼 세대가 인격 형성기에 폭력을 경험했던 방식은 세상에 대한 인식도 바꾸어 놓았다.

» 밀레니얼 세대는 오늘을 사는 것을 훨씬 중요하게 생각한다. 내일은 장담할 수 없기 때문이다.
» 밀레니얼 세대는 자신이 좋아하는 일을 하는 것이 무엇보다 중요하다고 생각한다.
» 밀레니얼 세대는 세상에 긍정적인 변화를 일으키길 바란다.
» 밀레니얼 세대는 자신이 하는 모든 일에서 의미를 찾는다.

롤러코스터 같은 경제 상황

밀레니얼 세대와 경기 변동 주기를 생각할 때 가장 영향력이 컸던 사건을 하나만 꼽으라면 대침체(Great Recession)일 것이다. 밀레니얼 세대가 대침체를 경험한 방식을 관찰해보면 (대침체기 이전에 대학을 다녔던) 초기 밀레니얼 세대와 (대침체기가 한창일 때 대학에 입학한) 후기 밀레니얼 사이에는 확연한 차이가 있다. 초기 밀레니얼 세대는 집안의 재정 상태를 전혀 걱정하지 않아도 되는 축복받은 어린 시절을 보냈고 후기 밀레니얼 세대는 어느날 갑자기 저녁을 먹다가 부모님께 다음과 같은 폭탄 발언을 들어야 했다. "얘들아 미안하지만 지금 집안 사정이 좋지 않단다. 이사를 가야 할 것 같아. 그리고 너네 대학 등록금으로 모아 놓은 돈에 손을 대야 할지도 모르겠어. 상황을 벗어날 다른 방법이 있다면…" 너무나도 대비되는 유년 시절을 보낸 초기 밀레니얼 세대와 후기 밀레니얼 세대는 한 세대 안에서도 음영을 만들어낸다. 전자는 더 낙천적인 집단이고 후자는 더 실용적인 집단이다.

경제와 초기 밀레니얼 세대

닷컴버블이 붕괴되었을 때 초기 밀레니얼 세대 대다수는 고등학교에 입학했고 9/11이 세계 경제를 혼란에 빠뜨렸을 때 가장 나이 많은 밀레니얼 세대가 대학에 입학했다. 밀레니얼 세대가 이제 막 사회 초년생으로 직장에 발을 내딛으려 할 때 대침체가 시작되면서 부모님 집 소파에서 더부살이를 하는 신세가 되었다. 미국에서 청년 실업률은 꾸준히 문제가 되고 있다. 이 모든 역경 속에서도 초기 밀레니얼 세대는 상대적으로 풍족한 시절에 유년기와 청소년기를 보냈다. 초기 밀레니얼 세대가 청소년기를 보낼 때까지 부모님은 그럭저럭 세계 경제의 침체와 변동을 잘 헤쳐 나갔다. 초기 밀레니얼 세대 대다수는 경기 불황 속에 졸업을 했지만 그래도 여전히 미래를 낙관하며 '하늘에 있는 별도 딸 수 있다'는 마음가짐으로 구직 활동을 이어 나갔다.

경제와 후기 밀레니얼 세대

후기 밀레니얼 세대가 대학에 입학해서 졸업할 때까지 경제는 내내 대침체기의 늪을 벗어나지 못했다. 후기 밀레니얼 세대는 일찍이 경험했던 경제적 안정이 뿌리째 흔들리는 것을 목격했다. 자신보다 나이가 많은 형제자매가 월세를 감당할 수 없어서 다시 부모님 집으로 돌아와 사는 것을 목격했다. 부모님이 수십 년간 헌신했던 직장에서 해고당하는 것을 목격했고 친구의 부모님이 집을 잃는 것을 목격했다. 경제적 안정을 기대했던 시절이 있었지만 그 기대는 이제 커다란 물음표로 바뀌었다. 이 모든 경제적 어려움과 불확실성을 경험한 결과 후기 밀레니얼 세대는 목표를 재조정해 현실적인 눈으로 세상을 바라보기 시작했다. 대학을 선택할 때도 집에서 멀리 떨어진 비싼 사립 학교 대신 전액 장학금을 주는 주립 학교를 선택했다. 후기 밀레니얼 세대는 놀라울 정도로 현실적인 집단이 되었고 직장을 선택할 때도 경제적 안정을

【 애어른과 어른 】

전반적으로 밀레니얼 세대는 X세대나 베이비부머 세대보다 더 늦은 나이에 인생의 중요한 단계를 맞이하고 있다. (결혼을 하거나 집을 사거나 자녀를 낳아 가정을 꾸리는 등) '어른'이 되는 중요한 일이 금전적으로 선택 가능하지 않기 때문인 경우가 많다. 밀레니얼 세대는 학자금 대출 때문에 엄청난 빚을 지고 사회에 나왔고 경제적으로 궁핍하다 보니 여전히 애어른 단계(adultescence)에 머물러 있을 수밖에 없다. 애어른 단계란 대학 졸업 이후 결혼 같은 주요 인생 사건이 일어나기 전까지의 기간을 지칭하기 위해 인구통계학자들이 새롭게 만들어낸 용어이다. 주요 인생 사건이 늦춰지는 이유는 주로 돈이 없기 때문이다. 경기 침체가 유별나게 부모와 친밀한 관계를 유지하는 세대 특성과 맞물려 어른이 되기 위해 거쳐야 하는 전통적인 단계를 금전적인 이유 때문에 미룰 수밖에 없는 세대가 탄생한 것이다.

최우선으로 고려하게 되었다.

과거에서 현재 : 경기 변동이 밀레니얼 세대의 직장 생활에 미친 영향

초기 밀레니얼 세대는 경기 변동을 겪으면서 다음과 같은 감정과 기대를 가지게 되었다.

» 의미 있고 영향력 있는 업무가 여전히 직장 생활에서 기대하는 것들 가운데 가장 상위를 차지하고 있다.
» 하지만 이제는 자율성과 가정이 생겼을 때 일과 삶의 균형 또한 중요하다.
» 후기 밀레니얼 세대와 비교하면 여전히 미래에 대해 한없이 낙관적이다.

후기 밀레니얼 세대는 다음과 같은 특징을 지닌다.

» 안정성을 확보하기 위해 실용적인 단계를 밟아 나가는 데 더 집중한다.
» 경제적 안정이 직장 생활에서 최우선이다.
» 초기 밀레니얼 세대는 '과정이 중요하지 목적지가 중요한 건 아니잖아'라는 식으로 업무에 접근하는 반면 후기 밀레니얼 세대는 '맡은 일을 완수'해야 한다는 생각이 더 크다.

밀레니얼 세대의 가치관

밀레니얼 세대의 특성을 형성한 사건 및 조건은 밀레니얼 세대만이 공유하는 독특한 가치관 형성에도 기여했다. 이 가치들은 밀레니얼 세대 페르소나의 핵심을 이루고 있다. 밀레니얼 세대는 직장 생활의 모든 면에 이 가치관을 적용한다. 표 3-2에서 밀레니얼 세대가 중요하게 생각하는 네 가지 핵심 가치관이 무엇이고 어디에서 비롯되었으며 이러한 가치관이 회사 입장에서 언제 자산이 되고 언제 마찰을 일으키는지를 살펴보자.

밀레니얼 세대에 관한 고정관념 타파

주요 사건 및 조건을 훑어보며 밀레니얼 세대의 정신 세계를 분석할 때 주요 목표는 밀레니얼 세대를 더 잘 이해하고 밀레니얼 세대의 페르소나와 부정적인 고정관념 사이의 연결고리를 끊는 것이다. 밀레니얼 세대에 관한 고정관념을 더 꼼꼼하게 들여

표 3-2	밀레니얼 세대가 공유하는 가치관		
가치관	형성 배경	좋은 점	나쁜 점
진정성	인터넷에서 누구에게나 무엇에나 접근 가능	동료들과도 진정성 있는 관계를 추구함	직장에서도 격식을 차리지 않아 다른 세대를 소외시키거나 정떨어지게 만들 수 있음
효율성	유례없는 기술 발달과 작업 능률의 최대화	작업 능률을 극대화하려고 노력함	일을 끝내기 위해(대화를 한다든지 하는) 지름길을 선택하기도 함
혁신	사회 상위 계급에만 혜택이 국한되지 않는 혁신적인 발명이나 아이디어	현재 상태를 용납하기보다 새롭고 혁신적인 아이디어를 공유함	오랜 전통을 지닌 업무 과정을 기존에 이를 정착시킨 사람을 배려하지 않고 바꾸려고 함
개별화	전례없이 늘어난 선택의 폭으로 온라인과 오프라인 매장에서 기성품 대신 개인 맞춤 상품을 소비함	모든 과제마다 고유한 관점으로 접근해 맞춤 해답을 찾으려고 함	근무일이나 근무 환경 또한 각자 요구에 맞춤하기를 원함. 기존 조직 구성원들은 이를 수용하기 힘들 수 있음

다보고 싶다면 제20장으로 넘어가면 된다. 여기서는 몸풀기로 밀레니얼 세대의 인격 형성기를 이해함으로써 일부 고정관념이 진실이 아님을 밝히고자 한다. 밀레니얼 세대에 대해 흔히 가지는 고정관념은 다음과 같다.

» **자기 권리만 주장한다.**
- **고정관념** : 밀레니얼 세대는 자기 권리를 내세워 승진을 당연하게 생각하거나 능력을 증명하지도 않고서 하루아침에 CEO가 될 수 있다고 생각한다.
- **일말의 진실** : 유례없이 업그레이드 주기가 늘어난 시대에 인격 형성기를 보낸 탓에 밀레니얼 세대는 빠른 승진을 기대하기도 한다.
- **고정관념 타파** : 권리를 주장하는 것과 단순히 기대하는 것은 다르다. 기대는 어떤 일이 일어날 수도 있다는 강한 믿음을 시사한다. 밀레니얼 세대는 청소년기의 경험 때문에 빨리 승진할 수 있다는 기대를 가지고 있긴 하지만 승진을 요구할 권리가 있다고 생각하는 것은 아니다. 단순히 밀레니얼 세대가 세상을 경험한 방식 때문에 직장에서도 같은 원리가 작동할 것이라고 가정하는 것이다.
- **고정관념의 위험성** : 밀레니얼 세대가 자기 권리를 내세운다는 말은 곧 버르장머리 없는 세대라는 뜻이기도 하며 이렇게 생각할 경우 고정관념을 깨기가 더욱 힘들어진다. 기대는 조직의 현실과 밀레니얼 세대가 기대하는 바를 고려해 조정이 가능하다. 누군가를 어린애라고 치부해 버리고 마는 것과 현실적으로 실현 가능한 계획안을 제시하는 것은 다르다.

» **자기도취에 빠져 있다.**
- **고정관념** : 밀레니얼 세대는 조직에 들어오자마자 창의성을 발휘하길 원한다. 기존 업무 방식을 바꾸고 싶어 하며 자신의 생각이 실행할 가치가 있다며 자신만만해 한다. 이러한 태도는 다른 세대들에게 호감을 이끌어 내지 못한다. 오히려 이렇게 생각할 수 있다. "감히 신입 사원 주제에 수십 년 경력을 가진 개국 공신들보다 뭘 알면 얼마나 더 많이 안다고?"
- **일말의 진실** : 베이비부머 세대 부모는 밀레니얼 세대 자녀에게 특별한 존재라고 말해주며 키웠다. 밀레니얼 세대는 자신에게는 타고난 재능이

있고 자신의 의견이 세상에 들려야만 한다고 믿으며 자랐다.

- **고정관념 타파** : 밀레니얼 세대가 스스로 너무 좋은 아이디어가 있다고 생각하는 것은 사실이다. 그 생각이 사실인지 여부는 별개의 문제이지만 말이다. 하지만 자기 생각이 항상 관철되어야 한다고 믿을 만큼 자기도취에 빠져 있는 것은 아니다. 밀레니얼 세대는 기꺼이 비판을 받아들이고 왜 틀렸는지 알려 주고 싶어 하는 멘토에게 호의적인 반응을 보일 것이다.

- **고정관념의 위험성** : 밀레니얼 세대를 자기도취에 빠져 있는 자기중심적 집단이라고 치부해 버리면 조직 내 일부 의사 결정권자가 밀레니얼 세대가 제시하는 모든 의견에 귀를 닫아 버릴 수도 있다. 그렇게 되면 새롭고 열정적인 시도나 황금알을 놓쳐 버릴 가능성이 있다.

» **게으르고 직업 윤리가 없다.**

- **고정관념** : "무조건 9시 출근 5시 퇴근인간요?" "요가 수업 듣게 점심 시간 두 시간으로 늘려 주실 수 있나요?" 이전 세대는 이런 질문을 들으면 밀레니얼 세대에게는 자신과 같은 직업 윤리가 없다고 생각해 버린다.

- **일말의 진실** : 밀레니얼 세대가 이전 세대와 다른 직업 윤리를 가지고 있다는 것은 사실이다. 하지만 그렇다고 해서 밀레니얼 세대가 열심히 일하지 않는다는 뜻은 아니다. 밀레니얼 세대는 그저 다르게 일할 뿐이다.

- **고정관념 타파** : 기술 발전 덕분에 밀레니얼 세대는 어디에서나 일할 수 있다. 밀레니얼 세대는 일과 삶을 통합해서 유연한 업무 일정을 선호하지만 맡은 일은 확실하게 해낸다. 물론 밤 열한 시에 자기 집 소파에서 일을 끝내기도 하지만 어쨌든 중요한 것은 맡은 일은 성실하게 해낸다는 사실이다.

- **고정관념의 위험성** : 업무 성실도를 사무실에서 얼마나 오랜 시간을 근무하는지로만 평가하는 관리자가 있다면 새로운 세대 신입 인력 전체를 잃어 버리게 될 위험이 있다. 이전 세대와 열심히 일하는 것은 똑같지만 단지 일하는 방식이 다를 뿐인데 말이다.

» **예의가 없다.**

- **고정관념** : 입사 첫날 CEO에게 개인적으로 이메일을 보내 인사할 만큼

대담하다면 겸손하고 예의 바르다는 소리를 듣기는 그른 듯하다. 예의 범절을 지키고 위계질서를 존중했던 이전 세대는 밀레니얼 세대가 입사하자마자 상사를 친구마냥 이름으로 부르는 것을 듣고 입을 벌렸다.

- **일말의 진실** : 밀레니얼 세대는 모든 정보에 접근하는 것뿐만 아니라 권위 있는 위치에 있는 사람에게 접근하는 것에도 익숙하다. 밀레니얼 세대가 세상을 계층 구조로 인식하지 않는다. 밀레니얼 세대는 인터넷 덕분에 수평적으로 연결된 세상에서 자랐다. 하지만 직장에서도 수평적 관점을 적용하면 눈 밖에 날 수 있다.

- **고정관념 타파** : 밀레니얼 세대도 리더를 매우 존경한다. 다른 방식으로 존경을 표할 뿐이다. 밀레니얼 세대는 리더와 긴밀한 관계를 유지하며 이들이 가진 전문 지식과 지혜를 구하고 싶어 한다. 다가가는 방식이 잘못되었을 순 있어도 존중하지 않는다는 뜻이 아니라 배우고자 하는 열망의 표현이다.

- **고정관념의 위험성** : 상대방이 예의를 갖추지 않는다고 느끼면 보통 따끔한 말로 일침을 놓기도 한다. 실제로 상대가 무례를 범했다면 당연한 반응이다. 하지만 단순히 열정이 지나친 경우라면 따끔한 일침은 밀레니얼 세대에게 너의 노력/열정/에너지를 아무도 원하지 않는다고 말하는 것과 같다.

» **기술에 중독되었다.**

- **고정관념** : 셀카를 찍고 스냅챗을 하며 끊임없이 페이스북을 확인하고 반경 30센티미터 안에 꼭 스마트폰이 있어야 한다. 밀레니얼 세대가 기술에 중독되었다는 고정관념이 어디서 왔는지를 찾기란 어렵지 않지만 보이는 것만이 전부는 아니다.

- **일말의 진실** : 세상의 많은 부분이 기술에 의존하고 있지만 밀레니얼 세대는 기술과 함께 컸다. 밀레니얼 세대는 기술이 존재하지 않았던 시절을 살았던 적이 없기 때문에 이전 세대보다 기술 의존성이 더 높다.

- **고정관념 타파** : "밀레니얼 세대가 기술 중독자란 건 사실이 아니야."라고 말하기보다 여기서는 "그게 정말 나쁜 걸까?"라고 반문하려 한다. 밀레니얼 세대가 회의 중에 폰을 들여다보고 있을 때 실제로는 지금 당장 보내야 하는 중요한 이메일을 쓰고 있는 경우도 많다. 밀레니얼 세대가

페이스북에 접속해 있는 모습을 여러 번 목격할 수 있다. 하지만 밀레니얼 세대가 집에서 밤 열 시까지 일하는 모습은 아무도 볼 수 없다.

- **고정관념의 위험성** : 일부 밀레니얼 세대 사원이 기술을 이용해 생산성을 올리기보다는 근무 시간에 딴짓을 하는 것은 분명하다. 그러나 업무 흐름을 개선하기 위해 사용하는 기술을 금지하거나 밀레니얼 세대의 의견을 묻지도 않고 관점을 이해하려 하지도 않은 채 회사에서 소셜미디어 사용을 제한해 버리면 밀레니얼 세대 사원의 사기는 분명히 떨어질 것이다.

chapter **04**

밀레니얼 세대가
베이비부머 세대나 X세대와 다른 점

제4장 미리보기

- 직장 생활에서 나타나는 베이비부머 세대와 X세대의 세대 특성 및 가치관
- 베이비부머 세대와 X세대는 누구이며 그러한 정체성을 획득한 배경
- 일직선상에서 베이비부머 세대와 X세대와 밀레니얼 세대 비교하기

왜 밀레니얼 세대 인사관리법을 다루는 책에 베이비부머 세대와 X세대에 관한 장이 있는 거지? 좋은 질문이다!

» 베이비부머 세대 독자와 X세대 독자에게 자신이 속한 세대 집단을 더 잘 알 수 있는 기회를 제공한다.

» 밀레니얼 세대뿐만 아니라 다른 세대도 궁금하신 분을 위해 베이비부머 세대와 X세대에 대한 호기심을 살짝 채워 드린다.

» 세대 전문가가 되고 싶은 분에게는 세대별 (관점으로 세상을 볼 수 있는) 렌즈를 자유자재로 꼈다 뺐다 할 수 있는 능력을 드린다. 이 능력은 관리자에게는 슈퍼파워가 될 수 있다.

> » 무엇보다 어떤 세대도 진공 상태에서 존재하지 않는다는 사실을 이해하는 독자에게 이번 장은 매우 중요하다. 다른 세대를 완전히 이해하면 복잡한 세대 간 역학 구조가 한눈에 들어오기 때문에 특정 세대만으로 이루어진 집단도 더 잘 관리할 수 있다.

이번 장에서는 밀레니얼 세대가 아닌 오늘날 노동 인구의 세대별 특성, 가치관, 행동을 탐구한다. 또한 밀레니얼 세대가 아닌 다른 세대 부하 직원을 관리할 때 그리고 이들 세대가 밀레니얼 세대와 일할 때 생길 수 있는 세대 갈등을 피하거나 중재할 수 있는 통찰을 제공한다. 먼저 무엇이 베이비부머 세대의 정체성 형성에 영향을 주었는지 살펴보고 직장 생활에서 나타나는 베이비부머 세대의 특징과 가치관을 살펴본 뒤 왜 일부 베이비부머 세대를 가리켜 존스 세대(Generation Jones)라고 부르는지도 알아보자.

베이비부머 세대의 정신 세계

중요한 얘기부터 먼저 하자면 베이비부머 세대는 인구수로 따졌을 때 아주 거대한 집단이다. 1946년과 1964년 사이에는 8초마다 아기가 태어났다. 그 결과 글자 그대로 '베이비붐'이 일어나 인구수가 급증했다. 베이비부머 세대라는 이름이 이보다 더 정확할 수는 없을 것이다.

베이비부머 세대에 관한 기본 정보

일 열심히 하고 한때 장발 머리에 나이 드는 걸 거부했던 이 세대에 대한 기본적인 정보부터 살펴보자.

숫자

베이비부머 세대와 관련된 숫자부터 살펴보자.

> » 출생 연도 : 1946~1964년
> » 인격 형성기 : 1959~1983년
> » 인구수 : 7천5백만 명(2015년 기준)

생애주기

최근에 베이비부머 세대에게 새로운 별명이 생겼다. 일명 클럽 샌드위치 세대. 클럽 샌드위치 세대에 들어가는 재료와 각 재료가 상징하는 것은 다음과 같다.

- » **빵** : 나이 든 부모를 봉양한다.
- » **고기** : 자기 자신을 건사한다.
- » **각종 부재료** : 자식들도 부양한다. 밀레니얼 세대의 40퍼센트가 아직도 부모에게 어떤 형태로든 경제적 지원을 받고 있다. (USA 투데이, 2015년)
- » **빵** : 손주도 돌봐준다.

베이비부머 세대의 생애주기에서는 다음 두 가지 요소를 주목해서 살펴보아야 한다.

- » 베이비부머 세대는 지금 감당하기 힘든 현실에 번아웃 직전이지만 아마도 내색하지 않을 것이다.
- » 베이비부머 세대는 이전 세대와는 완전히 다른 방식으로 다음 생애주기에 진입하고 있다. 새로운 생애주기에 진입할 때마다 베이비부머 세대는 그때까지 전통이라고 여겨졌던 것과는 전혀 다른 모습을 보여주었다.

기억

베이비부머 세대의 인격 형성기 동안의 기억 속에는 컬러 티비가 처음 출시되어 '해피 데이스(Happy Days)'를 시청하던 일부터 존 F. 케네디 대통령이 암살되었다는 소식을 들은 부모님의 반응까지 생생하게 남아 있다. 곧이어 이러한 기억이 세대 정체성에 미친 영향을 살펴볼 것이다. 만약 베이비부머 세대 독자나 베이비부머 세대 부하직원을 둔 관리자가 이 책을 읽고 있다면 오늘날 베이비부머 세대의 직장에서의 근무 태도 등에 영향을 미친 다음 기억들을 떠올려 보라.

- » 케이블 TV가 공공재가 되었다. 이건 정말이지 너무나도 멋진 사건이었다.
- » 최소한 친구 중에 한 명은 장래희망이 우주비행사였다.
- » 비틀즈 광팬이 실제로 존재했다.
- » 펩시가 유행이었다.
- » 부모님은 권위적인 옛날 분들이셨고 금기로 여겨지던 주제는 절대 입 밖

>> 으로 꺼내지 않았다.

>> 베이비부머 세대는 '아이들은 눈에 띄는 곳에 있되 소리는 내면 안 된다'는 양육 원칙 아래 자랐다.

>> 여름 방학에는 해 뜰 때 밖에 나가 해 질 때 집에 돌아오는 것이 일상이었다.

>> 70년대 오일 쇼크 당시 어딜 가나 '기름 없음'이라는 글자가 붙어 있었고 주유소마다 줄이 길게 늘어서 있었다.

>> TV에는 연일 시위, 폭동, 점거 장면이 방송되었다.

>> 사상 최초로 전쟁이 TV에서 중계되었고 국론은 분열되었다.

>> 남녀 구분 없이 장발이 유행이었다.

>> 골반 바지와 나팔 바지가 필수 패션 아이템이었다.

>> 좋은 노래는 [카세트 테이프] B면에 있었다.

고정관념

다른 세대와 마찬가지로 베이비부머 세대도 처음 직장 생활을 시작할 무렵 고정관념에 시달렸다. 관리자와 직장 동료들은 베이비부머 세대 신입 사원에 대해 온갖 선입관을 가지고 있었다. 그중에서 몇 가지만 추리자면 다음과 같다.

>> 히피족

>> 게으름뱅이

>> 나, 나, 나(me, me, me) 세대

>> 자유연애주의자(장발이라면 더더욱 그럴 가능성이 높음)

그러나 막상 베이비부머 세대가 노동 인구에 편입되자 이러한 부정적인 고정관념이 틀렸다는 사실이 증명되었다. 베이비부머 세대는 머리를 단정하게 자르고 정장을 잘 갖춰 입고 성실하게 출근했으며 용모 단정함과 전문성을 대변하는 세대로 거듭났다.

베이비부머 세대 정체성 형성 배경 및 밀레니얼 세대와의 비교

(모든 세대에 해당되는 이야기지만) 베이비부머 세대를 가장 잘 이해하려면 이들의 집단 정체성 형성에 영향을 준 사건 및 조건을 반드시 살펴보아야 한다. 이 책을 읽는 목적은 밀레니얼 세대를 관리하는 방법을 배우기 위해서일 것이다. 따라서 베이비부머

세대와 밀레니얼 세대를 나란히 놓고 차이점을 비교하면서 베이비부머 세대에 대해 알아보자.

부모

베이비부머 세대는 전통 세대 부모님 밑에서 자랐다. 전통 세대는 대공황이나 제2차 세계대전을 겪으며 자란 세대이다. 이러한 경험 때문에 전통 세대는 정부를 신뢰하고 이웃과 공동체를 중요하게 생각하며 상명하달 방식으로 자녀와 소통하는 부모가 되었다. 베이비부머 세대 자녀를 둔 전통 세대 부모는 가정에서도 위계 질서를 엄격하게 따졌다. 집은 일종의 군함이었고 엄마와 아빠는 대장이었다. 이견 따윈 있을 수 없었다. 자녀는 무조건 부모 말을 따라야 했다. 부모님이 '뛰어내려'라고 명령했을 때 '얼마나 높이요?'라고 되묻는 것만이 옳은 반응이었다. 뛰어내리라는 부모님의 명령에 순종해 베이비부머 세대는 집을 떠나 대학에 진학하고 직장에 취직했다. 베이비부머 세대가 위계 질서가 분명한 조직 구조를 더 편하게 받아들이는 것은 이런 까닭이다.

밀레니얼 세대와의 비교 : 베이비부머 세대는 전통 세대 부모의 양육 방식이 마음에 들지 않았다. 대부분의 아이들이 나중에 부모가 되면 내 아이는 다르게 키우겠다고 결심한다. 베이비부머 세대도 마찬가지였다. 진자는 이동했고 세대가 바뀔 때마다 그랬듯이 베이비부머 세대는 자녀를 새로운 방식으로 키우기로 다짐했다. 베이비부머 세대는 가정을 꾸리자마자 독재 체제를 버리고 민주주의를 택했다. 베이비부머 세대는 자신들이 경험했던 멀기만 했던 부모 자식 관계 대신 밀레니얼 세대 자녀와 자유롭게 소통하고 칭찬과 격려를 아끼지 않으며 친밀한 부모 자식 관계를 쌓아 나갔다.

뉴스

베이비부머 세대가 인격 형성기에 접어들었을 무렵 TV 뉴스는 오늘날 지역 뉴스와 비슷한 형태로 바뀌었다. 60년대와 70년대에는 뉴스 편성 시간이 15분에서 30분으로 늘어났다. 월터 크롱카이트가 가장 신뢰하는 뉴스 진행자가 되었고 온 가족이 밤마다 텔레비전 앞에 모여 앉아 뉴스를 시청하는 것이 일상적인 풍경이었다. 같은 시기에 라이프 잡지도 시사 문제를 다루기 시작했다. 이 새로운 매체는 당시 시대적 불평등을 고발했고 이에 영감을 받은 베이비부머 세대는 세상에 질문을 던지고 시위를 하며 불평등에 맞서 싸웠다. 뉴스 보도는 나쁜 소식도 많았지만 좋은 소식도 많았다. 베이비부머 세대는 긍정적인 노력과 변화의 결실로 60년대와 70년대에 벌였던 인권 운동이 목표한 방향대로 진전되는 것을 목격했다. 차이를 만들어내고 그로 인한 변화를 직접 목격한 베이비부머 세대는 과거에 지녔던 원동력, 낙관주의, 이상주의 등을 오늘날까지도 간직하고 있다.

밀레니얼 세대와의 비교 : 월터 크롱카이트가 뉴스 진행자 자리를 떠나고도 한참 뒤에야 베이비부머 세대가 뉴스를 시청하기 시작했다. 베이비부머 세대는 크롱카이트의 공정 보도를 좋았했지만 실제 언론 보도는 기대와 많이 달랐다. 70년대에는 정치 풍자가 발달했다. '새터데이 나이트 라이브'는 주말마다 방송되었고 '더 데일리 쇼'와 '콜버트 리포트' 같은 심야 방송은 정치 풍자를 다루기에 적격이었다. 이들 방송은 코미디와 신랄한 비판과 풍자가 버무려진 진짜 (아니면 대놓고 가짜를 표방하는) 뉴스를 원하는 밀레니얼 세대의 요구와 맞아떨어졌다. 밀레니얼 세대는 소셜미디어에서 친구들이 올린 뉴스와 일반 시민들이 제보하는 뉴스에 의존한다. 소셜미디어를 정보원으로 사용하면서 (견해가 다른 친구는 '친구 끊기'로 차단해 버렸기 때문에) 부작용도 생겼다. 반향실 효과(자신과 비슷한 견해만 편향적으로 접하게 되는 현상-역주) 때문에 오늘날 정치 담론에는 심각한 분열이 일어났다.

정치

베이비부머 세대가 유년기와 청소년기였을 때 정치적으로는 격동이 일어났다. [같은 베이비부머 세대라도] 출생 연도에 따라 경험한 정치 상황은 매우 달라졌다. 베이비부머 세대를 출생 연도를 기준으로 반으로 나누었을 때 초기 베이비부머 세대는 글로리아 스타이넘, 마틴 루터 킹, 존 케네디 같은 정치인을 우상화했지만 후기 베이비부머 세대는 (이 장 후반에 나오는 '존스 세대' 부분 참조) 우상화에 동참하기에는 너무 어렸다. 초기 베이비부머 세대는 베트남 전쟁에 미국이 개입해야 하느냐를 두고 벌어진 찬반 논쟁에 뛰어들었지만 후기 베이비부머 세대는 이 당시에도 아직 너무 어렸고 나중에는 영문도 모른 채 베트남 전쟁 뒤에 찾아온 경제 불황을 겪어야만 했다.

밀레니얼 세대와의 비교 : 밀레니얼 세대도 정치적 스캔들을 다수 목격했다. 가장 먼저 터졌던 클린턴과 르윈스키 스캔들 이후에 고어와 부시 후보 사이에 당선 결과를 놓고 말이 많았던 2000년도 대선도 밀레니얼 세대의 기억 속에 남아 있다. 밀레니얼 세대는 인격 형성기에 쌍둥이 빌딩이 무너지는 장면을 보면서 테러의 다음 목표가 어디일지 몰라 집단적인 공포를 느꼈다. 미국 역사에 한 획을 그은 긍정적인 정치적 사건도 있었다. 밀레니얼 세대는 미국 최초로 흑인이 대통령에 당선되고 동성 결혼이 합법화되는 것을 목격했다.

십 대 문화

베이비부머 세대는 십 대 청소년기에 부모를 존경했지만 이렇게 말하기도 했다. "엄마, 아빠, 이제는 시대가 바뀌었다고요!" 청소년에게도 일부 권한을 허락해주자는 사회 분위기가 조성되면서 밀레니얼 세대는 부모에게 변화해야 할 때라고 큰소리칠 수 있었다.

> » 50년대와 60년대에 광고 회사들이 십 대를 겨냥하기 시작했다.
> » 존 F. 케네디, 바비 케네디, 마틴 루터 킹, 글로리아 스타이넘 같은 정치 지도자들이 십 대에게 시민 운동에 참여하라고 호소했다.
> » '서른 살이 넘은 사람은 누구도 신뢰하지 말라'는 모토가 유행했다.

베이비부머 세대는 지금도 여전히 마음만은 십 대인 세대이다.

밀레니얼 세대와의 비교 : 솔직히 십 대 문화는 어느 시대나 비슷하다. 밀레니얼 세대도 십 대 시절에 베이비부머 세대 부모와 광고 회사와 미디어가 인구 규모가 큰 이들 세대에 특별히 관심을 기울이면서 주목받았다. 특히 9/11과 전염병처럼 퍼진 총기 난사 사건 당시에는 더욱 큰 관심이 쏟아졌다. 부모, 교사, 상담 교사를 비롯한 많은 어른이 어린이나 청소년이었던 밀레니얼 세대에게 감정과 경험을 공유해도 된다고 격려했다.

시민 운동

베이비부머 세대는 십 대 시절에 거리로 나가 인권과 여성의 권리와 동성애자의 인권을 부르짖었고 반전 운동에도 참여했다. 베이비부머 세대는 집단이 함께 옳은 일을 위해 일어설 수 있다고 믿었으며 최대한 평화롭게 시위하고자 했다. 베이비부머 세대 운동가들은 모두를 위한 평화와 정의를 외치며 탄원서에 서명하고 국회의원에게 청원서를 썼으며 가두 행진이나 평화 농성을 벌였다.

밀레니얼 세대와의 비교 : 밀레니얼 세대가 대대적으로 시민 운동에 참여하거나 주동한 경우는 아직까지 드물다. 밀레니얼 세대 중에는 2000년도 초반에 이라크전이나 아프가니스탄 전쟁을 반대하는 시위에 참가한 사람이나 '월스트리트를 점령하라 (Occupy the Wall Street)' 시위에 가담한 사람이 있을 수도 있다. 더 최근에는 유색 인종에 대한 경찰 폭력이 문제가 되고 45대 미 대통령으로 트럼프가 당선되면서 수많은 밀레니얼 세대가 [소셜미디어에서] '블랙 라이브즈 매터(Black Lives Matter; 흑인의 목숨도 소중하다)'라는 사실을 미 전역에 일깨우고 있으며 트럼프는 '#나의대통령은아니다 (#notmypresident)'라고 선포하고 있다.

존스 세대

베이비부머 세대는 인구수가 많은 거대한 세대이다. 베이비부머 세대의 출생 연도는 거의 20년에 걸쳐 있다. 따라서 베이비부머 세대를 더 깊이 이해하려면 초기 베이비부머 세대와 존스 세대로 나누어 살펴보는 것이 좋다. '존스 세대(Jones Generation)'는 베이비부머 세대를 출생 연도를 기준으로 절반으로 나누었을 때 1955년에서 1964년 사이 출생자를 가리킨다. 후기 베이비부머 세대의 인격 형성기는 1960년대 미국에서 반문화 운동이 일어난 직후였다. 이들은 존 케네디, 마틴 루터 킹, 글로리아 스타이넘이 초기 베이비부머 세대를 위해 조성했던 짜릿하고 영감 넘치는 분위기를 경험하지 못했다. 대신 그들이 겪은 세상에는 치열한 경쟁과 치솟는 기름값 등으로 제한된 자원이 있었고 그리고 디스코가 있었다. 이러한 이유로 우리는 이들을 존스 세대라고 부른다. '세상에 수없이 많은 존스라는 이름을 가진 평범한 또래 경쟁자들을 따라잡으려고' 애쓰면서 끊임없이 무언가를 더 열망한다. 초기 베이비부머 세대와 존스 세대의 핵심적인 차이점은 다음과 같다.

> » 경기 회복(초기 베이비부머) 대 경기 침체(존스 세대) : 1973년 오일 엠바고 때문에 미국 문화와 경제에는 지진이 일어났다. 존스 세대는 부모와 함께 주유소에서 몇 시간 동안 줄을 서서 기다렸던 기억이 있다. 자원 부족을 겪으며 자랐기 때문에 초기 베이비부머 세대보다 훨씬 경쟁적이다. 존스 세대는 원하는 것을 얻으려면 수단과 방법을 가리지 말아야 한다는 사실을 깨달았다. 또한 초기 베이비부머 세대보다 훨씬 더 실용주의를 추구하며 덜 낙관적이고 덜 이상주의적이다.

» **큰 베이비붐(초기 베이비부머) 대 거대한 베이비붐(존스 세대)** : 베이비부머 세대의 어마어마한 인구 수를 무시할 수는 없다. 그런데 초기 베이비부머 세대보다는 존스 세대의 머릿수가 훨씬 많다. 그말은 곧 존스 세대가 학교에 다닐 때 교실이 포화 상태였음을 의미한다. 경쟁자가 많아서 학교 운동부에 입단하는 것도 힘들었지만 선발 선수가 되기 위해서는 더 치열한 경쟁을 치러야 했다. 학교에서는 책상이나 교재가 모자랐다. 거의 모든 것에서 공급은 부족한데 수요는 넘쳐났다. 좋은 직장에 취직하려면 다른 누구보다 뛰어나다는 사실을 증명해야만 했다.

» **전업 주부 엄마(초기 베이비부머 세대) 대 워킹맘(존스 세대)** : 존스 세대가 인격 형성기에 접어든 80년대에 들어서서 여성의 노동 인구 편입이 폭발적으로 증가하기 시작했고 따라서 워킹맘이 늘어났다. 이전 세대와 비교해 아이들이 어른의 보호 없이 보내는 시간이 많아졌다. 이혼율이 증가하기 시작했고 존스 세대 중에서도 막내 집단은 첫 '집 열쇠[를 목에 건] 아이(latchkey kids)'가 되었다. 보통 '집 열쇠 세대'는 X세대를 가리키는 용어이지만 말이다.

베이비부머 세대의 근무 특성과 관리자에게 주는 시사점

여기서는 직장에서 베이비부머 세대의 근무 특성을 살펴본다. 독자 본인이 베이비부머 세대라면 이 부분을 읽으면서 고개를 끄덕일지도 모른다. 만약 관리자라면 이 정보를 이용해 베이비부머 세대 부하 직원을 관리하고 이들이 밀레니얼 세대 부하 직원과 어떻게 상호 작용하는지를 더 잘 이해할 수 있을 것이다. 집단으로 볼 때 베이비부머 세대는 다음과 같은 특성을 나타낸다.

» 낙관적
» 이상주의적
» 경쟁적
» 세상에 업적을 남기길 원함
» 마음만은 청춘

관리자라면 이러한 베이비부머 세대의 특성이 직장 생활에서 어떻게 발현되는지를 알고 있어야 한다. 지금부터는 베이비부머 세대가 선호하는 업무 상황을 가정하고 밀레니얼 세대는 이런 상황을 어떻게 인식하고 반응하는지 살펴보자.

상황 : 연례 회의 우수 직원 시상식

일 년 중 그 시기가 또 돌아왔다. 우수 직원을 뽑아 시상하는 연례 직원 회의 말이다. 매년 같은 장소에서 열릴 수도 있고 몇 군데를 옮겨가며 열릴 수도 있다. 모두가 한자리에 모여 즐기며 골프를 치고 기조 연설을 듣고 교육을 받는다. 시상식에서는 우수 직원을 칭찬하는 짧은 연설을 한 뒤 이들을 무대 위로 불러 트로피나 상패나 비싼 만년필을 시상한다.

베이비부머 세대에게 통했던 이유 : 베이비부머 세대는 공식적으로 인정받는 것을 좋아한다. 회사에 입사한 이래로 공적인 자리에서 성과를 치하받는 것은 경쟁심을 유지할 수 있는 수단이기도 했다. 상패와 상은 모두에게 자신이 잘하고 있다는 사실을 보여준다. 열심히 일한 것이 인정받고 있다고 느끼게 해준다.

밀레니얼 세대에게는 통하지 않는 이유 : 협력하기 좋아하는 밀레니얼 세대는 회의와 회사 이벤트를 좋아하지만 매년 같은 장소에서 모이거나 추가적인 인센티브가 없다면 이야기가 달라진다. (틀에서 벗어난 회사 밖 만남이나 재미있는 초대 연사와 함께 독특한 장소에서 모이면 기꺼이 참석할 것이다.) 밀레니얼 세대도 공식적으로 인정받는 것을 좋아하지만 상패는 먼지만 쌓이는 쓸데없는 물건이기 때문에 사양한다.

상황 : 연례 평가 제도

관리자가 베이비부머 세대 부하 직원인 바질 씨와 연례 평가를 위해 함께 앉아 있다고 가정해보자. 필요한 모든 것은 갖춰졌고 시간도 충분하다. 연례 평가를 진행하는 동안 모든 내용을 받아쓰고 평가 시스템에 입력했다. 작년에 받은 바질 씨의 인사고과를 모두 검토하고 우수한 성과가 있다면 칭찬도 한다. 차근차근 친절하게 건설적인 비판도 제시한다. 성장을 위한 기회도 기회임에는 변함이 없다. 바질 씨에게 내년 업무 목표 및 지원 방안을 주고 경쾌한 분위기에서 연례 평가를 마무리한다.

베이비부머 세대에게 통했던 이유 : 베이비부머 세대는 연례 평가 제도를 도입한 장본인이기도 하다. 베이비부머 세대는 동료들과 비교해 자신의 위치를 알고 싶어 했다. 경쟁적인 세대 특성과도 맞아떨어졌다. 전문성을 유지하고 싶어 하는 베이비부머 세대의 요구를 존중하여 연례 평가가 진행되는 동안 체계와 격식을 갖추도록 했다. 경쾌한 분위기에서 연례 평가를 마무리하는 것 또한 낙천적인 베이비부머 세대에게 희망의 빛을 비춰 주었다.

밀레니얼 세대에게는 통하지 않는 이유 : 밀레니얼 세대는 연례 평가가 너무 드문드문 일어난다고 생각한다. 분기마다 연례 평가를 한다고 해도 매번 3개월간의 업무 성과를 돌아봐야 하니까 말이다. 밀레니얼 세대는 구조와 형식에 얽매이지 않은 피드백을 더 자주 주고받는 것이 이상적이라고 생각한다. (체계적인 것도 좋아하지만 베이비부머 세대만큼 좋아하지는 않는다.) 만약 관리자가 베이비부머 세대 부하 직원을 정기적으로 만나 피드백을 줄 시간을 내지 않으면 밀레니얼 세대는 대화할 때마다 스스로 만족스러울 때까지 끈덕지게 피드백을 요구할 것이다.

상황 : 복장 규정

복장 규정이 있는 회사에 다니고 있다고 하자. 관리자가 정장을 갖춰 입으라고 강제하진 않지만 복장 규정을 지키는 직원들은 인정을 받는다. 물론 평상복을 입고 출근할 수 있는 날을 지정하는 등 비즈니스 캐주얼을 장려하기도 한다. 관리자는 출근 복장이나 의사소통 방식이 자신의 직업을 얼마나 가치 있게 여기는가를 드러낸다고 생각한다.

베이비부머 세대에게 통했던 이유 : 베이비부머 세대가 복장 규정을 굉장히 중요하게 생각했던 시절이 있었다. '지금 다니는 직장이 아니라 미래에 원하는 직장을 위해서 옷을 갖춰 입어라'가 성공하기 위한 삶의 모토였다. 비록 시간이 지나면서 어느 정도 타협을 하긴 했지만 베이비부머 세대는 여전히 잘 다린 바지와 주름 없는 코트를 입고 출근하는 것을 중요하게 생각한다.

밀레니얼 세대에게는 통하지 않는 이유 : 밀레니얼 세대는 개성을 묵살하는 복장 규정을 지켜야 할 필요가 없다고 생각한다. 밀레니얼 세대는 어떻게 정장을 입는다고 해서 더 나은 이메일을 쓸 수 있다는 건지 이해하지 못한다. (오히려 너무 불편해서 업무 수행에 방해가 된다면 모를까!) 밀레니얼 세대는 일과 삶을 통합하기를 원하고 이 같은 성향은 선호하는 복장에서도 고스란히 드러난다. 후드 티셔츠를 입고 컨버스 스니커즈를 신는다고 해서 리더가 될 수 없다는 법이 있는가?

상황 : 면대면 회의

관리자가 베이비부머 세대 부하 직원인 로라 씨와 업무 회의를 하고 싶다고 하자. 진행 중인 과제에 대해 몇 가지 질문을 하고 다른 관리자들과 회의할 때 전달할 핵심적인 세부 사항 몇 가지를 보고받고자 한다. 로라 씨에게 연락하려면 전화를 하거나 이메일을 보낼 수 있다. 관리자는 꼭 필요한 경우나 로라 씨가 이메일을 선호한다고 이야기하는 경우를 제외하곤 이메일은 사용하지 않는다. 인스턴트 메시지나 문자는 아주 가끔 불가피한 경우에만 사용한다.

베이비부머 세대에게 통했던 이유 : 직장에서 근무하는 다른 어떤 세대보다 베이비부머 세대는 직접 얼굴을 보고 소통하거나 전화 통화를 하는 것이 가장 효율적인 의사소통 방식이라고 생각한다. 전화로 30초면 설명할 수 있는 일을 왜 군이 이메일 3통에 걸쳐서 구구절절 설명하겠는가?

밀레니얼 세대에게는 통하지 않는 이유 : 밀레니얼 세대가 전화 통화를 좋아하지 않는다는 사실은 비밀이 아니다. (물론 전화 통화를 좋아하는 밀레니얼 세대도 있다는 걸 필자들도 아니까 제발 소리 좀 그만 지르시길!) 하지만 일반적으로 밀레니얼 세대는 전화 통화나 면대면 의사소통 방식이 사생활을 방해한다고 생각한다. 이메일이나 인스턴트 메시지는 언제든 원하는 시간에 답장할 수 있다. 밀레니얼 세대는 또한 자기 마음에 드는 완벽한 답장을 쓸 수 있는 시간이 보장되느냐를 중요하게 생각한다.

상황 : 사내 평생 교육 프로그램과 회사 동문 조직

가장 뛰어난 베이비부머 세대 직원 중 한 명인 베니 씨가 향후 5년에서 10년 안에 은퇴를 한다고 가정해보자. 관리자는 베니 씨가 충분히 더 회사를 위해 일할 수 있는 잠재력과 열정이 있다고 생각한다. 그래서 베니 씨에게 파일럿 리더십 개발 프로그램에 참여하고 회사 동문 조직에 가입할 의사가 있는지를 물어본다. 회사 동문 조직은 전일 근무 대신 시간제 근무로 전환하고 싶거나 '은퇴' 이후에도 일하기를 원하는 경력 사원들로 이루어진 자문 기관이다.

베이비부머 세대에게 통했던 이유 : 베이비부머 세대는 필요하거나 원하는 것은 모두 배웠고 가까운 미래에 은퇴할 준비가 된 세대라는 인식이 강하다. 안타깝지만 가장 오랜 기간 일했던 베이비부머 세대가 이제는 조직 기여도가 가장 낮은 집단이 되었다. 베이비부머 세대는 더 이상 변화를 만들어낼 새로운 아이디어나 추진력을 갖춘 인적 자산이라고 여겨지지 않기 때문이다. 일을 더 하고 싶어 하고 마음만은 청춘인 베이비부머 세대는 계속적인 자기 계발 의사를 묻는 질문에 호응할 수밖에 없다. 베이비부머 세대는 아직 건재하다!

밀레니얼 세대에게는 통하지 않는 이유 : 반전이 있다! 평생 교육과 회사 동문 조직은 밀레니얼 세대도 좋아한다. 베이비부머 세대 직원에게 사내 평생 교육 프로그램에 참여할 기회는 흔히 찾아오지 않는다. 왜냐하면 리더십 개발 훈련에 참여할 기회는 밀레니얼 세대 직원에게 대부분 돌아가기 때문이다. 세대 간 교류가 완벽하게 활성화된 사내 노동 인구를 조직하기 위해서는 베이비부머 세대와 밀레니얼 세대 조직 구성원이 함께할 수 있는 장을 마련해주는 것이 매우 중요하다. 그러면 세대 간에 자연스럽게 멘토십 또는 역멘토십 관계를 형성할 수 있는 기회도 생긴다. 모두에게 윈윈이니 당장 실행할 것!

베이비부머 세대의 가치관과 근무 방식에 미친 영향

베이비부머 세대만이 공유하는 특성이 있는 것처럼 베이비부머 세대만이 공유하는 가치관도 있다. 베이비부머 세대의 가치관을 공유하는 다른 세대도 있지만 베이비부머 세대의 가치관과 밀레니얼 세대의 가치관에는 핵심적인 차이가 있다.

» **젊음** : 베이비부머 세대는 노화와는 거리가 먼 세대이며 이 사실을 인정해주는 관리자를 존중한다.

» **밀레니얼 세대와의 가치 충돌** : 베이비부머 세대와 밀레니얼 세대 서로가 마음이 젊다는 사실을 이해하기만 하면 이 부분에서 가치 충돌이 일어날 일은 거의 없다.

» **신기술** : 고정관념과는 다르게 베이비부머 세대는 최신 기술에 뒤처지지 않으려고 노력한다. 직장에 무언가 새로운 기술이나 시스템을 도입하려고 할 때 베이비부머 세대에게 방향키를 쥐어주면 나머지 직원들은 자연히 따라오게 되어 있다.

» **밀레니얼 세대와의 가치 충돌** : 기술은 세대 간에 가장 격렬한 충돌이 일어날 수 있는 분야이다. 밀레니얼 세대는 보통 베이비부머 세대가 신기술을 열정적으로 수용하고 싶어 하지 않는다고 생각하며 기술에는 까막눈이

라고 치부해 버린다. 한편 베이비부머 세대 중에 직장에 신기술 도입을 인정하고 받아들이는 집단조차 모든 직무를 기술 중심으로 바꾸자고 과욕을 부리는 밀레니얼 세대 때문에 좌절할 수 있다.

» **사치재 :** (전통 세대를 제외하고) 모든 세대를 통틀어서 베이비부머 세대는 재정적으로 가장 안정된 세대이다. 베이비부머 세대는 사치재를 좋아할 뿐만 아니라 재정적으로 누릴 수 있는 여유가 있다.

» **밀레니얼 세대와의 가치 충돌 :** 일부 밀레니얼 세대도 사치재를 좋아하긴 하지만 골프 리조트 회원권, 큰 별장, 호화 요트 같은 베이비부머 세대가 부의 상징이라고 여겼던 것들에는 큰 관심이 없다. 밀레니얼 세대는 (신형 카딜락 같은) 값비싼 사치재보다는 (캄보디아 여행 같은) 경험에 더 많은 돈을 쓴다.

» **직업 의식 :** 베이비부머 세대에게 직업 의식을 나타내는 옷차림과 에티켓은 곧 상대방에 대한 존중을 의미한다.

» **밀레니얼 세대와의 가치 충돌 :** 밀레니얼 세대에게는 베이비부머가 생각하는 직업 의식이 진정성 없는 것으로 다가갈 수 있다. 밀레니얼 세대는 사생활과 직장 생활의 통합을 가치 있게 여기기 때문에 집에서나 직장에서나 똑같은 옷차림과 의사소통 에티켓을 추구한다.

» **직업 윤리 :** 베이비부머 세대는 열심히 일하고 있다는 사실을 보여주기 위해 꼬박꼬박 근무 일지를 작성했으며 일찍 출근하고 늦게 퇴근하거나 주말 근무도 마다하지 않았다.

» **밀레니얼 세대와의 가치 충돌 :** 밀레니얼 세대는 긴 근무 시간이 성공의 지표라고 생각하지 않는다. 중요한 것은 성과이며 따라서 맡은 업무를 완수하기 위해서는 시간과 장소에 상관없이 일할 수 있는 능력이 중요하다.

» **건강 :** 경쟁에서 뒤쳐지지 않기 위해 베이비부머 세대는 건강하게 먹고 꾸준히 운동한다.

» **밀레니얼 세대와의 가치 충돌 :** 건강 문제에서만큼은 가치 충돌이 없다! 베이비부머 세대와 밀레니얼 세대 모두 건강을 중요하게 생각한다. 특히 회사 식당 메뉴에 건강한 음식이 선택 사항으로 들어가 있느냐와 회사 건물 안에 헬스장이 있느냐는 양쪽 세대 모두에게 중요한 문제이다.

X세대의 정신 세계

MTV 세대, 집 열쇠 세대, 출산율 급감 세대로도 알려진 X세대는 1965년에서 1979년 사이에 출생한 집단을 일컫는다. X세대는 6천만 명 정도의 작은 집단이며 (베이비부머 세대와 밀레니얼 세대라는) 두 거대한 집단 사이에 끼여 있기 때문에 때로는 '잊힌 둘째 세대'라고 불리기도 한다.

X세대에 관한 기본 정보

한때 냉담하고 냉소적이며 체크무늬를 즐겨 입고 록밴드 너바나에 열광하는 세대로 알려졌던 X세대는 이제 직장에서는 어엿한 리더이자 가정에서는 헌신적인 친구이자 부모 역할을 잘 감당해내고 있다. 베이비부머 세대와 마찬가지로 정체성과 기호의 차이 때문에 기존 세대와 일하는 방식이 달랐을 뿐 X세대는 여전히 야심차며 직장 생활에서 뛰어난 성과를 거두고 있음을 시간과 경험이 증명해주었다. 그저 X세대만의 방식으로 일할 뿐이다. X세대과 오늘날과 같은 정체성을 형성한 내막을 이해하기 위해서 지금부터는 복잡한 X세대의 페르소나를 자세히 살펴보자.

숫자

X세대와 관련된 숫자부터 살펴보자.

- » 출생 연도 : 1965~1979년
- » 인격 형성기 : 1978~1998년
- » 인구수 : 6천만 명(X세대 인구 정점 기준)

생애주기

- » X세대의 현재 생애주기는 가족 중심이라는 단어로 가장 잘 설명할 수 있다. 동시에 회색 천장을 뚫기 위해 노력 중이다.
  - • X세대는 자녀에게 혼자서 열쇠로 빈집 문을 열고 들어오던 경험을 물려주길 원치 않는다. 그래서 직장에서 최대한 효율적으로 일해서 근무를 마치고 자녀 귀가 시간에 맞추어 집에 돌아가 함께 시간을 보내는 것을

중요하게 생각한다.

- 수많은 베이비부머 세대가 직장에서 요직을 차지하고 있는 (게다가 정년 퇴임까지 아직 많이 남아 있는) 상황에서 X세대는 어떻게 일과 삶의 균형을 최대한 유지하면서 회색 천장을 뚫고 임원으로 승진할 수 있을지를 고민하고 있다.
- 많은 X세대가 탐내던 임원 자리까지 승진했고 (단도직입적이고 기업가 정신을 높이 사는) 고전적인 X세대 경영 방식으로 회사를 이끌어가고 있다.

기억

X세대의 인격 형성기에는 미디어 분야에 혁신이 일어났으며 각종 스캔들이 미디어를 잠식했다. TV는 어린 시절 X세대에게 가장 좋아하는 보모와 다름없었으며 토요일 아침마다 설탕이 듬뿍 든 건강에는 별로 좋지 않은 시리얼을 먹으며 만화 영화를 보던 일을 생생하게 기억한다. X세대는 미디어에서 끊임없이 내보내던 모든 범죄, 음모, 부정부패 또한 기억한다. 아래에 나열된 X세대의 기억을 훑어보면서 이러한 경험이 오늘날 X세대의 철저한 직업 의식을 형성했다는 사실을 기억하자.

- » 24시간 뉴스는 곧 TV를 틀면 항상 볼 것이 있었다는 사실을 의미한다.
- » 부모님이 이혼하거나 긴 시간 일하셨기 때문에 방과 후에 아무도 없는 빈 집에서 홀로 오후 시간을 보내며 독립성을 키웠다.
- » 에이즈 감염을 둘러싼 공포가 있었다.
- » MTV에서는 뮤직 비디오를 틀어 주었고 '스릴러(Thriller)' 안무를 모르는 사람이 없었다.
- » 모두가 텔레비전에 시선을 고정한 채 O.J. 심슨이 탄 흰색 브롱코가 경찰차를 따돌리는 장면을 시청했다.
- » '누가 J.R.을 쐈나'가 가장 큰 화두였다.
- » 힙합과 그런지 음악(과 패션)이 유명세를 타기 시작했다.
- » 우유곽에 실린 실종 아동 사진을 보면서 모든 부모와 아이들이 아이들의 안전을 걱정하고 낯선 사람을 경계했다.
- » 개인용 컴퓨터는 혁명적인 발명품이었다.
- » 마돈나는 곧 전부였다.

> » 학교에서 TV로 목격한 챌린저 우주왕복선 폭발은 비극적이고 충격적인 사건이었다.
> » 주말에 아타리, 코모도르 64, NES 콘솔에서 최신 비디오 게임을 할 때가 제일 행복했다.
> » 영부인이었던 낸시 레이건이 '마약과의 전쟁'을 선포하며 '저스트 세이 노' 캠페인을 통해 강력한 메시지를 퍼뜨렸다.

고정관념

베이비부머 세대가 노동 인구에 처음 편입되었을 때 고정관념에 시달렸듯이 X세대라고 별반 다르지 않았다. X세대는 미래보다는 음악과 영화에 심취한 '학교에 다니기에는 너무 쿨한' 애들이었다. 한 번쯤 들어봤을 법한 X세대에 대한 고정관념 몇 가지만 아래에 추려 보았다.

> » 게으름뱅이
> » 냉담하다
> » 냉소적이다
> » 스케이트보드를 탄다
> » 지저분하다
> » 잃어버린 세대

X세대 정체성 형성 배경 (및 밀레니얼 세대와의 비교)

여기서는 X세대 정체성 형성에 많은 영향을 준 사건 및 조건을 자세히 들여다볼 것이다. 베이비부머 세대를 다룰 때와 마찬가지로 각 사건 및 조건을 차례로 살펴보면서 X세대의 경험과 밀레니얼 세대의 경험을 비교해보자.

정치

X세대에게 정치는 곧 스캔들이다. 이 사실을 X세대는 어렸을 때 터득했다. 정치인은 믿을 만한 사람이 못 된다! 제일 나이가 많은 X세대가 인격 형성기였을 때 닉슨이 '나는 사기꾼이 아닙니다'라는 유명한 말을 남겼다. 가장 어린 X세대가 인격 형성기였을 때는 빌 클린턴이 '나는 그 여자와 성관계를 하지 않았습니다'라는 유명한 말을

남겼다. 미국 공권력의 우두머리였던 이 두 사람 중에 진실을 말한 사람은 아무도 없었다. 부정부패, 거짓말, 속임수가 만연했던 시절이었다.

밀레니얼 세대와의 비교 : 가장 나이가 많은 밀레니얼 세대는 클린턴이 남긴 저 유명한 말과 조지 부시 대통령의 당선 결과가 번복되었던 일과 9/11 테러 때문에 빚어졌던 혼란을 기억한다. 2008년에 밀레니얼 세대는 버락 오바마가 대통령에 당선되는 것을 목격했다. 변화를 위한 플랫폼에 마음을 움직인 젊은 유권자의 지지를 얻은 것과 대선 전략에 획기적으로 소셜미디어를 사용해 대중과 소통했던 것이 주효했다. 오바마 대통령 재임 시절에는 일어났던 스캔들은? 별로 없다. 인권 신장은? 많은 발전이 있었다.

부모

베이비부머 세대와 마찬가지로 X세대도 자녀와 거리를 유지하면서 양육하는 방식을 선호하는 부모 밑에서 자랐다. 전통 세대와 초기 베이비부머 세대는 (자녀를 엄청나게 사랑하면서도) 양육 방식은 독재적이었다. 이들은 사랑하는 자녀가 18살이 되면 이렇게 말하며 배웅했다. "가라! 나가서 훌륭한 일을 하거라. 부디 다시 집으로 돌아오는 일은 없길 바란다." X세대는 진심으로 정말로 불가피한 상황이 아니면 부모 집으로 돌아가기를 원치 않았다. X세대는 세상에 나가 여러 가지를 이루고 난 뒤 이렇게 말하고 싶어 했다. "나 혼자 해낸 거야."

밀레니얼 세대와의 비교 : X세대와 밀레니얼 세대 사이에는 재미있는 차이점이 있다! 밀레니얼 세대는 부모와 친밀한 관계를 유지했고 (지금도 여전히 유지하고 있고) 부모는 항상 이렇게 말했다. "대학생이 되면 독립을 하겠지만 언제든지 돌아와도 좋다. 우리는 널 사랑하니까!" 후기 베이비부머 세대는 부모가 되어 밀레니얼 세대 자녀의 주변을 맴돌며 이들의 성공을 위한 지원과 통찰과 자원을 아끼지 않았다.

뉴스

앞서 언급했듯이 X세대가 성장할 때 미디어도 폭발적으로 성장하며 '스쿨하우스 록!', '코스비 가족 만세', '심슨 가족' 같은 유명한 프로그램들이 탄생했다. 뉴스는 심야에도 아침에도 오후에도 하루 종일 방송되었다. 24시간 뉴스 채널이었던 CNN에서는 범죄 보도가 끊이지 않았다. 무대를 가리고 있던 장막이 걷히면서 X세대는 부모가 존경했던 모든 제도가 부패에 연루되어 있는 현실을 목격했다. X세대는 회의주의적으로 변할 수밖에 없었다.

밀레니얼 세대와의 비교 : 밀레니얼 세대에게는 CNN 말고도 MSNBC, C-SPAN, 폭스 뉴스 채널 등 수많은 24시간 뉴스 채널이 있었다. 게다가 소셜미디어와 어디서나 접속 가능한 인터넷의 등장으로 뉴스에 더 쉽게 접근할 수 있게 되었고 진짜 뉴스와 가짜 뉴스를 구별해 내기도 쉬워졌다. 밀레니얼 세대는 하나가 아니라 여러 방송 보도를 통해 제도의 허상을 목격했다. 너무 많은 뉴스 공급원이 혼재하는 상황에서 밀레니얼 세대는 신뢰할 수 있는 보도를 가려내고 반향실의 함정을 피하느라 어려움을 겪고 있다.

방과후 일상

거의 모든 X세대가 비슷비슷한 방과후 일상을 보냈다. 베이비부머 세대나 밀레니얼 세대와 비교하지 않는다면 말이다. 집 열쇠 세대라고 불리는 X세대는 학교가 끝나고 어슬렁어슬렁 집에 돌아와 목에 걸고 있던 집 열쇠로 아무도 없는 빈집에 혼자 문을 열고 들어갔다. (형제자매나 애완 동물이 있는 경우는 예외였겠지만 말이다.) 강아지에게 밥을 주고 자신이 먹을 간식으로 애플잭 시리얼을 그릇에 부어 TV 앞에 앉아 최신 뮤직 비디오를 감상하거나 자신이 세운 최고 기록을 깨기 위해 동키콩 비디오 게임을 하곤 했다. 춤을 추면서 간식을 다 소화시키고 나면 숙제를 하거나 게임을 하거나 책을 읽거나 집안일을 하거나 부모님 오실 시간에 맞추어 전자레인지에 저녁을 데우곤 했다.

밀레니얼 세대와의 비교 : 우선 '집 열쇠'는 밀레니얼 세대에게는 방과후 학교 프로그램 이름이었다. 밀레니얼 세대의 부모는 자녀를 방과후 학교에 등록시켜 잠시라도 아이를 (성인의 감독 없이) 혼자 두는 시간을 없애고자 했다. 밀레니얼 세대에게 독립성이란 방문을 걸어 잠그고 부모나 어린 동생이 자신을 방해하지 않길 바라는 것 그 이상도 그 이하도 아니었다. 그 이외에는 언제 어디서나 보호자 역할을 하는 어른이 옆에 있었다.

십 대 문화

X세대의 십 대 문화는 베이비부머 세대나 밀레니얼 세대의 십 대 문화만큼 찬란하

지 않았다. X세대는 어렸을 때 '너희는 부모 세대만큼 잘 나가지 못할 거야'라는 말을 듣고 자란 첫 세대였다. 마법 같은 디즈니 월드조차 빛을 잃기로 작정한 것 같았던 시절이었다. 70년대와 80년대에는 만화 영화 시장이 침체되었고 디즈니는 직원을 대량 해고했다. X 세대의 십 대 문화는 대안 문화였을 뿐 (베이비부머 세대 때처럼) 반문화는 아니었다. X세대는 관심사가 아니라 무관심으로 정의되었다. 학교에서는 어떤 무리에 속해 있느냐로 자신을 드러냈고 학교를 마치고 혼자 집에 오면 그때부터는 알아서 자신이 정한 규칙에 따라 자신의 삶을 살면 되었다.

밀레니얼 세대와의 비교 : 밀레니얼 세대의 십 대 문화는 X세대의 십 대 문화와 확연한 대비를 이룬다. 밀레니얼 세대는 자신들이 크면 세상을 바꾸고 많은 멋진 일을 이루어낼 것이라는 이야기를 들으며 자랐다. 디즈니도 전성기를 구가했다. '미녀와 야수', '뮬란', '라이언킹', '알라딘' 등이 줄지어 개봉했다. (이것도 대표적인 성공작 몇 개만 나열한 것이다.) 일반적으로 밀레니얼 세대는 베이비부머 세대와 마찬가지로 청소년기에 상당한 권한을 부여받았다. 비록 부모와 다른 어른들이 대부분의 권한을 행사했다는 건 부인할 수 없는 사실이지만 말이다.

X세대의 근무 특성과 관리자에게 주는 시사점

관리자라면 X세대의 근무 특성을 반드시 알아야 한다. X세대는 그들의 전임자나 후임자와 같지 않다. 독자 본인이 X세대라면 벌써 속마음을 들켰다고 느끼기 시작했을지도 모른다. 아니면 회의주의적인 X세대의 전형대로 전혀 설득당하지 않았을 수도 있다. 어느 쪽이든 다음과 같은 X세대만의 특성을 이해하고 직장에서 다른 세대와 어떻게 상호작용하는지를 이해하는 것이 중요하다.

> » 회의주의적
> » 자급자족
> » 기업가 정신
> » 변화를 편하게 받아들임
> » 독립적
> » 다재다능
> » 적응력이 뛰어남

이러한 특성이 직장 생활에서 발현되면 관리자에게 X세대 직원은 훌륭한 자산이 될 수 있다. 여기서부터는 X세대가 선호하는 직무 상황을 살펴보고 밀레니얼 세대는 같은 상황에 대해 어떻게 반응하는지 살펴보자.

상황 : 되도록이면 회의는 적게

관리자는 자신의 팀에 없어서는 안 될 직원인 스테파니 씨가 몇 주째 회의가 꼬리에 꼬리를 물고 이어지는 나날을 보내고 있다는 사실을 알아챘다. 관리자는 스테파니 씨가 다른 직원들과 이야기할 때 평소보다 날카롭다는 사실을 눈치챘다. 다만 스테파니 씨는 노련한 프로답게 시종일관 침착함을 잃진 않았다. 관리자는 (스테파니 씨를 염두에 두고) 새로운 정책을 도입하기로 결정했다. 직접 회의를 하지 않고 이메일로 처리할 수 있는 일은 이메일로 끝내고 반드시 필요한 경우가 아니면 회의 시간은 15분을 넘기지 않도록 제한한 것이다.

X세대에게 통하는 이유 : 하루종일 회의에 회의가 거듭된다면 대부분의 직원이 좋아하지 않겠지만 X세대는 특히나 더 진저리를 친다. 만약 다른 회의에 대한 회의를 한다면? X세대가 발을 빼는 상황까지 각오해야 한다. X세대를 고려한다면 되도록이면 회의는 적게 하는 조직 문화를 만드는 것이 좋다.

밀레니얼 세대에게는 통하지 않는 이유 : 회의를 적게 하면 밀레니얼 세대 대다수도 좋아할 것이다. 다만 한 가지 주의할 점이 있다. 밀레니얼 세대는 과제 진행 상황을 확인하거나 아이디어를 주고받기 위해서 효율적인 접점을 원한다. 모두가 반대하는데 회의 날짜가 잡히는 것은 두려워할 수 있다. 그러면 관리자 입장에서는 밀레니얼 세대가 이 문제를 놓고 옳고 그름을 논의하느라 시간을 낭비할 위험을 무릅써야 한다.

상황 : 직접적인 피드백

관리자가 X세대이자 직급이 같은 다른 관리자 혁 씨와 회의를 마치고 함께 걸어 나왔다. 각자 자리로 돌아가기 전에 혁 씨에게 5분만 이야기를 하자고 했다. 커피를 마시면서 조금 전 회의에서 혁 씨가 했던 발언을 칭찬했다. 그런데 혁 씨가 회의 중에 제시했던 숫자는 정확하지 않은 것 같으니 다음번에는 조금 더 철저하게 확인을 해주면 좋겠다고 말했다. 혁 씨는 고맙다고 말한 뒤 화이트초콜릿모카를 손에 쥐고 함께 자리로 돌아가며 최근에 개봉한 '스타워즈' 영화에 대해 이야기를 나누었다.

X세대에게 통하는 이유 : X세대는 그때그때 피드백을 받기를 원한다. X세대는 즉각적인 피드백을 받을 때 상대가 아무것도 숨기고 있지 않다는 인상을 받는다. X세대는 항상 솔직하고 직접적인 피드백을 원한다. 게다가 '스타워즈'에 관한 대화를 좋아하지 않을 X세대가 어디 있겠는가?

밀레니얼 세대에게는 통하지 않는 이유 : 밀레니얼 세대는 피드백이라면 언제든 환영이지만 공공장소에서 잘못을 너무 솔직하게 지적받으면 때때로 거부감을 느끼기도 한다.

상황 : '너한테 다 맡길게' 문화

관리자의 임무는 부하 직원들에게 자신이 그들을 지지하고 있다는 사실을 보여주는 것이다. 이러한 맥락에서 관리자는 자신이 부하 직원들을 완전히 신뢰하고 있음을 전달하려고 한다. X세대 부하 직원 중 한 명인 말라 씨에게 상사로서 자신의 신뢰를 보여주기 위해서 독립적인 과제를 할당해주며 이렇게 말했다. "여기서 뛰어난 경력을 쌓고 싶어 하는 거 알아요. 뛰어나려면 커리어를 자기 것으로 만들어야 해요. 다음 단계로 승진하는 데 필요한 능력을 쌓는 데 이 과제 경험이 도움이 될 겁니다."

X세대에게 통하는 이유 : 이 방법은 독립적이고 기업가 정신이 강한 X세대에게는 딱이다. X세대를 존중하고 있음을 보여주는 가장 좋은 방법은 모든 걸 재량에 맡기고 어깨 너머로 감시하고 싶은 마음을 꾹 참는 것이다. 그러면 X세대가 혐오하는 일명 마이크로매니저(micromanager, 세세한 것까지 일일이 참견하는 관리자-역주)와는 180도 다른 관리자가 될 수 있다.

밀레니얼 세대에게는 통하지 않는 이유 : 밀레니얼 세대에게는 최소한 새로운 과제나 능력을 파악해야 하는 단계에서는 세세한 것까지 일일이 챙겨주는 마이크로매니저가 필요하다. 관리자가 이러한 추가적인 책임까지 맡아주면 밀레니얼 세대는 감사하게 생각할 것이다. 밀레니얼 세대는 완전한 독립성을 원하지 않는다. 모든 것이 자율성에 맡겨지면 밀레니얼 세대는 관리자가 자신들의 경력이나 발전에 관심이 없다고 생각할 것이다.

상황 : 휴가

X세대 부하 직원 켈 씨가 있다고 하자. 켈 씨는 일을 매우 잘한다. 관리자가 켈 씨에

게 보상으로 무엇을 원하냐고 묻자 예상치 못한 답이 돌아왔다. 켈 씨는 용감하게도 하루 휴가를 달라고 했다. 켈 씨는 최근에 자녀들이 하키 및 축구 연습과 경기에 참여할 때 데려다주느라 시간을 너무 많이 써서 하루쯤 휴가를 내 배우자와 여유롭게 저녁 외식을 한 번 하는 것이 소원이라고 했다. 관리자는 얼굴에 미소를 띠며 대답했다. "물론이죠. 하루 쉬세요."

X세대에게 통하는 이유 : 다른 어떤 세대보다 X세대는 일과 삶의 균형을 중요하게 생각한다. X세대에게 가장 큰 보상은 며칠이든 휴가를 얻는 것이다. 금적전 보상도 물론 좋지만 휴가는 무엇에도 견줄 수 없는 가장 큰 보상이다. 금주의 우수 직원으로 선정되는 영예 따위를 X세대는 바라지 않는다. 그러한 공식적인 인정보다 X세대에게는 그저 휴가가 최고이다.

밀레니얼 세대에게는 통하지 않는 이유 : 밀레니얼 세대(와 베이비부머 세대) 또한 추가로 연차를 쓸 수 있으면 좋아한다. X세대만 휴가를 좋아하는 것은 아니다. 그러나 여러 가지 다양한 혜택과 보상 중에 하나만 선택하라고 한다면 밀레니얼 세대는 때로는 단체 야유회, 여행 인센티브, 가장 좋아하는 레스토랑의 기프트카드를 선택할 것이다.

X세대의 가치관과 근무 방식에 미친 영향

관리자가 X세대의 근무 특성을 이해하는 일도 중요하지만 가치관을 이해하는 일은 어쩌면 더 유익할 수 있다. X세대가 가장 중요하게 생각하는 가치관을 살펴보고 이러한 가치관이 왜 밀레니얼 세대와의 충돌을 빚는지 알아보자.

> » **투명성** : 의심 많은 X세대와 성공적으로 소통하기 위한 가장 좋은 전략은 할 수 있는 한 투명하게 모든 것을 공개하는 것이다. 그렇지 않으면 무언가를 숨기고 있다는 의심을 받을 수 있다. X세대와 소통할 때는 숨기는 것 없이 투명해야 한다.
> 밀레니얼 세대와의 가치 충돌 : 밀레니얼 세대도 투명성을 중요하게 생각하지만 너무 단도직입적인 (자칫하면 신랄하게 느껴질 수 있는) 의사소통 방식은 거북해한다. 밀레니얼 세대는 의사소통을 할 때 노골적인 투명성보다는 진정성과 접근성을 더 중요하게 생각한다.
> » **일과 삶의 균형** : X세대는 성장기에 부모의 부재가 일상이었다. 노동 인구

에 편입되면서 X세대는 자신의 자녀에게는 이런 경험을 물려주지 않기로 결심했다. X세대는 일찍 퇴근하여 일과 삶의 균형을 맞추려면 직장에서 최대한의 생산성을 발휘해 업무를 끝내야 하므로 효율성과 집중력이 중요하다고 생각한다. X세대에게 모든 것은 시간과의 싸움이다.

밀레니얼 세대와의 가치 충돌 : 밀레니얼 세대도 일과 삶의 균형을 중요하게 생각할까? 당연하다! 하지만 밀레니얼 세대는 일과 삶의 균형보다는 통합을 지향한다. 이러한 가치관에 따라 밀레니얼 세대는 똑같은 일을 해도 중간중간 쉬는 시간을 즐기면서 더 오랜 시간에 걸쳐 맡은 업무를 완수한다.

» **신뢰** : X세대 직원은 관리자의 신뢰를 가장 큰 보상으로 여긴다. 관리자가 X세대 직원에게서 받을 수 있는 가장 큰 보상도 신뢰이다. 한번 쌓인 신뢰는 곧 존경과 포용과 서로 힘을 합치면 주변에 폐를 끼치지 않고 어떤 일도 해낼 수 있다는 믿음으로 이어진다.

밀레니얼 세대와의 가치 충돌 : X세대는 신뢰는 노력을 통해 얻어지는 것이라고 생각한다. 그래서 X세대는 처음으로 함께 일하는 상대가 신뢰할 만한 인물인지 아닌지를 파악하기 위해 수많은 질문을 퍼붓는다. 첫만남에서 이러한 질문 세례를 받으면 밀레니얼 세대는 스스로에 대해서 확신을 하지 못하는 동시에 X세대가 자신의 업무 능력을 존중하지 않는다고 느낄 수 있다.

» **정직함** : X세대가 진술의 신뢰도를 결정하는 기준은 매우 엄격하기 때문에 자신의 잣대를 상대방에게 함부로 들이대지 않으려고 최선을 다한다. X세대는 불필요한 사탕발림을 배제한 현실적인 의사소통 및 영업 방식을 선호하며 잘못이나 약점이 있어도 그 자리에서 대놓고 논의한다.

밀레니얼 세대와의 가치 충돌 : '약간의 설탕이 약을 잘 삼킬 수 있게 도와준다'는 속담을 들어본 적이 있을 것이다. 정직함은 훌륭한 자질이지만 고통이 따르지 않는 경우에만 유효하다. 정직함을 중시하는 X세대의 근무 방식은 때때로 지나치게 단도직입적이라 상처가 되기도 한다. 밀레니얼 세대는 정직하되 약간의 긍정성과 칭찬을 가미한 의사소통을 선호한다.

» **자급자족** : X세대는 모든 일을 스스로 하는 법을 배우면서 자랐다. X세대는 다른 사람도 자신처럼 독립적이고 다재다능하기를 기대한다. 이런 기대를 만족시키지 못하는 사람은 능력이 없는 사람이라고 생각한다.

밀레니얼 세대와의 가치 충돌 : 기계를 잘 다루는 밀레니얼 세대는 손끝만 움직이면 대부분의 문제에 대한 해답을 찾을 수 있지만 팀원들에게 자문을 구하고 크라우드소싱을 통해 문제를 해결하는 능력 역시 높이 평가한다. 협력적으로 정보를 구한다는 점에서 밀레니얼 세대는 모든 업무를 자급자족 식으로 접근하는 X세대와는 다르다.

세대별 특성 및 가치관 비교

세대 이론에 밝은 관리자는 모든 세대를 전체적이고 통합적인 관점에서 바라보며 정보를 취합한다. 세대별 근무 특성이나 가치관이 어떻게 상호작용하는지를 이해하면 잠재적인 세대 갈등을 미리 파악해 실제로 문제가 일어나기 전에 예방할 수 있다. 표 4-1에서는 베이비부머 세대와 X세대와 밀레니얼 세대의 특성, 가치관, 업무 환경에 대한 인식 및 선호를 교차 비교한다. '세대 지형에 깔린 토양'을 충분히 숙지하면 팀원들과 더 효과적으로 소통할 수 있고 더 효율적으로 일하도록 동기 부여할 수 있다.

표 4-1 세대 간 특성, 가치관, 충돌 지점 비교

	베이비부머 세대	X세대	밀레니얼 세대
특성	마음만은 청춘 낙천적 경쟁적 규율 중시 개혁적 이상주의적	회의주의적 기업가 정신 다재다능 독립적 변화를 쉽게 받아들임	신기술에 밝음 의미를 찾으려 함 협동적 현실적 통합적
가치관	새로움 직업 윤리 전문성 젊음 건강 개성	성장 투명성 일과 삶의 균형 가족 신뢰 독립성	차별화 선택 효율성 부족성 진실성 속도 혁신
충돌 지점			
격식	정장은 입되 넥타이는 선택	깨끗하고 잘 다려진 셔츠와 청바지	뭘 입든지 그게 중요한가?
의사소통 방식	예의 바름/차별적인 언어 사용 을 경계	단도직입적	지속적/협력적
직업 윤리	자기주도적 위험을 기꺼이 감수함 차이를 만들고 싶어 함	효율적 자급자족 일과 삶의 균형 추구	야망적 멀티태스킹 일과 삶의 통합
경력	리더와 직원이 동등하게 책임을 나누어져야 함	100퍼센트 본인 책임	둘 이상의 경력 추구
권위를 대하는 태도	우호적 — 리더는 내 편으로	회의주의적 — 리더는 의사 결 정 시 전 직원의 동의를 반드 시 얻어야 함	진정성 — 리더와 직접 소통하길 원함
일과 삶의 균형	일과 삶 완전히 분리	일과 삶의 균형은 필수	업무 유연성 추구(비난은 사절)
조직 구조	업무 과정 중심	효율성	협력적
보상	경쟁과 열심히 일한 것에 대한 인정이 동기 부여 요인	개인적 자유가 궁극적 보상	협업하여 더 큰 선에 영향을 미치 길 원함
목표	경력 발전 및 금전적 보상	경제적 안정 및 역동적인 경력	열정과 맞아떨어지는 의미있는 일

chapter

05

세대 관점 경영

밀레니얼 세대 부하 직원을 이해하는 것만으로는 충분하지 않다. 물론 밀레니얼 세대 부하 직원과 상호작용하는 방식을 개선하는 데 큰 도움은 되겠지만 효과적인 관리자가 되기 위해서는 관리자 본인의 세대 관점 때문에 시선이 왜곡되는 일은 없는지를 스스로 점검해야 한다. 관리자가 베이비부머 세대이든 X세대이든 밀레니얼 세대이든 세대 관점은 경영 방식과 다음 세대를 바라보는 시선에 영향을 줄 수밖에 없다. 관리자로서 자신이 속한 세대를 들여다보고 어떤 편향된 세대 관점을 가지고 있는지 점검하는 것은 다음 세대를 완벽하게 관리하기 위해서는 필수적이다.

이번 장에서는 서로 다른 세대로 이루어진 관리자 및 부하 직원 조합을 각각 살펴본 뒤 조합별 강점과 돌발적으로 일어날 수 있는 문제점을 알아볼 것이다. 가장 먼저 베이비부머 세대 관리자와 밀레니얼 세대 사원 조합을 살펴본 다음 X세대 관리자와 밀레니얼 세대 사원 조합을 살펴볼 것이다. 마지막으로 가장 까다로운 밀레니얼 세대 관리자와 밀레니얼 세대 부하 직원 조합을 들여다볼 것이다.

각 조합을 살펴볼 때 잠재적 세대 차이를 부각하기 위해 가족 비유를 사용했다. 직장 내 인간 관계를 가족에 비유하는 것이 문제의 소지가 될 수 있음을 인정한다. 누구도 직장에서 '자녀' 취급이나 더 심하게는 '할머니/할아버지' 취급을 당하고 싶지 않을 것이다. 하지만 단순한 비유일 뿐이다. 실제로 직장 생활에서 밀레니얼 세대가 짜증 나는 어린 동생 같다거나 베이비부머 세대가 잔소리 많은 부모 같다고 주장하는 것은 절대 아니다. 여기서 가족 비유를 사용하는 목적은 오로지 저마다 독특한 세대 관점이 경영 방식에 어떤 영향을 미치는지를 보여주는 대략적인 가족관계도… 아니, 조직 구성도를 그리기 위해서이다.

여기서는 각 세대를 가족 구성원에 비유하지만 상대방을 열받게 할 의도가 아니라면 절대 직장에서 다른 세대에게 해서는 안 될 말이 있다. 다음과 같은 발언을 했다간 차별주의자로 낙인 찍히거나 신고당할 수 있으니 각별히 주의할 것!

» 우리 부모님이었으면 좋겠네요!
» 우리 아들/딸이었으면 좋겠네요!
» 저기요, 할아버지/할머니.
» 그건 제 막내 여동생도 할 줄 알겠네요.
» 방금 인용한 게 뭔지 모른다고요? 와, 제가 나이가 들긴 들었나 보네요.
» 몇 년도에 태어났다고요?
» 당신 또래인 손주가 있는 사람이에요.
» 어린애처럼 굴지 말아요.

고슴도치 부모의 함정 : 베이비부머 세대 상사가 밀레니얼 세대 직원을 관리할 때 일어나는 일

소제목이 왜 '고슴도치 부모의 함정'일까? 왜냐하면 베이비부머 세대 상사가 밀레니얼 세대 직원을 관리할 때 직장에서의 상하 관계를 부모와 자식 관계에 투영하는 실수를 쉽게 저지르곤 하기 때문이다. 베이비부머 세대를 무시하는 발언이 아니라 실제로 밀레니얼 세대를 자녀로 둔 베이비부머 세대는 직장에서도 밀레니얼 세대 부하 직원을 자연스럽게 자녀와 동일시한다는 사실이 드러났다. 베이비부머 세대에게 밀레니얼 세대 직원은 '정체 모를 비밀 요원'이 아니다. 베이비부머 세대 주변에는 밀레니얼 세대가 많기 때문에 이들이 일하는 방식도 어느 정도 파악하고 있다. 부모와 자식 관계에서 파생된 밀레니얼 세대 직원에 대한 인식은 완전히 상반된 두 가지 유형의 베이비부머 세대 상사를 낳았다. 첫 번째 유형은 밀레니얼 세대 부하 직원에게 제일가는 후원자가 되어 주는 베이비부머 상사이다. 두 번째 유형은 콧대를 세우고 '넌 내 자식은 아니'지만 난 너희 세대를 누구보다 잘 안다는 식으로 밀레니얼 세대를 고정관념 안에 가두는 상사이다.

이 두 가지 유형의 베이비부머 상사에 대해 알아보자.

» **후원자형 베이비부머 세대 상사** : 밀레니얼 세대 신입 사원에게서 무한한 잠재력만을 보는 베이비부머 세대 상사가 있다. 이 유형의 베이비부머 세대 상사는 밀레니얼 세대 직원에게 하나라도 더 가르쳐주고 코치해주고 멘토링해주어 성공적인 부하 직원이나 동료로 성장하기를 바란다. 이같은 후배 양성은 베이비부머 세대 상사에게 활력을 주고 매일 즐겁게 출근할 수 있게 해주는 원동력이 되기도 한다. 후원자 유형의 베이비부머 상사에게는 미래 노동 인구를 양성하는 일이 커다란 동기부여 요인이 된다. 밀레니얼 세대 부하 직원이 성공하면 멘토 및 코치로서 자신의 능력이 증명되었다고 생각해 개인적으로도 보람을 느낀다. 후원자형 베이비부머 상사는 자신의 개입이 필요할 때와 필요하지 않을 때를 알고 보상이 필요할 때와 채찍이 필요할 때를 안다. 이러한 상사와 부하 직원 관계가 결코 원만하기만 한 것은 아니지만 밀레니얼 세대 직원의 능력을 최대로 이끌어낼 수 있는 강력한 유대 관계가 형성될 수 있다.

» **고정관념형 베이비부머 세대 상사** : 불행히도 후원자형 베이비부머 상사만큼이나 고정관념형 베이비부머 상사도 많다. 이 유형의 상사는 '내가 너희 나이일 때는'이나 '요즘 애들은'으로 시작하는 말을 입에 달고 산다. 고정관념형 베이비부머 상사에게 애지중지하는 밀레니얼 세대 자녀가 있는 경우가 많다. 하지만 헌신적인 자녀 사랑이 밀레니얼 세대 부하 직원에 대한

애정으로까지 이어지진 않는다. 밀레니얼 세대 부하 직원의 부모가 자녀의 직장 생활에까지 관여하는 것을 두고 믿을 수 없다며 욕하는 베이비부머 상사 가운데 상당수가 자기 자녀의 직장 생활에 관여하는 경우도 허다하다. 밀레니얼 세대 자녀가 있어서 밀레니얼 세대의 특성과 성향에 익숙한 만큼 이러한 사전 지식을 부정적인 고정관념으로 바꾸어 부하 직원에게 들이민다. 하지만 정작 본인은 이러한 모순을 자각하지 못하는 경우가 많다.

아래 표에는 후원자형 상사가 되는 방법과 고정관념형 상사가 되지 않는 방법이 정리되어 있다.

후원자형 베이비부머 세대 상사가 되는 비법	고정관념형 베이비부머 세대 상사가 되지 않는 법
쌍방향 의사소통이 일어나도록 격려할 것	밀당하지 말 것
규칙과 무엇을 기대하는지를 정하고 실수할 수 있는 자유를 줄 것	모든 세대가 장단점이 있다는 사실을 받아들일 것
격식과 비격식을 자유롭게 넘나들며 소통할 것	세대 특성에 기인한 문제도 있지만 단순히 신입 사원이라 저지르는 실수도 있다는 사실을 기억할 것

베이비부머 세대 상사/밀레니얼 세대 직원 간 궁합 활용법

'고슴도치 부모의 함정'은 언제든지 '고슴도치 부모의 기회'로 바뀔 수 있다. 베이비부머 세대와 밀레니얼 세대는 궁합이 잘 맞는다. 베이비부머 세대 관리자가 이 궁합을 잘 활용하기만 하면 밀레니얼 세대 직원의 능력을 최대한으로 끌어낼 수 있다. 그렇다면 이 두 세대가 환상적인 궁합을 자랑하는 이유는 무엇일까?

타고난 낙천주의자들

베이비부머 세대와 밀레니얼 세대 둘 다 X세대보다 낙천적인 성향을 지니고 있다. 베이비부머 세대 관리자는 밀레니얼 세대 부하 직원과 함께라면 무엇이든 가능하고 새로운 과제나 아이디어를 실현시킬 수 있다고 믿는다. 양쪽 다 성공을 축하하기를 좋아하며 차이를 만들고자 하는 욕구가 있다. 회의에서나 브레인스토밍을 할 때나 뜬구름 잡는 아이디어를 평가할 때도 베이비부머 세대와 밀레니얼 세대는 가능성에 주목한다. 비슷한 이상주의적 성향은 베이비부머 세대 관리자가 밀레니얼 세대 사원에게 영감을 주고 발전하도록 격려하는 방식에서도 드러난다.

익숙한 쌍방향 멘토링

밀레니얼 세대는 부모님, 코치님, 목사님, 선생님 등 베이비부머 세대 어른들에 둘러싸여 자랐다. 밀레니얼 세대는 베이비부머 세대에게 새로운 기계 사용법을 알려주고 베이비부머 세대는 밀레니얼 세대에게 이력서 쓰는 법을 알려주는 등 두 세대 간 의사소통은 서로에게 낯선 영역이 아니다. 베이비부머 세대 가운데 상당수가 밀레니얼 세대와 교류한 경험이 있기 때문에 두 세대 사이에 이루어지는 쌍방향 멘토링은 기존 관계의 자연스러운 연장이라고도 할 수 있다.

베이비부머 세대 관리자의 강점

밀레니얼 세대 부하 직원을 관리할 때 베이비부머 세대 관리자로서의 강점을 활용할 수 있는 전략은 다음과 같다.

> » 밀레니얼 세대의 긍정적인 성향을 북돋우고 야망을 격려한다.
> » 지혜를 전해주는 동시에 밀레니얼 세대가 자신의 의견과 아이디어를 낼 수 있도록 한다.
> » 직장에서 지켜야 할 에티켓을 자세하고 친절하게 가르쳐준다.
> » 과거 직장 생활은 어땠고 지금은 어떠한지 개인적인 경험을 들려준다.

흔히 저지르는 실수 및 예방법

자식을 키워본 경험이 있는 사람이라면 누구나 안다. 크고 작은 백만 가지 실수를 저지르다가 어느날 문득 자녀를 보며 '누가 이런 괴물을 키운 거야?'라는 생각이 드는 그 순간을. 누구도 완벽한 상사나 부모가 될 수는 없다. 하지만 예방 차원에서 베이비부머 세대 상사가 밀레니얼 세대 부하 직원을 관리할 때 가장 흔하게 저지르는 실수를 살펴보자.

우월감

부하 직원과 나이 차이가 얼마가 나든지 간에 우월감을 드러내는 행동은 절대 정당화될 수 없다. 계속해서 자신의 경력을 자랑스럽게 떠벌린다거나 밀레니얼 세대 직원을 향해 너무 경험이 없다며 한숨을 쉬는 행위는 존경심을 잃는 가장 빠른 길이다.

물론 밀레니얼 세대가 살아온 날수보다 베이비부머 세대가 직장 생활을 한 날수가 더 길 수도 있다. 그러나 똑똑한 관리자라면 신입 사원을 '요즘 애들'이라고 무시해버려서 얻을 수 있는 것은 아무것도 없다는 사실을 모르지 않을 것이다.

"우리 때는 훨씬 힘들었어"

"내가 학교 다닐 때는 한겨울에 눈 덮인 오르막길을 맨발로 다녀야 했어."라는 말에 담긴 정서와 별반 다르지 않다. 이전 세대는 요즘 세대는 (밀레니얼 세대는) 편한 시절을 살았고 자신들은 훨씬 더 힘든 시절을 보냈다고 생각하길 좋아한다. 뜨끔하는 베이비부머 세대가 많을 것이다. 베이비부머 세대 때는 엑셀 같은 프로그램이 없어서 계산이 힘들었던 건 사실이지만 오늘날 밀레니얼 세대 역시 노트북이 있으니까 집에서도 일을 끝내야 한다는 압박에 시달리는 등 베이비부머 세대는 걱정할 필요조차 없었던 나름의 새로운 고충을 겪고 있다. 이러한 '세대 우월적' 사고는 무슨 수를 써서라도 피해야 한다.

> "[제 베이비부머 상사는] '무슨 일이든 일단 끝내고 보는' 스타일이지만 저는 좀 더 [먼저 사전 조사를 하고] 구글 검색부터 충분히 해보고 시작하는 스타일이에요. 둘 다 틀린 건 아니지만 동전의 양면처럼 두 방식을 적절히 섞으면 좋겠죠. 하나만 고집하면 다른 하나를 놓치게 되니까요. 우리 다음 세대는 또 다른 방식으로 일하면 좋겠어요. 나름대로 또 장점이 있을 테니까요."
>
> – 카라 F., 밀레니얼 세대 매니저

실수 예방법

베이비부머 세대 관리자가 저지를 수 있는 실수를 예방하는 방법은 다음과 같다.

» 밀레니얼 세대가 다른 조건에서 자랐다는 사실을 인지한다.

» 밀레니얼 세대가 조직에 가져다준 (부정적인 특성 대신) 긍정적인 특성에 주목한다.

» 밀레니얼 세대의 약점을 세대 전체의 실패로 보고 무시하는 대신 함께 극복할 수 있는 방법을 찾는다.

» 힘들게 얻은 지식을 밀레니얼 세대에게 전수해주고 실력 있는 다음 세대 리더를 양성하는 일에서 보람과 만족을 찾는다.

신경을 긁는 동생 : X세대 상사가 밀레니얼 세대 직원을 관리할 때 어려움을 느끼는 이유

이론적으로는 X세대는 밀레니얼 세대 부하 직원을 관리할 때 전혀 어려움을 겪지 않을 것처럼 보인다. X세대와 밀레니얼 세대 모두 기술에 익숙하고 상대적으로 젊고 (적어도 대부분은) 이모티콘과 짤(meme; 젊은 세대가 인터넷에서 의사소통 목적으로 사용하는 재미있는 사진-역주)과 움짤(gif; 젊은 세대가 인터넷에서 의사소통 목적으로 사용하는 재미있는 움직이는 사진-역주)의 차이를 아니까 말이다. 하지만 현실에서는 이들 두 세대가 직장에서 가장 큰 갈등을 겪는 것으로 나타났다. X세대 상사와 밀레니얼 세대 직원 사이는 시작부터 삐그덕거렸고 시간이 지날수록 서로에게 익숙해지고는 있지만 두 세대 사이의 갈등은 여전히 현실이다.

X세대와 밀레니얼 세대의 갈등은 종종 형제자매 간의 갈등과 비슷한 양상을 띤다. 서로 사이좋게 잘 지내다가도 순식간에 옥신각신하며 승강이를 벌인다. 직장에서는 옥신각신하는 승강이 대신 경직된 분위기와 깊은 좌절감이 따라온다. 베이비부머 세대 관리자와 마찬가지로 X세대 관리자도 밀레니얼 세대와 함께 잘 협업할 수 있는 길을 찾아내는 후원자형 상사와 '짜증 나는 동생' 콤플렉스를 부하 직원에게 전가해버리는 고정관념형 상사로 갈라진다. 각 유형을 살펴보자.

> » **후원자형 X세대 상사** : X세대라면 폴라 압둘의 '반대는 서로 끌린다' 뮤직비디오를 기억할 것이다. 이 뮤직비디오에서 폴라 압둘은 자신과 여러 모로 정반대인 고양이 만화 캐릭터에 매력을 느낀다. 직장에서도 이러한 관계가 존재할 수 있다. 후원자형 X세대 상사는 서로 다른 점을 부정적으로 인식하기보다 긍정적으로 바꿀 수 있는 방법을 모색한다. 예를 들어 X세대의 타고난 회의주의적 성향과 밀레니얼 세대의 긍정적 성향이 만난다고 해보자. 이러한 성향 차이는 서로가 서로에게 좌절감을 느끼는 원인이 될 수도 있지만 서로 강점을 교환하는 기회가 될 수도 있다. 가령 밀레니얼 세대가 새롭고 신선하지만 투박하고 일면 미친 소리처럼 들릴 수도 있는 아이디어를 제공하면 X세대가 전문 지식을 동원해 현실적인 질문을 던지면서 아이디어의 실효성을 검증해줄 수 있다.

» **고정관념형 X세대 상사** : 고정관념형 X세대 상사의 주요 특징은 타협점이나 절충안을 찾기를 거부한다는 것이다. X세대와 밀레니얼 세대가 과제에 접근하는 방식(독립성 대 협동심)은 다를 수 있지만 두 세대가 양극단에 서 있는 만큼 절충안을 찾을 수 있는 지점은 널리고 널렸다. 그러나 이 유형의 X세대 상사는 타협점을 찾기보다는 딱 잘라 이렇게 말한다. "내가 상사야. 이야기 끝." 이런 식으로 단칼에 거절당한 밀레니얼 세대는 처음에는 좌절하다가 서서히 분노하기에 이른다. 고정관념형 X세대 상사를 둔 밀레니얼 사원이 상사를 바꿔 달라고 요구하거나 아예 직장을 나가 버리는 사태도 종종 발생한다.

아래 표에는 후원자형 상사가 되는 방법과 고정관념형 상사가 되지 않는 방법이 정리되어 있다.

후원자형 X세대 상사가 되는 비법	고정관념형 X세대 상사가 되지 않는 법
차이점을 긍정적으로 바라볼 것	'밀레니얼 세대'처럼 되려고 하지 말 것(진정성이 없다는 오해를 받을 수 있다.)
X세대로서 본인의 정체성에 솔직할 것(밀레니얼 세대 직원에게도 똑같이 당부할 것)	타협점을 찾을 것
공통점을 찾을 것(찾으면 분명히 있다!)	실제로 만나보기도 전에 고정관념을 갖지 말 것

X세대 상사/밀레니얼 세대 직원 간 궁합 활용법

X세대와 밀레니얼 세대가 잘 맞지 않는 것은 사실이다. 하지만 그게 꼭 나쁜 것만은 아니다. 비슷한 점도 많기 때문에 서로 노력하기만 하면 좋은 관계를 유지할 수도 있다. 형제자매가 있는 사람은 알겠지만 형제자매끼리 사이좋게 지내는 일은 힘들지만 동시에 아주 신나는 일이 될 수도 있다. X세대 상사와 밀레니얼 세대가 공감대를 형성할 수 있는 부분은 다음과 같다.

투명성이 최선

X세대와 밀레니얼 세대 모두 상사뿐만 아니라 함께 일하는 모든 사람에게서 완전한 투명성을 기대한다. 밀레니얼 세대가 기대하는 투명성은 끊임없는 의사소통과 피드백이다. X세대가 기대하는 투명성은 현재 자신의 위치에 대한 냉정한 평가와 개선이

필요한 문제나 영역에 대한 즉각적이고 가감 없는 피드백이다. 투명성을 기대하는 방식이 다르긴 하지만 기본적으로 두 세대 모두 자신의 위치를 정확하게 알고 싶어 한다는 사실은 똑같다.

효율성 중시

X세대와 밀레니얼 세대는 서로 다른 이유로 효율성을 추구하게 되었지만 어쨌든 둘 다 빠르고 신속하게 업무를 처리하길 원한다는 점은 닮았다. 그렇다고 해서 일을 제대로 하지 않는다는 뜻은 아니니 오해하지 마시라. X세대와 밀레니얼 세대는 탁월한 업무 성과를 추구하지만 동시에 목적지까지 갈 수 있는 최단 직선 거리를 좋아한다. X세대는 과제 시작부터 끝까지 전 단계에서 효율성을 추구하는 반면 밀레니얼 세대는 시작 단계에서는 브레인스토밍 시간을 가지면서 과제를 효율적으로 완수할 수 있는 창의적인 방법을 찾은 후 '실행' 단계에서 효율성을 적용한다. 어느 쪽이든 두 세대 모두 효율적으로 업무를 완수할 수 있는 빠른 방법을 좋아한다.

X세대 관리자의 강점

밀레니얼 세대 부하 직원을 관리할 때 X세대 관리자로서의 강점을 활용할 수 있는 전략은 다음과 같다.

- » 밀레니얼 세대 직원에게 해당 직원에 대한 개인적 평가와 회사 전체의 평가를 솔직하게 공유한다.
- » 효율적으로 업무를 완수할 수 있는 새로운 절차나 기술이 있다면 함께 공유한다.
- » 일을 더 빨리 잘할 수 있도록 도와줄 새로운 도구나 기술을 찾을 때 밀레니얼 세대 직원에게 자문을 구하고 칭찬해준다.

불가피한 세대 충돌 피하는 법

동생이 있는 사람이라면 알겠지만 가끔 인생에 이보다 더 큰 장애물은 없다고 느껴질 때가 있다. 동생이란 존재는 내가 힘들게 쟁취한 것들을 손가락 하나 까딱하지 않고서 얻어내기도 하고 집에서는 막내라는 이유 하나만으로 온갖 사랑을 독차지한다. 쥐뿔도 모르면서 아는 척할 때는 정말이지 뚜껑이 열린다. X세대 관리자가 밀레니얼 세대 직원과 함께 일할 때 형제자매 관계에서 동생 때문에 느끼는 좌절감과 비슷한 감정을 느끼는 경우를 종종 본다.

"네 일은 네가 직접 해"

밀레니얼 세대는 직장에 들어오자마자 제멋대로 관행을 뒤흔들기 시작했다. 신입 사원 시절 조용하게 커다란 변화를 만들었던 X세대는 천방지축으로 날뛰는 밀레니얼 세대를 보면서 속으로 '지금 장난하나?'라고 생각했다. 밀레니얼 세대는 기술에 밝은 세대라는 인정을 받고 있지만 사실 X세대는 최초로 개인용 컴퓨터를 소유한 세대이자 오늘날 큰 성공을 거둔 수많은 기술을 발명해낸 숨은 공헌자들이기도 하다. 결국 X세대 눈에 밀레니얼 세대는 X세대가 힘겨운 싸움 끝에 쟁취한 전리품을 덥석 넘겨받아 자랑하는 꼴로밖에는 보이지 않는다. X세대는 밀레니얼 세대가 자신들이 소유한 것이 얼마나 값진 것인지조차 모른다고 생각한다.

그런데도 밀레니얼 세대는 여전히 불만을 토하고 조직 충성도도 높지 않으면서 계속해서 더 많은 것을 요구하기만 한다. 좌절한 X세대 관리자는 이렇게 생각한다. '왜 얘네는 가진 것에 감사할 줄 모르는 거야?'

> "밀레니얼 세대 팀원들은 말하고 싶어 하고 질문 하고 싶어 하고 명확한 설명을 요구해요. X세대 팀원들은 그렇지 않은데 말이에요. 형평성 문제가 있죠. 밀레니얼 세대 팀원들에게 제가 투자하는 시간, 정보, 리더십만큼 X세대 팀원들에게 똑같이 투자하기가 힘드니까요."
>
> — 캐시 S., 관리자

"나 좀 그만 귀찮게 해"

동생들은 자기보다 나이가 많은 형제자매가 어딜 가나 그림자처럼 좇아다니곤 한다. X세대 관리자는 때때로 밀레니얼 세대 부하 직원을 떼어 놓기란 불가능하다는 느낌을 받는다. 밀레니얼 세대는 관리자 사무실을 개방하는 시간이면 어김없이 나타나 끊임없이 피드백을 요구한다. 엄청난 도움과 명확한 지시 없이는 혼자서 아무것도 할 수 없는 것처럼 보인다. X세대는 이것저것 요구사항이 많은 밀레니얼 세대 신입 사원 때문에 개인적으로 너무 많은 시간과 노력을 빼앗기다 보니 슬슬 짜증이 나기 시작했다. 자원은 한정되어 있는데 밀레니얼 세대 때문에 이렇게 계속 시간을 빼앗길 순 없었다. 그 결과 안타깝게도 X세대는 파업을 선언한다. 밀레니얼 세대의 요구를 깡그리 무시하고 알아서 하라고 손을 뗀 것이다.

"세대 차이는 사람을 지치게 할 때가 있어요. 이렇게 묻고 싶을 때가 있어요. "왜? 이게 도대체 왜 필요해? 이해가 안 되네." 밀레니얼 세대가 [피드백이] 필요하다는 사실을 인정하고 원하는 대로 피드백을 주면 서로 상생할 수 있겠죠."

— 줄리 A., 관리자

실수 예방법

X세대 관리자가 저지를 수 있는 실수를 예방하는 방법은 다음과 같다.

» 밀레니얼 세대도 나름대로 힘든 싸움을 하고 있다는 사실을 이해한다. (그 중 하나가 밀레니얼 세대에 대한 고정관념에 맞서 싸우는 것이다.)

» 밀레니얼 세대 직원이 독립적으로 일할 수 있도록 격려하고 일을 일단 시작할 수 있도록 자세한 로드맵을 제시해준다.

» 언제 밀레니얼 세대의 '많은 요구사항'을 들어줄 수 있고 언제 들어줄 수 없는지 상호 간에 명확한 신호를 정한다.

» 투명하게 의사소통하되 밀레니얼 세대 부하 직원이 감정을 다치지 않도록 조심한다.

쌍둥이 : 쉽지 않은 밀레니얼 세대 상사의 밀레니얼 세대 직원 관리

세대 간에 서로 다른 관점 때문에 직장에서 갈등이 일어난다면 밀레니얼 세대 상사와 밀레니얼 세대 직원 사이에는 아무런 갈등이나 충돌이 없어야 한다. 어떤 면에서 밀레니얼 세대 상사와 직원 관계는 쌍둥이 관계와 비슷하다. 비슷한 환경에서 자랐고 똑같은 아이돌 노래를 들었고 AIM 채팅창에서 이상한 채팅 아이디도 공유했고 취업 시장이 꽁꽁 얼어붙었을 때 대학도 같이 졸업했다. 동질감을 느낄 수밖에 없다.

대부분의 경우에 밀레니얼 세대는 서로 동질감을 느낀다. 그러나 함께 일을 하기 시작하면 누구나 겪는 갈등 상황에서 완전히 자유로울 수는 없었다. 밀레니얼 세대 상사와 직원 사이에서도 일반적인 상하 관계에서 발생하는 갈등이 생겨났다. 의사소통 방식이나 선호하는 근무 방식이나 기술에 대한 인식이나 직업 윤리 등에서는 큰 차이가 없다. 후원자형 밀레니얼 세대 관리자는 가장 훌륭한 밀레니얼 세대 특성을 이용해 밀레니얼 세대 부하 직원과 접점을 찾는다. 반대로 고정관념형 밀레니얼 세대 관리자는 '밀레니얼 세대다움'은 무조건 거부한다. 이 때문에 마찰이 빚어지며 부하 직원에게 피드백을 줄 때 고운말이 나가지 않는 원인이 되기도 한다. 후원자형 밀레니얼 세대 상사와 고정관념형 밀레니얼 세대 상사의 특징을 자세히 살펴보자.

» **후원자형 밀레니얼 세대 상사** : 훌륭한 밀레니얼 세대 관리자는 공통점을 잘 활용한다. 이들은 밀레니얼 세대 직원이 무엇을 원하는지를 잘 알기 때문에 원하는 대로 자주 피드백을 줄 준비가 되어 있다. 밀레니얼 세대는 업무 유연성에 높은 가치를 부여하기 때문에 유연한 근무 일정도 즐길 줄 안다. 결국 중요한 것은 성과이기 때문이다. 직장에서나 직장 밖에서나 일상 속에서 협력할 기회는 얼마든지 있다. 후원자형 밀레니얼 세대 관리자의 최대 장점은 밀레니얼 세대 부하 직원의 현재뿐만 아니라 미래를 위해 적극적으로 지원한다는 점이다. 밀레니얼 세대 상사는 같은 밀레니얼 세대라고 해서 사정을 봐주거나 하지 않는다. 성과 기준은 높고 업무도 녹록치 않다. 하지만 격려 또한 아끼지 않으며 같은 세대라서 공유하는 공통점을 기반으로 밀레니얼 세대 부하 직원이 발전하고 성장할 수 있도록 돕는다.

» **고정관념형 밀레니얼 세대 상사** : 잠재된 성공 가능성이 낮은 고정관념형 밀레니얼 세대 관리자는 '나는 밀레니얼 세대가 아니야'라고 주장하는 밀레니얼 세대와 똑같이 행동한다. 머릿속에 이미 밀레니얼 세대는 자기 권리만 내세우는 집단이라는 부정적인 고정관념이 깊이 뿌리내리고 있기 때문에 무슨 수를 써서라도 밀레니얼 세대와는 엮이고 싶어 하지 않는다. 그래서 부하 직원에게서 밀레니얼 세대의 특성을 발견하면 '실패'로 간주하고 결코 용납하지 않는다. 조금 냉정하게 말하자면 이 유형의 밀레니얼 세대 관리자는 고정관념형 베이비부머 세대 관리자나 X세대 관리자를 그대로 답습한다.

다음 표에는 후원자형 상사가 되는 방법과 고정관념형 상사가 되지 않는 방법이 정리되어 있다.

후원자형 밀레니얼 세대 상사가 되는 비법	고정관념형 밀레니얼 세대 상사가 되지 않는 법
밀레니얼 세대 공통점을 접점으로 활용할 것	'밀레니얼 세대'에 대한 인식을 재평가할 것
윗세대 관리자들과 힘을 모아 밀레니얼 세대를 옹호할 것	'전형적인 밀레니얼' 세대 특성을 마주했을 때 한 번 더 생각하고 반응할 것
밀레니얼 세대 부하 직원이 계속해서 성장할 수 있도록 높은 기준을 세우고 달성하도록 도와줄 것	밀레니얼 세대의 긍정적인 특성을 관리자 자질로 승화시켜 모범을 세울 것

밀레니얼 세대 상사/밀레니얼 세대 직원 시너지 분출하는 법

쌍둥이는 서로에게 특별한 존재이다. 때로는 서로의 마음을 완전히 읽을 수 있는 것처럼 보이기도 한다. 밀레니얼 세대 관리자가 밀레니얼 세대 부하 직원의 생각과 마음까지 읽을 줄 알아야 한다는 이야기를 하려는 것이 아니다. 그러나 밀레니얼 세대 상사는 밀레니얼 세대 부하 직원과 같은 세대 관점을 공유하기 때문에 부하 직원의 입장에서 생각하는 일이 한결 쉽다. 밀레니얼 세대 상사가 밀레니얼 세대 부하 직원과 만날 때 다른 관리자보다 훨씬 잘할 수 있는 두 가지 영역이 바로 코칭과 일/삶의 균형 잡기이다.

코칭

밀레니얼 세대의 사기를 떨어뜨리는 가장 좋은 방법은? 그들의 능력 개발에 투자하지 않으면 된다. 밀레니얼 세대 관리자는 누구보다 이 사실을 잘 알고 있다. 밀레니얼 세대 관리자 본인도 누군가가 전도유망한 미래의 리더라고 발굴해준 덕분에 지금의 자리에 올랐다. 모든 사람이 리더가 될 수는 없지만 누구나 가지고 있는 능력을 성장시킬 수 있도록 지원을 받아야 한다. 코칭을 잘하는 관리자는 시간을 들여 부하 직원마다 훈련 방식을 맞춤하고 부하 직원에 대한 믿음을 보여주기 위해 능력 키우기를 권장한다.

#오피스가족

직장 생활과 사생활 사이의 경계는 날이 갈수록 흐릿해지고 있다. 밀레니얼 세대 관리자는 직원들이 일주일에 40시간 이상을 함께 보내는 사람들과 진정성 있는 관계를 맺기 힘든 엄격한 근무 환경을 원하지 않는다는 사실을 이해한다. 밀레니얼 세대 관리자는 일상적인 조직 운영 요인을 날카롭게 주시할 뿐만 아니라 정기적으로 화기애애한 팀 분위기를 조성하는 일에도 정기적으로 힘쓴다.

밀레니얼 세대 관리자의 강점

밀레니얼 세대 부하 직원을 관리할 때 밀레니얼 세대 관리자로서의 강점을 활용할 수 있는 전략은 다음과 같다.

> » 협업과 팀워크를 장려할 수 있는 사무 공간을 조성한다.
> » 밀레니얼 세대 직원을 편애한다는 사실을 들키지 않게 주의한다.
> » 밀레니얼 세대 직원마다 서로 다른 요구와 선호를 관리하기 위해 맞춤화 전략을 활용한다.
> » 다른 관리자들과 대화할 때 밀레니얼 세대를 긍정적으로 바라보고 이해할 수 있도록 대화를 이끈다.

같은 세대 직원을 관리 시 느끼는 어려움 해소법

자신에게 일란성 쌍둥이가 있다고 가정해보자. 쌍둥이 형제는 여러 면에서 나의 분신과도 같다. 쌍둥이 형제를 보고 있노라면 꼭 거울을 보는 것 같다. 고정관념형 밀레니얼 세대 관리자가 이 거울을 들여다보면 이상한 일이 일어난다. 거울에 비친 단점과 장점이 모두 보이는 있는 그대로의 모습 대신에 단점만 남아 기형적으로 변한 모습만 보인다. 특히 다음과 같은 정서적 작용이 일어난다.

해리(disassociation)

'난 너와는 달라'라는 정서가 깔려 있다. 고정관념형 밀레니얼 세대 관리자는 밀레니얼 세대 특성과 완전히 분리되길 원하며 개인적으로 최악이라고 생각하는 밀레니얼 세대 행동 특성을 나타내는 것을 꺼린다. 균형을 맞추기 위해 반대 방향으로 끝까지 가려고 하는 것이다. 이러한 유형의 밀레니얼 세대 관리자는 밀레니얼 세대 부하 직원에게 다가가려 하지 않으며 차갑고 냉정한 태도를 보인다.

"나이는 같아도 난 네 상사야"

밀레니얼 세대가 또래를 관리하는 위치에 있을 때 나타내는 또 다른 이상한 현상은 자신이 상사이고 책임자이며 리더라는 사실을 기필코 증명하려고 애쓴다는 것이다. 이러한 행동 이면에는 혹시라도 밀레니얼 세대 부하 직원이 '야, 우리 나이도 비슷한데 친구처럼 지내자'라는 식으로 나올까 봐 두려워 그전에 권력 관계를 분명히 하고 싶어 하는 마음이 있다. 이러한 가능성을 미연에 방지하고자 온몸으로 '나는 네 상사야'라는 분위기를 팍팍 풍기며 밀레니얼 세대 부하 직원과 진정성 있는 강한 유대 관계를 맺을 수 있는 기회를 사전에 차단해 버린다. 이러한 문제는 세대를 불문하고 나타나지만 직장 동료와 친구 사이에 경계선을 분명하게 긋지 않는 밀레니얼 세대의 특성상 밀레니얼 세대 부하 직원을 둔 밀레니얼 세대 관리자에게 더 많이 나타난다.

> "[직장 동료와 저는] 나이가 비슷한 또래예요. 같은 팀에 있다가 제가 승진하는 바람에 예전에 동료였던 사람들이 부하 직원이 되었어요. '친구로 남느냐 관리자가 되느냐'를 선택해야 하는 어려움이 있네요."
>
> — 켈리 O., 관리자

실수 예방법

밀레니얼 세대 관리자가 저지를 수 있는 실수를 예방하는 방법은 다음과 같다.

» 밀레니얼 세대 특성 중 어떤 특성이 업무에 차질을 빚는지 파악하고 밀레니얼 세대 부하 직원과 함께 개선 방안을 모색한다.
» 냉정하게 관계를 차단함으로써 권위를 세우려 하지 말고 새로운 기술을 가르쳐주고 가치 있는 피드백을 제공하는 등 전문 지식을 보여줌으로써 권위를 세운다.
» 겸손함을 잃지 않는다.
» 직원 개개인에게 다른 방식으로 접근하는 관리자가 있다면 보고 배운다.

PART 2

잠재적 세대 간 충돌 지점

제2부 미리보기

- 밀레니얼 세대를 관리할 때 맞닥뜨릴 가능성이 높은 세대 간 충돌 지점을 이해하고 대비한다.

- 효과적이고 신속하게 경영 문제를 해결한다.

- 조직 구조를 활용해 밀레니얼 세대의 능력을 최대한 이끌어낸다.

- 관리자와 밀레니얼 세대 직원 모두에게 효과가 있는 협력적인 관계를 구축한다.

- 밀레니얼 세대에게 효과적으로 피드백을 줄 수 있는 방법을 알아본다.

- 진정으로 공명할 수 있는 동기 부여 방법을 알아본다.

- 직장 내 인간 관계와 격식에서 흐려진 경계선에 대처할 수 있는 방안을 찾는다.

조직 구조 변화에 적응하기…
세계는 편평하다

수 십 년 동안 전통적인 조직 모델은 직업 세계의 법과 질서를 세우는 데 귀중한 역할을 했다. 전통적인 조직 모델에서는 권력 구조의 꼭대기에 있는 사람이 가장 무거운 책임을 지고 아래로 내려갈수록 책임이 줄어든다. 직급에 따라 책무와 책임 구분이 단순하고 명확하며 조직 구성원 모두가 직책과 직급을 부여받는다. 전통적 조직 모델은 오랜 세월의 시험을 견디며 전통 세대부터 베이비부머 세대를 거쳐 X세대가 힘들게 승진의 사다리를 올라 권력과 영향력을 가진 자리에 안착할 때까지 거의 초기에 설계된 그대로 건재했다. 그러나 (창조적) 파괴를 좋아하기로 유명한 밀레니얼 세대 때에 이르러서 전통적 계층 구조가 흔들리기 시작한다. 밀레니얼 세대에게 전통적 조직 구조는 뛰어넘어야 할 홀라후프가 줄지어 늘어서 있는 것처럼 보였고 또 그렇게 느껴졌다. 전통적 계층 구조가 혁신과 변화를 향하는 길에 놓인 장애물이라고 인식한 것이다. 많은 밀레니얼 세대는 전통적 조직 모델이 오히려 창의성을 저해할 뿐만 아니라 조직에 공헌하고 아이디어를 공유함으로써 궁극적으로는 조직의 재무 상태를 개선하고자 하는 구성원들의 능력을 말살한다고 느꼈다.

밀레니얼 세대가 전체 노동 인구에서 차지하는 비중이 점점 더 커지면서 관리자와 리더가 다음 세대를 채용하고 보유하고 조직에 몰입하게 하는 도구로서 조직 구조의 중요성을 이해하는 일이 중요해졌다. 전통적 조직 모델을 고집하면 신규 채용이 줄고 조직 몰입도가 떨어지며 결국에는 직원 보유율도 떨어질 수 있다. 그렇다고 해서 아기와 목욕물을 동시에 버릴 필요는 없다. 왜 밀레니얼 세대가 조직 구조를 다르게 인식하는지를 이해하면 밀레니얼 세대의 눈으로 문제를 바라보게 되고 인식의 변화를 이해하게 되며 새로운 메시지를 밀레니얼 세대는 다른 세대를 소외시키지 않게 된다.

이번 장에서는 조직 구조가 전통적 계층 구조에서 수평적 네트워크 구조로 변화한 과정을 탐구한다. 이 두 가지 조직 모델의 서로 다른 강점을 전달하는 방법과 각 조직 구조의 단점은 피하면서 장점은 활용하는 방법을 알아본다. 또한 밀레니얼 세대 사원을 채용하고 보유하고 몰입시키는 도구로서 조직 구조를 활용할 수 있는 전략을 제시한다. 마지막으로 밀레니얼 세대 관점을 특별한 (때로는 유연하지 않은) 상황에서 조직 구조에 적용하기 위한 전술을 검토한다.

수직적 계층 구조에서 수평적인 네트워크 구조로의 변화

아무나 붙잡고 전형적인 조직 구조도를 그려보라고 한다면 십중팔구 전통적 계층 구조를(그림 6-1 참조) 그릴 가능성이 높다. 전통적 조직도는 수직적인 계층 구조로 이루어져 있다. 권력은 가장 꼭대기에 있는 CEO에게 중앙 집중되어 있으며 상위 관리자로부터 맨 하단(행정직 및 인턴 사원)으로 내려올수록 책임은 점점 더 줄어든다. 이러한 고전적 조직 구조는 오랜 시간 견고하게 유지되어 왔지만 최근 들어 조직 구조에 대한 접근이 변화하기 시작했다. 상명하달식 명령 및 통제 체제가 표준이던 조직 세계에 격변이 일어나고 있다. 기업들은 수평적 조직 구조를 시험대 위에 올리고 있다. 수평적 조직 구조가 정착되면 직급이 사라지고 임원실은 오래된 영화나 TV에서나 볼 수 있게 된다. 밀레니얼 세대는 조직 구조의 변화를 받아들이고 있으며 심지어 더 수평적인 네트워크형 조직 구조를 기대한다.

조직 구조에 대한 이러한 인식 변화를 둘러싼 반응은 다양하다. 성공적으로 받아들이는 사람도 있고 잘 받아들이지 못하는 사람도 있다. 다음 세대 인재들을 끌어당기기 위해 옛날 조직 구조를 포기하고 완전히 새로운 현대적 조직 구조를 도입한 기업도 있다. 미네아폴리스에 본사를 둔 디지털 전략 컨설팅 기업인 더너더리(The Nerdery)에서는 모든 직원이 '공동대표'이다. '분산적 리더십'을 지향하기 때문이다. 국제적으로 유명한 기업들 또한 '편평할수록 좋다'는 방향으로 나아가고 있다. 자포스(Zappos)는 직함도 상사도 계층 구조도 없는 극단적인 수평적 조직 구조인 홀라크라시(holacracy)로 유명하다. 그러나 전통 조직 구조에서 수평적 조직 구조로의 전환은 험난하다는 사실이 증명되었다. 새로운 개념이 정착되려면 아직도 다림질로 펴야 할 주름이 많이 남아 있다.

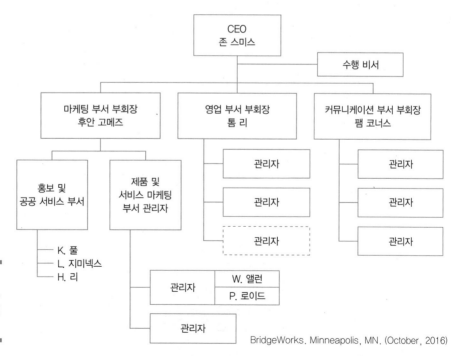

그림 6-1
전통적 계층 구조로 이루어진 조직 구성도

BridgeWorks. Minneapolis, MN. (October, 2016)

그러나 전통적 계층 구조를 탈피하려는 움직임은 자포스에서만 일어나고 있는 일이 아니다. 노동 시장에 진입하는 밀레니얼 세대가 많아지면서 이들의 환심을 사기 위해 점점 더 많은 기업이 동참하는 추세이다. 지역에 기반한 중소 기업들 또한 수평적 조직 구조의 일부 요소를 채택하고 있다. 그러나 이러한 (갑작스러운) 변화는 충성도 높은 기존의 베이비부머 세대나 X세대 직원들을 소외시킬 수 있을 뿐만 아니라 혼돈과 변화에 대한 거부 반응을 불러일으킬 수 있다. 반면 네트워크형 조직 구조를 아예 무시해 버리고 고집스럽게 현재 조직 구조를 고수하는 것 또한 어리석은 접근 방식이다.

> "[입사 이래로] 회사는 항상 상명하달식 구조였어요. 곳곳에 접근 금지 구역이 있고 아이디어를 제안하기도 힘들고 내가 변화를 만들고 있다고 느끼기도 힘들고 내 의견이 회사에 반영되고 있구나라고 느끼기도 힘들어요. 뒤집어서 보면 승진하면 인센티브가 많아지니까 동기 부여가 되긴 되죠."
>
> — 알렉사 S., 밀레니얼 세대

이 시나리오의 끝을 예상할 수 있겠는가? 극단적으로 수직적인 구조도 극단적으로 수평적인 구조도 성공할 수 없다. 대신 각 조직 구조의 장단점을 이해하고 모두가 행복할 수 있는 절충점을 찾아야 한다(표 6-1 참조). 네트워크형 조직 구조에서처럼 협업이 가능하고 조직 구성원 간에 접근성이 높으면서 동시에 계층적 조직 구조의 명확성과 효율성을 유지할 수 있는 방법을 알아보자. 이 두 가지 조직 구조를 저울질할 때 모든 기업에 적용 가능한 단 하나의 해답은 존재하지 않는다. 둘 중에 하나를 선택하기보다는 각 조직 구조에서 개별 기업에 맞는 실행 가능한 요소를 찾아서 적절

표 6-1   전통적 조직 구조와 네트워크형 조직 구조의 장단점

	장점	단점
전통적 조직 구조	분명한 명령 체계와 책임 소재 뚜렷한 승진 경로 효율적인 의사소통	관료주의 때문에 더딘 변화 협력과 혁신 저해 제한적인 정보 흐름
네트워크형 조직 구조	신속한 정보 교환 빠른 변화 실행 속도 직급에 관계없이 조직 구성원 모두에게 접근 가능	불분명한 책임 소재 위기 통제 능력 약화 승진 경로와 기회를 둘러싼 혼란

히 활용해야 한다. 어떤 기업에서는 기존 직급 체계는 유지하되 임원들과 소통을 쉽게 하기 위해 임원실을 없앨 수 있다. 어떤 기업에서는 딱딱한 직함은 없애 버리되 조직 구성원들이 경력을 설계할 때 혼란스럽지 않도록 뚜렷한 승진 경로를 제시할 수 있다. 기업마다 방법은 전부 다르겠지만 충분한 시간을 들여서 수직적/수평적 조직 구조를 검토한 후 현실적인 타협안을 설정하고 실행하는 기업만이 다음 세대 인재를 효과적으로 관리하고 이끌 수 있다.

모든 일에 반대부터 하고 보는 사람들은 이렇게 생각할 수도 있다. '이봐, 나한테는 우리 회사 조직 구조를 통제할 수 있는 권한이 없어. 필요한 변화에 아무런 영향도 줄 수 없는데 이게 뭐가 중요하겠어?' 타당한 지적이다. 하지만 개선이 필요한 영역이 많을 때는 해결 방안이 대대적인 부분에 걸쳐 있어야만 효과적인 것은 아니다. 조직 구조를 완전히 재편하는 것도 해결 방안이 될 수 있지만 현실적으로 실행 불가능할 가능성이 높다. 더 실행 가능성이 높은 방안은 기존 관리 방식을 바꾸어 밀레니얼 세대가 기대하는 열린 네트워크 방식을 더 많이 반영하는 것이다. 여기서는 조직 구조를 다음 세대 조직 구성원을 성공적으로 이끌 수 있는 도구로 만드는 크고 작은 전략을 제시한다.

조직 구성도의 변화하는 본성 수용하기

서로 다른 조직 구조를 살펴보다 보면 왜 이제서야 수직적 조직 구조에서 수평적 조직 구조로의 전환이 일어나고 있는지 의아할 것이다. 모든 세대는 저마다 독특한 관점을 가지고 노동 인구에 진입했고 기존 업무 관행을 바꾸어 놓았다. 밀레니얼 세대와 그다음 세대는 이전 세대와는 매우 다른 세상에서 자랐다. 밀레니얼 세대가 인격 형성기였을 때(제2장 참조) 인터넷이 등장하면서 모든 영역에서 기존의 방식을 바꾸어 놓았다. 한순간에 밀레니얼 세대는 모든 정보에 접근할 수 있게 되었다. 밀레니얼 세대는 어떤 문제에 대한 답을 얻거나 호기심을 충족시키기 위해 부모님이나 선생님에게 의존할 필요가 없었다. 그저 전화선으로 인터넷에 접속하기만 하면… 세상이 그들의 손끝에 있었다.

전통 세대와 베이비부머 세대는 기업의 내부 구조라고 하면 직급이 명확하고 직급에 필요한 능력이 명시된 승진 경로가 뚜렷한 전통적 조직 구성도를 떠올린다. 그러나 밀레니얼 세대는 물론이고 심지어 X세대도 유동적이고 효율적이고 즉각적이며 의사소통 장벽이 없어서 거의 모든 조직 구성원에게 즉시적 접근이 보장되는 네트워크형 조직 구조를 떠올린다. 밀레니얼 세대 관점에서 전통적 조직 구성도는 뛰어넘어야 할 장애물이 중첩된 그림으로밖에 안 보인다. 베이비부머 세대와 전통 세대 눈에 네트워크형 조직 구조는 명확하게 구분되지 않은 역할들이 얽히고설킨 덩어리로밖에 보이지 않는다. 누가 책임자인가? 승진 경로는 어떻게 생겼는가? 책무가 구분되어 있긴 한가? 악몽도 이런 악몽이 있을 수 없다. 양쪽 모두 자신이 옳다고 생각한다. 그렇다면 조직 구조를 바라보는 근본부터 다른 이 두 가지 관점을 어떻게 통합할 수 있을까?

> "제 생각엔 계층 구조도 어느 정도까진 좋은 것 같아요. 내 위치와 역할이 분명하니까요. [저희 회사가] 멘토가 있는 [수평적] 팀 구조로 전환했는데 아직까진 더 많은 책임을 감당할 수 있을 것 같아요…. 하지만 혼자 결정을 내리기에 너무 버겁거나 충분한 정보가 없을 때 [팀의] 지원을 받을 수 있다는 점은 좋아요."
>
> ―클레이튼 H., 밀레니얼 세대

문제 해결의 첫걸음은 문제가 있다는 사실을 인정하는 것이다. 여기서 문제는 유연성이 부족하다는 사실이다. 이솝 우화에 나오는 떡갈나무와 갈대 이야기를 떠올리는 독자도 계실 듯하다. 이야기는 단순하다. 굽히지 않고 변화를 거부하는 떡갈나무가 있었다. 떡갈나무는 오랜 세월 성장하면서 얻은 힘에 의지해 고집스럽게 우뚝 서 있었다. 한편 유연한 갈대가 있었다. 갈대는 바람에 몸을 의지하고 바람이 부는 방향대로 이리저리 몸을 숙였다. 폭풍우가 치는 날 둘 중 누가 살아남았을까? 떡갈나무는 폭풍우에 속절없이 쓰러지고 불에 타 버렸다. 갈대는 거센 돌풍에 저항하는 대신 순응하며 폭풍우에 몸을 맡겼고 흠집 하나 없이 살아남았다. 여기서 중요한 사실은 갈대가 원래 자기 모습이 아닌 다른 무언가로 변하지는 않았다는 것이다. 갈대는 식물이라는 본질은 그대로 유지했다. 콧방귀를 뀔 수도 있지만 교훈은 분명하다. '지금까지 해왔던 방식'이 문제가 없었다는 이유로 진화와 새로운 방식을 거부한다면 결국 관리자 자신과 회사 전체를 문제 상황에 빠뜨리게 될 것이다.

전혀 새로운 모습으로 변해야 한다고 주장하는 것이 아니다. 새로운 인재를 영입하기 위해 발악하듯이 구글과 비슷한 정책이나 조직 구조를 억지로 도입하려는 기업도 많이 보았다. 문제는 너무 급격한 변화를 시도하면 진정성도 떨어져 보이고 신입 사원들이 기존에 알고 있던 회사와는 맞지 않는 갑작스러운 변화에 불만족스러워할 수 있다. 변화를 계획하고 있다면 실행에 옮기기 전에 다음과 같은 질문을 던져 보아라.

> » 지금 계획하고 있는 조직 구조 변화가 회사의 사명(mission)과 부합하는가?
> » 지금 계획하고 있는 조직 구조 변화는 현재 기업 문화에 비추어볼 때 진화에 가까운가 혁명에 가까운가? (힌트 : 진화에 가까울 것)

밀레니얼 세대에게 전통적 조직 구조의 장점을 설득하는 법

직관에 반하는 것처럼 보일 수도 있지만 조직 구성도의 변화하는 본성을 받아들이는 첫걸음은 전통적인 조직 구성도가 오랜 세월 효과적으로 작동했던 이유를 이해하는 것이다. 전통적 조직 구성도가 장수할 수 있었던 이유는 여러 가지 강점이 있었기 때문이다. 전통적 조직 구성도의 장점을 직접 경험했기 때문에 그 강점을 당연하게 여길 수도 있다. 그러나 전통적 조직 구조가 오랜 세월이 지나도록 오늘날까지 놀라울 정도로 효과적인 모델로 남아 있는 이유를 다음 세대 신입 사원도 본능적으로 이해할 것이라고 가정해서는 안 된다. 밀레니얼 세대 신입 사원을 영입할 수 있는 가장 좋은 방법은 무엇(현상) 뒤에 숨은 왜(이유)를 설명해주는 것이라는 사실을 기억하라. 유연성이 부족한 전통적 조직 구조에 좌절감을 느끼고 이를 고집하는 관리자에 맞서는 밀레니얼 세대 사원이 있다면 앉혀 놓고 충분한 시간을 들여서 전통적 조직 구조의 가치를 찬찬히 설명해주어라.

전통적 조직 구조의 강점을 밀레니얼 세대가 납득할 만한 방식으로 설명하는 방법은 다음 예시를 참고하자.

> » **명확한 명령 체계와 책임 소재** : 전통적 조직 구조가 장수한 현상과 이유를 설명할 때 전통적인 계층적 조직 구성도는 불필요한 설명 없이 조직 구성원의 역할과 책임을 시각적으로 명확하게 보여준다. 누가 무슨 책임을 지고 있고 최종 의사 결정권자가 누구인지를 혼란의 여지 없이 보여준다. 조직 구성도 상에서 누가 내 상사인지 내 상사의 상사는 누구인지를 분명히 알 수 있다. 전문 지식을 구해야 할 때 어디에 있는 누구에게 물어보면 되는지도 명확하게 알 수 있다. 특히 위기 상황에서 이러한 명확함은 매우 유

용하다.

> **뚜렷한 승진 경로** : 밀레니얼 세대는 6주만 지나면 승진할 수 있는 자격 요건을 갖출 수 있다고 믿는다. 관리자는 당황스러울 수밖에 없다. 실제로는 대부분 그 정도로 빨리 승진 요건을 갖추지 못하지만 전통적 조직 구성도는 밀레니얼 세대 사원의 조급함과 관리자의 당황스러움을 모두 달래줄 수 있는 훌륭한 수단이다. 조직 구성도를 보면 승진 경로와 승진하기 위해서 필요한 과업이 무엇인지를 잘 이해할 수 있기 때문이다. 따라서 밀레니얼 세대는 자신이 언제 승진할 수 있는지를 관리자에게 주기적으로 물어보고 낙담하는 일을 반복하지 않아도 된다.

"목표를 단계적으로 이루어나가는 것을 좋아해요… [단계에 대해] 이야기하는 것이 중요하다고 생각해요. 상사가 [제가 승진하기 위해 거쳐야 하는 단계와 관련해] 무슨 생각을 하고 있는지를 알면 동기 부여가 되거든요."

－마이클 S., 밀레니얼 세대 사원

> **효율적인 의사소통** : 부서별로 전문화된 분업 체제는 누가 무슨 정보를 알아야 하는지를 명확하게 규정해준다. 불필요한 추측이나 의사소통에 자원을 낭비하는 일을 막아준다. 효율적이고 명확하기 때문에 140자 이내 세대인 밀레니얼 세대가 추구하는 가치와도 맞아떨어진다.

POTUS에게 트윗 날리며 자란 밀레니얼 세대 관리하는 법

밀레니얼 세대는 최고 권력자에게 직접 업무 상담을 하는 일에 전혀 거리낌이 없다. 상대가 미 합중국의 대통령 일명 POTUS(President of the United States)일지라도 말이다. 밀레니얼 세대는 리더와 직접 소통하는 것을 너무나도 당연하게 생각한다.

조직 구성도나 직장에 대한 인식이 다르다고 해서 밀레니얼 세대와 그다음 세대를 평가 절하해서는 절대 안 된다. 일부 밀레니얼 세대가 경험이 부족한 것은 사실이지만 십 년 이상의 직장 경력을 가진 밀레니얼 세대도 수두룩하다. (해로운 고정관념과 분노에 빠지는 대신) 한결 누그러진 접근 방식으로 다가가기 위해서는 밀레니얼 세대의 인식이 다른 이유를 이해하고 밀레니얼 세대를 관리 시 관리자가 저지르기 쉬운 실수를 피하는 것이 중요하다.

이러한 실수를 예방하기 위해 관리자가 하지 말아야 하는 일을 살펴보자.

» **높은 사람과 직접 소통하려는 욕구를 자기도취나 특권 의식으로 오해하지 말 것.** 밀레니얼 세대는 자기 목소리를 내라고 격려해주는 부모님 밑에서 자랐다. 전례없이 권력을 가진 사람들에게 자유롭게 접근할 수 있고 버튼 하나만 클릭하면 원하는 정보에 접근할 수 있는 세상에서 자란 세대이기도 하다.

그러므로 노동 시장에 진입했을 때 전통적 계층 구조에서 강요되는 여러 제약이 숨막히게 느껴졌을 수 있다. 밀레니얼 세대는 전통적 계층 구조가 몰입을 방해하는 주요 장애물이라고 인식한다. 대통령에게도 트윗을 할 수 있는 세대가 CEO와는 대화를 할 수 없다는 사실을 받아들일 수 있겠는가? 수다나 떨려고 상사 사무실에 아무 생각없이 걸어 들어갔다가 해고된 밀레니얼 세대 신입 사원의 사례는 흔하다.

» **(정말로 필요할 때 이외에는) 상사임을 내세우지 말 것.** 밀레니얼 세대는 상사 개념에 반발심이 있다. 밀레니얼 세대는 누군가와 함께 일하고 싶어 하지 누군가를 위해서 일하고 싶어 하지 않는다. 밀레니얼 세대와 네트워크형 조직 구조가 잘 맞는 이유이기도 하다. 네트워크형 조직은 수평적 구조이기 때문에 조직 구성원 한 명에게 다른 조직 구성원보다 더 많은 특권을 주지 않는다. 밀레니얼 세대는 조직 구성원 전체가 평등하길 원한다. 동료뿐만 아니라 경영진과도 협력하고 소통하기를 원한다. 밀레니얼 세대는 상사와 CEO에게 언제든 원할 때 다가갈 수 있길 원한다. 진심으로 그런 조직에서 모두가 더 좋은 성과를 낼 수 있다고 믿는다. 어떤 경우에는 맞고 어떤 경우에는 틀리다. 밀레니얼 세대에게 조직 구성도에서 어느 선까지 자유롭게 접근하고 소통할 수 있는지를 알려주되 가능하면 언제 어디서든 권위주의적인 태도는 피해야 한다.

» **밀레니얼 세대의 참여나 의견을 무시하지 말 것.** 밀레니얼 세대는 자칫하면 소심해지기 쉬우므로 '무시하지 말 것'이라는 말을 추가하지 않고 넘어갈 수는 없었다는 사실을 이해해 달라. 물론 직장에서 막내이기는 하지만 밀레니얼 세대는 어른들과 어깨를 나란히 하며 자랐다. 삶의 모든 부분에서 어른들은 밀레니얼 세대에게 참여하고 의견을 달라고 부탁했고, 따라

서 관리자가 다가오면 밀레니얼 세대는 일정 수준의 존중을 기대한다. 하지만 이전 세대는 밀레니얼 세대를 그들이 기대하는 정도로 존중해줄 필요는 없다고 생각한다. 이미 커다란 조직을 운영하고 있는 밀레니얼 세대도 있고 대다수는 뛰어난 아이디어를 가지고 있다. 하지만 무시받는다는 느낌이 들면 좋은 아이디어를 공유하려고 하지 않을 것이다.

직장에서 어떤 밀레니얼 세대 신입 사원 때문에 좌절감을 느끼고 있다면 해당 직원의 출신이나 배경을 생각해보라. 밀레니얼 세대라는 집단이 아니라 해당 직원이라는 개별 사례로 받아들여라.

직장 내 업그레이드 주기에 대한 이해

전통적인 조직 구조에서 네트워크형 조직 구조로 전환하는 과정을 생각할 때는 밀레니얼 세대가 변화를 인지하는 방식을 이해하는 것이 중요하다. 밀레니얼 세대는 (이전 세대들과 비교해서 훨씬 더) 변화를 쉽게 수용할 뿐만 아니라 변화를 열망하기까지 한다. 그 이유는 주로 밀레니얼 세대가 자라면서 변화를 경험한 방식 때문이다.

언뜻 보기에는 관련이 없어 보이는 예시를 하나 들어 보자. 엄마의 투박한 플립폰을 빌려 썼던 경험이 휴대폰에 관한 첫 번째 기억인 어떤 밀레니얼 세대가 있다. 이 밀레니얼 세대는 나중에 블랙베리나 분홍색 레이저폰을 썼을 것이다. (이 두 제품은 할 수만 있다면 휴대폰 역사에서 지워버리고 싶은 흑역사이다.) 많은 밀레니얼 세대가 대학을 졸업할 무렵에 투박한 플립폰은 애플 아이폰 같은 스마트폰으로 진화했다. 그때부터 계획된 노후화(planned obsolescence)가 현상 유지(status quo)가 되었다. 계획된 노후화란 구입할 때부터 신제품의 수명이 정해져 있다는 뜻이다. 달걀을 냉장고에 한 달 정도 두면 상하는 것처럼 밀레니얼 세대는 2~3년 안에 새로 산 폰을 업그레이드해야 한다는 사실에 익숙해졌다. 업그레이드 주기는 이렇게 탄생했다.

여기서 끝이 아니었다. 업그레이드 주기는 밀레니얼 세대의 삶의 다른 부분에도 적용되었다. 프렌드스터 같은 소셜미디어가 등장했다가 스냅챗이 나타나 인기를 끌었다. 페이스북은 예나 지금이나 굳건히 자리를 지키고 있지만 업그레이드에 업그레이드를 거듭하고 있다. 업그레이드 주기는 밀레니얼 세대의 정신 세계에 각인되어 있기 때문에 직장에서도 지속적인 업그레이드를 기대하는 것은 당연하다. 밀레니얼 세

【 기술이 '완전 2013년도'(또는 구식)일 때 대처 방안 】

리더와 관리자는 최신 기술에 대한 수요를 따라가려는 노력이 술래잡기와 같다는 사실을 이제는 안다. 예산이 승인되고 기반 시설을 바꿀 때쯤이면 새로운 컴퓨터와 새로운 핸드폰 운영 체제와 새로운 무언가는 벌써 구식이 되어버린다. 관리자들은 신입 사원이 근무 첫날 회사에서 2년 전에 구입한 컴퓨터를 보고 '와, 완전 오래된 컴퓨터네요. 새 컴퓨터로 업그레이드하실 계획은 있으세요?'라고 물어보았다는 이야기를 들려주곤 한다. 여기서 조언을 하나 하자면 그런 말에 진땀을 흘릴 필요가 전혀

없다는 것이다. 밀레니얼 세대도 나이가 들면 최신 기술이 없어도 업무에는 전혀 지장이 없다는 사실을 이해하게 될 것이다. 정반대의 조언을 또 하나 드리자면 진땀 좀 흘리고 밀레니얼 세대에게 땀을 식혀 달라고 부탁하면 된다. 밀레니얼 세대가 그토록 변화를 열망하는 데에는 타당한 이유가 있을 것이다. 앱이든지 기계든지 프로그램이든지 간에 새로운 기술 도입을 요구하는 제안서를 같이 써 달라고 부탁하라. 밀레니얼 세대의 능력에 새삼 감탄하게 될지도 모른다.

【 누가 효율성을 결정하는가? 밀레니얼 세대 직원이 최신 앱이나 시스템을 도입하자고 조를 때 대처 방안 】

밀레니얼 세대는 회복탄력성이 높은 세대이다. 기술 발전으로 밀레니얼 세대에게는 언제나 삶을 더 편리하게 만들어주는 도구나 앱이나 시스템이 있었다. 직장에서도 당연히 간단한 (혹은 복잡한) 기술로 업무 시스템이나 절차를 더 효율적으로 개선되길 바랐다. 혁명적인 마음가짐에 바탕한 의도는 좋을지 몰라도 연속적인 변화는 좌절감을 안겨줄 수 있다. 먼저 스스로에게 다음 세 가지 질문을 해보라.

- 이 과정이나 시스템이 궁극적으로 회사의 시간 및/또는 돈을 절약하게 해주는가?
- 새로운 시스템을 도입할 예산이 있는가?
- 모든 조직 구성원이 새로운 시스템을 익히고 사용할 수 있

도록 훈련시켜줄 인력이 있는가?

모든 질문에 '그렇다'라고 답했다면 다음 두 가지 질문을 해보라.

- 기존 시스템을 유지할 때보다 조직 전체가 새로운 시스템에 적응하는 데 더 많은 시간이 소요되는가?
- 마지막 질문에 대한 대답이 확실한가?

다섯 가지 질문에 모두 '그렇다'라고 대답했다면 변화를 실행하지 말아야 한다. 그러나 앞에 세 가지 질문에만 '그렇다'라고 대답했다면 변화를 시도해볼 때인지도 모른다.

대는 왜 그렇게 빠른 승진을 바라는가? 업그레이드 주기를 생각해보면 당연하지 않은가?

밀레니얼 세대가 '승진을 당연한 권리로 생각하는' 근본적인 이유를 알아보았다. 밀

레니얼 세대를 향한 좌절감이나 회의주의를 일부 극복하는 데 도움이 되었길 바란다. 밀레니얼 세대의 DNA에는 주기적인 업그레이드에 대한 기대가 새겨져 있다는 사실을 이해하고 난 뒤에 밀레니얼 세대와 함께 일하고 목표를 설정해보라. 그리고 언제나처럼 밀레니얼 세대의 역할에 대한 어떤 선입관도 배제한 채 명확한 기대치를 설정하려고 노력하라.

네트워크형 조직 구조에서의 투명성

밀레니얼 세대가 네트워크형 조직 구조에서 높은 가치를 부여하는 것 중 하나가 바로 투명성이다. 네트워크 조직 구조에서는 조직 전반에서 정보 교환이 끊임없이 일어난다. 반면 계층적 조직 구조에서는 모든 정보가 꼭대기에 모여 있고 필요할 때만 사다리 아래쪽으로 조금씩 흘러 나간다. 네트워크형 조직 구조에서는 누구나 필요할 때 원하는 정보에 접근 가능하다.

네트워크형과 계층적 조직 구조 사이에서 자신의 조직을 어디에 위치시킬 것이냐를 평가할 때 가령 전통적 계층 구조와 급진적으로 다른 구조를 택할 것이냐 혹은 살짝만 개선할 것이냐를 선택할 때 밀레니얼 세대는 투명성만큼은 반영되길 바랄 것이다. 투명성은 크든 작든 밀레니얼 세대에게 제시해야 하는 가치이다. 임원 회의 일부를 실시간으로 회사 전체에 중개하거나 사원들과의 일대일 면담 시간에 회사의 청사진과 목표를 공유하는 등 어떤 방식으로든지 간에 투명성만큼은 모든 조직 흐름에 편입되도록 해야 한다.

현상 이면에 있는 이유를 이해할 때 그 혜택은 밀레니얼 세대에게만 돌아가는 것이 아니다. 그렇다면 밀레니얼 세대에게 투명성이 왜 그렇게 중요한 가치인가? 밀레니얼 세대에게 투명성은 정확하게 무엇을 의미하는가?

> » **투명성은 더 민주적인 조직 구조를 받아들이는 것이다.** 정보가 곧 권력이다. 전통적인 지혜도 마찬가지이다. 밀레니얼 세대는 베이비부머 세대 부모 손에 자랐다. 베이비부머 세대는 자신들이 어린 시절 경험했던 독재적인 가정을 버리고 가족 구성원 누구나 의사 결정 과정에 참여하는 민주적

인 가정을 꾸렸다. 어떤 주제라도 대화할 수 있었다. 게다가 인터넷이 등장하면서 밀레니얼 세대는 어느 때보다도 많은 정보에 접근 가능했고 큰 영향력을 가질 수 있었다. 밀레니얼 세대가 자라왔고 현재 살아가는 세상은 53살 CEO에게나 13살 청소년에게나 평등한 곳이다. 똑같은 정보에 접근할 수 있기 때문에 동등한 발언권이 주어진다.

» **투명성은 상호연결성이며 큰 그림에서 나의 위치를 파악할 수 있는 것이다.** 밀레니얼 세대는 '왜?'라고 질문하기로 악명 높다. 밀레니얼 이전 세대들은 상사가 뛰어내리라고 하면 '얼마나 높이요?'라고 대답하는 것이 정석이었다. 그러나 밀레니얼 세대는 시키는 대로 하는 대신 이렇게 되묻는다. "왜요?"

무례하고 버릇없이 (느껴질 수도 있지만) 굴려는 것이 아니다. 단지 밀레니얼 세대와 그다음 세대는 자신이 하는 일이 큰 그림과 연결되는 것을 열망할 뿐이다. 밀레니얼 세대는 자신들이 한 일이 상사나 팀원뿐만 아니라 조직 전체에 어떤 영향을 미치는지를 알고 싶어 한다. 투명하게 정보를 공개하는 일이나 왜라는 질문에 찬찬히 답을 해주는 일은 연결성과 영향력에 목말라 있는 밀레니얼 세대를 동기 부여할 수 있는 쉽고 확실한 길이다.

» **투명성은 열린 의사소통과 피드백을 자주 받을 수 있는 기회를 뜻한다.** 밀레니얼 세대의 관점에서 투명한 조직 구조의 또 다른 부산물은 더 자주 피드백을 받을 수 있다는 점이다. 전형적인 조직 구조에서처럼 6개월에 한 번씩 혹은 일 년에 한 번씩 피드백을 받을 수 있는 기회가 제한되는 대신 투명한 조직 구조에서는 좋은 피드백이든 나쁜 피드백이든 피드백 교환이 자유롭게 이루어진다. 꼭 날짜를 정해 놓고 주기적으로 성과를 평가할 필요가 없다.

세대를 불문하고 실수를 한 뒤 몇 달 뒤에 그 실수를 다시 지적받는 것보다 기분 나쁜 일은 없다. 밀레니얼 세대는 가능한 한 실시간으로 즉각적인 피드백을 원한다. 그렇다고 해서 관리자가 틈만 나면 모든 행동에 일일이 피드백을 줄 준비가 되어 있어야 한다는 뜻은 아니다. 하지만 회사의 조직 구조를 파악하고 더 꾸준한 피드백을 줄 수 있는 시스템을 자연스럽게 투명한 조직 구조 안에 편입할 수 있는 방법을 고려해야 한다는 뜻은 맞다. 부하 직원과 매주 일대일 면담을 실행하거나 매일 5~10분씩이라도 업무

【 자포스 : 네트워크형 조직 】

조직이 투명성을 끌어안는 방법을 극단적으로 보여주는 사례가 자포스의 홀라크라시이다. 홀라크라시는 자기경영(self-managemeng) 조직이다. 팀은 '서클(circles)'로 대체되고 경영진은 '리드 링크(lead link)'로 대체된다. 홀라크라시는 조직 구성원 모두가 최선의 능력을 발휘하고 변화를 열정적으로 수용하고 모두에게서 최선을 요구하는 환경에서 성장할 수 있는 영리한 모델이다. 홀라크라시를 찬양하는 사람도 있고 꺼리는 사람도 있다. 필자들은 반반이다. 어떤 조직은 모든 '직급'의 직원을 포용하고 보편적인 책임을 요구하고 직장 내 정치를 없애고 조직 구성원 개개인을 포용하는 등 홀라크라시에서 일부 요소를 차용해 이익을 얻을 수도 있다. 하지만 혁신적인 무언가의 장점과 가치 뒤에는 결점도 있기 마련이다. 승진 경로가 불명확하고 회사 진로도 불명확하다고 느껴서 실망하고 퇴사한 직원도 있다. 조직 체계가 약간은 잡혀 있어야 (특히 유통 및 공급망 관리 분야에선) 마음이 편하다고 말하는 직원도 있다. 자포스 사례는 관리자나 기업의 노동 인력이나 기업이 제공하는 제품 및 서비스 분야에 따라서 반면교사의 교훈을 주는 이야기가 될 수도 있고 따라하고 싶은 동화 같은 이야기가 될 수도 있다.

점검 시간을 가지는 것이 좋다.

» 투명성은 더 진정성 있는 상호작용을 할 수 있는 틀을 정립하고 신뢰를 쌓는 것이다. 밀레니얼 세대는 권위적인 인물에서 벗어난 부모 밑에서 사생활을 공적 공간으로 끌어올 수 있게 해준 소셜미디어와 함께 자랐다. 무엇을 하는지 무슨 생각을 하는지 무슨 음식을 먹는지 공유하는 것이 밀레니얼 세대에게는 일상의 한 부분이다. 구글에서 (아니면 페이스북에서) 검색만 하면 자신에 대한 많은 정보가 드러나는 마당에 직장에서 굳이 자신의 본모습을 숨기려고 노력할 이유가 무엇이겠는가?

정장을 빼입은 전문적인 직장인 이미지에 매달리는 것은 과거에 매달리는 것이다. '미스터(Mr.)'나 '미세스(Mrs.)' 같은 존칭어가 현재는 대중적인 언어로부터 멀어졌듯이 '전문적인 직장인' 이미지에 집착하는 것 또한 밀레니얼 세대가 보기에는 시대에 뒤떨어진다. 투명성은 원래 자기 모습을 있는 그대로 드러내고 자기 생각을 있는 그대로 표현하고 얼버무리는 정보나 다른 꿍꿍이속이 없다는 사실을 상대방에게 보여주는 것이다.

변화된 조직 구조를 신규 채용/인력 보유/직무 몰입에 활용하는 법

많은 사람이 조직 구조를 그저 직장을 구성하는 기초적인 요소 정도로만 이해한다. 다니는 직장에 정수기가 있다는 사실을 자랑하고 다니는 사람이 없듯이 조직 구조를 뭣하러 홍보 도구로 이용하겠는가? 선형적이고 계층적인 조직 모델을 엄격하게 고수한다면 도구로서 조직 구조를 활용할 일은 없을 것이다. 그러나 다음 세대의 관점에서 조직 구조를 재편할 방법을 찾거나 조직 구성도를 해석하는 방식을 재검토할 수 있다면 미래 인재를 보유하고 몰입시킬 수 있는 강력한 도구를 손에 쥐게 될 것이다.

새롭게 재편한 조직 구조를 도구로 활용할 수 있는 전략은 다음과 같다.

» **신규 채용** : 조직 구조에 대한 관점을 바꾸면 얻을 수 있는 것은 부하 직원을 매일 관리하는 방식을 변화시킬 수 있는 잠재력이 다가 아니다. 신규 채용 전략 또한 다시 세울 수 있다. 조직 구조는 겉으로 보이는 직원들의 직장 생활에 광범위한 영향을 미친다. 밀레니얼 세대는 다음과 같은 질문을 스스로에게 던질 수 있다.

  ● 경력이 많고 배울 점도 많은 리더와 잘 소통하고 교류할 수 있을까?
  ● 내가 맡은 역할 이상을 소화해내고 다른 부서 일도 배울 수 있을까?
  ● 내가 내 아이디어를 공유할 수 있는 통로가 있을까?
  ● 승진 경로는 단 하나밖에 존재하지 않는가? 아니면 내 재능과 야망과 능력을 완전히 증명하기만 하면 몇 단계를 건너뛸 수 있는가?

» **인력 보유** : 네트워크형에 가까운 조직 모델, 높은 투명성, 신입 사원 및 직급이 낮은 직원들 목소리에 귀를 기울이는 조직 문화는 밀레니얼 세대 인력을 유치할 수 있는 요인이 된다. 밀레니얼 세대가 비현실적으로 빨리 승진하고 싶어 하는 것은 사실이다. 필요 이상으로 자신의 아이디어를 공유하고 싶어 하는 것 또한 사실이다. 여기서 비법은 현실적으로 가능한 범위 안에서 밀레니얼 세대의 요구를 수용해주는 것이다.

» **직무 몰입** : 조직 내에서 밀레니얼 세대의 몰입도를 큰 폭으로 높이고 싶은가? 그 소망을 실현하는 데 다음 행동 지침이 도움이 될 것이다.

  ● 리더 및 임원진과 쉽게 소통할 수 있도록 해준다.

- 자신의 의견을 피력하고 아이디어를 공유할 수 있는 기회를 준다.
- 밀레니얼 세대의 근무 성과가 회사가 목표를 달성하는 데 중요한 영향을 미친다는 사실을 상기시켜준다.

"밀레니얼 세대의 열정과 몰입도만큼은 인정합니다. 단순한 업무 성취감을 넘어서 '나는 내가 하는 일에 신념이 있다'에서 오는 열정과 몰입이거든요."

― 앤 M., 관리자

브랜드 명성보다 브랜드 이야기를 활용하는 법

십수 년 전만 해도 모든 기업의 웹사이트에서는 다음 예시와 비슷한 '회사 소개(About US)' 페이지를 찾을 수 있었다.

1903년에 설립된 우리 회사는 뿌리 깊은 역사와 전통을 지니고 있습니다. 백 년이 넘는 경험과 수십 년 동안 갈고닦은 실력으로 세월의 시험을 견뎌내고 얻은 신뢰를 바탕으로 오늘도 힘차게 달려 나가고 있습니다.

이런 회사 소개글 아래에는 보통 CEO의 서명과 함께 정장을 완벽하게 갖춰 입은 백발의 전통 세대 신사가 카메라를 향해 인자하게 웃고 있는 사진이 올라와 있기도 했다. 사진 속 노신사의 모습은 '우리에게는 지혜가 있습니다. 우리에게는 경험이 있습니다. 우리에게는 전문성이 있습니다. 우리를 선택하는 것이 진짜 남는 장사입니다'라는 내용에 신뢰감을 더해 주었다. 나이 든 세대 중 일부는 여전히 이러한 소개글에 반응하지만 밀레니얼 세대에게는 피해야 할 기업이라는 경고등에 불과하다.

물론 경험이 많으면 좋다. 오랫동안 살아남은 기업이 있다면 그 뒤에는 의심할 나위 없이 수많은 희생과 힘든 시간을 거친 끝에 축적된 전문 지식이 있을 것이다. 그러나 다른 세대의 눈에는 영예로운 훈장으로 보이는 것도 밀레니얼 세대의 눈에는 다르게 보일 수 있다. '제자리걸음', '유연성 부족', '구식', '고집불통' 등 부정적으로 인식될 수도 있다는 것이다.

밀레니얼 세대는 더 이상 공식석상에서 연설을 하는 리더의 모습에 감명받지 않는다. 밀레니얼 세대의 마음을 움직이고 싶다면 다른 전략이 필요하다. 눈앞에서 조직 전체를 위해 일하는 사람이 실제로 어떠한지를 눈앞에서 느끼게 해주어야 한다. 밀레니얼 세대에게 좋은 인상을 남기고 싶다면 각종 수치나 수상 경력 등을 자랑하는 대신 기업 문화, 사무실 분위기, 경력 개발의 청사진을 보여주어야 한다. 미래의 밀레니얼 세대 신입 사원뿐만 아니라 현재 근무하고 있는 밀레니얼 세대 직원에게도 효과 만점일 것이다.

그렇다고 기업의 역사를 깡그리 삭제할 필요는 없다. 있는 그대로의 기업의 역사도 얼마든지 매력적이고 중요하고 고무적일 수 있기 때문이다. 새로운 메시지와 더불의 조직의 역사와 경험을 단순한 사실의 나열이 아닌 현대적인 감각으로 재구성한 한 편의 이야기로 만들어 밀레니얼 세대에게 전달해야 한다.

완벽한 열린 문 정책 시행하는 법

다음 세대 직원의 퇴사나 이직을 막고 몰입도를 높이기 위해 많은 리더가 '열린 문 정책(open door policy)'을 도입하겠다고 선언하곤 한다. "오늘부터 열린 문 정책을 시행하겠습니다 … 제 방문은 언제나 열려 있으니 질문이 있으면 아무때나 들어오세요." 훌륭한 정책이다. 하지만 같이 밥을 먹자며 혹은 커피를 마시자며 시도 때도 없이 들이닥치는 밀레니얼 세대 사원들 때문에 X세대 관리자는 열린 문 정책을 시행한 자신의 머리털을 (아니면 밀레니얼 세대 직원들의 머리털을) 뽑고 싶은 심정이다. 밀레니얼 세대 사원의 몰입도를 높이기 위해 매일 함께 점심을 먹고 언제든지 접근 가능한 관리자가 될 필요는 없다. 대신 다음과 같은 더 쉬운 방법이 있다.

» 한 달에 한 번 점심 식사나 해피 아워를 마련하고 선착순으로 네 명만 모집하기
» 전체 공개로 온라인 질의응답 게시판 만들기(가능하다면 트위터 해시태그 기능 추가하기)
» 밀레니얼 세대 사원들이 아이디어를 공유할 수 있도록 분기마다 공개 포럼 열기
» 관리자 회의나 임원 회의 중에 밀레니얼 세대 사원으로 구성된 패널 토론 도입하기

"[상사들과] 사이가 좋아요. 좋은 말이든 나쁜 말이든 다 할 수 있는 사이예요. 다들 열린 문 정책을 시행하고 있어서 위계 질서를 별로 느껴본 적이 없어요. 제 의

견을 항상 경청해주고 뭔가 문제가 있으면 [항상] 상의해주고요. 저를 귀찮은 밀레니얼 세대 사원으로 취급하는 사람은 없어요."

—로렌 W., 밀레니얼 세대 사원

입사 첫날부터 밀레니얼 세대의 참여 유도하는 법

밀레니얼 세대는 말단 사원일 때도 자신의 의견이 무시되지 않길 바란다. 입사 첫날은 신입 사원 교육 기간을 포함해 말 그대로 회사에 발을 들여 놓은 첫날을 의미한다. 사소한 기억도 오래 남을 수 있다. 신입 사원이 회사의 다음 행보와 관련된 전략을 세우는 일에 참여할 필요는 없다. 밀레니얼 세대는 단지 자신의 생각을 피력할 기회가 있는지와 자신의 아이디어가 진지하게 고려되는지를 알고 싶어 할 뿐이다. 최종 결정권자가 내리는 결정에 토를 달 생각은 추호도 없다.

밀레니얼 세대 사원에게 참여 기회를 준다고 해서 모든 의사 결정을 내리기 전에 그들의 의견을 물어볼 필요는 없다. 때로는 상징적인 시도만으로도 오래도록 원하는 인상을 남길 수 있다. 한 중소 건설 회사가 시행한 전략은 단순했다. CEO가 신입 사원들과 함께 아침 식사를 한 것이다. 한 달에 한 번 그 달에 입사한 모든 직원은 작고 허름한 식당에서 CEO와 함께하는 아침 식사에 초대를 받는다. CEO는 미리 모든 신입 사원의 이름과 얼굴과 회사에서 맡은 역할을 숙지하고 아침 식사 자리에 참석한다. 느긋한 분위기에서 편안한 대화가 오고간다. 기업 차원의 거대한 전략과 계획 사이에서 상대적으로 사소하게 느껴지는 시도이지만 신입 사원들에게는 오랫동안 소중한 기억으로 남는다.

이 전략이 왜 성공할 수 있었는지를 생각해보자. 특히 왜 밀레니얼 세대에게 효과가 있었는지를 생각해보자. 여기에는 불필요한 격식이 없다. 고급 레스토랑에 초대 받아 옷을 차려입고 엄격한 예의범절을 지키며 행동하지 않아도 된다. 그저 편안한 분위기에서 원래 자기 모습 그대로 '가장 높은 분'과 대화하고 친분을 쌓을 수 있다. CEO는 신입 사원들이 누구이고 회사에서 무슨 일을 하고 싶어 하는지에 관심을 보이며 알고 싶어 한다. 이러한 태도는 신입 사원들로 하여금 자신이 커다란 기계의 하고많은 부품 중 하나가 아니라 조직의 새로운 구성원으로서 알아갈 가치가 있고 투자할 가치가 있는 존재로 존중받고 있다는 느낌이 들게 한다. CEO도 신입 사원에게 궁금한 점이 있고 배울 점이 있다고 하는 조직에서 그 누구도 자신들을 무시할 사람은 없다.

밀레니얼 세대의 참여를 유도할 때 흔히 저지르는 실수는 다음과 같다.

» 밀레니얼 세대 사원에게 원하는 것은 최종 결정이 아니라 피드백이라는 사실을 분명히 하지 않는다.
» 밀레니얼 세대가 아이디어를 공유할 수 있도록 허락된 때와 장소를 명확히 알려주지 않는다.
» 밀레니얼 세대의 참여와 관련해 회사 내 명시적/암묵적 규칙을 알려주지 않는다.
» 아이디어를 내면 교육할 기회로 삼지 않고 그냥 묵살해 버린다.

승진 없이 경력 개발로 동기 부여하는 법

계층적 조직 구조 대신 네트워크형 조직 구조를 도입했을 때 빠질 수 있는 가장 큰 함정 중 하나는 승진 경로가 불투명해진다는 사실이다. 세대를 불문하고 모두가 신입 사원 시절부터 빠른 경력 발전을 꿈꿨지만 밀레니얼 세대는 빠른 변화와 발전이 삶의 일부였기 때문에 특히 더 빠른 승진을 원하며 이직도 주저하지 않는다. 승진 경로가 불명확하면 빠른 승진을 원하기로 소문난 밀레니얼 세대의 관심을 잃게 될지

【 프로그램 성공 사례 두 가지 : 회사와 시스템 】

회사

U.S. 뱅크는 '다이내믹 도즌(Dynamic Dozen)'이라는 프로그램을 시행해 수년 동안 밀레니얼 세대 직원들에게 조언을 구했고 결과는 성공적이었다. 이 프로그램을 통해 밀레니얼 세대는 회사의 제품과 서비스, 기업 문화에 대한 생각과 의견을 피력했다. U.S.뱅크가 수년간 이 프로그램을 시행하고 있는 이유는 단 하나다. 효과가 있기 때문이다.

시스템

최근 MBA 수업 시간에 등장한 사례 연구 중에 데이비드 하셀이 창안한 '피프틴파이브(15Five)'라는 혁신적인 피드백 시스템이 있다. 관리자는 이 시스템을 사용해 사원들로부터 정기적으로 진행 상황 보고를 받는다. 사원들이 15분 동안 4개 질문에 답을 작성하면 관리자가 5분 동안 직원들이 써서 제출한 답을 검토한다. 이 시스템의 백미는 모든 산업 분야에 적용이 가능하다는 점이다. 물류 센터에 있는 일선 노동자든지 고소득 제약 회사 영업 사원이든지 누구나 사용 가능하다. 피프틴파이브 피드백 시스템은 24시간 360도 피드백을 주고받을 수 있는 능력을 제공한다.

도 모른다. 아무리 기술, 경험, 보상 등 까다로운 승진 요건을 내세워도 밀레니얼 세대는 제자리걸음만큼은 원하지 않는다.

다행스러운 것은 승진이 경력을 발전시킬 수 있는 유일한 수단은 아니라는 사실이다. 다음과 같은 대안을 고려해보라.

> **로테이션 프로그램**(rotational programs) : 로테이션 프로그램만큼 다음 세대에게 효과가 있는 프로그램은 별로 없다. 로테이션 프로그램은 출구 없는 승진 문제를 해결할 수 있는 논리적인 대안이다. 신입 사원 중 최상위 인재들을 6개월마다 돌아가면서 다른 팀과 부서에 배치하는 것이다. 신입 사원들은 로테이션 프로그램이 아니면 경험할 기회가 없었을 각 부서를 돌면서 회사의 지식과 책임을 배우고 기분을 전환한다. 밀레니얼 세대는 많은 것을 배우고 새로운 기회와 과제에 참여할 만큼 신뢰받고 있다고 느껴서 다른 신입 사원에게 로테이션 프로그램을 추천할 가능성이 높다. 제네럴밀스, 딜로이트, 락헤드마르틴 같은 회사는 다음 문장에 일축된 일명 로테이션 프로그램 정신 덕분에 매년 최상위 인재를 유치하는 데 성공하고 있다. "우리가 가진 모든 걸 삼 년 안에 너한테 줄게. 너가 우리한테도 똑같이 해준다고 약속한다면."
> **창의성을 발휘할 수 있는 시간** : 수십 년 동안 밀레니얼 세대가 가장 기업가 정신이 높은 세대라는 인식이 있었지만 실제로는 모든 세대가 뛰어난 기업가 정신을 가지고 있다. 어떻게? 각 세대 집단마다 직무기술서에서 요구하는 것 이상을 가진 소수의 사람들이 있기 때문이다. 밀레니얼 세대는 특히 학과 수업 외에도 매일 시간이 허락하는 한 최대한 많은 과외 활동을 하면서 자란 세대이다. 밀레니얼 세대에게 빠른 승진을 보장해줄 수 없다면 최소한 능력을 발휘할 수 있는 기회라도 제공해야 한다. 3M이 오랫동안 성공적으로 시행해 오고 있는 '15퍼센트 프로그램'같이 직원들이 근무일수 중 15퍼센트는 직무와 관련 없는 자신이 열정을 투자하고 싶은 과제에 투자할 수 있는 제도를 도입하라.
> **'추가 점수'를 받을 수 있는 업무** : 미완인 상태로 남을지도 모르는 책임과 과제를 밀레니얼 세대에게 맡겨라. 위임의 기술이 약간 필요할지도 모르지만 높은 기대를 걸고 있는 과제의 주도권을 밀레니얼 세대에게 넘겨주

면 밀레니얼 세대는 자신의 능력을 인정받았다고 느껴 동기 부여가 될 것이다. 밀레니얼 세대 직원에게 이벤트를 조직해 달라고 부탁하거나 작은 과제를 맡아서 진행해 달라고 부탁하거나 큰 과제를 도와달라고 부탁해 보라.

"[회사 100주년 창립 기념일] 준비위원회를 조직하고 밀레니얼 세대 사원 한 명에게 위원장직을 맡겼어요. 그러고 나서 준비위원회 멤버 중 한 명에게 감사 전화를 받았어요. 자기 아이디어가 묵살당할 수도 있었는데 우리 밀레니얼 세대 사원이 자신의 경험을 공유할 수 있게 해주고 진심으로 대해줬다고 하더라고요."

― 앤 M., 관리자

빨리 승진하고 싶어 하는 밀레니얼 세대가 '책임은 다하지 않고' 자기 권리만 내세우는 애들처럼 보일 수도 있다. 이런 생각이 들 때는 집단이 아니라 개인으로 접근해야 한다. 승진을 할 자격이 없는 밀레니얼 세대가 승진을 요구할 때는 해고하거나 무시하기보다는 적절한 코치를 해줄 수 있는 기회로 삼아야 한다. 반대로 승진을 요구하는 근거가 타당하고 빠른 승진이 합당함을 능력으로 증명해 보이는 밀레니얼 세대도 있을 것이다. 모든 밀레니얼 세대는 주기적인 업그레이드를 경험하며 자랐기 때문에 항상 갈증을 느끼고 열정이 넘친다. 이를 두고 틀렸다고만은 할 수 없다. 관리자는 밀레니얼 세대의 승진을 향한 열정을 이해해주고 무엇이 본인과 회사를 위해 최선인지를 밀레니얼 세대가 직시할 수 있도록 도와주어야 한다.

동문 직원 활용법

네트워크형 조직 구성도와 계층적 조직 구성도의 가장 의미 있는 차이를 하나 꼽는다면 하나가 보기에 더 난해하다는 것이다. 전통적 조직 구성도의 계층 구조는 해석이 달리 필요 없다. 조직의 흐름은 일방통행이다. 시작과 끝이 있고 시작점과 정점이 있다. 네트워크형 조직 구조의 수평 구조는 조직의 흐름도 명확하지 않고 시작과 끝도 명확하지 않다. 이 불명확성이 인재와 지식을 잃지 않을 수 있는 비밀 무기이다. 배트맨처럼 신호를 보내면 달려와 도움을 줄 동문 프로그램을 도입하라. 동문 프로그램은 꽤 최근에 등장한 개념으로 동문 프로그램을 탄생시키는 데 가장 많은 공헌을 한 집단은 밀레니얼 세대가 아니라 베이비부머 세대이다.

동문 프로그램의 시작

베이비부머 세대의 은퇴는 과거 다른 세대가 은퇴할 때와는 다른 양상을 띤다. 베이비부머 세대는 종종 정년이 지난 뒤에도 평생을 헌신한 회사에 자문위원으로 남는다. 일종의 동문 개념이다. 창의적인 인사관리 부서가 지식과 경험이 풍부한 베이비세대 동문들을 공식적으로 보유할 수 있는 프로그램을 기획했다. 회사에 위기 상황이 발생하면 다크나이트에게 박쥐 신호를 보내듯이 정년 퇴임한 동문들로 이루어진이 자문위원회에 위기를 해결해 달라는 구조 요청을 보내면 된다.

동문 프로그램의 현재

베이비부머 세대 정년 퇴직자를 보유하기 위해 창안한 이 동문 개념을 밀레니얼 세대에게도 적용할 수 있다. 밀레니얼 세대가 입사한 지 3년 만에 퇴사한다고 할 때 절망감에 고개만 가로젓는 대신에 웃으면서 스스로에게 '이길 수 없다면 같은 편이 되어라'는 말을 되뇌어라. 밀레니얼 세대가 3년 또는 5년만에 퇴사하더라도 동문 네트워크가 있으면 퇴사한 뒤에도 서로에게 가치를 제공해줄 수 있다. 동문 네트워크에 남아 있다는 것은 곧 회사의 재채용 정보망에 들어와 있다는 뜻이다. 또한 계속 경력을 추적할 수 있으며 밀레니얼 세대 동문이 보유하고 있는 개인적인 업무 인맥에 접근할 기회가 있을 수도 있다. 밀레니얼 세대 입장에서도 불필요한 감정 소모 없이 언제든지 재채용될 수 있는 여지를 남길 수 있어서 좋다. 모두에게 이득이다. 행복한 밀레니얼 세대는 퇴사를 하든 하지 않든 회사의 가장 큰 자산이 될 수 있다.

특수 상황에 대처하는 법

소속된 회사의 조직 구조를 재평가하기 망설여지는 마음도 충분히 이해가 간다. 솔직히 재택 근무를 하거나 타임머신을 타고 1960년대로 돌아간 듯한 느낌이 들 정도로 전통적인 조직 구조를 유지하는 회사에서 일하고 있거나 외부자가 보면 이해할 수 없을 정도로 조직 구조라 할 만한 체계가 결여된 회사를 다니고 있다면 조직 구조 재평가에 대한 부담감을 떨치기가 힘들 것이다. 이런 생각을 할지도 모른다. '와, 조직 구조 전환이라니, 완전 멋진 개념이긴 한데…'

안타깝게도 여기서 '그렇긴 한데'가 붙는 모든 문제를 다룰 수는 없다. 그러나 독자 여러분의 머릿속에 까치발로 들어온 '그렇긴 한데'로 시작되는 의심을 들어온 문으로 문워킹하며 다시 나가게 만들 수 있는 세 가지 전술이 있다.

» 지레 겁먹지 않는다. 새로운 조직 구조를 도입할 상황이 완벽하게 갖추어 지지 않았다고 해서 시도조차 포기할 이유는 없다. 조직 구조나 업무 절차를 바꾸는 일이 쉬울리가 없다. 하지만 생각을 해본다는 것 자체만으로도 좋은 시작이다.

» 밀레니얼 세대 신입 사원들과 꾸준히 터놓고 대화한다. 현재 처한 특수한 또는 곤란한 상황을 인정하고 밀레니얼 세대 신입 사원에게 의견을 구한다. 누구도 생각 못한 창의적인 관점을 제시할 수도 있다. 새로운 관점은 세대를 불문하고 새로운 세대 신입 사원에게서 기대할 수 있는 가장 큰 선물일 것이다.

» 프랜시스 베이컨 경의 말처럼 아는 것이 힘이다. 비슷한 상황에 놓인 다른 기업은 어떤 선택을 했는지를 조사해보라. 경쟁 기업은 어떻게 하고 있는가? 비슷한 처지에 놓인 다른 조직들은 이 문제를 어떻게 해결했는가? 왜 아무도 실패하지 않았는가? 무엇이 (혹은) 누가 우리 상황을 다르게 만들고 있는가? 철저한 계획과 사전 조사는 조직이 제대로 돌아갈 수 있도록 도와준다.

원격 근무자 관리

현재 상황

당신은 전형적인 21세기 관리자로 부하 직원 중에는 재택 근무를 하는 사람도 많고 기술의 발달로 장소에 구애받지 않고 일하는 디지털 노마드도 있다. 모든 세대가 특정한 지리적 장소에 매여 있지 않아도 집중해서 일하고 성과를 낼 수 있지만 밀레니얼 세대는 아직 신입이라 돌발 상황에 혼자서는 제대로 대처할 수 없을지도 모른다. 밀레니얼 세대가 아무 어려움 없이 온라인으로도 관계를 쌓고 업무를 제출한다고 하더라도 오히려 관리자가 힘들어할 수 있다. 직원들과 얼굴을 마주할 기회도 거의 없고 비공식적으로 업무 진행 상황을 관리하는 일도 어색하고 정수기 같은 곳에서 우연히 만나 대화하는 일은 물리적으로 아예 불가능하기 때문이다.

문제점

» 밀레니얼 세대는 전화 통화보다 이메일을 더 선호한다.

» 협업이나 혁신에 꼭 필요한 즉흥적인 토론 기회가 거의 혹은 아예 없다.

» 진정성 있는 관계를 쌓기가 힘들다.

» 신뢰감이 떨어질 수 있다. 눈으로 볼 수 없는데 실제로 일하고 있다고 어떻게 확신할 수 있겠는가?

해결 전략

» **현실을 수용한다.** 밀레니얼 세대가 다른 세대보다 전화로 이야기하기를 더 부끄러워한다는 현실에 익숙해진다. 이런 추세가 마음에 들지 않는 사람도 있겠지만 서로 대화하고 관계를 쌓을 수 있는 전화 통화 말고도 다른 창의적인 방법이 있다는 사실을 받아들인다.

» **서로 연락하기 위해 더 많이 노력한다.** 시간과 예산을 따로 편성해서 온라인으로든 현실에서든 팀원들끼리 서로 친해질 수 있는 모임이나 자리를 마련한다. 스카이프로 일주일에 한 번 회의를 하는 것도 밀레니얼 세대의 열정과 에너지를 끌어낼 수 있는 방법이다. 또한 (회사에서 거의 모든 비용을 부담하고) 모두가 함께 모여 일하고 즐기는 연례 행사를 주최하는 것도 좋다. 많은 스타트업에서 이런 종류의 연례 행사를 성공적인 조직 문화로 정착시켜 조직 충성도를 높이고 신뢰를 쌓으며 일대일 관계를 맺는다.

» **신뢰의 기준을 명확하게 알려준다.** 근무 시간에 대한 기준을 세운다. 재택 근무자는 관리자가 특별히 필요로 하지 않으면 집이나 커피숍을 마음대로 오가며 업무 일정을 지나치게 유연하게 짤 수 있다. 관리자는 재택 근무자와 언제 어떻게 연락이 닿았으면 하는지를 분명하게 알려주고 일을 제대로 하고 있다는 사실을 증명하게 한다.

극단적으로 전통적인 조직 환경에서의 근무

현재 상황

당신은 조직 구조가 매우 경직된 로펌/정부 기관/금융 기관/의료 기관/소매 상점에서 밀레니얼 세대를 관리하는 직책을 맡고 있다. 이러한 조직 구조를 고수하는 데는 타당한 이유가 있다. 투명한 네트워크형 조직 모델을 제안하기란 거의 불가능에 가깝고 어쩌면 웃음거리가 될 수도 있다. 이러한 현실에도 불구하고 다음 세대 인력을 유치하고 보유하려면 조직 구조를 바꿀 수 있는 창의적인 방법을 찾아야만 한다.

문제점

» 자칫하면 관료주의적으로 느껴질 수 있는 엄격하고 통제된 정보의 흐름
» 엄격한 복장 규정
» 권위주의적 리더십 때문에 직무 이탈(disengagement) 발생

해결 전략

» **작은 것에 집중한다.** 비공식적인 피드백을 줄 수 있는 관리자 개인만의 인프라를 구축한다. 일대일 면담에서 직속 부하 직원이 아이디어를 낼 수 있도록 격려한다. 밀레니얼 세대 부하 직원에게 최소한 지금은 대부분 실행되기 어렵겠지만 그래도 아이디어를 듣기 원한다는 사실을 분명하게 말해준다. 다른 관리자들 앞에서 밀레니얼 세대의 아이디어를 변호해준다.

» **시간을 들여 이유를 설명한다.** 과도한 의사소통이 빛을 발하는 순간이다. 관리자 입장에서는 밀레니얼 세대 신입 사원이 CEO의 사무실 문을 두드리지 말아야 할 이유, 조리를 신고 출근하지 말아야 할 이유, 경영진에게 혁명적인 아이디어를 제시해서는 안 되는 이유가 분명하지만 밀레니얼 세대 입장에서는 그렇지 않을 수 있다. 하지만 관리자가 그 이유를 충분히 설명해주면 주의를 기울여 들을 것이다.

» **놓아 줘야 할 때를 안다.** 드물긴 하지만 경직되고 체계가 확실한 조직 환경을 좋아하는 사람도 있다. 그러나 이런 사람도 자신의 직무 능력에 맞는 자리가 있다고는 확신할 수 없다. 밀레니얼 세대 신입 사원이 전통적인 조직 환경에 적응할 수 있도록 도와 주고 싶은 마음이 굴뚝같더라도 관리자 본인이 그 일을 하는 데 쏟는 에너지를 따져 보았을 때 억지로 적응을 돕는 일이 과연 그만한 가치가 있는지를 잘 판단해야 한다. 구식 절차 혹은 구식 절차와 잘 맞지 않는 사람에게 언제 작별을 고할지를 결정해야 할 때는 엘사의 유명한 대사를 떠올려 보아라. "렛잇고(Let it go)."

극단적으로 비전통적인 조직 환경에서의 근무

현재 상황

당신은 현재 전통적 조직 구조의 흔적조차 찾기 힘든 매우 수평적인 네트워크형 조직 모델을 채택한 회사에 다니고 있다. 광고 에이전시, 방송국, 초기 스타트업 같은 곳일 확률이 높다. 원한다면 24시간 내내 일하는 것도 가능하다. 근무 시간이 정해져 있지 않고 관리자나 임원진 같은 직급도 존재하지 않기 때문이다. 게다가 조직 문화가 아직 정립되지 않았거나 혹은 아예 존재하지 않아서 혼란스럽다. 이런 조직 구조에서 일하는 것을 좋아할 수도 있고… 혹은 인식된 혼돈 속에서 집중해서 일할 수 있는 방법을 찾으려고 고군분투하고 있을 수도 있다.

문제점

- » 경력 개발 경로가 불분명하다.
- » 봉급 인상, 평가, 직무 변경 등 '정상적인' 업무 프로세스가 분명하게 정리되어 있지 않다.
- » 정보 및 지시 권한과 책임이 누구에게 있는지 분명하지 않아 혼란스럽다.
- » 아이디어 교환이 너무 많이 일어나 산만하다.

해결 전략

- » 밀레니얼 세대 사원이 의지할 수 있는 사람을 정해주어라. 계층 구조를 찬성하는 가장 큰 이유 중 하나가 도움이 필요할 때 누구에게 물어볼지 분명하게 알 수 있다는 점이다. 부서가 없고 고정된 역할이 없으면 도움이나 정보나 자문을 구할 때 (그림이 아니라 공포 영화에 나올 법한) 짙은 안개 속에서 길을 찾으려고 애쓰는 듯한 느낌이 들 수 있다. 열린 문 정책을 공표하거나 정보의 흐름을 완벽하게 알 수 있는 표를 만들어서 직원들이 길을 잃었을 때 도움을 구할 수 있는 사람이 되어라.
- » 새로운 조직 구성도를 그림으로 그려라. 전통적인 조직 구성도를 재창조할 때 충분한 시간을 들여서 개인적인 조직 구성도를 그려라. 조직 구조를 바꾼 많은 기업이 새로운 조직 구성도를 그릴 때도 동그라미, 매트릭스, 샬롯의 거미줄 같은 익숙한 도형을 사용한다. 어떤 도형이나 설계도를 선택하

든지 그림으로 그려서 밀레니얼 세대뿐만 아니라 전 세대가 업무 과정을 이해할 수 있도록 하는 것이 좋다.

» **책임을 맡아라.** 다음 세대는 모두가 똑같은 권력을 지닌 네트워크형 조직 모델을 좋아할 수 있지만 결국에는 책임을 질 사람 그리고 필요하다면 비난을 떠안을 사람을 찾게 될 것이다. 좋든 나쁘든 더 많은 책임을 떠맡을 수록 리더나 관리자로서 더 많은 존경과 사랑을 받게 될 것이다.

07

협업 장려 및 촉진···
백지장도 맞들면 낫다

제7장 미리보기

- 지나치게 협력적인 직원과 지나치게 독립적인 직원 중재법
- 협력적인 근무 방식에 맞는 신입 사원 연수 및 교육법
- 협력적 멘토십 프로그램 개발
- 물리적 사무 공간과 온라인에서의 협업

밀 레니얼 세대가 협력적인 집단이라는 사실은 논박하기 힘들다. 물론 개인마다
선호하는 협력의 정도는 다르겠지만 집단적 관점에서 밀레니얼 세대는 직장
에서의 협업 수준을 새로운 단계로 끌어올렸다. 밀레니얼 세대는 불나방이 불 주변
으로 날아들 듯이 화이트보드 주변으로 모여든다. 새로운 아이디어가 거론되면 밀레
니얼 세대는 다 같이 협력해서 살을 붙일 생각부터 먼저 한다. 밀레니얼 세대는 혼자
일하는 것보다 함께 일하는 것이 훨씬 좋다고 생각한다. 팀워크는 꿈 같은 일을 이루
어준다.

관리자라면 '그래, 타고나길 협력적인 집단이라니 관리자에게는 더할 나위 없이 좋

지. 하지만 독립적으로 일을 할 줄도 알아야 할 텐데'라고 생각할 수도 있다. 아니면 밀레니얼 세대의 협업 욕구가 다른 세대와의 협업으로도 이어질 수 있는지 궁금해할 수도 있다.

이번 장에서는 밀레니얼 세대의 협업 욕구를 강력한 도구로 쓸 수 있는 방법을 알아볼 것이다. 직장에서 가장 커다란 세대 간 충돌 지점이라고 할 수 있는 X세대의 업무 흐름과 밀레니얼 세대의 너무 높은 협업 욕구가 서로 부딪치는 지점을 살펴보면서 세대 간 긴장을 완화하고 사이좋게 협력할 수 있도록 도와줄 도구를 제시할 것이다. 이 장에서는 밀레니얼 세대의 협력적 성향에 맞는 신입 사원 연수 및 교육 기술을 알아보고 협력적 멘토 관계를 구축할 수 있는 가장 좋은 실천 방법을 검토할 것이다. 마지막으로 물리적인 사무 공간부터 재택 근무자도 진정으로 팀의 일원이라고 느낄 수 있도록 해주는 온라인 도구에 이르기까지 개방적이고 협력적인 근무 인프라 구축이란 무엇을 의미하는지를 살펴볼 것이다. (미리 귀띔 하나 해드리자면 '협력적 공간 (collaborative space)'은 쿠션 소파나 탁구대를 갖춘 열린 공간과 동의어가 아니다.)

협력에 대한 관점의 변화

먼저 짚고 넘어갈 점이 있다. 밀레니얼 세대와 협업은 프로메테우스가 불을 가져다준 것에 비할 바가 아니라는 사실을 필자들도 안다는 사실이다. 밀레니얼 세대가 협업이라는 개념을 창시한 것도 아니고 직장에 들여와 업무 기능성을 유달리 향상시킨 것도 아니다. 모든 세대가 협업을 원하고 협업의 가치를 이해한다. 하지만 반드시 기억해야 할 두 가지가 있다. 첫째, 각 세대마다 협업하는 방법에 대한 인식이 다르다. 둘째, 각 세대마다 성장 과정, 학교에서 배운 협업 방식, 입사 초기에 받은 교육이 다르기 때문에 협업에 대한 인식도 다르다.

베이비부머 세대 : 같이 가자, 지금 당장

베이비부머 세대의 협업에 대한 인식을 정의한 것은 과거에 경험한 몇 가지 중요한 조건이다. 그중 첫 번째 조건은 60년대에 일어난 각종 인권 운동이다. 초기 베이비부머 세대는 이러한 인권 운동에서 집단의 힘을 보았다. 따라서 회사에 입사해서도 모두가 힘을 합쳐 공동의 목표를 실현하기 위해 노력하면 위대한 일을 이룰 수 있다고 믿었다. 반면 후기 베이비부머 세대는 국가 기반 시설 확충 속도가 급등하는 출산율을 효과적으로 따라잡지 못하던 시절에 성장기를 보냈다. 학교에서도 (책상, 교과서, 교사 등) 항상 자원이 부족했고 일자리와 기회도 항상 부족했다. 한정된 자원을 두고 싸워야만 했던 조건에서 후기 베이비부머 세대는 성공하기 위해서는 경쟁 우위가 있어야 한다는 사실을 깨달았다. 후기 베이비부머 세대는 협업도 좋지만 함께 일하든 혼자 일하든 여러 사람 가운데서 돋보여야만 살아남을 수 있다는 사실을 절실히 깨달았다.

따라서 베이비부머 세대는 협업과 독자적인 근무가 적절히 섞이는 것이 가장 좋지만 평가는 개별적으로 이루어져야 동기 부여가 된다고 생각한다. 또한 협업 방식도 조직 차원에서 체계화해야 한다고 생각한다.

X세대 : 일단 멈춰, 협력, 그리고 끝

X세대는 또 베이비부머와는 완전히 다른 세상에서 자랐다. X세대의 인격 형성기에 이혼율이 세 배로 급증했고 일하는 여성이 늘어났다. 그 결과 맞벌이 가정의 아이를 가리키는 '집 열쇠(를 목에 건) 아이(latchkey kid)'라는 용어가 생겼다. 학교가 끝나면 혼자서 집 문을 열고 들어와 저녁으로 핫포켓(Hot Pocket; 미국 냉동 식품 브랜드-역주)을 전자레인지에 데워 먹고 MTV에서 최신 뮤직 비디오를 섭렵하며 부모님이 퇴근하기를 기다리는 것이 일상이었다. X세대는 어려서부터 홀로 서는 법을 배웠다. TV가 가장 좋은 보모가 되어 주었고 팩맨, 테트리스, 프로거 같은 비디오 게임마저 뭐든지 혼자 해도 괜찮다는 인식을 강화시켜 주었다. 분명히 말하지만 그렇다고 해서 X세대가 다른 사람과 교류하기를 꺼리는 은둔자 집단은 아니다. X세대도 필요하면 협업할 수 있다. 하지만 어떤 일을 제대로 하려면 혼자 하는 게 낫다고 생각하는 세대인 것은 사실이다. 또한 X세대는 협업을 할 때도 매우 효율적인 방식으로 끝내고 싶어 한다.

X세대는 개인적인 업무가 우선이고 협업은 정말로 필요하고 유익할 때만 하는 것이 좋다고 생각한다.

　"[밀레니얼 세대는] 협업하기를 매우 좋아하더라고요. 다른 세대 입장에서는 짜증이 날 수도 있죠. 아무래도 협업을 하면 의사 결정을 할 때 모든 사람의 의견을 들어야 하기 때문에 일의 진행 속도가 느려질 수밖에 없으니까요."

— 앤 M., 관리자

밀레니얼 세대 : 우리는 하나다

밀레니얼 세대가 성장할 때는 자아존중감 운동이 성행하면서 '머리 하나보다는 둘이 낫다', '팀에 '나'는 없다', '혼자일 때보다 함께일 때가 더 좋다' 같은 메시지가 범람했다. 학교에서는 그룹 과제가 표준이고 일상이었다. 집에서는 민주적이고 협력적인 가족 관계를 중시했다. 부모님은 (이번 주말에 무슨 영화 볼지를 정하는) 작은 일부터 (무슨 차를 살지를 정하는) 큰 일까지 모든 의사 결정을 할 때 밀레니얼 세대 자녀에게 의견과 조언을 구했다. 무엇보다 기술 발달은 밀레니얼 세대가 협업할 수 있는 새로운 길을 열어 주었다. AIM으로 친구들과 서로 도와 가며 숙제를 했고 페이스타임으로 조 모임 발표 연습을 했다. 항상 호주머니 속에는 최고의 협력 도구인 스마트폰이 들어 있었기 때문에 밀레니얼 세대는 언제 어디서나 서로 연결되고 협력할 수 있었다.

밀레니얼 세대는 팀 과제가 먼저고 개인 과제는 나중이라고 생각한다. 밀레니얼 세대는 팀의 승리를 개인의 승리만큼 혹은 그보다 더 기쁘게 받아들인다. 협력은 [형식에 얽매이지 않고] 자유롭게 이루어져야 한다.

"협업하면 새로운 아이디어도 잘 나오고 서로 의견을 주고받기도 쉬워요. 모든 사람의 생각이 중요하게 받아들여지고 또 실행에 옮겨지니까 더 평등하다는 느낌이 들어요."

— 알렉사 S., 밀레니얼 세대 사원

차이점 중재 : 독립적인 X세대 대 협력적인 밀레니얼 세대

"협력하자" 하고 말했을 때 세대마다 다른 반응이 나오는 것을 보면 협업에 관한 세대 간 인식 차이가 직장에서 얼마나 큰 혼란과 좌절을 초래할 수 있는지를 한눈에 엿볼 수 있다. 각 세대 조합마다 좌절감을 느끼는 이유도 제각각이다. 베이비부머 세대는 회의 횟수를 늘리기를 원하고 X세대는 줄이기를 원한다. 밀레니얼 세대와 베이비부머 세대는 협업의 형식적 요소를 둘러싸고 의견 충돌을 보인다. 하지만 함께 (또는 혼자) 일하는 문제로 가장 첨예한 대립을 벌이는 세대 집단은 X세대와 밀레니얼 세대이다. X세대는 혼자 일하는 것을 매우 좋아하고 반대로 밀레니얼 세대는 협업하는 것을 매우 좋아하기 때문이다.

협업을 둘러싼 X세대와 밀레니얼 세대 사이의 갈등이 그토록 큰 좌절감을 유발하는 이유는 하나로 압축할 수 있다. 밀레니얼 세대는 극단적으로 협력적인 성향을 가지고 있고 X세대는 극단적으로 독립적인 성향을 가지고 있기 때문이다. 고래 싸움에 새우등이 터질 가능성이 높다. 이러한 극단적인 성향 차이에 위계 질서가 더해지면 (주로 X세대가 상사로서 밀레니얼 세대 부하 직원을 관리하는 입장이 되면) 과연 이 세대 갈등은 해소가 될 수 있을까 하는 의문마저 든다.

X세대와 밀레니얼 세대 모두 의도는 좋다. '남에게 대접을 받고자 하는 대로 너희도 남을 대접하라'는 황금률이라고 부르는 윤리 원칙을 한 번쯤은 들어보았을 것이다. 빠르면 유치원 다니던 시절 친구 간식이 탐이 나서 내 간식과 바꿔치기 하려고 할 때 선생님께서 말씀해주셨을 수 있다. 황금률은 천방지축 유아들에게는 옛 선현의 지혜가 담긴 원칙이 될 수 있지만 직장에서 누군가를 관리해야 하거나 함께 일을 해야 할 때는 더 이상 유효하지 않다. X세대는 밀레니얼 세대가 자신들이 상사에게 대접 받길 원하는 방식대로 대접받고 싶어 한다고 가정한다. 밀레니얼 세대는 X세대가 자신들이 협업하길 원하는 방식대로 협업하고 싶어 한다고 가정한다. 의도는 좋지만 결과는 나쁘다. 자기 세대의 관점에서 벗어나 다른 세대의 관점으로 문제를 이해하려고 노력하고 있다면 지금부터 협업을 바라보는 X세와 밀레니얼 세대의 입장을 각각 살펴보자.

X세대의 관점

독립적인 X세대는 어떤 일을 제대로 완수하고 싶다면 스스로 해야 한다는 마음가짐으로 가득 차 있다. X세대는 업무가 주어지면 "무엇을 언제까지 어떻게 해야 하는지만 말해주면 내가 혼자서 책임지고 끝낸 다음에 제출할게."라고 말하는 직원이다. 사실 마음의 소리는 다음과 같다. '꺼져. 내 일은 내가 알아서 할게.'

X세대는 상사가 일일이 관리/감독하는 것을 모욕적이라고 느낀다. 상사가 자신이 단독으로 과제를 완수할 능력이 없다고 판단해서 일일이 참견하고 간섭한다고 생각하기 때문이다. X세대는 자신만의 업무 체계를 세우는 것을 선호한다. 왜냐하면 자신의 업무 흐름을 가장 잘 파악하는 사람은 결국 자기 자신이기 때문이다.

X세대는 마음속으로 혼자 일하는 것이 과제를 완수하는 가장 효율적인 방법이라고 생각한다. 과제를 제시간에 제대로 완수하기 위해서는 때로 진행 상황을 점검하는 일이 필요할 때는 있지만 필수적이라고 생각하진 않는다. 팀워크와 협업이 필요할 때도 있지만 고급 향신료처럼 아껴 써야 한다고 생각한다.

밀레니얼 세대의 관점

반면에 밀레니얼 세대는 협업이 가장 훌륭하고 가장 혁신적인 결과물을 낼 수 있는 가장 빠른 길이라고 생각한다. 동료나 상사와 머리를 모으면 뛰어난 아이디어가 나올 수 있다. 밀레니얼 세대는 개인적인 아이디어가 가장 훌륭하다고 생각하는 것이 건방지다고까지 생각한다.

밀레니얼 세대는 과제를 수행할 때 협업하면 비효율성과 약점을 빨리 잡아낼 수 있다고 생각한다. 사람이 많으면 그만큼 관점도 다양해지고 일의 진행 과정도 다방면에서 점검할 수 있기 때문이다. 빵을 굽는 데 다 구워지기를 기다렸다가 남들한테는 완성품만 보여줄 이유는 없다. 무언가 재료나 과정을 빠뜨렸을 가능성이 있다. 일이 벌어진 후에 과정을 역추적해서 문제를 고치는 것은 엄청난 시간 낭비이다. 그래서 밀레니얼 세대는 협업을 좋아한다. 어떤 과제라도 많은 사람이 참여하면 진행 과정에서 다양한 피드백을 얻을 수 있는 기회도 많아지기 때문이다. 과제 진행 과정을 끊임없이 점검하는 모습에서 밀레니얼 세대의 협력적 본성이 가장 뚜렷하게 드러난다.

> "우리 팀에 있는 밀레니얼 세대 직원들은 하나같이 '이 사람이 훌륭한 관점을 가지고 있는 것 같아서 과제에 참여시켰어요' 이런 식이에요. 영역을 구분하지 않아요. 많은 사람이 함께 일할수록 가장 좋은 결과를 건질 수 있다고 생각하는 거예요."
> ─그레타 H., 밀레니얼 세대/ 관리자

협업을 관리하는 올바른 방법

여기에 밀레니얼 세대의 협업 정신을 관리할 수 있는 몇 가지 도움말이 있다.

- » **좌절하지 말라.** 바보 같은 조언 같지만 필자들이 만나본 수많은 X세대 관리자 가운데에는 밀레니얼 세대 직원이 너무 협업을 좋아한다는 이야기를 하면서 목소리에 묻어나는 짜증을 미처 숨기지 못하는 사람이 많았다. "밀레니얼 세대는 스스로 생각할 줄은 알아요?" 물론 밀레니얼 세대도 스스로 생각할 줄 안다. 그저 일을 하는 과정에서 (최소한 초반에는) 도움이 약간 필요할 뿐이다. 절망할 필요는 없다. 밀레니얼 세대의 관점을 이해하려는 노력부터 시작해서 한발 한발 나아가면 된다.

- » **이유를 설명해주어라.** 밀레니얼 세대가 무슨 일이든 열심히 하도록 북돋우는 가장 좋은 전략은 이유를 설명해주는 것이다. 개인이 독립적으로 맡아서 하는 것이 가장 좋은 업무도 있다. 그럴 때는 시간을 조금 더 들여서 왜 그런지를 충분히 설명해주면 된다.

- » **처음에는 성과가 좋지 않더라도 독자적으로 일할 수 있도록 격려하라.** 밀레니얼 세대 부하 직원은 혼자서 업무를 수행하는 것을 불편하게 생각할 가능성이 크다. 처음으로 혼자 일하려고 하면 감을 못 잡고 헤매거나 실패하면 나쁜 평판을 얻거나 일자리를 잃을지도 모른다는 걱정으로 전전긍긍하면서 상사 얼굴만 쳐다보고 있을지도 모른다. 개선할 점을 지적해주고 잘한 점은 칭찬도 해주면서 차근차근 도와주어라.

- » **관리자를 자원으로 활용할 수 있게 해주어라.** 뭐라고? 이건 '독립적으로 일하기'와는 완전 반대되는 조언 아닌가? 관리자 자신을 자원으로 제공하는 것은 밀레니얼 세대 부하 직원과 둘로만 이루어진 작은 팀을 구성하는 것과 같다. 밀레니얼 세대 부하 직원은 첫 과제 몇 개를 수행하는 동안은 무인도에 고립된 것 같은 느낌을 받을 것이다. 처음 과제 몇 개를 수행할 동안에는 상사로서 자원이나 지원이 필요하면 도와줄 테니 합리적인 범위 내에서 언제든 찾아와도 좋다고 미리 알려주어라.

- » **미리 중간 점검 날짜를 정하라.** 많은 밀레니얼 세대는 관리자가 자신들이 언제 질문을 하고 언제 떼를 쓴다고 느끼는지 구분할 수 있을 만큼의 눈치는 있다. 과제 중간 점검은 '적을수록 좋다'고 생각하기 때문에 밀레니얼

세대가 방문을 두드릴 때마다 이를 악무는 관리자라가 있다면 자신의 의사를 일찌감치 분명히 표현하고 밀레니얼 세대 부하 직원에게 언제 보고하러 오면 되는지 적절한 시간을 알려주어라. 아니면 중간 점검 시간표를 만들어서 주어라. 서로가 눈치 싸움을 하느라 소모되는 에너지를 줄여줄 것이다.

» 언제 어디서 **협력하는 것이 가장 유용할지를 결정하라.** 모든 독자적인 업무는 밀레니얼 세대로 하여금 정신을 놓게 만든다. 때로는 협업이 가장 적합한 과제나 업무가 있다. 그런 업무 기회를 찾아서 밀레니얼 세대 부하 직원에게 분담해주어라. 밀레니얼 세대 직원은 단독 과제만 맡으면 금방 지치고 사기가 떨어질 수 있다는 사실을 기억하라.

밀레니얼 세대가 협업을 요구할 때 진짜로 원하는 것

밀레니얼 세대와 그들의 협업 욕구에 대해 생각할 마음속에 어떤 이미지가 떠오르는

【 초기 밀레니얼 세대는 후기 밀레니얼 세대와 같지 않다 】

밀레니얼 세대에게 자신을 설명해보라고 한다면 '협력적'이라는 단어를 사용하지 않을 가능성이 높다. 많은 사람이 '협력적'이라는 단어가 '집단 사고에 의존해야만 제 역할을 할 수 있는'과 동의어로 생각하기 때문이다. 이번 장은 처음부터 끝까지 밀레니얼 세대의 협력적인 마음가짐을 다루고 있지만 필자들의 연구 결과에 따르면 초기 밀레니얼 세대를 후기 밀레니얼 세대나 경계 세대와 비교할 때 어떤 특정한 뉘앙스가 존재한다. 정리하자면 다음과 같다.

● 초기 밀레니얼 세대가 더 협력적이다. 협력적인 정도를 비교하면 초기 밀레니얼 세대가 가장 집단 중심적인 세대 집단이다. 브릿 지웍스가 2016년에 시행한 설문 조사 결과에 따르면 초기 밀레니얼 세대는 스스로를 가리켜 협력적이라고 묘사할 가능성이 가장 높은 집단이기도 하다. 초기 밀레니얼 세대는 공개 브레인스토밍 회의를 할 가능성이 가장 높다.

● 후기 밀레니얼 세대는 덜 협력적이다. 후기 밀레니얼 세대는 협력의 힘을 인지하고 추구하기도 하지만 초기 밀레니얼 세대만큼은 아니다. 단체로 이야기하는 기회보다는 동료들과 한 공간에 앉아서 조용히 일하기를 원한다.

● 경계 세대 또한 덜 협력적이다. 경계 세대 대다수는 X세대 부모 밑에서 자라면서 독립적인 성향을 보고 배웠다. 경계 세대는 협력은 목표에 대한 집중력을 떨어뜨릴 경우 시간 낭비라고 생각하는 경향이 더 많다. 경계 세대는 중간 점검은 최소화하고 업무를 완수하는 데 우선순위를 둔다. 이러한 근무 방식 변화도 좋지만 신입 사원은 흔히 더 잦은 점검이 필요하지 않느냐는 우려도 있다. 관리자가 이러한 우려를 떨칠 수 있도록 중간 점검 요구에 필요하다면 응하는 것이 좋다.

가? 머릿속에 이미 저장된 이미지를 가진 사람들이 분명히 있을 것이다. 밀레니얼 세대가 캠프파이어 주위에 모여앉아 손에 손을 잡고 노래를 합창하며 몸을 앞뒤로 흔드는 이미지를 떠올리는 X세대가 있는가 하면 브레인스토밍을 위해 한 방에 모여앉아 IPA(인디아 페일 에일이라는 맥주 종류-역주)를 홀짝이며 떠오르는 아이디어를 앞다투어 외치고 그러면 그중 누군가는 커다란 화이트보드에 붙어 서서 형형색색의 마커로 모든 아이디어를 받아 적는 풍경을 떠올리는 사람도 있을 것이다. 물론 밀레니얼 세대가 지나치게 협력적인 세대인 것은 사실이지만 그 배경에는 성장기에 받은 문화적인 영향을 무시할 수 없다.

협력적인 직장이라는 파이를 조각조각 해체해보면 결국 밀레니얼 세대가 원하는 것은 공동으로 과제를 수행해서 공동의 목표를 이루는 것이다. 협업은 수많은 동료들과 함께 하는 브레인스토밍 회의에 국한되지 않는다. 상사나 동료에게 받는 피드백도 협업이다. 피드백 교환은 멘토-멘티 관계의 자연스러운 일부로 온오프라인상에서 모두 가능하다.

밀레니얼 세대를 독자적인 능력이 없어서 무리 지어 다니는 집단으로만 치부해 버리는 대신 밀레니얼 세대가 협업을 요구할 때 진짜로 원하는 것이 무엇인지를 생각해보아야 한다.

>> **밀레니얼 세대는 (자기 아이디어가 아니더라도) 가장 좋은 아이디어가 표면으로 떠오르기를 원한다.** 밀레니얼 세대에게는 '자기도취자'라는 별명이 항상 따라다니지만 직장에서는 놀라울 정도로 겸손한 집단이기도 하다. 다함께 모여 브레인스토밍하는 것을 그토록 좋아하는 이유 또한 개인일 때보다 집단일 때 항상 더 좋은 아이디어가 나온다는 사실을 알기 때문이다. 밀레니얼 세대는 다른 사람의 아이디어를 디딤돌 삼아 서로 생각을 주고받으며 자신이 낸 아이디어가 아니더라도 진심으로 가장 좋은 아이디어가 선택되기를 바란다.

>> **밀레니얼 세대가 자신들이 제대로 하고 있는지 알기 위해서 끊임없는 피드백을 원한다.** '밀레니얼 세대가 피드백을 사랑하는' 이유는 능력이 없어서가 아니라 자신이 일을 제대로 하고 있는지를 알고 싶어서이다. '밀레니얼 세대가 효율성을 사랑하는' 방식인 것이다. 밀레니얼 세대는 관리자나 동

료 또는 자신의 팀에게서 피드백을 받으면 바로바로 업무 과정에 반영해서 문제가 커지는 것을 예방한다.

» **밀레니얼 세대는 유모가 아니라 코치를 원한다.** 밀레니얼 세대가 관리자나 리더에게 협업이나 지도를 부탁할 때는 유모 역할을 바라는 것이 아니라 코치 역할을 바라는 것이다. 유모 같은 관리자는 부하 직원의 주변을 맴돌며 모든 행동을 감시하고 자신이 우위에 있다는 사실을 자각하고 하대를 하기도 한다. 반면에 코치 같은 관리자는 부하 직원이 성장할 수 있도록 도와준다. 실수를 꾸짖기보다는 능력을 향상시킬 수 있는 길을 제시한다. 징계하고 감시하기보다는 능력을 키우도록 이끌어준다.

» **밀레니얼 세대는 꼭 관리자가 아니더라도 누군가와 협업하기를 원한다.** 직속 상사라고 해서 밀레니얼 세대 부하 직원과 항상 협업해야 할 책임이 있는 것은 아니다. 상사가 바쁘다는 것은 밀레니얼 세대 부하 직원들도 안다. 협업 부담을 덜기 위해서는 밀레니얼 세대 부하 직원끼리 서로 협업할 기회를 만들어주면 된다. 서로 상호보완적인 직원들끼리 팀을 짜 주고 가능할 때마다 팀 과제를 할당해주어라. 아니면 필요할 때마다 서로 협업할 수 있도록 밀레니얼 세대 직원끼리 두 명씩 조를 짜 주면 된다.

밀레니얼 세대가 자립할 수 있게 도와주는 법

밀레니얼 세대에게 협업하는 방법을 가르쳐줄 필요는 없다. 그 분야에 관해서는 이미 전문가이기 때문이다. 조사 결과 많은 관리자가 고민하고 있는 문제는 어떻게 하면 밀레니얼 세대 부하 직원들이 독자적인 업무를 더 많이 수행하게 할 수 있을까였다.

밀레니얼 세대가 독자적으로 업무를 수행할 능력이 없다거나 좋아하지 않는 것이 아니다. 밀레니얼 세대는 그저 협업에 익숙할 뿐이다. 핵심은 밀레니얼 세대의 독자적인 업무 수행을 지원해주고 계속된 협업 시도에 좌절하지 않는 것이다.

밀레니얼 세대에게 단독 과제를 맡길 때에는 지나치다 싶을 정도로 세세하고 명확한 지침을 제공해야 한다. 밀레니얼 세대 직원이 단독 과제에 착수할 때 킥오프 회의를 잡아서 과제에 대해 충분히 설명해주어라. 하나부터 끝까지 상세하게 설명해주어야 한다. 과제를 수행하다가 문제가 있으면 언제든지 도와줄테니 걱정하지 말라고 안심

시켜 주어라.

킥오프 회의 전에 다음 목록을 참고하면 좋다. 밀레니얼 세대가 단독 과제에서 최고의 성과를 내기를 원한다면 다음 목록에서 굵은 글씨로 표시된 문장을 전부 자신감 있게 말할 수 있어야 한다. 해야 할 말을 모두 했는지 점검하려면 킥오프 회의를 마치기 전에 아래 목록에서 각 문장 뒤에 따라오는 질문에 대한 답을 분명하게 설명해 주었는지를 밀레니얼 세대 부하 직원에게 확인해보면 된다.

» **기대치를 분명하게 설정했다.**
  - 이번 과제에서 원하는 결과는 무엇인가?
  - 최종 결과물의 분량, 형태, 어조, 폰트, 형식 등은 어떠해야 하는가?
» **과제 로드맵을 제시했다.**
  - 최종 마감일이 언제인가?
  - 과제 진행 과정에서 달성해야 할 중간 목표는 무엇인가?
  - 일정이 지연될 경우 어떻게 재조정해야 하는가?
» **중간 점검 일정 및 점검 사항을 전달했다.**
  - 일주일에 한 번 만날 것인가, 한 달에 두 번 만날 것인가, 두 시간에 한 번씩 만날 것인가?
  - 중간 점검은 몇 분 혹은 몇 시간 예정인가?
  - 중간 점검 일정이 정해지면 누가 일정표에 기입하고 다음 일정을 잡을 것인가?
  - 과제 담당 직원이 미리 질문을 준비해오길 원하는가?
  - 과제 수행에 필요한 모든 리소스 디렉토리를 전달했는가?
  - 질문에 대답할 때 사용할 수 있는 온라인 도구가 있는가?
  - 과제 수행을 돕기 위해 미리 무엇을 제공해줄 수 있는가?
  - 회의록은 누가 담당하며 어떻게 보관할 것인가?
» **관리자 외에 누구와 협업 가능한지를 알려주었다.**
  - 지원이 필요할 때 도움을 요청할 수 있는 다른 팀원이 있는가?
  - 질문이 있을 때마다 회사에서 해당 질문에 대답해줄 수 있는 전문가는 누구인가?
  - 과제 담당 직원이 단독 과제 수행을 편안하게 받아들이는가?

- 해당 직원이 스스로 해결하기보다 다른 사람의 의견을 구하는 게 더 나은 때를 구별할 수 있는 능력이 있는가?

회의적인 독자 분은 이 점검 목록이 지나치게 방대하다고 생각할 수도 있다. 이해한다. 다만 밀레니얼 세대 직원에게 과제를 맡길 때마다 이 목록을 점검할 필요는 없다는 사실을 기억하라. 초반에만 꼼꼼하게 점검해주면 된다. 밀레니얼 세대 직원이 앞으로 단독 과제를 맡을 때 혼자서도 성공적으로 업무를 수행할 수 있도록 초석을 놓아 주고 준비시켜 주는 것이다. 당장은 시간 투자를 너무 많이 해야 하는 것처럼 느껴져도 나중에 충분히 보상받을 수 있다. 궁극적으로는 관리자를 대신해서 밀레니얼 세대 부하 직원이 다른 밀레니얼 세대 사원을 돕기 위해 킥오프 회의를 진행할 수 있는 능력을 갖추게 될 것이다.

밀레니얼 세대 신입 사원 연수

새로 들어온 신입 사원이 회사에 적응하고 업무에 바로 투입 가능하도록 준비시키는 일은 관리자가 하는 일 중 큰 비중을 차지한다. 이 신입 사원 연수(onboarding) 과정은 하루만에 혹은 일주일만에 끝날 일이 아니다. 신입 사원이 완전히 조직에 적응할 때까지는 종종 몇 달이 걸리기도 하며 협업은 관리자로서 이 과업을 성공적으로 이루기 위한 열쇠가 될 수 있다. 협업이 밀레니얼 세대 특성의 중추를 이루고 있다는 사실을 알면 신입 사원 연수 및 교육 과정에 팀 활동을 더 많이 집어넣을 수 있는 방법을 찾을 것이기 때문이다. 협업은 밀레니얼 세대도 만족시킬 뿐 아니라 책임을 분산시켜 관리자의 어깨에 놓인 짐도 덜어줄 것이다. 첫인상이 오래 남긴 하지만 신입 사원을 맞이한답시고 레드카펫까지 깔고 추켜세워 줄 필요는 없다. 아래 신입 사원 연수에 관한 일곱 가지 전략만 잘 지킨다면 밀레니얼 세대의 협력적 본성을 만족시킬 수 있을 것이다.

» **각각의 점을 큰 그림에 연결해서 보여 주어라.** 신입 사원 연수 첫 일주일은 아무리 맡은 업무가 독립적으로 (때로는 하찮아) 보일지라도 팀 전체에, 나아가 회사의 목표를 이루는 데 도움이 된다는 사실을 보여주는 데 할애하라.

» **모든 직급의 직원을 참여시켜라.** 더 많은 직원이 참여할수록 좋다. 대부분

의 경우 신입 사원 연수에 회사의 전 직원이 참여하기란 불가능하지만 (합리적인 범위 안에서) 되도록 많은 사람이 참여할수록 좋다. 신입 사원을 직속 상사에게만 소개해주는 데서 그치지 말고 다른 부서 동료나 관리인이나 회계 업무를 담당하는 직원에게도 소개해주어라. 밀레니얼 세대는 자신의 팀 전체를 만나고 싶어 할 것이다.

» **CEO/경영진과의 만남을 주선하라.** 신입 사원에게 경영진과 인사하고 대화할 수 있는 기회란 보기보다 훨씬 의미가 크다. 신입 사원들에게 그들이 회사에 중요한 존재이고 경영진과 소통할 수 있으며 직급에 관계없이 모든 조직 구성원과 어떤 식으로든 협력이 가능하다는 사실을 보여줄 수 있는 방법이기 때문이다.

» **동료들을 만나 볼 기회를 주어라.** 앞으로 신입 사원들이 소속될 팀은 어디이고 날마다 함께 일할 사람들은 누구인가? 누구와 협업할 수 있을 것인가? 직접 보여주어라. 동료들뿐만 아니라 정기적으로 협업할 수도 있는 사

【 신입 사원 연수 사례 연구 】

신입 사원 연수 프로그램을 재미있고 창의적으로 기획할 수 있는 방법은 많지만 필자들이 들어본 것 중에 최고는 컵케이크, 셀카, 경영진과 대화하는 시간, 깜짝 이벤트가 가미된 도시에서의 보물 찾기 프로그램이었다.

시나리오 : 신입 사원을 20명씩 묶어서 조를 나눈 다음 동시에 연수 프로그램을 시작한다. 신입 사원들은 연수 프로그램 시간표를 받은 뒤 회사 법규 및 규칙 설명을 들으러 가는 줄 안다. 여기까지는 지루하기만 하다. (물론 회사 법규 및 규칙을 설명하는 시간도 중요하다.)

깜짝 이벤트 : 신입 사원들은 자리에 앉아서 회사 법규 및 규칙 설명을 들으면서 머릿속으로는 아침에 라디오에서 들었던 리한나의 신곡 가사를 떠올리려고 애쓴다. 정신은 딴 데 팔려 있지만 진지한 시간이니만큼 겉으로는 차분하게 집중하는 척을 한다. 그때 갑자기 발표 자료가 넘어가면서 형형색색의 화면 위로 '보물 찾기 시간입니다!'라는 글자가 등장한다.

보물 찾기 : 밀레니얼 세대는 동기들과 함께 첫 번째 힌트를 받고 조별로 흩어진다. 수수께끼를 풀어서 도시의 여러 장소를 탐방하도록 되어 있다. 상사가 가장 좋아하는 컵케이크 가게를 찾고 동네 호텔에서 도어맨과 셀카를 찍고 인기 많은 커피숍에서 라떼를 마시며 신입 사원들을 기다리고 있는 임원을 찾아 대화를 한다. 가장 먼저 회사로 돌아온 조에게는 상이 기다리고 있다. 보물찾기가 끝나면 모든 신입 사원이 고급 레스토랑에서 저녁 식사를 대접받는다.

반응 : 과장이 아니라 이 회사의 연수에 참여한 밀레니얼 세대 신입 사원 한 명은 다음과 같은 소감을 밝혔다. "이래서 제가 이 회사를 선택했고 앞으로도 계속 남아 있을 것 같아요. 신입 사원 연수 프로그램만 봐도 알 수 있지만 끈끈하고 재미있는 조직 문화가 마음에 들어요."

람들도 소개해주는 것을 잊지 말 것.

» **재미있는 활동을 기획하라.** 밀레니얼 세대는 #오피스가족(#workfamily) 개념을 받아들여 직장과 집을 통합적으로 바라보며 직장에서도 집에서처럼 본모습 그대로 행동한다. 신입 사원 연수 첫 주에 동료들과 함께 할 수 있는 특별한 점심 식사 자리를 마련한다든지 우정과 연대감을 느끼고 신뢰와 이해의 기초를 다질 수 있는 재미있는 활동을 기획하라. 본격적인 직장 생활이 시작되면 동료들과 보낸 재미있는 시간이 협업의 출발점이 되어줄 것이다. 친목을 도모할 수 있는 오피스 올림픽, 로컬 맥주집에서의 해피 아워, 도시에서의 보물 찾기 등 다양한 활동을 기획할 수 있다.

» **신입 사원들의 개인적 목표에 관심을 가져라.** 밀레니얼 세대 신입 사원은 상사가 자신들을 329번째 직원이 아니라 레베카라는 사람으로 대해주길 원한다. 레베카가 누구인지 알고자 노력하라. 레베카의 목표는 무엇인지, 관심사는 무엇인지, 업무 외에 어디에 열정을 가지고 있는지를 파악하라. 레베카라는 사람에게 투자하고 회사가 레베카의 경력 발전에 관심이 있다는 사실을 보여주고 조직에 기여할 수 있는 중요한 구성원이 될 수 있도록 도와주어라.

» **피드백 교환에 관한 원칙을 합의하라.** 밀레니얼 세대는 피드백을 원한다. 관리자가 보기에는 지나치다 싶을 정도로 요구할 수도 있다. 피드백에 관해 서로 기대하는 바를 분명히 하라. 밀레니얼 세대에게 언제 어떻게 피드백을 받는 것이 가장 좋은지를 물어보고 관리자와 밀레니얼 세대 신입 사원이 모두 만족할 수 있는 피드백 교환에 관한 원칙을 세워라.

밀레니얼 세대 신입 사원 교육

거의 모든 업무를 그룹으로 수행하고 싶어 하는 세대를 어떻게 교육시킬 것인가? 모든 업무를 그룹으로 진행하는 것은 현실적으로 불가능하다. 신입 사원은 대학 동기처럼 학사 과정과 졸업 일정을 비슷하게 공유하는 집단이 아니라 서로 독립적인 경력 개발을 추구하는 개인이 모인 집단이기 때문이다. 따라서 주변 사람들과 협업하고 싶어 하는 밀레니얼 세대의 욕구에 부응하는 효과적인 신입 사원 교육 전략 일곱 가지를 소개하고자 한다.

» **공식적인 교육과 비공식적인 교육을 섞는다.** 교실 수업 방식의 교육 및/또는 온라인 교육을 혼합하는 것은 소용이 없다. 교실이든 온라인이든 이러한 공식적인 유형의 교육과 암묵적인 회사 규칙 등을 알려줄 수 있는 직급이 같거나 높은 다른 직원들과의 점심 식사 같은 비공식적인 유형의 교육을 섞어야 한다. (보너스 : 지역 맛집에 출장 뷔페를 신청하는 것도 좋다.)

» **경험적으로 학습할 수 있는 쌍방향 교육 과정을 설계하라.** 전통적인 교육 매뉴얼은 버려라. 밀레니얼 세대 전통적인 교육 매뉴얼을 받으면 '너무 길어서 안 읽음(too long; don't read)'의 줄임말인 'TL;DR'이라고 표시해두고 넘어갈 것이 뻔하다. 가능할 때마다 실시간 실습 시간을 만들어라. 대중적인 믿음과는 반대로 밀레니얼 세대(와 특히 경계 세대)는 면대면 훈련을 좋아한다. 밀레니얼 세대는 대부분의 시간을 온라인에서 보내기 때문에 오히려 현실 세계에서 모두가 한자리에 모여 재미가 결합된 교육(edutainment; 교육(education)과 엔터테인먼트(entertainment)를 결합한 단어-역주)을 함께 경험할 수 있는 기회를 즐긴다.

» **가능하면 팀 기반 학습을 이용하라.** 자체적인 신입 사원 연수 및 교육 과정이 잘 정립된 조직도 있다. 이런 기업에서는 신입 사원들이 한 팀이 되어 각 부서를 돌면서 업무를 체험하고 정해진 교육 과정을 이수한 뒤 함께 '졸업'한다. 신입 사원끼리 동기애를 다질 수 있는 좋은 기회이다. 이러한 교육 과정을 개발할 여력이 안 되는 기업도 있을 것이다. 하지만 규모는 작더라도 팀을 기반으로 한 교육 프로그램을 구성하면 눈에 보이지 않는 연대감을 쌓을 수 있는 기회를 제공할 수 있다. 이때 쌓인 연대감은 나중에 밀레니얼 세대가 본격적으로 업무에 투입될 때 서로 자연스럽게 협업할 수 있는 통로가 되어줄 것이다.

» **교육 내용은 트위터 글자 수 제한을 넘지 않는 길이로 전달한다는 마음가짐을 가져라.** 밀레니얼 세대 신입 사원들에게 입사 첫날이나 첫 주부터 너무 많은 정보를 주입하려고 하지 말라. 당장 필요하지 않은 정보는 무시하라. 밀레니얼 세대는 단편적인 정보를 소비하는 데 익숙한 세대라는 점을

기억해야 한다. 정보를 한입에 먹을 수 있는 크기로 제공할 때 동료들과 가장 효과적으로 공유할 것이다. 내용만 충실하다면 '신입 사원 교육에서 내가 배운 열 가지' 같은 목록 형태의 정보만으로도 충분하다.

» **기본을 가르쳐라.** 신입 사원이 입사 첫날부터 직장 생활에 대한 모든 것을 알고 있으리라고 가정해서는 안 된다. 입사 500일이 지나서도 모르는 것이 있을 수 있다. 복장 규정, 이메일 작성법, 경영진과 직접 소통해도 되는 경우(와 안 되는 경우) 같은 주제도 전부 신입 사원 교육 때 다루어야 한다. 명시적 규칙과 암묵적 규칙은 시간이 지나면 바뀔 수 있으므로 신입 사원 교육 과정은 직장에서 대화해도 안전한 주제 같은 내용을 다루기에 좋은 기회이다. 교육 중에 생각지도 못한 주제가 튀어나와 함께 이야기해보는 기회가 생길 수도 있다!

» **도움을 청할 수 있도록 사수를 지정해주어라.** 신입 사원들은 하나부터 열까지 궁금한 것 투성이일 텐데 한 사람이 이 모든 질문에 일일이 대답해줄 수는 없다. 신입 사원마다 교육 과정을 이수하는 동안 도움을 청할 수 있는 사수를 지정해주어라.

» **맞춤 교육 프로그램을 제공하라.** 대부분의 교육 및 개발 부서는 내부 구성원에게 배포할 수 있는 교육 라이브러리를 보유하고 있다. 이러한 라이브러리는 정보 검색에 통달한 밀레니얼 세대가 특히 좋아할 만한 맞춤화 요소이다. 대학에서 수강 신청을 할 때처럼 재미있는 교육 프로그램이 있으면 소문이 나고 수강 신청이 늘 것이기 때문에 밀레니얼 세대는 서로 누가 언제 무슨 교육을 들을 것인지를 미리 알고 준비할 수 있다.

효과적인 교육은 단순히 기술을 가르치는 것 이상이 되어야 한다. 성공적인 조직 생활을 하기 위해 꼭 필요한 수단을 가르쳐주어야 한다. 구입 주문 담당자나 프린터 사용법처럼 매우 구체적인 전술 차원의 수단과 비상 연락망이나 협업 체계 구축 등 추상적인 전략 차원의 도구를 모두 포함시켜야 한다.

밀레니얼 세대 멘토링

밀레니얼 세대가 대거 직장 생활을 시작하자마자 멘토십 프로그램에 다시 관심이 쏟아지고 있는 현상은 우연이 아니다. 이유가 무엇일까? 먼저 기술 발달이 판을 바꾸어 놓았다. 과거에 멘토링은 단체 스포츠가 아니었다. 적어도 오늘날만큼은 아니었다. 과거에 멘토는 현자 같은 존재였다. '스타워즈'에서 오비완이 스카이워커에게 어떤 존재였는지를 생각해보면 된다. 멘티(멘토에게 가르침을 받는 사람-역주)는 지혜로운 멘토에게서 모든 가르침을 사사받는다. 요즘 젊은 사원들은 경력이 십 년 미만이어도 디지털 전문 지식이 풍부하기 때문에 직장 선배들에게 귀중한 멘토가 되어 줄 수 있다. (역멘토십 시대가 열린 것이다.) 게다가 밀레니얼 세대는 특별한 사람의 도움을 구하고 받을 줄 아는 요령이 있다. 즉 밀레니얼 세대는 높은 자리에 있는 사람과 협력하는 일에 익숙하다. 또한 그런 사람들과 접촉하는 것이 제도적 지식이나 반드시 필요하지만 구글로 검색할 수 없는 정보를 구할 때 최선의 (아마도 유일한) 방법이라는 것을 안다.

밀레니얼 세대는 멘토십 프로그램을 목청껏 요구하고 경영진도 이 목소리에 귀를 기울이고 있다. 멘토십 프로그램은 결국에는 조직 구성원 모두에게 이득이기 때문이다. 밀레니얼 세대는 멘토십 프로그램을 통해 회사에 기여할 수 있는 기회를 얻을 뿐만 아니라 자신들의 미래에 투자하고 능력 개발을 도와줄 사람과 접촉할 수 있다. 멘토십 프로그램으로 밀레니얼 세대는 자신의 목소리가 조직 안에서 들리도록 만들 수 있고 다양한 업무 능력을 향상시킬 수 있으며 고위 임원들과 협업을 할 수도 있다. 결과적으로는 밀레니얼 세대 인력 보유율도 높일 수 있다. 멘토십 프로그램으로 얻을 수 있는 것은 밀레니얼 세대의 협업 그 이상이다. 밀레니얼 세대 직원의 이직률을 낮추고 몰입도를 높이기 위해서 멘토십 프로그램은 이제 필수가 되었다.

밀레니얼 세대 멘토/멘티의 역할

노동 인구에 진입 중인 밀레니얼 세대와 그다음 세대는 기술과 인터넷 사용법에 대한 방대한 지식을 보유하고 있다. 기술과 함께 자란 밀레니얼 세대와 경계 세대는 예전에 없던 새로운 시스템이나 기술이 나와도 익숙하게 배우기 때문에 '디지털 네이티브(digital native)'라는 별명도 얻었다. 밀레니얼 세대의 기술에 대한 애착은 조롱거리가 되기도 하지만 기술을 능숙하게 다루는 능력은 결코 비웃음거리가 아니다. 밀레니얼 세대는 나이 든 세대에게 이런저런 조언을 자주 구한다. 심지어 IT에 관한 조언을 구하기도 한다. 밀레니얼 세대가 기술을 편안하고 능숙하게 다루는 능력은 기업에 실질적인 가치를 가져다주는 동시에 과거에 일방통행이었던 멘토와 멘티 관계도 쌍방향으로 확장시켰다. 밀레니얼 세대는 단순히 기술을 잘 아는 것을 넘어서 업무 절차나 시스템에 대한 혁신적인 관점을 가지고 있다. 밀레니얼 세대는 학교에서 배운 최신 기술을 직장에서 맡은 역할에까지 적용하고 싶어 한다. 이런 관점이 강력한 힘을 발휘하는 때가 있을 것이다.

한편 밀레니얼 세대는 다른 사람의 지혜나 지식을 구하는 데 인색한 집단이라는 오해도 받고 있다. 구글로 모든 것을 검색하는 데 익숙해져서 모든 질문에 대한 답이 자신의 손끝에 있다고 착각한다는 것이다. 좋은 소식은 이 오해가 진짜로 오해일 뿐이라는 사실이다. 밀레니얼 세대는 구글과 인터넷은 좋은 친구이지만 한계도 있다는 사실을 너무나도 잘 알고 있다. 밀레니얼 세대는 다른 세대가 경험을 통해 쌓은 지식의 창고에 들어갈 수 있기를 누구보다 열망한다. 밀레니얼 세대는 멘토에게서 배우기를 원하고 권위 있는 사람과 대화하기를 바라며 지식에 목말라 한다.

> "저에게는 멘토가 많아요. 한 사람에게만 의존하지 않아요. 각기 다른 전문 지식을 보유한 멘토 여섯 명에서 열두 명에게 자문을 구해요. 모두 다 놀라울 정도로 지식과 지혜가 풍부한 분들이세요. 그분들 옆에 있으면 저는 입은 닫고 귀만 열면 돼요."
>
> ─카라 F., 밀레니얼 세대/관리자

효과적인 멘토십 구축을 위한 지침

지금 이 책을 읽으면서 '좋아. 우리 회사가 이건 잘하고 있네. 멘토십 프로그램이라면 완전 잘되어 있지. 웹사이트에도 올라와 있잖아. 됐네, 됐어'라고 생각하고 있다면 잠깐만 기다려라. 멘토십 프로그램이 그저 존재하는 것과 직원들이 실제로 이용하고 그 가치를 인정하는 것은 엄연히 다르다. 기업 컨설팅을 하다 보면 경영진은 멘토십 프로그램이 자리잡고 있다고 생각하지만 실제로 멘토십 관계를 발전시킬 수 있는 지침이나 지원이 거의 없어서 직원들은 시도조차 하지 않는 경우가 허다하다는 사실을 알 수 있다. 어디서부터 어떻게 멘토십 관계를 시작해야 하는지조차 모르는 것이다. 생산적이고 직원들에게 인정받는 멘토십 프로그램을 만들고 싶다면 사실 어느 조직에나 이미 재료는 다 갖춰져 있다!

쉽게 접근할 수 있는 지침과 교육 과정이 없다면 멘토십 프로그램이 있어도 무용지물일 가능성이 높다. 회사 웹사이트나 신입 사원에게 멘토십 프로그램이 있다고 백날 자랑해봐야 소용이 없는 것이다. 몇몇 멘토-멘티 관계가 성공적이라고 해서 멘토십 프로그램 전체가 성공적이 되지는 않는다. 어느 정도 체계가 잡혀 있어야 한다. 밀레니얼 세대 입장에서는 멘토십 프로그램이 세부적인 부분까지 최대한 정해져 있을수록 좋다. 하지만 멘토 입장에서는 세세한 부분을 결정하는 일에 있어서 자신에게 더 높은 자유도가 주어지기를 원할 수 있다. 보통 멘토가 더 많은 업무 책임을 지고 있는 경우가 많기 때문에 세부 사항을 결정한 권한을 멘토에게 일부 양도하는 것도 나쁘지 않다.

멘토-멘티 관계에서 양쪽이 서로 원하는 바를 얻기 위해서는 서로 맞는 사람끼리 짝을 지어 주어야 한다. 그러기 위해서는 멘토십 프로그램에 지원한 사람들에게 다음과 같은 사전 질문을 주고 답하게 하라.

» 원하는 결과는 무엇입니까?
» 어떤 능력을 향상시키고 싶습니까?
» 선호하는 성격 유형이나 성별이 있습니까?
» 멘토-멘티 관계를 위해 매주 혹은 매달 어떤 노력이나 투자를 할 계획입니까?
» 얼마나 자주 만나기를 원합니까?
» 평소에 서로 얼마나 자주 접촉합니까? (예를 들어 금요일에만 회사에서 서로 마주칠 일이 있습니까? 근무 시간이 전혀 겹치지 않습니까?)
» 선호하는 멘토십 형식이 있습니까? (안건을 미리 정해 놓은 격식을 차린 만남, 자유 주제로 격식을 차리지 않는 만남, 매번 큰 주제를 정해서 만남, 장/단기 목표를 정해서 만남 등)
» 멘토/멘티가 참고할 수 있는 회사에서 제시한 멘토십 관계 예시가 있습니까?
» 현재 진행 중인 멘토십의 종료 시점과 그다음 멘토십 관계의 시작 시점을 알 수 있습니까?

사전 질문으로 수집한 정보를 바탕으로 멘토와 멘티를 지정해주고 멘토십 프로그램 참여자 모두에게 도움이 되는 지침을 작성하라.

밀레니얼 세대가 멘토에게 접근할 수 있는 시각과 시간을 최대한 명확하게 설정하는 것이 좋다. 부모님과의 관계를 생각해보자. 부모님은 거의 언제나 아무 때나 접근 가능한 존재이다. 하지만 직장에서는 이런 관계가 아예 또는 거의 불가능하다. 멘토십 내용, 일정, 원하는 관계 등 기대하는 바를 명확하고 구체적으로 소통해서 멘토가 부담스러워하는 밀레니얼 세대 멘티가 되지 않도록 주의해야 한다.

멘토십 프로그램에 참여하고 싶다고 직원들이 제발로 찾아오기를 넋 놓고 기다리지 말라. 가장 좋은 방법은 모든 신입 사원에게 멘토십 프로그램 참여 의사를 물어본 다음 인사팀에게 부탁해서 신입 사원마다 가장 적합한 멘토를 짝지어 주는 것이다.

> "경력을 쌓을 때 내 편을 하나 만드는 일이 중요하다고 생각해요. 내 변호인이자 보증인이 되어주고 직장 생활을 하면서 수년 동안 쌓아온 지식을 전수해줄 수 있는 나보다 높은 사람으로요. 쉽지 않죠. 서로 서먹서먹한 경우도 많더라고요. 멘토를 찾고 있다면 나랑 잘 맞는 사람을 만나야 해요. 같이 있으면 자연스럽고 편안하고 신뢰할 수 있는 사람이요."
>
> — 알렉사 S., 밀레니얼 세대 사원

역멘토십의 힘

멘토와 멘티를 짝지어줄 때 양쪽이 각자 무엇을 더 배우고 싶어 하는지를 반드시 고려해야 한다. 이 정보를 이용한다면 셜록과 왓슨도 부러워할 만한 성공적인 멘토-멘티 관계를 구축할 수 있다. 멘토-멘티 관계가 '말은 내가 할 테니 너는 듣기만 하라'는 식의 권위주의적 관계보다는 쌍방향 학습 관계일 때 서로에게 훨씬 더 유익하다.

» 배움에 목마른 윗세대는 멘토십을 통해 직무 능력을 추가하는 과정에서 자신의 가치를 다시 한 번 확인할 수 있다. 경력이 오래되고 화려하며 직무 능력이 뛰어나다고 해서 더 이상 새로운 것을 배우고자 하는 욕구가 없는 것은 아니다. 회사는 능력 있고 나이 많은 경력 사원은 배우고 싶은 것을 모두 배웠을 것이라고 가정하고 더 이상 투자하지 않는 경우가 많다. 하지만 이 가정은 틀렸고 직무 이탈을 유발할 수 있다. 실제로 배움에 대한 욕

구가 가장 강한 초기 밀레니얼 세대는 직장에서 새로운 능력을 개발할 기회가 없으면 다른 회사로 이직하기도 한다.

» **밀레니얼 세대는 권한을 부여받았다고 느끼고 이직 충동도 덜 느낄 것이다.** 밀레니얼 세대는 한 직장에 근무하는 기간이 가장 짧은 세대로 알려져 있지만 반드시 그러리란 법은 없다. 많은 밀레니얼 세대가 자신이 회사에 영향력을 미치는 순간이나 동료나 경영진에게 자신의 목소리가 들리는 순간이 언제인지를 알면 회사에 남는 길을 선택한다. 공생하는 멘토와 멘티 관계에 참여하면 밀레니얼 세대는 자신이 한 개인에게, 나아가 조직 전체에 어떤 영향을 미치는지를 직접 목격할 수 있다. 따라서 쌍방향 멘토십은 밀레니얼 세대 직원을 보유할 수 있는 마법의 묘약이 될 수 있다.

협업하기 좋은 인프라 구축하는 법

협업하기 좋은 직장이라고 하면 관리자와 직원 사이에 쌍방향적 관계나 의사소통이 이루어지는 조직을 떠올릴 것이다. 여기서는 물리적 사무 공간, 협업을 장려할 수 있는 기술, 협업과 원격/재택 근무 사이에 균형을 유지하는 관리법 등 차세대 직장을 만들기 위해 고려해야 할 요소를 살펴볼 것이다.

변화하는 물리적 사무 공간

지나칠 정도로 협력적인 밀레니얼 세대가 입사를 하면서 물리적인 사무 공간도 바뀌기 시작했다. 칸막이는 사라지고 개방형 공간에 개인용 사무 책상과 라운지와 식물이 자리잡았다. 커다란 벽면 전체는 화이트보드로 되어 있어서 밀레니얼 세대는 아무 때나 브레인스토밍을 할 수 있다. 여기저기 흩어져 있는 휴식 공간에는 안락한 소파와 은은한 조명이 갖추어져 있어서 언제든 들어와 앉아서 휴식을 취하거나 아이디어를 떠올리거나 명상을 할 수 있다. 나무 위에 사무실을 지은 극단적인 사례도 있다. (필자들도 이건 좀 과하다고 생각한다.)

이러한 사무 공간 변화는 혁명적이고 긍정적이다. 밀레니얼 세대는 문 닫힌 사무실이나 임원실을 협업을 위해서는 무너뜨려야 할 장애물로 보았다. 많은 밀레니얼 세대가 즉흥적인 협업 기회가 많은 개방형 사무 공간을 선호한다.

하지만 부정적인 측면도 있다. 변화된 사무 공간에서 생산성이 떨어지고 환영받지 못한다고 느끼는 사람도 있기 때문이다. 베이비부머 세대는 30년 동안 일해서 마침내 얻은 벽 네 개로 둘러싸인 공간이 없어진다는 이메일을 받으면 발끈할 수 있다. X세대는 혼자만의 안식처를 잃는다는 소식을 들으면 엇나갈 수도 있다. 그러나 부정적인 측면을 모두 제쳐두고 소통과 투명성을 장려한다는 점에서 개방된 공간이 주는 장점이 크다고 생각하는 사람이 많다.

꿈의 사무 공간 만드는 법

업무 유연성을 높이기에 가장 좋은 근무 환경을 만들기 위해서는 적절한 단계를 밟아서 조직 구성원 성향에 맞는 공간을 조성해야 한다. 무엇을 해야 할지 모르겠다면 직원들에게 물어보아라! 꿈을 현실로 이루는 데 기여할 수 있어서 좋아할 것이다. 또한 자신들의 생각이 새로운 공간으로 현실화되는 것을 눈으로 직접 보면 자긍심을 느낄 것이다.

꿈의 사무 공간 마련을 방해하는 악몽을 물리치는 법

꿈의 사무 공간을 마련할 때는 여러 가지 제약이 따르기 마련이다. 다음과 같은 상황을 대면하게 되더라도 초조해할 필요는 없다! 간단한 해결책이 있다.

곤란한 상황 : 벽을 없앨 수 없다면?

사무실을 빠른 시일 내에 제거할 수 없다면 협업 분위기를 장려하기 위해서 문이라도 활짝 열어두어라. 최대한 자연광이 많이 들어오도록 창문도 투명하게 만들고 블라인드도 걷어라. 초록 식물의 힘을 과소평가하지 말라. 식물이 있으면 사방이 트인 자연 환경과 비슷한 분위기를 흉내 낼 수 있다. 사방이 벽으로 둘러싸인 방들을 명상하는 공간이나 함께 자유롭게 어울려 일할 수 있는 라운지로 바꾸는 방법도 있다. 아무 걱정하지 말아라! 사무 공간을 혁신하길 원하는 사람들이 TF 팀에 자원해서 저렴한 가격에 (고마운 이케아!) 임무를 훌륭하게 완수할 테니까 말이다.

곤란한 상황 : 협력적인 사무 공간에서 아무 방해도 받지 않고 일하고 싶을 때 어떻게 다른 직원들에게 신호를 보낼 수 있을까?

» 바쁘니까 '방해하지 말라'는 의미로 헤드폰을 써라.

» 신호등 제도를 도입하라. 직원 책상마다 신호등을 달아서 접근 가능 여부를 표시할 수 있도록 하라. 빨간 신호는 '방해하지 말아 주세요'라는 뜻이고 노란 신호는 '꼭 필요할 때만 불러 주세요'라는 뜻이며 초록 신호는 '무슨 용건이든 환영합니다!'라는 뜻이다.

» 모든 직원에게 작은 칠판과 분필을 지급하라. 현재 업무 상태에 따라 다른 사람이 접근해도 되는지 여부를 표시할 수 있다. 예를 들어 칠판에 다른 직원들이 볼 수 있게 이런 식으로 써 놓으면 된다. '오늘 업무 시간에는 고객 질문만 받습니다. 내일은 고양이 동영상을 들고 와서 보여주며 방해하셔도 좋습니다.'

» 조그마한 사무실을 피난실로 지정하라. 많은 회사가 직원들이 반드시 끝내야 하는 업무가 있어서 집중할 수 있는 환경을 찾을 때 이용할 수 있도록 '피난실'이라는 공간을 마련하고 있다. 피난처는 훌륭한 안식처가 될 수 있다.

협력적인 업무 공간을 원하지 않는 세대를 소외시켜서는 안 된다. '어떤 회사가 다음 세대 신입 사원에게 잘 보이려고 모든 벽과 임원 사무실을 없앴다'로 시작되는 무서운 이야기를 한 번쯤 들어보았을 것이다. 그 뒤에는 어떻게 되었을까? 임원실에 입성하기 위해 그토록 열심히 일했던 베이비부머 세대와 X세대는… 열심히 일한 대가로 실제로 손에 쥐었던 보상을 막말로 다음 세대가 일할 공간을 마련해준답시고 털렸다. 이 경고를 무시했다간 오늘날 지금 이 자리에 오르기까지 충성을 다해 열심히 일했던 윗세대가 우수수 떠나가는 모습을 보게 될 것이다. 타협점을 찾아야 한다. 협력하기 쉬운 개방형 공간을 새로 조성하되 폐쇄형 사무실도 남겨 놓아야 한다. 전통적인 문 닫힌 사무실과 쿠션 소파가 여기저기 흩어진 개방형 사무실 사이에서 어느 쪽에 가까운 사무 공간을 선택하느냐는 기업별 조직 문화에 달려 있다. 하지만 중요한 것은 의사 결정을 할 때 모든 세대를 염두에 두어야 한다는 것이다.

> "직원들이 그날그날 기분이나 업무에 따라 칸막이로 된 자리와 이동 가능한 근무 환경을 동시에 조성하려고 하고 있어요."
>
> — 앤 M., 관리자

인스턴트 메시지를 핵심 업무 도구로 활용하는 법

기술은 직장에서 협업할 수 있는 방법을 확장하고 개선할 수 있는 도구를 제공한다. 이메일은 등장하자마자 판을 바꾸어 놓았다. 불필요한 회의가 줄어든 것이다. 새로운 협업 방식이 도입되었다. 온라인으로 협업이 가능해진 것이다. (전화 통화보다는) 이메일을 사랑하기로 악명 높은 밀레니얼 세대는 직장에서 또 다른 협업 방식을 수용했다. 바로 인스턴트 메시지(IM)이다.

상사에게 'IM' 하라고 말했다가는 자칫 경멸 어린 눈초리를 받을 수 있다. 유치한. 경솔한. 쓸데없는. 바보 같은. 비효율적인. 이 단어들은 관리자들에게 부하 직원들이 사용하는 인스턴트 메시지에 대해 묘사하라고 했을 때 튀어나온 수많은 단어 가운데 몇 개만 옮긴 것이다. 인스턴트 메시지가 일상적인 업무에 가져다줄 수 있는 가치는 보지 못하고 밀레니얼 세대 직원들이 근무 중에 서로 잡담이나 하고 쓸데없는 사진이나 보내는 플랫폼으로 간주해 버리는 것이다.

【 예외 : 비협력적인 밀레니얼 세대 】

다들 생각은 하고 있지만 입 밖에 꺼내지 않는 의문이 있다. '(협력적/비협력적이냐가 아니라) 단순히 외향적/내향적이냐에 따라 선호하는 사무 공간이 다를 수 있는 거 아닌가?' 하는 논란이다. 타당한 의문이다. 이 장 전체가 밀레니얼 세대의 협력적인 마음가짐을 다루고 있긴 하지만 밀레니얼 세대가 협력적인 사무 공간을 이상적으로 생각하지 않는 예외 사례에 관한 연구도 있기 때문이다. 그 예외 사례는 다음과 같다.

외향성 대 내향성 : 내향적인 성격을 가진 많은 사람이 외향적인 성격을 가진 사람보다 직장에서 자신만의 조용한 근무 공간을 필요로 한다. 내향적인 사람은 헤드폰을 근무복처럼 착용하고 동료들보다 더 자주 피난실 사용을 신청한다.

엔지니어의 집중력 : 엔지니어만 고도의 집중력을 요구하는 직업은 아니지만 엔지니어 및 엔지니어와 비슷하게 사고하는 사람일수록 개방형 사무 공간에 반감을 보였다. 집중력을 중요하게 생각하고 집중력을 방해받으면 짜증을 내는 직원이 있다면 개방형 사무실에서 일을 잘 해내지 못할 것이다.

여러 세대가 함께 일하는 사무실 : 다시 강조하지만 한 세대만을 위해서 근무 환경을 송두리째 바꿔서는 절대 안 된다. 그랬다가는 역풍을 맞을 수 있다. 직원들이 예전처럼 회사나 직업을 존중하지 않을지도 모른다. 밀레니얼 세대는 자신들만을 위해 근무 공간을 바꾸었다는 사실에 민감하게 반응할 것이다. 소수만 선호하는 근무 환경이 돼 버렸다는 비난의 화살이 전부 밀레니얼 세대에게로 쏟아지는 상황을 초래하지 말라.

인스턴트 메시지가 현재는 주로 직장에서 대인 관계를 강화하는 도구로 사용되고 있지만 얼마든지 용도를 확장해서 효과를 넓힐 수 있다. 밀레니얼 세대는 아이디어를 빠르고 효율적으로 소통할 수 있는 도구로 인스턴트 메시지를 사용한다. X세대가 이메일을 불필요한 회의를 줄여주는 축복이나 다름없는 도구로 보았듯이 밀레니얼 세대도 인스턴트 메시지가 불필요한 이메일을 줄여주는 축복이나 다름없는 도구라고 생각한다. 밀레니얼 세대는 인스턴트 메시지를 이용해 업무 흐름을 개선하며 그 효과를 톡톡히 보고 있다.

문제는 관리자들이 인스턴트 메시지 플랫폼 도입에 반발하고 있으며 인스턴트 메시지를 주요 의사소통 도구로 사용하는 밀레니얼 세대까지 부정적으로 바라본다는 점이다. 인스턴트 메시지 때문에 관리자들이 절망감을 느끼는 상황도 충분히 이해 가능하다. 관리자들은 필자들과의 인터뷰에서 다음과 같은 전형적인 '인스턴트 메시지 하는 밀레니얼 세대' 이야기를 들려줄 때 감정을 잘 조절하지 못하는 모습을 보였다.

> "우리 모두 사무실에서 각자 자리에 앉아 있었어요. 론이 앉은 책상 바로 건너편에 제가 앉아 있었죠. 론이 저한테 과제에 대한 질문을 했어요. 헤드폰을 벗고 직접 물어본 게 아니라, 그편이 훨씬 빠를 텐데, 인트턴트 메시지로요. 그것도 앞뒤 다 자르고 질문만 덩그러니요. 왜, 제 말은 도대체 왜, 하던 일을 멈추고 저한테 직접 질문하지 않은 거죠? 2초도 안 걸릴 텐데. 항상 이런 식이에요. 그 나이 또래의 다른 직원들도 마찬가지고요. 제 상식으로는… 정말로 이해할 수가 없어요."

표면적으로는 론이 게으른 것처럼 보인다. (혹은 면대면 의사소통을 별로 좋아하지 않다 보니 피하고 싶었을 수도 있다.) 그러나 론의 눈, 즉 대다수 밀레니얼 세대의 눈으로 보면 론은 그저 예의를 지키고 관리자의 시간을 존중해주려 했을 뿐이다. 그래서 용건만 간단히 메시지로 보낸 것이다. 일어나서 직접 질문하지 않은 이유는 상사의 업무 흐름을 방해하고 싶지 않았기 때문이다. 고작 사소한 질문 하나로 상사의 업무를 방해하는 게 건방지다고 생각했을 것이다. 론 생각에 인스턴트 메시지는 상사에게 즉각적인 대답을 요구하지 않고 (또는 상사의 받은 편지함을 가득 채우지 않고) 질문을 할 수 있는 수단이자 상사의 시간을 배려할 수 있는 수단이었다. 인스턴트 메시지에는 지금 당장 하고 있는 일을 다 끝낸 뒤에 답을 해도 괜찮기 때문이다. 인스턴트 메시지를 보낸 것은 배려심에서 나온 행동이지 결코 론이 게으르다거나 예의가 없어서가 아니다.

다른 세대들로 하여금 좌절감을 느끼게 만들긴 하지만 인스턴트 메시지는 여전히 직장에서 빨리 대화할 수 있는 가장 효율적이고 효과적인 수단이 될 수 있다. 최근 여러 연구 결과에 따르면 아무리 사소한 방해라도 업무 흐름에 엄청나게 지장을 줄 수 있다고 한다. 어떤 연구는 한 번 흐트러진 집중력을 다시 회복하려면 20분이 걸린다고 주장한다. 인스턴트 메시지는 이러한 문제를 해결해줄 있는 방법 가운데 하나다. 업무 흐름을 방해하지 않으면서 질문을 할 수 있고 불필요한 이메일로 상대방을 질식시키지 않을 수 있기 때문이다. 인스턴트 메시지 시스템이 있다면 적극적으로 활용하라! 다만 직원들이 응답 시간이나 내용 등을 감시당하고 있다고 느낄 수 있으니 지나치게 가까이에서 직원들 컴퓨터 화면을 들여다보는 일은 자제해야 한다. 밀레니얼 세대는 인스턴트 메시지를 생산성을 높이는 수단이자 현명하고 사려 깊게 의사소통하는 수단으로 사용한다. 물론 인스턴트 메시지에서 동료들과 잡담을 하는 것도 사실이지만 이것도 그리 나쁜 일만은 아니다. 행복한 직장을 만들기 위해선 직장 동료끼리 서로 좋은 관계를 유지하는 것도 중요하니까 말이다.

원거리 협업

기술 발전으로 집에서 일하거나 말 그대로 어디서나 쉽게 일을 할 수 있게 되면서 원격 근무가 점점 더 보편화되고 있다. 집에서 일을 하든 커피숍에서 일을 하든 원격 근무자도 팀의 일원이며 자신이 전체 파이를 이루는 한 조각이라는 사실을 확인받고 싶어 한다. '눈에서 멀어지면 마음에서도 멀어진다'라는 말이 있다. 부하 직원이 매일 회사로 출근하지 않으면 자칫 위험한 상황이 벌어질 수 있다. 관리자는 밀레니얼 세대 원격 근무자가 회사가 여전히 자신들에게 관심을 가지고 투자하고 있으며 몸은 비록 회사에 없더라도 팀이 협업할 때 자신들이 중요한 공헌을 하고 있다고 느낄 수 있도록 해줄 책임이 있다.

회사로 출근하는 밀레니얼 세대 부하 직원을 어떻게 대하는지 생각해 보라. 얼마나 자주 만나는가? 아침에 가벼운 출근 인사부터 발표나 과제가 끝난 뒤에 주는 피드백까지 모든 교류 상황을 생각해보고 원격으로 근무하는 부하 직원도 똑같이 대우해주려고 노력하라. 얼굴을 직접 보고 이야기하지 못하는 데서 발생할 수 있는 오해를 방지하기 위해서 원격 근무자와의 의사소통에는 20퍼센트 정도 더 투자해야 할 수도 있다. 매일 아침 원격 근무자와도 가벼운 아침 인사를 나누고 화상으로 회의에 참석할 때 적극적으로 그들의 생각과 의견을 요구하라. 그리고 가능하다면 원격 근무자가 회사로 방문해 동료 및 상사와 교류할 수 있는 기회를 만들어라.

08

가장 효과적인 피드백 고리
설계··· 숨은 진주는 널려 있다!

제8장 미리보기

- 즉시성 시대의 피드백
- 평가 전략 수정
- 직급을 넘나드는 피드백 관리
- 가장 많이 일어나는 피드백 문제 해결

회사에서 직급이 아무리 높더라도 부하 직원에게 의미 있고 건설적인 피드백을 제공하지 못한다면 상사로서 역할을 제대로 수행하고 있다고 할 수 없다. 빠른 피드백은 관리자가 갖추어야 할 가장 중요한 자질 중 하나이다. 피드백은 부하 직원이 주어진 목표를 달성하고 조직의 기대를 충족시키기 위해 필요한 조언을 해주어서 발전할 수 있도록 도와주는 방법이다. 제대로 된 피드백 고리가 없다면 회사의 발전이 정체되고 직원들이 업무에 몰입하지 못할 위험이 있다. 최악의 경우 피드백 횟수도 적고 전달조차 제대로 되지 않는다면 조직 구성원들이 대거 이탈하는 상황이 발생할 수도 있다. 반대로 관리자가 적절한 피드백을 제공할 경우 직원들의 능력이 향상되고 사기가 높아지며 나아가 조직의 재무제표에도 긍적적인 영향을 미치고 다음 세대 인재 유입도 순조롭게 진행될 수 있다.

과거에는 상사에게 받는 피드백에 관해서 '무소식이 희소식이다'라고 생각했다. 연례 평가가 발전적인 피드백을 받을 수 있는 유일한 기회였다. 그러나 요새 신입 사원들은 피드백에 관한 기대와 생각이 다르기 때문에 연례 평가 제도는 과거의 유물이 되고 말았다. 오늘날 리더와 관리자와 직원들에게 공식적으로든 비공식적으로든 개별 직원에게 맞춤화된 주기적인 피드백 교환은 의무이다.

이번 장에서는 다음 세대 직원에게 긍정적인 피드백과 부정적인 피드백을 효과적으로 전달하는 방법을 알려줄 것이다. 또한 시간, 장소, 빈도, 방식, 문자 피드백, 구두 피드백 등 피드백 관련 요소를 모두 살펴볼 것이다.

즉시성 시대에 맞는 피드백

즉각적인 만족을 추구하는 세대(instant gratification nation). 밀레니얼 세대와 그다음 세대를 묘사하는 용어이다. 기술 발달로 새롭게 열린 세상에서 자란 밀레니얼 세대는 유례 없이 빠른 속도로 정보에 접속할 수 있었다. 느려 터진 전화선 접속 방식이 초고속 광학 인터넷으로 탈바꿈했다. 누구나 듣고 싶은 노래를 다운로드하거나 스트리밍할 수 있고 아마존 프라임 서비스로 이틀이면 원하는 물건을 택배로 받을 수 있으며 구글 검색만 하면 머릿속에 떠오른 궁금증을 바로바로 해결할 수 있다. 이런 시대에 자라난 밀레니얼 세대는 어떻게 피드백을 받길 원하겠는가?

이 질문을 곱씹는 동안 밀레니얼 세대에게 피드백을 전달하는 방법이 시대에 맞게 바뀌어야 한다는 생각이 분명해졌을 것이다. 일 년에 한 번 피드백을 주는 연례 평가 제도나 상사가 부하 직원에게 '무엇을 잘못했는지 알려드리겠습니다' 식의 지나치게 격식을 갖춘 접근 방식은 밀레니얼 세대에게는 더 이상 통하지 않는다. 즉시성 시대에 나고자란 밀레니얼 세대는 투명한 피드백을 빠르게 자주 받기를 기대한다.

속도 : 피드백을 받으려고 일 년을 기다릴 순 없어요

기술 발전은 기업에 많은 선물을 가져다주었지만 그중에 가장 눈에 띄는 선물은 아마 속도 개선일 것이다. (감성 지능이 미처 따라가지 못할 정도로) 급격하게 변화하는 기술의 소용돌이 속에서 자란 밀레니얼 세대에게 빠른 의사소통은 일종의 필수품이었다. 가장 좋은 블루투스 헤드폰 3종 추천 글을 읽는 데 5분이면 충분하고 직접 사용 후기를 작성하는 데도 1분 30초면 충분한데 얼굴 보고 피드백을 주는 데 오랜 시간이 필요할 이유가 없지 않은가? 연례 평가 제도는 직원들의 성공을 돕기 위해 고안되었지만 모든 것이 너무나도 빨라진 세상에서는 더 이상 효과적이지 않다. 다행히도 해결책은 있기 마련이다. 어떤 관리자는 부하 직원들과 매일 3분씩 일대일 면담을 한다. 문자나 인스턴트 메시지로 피드백을 주는 관리자도 있다. 여행 후기 사이트인 카약닷컴(kayak.com)이 창안한 다섯 단어 성과 평가를 차용한 관리자도 있다. 피드백은 어떤 방식이든지 '가능한 한 빨리' 주는 것이 좋다. 어떤 피드백이라도 말이다. '가능한 한 빨리'의 기준은 관리자마다 다르므로 되도록이면 빨리 부하 직원과 이야기해서 기대치를 정하는 것이 좋다.

빈도 : 충분한 피드백을 받고 싶어요

피드백을 줄 때는 얼마나 빨리 주느냐도 중요하지만 얼마나 자주 주는지도 중요하다. 밀레니얼 세대는 좋든 나쁘든 주기적으로 피드백을 받으면서 자신이 일을 제대로 하고 있는지를 점검할 수 있다. 제대로 잘하고 있다는 피드백을 받으면 밀레니얼 세대는 머릿속을 떠나지 않던 의심을 떨쳐 버리고 앞으로 나아갈 수 있다. 반대로 일이 제대로 되고 있지 않다는 피드백을 받더라도 질문을 통해 접근 방식을 수정할 기회가 있으니 시간 낭비를 하지 않아도 된다. 어느 쪽이든 피드백을 받는 것이 무조건 이득이다. 관리자 입장에서도 자주 세세하게 업무 상황을 점검하면 현재 직원들의 업무 진도 및 감정 상태를 지속적으로 알 수 있다. 얼마나 자주 피드백을 줘야 충분한가는 조직마다 다르고 밀레니얼 세대 부하 직원마다 다르다. 하지만 매일 아침 점검을 하거나 매주 이메일을 보내는 등 단순한 실천이 도움이 될 수 있다.

> "저는 자주 피드백을 줘야 한다는 말에 대찬성입니다. [공식적인] 평가 말고 그때그때 꾸준히 받는 피드백이요. 저희 회사 평가 과정은 매우 체계적이고 공식적이

에요. 왜 이런 평가 제도를 유지하는지 이해는 하는데… 그래도 자주 피드백을 받으면 당황할 일은 없잖아요. 즉각적인 피드백이 최선이라고 생각해요."

—리아 D., 밀레니얼 세대 사원

투명성 : 솔직하게 전부 말씀해 주셨으면 좋겠어요

관리자에게는 가끔 상대방이 기분이 상하지 않도록 단어 선택이나 문장 구조 및 배치 등을 신경 써서 피드백을 전달하는 능력이 필요할 때도 있다. 그러나 아무리 세심하고 정성스럽게 서면으로 피드백을 작성해서 주더라도 밀레니얼 세대는 꼭 필요한 건설적인 피드백을 받았다고 느끼지 않는다. 일명 즉각성의 시대에서 자란 밀레니얼 세대는 즉각적인 피드백에 익숙하다. 즉각성이 가져다준 가장 큰 선물 중 하나는 단어를 고르고 앉아 있을 시간이 없다는 것이다. 수시로 신속하게 피드백을 주다 보면 자연스럽게 진실되고 투명한 의사소통이 이루어질 수밖에 없다. 관리자가 필터를 거치지 않은 피드백을 주면서 "시간이 없어서 단어 선택이 좀 거칠지만 이해해줘!"라고 말할 때야 비로소 밀레니얼 세대는 (관리자의 의도가 무례하지 않다는 사실만 분명히 전달되면) 꼭 들어야 하는 투명하고 진실된 피드백을 받았다고 생각한다.

즉각적 피드백의 잠재적 단점을 피하는 법

좋은 것은 [욕심 내다 보면] 언제든지 넘칠 수 있다. 밀레니얼 세대가 원하는 대로 즉각적인 피드백을 주다 보면 관리자는 어느날 갑자기 탈출구 없는 무한한 피드백 순환 고리에 갇혀 다른 일을 할 수 있는 시간이 부족하다고 느낄 수 있다. 관리자로서 다른 책무에 소홀해지지 않으면서 밀레니얼 세대 직원들이 만족할 만한 수준의 피드백을 주려면 때와 시간과 빈도를 명확하게 정하고 넘어가는 것이 중요하다. 무엇보다 먼지를 털기 전에 먼지가 쌓일 수 있는 시간적 여유를 두는 것이 현명하다.

즉각적으로 피드백을 주는 방식을 택할 때 기억해야 할 점은 다음과 같다.

> » **밀레니얼 세대도 로봇이 아닌 인간이다.** 신속한 피드백은 기습적인 피드백과는 다르다. 방금 발표를 망치고 회의실 밖을 나서는 밀레니얼 세대 부하 직원을 굳이 붙잡아서 다음번에는 잘하라고 말하지 말라. 그렇지 않아도 자책감으로 괴로워하는 와중에 즉각적인 피드백을 받으면 '너무 급작스러

울' 것이다. 즉각적인 피드백이 효과적인 경우와 시간이 조금 지나서 피드백을 주는 것이 더 효과적인 경우를 구분해야 한다는 점을 기억하라.

» **신입 사원에게는 특히 혼자서 돌이켜 생각할 시간이 필요하다.** 밀레니얼 세대는 뭐든지 즉각적인 것을 좋아하기 때문에 피드백을 주고받는 시간이 생산적이기 위해서는 그 전에 스스로 충분히 생각하는 시간을 가지는 것이 중요하다는 사실을 깨닫지 못할 수도 있다. 밀레니얼 세대 직원이 시간을 내어 과제/회의/업무를 돌이켜 생각한 다음 느낀 점 등을 간단히 글로 써서 보고하게 하라.

» **문서화가 필요할 수도 있다.** 문서화를 좋아하는 사람은 아무도 없지만 오늘날 업무 환경에서 꼭 필요한 작업이기도 하다. 업무 성과를 기록으로 남길 수 있고 기존 직원이 조직을 떠날 때 인수인계를 위해서도 반드시 필요하기 때문이다. 일부 중간 점검은 비공식적으로 유지하되 간단히 기록을 남겨서 개인적으로라도 보관하라.

밀레니얼 세대 부하 직원에게 피드백을 줄 때는 '선 칭찬 후 생각(celebrate, then deliberate)'이 유용하다. (직원 개개인에게 적합한 방법으로) 업무 성과를 즉각적으로 칭찬해준다. 그런 다음 일대일 면담에서 긍정적인 측면과 부정적인 측면에 대한 피드백을 주고 생각해보게 한다. 업무 성과에 대한 충분한 칭찬이 선행되지 않는 경우가 반복적으로 일어나면 밀레니얼 세대는 점점 불만을 쌓아 두다가 결국에는 사표를 쓸 가능성이 높아진다.

밀레니얼 세대 직원만이 전부가 아니다. 관리자는 자기 자신과 자신의 업무 흐름 또한 챙겨야 한다. 스스로의 업무나 행복을 희생하지 않는 선에서 밀레니얼 세대에게 빠르고 충분한 피드백을 줄 수 있는 방법을 찾아라.

평가 제도의 재검토

베이비부머 세대는 노동 인구에 진입하자마자 승진하기 위해서는 수백 만 명의 또래와 치열하게 경쟁해야 했다. 동료들과 비교해 자신의 위치가 어디인지 가늠하기 위해서 베이비부머 세대는 연례 평가 제도를 창안했다. 당시만 해도 이 연례 평가 제도는 혁신적이라는 평가를 받았다. 그로부터 20년이 지나 새로 입사한 X세대가 연례 평가 제도의 방식과 횟수에 의문을 가지기 시작했다. 너무 형식적이었고 피드백을 받기까지 너무 오래 기다려야 했으며 별로 진실되게 느껴지지도 않았다. X세대는 전임자인 베이비부머 세대와는 다른 목표와 우선순위를 가지고 있었다. 옛날 제도는 X세대에게는 효과가 없었다. 그래서 X세대는 더 주기적이고 투명한 피드백을 요구하기 시작했다.

그 뒤에 밀레니얼 세대가 신입 사원으로 들어왔다. 밀레니얼 세대는 인터넷과 함께 자란 첫 번째 세대이다. 인터넷은 밀레니얼 세대의 정체성과 직장 생활에 대한 기대를 형성하는 데 영향을 미쳤다. 밀레니얼 세대는 새로운 기대를 가지고 회사에 입성했다. 경쟁력을 유지하기 위해 회사는 발전적인 피드백 구조를 도입해야만 했다. 인재 개발 전략이 노동 인력의 인구통계학적 변화에 맞추어 진화해야 한다는 현실을 깨달은 리더들이 조직을 이끌어 나가게 되었다. 성공적인 피드백과 평가는 너무나도 중요하다. 조직 구성원이 회사를 떠나는 이유를 추적해보면 상사에게서 좋지 않은 평가를 받았기 때문인 경우가 많다. 밀레니얼 세대의 독특한 요구에 부응할 수 있도록 조직의 평가 제도를 재고하지 않으면 이직률이 서서히 (혹은 급속히) 증가할 것이다.

현재 평가 구조를 살펴보고 질문하는 것을 두려워하지 말라. 조직의 평가 정책은 살아 숨쉬며 진화해야 한다. 지난 십 년 혹은 오 년 혹은 일 년간 평가 정책이 수정된 적이 있는가? 상사가 공식적인 피드백과 비공식적인 피드백을 둘 다 주는가? 피드백 횟수는 유동적인가 아니면 정해져 있는가? 세대 및/또는 개인의 선호에 따라 피드백을 주는 방식을 달리 하는가? 경쟁 기업과 업계 최고 기업의 동향을 파악하고 있는가? 이 질문들 가운데 어느 하나에라도 '아니요'라고 대답했다면 이 책을 계속 읽어 나가길 바란다.

앞에서도 여러 차례 경고했지만 기존 관행을 180도 바꾸면 X세대와 베이비부머 세대의 불만을 마주할 수밖에 없다. 조직 구성원들에게 반드시 몇 가지 선택 사항을 제공하라. X세대 부하 직원은 중간 점검을 일주일에 한 번 하는 것은 원치 않고 한 달에 한 번 하는 것은 수용할 수 있다. 아무것도 가정하지 말고 직원 개개인에게 물어보라. 변화는 힘들다. 직장에서 세대에 관계없이 모든 직원을 보유하고자 한다면 혁명보다는 진화가 옳은 선택이라는 사실을 항상 기억하라.

밀레니얼 세대에게 효과 있는 평가 제도

밀레니얼 세대에게 피드백을 전달하는 전략을 짤 때 얼마나 많은 변화를 도입해야 하는지가 걱정이 되어 밤새 잠 못 이룰 필요는 없다. 밀레니얼 세대가 이전 세대와 다르다는 것은 분명하지만 결국은 그들도 사람이다. 관리자로서 업무 부담을 덜면서 밀레니얼 세대에게 더 가치 있는 평가를 주기 위해서는 밀레니얼 세대에게 어떤 방식이 효과가 있는지를 먼저 이해해야 한다. 관리자는 이미 베이비부머 세대나 X세대 부하 직원과 효과적으로 소통하는 법은 훤히 꿰고 있을 가능성이 높다. 하지만 밀레니얼 세대를 앉혀 놓고 평가하기 전에 이들에게는 어떤 방법이 효과가 있는지를 우선 (직접 물어보거나 혹은) 생각해봐야 한다.

밀레니얼 세대에게 피드백을 주기 전에 먼저 자기 평가를 하도록 하라.

밀레니얼 세대에게 효과가 있는 평가 제도를 만드는 첫 번째 단계는 부하 직원 스스로 자신을 평가할 시간을 주는 것이다. 자기 평가는 밀레니얼 세대에게 낯선 개념이 아니다. 초등학교 때부터 MBA 수업 시간까지 쭉 해왔을 가능성이 높기 때문이다. 하지만 익숙하다고 해서 결코 쉬운 일은 아니다. 가만히 앉아서 자신이 무엇을 잘했고 무엇을 잘 못했는지를 나열하는 일이 즐겁다고 느낄 세대는 없겠지만 확실히 시행할 만한 가치는 있다. 공식적으로나 비공식적으로 피드백을 주기 전에 밀레니얼 세대에게 자신의 업무 결과를 스스로 평가할 시간을 줘라.

> "저는 보통 피드백을 주기 전에 직원들이 스스로 어떻게 생각하는지 먼저 물어봐요. 자기 평가 내용의 90퍼센트는 제 평가와 거의 일치하고 나머지는 제가 미처 생각지 못한 부분에 대한 통찰이 나와요. 그러고 나서 함께 개선할 수 있는 점을 이야기해요. 권위주의적으로 평가할 때보다 서로 동지애를 쌓을 수 있어요."
>
> ─존 S., 밀레니얼 세대 관리자

직원 평가 시 해서는 안 될 말과 해도 되는 말을 알고 있는지 관리자 스스로를 점검하라.

당연한 이야기이지만 피드백을 주기 전에 최대한 신중하게 생각해야 한다. 직장에서 흔히 쓰이지만 피해야 하는 어구나 어휘 등을 생각해보고 더 듣기 좋은 말로 바꾸어 보자.

이렇게 말하지 말 것	이렇게 말할 것
3개월 전에…	지난주에 혹은 두 시간 전에…
왜 그렇게 많은 피드백이 필요해요?	얼마나 자주 피드백을 원해요?
무엇을 다르게 할 수 있었는데 못했나요?	어떤 점은 잘했고 어떤 점은 더 잘할 수 있었을까요?
내가 신입 사원 때는 말이죠…	나한테는 효과가 있던 방식이 지금 ○○ 씨에게도 효과가 있을런진 모르겠지만…
○○ 씨의 약점에 대해 이야기해보죠…	○○ 씨의 강점부터 살펴보면…

밀레니얼 세대에게 직접 물어보라.

그렇다. 그냥 직접 물어보면 된다. 밀레니얼 세대 부하 직원에게 현재 피드백 방식에 대해서 어떻게 생각하는지 물어보라. 아마도 이런저런 의견이 많을 것이다. 이 책에는 관리자가 밀레니얼 세대 부하 직원을 관리하고 보유할 수 있는 도구나 방법이 가득하므로 그중에서 유용하거나 실행 가능한 전략을 찾을 수 있길 바란다. 하지만 부하 직원이 밀레니얼 세대일지라도 결국은 한 개인이라는 사실을 잊어서는 안 된다. 직원 한 명 한 명과 대화해서 각자 어떤 식으로 피드백을 받기를 원하는지를 물어보라. 다음 만남 때 평가 계획안을 작성해서 보여준 다음 부하 직원의 의견을 물어보고 수정할 것이 있다면 수정한 뒤에 거기서부터 출발하면 된다. 좀 더 모험을 감행할 생각이 있다면 멘토로서 자신에게 특별히 바라는 점이 있는지도 물어보라.

공식적인 피드백이 필요한 때와 비공식적인 피드백이 필요한 때

공식적으로 받는 피드백이든 비공식적으로 받는 피드백이든 모두 똑같이 중요하다. 관리자는 어떤 피드백을 언제 공식적으로 또는 비공식적으로 주어야 하는지를 구분할 줄 알아야 한다. 그러기 위해서는 경험이 많아야 할 뿐만 아니라 다른 사람의 감정을 헤아릴 줄 아는 능력도 필요하다. 밀레니얼 세대는 비공식적인 피드백을 유달리 선호한다. 솔직하고 끊임없는 의사소통이 가능한 환경에서 자랐기 때문에 타고나길 격식을 차리는 걸 좋아하지 않는 세대이다. 밀레니얼 세대는 페이스북, 트위터, 인스타그램에서 '좋아요'나 이모티콘이나 댓글 등으로 다른 사람의 일상에 늘 피드백을 준다. 소셜네트워크 친구가 최근에 스페인에서 휴가를 보낸 사진을 올리면 '우와,

투우사 진짜 멋지다. 재밌어 보이네!' 등의 댓글을 단다. 실제로 이야기해본 적이 몇 번 없는 사람과도 소셜네트워크상에서는 편안하게 댓글(일종의 피드백)을 주고받는다. 이렇듯 비공식적인 플랫폼에서 끊임없이 피드백을 주고받는 일이 너무나도 익숙한 밀레니얼 세대에게는 비공식이 곧 새로운 표준이다. 지나치게 공식적인 피드백은 불안감을 조성하고 불편함을 느낄 수 있다.

이와는 반대로 다른 세대는 무언가 단단히 잘못되지 않는 한 다른 사람과의 소통 없이 혼자 있는 것이 표준인 환경에서 자랐다. 직장에서도 윗세대 직원들은 공식적인 평가를 받을 때까지 기다렸다가 시간을 거슬러 올라가 피드백을 반영한다. 이러한 평가 제도에서는 6개월 또는 일 년치 피드백을 한두 시간 동안 몰아서 받는 셈이다. 잠시 개방되었던 피드백 창구는 금새 다시 닫히고 즉각적 피드백 및/또는 긴급한 피드백 요구가 필요할 때를 제외하곤 다음 평가 날짜가 돌아올 때까지 열리지 않는다. 매번 평가 때마다 격식을 차린 옷차림과 차별적이지 않은 언어 사용이 표준이며 문서화는 필수이다.

X세대와 베이비부머 세대에게 익숙한 공식적이고 표준적인 평가 제도와 밀레니얼 세대가 원하는 비공식적인 업무 점검 사이에는 분명히 커다란 차이가 존재한다. 그러나 25살이든 68살이든 나이에 상관없이 모든 부하 직원이 공식적인 평가와 비공식적인 업무 점검을 적절히 섞는 것을 선호할 것이다. (밀레니얼 세대는 비공식적인 평가 비중이 조금 더 크길 바라겠지만 말이다.) 관리자로서 피드백을 주기에 앞서 반드시 공식적인 평가와 비공식적인 평가의 차이를 이해해야 한다.

공식적인 피드백의 특징은 다음과 같다.

» 평가 일정이 수개월 전에 잡힌다.
» 평가 전 준비 작업이 필수이다.
» 평가가 이루어지는 장소는 정해진 규칙에 따라 준비되어 있다. (예를 들어 상사와 직원이 앉는 자리가 정해져 있다.)
» 평가는 언제나 면대면 방식이다.
» 평가는 정해진 시간 동안 진행되며 보통 한두 시간이다.
» 비판을 할 때는 보통 '이 부분은 잘만 하면 기회가 될 수도 있는데' 같은 충격을 완화할 수 있는 말을 덧붙인다.

- » 전문적이고 격식을 갖춘 옷차림과 언어 사용을 요구한다.
- » 평가 내용은 꼼꼼하게 문서화한다.
- » 의사소통은 (보통) 일방향으로 이루어진다.
- » 다음 평가까지 긴 시간을 기다려야 한다.

비공식적인 피드백의 특징은 다음과 같다.

- » 피드백은 그때그때 주어지거나 한두 시간 또는 하루이틀 이내에 주어진다.
- » 평가 전 준비 작업이 거의 필요하지 않거나 아예 필요하지 않다.
- » 평가는 문 닫힌 사무실 대신 공용 공간이나 개방형 사무실에서 이루어진다.
- » 얼굴을 직접 보지 않고 온라인에서 피드백을 주는 방식도 용납된다.
- » 피드백 시간은 보통 5~15분으로 짧고 유동적이다.
- » 의사소통 방식은 격식을 차리지 않고 직접적이지만 무례하지는 않다.
- » 지켜야 할 예의범절이나 옷차림이 따로 정해져 있지 않다.
- » 다음 평가 일정을 잡는 경우를 제외하곤 공식적인 문서화는 거의 이루어지지 않는다.
- » 의사소통은 쌍방향으로 이루어진다.
- » 평가 일정은 서로 일정에 맞추어 유연하게 정한다. 즉석에서 정해지는 경우도 많다.

개별 직원마다 자신의 경력과 생활 방식에 맞는 피드백을 선호한다. 따라서 어떤 피드백 방식이 한 사람에게 효과가 있다고 해서 다른 사람에게도 똑같이 효과가 있으리라는 보장은 없다. 시간과 노력이 더 들겠지만 직원 개개인의 요구에 맞추어 피드백을 다르게 주는 것이 좋다.

적당한 피드백 횟수 정하는 법

밀레니얼 세대가 끊임없이 피드백을 원한다는 사실은 비밀이 아니다. 모든 것이 즉각적으로 이루어지는 세상에서 자라면서 문제는 빨리 발견할수록 빨리 고칠 수 있다는 사실을 깨달은 밀레니얼 세대로서는 당연한 일이다. 그러나 직장에서는 즉각적인 피드백 방식만이 능사는 아니다. 적어도 현재 근무 환경에서는 그렇다. 인사관리 정책, 일정 조율, 자원 배분 등 즉각적인 의사소통과 평가가 이루어지기 위해서는 고려해야 할 문제가 많다. 관리자는 주어진 도구를 재량껏 활용해 피드백 횟수를 정해야 한다. 관리자 본인의 상사와 부하 직원 사이에 의사소통이 가능하도록 중간 다리 역할을 하라. 다음 세 단계를 거쳐 관리자 본인과 부하 직원과 조직 전체에 적절한 피드백 빈도를 결정하라.

1. **물어보기**

   밀레니얼 세대 부하 직원이 얼마나 자주 상사의 의견을 원하는지를 먼저 알아야 한다. 피드백을 원하는 빈도가 사람마다 다르다는 사실을 알면 괜한 지레짐작으로 귀중한 시간을 허비하는 일을 방지할 수 있다.

2. **조사하기**

   동료 관리자들에게 조언을 구하라. 동료 관리자들은 팀원들과 얼마나 자주 만나며 일정은 얼마나 엄격 또는 유연한가? 한걸음 더 나아가 업계 동향 및 선두 기업 사례를 조사해서 적용할 수도 있다.

3. **행동하기**

   물어보고 조사한 다음에는 실천에 옮길 수 있는 구체적인 계획을 세워야 한다. 임시 피드백 일정표를 만들어 한 달 동안 시행해본 다음 수정할 점이나 개선할 점을 찾아라.

다음과 같은 징후가 나타나면 피드백 빈도가 너무 잦다는 뜻이다.

» 좋은 피드백이든 나쁜 피드백이든 별로 해줄 말이 없다.
» 개인적인 이야기만 늘어 놓다가 평가 시간이 끝난다.
» 관리자 본인의 업무에 지장이 생긴다.
» 밀레니얼 세대 부하 직원이 계속 만남을 취소한다.
» 성과에 긍정적인 변화가 있는지 확인할 수 있는 충분한 시간이 없다.
» 관리자 본인이 지루함을 느낀다.
» 밀레니얼 세대 부하 직원도 지루함을 느낀다.

일주일에 한 번 만나는 것을 원칙으로 하라. 그 이상은 지나치다. 젊은 세대는 비공식적인 피드백을 선호하지만 현실적이지 않을 때가 많다. 대신 주기적으로 15~20분씩 일대일 면담을 하는 것을 원칙으로 하라. 시간과 장소를 정하고 습관처럼 만나다 보면 관리자 본인과 부하 직원 모두 이러한 중간 점검 일정에 익숙해질 것이다. 그런 다음에 서로 상의해서 빈도수를 필요에 따라 조절하면 된다.

(치즈 들어간) 칭찬 샌드위치의 달인 되는 법

어느날 칭찬 샌드위치라는 거짓말처럼 단순하지만 뛰어난 아이디어가 혜성처럼 등장했다. 칭찬 샌드위치 방법은 다음과 같다.

> » **빵** : 최근 성과에 대한 구체적이고 긍정적인 평가
> » **치즈** : 상냥하고 두루뭉술한 칭찬(예시 : "다른 직원들한테 인기가 많은 것 같아요.")
> » **소고기 패티 또는 콩고기 패티** : 직원이 제대로 못 해서 보완이 절실히 필요한 부분 모두 언급
> » **양상추** : 미래에 참고하라고 사소한 부분에 대한 짧은 비판
> » **빵** : 그러나 정말로 전반적으로는 잘하고 있다고 칭찬하며 마무리

칭찬 샌드위치 방법에도 허점은 있지만 의도는 분명하다. 인간은 으레 평가 시간에 자신이 잘못한 일에 대한 비판부터 쏟아지면 의기소침해지기 마련이다. 칭찬으로 시작하면 훈훈하고 편안한 분위기에서 평가를 시작할 수 있고 긍정적인 피드백으로 마무리하면 부하 직원은 (자신이 제대로 할 수 있는 일이 있기나 할까라는 회의감에 자책하기보다는) 동기 부여가 될 수 있다. 밀레니얼 세대는 두껍고 맛있는 샌드위치 빵을 원한다. 왜냐하면 평생 긍정적인 피드백과 격려를 받으면서 자랐기 때문이다. 밀레니얼 세대의 이러한 성향은 '빵은 됐고 고기나 더 주세요'라고 하는 X세대와는 대비를 이룬다. X세대는 솔직하고 직설적이고 투명하며 포장하지 않은 피드백을 원한다. '발전할 여지(area of opportunity)' 같은 손발이 오그라드는 단어 대신 '약점'이라고 대놓고 말해주길 바란다. 그러나 X세대는 X세대일 뿐이다. 밀레니얼 세대에게는 다른 접근 방식이 필요하다.

밀레니얼 세대가 칭찬 샌드위치를 원하는 것은 맞지만 진정성이 느껴지지 않으면 알레르기 반응을 일으키기 때문에 각별히 조심해야 한다. 가장 최악의 시나리오는 관리자가 입에 발린 거짓 칭찬을 하는 바람에 나머지 피드백도 다 진정성을 잃어 버리는 경우이다. 칭찬 샌드위치 방법을 사용할 때 많은 관리자가 모호한 칭찬 치즈는 간파당하기 쉽다는 사실을 너무 자주 잊는 듯하다. 특히 모호한 칭찬 뒤에 신랄한 비판이 따라오면 밀레니얼 세대는 상사가 해준 칭찬은 비판을 하기 위한 장치라고밖에

생각할 수 없다. 따라서 칭찬도 절대로 허투루 해서는 안 된다. 아니면 칭찬 샌드위치는 통째로 던져 버리고 대신 다음 접근법 중 하나를 택할 수도 있다.

» **그만, 계속, 성장.** 밀레니얼 세대 부하 직원과 정기적으로 만나서 그만두어야 할 과정이나 행동 두세 가지, 계속 이어서 해나갈 절차나 행동 두세 가지, 개선할 수 있는 절차나 행동 두세 가지를 논의한다. 샌드위치 재료를 전부 펼쳐 놓는 것과 다름없지만 더 투명한 방식이다.

» **칭찬할 점, 인내할 점, 피할 점.** 밀레니얼 세대가 잘한 일은 칭찬해주고 계속 밀고 나가야 할 (인내해야 할) 부분을 짚어주고, 앞으로 나아가기 위해서 피해야 할 것이나 행동을 알려준다.

» **착한 놈, 나쁜 놈, 못난 놈.** 잘한 점은 강조하고 못한 점은 지적하고 지금은 비록 미운 오리 새끼지만 조금만 노력하면 백조로 탈바꿈할 수 있는 영역을 짚어준다.

밀레니얼 세대에게는 작은 유머도 효과가 크다. 말하기 힘든 피드백을 전달할 때는 그만큼 진지해야 하지만 너무 암울한 태도로 다가가면 부하 직원이 겁에 질릴 수 있다. 가볍게 농담을 하거나 과거에는 심각했지만 지금 와서 돌이켜보면 재미있는 개인적인 과거의 실수담을 곁들이는 것도 좋은 방법이다.

'참가상 트로피' 마음가짐 피하는 법

밀레니얼 세대는 '트로피 세대'라는 불명예를 안고 있다. 관리자는 '그놈의 '참가상은 주겠지' 하는 마음가짐 정말 지긋지긋하다! 왜 밀레니얼 세대는 자기 할 일 자기가 한 걸로 칭찬을 바라는 거야?!'라고 생각한 적이 있거나 아니면 입 밖으로 소리 내어 말한 적이 있을 것이다. 아니면 다른 사람 입으로라도 들어본 적이 있을 것이다. 항상 그렇듯이 이 참가상 논쟁도 보이고 들리는 것만이 전부가 아니다.

밀레니얼 세대는 노력상을 어떻게 생각하는가

공공연한 비밀이지만 밀레니얼 세대는 집에 쌓인 트로피나 상장 중에 어느 하나도 달라고 스스로 요구한 적이 없다. 밀레니얼 세대에게 각종 상장과 트로피를 안겨준 장본인은 바로 이들의 부모인 베이비부머 세대이다. 베이비부머 세대가 밀레니얼 세대 자녀를 키울 때는 자아존중감 운동이 한창이었다. 1980년대부터 2000년대 사이에 단지 기분이라도 좋으라고 주는 노력상이 성행했다. 그 이전에 베이비부머 세대가 겪었던 자녀의 기분은 아랑곳하지 않고 지휘 및 통제에 치중한 양육 방식에 대한 반작용이었다.

오늘날 트로피 세대라고 불리는 걸 좋아하는 밀레니얼 세대는 아무도 없다. 설사 고등학교 졸업식 때 '최고의 인성상' 및/또는 농구 대회에서 '참가상'을 받은 경험이 있을지라도 말이다. 밀레니얼 세대 스스로도 이런 상을 자랑스러워하지 않을 뿐더러 오히려 부끄러워한다. (직장 생활을 시작한 바로 그 순간부터 이 참가상 때문에 얼마나 많은 조롱과 놀림을 받고 있는가.) 따라서 밀레니얼 세대는 이런 참가상이나 노력상이 자신에게 영향을 미쳤다는 사실을 부인하기도 한다. 그러나 영향을 미친 것만큼은 사실이다. 그러나 그 영향이 꼭 나쁘다고만은 할 수 없다.

(참가가 아니라) 성과를 인정해주어라.

밀레니얼 세대는 업무를 끝낼 때마다 트로피를 받으리라고 기대하지는 않지만 노력과 성공에 대해서는 인정받고 칭찬받기를 원한다. 밀레니얼 세대는 거절도 받아들일 줄 안다. 경기 불황에 대학을 졸업한 밀레니얼 세대 대다수는 이미 거절을 경험해보았기 때문이다. 밀레니얼 세대는 성과 부진을 경계하고 어렸을 때부터 항상 받았던 격려를 기대한다. '열심히 노력했으니 받아라' 하는 식으로 격려해서는 안 된다. 밀레니얼 세대에게는 격려가 필요하다는 사실을 인정하고 진심 어린 격려를 해주어라. 밀레니얼 세대는 절대 '무소식이 희소식이다'라고 생각하지 않는다.

【 X세대와 베이비부머 세대의 자기 세대에 대한 평가 】

참가상 트로피 현상은 밀레니얼 세대 양육 방식이 낳은 직접적인 결과이다. 베이비부머 세대는 자아존중감 운동에 공감했고 밀레니얼 세대 자녀들이 자신이 존중받고 지지받고 있다고 느끼기를 원했다. 후기 밀레니얼 세대와 경계 세대는 초기 밀레니얼 세대와는 다른 양육 방식으로 키워졌기 때문에 다른 정체성을 보인다. 초기 밀레니얼 세대는 대부분 베이비부머 세대 부모 손에 자랐지만 후기 밀레니얼 세대와 경계 세대는 X세대 부모 손에 자랐기 때문이다. 양육 방식도 부모가 속한 세대에 따라 달랐고 이들이 성장한 시대도 달랐다. 이러한 양육 방식의 차이는 초기 밀레니얼 세대와 후기 밀레니얼 세대와 경계 세대가 각자 확연히 다른 정체성을 형성하는 데 영향을 미쳤다.

참가상의 부정적인 측면

누구도 참가상이 미칠 부정적인 영향은 미처 생각하지 못했다. 모두가 상을 받으면 승자가 사라지고 만다. 상의 의미가 퇴색되면 승리에서 오는 만족감도 옅어진다. 밀레니얼 세대가 원하는 승리는 그런 것이 아니다. 실적이 부진할 때도 밀레니얼 세대를 항상 칭찬만 한다면 결국에는 누구도 만족하지 못하는 결과를 낳는다.

> "이메일이나 회의에서 잘하고 있다고 한마디 해주는 것만으로도 저는 충분히 인정받고 있다고 느끼고 긍정적인 피드백을 받았다고 생각해요."
>
> —마이클 S., 밀레니얼 세대 사원

'독불장군' 마음가짐 버리는 법

부정적인 피드백을 받고 혼자서 곱씹으며 성과를 개선할 방법을 고민하던 시간을 기억하는 독자 분이 계실지도 모르겠다. 권위주의적 근무 환경에서나 X세대 같은 매우 독립적인 세대에게는 이런 시간이 도움이 되었을 수 있지만 밀레니얼 세대는 다른 기대를 가지고 있다. 밀레니얼 세대 옆에는 언제나 끊임없이 성장하고 더 나은 방향으로 변화할 수 있도록 도와주며 기술과 능력을 총동원해 어려움에 맞설 수 있도록 도와주던 코치, 교사, 상담 교사가 있었다. 테니스 경기에서 지면 밀레니얼 세대의 부모는 "졌네. 이제 가서 혼자서 곰곰히 더 잘하려면 어떻게 해야 할지 생각해봐."라고 하지 않았다. 대신 "안타깝네. 어떻게 했으면 이길 수 있었을까? 내가 제안 하나 할게. 우리 같이 주말 동안 백핸드를 연습하는 거야. 자, 이제 가서 피자 먹자."라고 말했다.

좋든 싫든 밀레니얼 세대가 개선되는 방향으로 나아갈 수 있도록 도와주는 것은 관리자의 책임이다. 밀레니얼 세대는 선수 개인이 아니라 팀의 일원이라는 관점에서 자신의 경력을 바라본다. 상사는 곧 코치이다. 피드백을 주면 알아서 잘하겠지라고 생각해선 안 된다. '네 일은 네가 직접 해'라는 마음은 버리고 밀레니얼 세대가 옳은 길로 갈 수 있도록 도와주어라.

밀레니얼 세대가 자립할 수 있도록 도와줄 수 있는 방법은 다음과 같다.

> » 개선할 부분에 대한 피드백을 줄 때는 중간 점검일과 해야 할 일 목록이 포함된 일정표를 반드시 함께 제시한다.

» 일정표를 주기적으로 점검해서 관리자 본인이 (밀레니얼 세대 부하 직원과 함께) 진행 상황을 확인한다.

» 무엇이 언제까지 어떻게 바뀌기를 원하는지를 분명하게 알려준다.

» 관리자 본인 외에 밀레니얼 세대 신입 사원이 활용할 수 있는 리소스 목록 (도움이 될 만한 웹사이트, 훈련 도구, 다른 직원 등)을 준다.

» 중간중간 성과가 개선되면 (직원이 자주 가는 커피숍의 5불 짜리 기프트카드 같은) 작은 당근(보상)을 준다.

» 채찍(가혹한 처벌)은 피한다. 밀레니얼 세대는 처벌에 반발심을 가질 뿐만 아니라 결국에는 사기도 떨어질 것이다.

» 잘못을 지적할 때나 성과를 칭찬할 때나 항상 개선 방안을 뒤따라 제시한다.

위에서 제시한 방법이 부하 직원과 많은 시간을 함께 보내야 한다거나 (시간만 많이 들고) 부하 직원의 능력을 최대로 이끌어내기에는 비생산적이라고 생각하는 관리자도 있을 수 있다. 근거 없는 주장은 아니지만 체계적이고 검증된 피드백 전달 방식은 밀레니얼 세대가 독립적으로 훌륭하게 업무를 수행하도록 만들 수 있는 빠른 길이다. 초반에 시간을 많이 투자할수록 미래에 업무 능률은 더 높이면서 관리자가 해야 할 일은 더 줄일 수 있다. 현재로선 체계적인 개선안을 제시하는 것이 밀레니얼 세대가 '퇴근해도 되나요 안 되나요?'라고 물어보는 (혹은 노래를 부르는) 일을 방지할 수 있는 가장 쉬운 길이다.

> "알고보니 [밀레니얼 세대는] 끊임없는 개선과 완벽을 추구하더라고요. 과거에 대한 피드백뿐만 아니라 어떻게 하면 더 나아질 수 있는지 코치해주기를 바라요. 보통은 [피드백을] 과거 시제로 생각하는데 밀레니얼 세대와는 어떻게 하면 미래에 월등한 성과를 낼 수 있는지에 초점을 맞추어 협업하는 것이 중요한 것 같아요."
>
> — 앤 M., 관리자

업계 선두 기업의 전략

1960년대와 1970년대에 연례 평가 제도가 인기를 끈 이후 남보다 앞서가는 뛰어난 기업이나 CEO가 다른 기업들이 모범으로 삼을 만한 여러 평가 제도를 시행해왔다.

하지만 이제는 그런 진보적인 기업조차 기존의 제도를 바꾸고 있다. 모든 조직에 다 맞는 한 가지 피드백과 평가 제도는 존재하지 않는다. 리더는 업계 최고 기업 사례를 꼼꼼하게 살펴보고 자신이 몸담고 있는 조직의 성과 평가 과정에도 적용할 만한 전반적인 점검 사항이나 특정한 변화를 차용할 수 있다.

피드백 제도 변경 시 전반적인 고려 사항

현재 조직의 피드백 모델을 하나하나 점검하기에 앞서 밀레니얼 세대가 매력적으로 느낄 수 있는 가장 기본적인 변화 요소를 살펴보는 것도 도움이 된다. (30년 동안 인사부 지하 창고에 쌓아둔 연례 평가 기록을 없애는 것은) 너무 대대적인 변화일 수도 있지만 가장 효율적인 변화이기도 하다.

» **연례 평가 제도의 종말** : 여전히 많은 기업 환경에서 유효하긴 하지만 몇몇 대기업은 연례 평가 제도가 시간이 너무 많이 들고 원하는 결과를 내지 못한다는 사실을 체감하고 있다. 미래의 직장에는 변화가 침투할 수 없는 성역이란 존재하지 않는다. 현재 자신의 기업이 연례 평가 제도를 제대로 운영하고 있는지 그리고 여전히 가장 효율적으로 시간을 활용할 수 있는 제도인지를 자문해보라. 훨씬 시간과 비용을 적게 들이면서 연례 평가 제도와 똑같은 결과를 얻을 수 있는 제도가 있을 것이다.

» **360도 피드백** : 이제는 더 이상 일방적인 피드백만으로는 충분하지 않다. 조직 내 모든 직급으로부터 피드백을 받아야 한다. 건설적인 피드백을 줄 수 있는 사람은 상사뿐만이 아니다. 밀레니얼 세대는 더 많은 사람에게서 더 많은 피드백을 받을수록 더 나은 성과를 낼 수 있다. 업무는 한 사람이 아니라 모든 사람에게 영향을 받는다. 많은 조직이 피드백을 주고받기 위해서 더 전체적이고 민주적인 360도 피드백 방식을 채택하고 있다.

피드백 제도 변경 시 구체적인 고려 사항

피드백 방식의 변화를 창의적이고 혁신적이고 담대하게 수용할 수 있을 것 같은 느낌이 든다면 다음 사례 중 하나를 선택하는 것이 최선일지도 모른다. 다음 사례에 나오는 기업들은 독특한 피드백 모델을 선택한 보상을 벌써 거두고 있다. 사례를 읽다 보면 자기 조직에 맞는 창의적인 아이디어가 생각날 수도 있다.

» 카약닷컴(kayak.com)의 다섯 단어 성과 평가 : 절차는 단순하다. 커피숍이나 식당 같은 비공식적인 자리에서 만난다. 상사나 직원은 서로에게 다섯 단어로 압축된 피드백(부정적인 단어 2, 긍정적인 단어 2, 나머지 1은 자유 선택)을 요구할 수 있다. 서로에게 받은 다섯 단어를 놓고 함께 이야기를 이어나가면 된다.

» GE '등급 매겨 내쫓기(rank and yank)'에서 'PD@GE'로 전환 : 잭 웰치가 GE의 CEO로 재임하던 시절 GE는 엄청나게 성장하며 유명세를 탔다. GE는 혁신적인 품질 관리 기법인 식스시그마의 모범 사례가 되었고 조직 구성원을 정규 분포 곡선 상에 줄 세운 다음 '등급을 매겨 내쫓는(rank and yank)' 인사관리법 또는 '활력 곡선(vitality curve)'이라고도 부르는 인사관리법을 창안했다. 하위 10퍼센트에 해당하는 직원은 정리 해고한다. 시간이 지날수록 이 인사관리법은 더 현대적으로 진화했다. 현재는 앱을 이용해 수시로 직원들을 '현 상태 유지' 또는 '변화 요망' 등으로 등급을 매겨 평가한다.

» 픽사의 '플러싱(Plussing)' 기법 : 픽사의 피드백 제도는 단순해서 유명하다. 원칙은 어떤 피드백이라도 건설적인 비판이 포함되어 있어야 한다는 것이다. 비판을 한 뒤에는 꼭 '플러스(plus)'라고 말한 다음 원래 아이디어를 개선하는 데 도움이 될 만한 아이디어나 제안을 덧붙여야 한다.

문제는 카약닷컴이나 GE나 픽사의 피드백 및 평가 기법이 자신의 조직에서도 제대로 작동할 것인지 여부이다. 자신의 조직에 맞는 계획을 정한 뒤 두려워하지 말고 시험대에 올려라. 새로운 평가 방법이나 기법을 고려하고 있다면 다음 단계를 따라라.

1. 조사를 한다.
2. 부하 직원들에게 설문 조사를 시행해서 어떤 방법이 효과가 있고 어떤 방법이 부족하다고 느끼는지 알아본다.
3. 변경안을 제시한 후 의견을 듣는다.
4. 단계별 실천 계획을 수립하고 시험 기간을 거친다.
5. 재평가를 실시하고 (필요하다면) 수정한다.

많은 이름 있는 대기업들이 덜 복잡하고 덜 고통스럽게 즉각적인 피드백을 주고받을 수 있도록 너도나도 앱을 도입하고 있지만 앱을 이용한 평가는 결코 쉬운 방법이 아니다. 어떤 앱은 (젊은) 조직 구성원들이 근무 시간 동안 업무에 대해 느낀 점을 이모티콘으로 표현할 수 있게 해준다. 생각은 참신하지만 다음 세대 신입 사원을 한 방에 모아 놓고 이 새로운 앱을 보여주면 한숨을 쉬고 눈을 굴리며 자신들과 소통하려고 이토록 애쓰는 경영진을 조금이라도 기쁘게 해주고자 억지 미소를 지을 가능성이 높다. 새롭고 번쩍이는 것이 항상 좋은 것은 아니다. 급격한 변화를 실행하기 전에 항상 다각도로 검토해보아라.

쌍방향 피드백

조직 구조가 뒤집히고 세 번 회전한 다음에 의사소통 사다리와 함께 재창조 기계를 통과해서 나왔다. 이제 조직 구조는 수평적이고 의사소통 사다리는 오르락내리락할 수 있으며 업무 지시도 더 이상 위에서 아래로만 내려오지 않는다. 조직 구조가 수평적인 네트워크형으로 변하면서 피드백과 의사소통 또한 다방향으로 이루어진다. 의사소통은 위에서 아래로만 흐르지 않는다. 위로도 흐르고 옆길로도 새고 수평적으로 어디 방향으로나 흐를 수 있다. 상명하달식 지휘 체계 대신에 밀레니얼 세대는 다방향 모델을 고집한다. 다방향 모델은 처음과 끝이 분명한 과거의 선형적인 조직 구조 대신 흐름이 자유로운 조직 구조이다. 밀레니얼 세대 부하 직원에게 상사로서 주고 싶은 피드백이 있는가? 당연히 있을 것이다. 그러면 밀레니얼 세대 부하 직원도 당연히 상사와 나누고 싶은 피드백이 있으리라고 확신할 수 있다. 공생적이고 쌍방향적인 관계를 완전히 차단하는 대신 마음을 열고 밀레니얼 세대가 갈망하는 일방통행이 아닌 쌍방향 피드백 모델을 보아라.

> "저는 예측이 불가능하리라는 사실을 예측했어요. 밀레니얼 세대는 저마다 다른 경험과 의도를 가지고 입사할 테니까요. 언제나 이들을 맞이할 준비가 되어 있어야 해요. 밀레니얼 세대는 피드백을 주는 것을 두려워하지 않아요."
>
> ─네이트 P., 관리자

마음의 소리 무시하는 법 "우리 때는 상사한테 피드백을 주는 건 꿈도 못 꿨어!"

과거에는 직급이 높은 상사에게 자유롭게 자신의 의견을 밝혔다가는 "여기서는 일이 그런 식으로 돌아가지 않아요."라든가 "짐 싸서 나가세요." 같은 유쾌하지 않은 소식을 들어야 했다. 지금도 여전히 신입 사원이 직급이 높은 상사에게 현실에서든 온라인에서든 당돌하게 맞서는 것을 불편하게 느끼는 분위기가 존재한다. 하지만 밀레니얼 세대는 현상 유지에 주기적으로 의심을 품는 것을 반기는 세상에서 자랐다. 어렸을 때부터 파괴적이고 혁신적인 생각을 제시하면 상을 받았고 높은 성적을 받았다. 소셜미디어는 밀레니얼 세대에게 미국의 대통령이나 기업의 CEO와도 제일 친한 친구와 연락하듯이 쉽게 소통할 수 있는 플랫폼을 제공했다.

밀레니얼 세대가 권위를 대하는 사고방식에 좌절하기 전에 밀레니얼 세대가 상사에게 피드백을 주고 싶어 하는 이유는 자신의 능력 안에서 최선의 성과를 내고 싶기 때문이라는 사실을 이해하라. 일부 피드백은 밀레니얼 세대가 상사인 당신을 위하여 해줄 수 있는 것이 아니라 상사인 당신이 밀레니얼 세대를 위하여 해줄 수 있는 것일 수 있다. 밀레니얼 세대는 가장 선한 의도로 상사에게 피드백을 줌으로써 서로에게 더 나은 상사가 되고 더 나은 부하 직원이 되며, 나아가 회사 전체에 긍정적인 영향을 미치길 바란다. 이러한 쌍방향 의사소통은 과거의 관행과는 많이 달라지긴 했지만 서로를 존중하고 배려한다면 조직 입장에서는 강력한 축복이 될 수 있다.

가치 있는 피드백 이끌어내는 법

서로에게 이득이 되는 피드백을 차단하지 않고 장려하는 회사 분위기를 만드는 것은 첫걸음에 불과하다. 다음 단계는 쌍방향 의사소통이 생산적으로 유지되도록 하는 것이다. '제가 어떻게 하면 더 나아질 수 있을까요?'라든가 '변화하기 위해서 제가 할 수 있는 세 가지 일은 무엇일까요?' 같은 모호한 질문은 아무리 좋은 의도로 질문하더라도 의미 있는 피드백을 이끌어내기에는 너무 추상적이다. 모호한 질문을 했을 때 일어날 수 있는 상황은 수문(뒷부분 참조)이 열리거나 도움이 안 되는 모호한 말이 대화를 지배하거나 둘 중 하나이다.

한 가지 방법은 체계가 분명한 피드백 제출 형식을 만드는 것이다. 피드백 제출 형식이 있으면 밀레니얼 세대의 피드백을 관리하기가 쉽고 단순해지기 때문에 원치 않

상사에게 주는 피드백 형식

날짜 :

과제명 또는 과제 기간 :

잘된 점/상사의 적극적인 지원 여부 :

(자신과 상사의) 개선점 :

다음 단계 :

그림 8-1
**부하 직원이
상사에게 주는
피드백 형식**

BridgeWorks. Minneapolis, MN. (October, 2016)

거나 비생산적이거나 지나치게 솔직한 피드백 홍수로부터 관리자를 보호해줄 수 있다. 최근 과제나 업무 시도에서 상사의 참여 및 성과에 관한 구체적인 다섯 가지 질문을 구두로 물어보거나 이메일로 보내면 된다. 혹은 지난 몇 개월 동안 업무 전반에 걸쳐 잘된 점 세 가지와 다르게 했더라면 좋았을 텐데라는 아쉬움이 남는 점 세 가지를 질문해도 된다. 더 체계적인 접근법을 원한다면 과제가 끝난 뒤나 연례 평가/2분기 실적 평가 때 부하 직원에게 피드백 제출 형식(그림 8-1 참조)을 나눠 주면 된다.

수문을 차단하(거나 최소한 통제하)는 법

밀레니얼 세대 부하 직원에게 피드백을 달라고 요청했다면 옳은 방향으로 한걸음 내딛은 것이다. 하지만 상사에게 피드백을 전달할 수 있는 창구가 한 번 열리고 나면 피드백이 끊이지 않아서 혼선이 빚어지거나 의견이 두서없이 난무할 위험이 있다. 피드백 창구를 제대로 통제하려면 밀레니얼 세대 부하 직원에게 피드백을 이끌어낼 때 창의적이고 의도적인 접근이 필요하다. 상사로서 피드백이 잠그지 않은 수돗물처럼 똑똑똑 끊임없이 흘러 들어오는 것을 원하지 않을 수도 있다. 전혀 비난받을 일이 아니다. 두려워하지 말고 부하 직원에게 자신의 생각을 분명하게 전달한 뒤 피드백을 받고 싶은 때와 장소를 분명히 지정해서 알려주어라. 고려해볼 수 있는 방법은 다음과 같다.

» **밀레니얼 세대 부하 직원을 대상으로 공개 포럼을 개최한다.** 많은 관리자가 자발적으로 나서서 밀레니얼 세대 직원들이 상사에게 피드백을 줄 수 있는 창구를 만들었다. 매년 40명 이내의 직원을 모집해 회사 밖에서 회의를 주최해 밀레니얼 세대에 관한 고정관념이 우리 회사 안에서도 유효한지를 직접 물어볼 수도 있다. 이러한 포럼 형식은 직원들이 임원진에게 터놓고 이야기하기를 부담스러워할 수도 있으므로 외부 컨설팅 업체에 의뢰해 주최할 수도 있다.

» **익명 제보함을 업그레이드한다.** 때때로 직원들은 자신의 권한이 닿지 않는 조직 전체에 관한 피드백을 주고 싶어 한다. "당신 신발이 마음에 안 들어요." 같은 지적이나 끌어들이는 익명 제보함 대신에 사무실 벽면 하나를 제안 보드로 지정하라. (회사에 화이트보드로 된 커다란 벽이 있다는 전제하에 이야기하는 것이다.) 그러면 쓸데없는 피드백이나 비난은 줄고 진중한 의견만 적을 가능성이 높다. 제안 보드는 공개적이기 때문에 자리잡기까지 시간이 조금 걸릴 수 있다. 관리자가 먼저 나서서 의견을 적어 넣는 모범을 보이면서 직원들에게 권한이 있다는 사실을 일깨워 주어라.

» **경계를 분명히 설정한다.** 피드백을 직접 요청하고 실제로 시행하기 전까지는 부하 직원들이 어떻게 나올지 알 수 있는 방법이 없다. 따라서 용인할 수 있는 수준의 피드백과 선을 넘는 피드백의 기준을 최대한 분명히 알려주는 것이 좋다. 밀레니얼 세대 부하 직원이 선을 넘는다고 생각되면 솔직히 말해주어라. 모든 순간이 코칭 기회다.

» **근거를 요구하라.** 상사로서 자신의 성과에 대한 피드백을 요구할 때 상처를 주는 말이든 긍정적인 말이든 아무 말이나 듣고 싶은 의도는 아닐 것이다. 밀레니얼 세대에게 피드백을 줄 때는 구체적인 예시나 근거를 함께 제시해 달라고 부탁하라. "제 업무 상황은 전혀 점검해주지 않으시잖아요." 보다는 "지난 수개월 동안 중간 점검 차 만난 건 딱 한 번이었고 그나마도 15분이었습니다."가 훨씬 가치 있는 피드백이다. 구체적인 예시를 요구하면 밀레니얼 세대도 피드백을 줄 때 다시 한 번 신중하게 생각하게 된다. 빨래 목록 작성하듯이 절반은 현실에 근거하고 있고 절반은 머릿속에 희미하게 남은 인식의 잔상에 의존하지 않고 말이다.

상사보다 코치처럼 행동하는 법

밀레니얼 세대는 보통 업무가 싫거나 회사가 싫어서가 아니라 관리자가 싫어서 직장을 그만둔다. 밀레니얼 세대가 싫어하는 관리자는 대개 전형적인 '상사'처럼 구는 인물일 가능성이 높다. 전형적인 상사는 부하 직원을 지나치게 몰아붙이고 일이 잘못되었을 때 부하 직원을 비난하며 노예처럼 부릴 수 있는 직원을 원한다. 너무 최악의 상사 유형 같지만 실제로 자신의 상사에 대해서 이렇게 느끼는 사람도 있을 것이다.

오늘날 직장에서 이러한 유형의 상사는 세대를 불문하고 인기가 없다. 특히 자라는 동안 인생에서 듣기 힘든 피드백과 도움이 되는 말을 제대로 해줄 줄 아는 코치 한두 명쯤은 꼭 만나본 밀레니얼 세대는 특히나 이런 상사 유형을 싫어한다. 밀레니얼 세대가 생각하는 이상적인 리더는 건설적이고 역할 모델로 삼을 만하며 자신이 바위를 굴려 언덕을 올라갈 때 더 힘을 쓰라며 비난하는 사람이 아닌 옆에서 함께 밀어주는 사람이다.

테니스 코치든 농구 코치든 토론팀 코치든 인생에서 만났던 최고의 코치를 떠올려 보라. 코치는 자신의 선수가 이전보다 더 강해지고 기량이 향상될 수 있도록 돕는 멘토이자 안내자이다. 코치의 마음가짐으로 부하 직원을 대하면 자신도 모르는 새에 밀레니얼 세대에게 더 나은 상사가 되어 있을 것이다. 밀레니얼 세대는 직장에서도 진실되게 행동하고 믿을 만한 친구처럼 자신의 말에 귀 기울여 주며 (영화 '프라이데이 나이트 라이츠'에 나오는) 테일러 코치처럼 자신을 밀어붙여 줄 그런 코치를 원한다.

> "전 항상 준비가 되어 있어요. 할 말도 준비가 되어 있어요. 저는 항상 사례를 제시하고 제 논리를 설명해요. 왜냐하면 밀레니얼 세대 직원들은 분명히 다시 질문해올 게 뻔하니까요. 저는 '좋은 질문이야. 조사를 좀해 보고 대답해 줄게'라고 말하는 걸 두려워하지 않아요. 저 또한 직원들의 삶과 아이와 강아지 이야기를 듣고 싶어요. 단순히 상사 역할만 하는 것이 아니라 균형이 중요해요."
>
> — 네이트 P., 관리자

피드백 교환 시 자주 발생하는 문제 해결법

밀레니얼 세대에게 피드백을 줄 때 곤란을 겪어본 관리자는 한둘이 아니다. 어려운 일이기 때문이다. 방법이 하나인 것도 아니고 관리자로서 경력이 오래되었다고 해서 결코 수월해지는 것도 아니다. 그러나 한 가지 분명한 것은 밀레니얼 세대에게 피드백을 주는 문제와 관련해서 관리자로서 어떤 감정을 느끼든 간에 혼자만 그런 것은 아니라는 사실이다. 다른 관리자들도 같은 고통을 느끼고 같은 갈등을 경험하며 더 나아지고자 하는 욕구를 공유한다. 밀레니얼 세대 직원이라고 해서 다른 세대 직원과 크게 다르지 않으므로 밀레니얼 세대에 특화된 피드백 비법이랄 것이 없다. 일반적으로 피드백을 주는 방법을 간단히 살펴보자.

부정적인 피드백을 전달할 때

세대나 직급이나 나이에 상관없이 가혹한 피드백을 주고받는 일이 재미있을 수는 없다. 나쁜 피드백을 받으면 방어적 자세를 취하게 되고 변화를 망설이게 되고, 심지어 이직하고 싶은 충동을 느낀다. 하지만 누구나 자신의 약점을 알고 개선할 기회를 얻을 자격이 있으며 관리자에게는 팀의 성과를 개선하고 문제를 수정할 기회를 얻을 권리가 있다. X세대가 부정적인 피드백을 받을 때 선호하는 방법이 반드시 밀레니얼 세대에게도 효과가 있으리라는 법은 없다. (참고로 X세대는 반창고를 뗄 때도 최대한 빨리 떼어 달라고 부탁할 가능성이 높은 세대이다.)

문제

부정적인 피드백을 받고 밀레니얼 세대가 괴로워하면 관리자도 덩달아 괴롭다. 부정적인 피드백을 받고 오랫동안 전전긍긍하는 밀레니얼 세대 직원 때문에 초조할 수도 있다. 관리자 입장에서는 유용하다고 생각했던 대화가 서로의 관계에서 최악의 순간으로 남을지도 모른다는 생각 때문이다.

이유

밀레니얼 세대는 자아존중감 운동이 한창일 때 성장했고 어렸을 때 비판에 대처할 수 있는 훈련을 제대로 받지 못했다. 다른 세대는 비판을 떨쳐내거나 감수하고 나아가는 법을 배웠지만 젊은 세대는 개인적인 삶과 직장 생활을 통합적으로 받아들이기 때문에 피드백을 내면화한다.

해결

밀레니얼 세대 부하 직원이 상사에게 받은 피드백을 내면화한다는 것은 곧 피드백에 신경을 쓰고 있다는 뜻이다. 그것도 아주 많이. 아마도 상사를 의지할 수 있는 사람이자 코치라고 여기고 좋은 인상을 주고 싶어서일 것이다. 당장은 그렇게 보이지 않을지라도 실제로는 밀레니얼 세대가 관리자를 코치로 바라보고 있다는 좋은 신호이다. 불편함을 해소하고 나아갈 수 있는 방법은 다음과 같다.

» 부정적 피드백을 줄 때 불편하거나 어색한 상황이 될 수도 있다는 사실을 편안하게 받아들인다.
» 부정적인 피드백을 줄까 말까 망설이지 않는다.
» 적절한 때에 비판을 전달한다. 매는 빨리 맞는 것이 낫다.
» 체계적인 개선 방안을 제시한다.
» 다음 단계를 점검한다.
» 개선안을 시행하는 동안 계속해서 격려해준다.

밀레니얼 세대가 울음을 터뜨릴 때

대부분의 관리자나 리더에게는 최악의 악몽과도 같은 상황이다. 밀레니얼 세대 부하 직원이 부정적인 피드백을 듣고 울음을 터뜨린다면? 관리자는 당황해서 황급히 휴지를 찾지만 아무데도 없다면? 밀레니얼 세대가 전부 울보는 아니다. 이건 분명히 과장이다. 하지만 직원이 부정적인 피드백을 받고 울음을 터뜨린다면 그 직원이 밀레니얼 세대 신입 사원일 가능성이 높은 것은 사실이다. 아직 이런 경험이 없다는 지금부터 대비를 해두는 것이 좋다.

문제

밀레니얼 세대는 때때로 평가를 내면화해서 방어적으로 반응하거나 민감하게 반응하다 보니까 부정적인 피드백을 들으면 가끔씩 눈물이 고이거나 흘러내리거나 살짝 북받치기도 한다. 긍정적인 변화를 유도하는 데 도움이 되고자 한 말을 혹독한 비판으로 받아들여 이런 감정적인 반응을 보인다면 평가를 위한 만남이 생산적인 시간이 될 수 없다.

이유

다른 세대는 일찍부터 감정을 조절하고 포커페이스를 유지하는 방법을 배우면서 자란 반면 밀레니얼 세대는 약한 마음이나 감정을 모두 솔직하게 드러내라고 배우면서 자랐다. 게다가 밀레니얼 세대는 피드백을 개인적으로 받아들이기도 한다. 업무에 대한 평가를 개인에 대한 평가로 받아들이는 것이다.

해결

밀레니얼 세대 직원이 부정적인 피드백을 받고 울음을 터뜨리면 주의가 산만해지고 당황스럽다 못해 약간 절망스러울 수도 있다. 이런 상황에서 기억해두면 좋은 행동 요령은 다음과 같다.

> » 반사적으로 좌절감을 느끼지 않는다.
> » 눈물에 너무 주의를 기울이지 않는다.
> » 집중해서 계속 생각한다.
> » 밀레니얼 세대 부하 직원에게 하고 싶은 말이 있는지 물어본다.
> » 원하면 나중에 이야기해도 좋다고 말해준다.
> » 동정하거나 경멸하지 않는다.
> » (농담 삼아) 거북이가 그려진 휴대용 휴지나 다른 작고 귀여운 물건을 선물로 준다.

밀레니얼 세대 부하 직원의 부모님이 개입할 때

밀레니얼 세대는 부모와 매우 친밀한 유대 관계를 맺고 있으며 부모를 신뢰할 수 있는 연맹이나 친구로 생각하기도 한다. 때로는 부모의 사랑이 지나쳐서 자녀의 직장 생활에까지 개입하는 일이 가끔 발생한다. 밀레니얼 세대의 부모는 자신이 자라 온 방식과 완전히 반대로 자녀를 양육했기 때문이다.

밀레니얼 세대, 특히 노동 인구에 편입된 지 십 년이 넘은 초기 밀레니얼 세대는 점점 더 부모로부터 독립해 자립해 나가고 있는 단계이다. 다행스럽게도 엄마나 아빠가 직장에 전화하는 일이 줄어들 것이란 이야기이다. 그러나 관리자 입장에선 유감스럽지만 후기 밀레니얼 세대나 그다음 세대에게는 여전히 부모의 지원이 따라올 수 있다.

문제

밀레니얼 세대의 부모가 피드백을 주는 방식이 잘못되었다며 직장에 전화하는 비전문적이고 성가시고 비상식적인 일이 발생할 수 있다.

이유

정작 밀레니얼 세대 부하 직원은 자신의 부모가 상사에게 전화를 했다는 사실을 모르는 경우가 많다. 부모에게 조언과 해결책을 구하느라 직장에서 있었던 일을 상의는 했겠지만 부모가 자발적으로 문제를 해결해주겠답시고 직접 나선 것이다. 로트와일러 개한테 '물어'라고 시키듯이 밀레니얼 세대 부하 직원이 직장 상사에게 연락해서 따지라고 부모를 사주했을 가능성은 높지 않다.

해결

베이비부머 세대 부모가 참견하는 일에 대처하거나 미리 방지하는 방법은 다음과 같다.

» 부하 직원의 부모에게 관심을 가져주셔서 감사하지만 직장과 관련된 일은 자녀와 직접 대화하시는 게 좋겠다고 권면한다.
» 밀레니얼 세대 부하 직원에게 어찌된 영문인지 물어본다.
» 밀레니얼 세대 부하 직원에게 부모님의 개입이 경력에 미칠 수 있는 악영향을 설명해준다.
» 이미 벌어진 일이니 마무리하고 넘어간다.
» 부모님이 개입한 일로 밀레니얼 세대 부하 직원을 비난하거나 무능력하다고 생각하는 근거로 삼지 않는다.
» 친밀한 부모와 자식 관계를 긍정적으로 활용해 직원들의 사기를 북돋운다. 예를 들어 '부모님 직장에 모시고 오는 날' 등을 만든다. 훌륭한 마케팅 전략이 될 수도 있다.

밀레니얼 세대 부하 직원이 사표를 쓰려 할 때

밀레니얼 세대 부하 직원이 사표를 쓴다면 가장 최근에 받은 피드백 때문일 가능성이 크다. 관리자는 마지막에 준 피드백이 밀레니얼 세대 직원이 조직을 떠나는 궁극적인 이유가 되는 것을 원하지 않는다.

문제

밀레니얼 세대는 부정적인 피드백을 받으면 자신의 행동이나 업무를 수정할 수 있는 계획을 세우기보다는 자신의 성장과 경력 향상에 더 도움이 되는 (또는 감정이 덜 다치는) 직장을 찾아 떠날 계획을 세우기 시작한다.

이유

밀레니얼 세대는 구체적인 개선 방안 없이 비판적인 피드백을 받으면 동기 부여가되는 대신 업무 사기가 저하된다. 강점보다 약점 위주로 지적을 받으면 밀레니얼 세대는 '내가 한 일이 뭐지?' 또는 '내가 여기 있을 이유가 있나?'라고 자문하며 자신이 과연 제대로 할 수 있는 일이 있을지를 의심한다. 다른 세대는 확실히 다음 자리를찾기 전에는 감히 지금 다니는 직장을 떠나는 꿈도 꾸지 않지만 밀레니얼 세대는 행복하지 않은 직장에서 더 이상 인생을 낭비할 필요가 없다고 생각한다.

해결

밀레니얼 세대 부하 직원이 남기를 바란다면 재빨리 움직여야 한다.

>> 비공식적인 회의를 잡는다.
>> 솔직하게 업무 상황을 점검하고 다음 만남을 언제로 할지 물어본다.
>> 밀레니얼 세대 부하 직원이 관리자에게 피드백을 줄 수 있는 기회를 제공한다.
>> 밀레니얼 세대 부하 직원의 성장과 개선을 위한 분명한 체계가 제자리에 있는지 물어본다. (그렇지 않다고 하면 하나를 마련한다.)
>> 모든 노력이 서로에게 효과가 없다면 밀레니얼 세대 부하 직원을 놓아줄 차례이다.

chapter

09

밀레니얼 세대 동기
부여하는 법···WHY 세대

제9장 미리보기

- 의미로 밀레니얼 세대 동기 부여하는 법
- 금전적 보상 이상의 보상
- 밀레니얼 세대가 성공하기 위해 필요한 근무 환경 조성하는 법

"무엇 때문에 아침마다 일어나서 하루를 시작하나요?" 단순한 질문이지만 직장에서 함께 일하는 방법이나 인재를 보유하는 법을 이해하기 위해서는 개인별 동기 부여 요인에 대한 정보는 필수적이다.

불특정 다수에게 이 질문을 하면 개인마다 대답이 천차만별일 것이다. 그러나 좋아하는 사람들과 만나기 위해서, 할 일이 있어서, 강아지한테 밥을 줘야 해서(물론 자신이 먹을 밥도 차리고), 공과금을 내려면 돈을 벌어야 해서, 휴가를 가려면 돈을 벌어야 해서 등등 세대를 불문하고 공통적으로 들을 수 있는 대답도 있다. 세대에 관계없이 누구나 의미가 있고 결실이 있는 업무를 하고 싶어 한다. 모든 관리자나 리더도 마찬가지일 것이다. 그러나 관리 능력이 한 단계 올라가면 세대별 동기 부여 요인에는 유

사성도 있지만 중요한 차이점이 존재한다는 사실을 이해해야 한다. 세대별로 동기 부여 요인이 미세하게 다르다는 사실을 알면 어느 세대 부하 직원이든지 그 열정에 제대로 불을 지필 수 있는 도구를 찾을 수 있다.

문제는 관리자가 꽤 오랜 시간 베이비부머 세대와 X세대와 일하면서 이들 세대에 특화된 동기 부여 비법과 전략을 세우는 감각을 연마했다는 사실이다. 밀레니얼 세대, 특히 후기 밀레니얼 세대 신입 사원은 아직 완벽하게 파악이 되지 않은 상태이다.

관리자는 과거 세대와는 동기 부여 요인이 완전히 다른 복잡한 밀레니얼 세대를 더 잘 이해하기 위해서 도움이 필요하다는 사실을 깨닫고 있다. 이번 장에서는 밀레니얼 세대에게 보상과 영감을 주는 방법을 조명한다. 또한 밀레니얼 세대가 의미를 그토록 중요하게 생각하는 이유와 금전적 보상의 가치를 재고하고 창의적인 비금전적 보상으로 넘어가야 하는 이유를 알아본다. 비금전적인 보상의 사례를 제공하고 카다시안 무리에게만 적용되는 줄 알았던 #공동의목표(#squadgoals)가 밀레니얼 세대 사이에 보편적으로 퍼진 과정을 살펴본다. 마지막으로 조직 내에서 친구이자 동료로서 강한 공동체 의식을 형성하는 전략과 이직률 높기로 악명 높은 밀레니얼 세대 인재를 보유하는 전략을 살펴볼 것이다.

의미 부여하는 법

밀레니얼 세대 직원을 둔 관리자가 흔히 가지는 불만은 "왜 나한테는 통하는 동기 부여 요인이 밀레니얼 세대에게는 통하지 않는 거야?"이다. 이 질문에 대한 답을 완전히 이해하기 위해서는 시간을 거슬러 올라가 다른 세대들이 어떻게 자랐는지를 먼저 살펴보아야 한다. 밀레니얼 세대의 사고 방식을 형성한 성장 과정이 이전 세대와는 매우 다르다는 사실을 알면 왜 밀레니얼 세대가 직장에서도 다른 무엇보다 의미를 갈망하는지를 알 수 있다.

밀레니얼 세대는 직장을 찾을 때마다 그곳에서 자신이 변화를 만들어낼 수 있는지를 따진다. 그러나 변화를 추구하는 방식은 천차만별이다. 밀레니얼 세대는 인간의 삶이나 동물의 삶 혹은 공동체의 삶에 긍정적인 영향을 미치고 싶어 한다. 기후 변화에 맞서 싸우는 큰 일부터 나중에 커피숍에 들러 커피를 구걸할지도 모르는 이름 모를 누군가를 위해 미리 커피값을 지불하는 작은 일까지 밀레니얼 세대의 의미를 향한 욕구는 다양한 모습으로 나타난다. 어떤 방식으로든 밀레니얼 세대는 자신이 직장에서 변화를 만들고 있는지 그리고 자신이 중요한 역할을 하고 있는지를 알아야 직성이 풀린다. 그렇지 않다면 아침에 일어나서 회사에 출근할 이유가 없는 것이다.

지나온 과거

옛날 옛적 전통 세대가 베이비부머 자녀를 키우던 시절에는 마음속에 한 가지 목표밖에 없었다. 아메리칸 드림(American Dream)을 이루자. 이 목표를 좇아 많은 베이비부머 세대는 전통적인 인생 여정대로 대학에 진학하고 회사에 취직하고 결혼을 하고 돈을 벌어서 집을 사고 가정을 꾸렸다. (부디 그 여정에 약간의 재미도 있었길 바란다.) 근면성실을 훈장이나 다름없이 여겼던 베이비부머 세대는 시간과 노력에 희생을 더해 열망했던 존경심을 얻었고 성공을 거두었다. 베이비부머 세대는 뼈가 닳도록 일했고 경쟁에서 이기기 위해 싸웠기 때문에 직업의 의미를 재정의할 시간도 마음의 여유도 없었다. 베이비부머 세대는 수백만 명의 다른 베이비부머와 경쟁해서 직장에 들어갔기 때문에 월급을 받지 못하면 자신뿐만 아니라 가족을 먹여 살릴 수 없는 현실의 혹독함을 잘 알았다.

일부 베이비부머 세대는 원하던 수준의 성공을 이루어냈지만 그 대가로 아이들이 자라는 모습을 지켜볼 기회를 놓쳤고 개인적인 취미 생활이나 관심사에 투자할 시간을 추가 근무와 맞바꿨다. 그러나 대공황이 닥치자 많은 베이비부머 세대는 그동안 회사에 바쳤던 충성심을 해고와 재정 파탄으로 돌려받았다.

아메리칸 드림의 그림자를 경험하면서 베이비부머 세대는 자연스럽게 밀레니얼 세대 자녀만큼은 세상을 조금 더 가볍게 살 수 있도록 키워야겠다고 다짐했다. 베이비부머 세대는 밀레니얼 세대 자녀에게 월급을 받는 것보다 시간이나 재능을 현명하게 사용하는 것이 더 중요하다고 가르쳤다. "나처럼 평생 열심히 일만 하지 말고 너한테 의미 있는 일을 찾아서 해." 밀레니얼 세대가 이 말을 들을 때마다 하늘에서 100원짜리 동전이 하나씩 떨어졌다면 지금쯤 밀레니얼 세대는 전부 (빚 없는) 부자가 되었을 것이다.

베이비부머 세대 부모의 이러한 가르침은 의미에 굶주린 밀레니얼 세대를 탄생시킨 한 축이다. 다른 한 축은 밀레니얼 세대가 자라면서 목격한 세상이다. 밀레니얼 세대는 제도의 잇달은 몰락을 목격했다. 학교 총기 난사가 끊이지 않았고 끔찍한 9/11 테러 사건이 일어나는 등 밀레니얼 세대는 성장기에 미국 본토에서 수많은 폭력을 경험했다. 초등학교 때는 앨 고어의 『불편한 진실(Inconvenient Truth)』을 보며 지구온난화에 관한 진실을 마주했고 그 이후에도 '더 데일리 쇼(The Daily Show)'나 '바이스 뉴스(VICE news)'에서 폭로하는 불편한 진실에 시달리며 불안감을 느꼈다. 베이비부머 세대는 "너희 세대가 이 문제를 해결할 수 있어. 너희 세대가 세상을 더 나은 곳으로 만들 수 있을 거야."라며 밀레니얼 세대 자녀를 격려했다. 이 메시지는 밀레니얼 세대의 마음속 깊은 곳에 자리 잡았고 밀레니얼 세대 정신의 일부가 되었다. 밀레니얼 세대는 조직이나 세계에 긍정적인 방향으로 기여하거나 영향을 미치지 않으면 자신이 아무것도 하고 있지 않다고 생각한다.

28세 전문 직장인 알부스가 있다고 가정해보자. 알부스는 똑똑하고 목표 지향적이며 창의적이고 야망이 있다. 다른 기업의 인사 담당자들은 알부스 같은 능력있는 인재를 가만히 두지 않았고 알부스는 스카우트 제의에 응해서 몇 번 직장을 옮겼다. 모두가 탐내는 젊은 인재가 당연히 현재 상황에 만족하고 있을 거라는 모두의 예상과는 달리 알부스는 혼란스러워하고 있다. 알부스는 친구에게 이렇게 털어놓았다. "모든 기회가 감사하지만 내가 하는 일이 의미가 있는지는 잘 모르겠어… 세상에 별로 도움이 안 되는 이 일을 얼마나 계속할 수 있을지 확신이 없네." 알부스가 직장에서 맡은 어떤 역할도 큰 그림과 이어지지 않았기 때문에 결국 알부스는 자신이 하는 일이 사회적으로는 아무런 영향력을 만들어내지 못하고 있다고 느낀 것이다. 따라서 알부스는 지금부터라도 자신의 재능을 이용해 세상을 더 살기 좋은 곳으로 만들겠다는 포부를 좇아 회사를 떠나기로 결심했다.

밀레니얼 세대를 위해 점을 연결해주는 법

밀레니얼 세대만이 의미 있는 직업을 원하는 유일한 세대가 아니라고 주장하는 사람도 있을 것이다. 옳은 지적이다. 밀레니얼 세대만 특별한 것이 아니다. 후기 베이비부머 세대도 세상을 더 나은 곳으로 만들고자 노력한 운동가 집단이었고 X세대도 자신들을 따라붙는 무관심하다는 꼬리표가 틀렸다는 사실을 입증하고 사람들의 삶에 긍정적인 영향을 미치기를 원했다. 밀레니얼 세대가 다른 세대와 결정적으로 다른 점은 다음 두 가지이다.

> » 다른 세대는 과거에도 그랬고 지금도 자신들이 차이를 만들고 있다는 사실을 입증해줄 증인을 필요로 하지 않는다. 밀레니얼 세대는 최종 결과나 업무 성과가 구체적으로 눈에 보이지 않으면 자신의 발자취를 확인하기 위해 몸부림친다.
> » 다른 세대는 자신이 원하는 대로 세상을 바꿀 수 있게 도와줄 권력, 영향력, 돈이 따르는 자리로 승진할 때까지 기꺼이 기다렸다. 하지만 밀레니얼 세대는 입사 첫날부터 변화를 만들고 싶어 한다.

밀레니얼 세대 직원이 업무에 몰입하고 동기 부여될 수 있도록 하려면 점을 연결할 수 있도록 도와주어야 한다. 밀레니얼 세대에게 그들이 하고 있는 일이 어떻게 관리자와 회사와 공동체에 영향을 미치고 있는지를 보여주어라. 조직마다 예산, 인력, 산업 분야가 다르기 때문에 다양한 방법이 존재한다. 하지만 다행히도 종사하는 업무 환경에 상관없이 공통적으로 접근할 수 있는 방법이 몇 가지 있다. 아래 검증된 방법 중 하나를 선택해서 밀레니얼 세대가 점을 연결할 수 있도록 도와주어라.

> » **물리적 연결** : 한 대기업이 실행한 '시선(Line of Sight)'이라는 프로그램이 있다. 이 프로그램의 의도는 각 조직 구성원이 하는 직무를 조직의 사명(mission)에 연결하는 것이다. 기업 본사에 있는 커다란 벽에서 직원들의 각자의 역할을 찾을 수 있고 부서끼리 얽히고설킨 선을 따라서 조직 구성도 꼭대기까지 올라가다 보면 자신의 역할이 조직의 사명에 어떻게 연결되어 있는지를 분명하게 볼 수 있다. 각 조직 구성원은 말 그대로 커다란 기계의 부속품인 것이다. 하지만 원래 이 표현은 부정적인 의미를 담고 있지만 여기서는 부속품 없이는 기계가 작동할 수 없다는 긍정적인 의미로 쓰였다. '시선'은 모든 직무 역할에 빠르고 효과적으로 의미를 부여할 수 있는 방법이다.
> » **가족과 연결** : 물류 창고나 공장 노동자 등 육체 노동 종사자가 자신의 직무를 고상한 인류애와 연결하여 생각하기는 조금 어렵다. 한 기업이 조사한 바에 따르면 물류 창고에 쌓인 상품이 최종 소비자에게 긍정적인 경험

을 줄 수 있다는 메시지는 물류 창고 근무자에게 별다른 감흥을 주지 못하는 것으로 드러났다. 대상이 불분명하고 비효과적이기 때문이다. 그래서 한 조직은 조금 더 개인적으로 접근하기로 했다. 개별 직원에게 사랑하는 사람의 사진을 가져오게 한 뒤 사진 뒷면에 다음 문장을 쓰고 빈칸을 채우도록 했다. "나는 ＿＿＿＿＿＿＿＿하기 위해서 열심히 일한다." 조직의 미션을 직원이 사랑하는 사람에게 연결함으로써 직원들에게는 일할 만한 가치를 상기시켜 주는 최종 목적이 생긴 것이다.

» **개인적 연결** : 모든 직무에는 목적이 있다는 사실을 밝히기 위해 KPMG 회계법인은 '더 높은 목적을 찾기 위한 중점 과제(Higher Purpose Initiative)'를 시행했다. 조직 구성원들이 직접 점을 연결하도록 하는 것이 과제의 핵심이었다. KPMG는 전 직원을 대상으로 '만 개의 이야기 공모전(10,000 Stories Challenge)'을 열어서 어떻게 자신의 일에서 의미를 찾았는지에 관한 개인적인 이야기를 공모했다. 응모된 이야기만 총 4만2천 개에 달하며 공모전은 대성공을 거두었다. KPMG는 여기서 한 발 더 나아가 응모된 이야기를 내부에서는 포스터로 만들어 공유하고 외부에도 회사 홍보 자료로 만들어 배포했다. 사원들이 회사에서 직접 경험한 몰입과 충성심과 자부심을 엮은 이야기 덕분에 KPMG는 포춘 지가 선정하는 '일하기 좋은 100대 기업' 순위에서 17계단이나 상승할 수 있었다.

"다른 사람의 업무를 돕고 지원할 수 있는 모든 일에서 제 일의 의미를 찾아요."

—미셸 S., 밀레니얼 세대 사원

» **동료와 연결** : 때로는 점을 연결하기 위해서 공식적인 프로그램이 꼭 필요하지 않을 때도 있다. 대신 의미 있는 어떤 일을 하거나 의미 있는 일을 하는 사람을 도운 경험을 나눌 수 있는 조직 문화가 필요하다. 몸담고 있는 산업 분야가 더 높은 목적에 직접적으로 연결되지 않는다면 열린 조직 문화를 만들어서 조직 문화 자체가 목적이 되도록 하라. 서로 의지할 수 있는 또래나 동료끼리 네트워크를 구축한 다음 우정을 장려하고 팀이 더 좋은 성과를 내는 것을 1차적 목표로 열심히 일하는 분위기를 조성하라.

"직장은 인생의 대부분을 보내는 곳이니까 의미가 굉장히 크죠. 직장 생활을 즐겨야 해요. [직장 동료들과 저는] 다 같이 야유회를 가거나 각자 음식을 하나씩 해 와서 밥을 먹거나 하면서 직장에서 친목을 다지려고 노력해요… 더 가족 같은 분위기를 만들기 위해서요."

−베서니 B., 밀레니얼 세대 사원

직업 자체가 별로 의미 있지 않은 경우에 대안

비영리기업, 지역사회 봉사, 사회복지 같은 분야는 직무 자체에 의미가 통합되어 있다. 이미 '선이 이어져' 있는 것이다. 반면에 제조업이나 식료품업 같은 산업에서는 직무 자체에 직접적인 의미를 부여하기가 힘들다. '그냥 일이지'라고 생각하거나 '회사가 돈 벌어서 월급 주면 집세 내고 공과금 내려고 일하는 거지'라고 생각해 버리기 쉽다. 이러한 사고방식은 관련 직무를 하찮게 여기도록 만든다. 직급이나 직함이나 산업 분야에 상관없이 모든 직업은 의미 있는 목적에 쉽게 연결할 수 있다. 관리자로서 가장 중요한 책임은 점에 해당하는 각 직무가 단순한 돈벌이를 넘어선 목적에 연결될 수 있도록 하는 것이다. 이 연결 작업은 어렵지 않다. 필자들이 선 연결 작업에 도움이 필요한 관리자들을 위하여 만든 단순한 순서도(그림 9-1 참조)만 있으면 말이

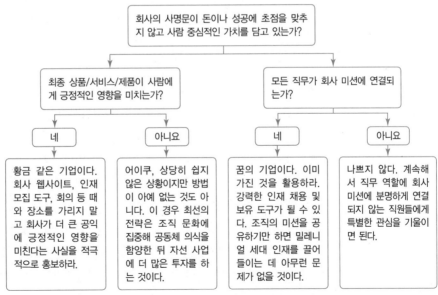

그림 9-1
직무를 목적에 연결할 수 있도록 도와주는 순서도

BridgeWorks. Minneapolis, MN. (October, 2016)

다. 인생의 최종 목적을 찾기란 여전히 어려울 수 있지만 그림처럼 간단한 질문에 대답하는 것만으로도 예전에 미처 보지 못했던 점들을 연결할 수 있는 기회를 찾을 수 있을 것이다.

자선 사업

기업 활동에 의미를 주입하기에 자선 사업보다 더 빠른 방법은 없다. 솔직히 기업 세계에서 조직(이나 사명)에 상관없이 탄탄한 기부 전략만큼 효과가 보장된 계획은 없다. 기업 홍보 관점에서 지난 30년은 미국 기업에게 호의적인 시절이 아니었다. 뉴스와 할리우드 영화를 포함한 미디어는 앞다투어 기업을 깎아내렸다. 다음 세대 조직 구성원은 '대기업의 탐욕'을 경계하고 학자금 대출을 갚기 위해서 '영혼을 팔거나' 혹은 '부자나 권력자의 배를 불리기 위해 일해야' 할 수도 있다는 사실을 혐오할 것이다.

이러한 부정적인 고정관념에 맞서 또 다른 의미를 주입하려면 자선 사업 참여를 주요 목표로 삼을 수밖에 없다. 첫 번째로 할 일은 자선 활동 계획을 수립하고 밀레니얼 세대가 좋아할 만한 자선 활동도 몇 개 포함시키는 것이다. 두 번째로 할 일은 온 세상이 떠들썩하게 자선 사업을 홍보하는 것이다. 아무도 (특히 구직 중인 밀레니얼 세대가) 모르면 자선 활동에 아무리 적극적으로 참여해봤자 안 하니만 못하다.

자선 활동에 참여할 수 있는 방법은 많지만 처음이라면 아래와 같이 시도해보아라.

> » **자원 봉사** : 너무 뻔하지 않은가? 약간 그렇긴 한다. 하지만 그 중요성은? 말할 필요도 없다. 자원 봉사 프로그램을 정착시키려면 엄청난 노력을 기울여야 한다. 일 년에 하루를 전 직원이 유급으로 각자 원하는 자원 봉사에 참여하는 날로 지정하라. 더 좋은 방법도 있다. 회사 야유회 차원에서 자원 봉사 이벤트를 후원하여 전 직원과 부서가 함께 할 수 있는 자리를 마련하라. 해외 봉사를 기획해 직원들을 대상으로 참여하고 싶은 사람을 모집해도 좋다. (아니면 성과에 대한 보상으로 해외 봉사 참여 기회를 제공할 수도 있다.) 회사의 예산이 허락하는 선에서 자원 봉사 활동에 참여할 수 있는 기회를 마련하면 기업 입장에서도 효과가 있고 밀레니얼 세대에게도 매력적으로 다가갈 수 있다.

밀레니얼 세대는 '형식적인 단체 사진'을 꼭 남겨야 참여한 의의가 있다고 생각하는 세대가 아니다. 밀레니얼 세대는 자원 봉사에 적극적으로 참여하길 원하며 경험적 측면과 소셜네트워크에서 공유할 만한 가치가 큰 활동을 더 선호한다. 활발하게 협업할 수 있는 자원 봉사 활동에 주목하라. 그러면 밀레니얼 세대는 동료와 관계를 맺고 재미있는 이야깃거리를 소셜 미디어에 공유할 것이다. 또한 그렇게 공유된 이야기를 통해 더 많은 인재를 기업으로 유인할 수 있을 것이다.

» **적극적인 나눔** : '적극적인 나눔(active giving)'은 자원 봉사에서 살짝 변형된 개념이다. 밀레니얼 세대는 (컬러런이나 워리어 대시 같은) 이벤트성 마라톤과 게임화를 적용한 헬스를 즐기는 등 건강과 웰빙을 중요하게 생각하는 세대이다. 이런 건강에 대한 세대적 관심을 자선 사업과 결합시키면 어떨까? 밀레니얼 세대의 건강한 삶을 살고자 하는 욕구와 비슷한 생각을 공유하는 직장 동료들과 공동체를 이루고 싶어 하는 욕구를 동시에 충족시킬 수 있을 것이다. 회사 사람들끼리 자선 사업을 목적으로 한 5킬로미터 말라톤에 참가하거나 팔굽혀펴기 대회를 열어서 지역 학교에 기부할 돈을 모금하라. 상상력(과 체력만) 뒷받침된다면 실천 방법은 무궁무진하다!

» **기업 나눔** : 기업 나눔 활동에 동참할 수 있는 방법 또한 무궁무진하다. 여태까지 한 번도 동참해본 적이 없는 조직도 이제는 필수적으로 참여해야 한다. 기업 나눔 활동에 동참하지 않는다면 밀레니얼 세대의 신뢰를 잃게 될 것이기 때문이다. (기업이 사회 공헌 활동에 대해 더 알고 싶다면 와일리에서 출간한 칼 무스, 마이클 린덴메이어, 존 클루지의 『Charity and Philanthropy for Dummies』를 참고하라.) 밀레니얼 세대 직원들에게 기업이 벌어들인 돈이 어디에 쓰이고 있는지 알려줘라. 전 직원을 대상으로 투표를 실시해서 기업 예산을 어떻게 쓸지 의견을 물어보거나 조언을 구하는 것도 좋다.

» **월급 기부** : 새로운 개념은 아니지만 모든 직원이 사회 환원을 실천하고 있다고 느낄 수 있게 하는 좋은 방법이다. 직원들이 월급을 받을 때마다 일정액을 기업이 후원하는 자선 단체에 기부하기를 원하는지 물어보아라. 이때 자선 단체를 여럿 제시해서 선택권을 주는 것이 무엇보다 중요하다. 밀레니얼 세대의 눈에 더 가치 있어 보이는 기부 영역이 분명히 있을 것이기 때문이다.

"제 직업에서 가장 보람을 느끼는 부분 중 하나가 업무에서 잠시 손을 놓고 직원들이 지역 사회 봉사 활동에 참여해 자원과 돈과 재능을 기부하는 모습을 지켜볼 때예요. 밀레니얼 세대 신입 사원들이 없었다면 지금처럼 우리 회사가 강한 브랜드 이미지를 구축할 수 없었을 거예요. [밀레니얼 세대는] 일과 업무를 통합할 수 있는 선한 길을 제시해줬어요."

―앤 M., 관리자

기업의 자선 사업은 가장 강력한 마케팅 도구나 협상 무기로 활용할 수 있다. 어디에 또는 누구에게 기부하는지를 투명하게 밝혀라. 비밀로 유지하다가 어느 기자에게 덜미라도 잡히면 (밀레니얼 세대 직원들에게뿐만 아니라) 모두에게 신뢰를 잃을 수 있기 때문이다. 또 다른 좋은 점은 어느 회사에 들어갈지 망설이고 있는 인재를 설득할 때 기업의 자선 활동 분야가 후보자의 가치관과 일치하면 인재를 유인하기에 유리한 위치에 서게 된다는 점이다.

비금전적 보상을 좋아하는 세대를 위한 보상 전략

밀레니얼 세대는 빚이 많은 세대이다. 따라서 세대 이론에 무지한 사람이 보면 금전적 보상에 목을 맬 것이라고 섣불리 가정하기 쉽다. 밀레니얼 세대 동기 부여 전략이 그저 주기적인 봉급 인상만으로 충분하다면 얼마나 좋을까! 그러나 진실은 훨씬 더 복잡하다.

금전적 보상만으로는 충분하지 않은 이유

밀레니얼 세대는 빚을 갚고 싶어 한다. 하지만 단지 빚을 갚을 돈을 벌기 위해 한 직장에 머물러 있지는 않는다. 왜일까? 가장 큰 이유는 다음과 같다.

» 눈에 보이지 않는 안전망처럼 부모님이 항상 옆에 있다. '부메랑 자녀 (Boomerang kids)'라는 용어를 들어보았을 것이다. '부머(Boomer)'라는 단어가 들어가 있는 것은 우연이 아니다. 자녀가 현재 직업에 만족하지 못하는가? '평생의 업으로 삼을 수 있는 직장'을 찾기까지 시간이 더 필요한가?

베이비부머 세대 부모는 밀레니얼 세대 자녀가 다시 집으로 들어와도 받아준다. 월세도 안 받는 경우가 있다. 부모의 지원 덕분에 밀레니얼 세대는 아무 대책 없이 직장을 그만두고도 미래에 가장 보람 있다고 생각하는 직업을 찾을 때까지 여유롭게 자신을 돌아보고 경력을 재조정할 수 있다.

» **내일은 누구도 장담할 수 없다.** 밀레니얼 세대의 인격 형성기에 발생한 9/11 테러는 밀레니얼 세대에게 엄청난 영향력을 미쳤다. 만약 9/11이 일어나지 않았다면 한없이 낙천적이기만 했을 밀레니얼 세대는 이 사건으로 인해 내일은 누구도 장담할 수 없다는 사실을 깨달았다. 그러므로 지금 이 순간을 사랑하고 최대한 즐겨야 한다는 사실을 말이다.

» **돈으로 보장되는 것은 아무것도 없다.** 밀레니얼 세대는 경기 대침체 당시 부모님과 친구의 부모님, 심지어 학교 선생님과 상담 선생님까지 집과 퇴직 연금을 잃는 모습을 보았다. 물론 돈을 버는 것도 인생의 목표 중에 하나지만 밀레니얼 세대는 아무리 열심히 일하고 저축하더라도 경기 불황이 닥치면 너무나도 쉽게 모든 걸 잃을 수 있다는 사실을 깨달았다. 그래서 밀레니얼 세대는 경기 변동에도 끄떡없는 대인 관계, 경험, 직무 능력 등에 투자하는 것이 훨씬 더 가치 있다고 생각한다.

밀레니얼 세대에게 돈이 의미만큼 동기 부여가 되진 않지만 선한 마음이 밥을 먹여 주지는 않는다. 똑똑한 보상 전략은 밀레니얼 세대가 조직을 떠날지 남을지를 고민할 때 선택에 결정적인 영향을 미치는 요인이 될 수 있다. 여성은 특히 남성 동료와 비교해 공정한 보상이 이루어지고 있지 않다고 생각하면 조직을 떠날 가능성이 높다. 금전적 보상은 반드시 필요하지만 너무 높은 우선순위를 부여하다가 다른 모든 동기 부여 요인이나 보상을 잊어서는 안 된다. 다음에 나오는 내용을 잘 참고하여 연봉 협상은 전략적으로 하라.

보상 : 금전적 보상에 관한 내용

밀레니얼 세대에게 '보상(compensation)'이란 단어는 단지 지폐나 동전보다 훨씬 더 넓은 의미를 지닌다. 인재를 채용할 때 면접 과정에서 다층적인 보상 체계를 제시하라. 밀레니얼 세대에게 회사와의 관계는 단순히 근무 시간에 대한 금전적 보상을 지급하는 거래 관계가 아니다. 훨씬 더 복잡하고 미묘한 관계이다. 밀레니얼 세대에게 회사에서 받는 보상이란 자신의 발전과 공동체 문화 및 팀워크 구축에 대한 투자이자 건강과 웰빙에 대한 지원이기 때문이다.

> » 밀레니얼 세대에게 통하지 않는 말 : "처음에는 힘들겠지만 시간이 지나서 첫 월급을 받게 되면 생각이 달라질 거야!"
> » 밀레니얼 세대에게 통하는 말 : "우리 회사는 직원을 소중하게 여기고 투자의 대상으로 바라보기 때문에 금전적 보상뿐만 아니라 교육 기회와 건강 프로그램도 제공해. 전인적인 인간을 양성하는 일이 중요하다고 믿으니까."

보상 : 공정성에 관한 내용

인터넷에 접근할 수 있느냐는 곧 (가짜 언론은 제외하고) 진실에 접근할 수 있느냐와 동의어이다. 인종, 성별, 지위 등에 따른 소득 불평등이 존재한다는 것은 누구나 다 아는 공공연한 사실이다. 특히 후기 밀레니얼 세대는 기업의 보상 체계가 공정하길 기대한다. 거기에 추가로 개인의 요구를 반영한 보상 체계를 원한다. 밀레니얼 세대는 모든 것을 맞춤화하는 능력을 높이 평가하고 보상도 예외가 아니다.

> » 밀레니얼 세대에게 통하지 않는 말 : "모두를 공평하게 대해야 한다고 믿으니까 모두에게 똑같은 보상 체계를 적용할 거야."
> » 밀레니얼 세대에게 통하는 말 : "우리 보상 체계는 투명하고 공정해. 그래서 세세한 보상 절차도 알려주고 필요하면 의견도 달라고 하는 거야. (예를 들면 개인적으로 기본급보다 성과급이 높았으면 좋겠다든가.)"

보상 : 다른 사람의 연봉 정보에 관한 내용

과거에는 연봉 정보를 공유하고 비교하는 것은 상상조차 할 수 없었고 상도덕에 완전히 어긋나는 행동이라고 생각했다. 윗세대는 밀레니얼 세대가 연봉을 포함해 예전에는 직장에서 금기였던 주제들을 너무나도 태연하게 이야기하는 것을 보면 까무러칠지도 모른다. 이전 세대에는 지난 주에 월급 봉투에 얼마가 들어 있었는지 또는 가장 최근에 받은 성과급이 얼마인지를 입 밖으로 꺼내는 일이 흔하지 않았다. 이들은 교실에서 서로 숙제를 바꿔서 점수를 매겨 주며 자랐기 때문에 연봉 정보도 새어나갈 수 있다는 사실까지는 이해한다. 다른 사람이 소문을 퍼뜨리는 것까지 통제할 순

【 보상 】

눈이 보이는 보상이 전부가 아니다. 전문가처럼 보상을 지급하려면 근시안을 버리고 눈을 크게 뜨고 '총 보상(total rewards)' 관점에서 바라보아야 한다. (가장 단순무식하게) 돈을 더 주는 것 말고 밀레니얼 세대는 어떤 보상을 매력적으로 느끼는지 생각해보라. 성과급, 비금전적 보상, 교육 기회 등 모든 보상을 밀레니얼 세대의 시각에서 검토하라.

- 복지 혜택은 보상의 일부이며 밀레니얼 세대는 건강에 초점을 맞춘 강력한 복지 혜택을 바란다. 특히 건강 프로그램에 주목하자. 밀레니얼 세대가 매우 중요하게 생각하는 부분이다.

- 밀레니얼 세대는 높은 성과급보다 기본급을 더 중요하게 생각한다. 예를 들어 기본급/성과급 비율이 30/70보다 70/30을 더 선호한다.

- 근무 방식, 근무 장소, 근무 시간에 관한 유연성은 밀레니얼 세대에게 엄청나게 큰 동기 부여 요인이다.

- 비금전적 보상을 늘려라. 작고 사소해 보이는 보상도 효과가 클 수 있다.

- 창의성을 발휘하라. 헬스 클럽 할인권은 누구나 줄 수 있지만 매년 열리는 철인 3종 경기나 요가 수련회 참가권을 주는 회사는 상대적으로 드물 것이다.

없다. 그러나 여전히 연봉 이야기가 나오면 대화 주제를 돌릴 수는 있다.

> » 밀레니얼 세대에게 통하지 않는 말 : "다른 사람과 연봉을 비교하다니 믿을 수가 없네. 다른 사람이 얼마를 벌건 너랑은 상관이 없어."

> » 밀레니얼 세대에게 통하는 말 : "개인 연봉을 산출할 때는 엄청나게 많은 요인이 고려되기 때문에 단순 비교가 어려워. 네가 원하는 연봉을 제시하면 우리가 어떻게 최대한 도와줄 수 있는지에 집중하자."

욜로(YOLO)족에게 적절한 보상

래퍼이자 가수이자 싱어송라이터인 드레이크 덕분에 밀레니얼 세대의 삶의 방식의 정수를 꿰뚫는 유명한 모토가 탄생했다. 바로 '한 번 사는 인생(you only live once)'의 줄임말인 욜로(YOLO)이다. 욜로라는 말 뒤에 담긴 정신은 그다지 새롭지 않다. '내일은 장담할 수 없다', '카르페 디엠', '순간을 살아라' 등 말만 조금씩 다르고 의미는 같은 모토는 많다. 하지만 밀레니얼 세대는 욜로를, 특히 가슴속 깊숙이 받아들였다. 현재의 편안함을 희생하면서 많은 시간과 관심을 성공적이고 편안한 노후를 위해 투자

대침체는 밀레니얼 세대에게 대기업은 믿을 수 없으며 집을 사는 것이 항상 최선의 결정이 아니며 저축한 돈은 언제든지 날아갈 수 있다는 깨달음을 주었다. 게다가 (9/11, 영화관 총기 난사 사건, 보스턴 마라톤 폭탄 테러 등) 밀레니얼 세대가 인격 형성기에 목격한 수많은 비극이 오늘을 살기를 원하는 세대를 낳았다.

왜 욜로가 비생산적인 마음가짐인지를 물고 늘어지기보다 밀레니얼 세대가 현재를 얼마나 열정적으로 살고 있는지를 기뻐해야 한다. 의미 있는 경력을 쌓을 수 있는 특권과 금전적 보상을 포기하고 조직을 떠나는 밀레니얼 세대 때문에 손해를 보는 기업도 있겠지만 일상적인 업무에 열정을 불어넣어주는 밀레니얼 세대 덕분에 활력을 되찾는 조직도 있을 것이다.

했던 다른 세대는 상실감을 느꼈다. 다른 세대의 눈에 밀레니얼 세대는 욜로라는 안대를 쓰고 근시안적인 마음가짐으로 충동적인 의사 결정을 하는 것처럼 보였다.

다른 세대에게 좌절감을 안기는 밀레니얼 세대의 행동 중에 욜로 정신으로 설명되는 행동은 다음과 같다.

» 대책 없이 현재 다니고 있는 직장을 그만둔다.
» 연봉이 높은 직업을 버리고 연봉은 더 낮지만 즐길 수 있는 일을 선택한다.
» 일 년도 채 되지 않아 또 진로를 바꾼다.
» 저축하지 않고 소비한다.
» 소유하지 않고 대여한다.
» 일보다 개인적 취미나 관심사를 더 중요하게 생각한다.

밀레니얼 세대에게 적절한 보상

과거의 보상 체계는 장기 근속과 근무 시간을 가장 중요하게 생각하는 직원들을 위하여 설계되었다. 호봉제와 근무 외 수당은 각각 회사에서 근무하는 햇수 및 시간과 정비례한다. 창립기념일마다 직원들은 케이크와 조그만 선물 꾸러미를 받았다. 여전히 이러한 보상 구조를 유지하는 기업도 있지만 향후 5~20년 이내에는 완전히 개혁해야 할 것이다. 그렇다고 해서 조직과 함께 보낸 시간에 자부심을 가지고 있는 직원들에게 그 충성심을 치하하지도 말고 상을 주지도 말아야 한다는 뜻은 아니다. 당연히 상을 받아 마땅하다. 그러나 3년이란 단기간 내에 회사의 성과에 크게 공헌한 직원에 대한 보상도 소홀히 해서는 안 된다. 노동 인구의 선호가 호봉제에서 성과 연봉제로 바뀌고 있는 현상은 그냥 무시해 버리기에는 너무나 중요하며 당연히 양쪽의 기호에 맞춰 보상할 수 있는 방법도 존재한다.

금전적 보상의 효과 최대화하는 법

돈 말고도 다른 여러 가지가 밀레니얼 세대를 동기 부여할 수 있다는 이유만으로 돈이 하찮아지거나 밀레니얼 세대가 대체 화폐로 임금을 지불받고 싶어 하는 것은 아니다. 금전적 보상은 제대로만 시행하면 매우 큰 동기 부여가 될 수 있다.

» **성과급** : 보상 체계는 산업마다 직급마다 따로 책 한 권씩을 써야 할 만큼 천차만별이다. 하지만 세대별 색안경을 벗어 던지면 다음 사실이 눈에 들어온다. 바로 밀레니얼 세대는 일반적으로 안정적인 기본급 중심에 성과급이 약간 결합된 보상 구조를 불안정한 성과급 중심에 약간의 기본급이 결합된 보상 구조보다 선호한다는 것이다. 안정적인 소득을 포기하고 다른 사람의 변덕에 의존하기에는 밀레니얼 세대가 경험한 경제 상황은 너무나 불안정했다.

» **연봉 인상** : 밀레니얼 세대는 단순 호봉제 이상을 원한다. 미래에 큰 폭의 연봉 인상이 없을 거라는 생각이 들면 다른 직장을 찾는다. 밀레니얼 세대는 호봉제가 아니라 성과 연봉제를 원한다. 빚, '어른이 되는 것(집을 사고 아이를 낳아 가정을 꾸리는 것)', 저축은 밀레니얼 세대에게도 여전히 중요하다.

【 고급 만년필은 안녕, 안식년은 환영 】

장식장을 가득 채울 만큼 트로피를 받으면서 자란 세대가 직장에서는 그와 같은 종류의 보상을 받고 싶어 하지 않는다는 사실은 의외일 수 있다. 훌륭한 성과를 치하하는 상패는 처치 곤란한 다른 잡동사니들과 함께 밀레니얼 세대의 옷장 구석에 처박힌다. 밀레니얼 세대는 눈에 보이는 상보다 경험할 수 있는 보상을 원한다. 보상으로 안식년 휴가를 받아서 버킷리스트에 있는 '남동아시아로 배낭 여행'을 갈 수 있다면? 아니면 성과에 대한 보상으로 재택 근무를 더 많이 할 수 있는 자유를 얻을 수도 있다면? 어느 쪽이든 좋으니 눈에 보이는 상이나 상패 따위는 없애 버려라. 의도는 좋을지라도 조만간 쓰레기 신세를 면치 못할 테니 말이다.

월세를 낼 수 있을 만큼 충분한 성과급을 받기 위해 주중에 스트레스를 받아 가며 일하는 삶을 살기에는 밀레니얼 세대에게 직장 밖의 삶은 너무나도 중요하다. 낮은 기본급과 무제한 성과급은 웬만한 기본급과 약간의 성과급보다 훨씬 더 동기 부여 효과가 떨어진다. 기본급이 많으면 필요할 때 성과급을 포기해도 기본급에 의존해서 살 수 있는 유연성이 확보되기 때문이다. 밀레니얼 세대는 충분한 기본급과 낮은 성과급으로 직장 밖에서 밥벌이를 걱정하지 않고 가족과 친구와 시간을 보내며 취미를 즐길 수 있는 마음의 평화를 얻었다. 금융 산업 같은 성과급 위주의 산업도 보상 구조를 완전히 뒤엎어야 했다. 소득의 대부분이 성과급에 의존할 때 받는 업무 스트레스에 시달리기 싫었던 밀레니얼 세대가 아예 다른 산업으로 떠나 버리거나 동종 업계에서도 다음 세대에게는 지금 당장의 금전적 여유에서 오는 마음의 평화가 과거의 경쟁적인 성과급 체계보다 중요하다는 사실을 이해한 진보적인 회사로 떠나 버렸기 때문이다.

연봉 인상은 곧 학자금 대출을 완납하고 집 매매 계약서에 서명을 할 수 있음을 의미한다.

» 보너스 : 수십 년 동안 보너스는 동기 부여 전술이자 보상의 꽃이었다. 추가로 생긴 목돈에 콧방귀를 뀔 사람은 아무도 없다. (혹시라도 그런 사람을 안다면 필자들에게 꼭 소개해주길 바란다. 매력적인 사례 연구감이다.) 그러나 밀레니얼 세대에게 보너스를 줄 때는 반드시 선택권을 줘야 한다는 사실을 잊어서는 안 된다. 예를 들어 현금과 경험(콘서트 티켓, 여행 등)이라는 보상 둘 다 제시하고 선택권을 넘겨라.

"금전적 보상이 실용적인 접근법 같아요. 신나고 재미있는 일을 할 계획이라면 금전적 보상으로 뭐든 하면 되고 공과금을 내야 한다고 해도 그러면 되니까요."

— 알렉사 S., 밀레니얼 세대

개인 보상 대 단체 보상

당근과 채찍은 역사가 깊은 동기 부여 방법이다. 채찍 기법은 모든 공포에 기반한 인센티브의 어머니이다. 하지만 공포로 동기를 부여하는 것이 최선이라고는 할 수 없다. 대신 팀에게 당근을 주는 쪽을 택하라. 밀레니얼 세대는 열심히 일한 보상이 자신뿐만 아니라 팀원들에게도 돌아간다는 사실을 알면 더 큰 원동력이 된다. 개인적 성취도 물론 자랑스러워하지만 밀레니얼 세대에게는 팀의 승리가 더 큰 동기 부여가 된다. 아래에 팀을 동기 부여하고 보상할 수 있는 기막힌 전술을 참고하자.

» **시각화하라.** 팀으로 일할 때 보상이 시각화되면 모두를 동기 부여하기가
수월하다. 예를 들어 팀이 영업 목표를 달성해야 하는 상황이라고 하자. 사
무실 벽에다가 창의적인 패턴으로 포스트잇을 붙인 다음 판매에 성공할
때마다 팀원들이 돌아가면서 포스트잇을 떼도록 한다.

» **깜짝 보상을 포함시켜라.** 관리자나 리더가 준비한 깜짝 보상은 팀원들을
동기 부여하는 훌륭한 방법이다. 예를 들어 앞서 예로 든 포스트잇 방법에
서 몇몇 포스트잇 아래에 깜짝 선물을 숨겨 놓을 수 있다. 요거트 아이스
크림 상품권처럼 작은 보상도 좋고 팀원 전부에게 100달러 보너스를 주는
것처럼 큰 보상도 좋다. 어느 쪽이든 팀원들의 얼굴에는 미소가 떠오를 것
이다. (덩달아 동기 부여도 되고 말이다.)

» **감정에 호소하라.** 판매 실적이 오르면 당연히 회사가 돈을 많이 벌 것이다.
하지만 만약에 그렇게 벌어들인 돈으로 누군가의 연봉이 오르고 덕분에
그 누군가가 마침내 자동차 대출을 다 갚았다는 사실을 알게 된다면? 밀
레니얼 세대는 이런 류의 이야기에 코끝이 찡하고 마음이 뭉클해질 것이
다. 회사의 재무재표 개선을 더 인간적인 이야기로 바꾸어 팀에게 앞으로
나아갈 이유를 더 많이 제시해주어라.

동기 부여에 효과적인 비금전적 보상

완벽한 보상을 찾고자 하는 고민은 하나의 질문으로 압축된다. 돈 말고 무엇이 가장
큰 동기 부여가 될까? 피도 눈물도 없는 돈은 밀레니얼 세대가 선호하는 보상 목록
에서 꼭대기 근처에도 가지 못한다. 대신 다음과 같은 세 가지 보상 범주를 차례대로
고려해보아라.

범주 1 : 경력 성장

이십 대의 생애주기는 경력 성장과 야망에 집중할 시기이다. 당연한 이야기지만 모
든 밀레니얼 세대가 더 많은 업무나 책임을 요구하는 것은 아니다. 그러나 최상위 인
재나 미래의 리더들은 더 많은 업무와 책임을 요구한다. 많은 밀레니얼 세대가 생애
주기에서 '새로 뭘 배우거나 빨리 승진하지도 못하는데 내가 왜 여기 있어야 하지?'

라고 고민하는 단계에 있다. 이들은 관리자가 자신의 고민을 이해해주길 원한다. 무언가를 손에 쥐기에 시간이 너무 오래 걸리거나 절차가 너무 관료주의적이라 장애물밖에 보이지 않는다면 밀레니얼 세대를 계속 동기 부여하기는 힘들다. 뛰어난 업무 성과는 새로운 직함과 책임과 직급으로 보상해주고 경력 궤도(제7장 참조)를 벗어나지 않도록 붙잡아 두어라. 경력 발전에 도움이 되는 보상은 다음과 같다.

- » 새로운 직급으로 승진
- » 다른 부서에서 로테이션 근무
- » 존경 받는 멘토와의 만남
- » 중요한 과제에 배정
- » 직원자원모임(Employee Resource Group) 회장으로 임명

> "[우리 조직에는] 아시아인, 미국인, 성소수자 등 다양한 정체성을 가진 사람들 모임이 있어요. 많은 밀레니얼 세대가 이런 모임에 참여하고 이끌어 나가더라고요. [밀레니얼 세대는] 문화를 만들어 나가고 있어요…. 조직 문화를 선도하는 일이 밀레니얼 세대에게 목적 의식을 심어주고 매일 출근할 이유를 만들어주는 것 같아요."
>
> —그레타 H., 관리자

- » 열정을 가지고 추진하는 과제를 승인해줌

범주 2 : 자율성

밀레니얼 세대는 업무량과 업무 일정을 통제하고자 하는 욕구가 강하다. X세대처럼 밀레니얼 세대도 기업가 정신이 강하고 관리자의 지나친 업무 점검이나 직업 윤리에 대한 의심에서 벗어나 자신이 가진 열정을 탐구할 수 있는 자유를 추구한다. 밀레니얼 세대가 성과를 내면 더 많은 자율성과 신뢰로 보상하라. 가능한 한 고삐는 밀레니얼 세대에게 넘겨주고 필요할 때만 지원해주어라. 필자들이 시행한 연구에 따르면 자율성은 밀레니얼 세대 전체가 (그중에서도 특히 초기 밀레니얼 세대가) 중요하게 생각하는 가치이다.

범주 3 : 재미

당연한 이야기지만 모든 세대가 직장에서도 재미를 원한다. 아침에 일어나 거울을 보면서 '오늘은 다르겠지. 오늘은 재미있을 거야. 진짜 기대된다'라고 말하는 것과는 다르다. 이렇게 말하는 사람이 실제로 있다고 상상하면 기이하고 슬프기까지 하다. 이와 달리 밀레니얼 세대는 일과 재미를 결합하려는 경향이 강하고 동료들과 사무실 안에서든 밖에서든 함께 경험을 공유하는 일에 관심이 있다. 재미난 시간을 보상으로 주면 관리자가 업무 성과에 신경 쓰고 있다는 사실을 보여줄 수 있을 뿐만 아니라 진정한 조직 구성원이 되도록 동기 부여도 할 수 있다. 재미있는 경험을 선사해 줄 수 있는 보상은 다음과 같다.

- » 단체 운동 수업이나 부트 캠프에 참여한다.
- » 지역에서 열리는 콘서트 티켓을 예매한다.
- » 스포츠 경기 관중석 맨 앞자리 표를 예매한다.
- » 직장에서 재미있는 경기를 주최한다.
- » 새로운 레스토랑에서 회식을 한다.
- » 유튜브 동영상을 보면서 맥주를 마시는 휴식 시간을 갖는다.
- » 아이스크림 집에서 단체로 모임을 갖고 인스타그램에 사진을 올린다.
- » 도시 보물 찾기를 주최한다.
- » 음식이나 음료 축제를 함께 탐방한다.
- » 팀 업무 일정표에 맥주 마시는 시간을 기입한다.
- » 고전적인 해피 아워를 주최한다.

밀레니얼 세대가 공유할 만한 업무 순간 만들어 주는 법

밀레니얼 세대는 수많은 소셜네트워크가 발달한 #욜로 사회에서 자랐다. 소셜네트워크에 근황을 올리고 가장 최근에 등산한 사진을 올리고 친구가 먹은 5코스 요리 사진에 '좋아요'를 누르는 등 밀레니얼 세대는 온라인에 발자취를 남기는 것이 일상이다. 이러한 삶의 방식에는 항상 최고로 멋있고 위험한, 그래서 남들과 공유할 만한 경험을 좇아 다니게 되는 부작용이 따른다. 대침체를 경험하면서 밀레니얼 세대는 물질에 낮은 가치를 부여하고 경험에 높은 가치를 부여하게 되었다. 밀레니얼 세대는 값

비싼 차를 사서 감가상각이 발생하는 것을 직접 경험하기도 전에 일찌감치 멋진 경험이 주는 더 감정적인 보상이 훨씬 더 크다는 사실을 깨달았다. 밀레니얼 세대는 리더가 자신들의 재미와 경험에 대한 욕구를 이해해주길 원한다. 재미와 경험은 떼려야 뗄 수 없는 사이이다. 공유할 만한 업무 순간을 만들어주는 방법은 다음과 같다.

1. 팀의 관심사와 취미와 열정을 충족시키는 그룹 이벤트 목록을 브레인스토밍한다.

   팀원들이 스포츠를 좋아하는가? 아니면 트리비아를 좋아하는가? 알고 있는 정보를 활용해 (아는 게 없으면 물어본 뒤에) 이벤트 아이디어를 떠올린다. 팀원들이 어디에 열정을 가지고 있는지를 알면 시작하기가 수월하지만 직장 밖에서의 삶도 고려해야 한다는 사실을 잊어서는 안 된다. 예를 들어 팀원 대부분이 자녀가 있다면 저녁에 열리는 와인 시음 행사 참석권은 달갑지 않은 보상이 될 것이다. 그 시간에 아이를 데리러 가거나 배우자를 도와야 할 가능성이 높기 때문이다.

2. 브레인스토밍한 목록을 제한이나 제약 사항을 고려해 간소화하라.

   예산, 참석 인원 수, 장소, 시간 등을 고려하라. 당연한 이야기지만 보상 목적으로 기획한 이벤트에 모든 팀원이 참석할 수 있도록 다른 회사 일정과 겹치지 않게 일정을 조율하는 것이 중요하다.

   이벤트를 기획할 때 회사가 비용을 지불해줄 수 있는지 여부도 고려해야 하지만 팀원들이 무엇을 원하는지 또한 고려해야 한다. 보상에 들어가는 비용을 절약하려는 태도는 인색하다는 인상을 줄 뿐만 아니라 의도하진 않더라도 팀원들로 하여금 비용을 감안해 재미있는 시간이었던 척을 해야 할 것만 같은 압박감을 준다. 한편 너무 많은 비용을 들여 이벤트를 기획하는 것도 관리자가 허세를 떤다는 느낌을 줄 수 있다. 무엇보다 보상성 이벤트가 업무 일정에 방해가 되지 않도록 유의하라. 주중에 팀원들이 개인적인 일로 바쁘다면 이벤트 종료 시간은 유연하게 조정하라. 그러면 빨리 돌아가야 하는 사람의 죄책감을 덜어줄 수 있다.

3. 소셜네트워크에 공유하고 싶을 만한 경험으로 만들어라.

   팀원들의 취향에 맞게 이벤트를 기획했다면 반은 성공한 것이다. 팀원들은 관리자가 소셜네트워크에 올릴 수 있는 완벽한 사진을 만들어주기 위해 들인 시간과 노력에 감사할 것이다. 나머지 절반의 성공은 사소한 것들이 결정한다. 해피 아워를 예로 들어보자. 해피 아워는 전혀 새로울 것이 없다. 하지만 해피 아워에서 바텐더가 자신만의 칵테일을 만들 수 있는 방법을 가르쳐준다면? 공유할 만한 경험이 되는 것은 물론이고 재미있기까지 할 것이다. 이벤트가 대박에서 그치지 않고 #대박이 될 수 있도록 작은 반전을 주어라.

밀레니얼 세대가 직장에서도 무리를 찾을 수 있도록 도와주는 법

밀레니얼 세대는 '팀에 '나'는 없다'와 '머리 하나보다는 둘이 낫다'는 말을 귀에 못이 박히도록 듣고 자랐다. 밀레니얼 세대는 집단 사고(group think), 팀 과제, 또래들이 모이는 네트워크라면 속속들이 알고 있다. 그 결과 밀레니얼 세대는 오늘날 직장에서 동료에게 아주 많이 의존한다. 밀레니얼 세대는 '매일 8시간에서 10시간씩 이 사람들과 함께 일할 텐데 좋은 친구가 되면 좋지 않을까?'라고 생각한다. 밀레니얼 세대는 사생활과 직장 생활을 엄격하게 구분하길 원하지 않는다. 직장에서나 집에서나 자신의 본모습을 그대로 보여주길 원한다. 그러니 직장에도 친구를 만드는 것은 당연한 일이다.

밀레니얼 세대가 마음이 맞는 또래에 둘러싸여 있는 것을 좋아하긴 하지만 모든 밀레니얼 세대가 관계를 시작하고 발전시키는 재능을 타고나지는 않았다. 밀레니얼 세대가 홀로 타고 있는 엘리베이터에 뛰어든다고 해서 경쾌하게 말을 걸어주거나 짧은 순간에 친구가 되는 일은 일어나지 않는다. 대신 그 밀레니얼 세대는 폰만 뚫어져라 쳐다보다가 '안녕히 가세요'라고 속삭이듯이 인사하고 엘리베이터에서 쏜살같이 내릴 수도 있는 것이다. 다시 말해 밀레니얼 세대는 조직된 환경에서 어울리고 협력하는 일에만 익숙하다.

밀레니얼 세대를 위한 오피스 버디 제도

'가라데 키드'에 나오는 스승 미야지, '스타워즈'에 나오는 한 솔로, '그리스'에 나오는 프렌치 같은 코치가 있으면 많은 밀레니얼 세대에게 도움이 될 것이다. 밀레니얼 세대는 자신을 보살펴 줄 수 있는 동료를 원한다. 밀레니얼 세대에게 직장에서 코치나 버디를 붙여 주면 질문이 있을 때마다 상사를 찾는 일은 줄어들 것이다. 버디에게서 직장에서 지켜야 할 명시적인 규칙과 암시적인 규칙을 배울 수도 있고 보너스로 오피스 버디가 실제 단짝으로 발전할 수도 있다. 코치나 버디 제도를 도입하고 싶다면 자원을 받아서 두 명씩 짝지어주는 일을 맡겨라. 아마 결과에 놀랄지도 모른다.

오피스 버디 제도를 공식적으로 운영하든 비공식적으로 운영하든 간에 직장 내에서 누가 서로 친한지를 관심 있게 지켜보는 것이 좋다. 나중에 세심한 보상안을 마련하는 데 도움이 될 수 있기 때문이다. 마야라는 26세 뛰어난 직원이 있다고 가정해보자. 마야는 로테이션 프로그램 중이다. 3년 동안 마야는 6개월씩 다른 부서에서 근무한다. 6개월마다 새로운 사람을 만나고 새로운 업무를 배우고 새로운 친구를 사귀어야 한다. 마침내 3년간의 로테이션 근무가 끝이 나자 관리자는 마야에게 상을 주려고 시상식을 계획한다. 상사는 마야를 불러서 과거 동료들 중에 시상식에 초대하고 싶은 사람이 있는지 묻는다. 물론 시상식 뒤에는 성대한 파티가 기다리고 있다. 이러한 식의 보상은 약간 지나치게 보일 뿐 아니라 모든 동료로부터 마야를 갈라 놓는다.

> "회사 내에 신입들끼리 만날 수 있게 해주는 신입 사원 모임이 있어요. 인맥을 쌓기에도 좋고 다들 나이와 경력이 비슷하니까 친구도 만들 수 있어요. 이런 모임은 우리 세대가 직장에 잘 융화될 수 있게 도와주니까 너무 좋아요."
>
> —리아 D., 밀레니얼 세대

업무 선행 학습 기회 제공하는 법

밀레니얼 세대에게 보상으로 현재 맡고 있는 직무 책임보다 한 단계 높은 업무 책임을 맡기는 것 또한 고려해보아라. 직무 능력을 뽐낼 수 있는 커다란 책임을 맡겨라.

» 리더 역할을 맛볼 수 있도록 소규모 회의나 전체 회의를 주도하는 일을 맡겨라.

» 밀레니얼 세대만으로 구성된 태스크포스 팀을 구성하고 회사 내 세대 갈등을 해결하는 일을 맡겨라.

» 요리를 잘하는 직원들이 실력을 뽐낼 수 있도록 전 직원을 대상으로 요리 경연 대회를 열어라.

» 기업 내부에서부터 자선 사업을 조직하라. 열악한 환경에 있는 어린이의 직업 교육을 도와줄 수 있는 직원이 있는가? 아니면 침묵 경매를 주최해 낙찰금을 전액 지역 자선 단체에 기부할 수도 있다.

» 밀레니얼 세대에게 신입 사원의 멘토가 될 기회를 제공하라. 리더십 능력을 뽐내거나 새로운 직장 버디를 만드는 기회가 될 수도 있다.

chapter

10

직장 내 격식에서의 탈피
⋯친구하자

제10장 미리보기

- 업무 윤리에 대한 밀레니얼 세대와 다른 세대의 인식 차이
- 상사와 친구 구별하는 법
- 밀레니얼 세대의 의사소통 에티켓

산전수전 다 겪은 조직 구성원이 직장에 등장한 신입 사원 때문에 좌절감을 느끼는 현상은 예전이나 지금이나 다르지 않다. 전통 세대는 베이비부머 세대를 히피라며 무시했고 베이비부머 세대는 X세대를 열정 없는 게으름뱅이라고 무시했으며 거의 모든 세대가 밀레니얼 세대를 단지 출근하는 것만으로 보상을 기대하는 제 권리만 내세우는 자기도취자라고 생각한다.

경험이 있든 없든 밀레니얼 세대가 조직에 합류하자 좌절감에 빠진 다른 세대 조직 구성원들의 머릿속엔 필연적으로 이런저런 의문이 떠올랐다. 나만큼 너네도 열심히 일할 거니? 왜 유연 근무제를 시행하면 일을 열심히 할 거라고 생각하는 거야? 폰 좀 그만 내려놓을 순 없니? 일하는 시늉이라도 좀 하고 옷도 좀 갖춰 입고 다닐 순 없겠니?

이 문제의 근원은 단순하다. 변화는 힘들기 때문이다. 세대마다 직업 윤리, 직장 동료 사이에 지켜야 할 선, 효과적인 의사소통 방식에 대해 다른 인식을 가지고 있다.

저마다 선호가 제각각이니 올바른 직장 에티켓이 무엇인지 이해하는 일은 너무나도 힘들다. 밀레니얼 세대에게는 괜찮아 보이는 에티켓도 X세대 및/또는 베이비부머 세대에게는 예의 없어 보이기 십상이기 때문이다. 이번 장에서는 직장에서의 복장 규정, 유연 업무제, 업무 관련 소셜미디어 사용 등 변화하는 직업 정신을 자세히 살펴보려 한다. 왜 밀레니얼 세대가 회사 안에 커피 머신이 갖춰진 휴게실을 놔두고 업무 중간에 회사 밖에 있는 카페에 가서 라떼를 마시고 일을 하는지를 이해하는 데 도움이 되었으면 한다. 그래서 부디 세대 간이 갈등을 해소하고 평화에 이르는 길을 찾을 수 있길 바란다.

직장 내 격식과 업무 윤리와 구별하는 법

수십 년 동안 격식과 업무 윤리가 매우 가까운 사이라는 사실에 이의를 제기한 사람은 거의 없었다. 직업 윤리가 투철한 사람은 옷차림이나 행동으로도 드러난다는 것이 보편적으로 인정되는 일종의 진리였다. 모든 세대가 노동 인구에 진입할 때마다 세대별로 업무 윤리와 격식에 대한 서로 다른 기준을 보여주었다.

세대별 업무 윤리

베이비부머 세대가 사회 생활을 시작했던 60년대와 70년대의 근무 환경은 드라마 '매드맨'에 나오는 회사 분위기를 떠올리면 이해하기 쉽다. 사회 생활을 막 시작한 열정적인 20대 신입 사원은 복장 규정, 의사소통 방식, 근무 시간 등 모든 규칙을 철저히 존중했다. 규칙에 대한 존중, 초과 근무, 뛰어난 업무 성과는 곧 경쟁에서 앞서 나가고 해고를 당하지 않을 수 있음을 의미했다. 완전히 갖춰 입은 정장, 오랜 근무 시간, 흠 잡을 수 없이 깔끔하게 정리된 회의 안건은 완벽하게 업무 윤리를 이해하는 모범적인 직원의 상징이었다.

이제 영화 '워킹 걸'에 나오는 것 같은 80년대와 90년대 근무 환경을 떠올려 보자. 대학을 막 졸업한 비상식은 용납하지 않으며 세련된 정장을 차려 입은 야심만만한 신입 사원은 규칙을 반드시 지켜야 되는 때와 지키지 않아도 되는 때를 잘 구분해서 신뢰를 쌓고 존중을 받는다. 이 X세대 신입 사원은 일상적인 옷차림과 격식을 갖춘 옷차림 사이에서 아슬아슬한 줄타기를 능숙하게 해냈고 더 짧은 시간에 더 많은 일을 끝내는 효율적인 업무 방식으로 신뢰를 얻었다.

밀레니얼 세대는 직장에서 따라야 할 격식과 업무 윤리에 대한 밀레니얼 세대만의 기준을 가지고 있다. 간단히 말해서 '격식=업무 윤리'라는 공식은 저 멀리 창문 밖으로 던져 버렸다. 밀레니얼 세대는 정해진 근무 시간, 엄격한 복장 규정, 의사소통 예절도 좋지만 업무를 수행하거나 성과를 내는 일과는 전혀 관계가 없다고 생각한다. 조끼까지 갖춘 정장과 가나다 순으로 정리한 업무 쪽지는 청바지와 인스턴트 메시지로 대체해도 그만이다. 업무의 질이나 성공하고자 하는 의지와는 별개의 문제이기 때문이다.

> "[저희 회사에는] '여기서는 이렇게 하니까 너도 격식을 갖춰서 차려 입어야 해'라는 사고 방식이 있었어요. 밀레니얼 세대의 업무 방식과 일상적인 옷차림에 관대해져야 하다 보니까 변화를 실행하기 시작했고 정말로 큰 결단이었죠."
>
> — 수잔 K., 관리자

표 10-1은 세대가 지날수록 직장 생활에서 기대하는 격식에 대한 기준이 어떻게 바뀌었는지를 대략적으로 보여준다.

어떤 세대가 가장 훌륭하다고 할 수 없다. 어느 세대나 열심히 일해야 하는 만큼 열심히 일하지 않는 썩은 달걀 같은 사람이 있기 마련이며 나머지를 전부 무능력자로 보이게 할 만큼 과도한 성취를 이루는 사람도 있기 마련이다. 균형과 통합에 대한 일반적인 태도는 이 문제의 복잡성을 요약적으로 이해할 수 있게 도와주어 원래 불량한 밀레니얼 세대 직원과 업무에 대한 시각이 다른 밀레니얼 세대 직원을 구분할 수 있게 해준다.

복장 규정이 미치는 영향

"현재 다니는 직장이 아니라 미래에 원하는 직장을 위해서 옷을 차려입어라."라는 말이 통용되던 시절은 지났다. 좋은 인상을 남기기 위해 옷을 차려입어야 했던 시절이

표 10-1	10년 단위로 살펴본 직장에서의 격식 변화		
주제	1960년대와 70년대	1980년대와 90년대	2000년대와 2010년대
근면성실	긴 근무 시간 일찍 출근하고 늦게 퇴근 주말 근무 거절은 절대 금물 언제나 기꺼이 도움의 손길을 내밈	짧아진 근무 시간에 더 효율적으로 근무 정시 출근 정시 퇴근 야근은 필요할 때만 열심히 일하고 열심히 놀기 균형이 최우선	아무 때나 아무 데서나 근무 업무 시간이 아니라 업무 성과가 모든 걸 말해줌 혁신적인 절차가 가장 효과적 열심히 일하고 언제나 놀기
복장 규정	옷차림이 곧 직업 의식을 나타냄 '현재 일하는 직장이 아니라 나 중에 일하고 싶은 직장에 맞게 옷을 차려입어라.' IBM 파란 정장	엄격한 근무 복장은 필요악 살짝 느슨하게 복장 규정 준수(노 타 이), 어깨 뽕과 빳빳하게 세운 칼라 깃과 폴로 티셔츠 비즈니스 캐주얼	옷차림은 업무와는 전혀 상관없음 직장이 아니라 어떤 하루를 보내고 싶은지에 따라 옷을 입어라. 청바지와 컨버스 운동화
사생활 대 직장 생활	일과 삶 분리 : 직장에서의 나와 집 에서의 나는 다르다.	일과 삶 균형 : 일부터 전부 끝내고 정수기 앞에서 잠깐 수다 떨기	일과 삶 통합 : 보이는 것이 전부다. 직장에서의 내가 곧 집에서의 나

있었던 것은 사실이다. 그러면 오늘날 직장에서 입는 일반적인 '근무 복장'은 정확히 어떤 옷차림을 가리키는가?

엄격한 복장 규정을 엄수하는 몇몇 산업이 있다. (예를 들어 실리콘밸리에서 일하는 사람들은 '유행에 민감한 농촌 사람(hipster peasants)' 패션 스타일을 선호하는 반면 금융업이나 법조계 종사자들은 여전히 전통적인 복장 규정을 엄격하게 준수해야 한다). 그러나 대부분의 직장에서 복장 규정은 전통적인 정장에서 비즈니스 캐주얼로 또는 비즈니스 캐주얼에서 평상복으로 변화하고 있다.

느슨한 복장 규정에 대한 요구

많은 밀레니얼 세대가 "뭘 입는지가 왜 중요해요? 내가 입고 싶은 대로 입어도 일은 똑같이 잘할 수 (아니 어쩌면 더 잘할 수) 있다고요!"라고 외친다. 왜 밀레니얼 세대에 와서 갑자기 이런 변화가 일어났을까? 한때 격식에 의해 정의되었던 것이 이제는 대부분 최신 유행 및/또는 비격식적인 것으로 변했기 때문이다.

일과 삶을 통합할 때 나타나는 부작용은 무엇이든 어떤 '척을 하는' 낌새만 보이면 망설여지고 심지어 의심하게 된다는 것이다. 격식을 차린 옷차림과 의사소통도 밀레니얼 세대에게는 진정성이 없게 느껴질 수 있다. 정장을 입은 사람을 신뢰할 수 있을까? 위선적인 언어를 쓰는 사람을 신뢰할 수 있을까? 신뢰할 수도 있고 신뢰할 수 없을 수도 있다. 밀레니얼 세대는 이런 사람을 만나면 투명성이 부족하다고 생각하고 무슨 말을 하지 말아야 할지부터 생각할 수 있다. 밀레니얼 세대가 가장 존경하는 유명인이나 역할 모델이나 상사를 분석해보면 공통점은 아무것도 숨기는 게 없어 보이는 사람들이라는 것이다. 밀레니얼 세대는 약점도 많고 실수도 많고 자신의 부족한 점을 대놓고 인정하는 사람을 존경한다. 멀리서 예시 인물을 찾을 필요도 없다. 밀레니얼 세대가 열광하는 제니퍼 로렌스를 떠올리면 된다. 인터뷰에서 보이는 부끄러움을 모르는 태도, 온몸으로 내뿜는 카리스마, 카메라 앞에서도 욕을 하고 계단에서 자빠지는 등 솔직함이 지나치다 싶을 정도로 자신의 본모습을 드러내는 걸 두려워하지 않는 모습, 위선이라고는 찾아볼 수 없는 오히려 꼬투리 잡힐 일 투성이인 잡지 인터뷰 기사. 밀레니얼 세대는 유명인을 넘어서 직장에서 만나는 거의 모든 사람에게도 이러한 진정성을 기대한다.

» CEO도 이제 실내화를 신고 카메라 앞에 설 수 있거나 실제로 (마크 저커버그가 어렸을 때) 그러기도 한다.

» 고급 레스토랑의 웨이터도 비싼 청바지와 체크 무늬 셔츠와 멜빵 바지를 입는다.

» 이제 '일요일에 (주로 교회 갈 때) 꺼내 입는 제일 좋은 옷'은 내가 가장 아끼는 추리닝을 의미한다.

» 비행기를 탈 때 차려입는 것은 옛말이 되었고 대신 이제는 다들 밖에 입고 나가도 되는 잠옷처럼 입고 탄다.

» 에슬레저(athleisure; 일상복 같은 운동복-역주) 시장이 폭발적으로 성장하고 있다. 밀레니얼 세대는 빳빳하게 풀을 먹인 옷보다 쭉쭉 잘 늘어나는 옷을 더 좋아한다.

» 땀 흘릴 때 입는 옷이 잘 보이려고 차려입는 옷보다 비싸다. (요가 바지가 면 바지보다 비싸다.)

게다가 밀레니얼 세대는 뉴스에서 수많은 산업과 제도와 인간의 부정부패와 사기가 폭로되던 시절에 성장기를 보냈다. 자유롭고 편안한 복장은 거짓과 위선에 대한 일종의 반작용일 것이다. 격식을 내려놓은 옷차림은 곧 편안함과 진정성을 의미한다.

아무것도 없는데 있어 보이는 척하지 않음을 뜻한다. 집에서의 나와 직장에서의 나는 같다. 밀레니얼 세대는 직장에서도 있는 그대로의 원래 자기 모습을 추구한다.

미안하지만 저커버그 씨 후드티가 촌스럽네요

실리콘밸리에서 근무하는 밀레니얼 세대의 전형적인 모습이라고 하면? 모든 밀레니얼 세대가 후드티와 스키니진을 입고 하루종일 인디아페일에일(IPA)을 홀짝거리며 휴게실에서 푸스볼(테이블사커-역주)을 하며 시간을 때우고 가끔 앉아서 브레인스토밍을 하거나 광적으로 코딩하는 모습을 떠올리는 사람도 있을 것이다. 그러나 이러한 묘사는 극히 소수의 밀레니얼 세대에만 해당된다.

대부분의 회사는 실리콘밸리의 기업 문화를 따르지 않는다. (따를 수가 없다.) 또한 많은 밀레니얼 세대가 실리콘밸리와 같은 기업 환경에서 일하기를 원치 않는다. 스타트업 업계는 겉으로는 화려해 보일지도 모르지만 실상은 엄청난 시간을 업무에 쏟아 부어야 한다. 당연히 밀레니얼 세대 전체가 이런 업무 환경에 적합한 것은 아니다. 밀레니얼 세대 대부분이 스타트업이나 구글, 우버, 페이스북 같은 회사에서 일하고 싶어 할 것이라는 인식은 사실이 아니다. 밀레니얼 세대 전체에서 나타나는 보편적인 성향은 개인적인 성격과 생활 방식에 맞게 좋아하는 옷을 자유롭게 입을 수 있는 직장을 선호한다는 것이다. 밀레니얼 세대가 원하는 출근 복장은 예쁜 여름 원피스일 수도 있고 최신 유행하는 옷일 수도 있고 아니면 그냥 청바지와 티셔츠일 수도 있다.

밀레니얼 세대는 관리자가 매주 금요일을 평상복 입고 출근해도 되는 날로 지정해 준다고 해서 열광하지 않는다. 하지만 많은 기업에게 일주일에 하루를 평상복 입는 날로 지정하는 것도 커다란 변화이다. 밀레니얼 세대는 평상복을 입고 출근하면 어떨지 맛볼 수 있고 왜 매일 이렇게 하면 안 되는지 의아해할 것이다. 과거 어느 때보다도 성공과 옷차림의 연결고리는 희미하다. 분명히 입었을 때 행복하고 편안한 옷차림이 성과 향상에도 도움이 될 것이다.

밀레니얼 세대 친화적인 복장 규정 정하는 법

밀레니얼 세대가 격식을 차리지 않은 옷차림을 선호한다고 해서 지금 당장 회사의 복장 규정을 폐지하고 찢어진 청바지나 티셔츠를 입고 올 수 있는 완전한 자유를 허락하는 것만이 능사는 아니다. 대신 조직 문화를 해치지 않는 선에서 현재의 복장 규정을 눈에 보일 정도로만 수정하는 방안을 생각해보라. 선입관은 버리고 객관성은 유지하면서 현재 복장 규정을 변화시키는 걸 두려워하지 말라. 리더 회의를 소집해서 몇 가지 방안을 평가하라. 회의 중에 분명히 다음과 같은 두 가지 반응을 보이는 사람이 나타날 것이다. 미리 누가 이런 반응을 보일지 예상할 수 있으면 회의에 부르지 않는 것이 최선이다. 회의가 발전적인 방향으로 나아가는 데 방해만 될 뿐이기 때문이다.

밀레니얼 세대를 혐오하는 사람 : 대화를 아예 들으려고 하지도 않는다. 회사가 벌써부터 밀레니얼 세대 신입 사원에게 '굽신거린다'는 생각에 짜증이 난다. 오늘 회의에서 목표는 오로지 논리 유무에 상관없이 강경한 입장을 고수하는 것이다. 이런 유형의 사람이 회의에 참석하면 전혀 도움이 되지 않을 것임은 분명하다.

밀레니얼 세대를 편애하는 사람 : 밀레니얼 세대를 너무나 사랑해서 이메일 이후로 조직에 떨어진 가장 큰 축복이라고 생각한다. 무조건 반대하는 사람과 마찬가지로 밀레니얼 세대의 요구를 수용하기 위해서라면 맹목적으로 찬성하고 나선다. 지나치게 밀레니얼 세대 편향적인 관점을 가지고 있기 때문에 회의에 참석하면 회의주의적인 태도를 보이는 사람을 열받게만 할 뿐이다.

열린 마음을 가진 리더들을 소집한 다음에는 이런 질문을 던져라. 성공적인 업무를 위해서 복장 규정이 반드시 필요한가? 복장 규정이 마지막으로 바뀌었을 때가 언제인가? 복장 규정과 관련하여 직원들의 이야기를 들어본 적이 있는가? 복장 규정을 바꾸려면 얼마나 많은 시간과 비용이 드는가? 격식을 갖춘 옷차림이 더 적합한 구체적인 상황이 있는가?

회의 결과 복장 규정을 전혀 바꾸지 않기로 결정했다고 하더라도 조바심을 내지 말라. 복장 규정에 대한 관리자 개인의 선입견을 관리할 수 있는 방법이 있다. 또한 밀레니얼 세대 부하 직원들의 요구를 약간이라도 더 수용해줄 수 있는 근무 환경을 만들기 위해서 규칙을 완화할 수 있는 방법도 있다.

> » 면접에서 지원자의 복장으로 섣불리 판단하지 말라. 일부 밀레니얼 세대가 회사에서 요구하는 복장 규정을 엄격히 지키지 않는다고 해서 직장이나 업무를 진지하게 생각하지 않는 것은 아니다. 바지에 주름이 졌다거나 재킷을 입지 않았다거나 손목에 문신이 있다는 이유로 지원자의 능력에 대

한 객관적인 판단력을 상실해서는 안 된다. 선입관은 내려놓고 지원자의 말에 귀를 기울여라. 무슨 옷을 입었는지보다 무슨 말을 하는지가 미래의 성과를 예측할 수 있는 더 신뢰도 높은 지표이다. 물론 매우 엄격한 복장 규정을 준수하는 회사에 지원하면서 면접에 일상복을 입고 나타나는 지원자가 있다면 예의가 없다고 생각해도 된다. 면접 전에 지원자에게 지켜야 할 복장 규정이 있다면 미리 알려주어라.

» **직원들에게 바라는 복장 규정이 있다면 최대한 빨리 알려주어라.** 가장 최악의 실수는 복장 규정을 알려준 적도 없으면서 자유로운 복장으로 출근한 밀레니얼 세대 직원들 때문에 좌절하는 것이다. 믿거나 말거나 스타트업 문화를 칭송하는 시대에 자란 세대가 '격식을 차린 전문 직장인'처럼 행동하기란 쉬운 일이 아니다. 처음부터 지켜 주길 바라는 복장 규정이 있다면 분명하게 밝혀라. 밀레니얼 세대가 확실하지 않은 가정을 하는 사람을 어떻게 생각하는지 이미 알고 있지 않은가.

» **가능하면 유연성을 허용하라.** 가능하면 매일매일 수행해야 하는 업무 성격에 따라 밀레니얼 세대 직원들이 원하는 옷을 입을 수 있는 자유를 허락해주어라. 고위 임원들과 회의가 있는 날인가? 이메일로만 업무 처리를 하는 날인가? 직원 개개인의 업무 일과에 따라 다른 옷차림을 허용하는 조직 문화를 만들어라.

» **고객 응대용 복장과 업무용 복장을 분리하라.** 고객 응대가 주요 업무인 조직에서 밀레니얼 세대 사원을 관리하고 있다면 '고객 응대용 복장'을 규정으로 선택하라. 고객을 대할 때 입어도 되는 옷과 사무실에서 일할 때 입어도 되는 옷이 어떻게 달라도 되는지 분명히 알려주어라. 밀레니얼 세대 고객이 점점 많아지고 있다는 사실을 고려해서 고객 응대용 복장 규정도 한결 완화될 수 있다.

'일하기 좋은 기업'으로 선정된 회사 대부분은 기업 동향을 거스르는 행보를 보인다. 일하기 좋은 회사 목록에 이름을 올린 회사들은 보통 이전 세대 조직 구성원들의 혼란이나 반발 없이 낡은 직장 규범을 폐지하는 어려운 일을 해낸 기업들이다. '과거를 돌아보는 일'이 조직의 브랜드와 유산을 지키는 데 중요하다는 사실 또한 이해하기 때문에 가능한 일이었을 것이다. 변화에 저항하려고 벽을 세우기에 앞서 상상의 나

【 문신에 대한 논란 】

밀레니얼 세대는 문신을 많이 한다. 3명 가운데 1명은 몸에 영구적 문신이 있다고 한다. 이전 세대는 용감하게 문신을 감행하더라도 평소에 직장에서는 꼭꼭 숨기고 다녀야 했다. 하지만 밀레니얼 세대는 개성의 표출로 문신을 어디서나 자랑스럽게 내놓고 다닌다. 차별화를 좋아하는 밀레니얼 세대는 자신의 정체성과 신념을 상징하는 문신으로 피부마저 차별화한다. 밀레니얼 세대는 자신이 문신을 했든 안 했든 문신을 둘러싼 모든 논란에 귀를 닫는다. 문신이 업무에 장애가 된다고 생각하지 않기 때문이다.

직장에서 문신이 허용되지 않는다면 이렇게 질문해보아라. 문신이 부적절하기 때문인가 업무에 집중하는 데 방해가 되기 때문인가? 만약 그렇다면 이유는 무엇인가? 이러한 인식을 바꿀 만한 여지가 있는가? 직원이 이마 한가운데에 '꺼져'라는 글자나 손등에 야하거나 불쾌감을 줄 수 있는 그림으로 문신을 한 것만 아니라면 크게 문제가 될 일은 거의 없다. 과거에는 문신을 한 사람이 별로 없었다는 이유로 문신을 한 입사 지원자를 탈락시켜서는 안 된다. 문신을 한 밀레니얼 세대 부하 직원이 있다면 이왕이면 회사에서는 가려 달라고 부탁하면서 회사 실정이나 시대 정서 등을 고려할 때 현재로서는 왜 그게 최선인지를 설명해주어라. 몇 년 지나지 않아 밀레니얼 세대가 조직의 높은 자리에 앉게 되는 날이 올 것이고 그때가 되면 포춘 지가 선정한 100대 기업의 CEO 대부분이 몸 어딘가에 문신이 있을 것이다.

래를 펼쳐 보아라. 현재 회사의 복장 규정을 현대적으로 바꿀 수 있는 방법을 생각해보아라. 예를 들어 회사에 넥타이를 매야 한다는 규정이 있다고 하자. 스키니 넥타이가 좋을까 아니면 재미있는 그림이 그려진 넥타이가 좋을까? '좋은 신발'을 신어야 한다는 규정이 있으니까 레트로한 스니커즈가 딱이겠군… 아니면 가끔씩은… 이런 식으로 말이다.

성별에 따라 복장 규정을 다르게 적용하는 일은 피하라. 더 이상 의미도 없는 일일 뿐더러 오히려 구직자들에게 경고등으로 작용할 수도 있다. 밀레니얼 세대는 모든 다양성 영역에서 평등을 기대하고 요구한다. 성별에 따라 다른 복장 규정을 적용하는 회사가 있다면 밀레니얼 세대에게는 회피하고 싶은 기업이 될 것이다. 성별에 상관없는 복장 규정을 제시하라. 복장 규정을 정할 때에는 문화나 종교 같은 다른 다양성 관련 문제도 민감하게 인식하고 반영해야 한다. (사실 이건 법으로 정하고 있는 문제다!)

근무 시간이 미치는 영향

베이비부머 세대가 노동 인구에 진입했을 때 직장은 곧 도착지였다. 모든 회의와 전화와 업무는 사무실에서 이루어져야 했다. 사무실에 모든 사무 용품과 도구가 있었기 때문이다. 사무실은 또한 아침 일찍 출근하고 밤늦게 퇴근하는 모습을 상사에게 보여주면 열심히 일하고 있다는 사실을 보여줄 수 있는 유일한 공간이기도 했다.

기술 발전이 미치는 영향이 무한해지면서 오늘날 직장은 지정된 물리적 장소라기보다는 마음가짐에 가깝다. 언제 어디서나 일할 수 있는 능력은 9시 출근 5시 퇴근이라는 근무 시간에 얽매이지 않아도 된다는 사실을 의미한다. 밀레니얼 세대가 누리고 있는 혜택에 대해 토론해보자. 밀레니얼 세대는 일찍 퇴근하고 늦게 출근하고 휴가를 너무 자주 요구하며 업무 시간 중간에도 조깅을 하러 나가거나 파란색으로 머리를 염색하러 나갈 수 있길 원한다.

밀레니얼 세대는 직장 생활과 사생활을 통합하는 것이 당연하다고 생각한다. 올빼미족인 직원이 있다면 밤에 두뇌 활동이 가장 활발할 것이다. 그러면 어려운 업무는 늦은 밤에 처리하기 위해 남겨두고 오전 시간에는 개인적인 잡무를 보는 게 맞지 않겠는가? 그러면 업무 성과도 더 좋을 것이고 그게 바로 조직의 목표에 부합하는 일 아닌가? 밀레니얼 세대는 직원의 업무 동기와 야망을 측정할 때 정해진 업무 시간을 충실히 지키는지 여부는 모범적인 성과와 혁신적인 아이디어만큼 좋은 척도가 아니라고 생각한다.

> "성공하기 위해서 무엇을 해야 하는지를 말씀해주시면 나머지는 제가 알아서 할 게요. 그러니까 제 말은 8시에 출근해서 3시 반에 요가하러 갈 수도 있다는 뜻이에요… 3시 반 퇴근이 불가능한 날이 있다면 제가 알아서 판단할 수 있으니까 걱정하지 않으셔도 돼요. 이제 직장 생활은 더 이상 엉덩이 싸움이 아니에요. 어떤 성과를 내고 어떻게 내가 원하는 삶을 살면서 일할 수 있느냐에 관한 거예요."
>
> —그레타 H., 밀레니얼 세대/관리자

유연 업무제

상사가 밀레니얼 세대에게 이렇게 말한다. "이게 우리 업무 시간표예요. 여태까지 항상 이대로 일해왔기 때문에 지금 와서 바꾸는 것은 불가능해요." 다음은 같은 뜻을 담은 비슷한 말 모음이다.

» 근무 시간 아닌 시간까지 업무를 미루는 걸 허락해줄 수는 없습니다.

» 직원의 개인적인 관심사까지 고려해서 업무 일정을 짤 순 없습니다.

» 병원 예약이나 가족에게 긴급한 상황이 발생한 경우 말고는 일과 중에 자리를 뜨는 건 허락할 수 없습니다.

» 사무실에서 일하는 모습이 눈에 보이지 않으면 열심히 일한다고 아무리 말해봤자 믿을 수 없습니다.

» 직원을 일벌이 아니라 한 명의 사람으로 보는 일에는 관심이 없습니다.

요약하자면 '없습니다'라는 말을 너무 많이 들으면 뺨을 맞은 것처럼 얼얼한 느낌이 들 수 있다. 밀레니얼 세대는 유연성이 허락되지 않는 업무 일과에 억지로 투입된 물자가 된 것 같은 느낌을 받기 시작했다. 상황에 따라 고려해주어야 하는 요구가 있는 인간으로 대우받지 못한다고 느낀다. 조직의 현재 정책을 모두 내팽개치고 '없습니다'를 모두 '있습니다'로 바꾸라고 요구하는 것이 아니다. 그러나 생각해볼 여지가 있는 것만은 분명하다.

다음 방정식은 틀렸다.

유연성 요구 = 게으르고 제 권리만 주장하는 불량 직원

다음 방정식이 더 진실에 가깝다.

유연성 요구 = 다른 업무 윤리

그래도 여전히 밀레니얼 세대의 유연성 요구가 밀레니얼 세대는 제 권리밖에 주장할 줄 모르는 세대라는 의심을 확신으로 바꿔줄 뿐이라고 생각할 수도 있다. 왜 그렇게 생각할 수밖에 없는지 이해할 수도 있다. 하지만 다시 생각해보길 바란다. 빈둥거리려고 집에 가는 것과 열정을 가지고 있는 과제에 온 정신을 집중하려고 집에 가는 것은 다르다. 둘 중에 어떤 경우인지 확인하려면 작은 실험을 해보면 된다. 원하는 시간에 일찍 집에 보내준 직원이 어떤 성과를 들고 오는지 보면 된다. (표준적인 업무 일과에 묶어 두었을 때보다 실제로 더 많은 시간을 과제에 투자했을지도 모른다.)

유연 업무제를 시험 시행할 때는 다음 단계를 따르라.

1. 직원들이 회사에서 일을 해주기를 바라는 시간을 명확하게 정한다. 그외에 나

머지 시간을 어떻게 '유연'하게 운영할 것인지를 직원들과 상의하면 된다.

2. 반대하는 직원이 있다면 이유를 물어본 뒤 밀레니얼 세대에게 건설적인 해결 방안이 있는지 물어본다.

3. '일단, 만약에' 접근법으로 시간과 노력을 투자해 밀레니얼 세대가 제시한 해결 방안을 실천한다. (예시 : "일단 새로운 업무 일과대로 일을 해봅시다. 만약에 결과가 기대에 못 미친다면 그때 다시 수정하죠.)

4. 결과를 검토한다.

> "신입 사원이 팀에 들어오면 '서로 알아가기' 위한 일대일 면담을 신청해요. 간단한 질문지로 업무와 관련해 제가 알아야 할 개인적인 이야기랑 업무적인 이야기를 파악해요. 병원에 언제 가는지 이런 세세한 것까진 말할 필요 없으니까 그냥 맡은 일만 제대로 하면 된다고 말해줘요. 나머지는 어떻게 하든 상관없다고요. 서로 눈높이를 맞추는 과정이죠."
>
> —그레타 H., 관리자

5. 유연 근무제 시범 운행 결과를 보고하고 수정할지 채택할지 취소할지를 결정한다.

관리자의 본능적 반응 점검하는 법

유연 근무제 도입 요구에 발끈하기 전에 밀레니얼 세대의 요구가 무엇인지 제대로 파악했는지부터 다시 점검해보아라. 밀레니얼 세대가 요구하는 유연 근무제는 어떤 형태인가? 예를 들어 계속해서 유연 근무제를 도입하자고 조르는 똑똑한 밀레니얼 세대 부하 직원과 일대일 면담을 한다고 해보자. 다음과 같은 두 가지 시나리오를 생각해볼 수 있다.

시나리오 #1 : 차단하기

> 관리자 : 회의 끝내기 전에 더 질문 있나요?
>
> 똑똑한 밀레니얼 세대 직원 : 질문이 하나 있어요. 궁금해서 그러는데요, 모든 직원이 다섯 시까지 꼭 회사에 있어야 하나요?

이 질문은 다음과 같은 논리적 반응으로 이어질 수 있다. 본인이 다섯 시까지 회사에 있고 싶지 않다는 이야기인가요? 열심히 일할 필요가 없다고 생각하는 건가요? 근무 시간을 줄이고 싶다는 이야기인가요? 관리자가 살짝 좌절했다는 사실은 두말할 나위가 없다. 그래서 관리자는 상사로서 위엄을 가다듬고 다음과 같이 딱딱하게 대답한다.

> 관리자 : 입사할 때 이미 근무 일정에 동의한 걸로 압니다. 네, 다섯 시까지 회사에 있어야 해요.

그래서 결국 관리자는 무엇을 이루었나? 완벽한 차단이다. 밀레니얼 세대 부하 직원은 이야기를 꺼낸 것이 민망하고 상사가 왜 더 자세히 물어봐 주지 않았는지, 만약 그랬다면 완벽하게 수긍할 수 있는 요청이었을 텐데 하는 생각에 혼란스러울 것이다. 밀레니얼 세대 부하 직원은 입사한 이래로 자신의 업무 윤리와 가치를 회사에 증명했다. 자신의 뛰어난 성과를 고려해줄 순 없었을까?

【 비면제 근로자를 위한 업무 유연성 】

시간당 임금을 받는 비면제 근로자(Non-exempt workers)든지 노조에 가입한 근로자든지 간에 밀레니얼 세대 근로자를 관리하는 일은 업무 윤리에 관한 논의를 한층 더 복잡하게 만들었다. 유연성과 규칙은 친구가 아니기 때문에 유연성을 위해 규칙을 융통성 있게 적용하기란 거의 불가능하다. 안타깝지만 사실이다. 그러나 창의력을 발휘해 상황을 다른 관점에서 보면 이러한 장애물을 기회로 바꿀 수 있는 길이 보인다.

관점 A : 리소스 창고

공장에서 근무하는 관리자라면 공장 근로자들에게 아무런 리소스도 제공하지 않고 휴식 시간을 주기보다는 휴식 시간을 최대로 즐길 수 있는 도구를 제공하는 것을 고려해보아라. 규모가 작은 어떤 공장에서는 휴식 시간에 근로자들이 책을 읽거나 취미를 즐길 수 있도록 리소스를 제공하며 나아가 교육 기회도 제공한다고 한다. 근로자들은 조직에 가치를 더할 수 있는 다양한

방법을 탐색할 수 있는 교육 기회를 선택할 수 있다.

관점 B : 권한 부여하고 권한 얻기

또 다른 회사는 근로자들이 업무 시간표에 불만을 표출하는 데 신물이 나서 문제를 해결할 TF팀을 꾸렸다. 관리자는 일선 노동자들에게 의사 결정권을 넘겼고 그 결과 훌륭한 해결 방안을 찾았고 조직 몰입도와 인재 유입도 증가시킬 수 있었다.

관점 C : 〈샤크 탱크(Shark Tank)〉에 노조가 있었다면

한 조직의 상급 관리자가 직원들에게 경영진이 업무 절차 혁신을 위한 예산을 책정했다고 말해주었다. 만약 효율성을 향상시킬 수 있는 업무 절차 개선 방안을 제시하는 직원이 있다면 직접 실행에 옮길 수 있는 기회가 주어진다. 규칙, 규칙 준수, 협상이 유연성을 막을 필요는 없다. 더 창의적인 업무 유연성을 받아들일 수 있도록 도와주기도 한다.

시나리오 #2 : 차단하기

> 관리자 : 회의 끝내기 전에 더 질문 있나요?

> 똑똑한 밀레니얼 세대 직원 : 질문이 하나 있어요. 궁금해서 그러는데요, 모든 직원이 다섯 시까지 꼭 회사에 있어야 하나요?

질문을 받고 숨을 멈추고 질문 뒤에 숨은 의도를 파악하려고 애쓰지 말고 한발 물러서서 왜 애초에 이런 질문을 하게 되었는지를 물어보아라.

> 관리자 : 좋은 질문이에요. 그런데 대답하기 전에 왜 그런 질문을 하는 건지 물어봐도 될까요?

> 똑똑한 밀레니얼 세대 직원 : 많은 직원들이 여기서 그렇게 일하는 건 이해해요. 그런데 개인적으로 3시쯤 퇴근해서 커피숍에서 일하면 더 많은 일을 할 수 있을 것 같아서요. 제가 필요하면 언제든지 전화나 이메일로 연락이 가능하고 문제가 있으면 회사로 돌아올 수도 있고요. 그래도 괜찮을까요?

> 관리자 : 우리 업무 환경을 이해해 줘서고마워요. 그 정도 유연성은 허락해주고 싶은데 그전에 다른 팀원들한테도 물어봐야 할 것 같네요. 만약에 다들 괜찮다고 하면 2주에 한 번씩 만나서 업무가 예전만큼 잘 진행되고 있는지 확인하도록 하죠.

그래서 결국 관리자는 무엇을 이루었나? 몇 가지 매우 긍정적인 소득이 있다. 먼저 관리자는 밀레니얼 세대 부하 직원에게 개인적인 이야기에도 귀 기울여 줄 의향이 있다는 사실을 보여주었다. 둘째, 관리자는 부하 직원과 함께 합의점을 찾기를 원한다는 사실을 보여주며 자신의 관리 방식의 유연성을 증명했다. 아무 약속도 하지 않았지만 어떤 가능성도 포기하지 않았다. 관리자는 단지 타당한 요구를 듣고 타당한 답을 들려 주었을 뿐이다.

업무 시간표 재검토하는 법

표면적 가치가 실제 가치와는 일치하지 않는 경우가 많다. 업무 유연성에 대한 요구 때문에 좌절스러울 때도 마찬가지다. 만약 다음과 같이 밀레니얼 세대 직원이 업무 유연성을 요구하는 상황에서 좌절감이 피어오른다면 잠시 숨을 고르고 다시 한 번 생각한 뒤에 서로 다른 근무 방식을 받아들여라.

> » **밀레니얼 세대 직원이 추가로 휴가를 요구한다.**
>
> 과거에 이전 세대들은 입사한 뒤 십 년 동안은 감히 일주일 더 휴가를 달라는 말을 하지 못했다. 밀레니얼 세대는 부모나 친척이나 친구가 번아웃되는 모습을 보았고 근무 정책이 진보적인 국가에서는 근무 일수는 더 적고 휴가는 더 길다는 기사도 읽었다. 그 결과는? 근로자들은 인스타그램에 더 많은 재미있는 사진을 올릴 수 있게 되었을 뿐 아니라 휴가를 끝내고 돌아와서 더 나은 업무 성과를 보여주었다. 정신적 휴식의 가치는 이미 증명되었다. 밀레니얼 세대는 정신적 휴식이 생산성과 창의성을 향상시킬 수 있는 기회라고 생각한다. 시간이 돈이라면 휴가는 투자이다. 모두를 위한 투자이다.

"[유연성이] 중요하다고 생각해요. 퇴근 후에 하고 싶은 일도 많고 항상 주말에도 일해야 한다는 걱정에서 벗어날 수 있잖아요. 혼자 재충전할 수 있는 시간이 중요하다고 생각해요. 번아웃되면 회사에도 손해고 결국 비생산적이잖아요."

— 알렉사 S., 밀레니얼 세대

> » **밀레니얼 세대 직원이 오늘 끝내야 하는 업무도 다 마무리하지 못했으면서 추가 업무나 다른 업무를 달라고 요구한다.**
>
> 성실한 근로자들에게 가장 괴로운 순간은 스스로가 쓸모없다고 느껴질 때이다. 밀레니얼 세대는 자신의 능력이 십분 활용되지 않고 있다는 위험 신호를 감지하면 동기 부여를 위해 다른 과제에 착수하기도 한다. 밀레니얼 세대는 항상 숨 돌릴 틈 없이 각종 과외 활동 일정을 소화하며 자랐기 때문에 다양한 업무와 과제를 동시에 맡을 때 가장 편안함을 느낀다.

> » **밀레니얼 세대 직원이 늦게 출근하고 빨리 퇴근한다.**
>
> 밀레니얼 세대가 보통 출근 시간보다 한 시간 늦게 회사에 도착했다. 직장을 존중하지 않아서 일부러 지각한 것은 아니다. 밀레니얼 세대는 업무 성과 및 상사나 동료를 대하는 태도가 곧 직장에 대한 예의라고 생각한다. 밀레니얼 세대는 성과중심근무환경(ROWE; results-oriented work environment)을 지향한다. 성급한 가정을 내리기 전에 지각한 직원에게 무슨 일이 있는

지 물어보아라. 인맥을 쌓기 위한 조찬 모임에 참석했다가 늦었을 수도 있고 차가 막히는 시간을 피해서 커피숍에서 일을 하다가 왔을 수도 있다. 어느 쪽이든 맡은 업무만 완수했으면 굳이 원칙을 들먹일 이유가 없지 않은가.

> "이전 회사를 그만둔 이유가 딸아이를 학교까지 태워다 줄 시간이 없어서였어요. 남편이랑 저랑 둘 다 일을 하다 보니까 스스로 워킹맘이라서 자랑스럽긴 하지만 딸아이를 등하교시킬 시간도 필요하고 수리 맡긴 컴퓨터를 찾아올 시간도 필요해요. 직장 생활을 오래 하려면 유연성이 중요한 것 같아요."
>
> —카라 F., 밀레니얼 세대/관리자

규모가 큰 의료기기 회사에 근무하는 관리자가 있다. 관리자에게는 근무 장소 및 시간에 대한 자율성을 강력하게 요구하는 밀레니얼 세대 부하 직원이 두 명 있다. 새로운 아이디어에 관용적인 관리자는 밀레니얼 세대 부하 직원 각각에게 2주씩을 주고 창의적인 시도를 해보았다. 밀레니얼 세대 직원 1은 일주일에 이틀은 커피숍에서 일하고 나머지 사흘은 회사로 출근해 8시부터 4시 15분까지 근무했다. 밀레니얼 세대 직원 2는 일주일에 사흘은 집에서 쉬고 나머지 이틀은 회사로 출근해 9시부터 6시까지 근무했다. 2주 뒤에 관리자는 두 사람을 만나서 결과를 확인했다. 밀레니얼 세대 직원 1은 2주 동안 더 많은 일을 한 데 반해 밀레니얼 세대 직원 2는 더 적은 일을 했다. 타협안으로 관리자는 부하 직원들이 일주일에 하루는 아무데나 원하는 곳에서 일할 수 있도록 하고 나머지는 8시 30분에 출근해서 4시 30분에 퇴근하도록 했다. 만약 기대한 만큼 성과가 나오지 않을 경우 개별 직원마다 문제를 점검하고 해결 방안을 찾기로 했다.

실리콘밸리는 직원들에게 무한 휴가를 제공하는 정책으로 칭송받는다. 직원들이 원하는 시간에 원하는 장소에서 일할 수 있는 조직 문화를 뽐내는 회사도 있다. 이런 조직 문화로 혜택을 보는 밀레니얼 세대도 있을 수 있지만 반대의 경우도 많다. 완전한 유연 업무제는 황금 수갑과도 같다. 아름답고 매혹적이지만 자유를 옭아맨다. 휴가를 쓰는 걸 스스로 부끄럽게 생각하게 될 위험도 있다. 유연 근무제를 악용하게 될까 봐 사람들은 휴가를 더 적게 간다. 2016년에 알라모 렌트 어 카(Alamo Rent A Car)가 연간 가족 휴가에 대한 설문 조사 결과를 발표했다. 미국 전역에서 성인 1,500명을 대상으로 시행한 이 설문 조사에 따르면 대부분이 휴가를 쓰는 것에 죄책감을 느끼며, 특히 밀레니얼 세대가 정당한 휴가 일수를 사용하는 것에도 가장 큰 죄책감을 느끼는 집단인 것으로 밝혀졌다.

근면성실 또는 근무태만

밀레니얼 세대에 관한 모든 고정관념 가운데 가장 널리 퍼져 있으면서 가장 부정확한 고정관념은 밀레니얼 세대가 게으르고 직업 윤리가 부족하다는 것이다. 격식에 맞게 행동하지 못한다고 해서 열심히 일할 의지나 능력이 없는 것은 아니다. 복장 규정 완화와 업무 유연성과 추가적인 휴가 일수를 요구한다고 해서 야망이 없는 것은 아니다. 밀레니얼 세대를 게으름뱅이로 치부해 버리기 전에 다음을 실천해보라.

» **부정적인 선입관을 따라가지 말라.** 대부분의 밀레니얼 세대는 모든 것을 다 바쳐 열심히 일하고 싶어 한다. 단지 근무 방식이 다르다고 해서 밀레니얼 세대가 열심히 노력하지 않는다고 섣불리 가정하지 말라.

» **밀레니얼 세대의 관점에서 사고해보라.** 자기 세대의 관점은 잠시 제쳐두고 다른 세대의 관점에서 세상을 바라보는 일은 말처럼 쉽지 않다. 하지만 밀레니얼 세대와 관계를 맺고 유지하기 위해서는 필수적이다.

» **어떤 방식으로든 유연성을 제공하라.** 복장 규정, 근무 시간, 근무 장소 뭐든 좋다. 밀레니얼 세대는 근무하고 싶은 환경이 주어지면 동기 부여가 되어 더 열심히 일한다. 작은 변화라도 밀레니얼 세대에게는 큰 영향을 미칠 수 있다. 다음과 같은 몇 가지 작은 변화를 시도해보아라.

● 근무 시간이나 규칙에 주목하지 말고 업무 성과에 주목하라.

● '나는 유연한 사고 방식을 가진 사람이야'라고 되뇌어라.

● 개인적인 업무 윤리를 서로 공유하라.

● 특정 규칙이나 기준이 필요한 이유를 설명하라.

"비공식적인 위계 질서와 업무 유연성이 제 동기 부여 요인이에요. 업무 유연성을 보장해주니까 [우리 회사를] 선택한 사람이 많아요."

― 로렌 W., 밀레니얼 세대

» 앞서 언급한 세 가지를 실천했는데도 여전히 확신이 들지 않는다면 스스로의 직관을 믿어라. 위에서 말한 전술을 모두 실천하고 검토했는데도 원하는 답을 찾지 못했다면 불량한 직원을 채용한 것은 아닌지 자문해보아라. 여전히 확신할 수 없다면 동기 부여와 피드백 문제일 가능성이 있으니 이 책의 제8장과 제9장을 참조하라.

밀레니얼 세대도 스스로 짊어져야 할 책임이 있다. 관리자가 아무것도 바라지 않고 밀레니얼 세대의 기대를 일방적으로 만족시켜 줄 필요는 없다. 밀레니얼 세대가 관리자의 기대를 절반이라도 충족할 수 있도록 도와주려면 먼저 현재 업무 기대 및 규칙 표준에 밀레니얼 세대가 편안함을 느끼는 정도를 10점 척도로 답하게 하라. 그러고 나서 편안함 정도를 높여 주기 위해 관리자로서 무엇을 도와줄 수 있을지 물어보아라. 변화를 바라는 밀레니얼 세대에게는 멘토링이나 업무 지도를 제공하라. 하지만 그 전에 밀레니얼 세대에게 숙지시켜야 할 사항은 다음과 같다.

» 업무 일정에 관한 정책을 이해한다.
» 상사와 업무 기대에 관해 이야기한다.
» 실천 방안을 준비하고 상사에게 제시해서 여전히 강력한 변화 의지가 있다는 것을 보여준다.

밀레니얼 세대가 사무실에서 근무하는 시간을 줄여야 한다고 주장하는 것은 실제로 그렇게 나쁜 생각이 아닐 수도 있다. 여러 연구 결과 및 보고서에 따르면 나이가 들고 나서 가장 후회되는 점이 젊었을 때 지나치게 일에 매달린 것이라고 한다. 미국민의 전반적인 삶의 만족도는 점점 낮아지고 있다. 휴가 일수는 줄어들고 근무 일수는 늘어나고 육아 휴직 수당은 줄어들었다. 미국인들은 자신이 얼마나 바쁜지로 자부심을 가지는 일을 그만두어야 할지도 모른다. 경제, 생활 수준 등 삶의 만족도를 떨어뜨리는 요인은 수없이 많지만 근무 시간을 줄이는 것은 고려해볼 만하거나 적어도 젊은 동료들과 논의해볼 가치가 있다.

상사와 친구 사이에 적정선을 지키는 법

전통 세대와 베이비부머 세대와 X세대가 지배하던 계층적인 노동 인구에서는 상사와 부하 직원의 관계는 매우 분명했다. 업무적인 관계였고 권력에 따른 역할이 분명했으며 직장 생활과 가정 생활의 구분이 명확했기 때문에 무엇이 직장 및/또는 가정에서 공유하기에 부적절한가에 대해서는 혼란의 여지가 없었다. 전통적인 조직 구성도는 조직 구성원 사이에 관계의 경계선을 분명히 정의하는 데 도움이 되었다.

그러나 밀레니얼 세대가 노동 인구에 진입하면서 예전에는 상식적이고 논란의 여지가 없던 이 선을 흐리게 만들었다. 밀레니얼 세대는 직장 동료를 친구 삼고 싶어 한다. 밀레니얼 세대는 상사와도 친구가 되거나 적어도 친구라는 테두리의 경계 끄트머리까지는 들어와 주길 바란다.

상사와 부하 직원 사이에 일어난 이 엄청난 관계 변화에 이미 편승한 관리자가 있다면 다른 관리자보다 인재 보유 게임에서 한발 앞섰다고 할 수 있다. 상사가 친구 같다면 밀레니얼 세대 부하 직원들은 상사를 더 신뢰하고 더 열심히 일하려 할 것이다.

직장에서 상사와 친구 사이에 선을 긋기 위해서는 두 가지가 필요하다. 먼저 상사로서 어떤 종류의 관계가 편안한지를 분명하게 알려준다. 둘째, 언제 어떤 조건에서 그 선을 넘어도 되는지를 분명히 알려준다.

과도한 솔직함의 기준

부모님과 절대로 대화할 수 없었던 금기 주제가 있었는가? 추수감사절날 할머니와 할아버지도 계신 저녁 식사 자리에서 이야기를 꺼내면 어떤 엄마나 아빠라도 기절초풍할 그런 금기 주제 말이다. 그런 금기 주제가 없었다면 축하한다. 3대 금기 주제인 돈, 섹스, 정치에 대한 이야기를 자유롭게 주고받는 개방적인 가족들과 오색찬란한 어린 시절을 보낼 수 있었을 테니 말이다. 오늘날 밀레니얼 세대는 이러한 금기 주제를 자유롭게 이야기하고 싶어 할 뿐만 아니라 지금까지 직장에서는 절대 논의할 수 없었던 모든 종류의 대화를 기꺼이 하고 싶어 한다. 광란의 주말을 보낸 이야기, 기분 전환용 약물 복용한 이야기, 틴더에서 만난 썸남/썸녀에게 받은 최신 메시지 등등… 나열하자면 끝이 없다. 이처럼 과도한 나눔에 익숙지 않은 베이비부머 세대와 X세대는 직장에서 밀레니얼 세대에게 이런 이야기를 처음 들으면 상당한 충격을 받는다.

제이라는 모범적인 X세대 관리자가 있다고 하자. 제이와 밀레니얼 세대 직장 동료들과의 관계는 상당히 인상 깊다. 밀레니얼 세대 동료 관리자들은 제이의 솔직함과 유머 감각과 팀을 발전시키고자 하는 욕구를 높이 산다. 제이도 밀레니얼 세대 동료 관리자들의 긍정성과 야망을 자신의 아재 개그에 진심으로 웃어주는 것을 높이 평가한다. 함께 일할 때도 서로 죽이 잘 맞고 부서 평가도 사내 최고이다. 그런데 어느 월요일 아침 열정적인 26세 동료 관리자 닉이 사무실에 걸어 들어오더니 자기 자리에 풀썩 주저앉았다. 한눈에 봐도 상태가 좋지 않았다. 제이가 괜찮냐고 물어보자 닉은 한숨을 쉬며 대답했다. "아, 오늘은 일 못하겠어요. 술을 퍼 마셨더니 머리가 깨질 것 같네요." 관리자와 친구 사이의 선은? 넘었다고 봐야 한다.

제이와 비슷한 감정을 느끼는 상황에 있다면 한걸음 물러나서 어떻게 행동했다면 용납 가능한 것과 가능하지 않은 것의 경계를 분명히 설정할 수 있었을까를 생각해 보아라. 일단 그 순간은 가만히 넘어간 뒤에 나중에 따로 조용한 곳에서 만나 선을 넘은 순간이 언제였고 이유가 무엇인지를 차분히 설명해주어라. 코칭 기회로 삼고 선을 넘었던 순간에 대한 개인적인 해석과 다른 관리자나 고객이 보았다면 어떻게 생각했을지를 말해주어라. 그리고 할 수 있다면 웃고 넘어가라. 한꺼번에 너무 많은 정보 전달이 이루어지는 순간은 정보를 전달하는 쪽이나 받는 쪽이나 모두에게 재미있게 느껴질 수 있다. 선을 몇 번 넘는다고 해서 세상이 끝나는 건 아니다. 과도한 공유가 만성이 된다면 문제이지만 말이다.

> "한번은 콘서트에 간다고 상사한테 말했어요. 콘서트에 갔고 새벽 3시가 넘어서 귀가했고 아파서 못 간다고 직장에 전화했어요. 그러나 상사가 저를 좀 보자고 했죠. 그때부터 지켜야 할 선이 있다는 사실을 배웠어요."
>
> —소쿤 B., 밀레니얼 세대

소셜미디어 관련 지켜야 할 선

모든 세대가 소셜미디어를 좋아하지만 소셜미디어를 처음으로 사용하기 시작한 세대는 밀레니얼 세대이다. 믿거나 말거나 밀레니얼 세대에게 직장에서 만난 사람과

'페이스북 친구'가 되는 일은 의미가 크다. 사생활의 많은 부분을 페이스북에 공유하기 때문이다. 따라서 밀레니얼 세대가 친구 요청을 보내거나 트위터에서 팔로우를 한다면 친하게 지내고 싶다는 신호이지 상대방의 사생활을 염탐하겠다는 의도가 아니니 오해하지 말라. 다시 말해 밀레니얼 세대 부하 직원과 소셜미디어에서 교류하고 싶지 않다면 친구 요청을 거절해도 괜찮다는 뜻이다! X세대 관리자는 보통 다른 많은 X세대와 마찬가지로 직장 사람들과는 링크드인까지만 공유하길 원한다. 소셜미디어에서 밀레니얼 세대 부하 직원과 교류하는 일과 관련하여 기준을 설정하는 적절한 방법은 다음과 같다.

1. 교류 가능한 소셜미디어의 한계 영역을 미리 정해둔다.

2. (만약을 대비해 혹은 명백한 의도대로) 개인 정보 보호 설정을 한다.

3. 미리 선을 긋지 말고 부하 직원이 친구 요청이나 팔로우를 할 때까지 기다렸다가 거절한다.

   예를 들어 밀레니얼 세대에게 입사한 첫날부터 "나는 직장 동료와는 소셜미디어에서 친구하는 걸 별로 안 좋아해."라고 말하지 말고 나중에 혹시 친구 요청이 오면 그때 상냥하게 "친구 요청은 받았어. 그런데 회사 사람들과는 링크드인만 하는 게 개인적으로 정한 원칙이거든. 형평성 때문이니까 이해해주길 바라."라고 말하라.

밀레니얼 세대가 소셜미디어에서든 실제 생활에서든 개인적인 삶을 공유하면 상사는 부하 직원에 대해 몰랐던 사실을 많이 알게 될 것이다. 물론 부하 직원이 보낸 광란의 주말에 대한 심층적인 이야기까지 듣게 되리라는 뜻은 아니다. 하지만 사과 과수원으로의 나들이, 디즈니 테마 파티(는 보통 아이들을 위한 것 아닌가?), 부하 직원의 친구가 다른 회사와의 협상에서 했던 말 등 이런저런 소식을 많이 알게 될 것이다. 이정도로 사생활을 노출해도 괜찮은지 걱정하는 대신 소셜미디어에서 얻은 정보를 접점으로 삼아 부하 직원과 관계를 쌓아라. 소셜미디어에서 조직 생활과 관련해 부하 직원의 자질을 의심할 만한 무언가를 접한다면 이야기를 꺼내도 좋다. 밀레니얼 세대 부하 직원도 이미 자신이 상사나 리더에게 대마초 합법화 문제부터 시작해서 자신의 모든 정치적 견해에 접근할 권한을 부여했다는 사실을 충분히 인지하고 있을 것이다. 그리고 아마도 회사 사람들과 나누기에 적합하지 않은 내용을 공유하는 것은 알아서 자제할 것이다.

업무 관련 친목 행사에서 지켜야 할 선

밀레니얼 세대는 직장 동료들과 서로 알아가다 허물없이 지내기 시작한다. 상사와도 똑같이 허물없이 지내는 밀레니얼 세대의 친화력은 사랑스럽다. 그러나 회사 송년회나 고객 초대 행사에서도 여전히 허물없이 구는 것은 사랑스럽지 않다. 거만하지 않게 밀레니얼 세대 부하 직원에게 사내 친목 모임에서 지켜야 할 주의 사항을 일러주어라. 먼저 친목 모임에 대한 회사 정책이 있다면 미리 정리해서 명확한 기대 기준을 설정하라. 그다음에 항상 하고 싶었던 멘토 역할을 하면 된다. 예를 들어 다음과 같은 말을 해줄 수 있다.

> "고객 초대 행사에서 명심해야 할 것 : 술은 두 잔까지만 마신다. 그렇고 그런 여자/남자가 되고 싶지 않다면 말이야."
>
> 혹은
>
> "내가 그 나이 때 알았더라면 좋았을 텐데라고 생각한 게 있는데 말이야. 상사나 리더가 해피 아워에 초대를 한다는 건 진심으로 그 직원을 그 자리에서 만나보길 원한다는 뜻이야. 가서 서로 얼굴도 익히고 하면 동료들도 경영진도 좋아할 거야."

필요한 곳에 선 긋기

조직 구조를 완전히 뒤엎으면(전체 이야기가 궁금하다면 제6장 참조) 위계 질서에 관한 규칙도 뒤엎어야 한다. 임원진은 더 이상 다가갈 수 없는 존재가 아니기 때문이다. 밀레니얼 세대는 위계 질서와 관련하여 과거와는 완전히 정반대의 기대를 가지고 있다. 미국 대통령도 트위터를 한다. 한때 가장 접근하기 어려운 존재였던 리더가 이제는 고작 140글자만큼 떨어진 거리에 있다. CEO에게 이메일을 보낸 밀레니얼 세대 이야기나 부회장실에 '잠깐 수다나 떨자고' 들른 밀레니얼 세대 이야기를 들어보았을지도 모르겠다. 이런 사례가 흔하지 않은 것처럼 보일지 몰라도 실제로 주기적으로 일어나는 일이다. 밀레니얼 세대의 이런 행동을 좋게 보는 리더도 있겠지만 소수에 불과한 것이 사실이다. 좀 더 신중한 태도를 취해야 하는 상황에서 권력의 최상단에 있는 사람에게 돌진부터 하고 보는 밀레니얼 세대 부하 직원이 있다면 설명부터 해주는 게 순서다.

우선 왜 경계선이 필요한지부터 설명하라.

>> **야망(ambition)과 발악(desperation)의 차이를 설명해주어라.** 밀레니얼 세대 는 방향이 완전히 잘못된 줄도 모르고 자신의 접근법이 옳다고 생각하고 있 을 가능성이 있다.

>> **리더십에 접근하는 방법을 가르쳐주어라.** 밀레니얼 세대에게 임원진은 무 서운 존재가 아니다. 자신과 똑같은 인간일 뿐이다. 임원진이 사무실 복도 를 지나갈 때 사람들이 공포 분위기를 조성하면 밀레니얼 세대는 소리 내 어 콧방귀를 뀔 것이다. 밀레니얼 세대는 자동적으로 경계를 존중하지 않 을 것이다. 따라서 임원진에게 닿을 수 있는 대안을 찾을 수 있도록 도와 주어야 한다. 그 대안이 상사 자신이 전령 역할을 하는 것일지라도 말이다.

상사 자신을 접근 가능한 존재로 만드는 것도 좋은 전략이다.

>> **문을 개방하라.** 문을 여는 물리적 행위 자체보다 중요한 것은 직급에 상관 없이 모든 직원들의 아이디어를 듣고자 하는 관리자의 의지를 표명하는 것이다. 신입 사원 오리엔테이션에 참석해서 자유롭게 질문을 받는 것도 한 방법이다. 폐쇄형 사무실을 포기하고 작은 개방형 사무 공간으로 옮기 는 것도 또 다른 방법이다. 무엇을 하든지 직원들에게 어떤 의견이든 환영 한다는 뜻을 알려라.

>> **소셜미디어를 적극적으로 활용하라.** 밀레니얼 세대는 꼭 상사의 얼굴을 마 주 보고 자신의 의견을 전달해야 할 필요를 별로 느끼지 못한다. 인트라넷 이나 회사 트위터 계정은 대화를 시작하고 변화를 도모하는 수단이 될 수 있다.

직장에서의 의사소통 에티켓

베이비부머 세대나 X세대와는 달리 밀레니얼 세대는 자라면서 에티켓에 관한 훈련 을 받지 못했다. 밀레니얼 세대는 뒤따라오는 낯선 사람을 위해 문을 잡아주지 않거 나 첫 만남에 악수를 생략하기가 예사며 상사를 이름으로 부르기도 서슴지 않는다.

밀레니얼 세대가 예의 바르지 않거나 무례한 것은 아니다. 단지 소위 예의범절이라고 부르는 것을 배우지 못했을 뿐이다. 밀레니얼 세대가 자라온 세상에서는 예의범절이 그다지 필요하지 않았기 때문이다. 회사에 입사하면 '밀레니얼 세대 직장 생활 부트 캠프' 같은 기본적인 에티켓과 암묵적 규칙을 배우는 훈련 과정이 필요할지도 모른다. 좌절만 하지 말고 밀레니얼 세대 신입 사원에게 기본적인 예절을 가르쳐줄 준비를 하라.

> » 전화 통화 예절
> » 이메일을 쓰는 올바른 방법
> » 피해야 할 표현이나 은어
> » 감사 카드를 보내야 하는 때
> » 회신/답장 시간
> » 가벼운 포옹을 하는 경우 대 악수를 하는 경우
> » 휴가를 요청하는 법
> » 일과에서 우선순위 정하는 법

밀레니얼 세대의 멀티태스킹 습관과 부작용

기술이 손끝에 있는 시대에 성장한 밀레니얼 세대는 다른 세대와는 두뇌 능력도 다르게 발달했다. 여러 일을 동시에 할 수 있는 멀티태스킹 능력이 발달한 것이다.

멀티태스킹은 신경학적으로 불가능하다. 하지만 업무를 빠르게 전환하는 것은 가능하다. 따라서 여기서 '멀티태스킹(multitasking)'은 밀레니얼 세대가 여러 전자 기기를 오가며 순간적으로 업무를 전환할 수 있는 번개 같은 속도를 가리킨다.

밀레니얼 세대는 제시간에 할당된 업무를 완수해야 하는 일과 중에도 잠시 일을 멈추고 책을 읽거나 농구를 한 판 하거나 십 분 동안 인스타그램 및/또는 스냅챗을 재빨리 훑어본다. 일과 중에 심신의 휴식을 취하는 밀레니얼 세대를 보고 직업 의식이 없다는 결론을 내릴 수도 있다. 하지만 다른 세대에게는 직업 의식이 없는 것처럼 보이는 행동이 밀레니얼 세대에게는 그저 다르게 발달한 두뇌를 이용하는 것일 뿐임을 명심하라.

다음에 나오는 습관, 부작용, 가능성 있는 진실을 살펴보고 뒤따라 나오는 코칭 순간도 참조하라.

습관 : 회의에 항상 폰이나 노트북을 휴대하고 참석하며 회의 시간 내내 켜 놓는다.

부작용 : 회의 중에도 수시로 폰이나 노트북을 체크하는 밀레니얼 세대 때문에 동료나 리더는 좌절감을 느낀다. 밀레니얼 세대는 사적인 일이나 다른 업무에 정신이 팔려 회의에는 관심이 없는 것처럼 보인다.

가능성 있는 진실 : 스냅챗에서 최신 업데이트 이야기를 보는 것이 절대적으로 중요하지 않은 것은 사실이다. 하지만 스냅챗이 아니더라도 밀레니얼 세대가 폰을 계속 체크할 이유는 수없이 많다. 만약 문자에 답장을 하는 것이라면 밀레니얼 세대는 최대한 빨리 문자에 답장을 하는 것을 예의로 여기고 문자에 답장을 늦게 하면 무례하다고 생각한다는 사실을 기억하라. 동료에게서 온 급한 업무 관련 문자에 답장하는 것일 수도 있다. 아니면 아직 고객에게서 받지 못한 이메일을 기다리는 것일 수도 있고 회의 중에 필요한 추가 서류를 읽고 있는 것일 수도 있다.

코칭 순간 : 회의 중에 폰이나 노트북을 들여다보면 말하고 있는 사람에게 방해가 된다. 그렇지 않다고 반박하는 사람은 이미 습관에 길들여진 것이다. 필요하다면 회의 중 전자 기기 휴대를 금지하거나 회의 시작 전에 노트북이나 폰을 꺼 달라고 부탁하라.

습관 : 근무 시간에 수시로 소셜미디어를 들여다본다.

부작용 : 주변 동료 및/혹은 관리자에게 회사에서 사적인 업무를 보느라 월급값을 못하고 있다는 인상을 준다.

가능성 있는 진실 : 누군가에게는 업무 방해 요소로 보이는 일도 다른 누군가에게는 업무에 집중하기 위해서 반드시 필요한 활동일 수 있다. 밀레니얼 세대가 십 대였을 때 프렌드스터, 마이스페이스, 유튜브, 페이스북, 트위터 등이 등장해 엄청난 성공을 거두었다. 밀레니얼 세대는 어렸을 때부터 소셜미디어를 보는 것이 일상이자 휴식이었다. 계속 페이스북을 들여다보는 것을 업무 시간을 남용하는 행위라고만 생각하지 말고 가끔씩 꼭 필요한 정신적 휴식이라고 생각하라.

코칭 순간 : 업무 시간 중 소셜미디어 사용을 관리하는 가장 좋은 방법은 신뢰를 쌓

는 것이다. 다음과 비슷한 말을 해주어라. "우리 회사는 당신을 믿습니다. 가끔 페이스북을 보는 건 알지만 업무 시간 내내 페이스북만 들여다보느라 업무나 팀에 손해를 끼치지 않으리란 사실을 믿습니다."

밀레니얼 세대가 업무 목적으로 소셜미디어를 사용하고 있을 가능성도 높다. 밀레니얼 세대는 회사 페이스북 페이지를 보거나 경쟁 회사 트위터 계정에 새롭게 올라온 내용을 꼼꼼히 살피기도 한다. 밀레니얼 세대 사원이 일과 시간 중에 소셜미디어를 하고 있는 것을 본다면 사적인 목적으로 사용한다고 생각하기에 앞서 업무 목적으로 사용하고 있을 수도 있다는 생각을 먼저 하라.

습관 : 하루 종일 헤드폰을 쓰고 있다.

부작용 : '직장에서 다른 사람과 접촉하거나 이야기하고 싶지 않아'라는 분위기를 풍겨 다른 세대 직원들에게 예의가 없다는 인상을 줄 수 있다.

가능성 있는 진실 : 업무 중에 계속 헤드폰을 쓰고 있는 것은 직장 사람들과의 접촉에 관심이 없다는 뜻으로 비칠 수 있지만 밀레니얼 세대 입장에서는 업무 생산성을 높이기에 가장 좋은 방법일 수 있다. 밀레니얼 세대는 사춘기 때부터 언제나 주머니에 준(Zune), MP3 플레이어, 디스크맨(Discman), 아이팟 같은 음악 재생 기기를 들고 다녔다. 대학교 때는 판도라의 공부할 때 듣기 좋은 음악 재생 목록 덕분에 화학 401 과목을 무사히 들을 수 있었고 이제는 스포티파이의 집중이 잘되는 음악 재생 목록 덕분에 직장에서 맡은 업무를 끝낼 수 있다. 헤드폰은 밀레니얼 세대가 일에 집중하고 있다는 표시이다.

코칭 순간 : 업무 중 헤드폰 사용에 관한 정책을 만들 수도 있다. 헤드폰을 쓰면 '업무를 방해하지 말아 주세요'라는 뜻이며 급한 용무일 경우 인스턴트 메시지나 이메일로 대화를 요청하는 것에 팀원 모두가 합의하는 식으로 말이다.

밀레니얼 세대가 전화 통화를 거부하는 이유

밀레니얼 세대는 전화 통화를 두려워하고 음성 사서함을 무시하기로 악명이 높다. 전화 통화를 기피하는 습성은 의사소통 능력이 떨어지기 때문이라며 놀림받기 십상이고 실제로도 벌써 농담거리가 되고 있다. 많은 사람이 밀레니얼 세대가 전화 통화를 어색해한다는 사실을 인지하고 베이비부머 세대나 X세대 동료들과는 얼마나 편하게 통화했는지를 그리워하기도 한다. 밀레니얼 세대가 왜 전화 통화를 기피하는지 이유를 알아보고 놀리는 일에 동참하도록 하자.

> "[밀레니얼 세대는] 기술이나 온라인으로 하는 의사소통에 익숙하다 보니까 채팅이나 이메일을 편하게 생각해요. 대화 기록이 남으니까 좋은 점도 있죠. 전화 통화는 아마도 [밀레니얼 세대와 소통하기] 가장 어려운 수단일 거예요."
>
> — 켈리 O., 관리자

» **인스턴트 메시지** : 밀레니얼 세대는 학교가 끝나고 친구들과 AOL이나 MSN 메신저에서 만나 수다를 떨곤 했다. (심심하면 밀레니얼 세대 동료에게 예전 메신저 대화명이 무엇이었는지 물어보아라.)

» **온라인 데이트** : 소개팅은 요즘 미혼 남녀에게는 전래 동화가 된 지 오래이다. 분위기 좋은 술집이나 교회에서 누군가를 만나 데이트를 하는 것도 한때는 일상적이었지만 요새는 친구들끼리 모이면 회자되는 귀여운 첫만남 이야기일 뿐이다. 인간사에서 가장 중요한 일이라고 할 수 있는 배우자감을 만날 때도 이제는 실제로 만나기 전에 온라인에서 먼저 만나 대화를 한다. 처음부터 직접 만나서 얼굴을 보고 서로를 알아가는 일이 밀레니얼 세대에게는 결코 쉬운 일이 아님을 짐작할 수 있는 대목이다.

» **잡담 방지** : 밀레니얼 세대는 보호받으며 자랐다. 무서운 세상에서 신변의 안전을 보장하기 위해서 밀레니얼 세대는 낯선 사람에게는 말을 걸지 말라고 배우면서 자랐다. 그 결과 밀레니얼 세대는 가벼운 대화에 약하다. 재미 삼아 서로 모르는 사이인 70대 두 사람이 만났을 때와 서로 모르는 사이인 20대 두 사람이 만났을 때 어떤 일이 벌어지는지 지켜보는 실험을 해보아라. 70대인 두 사람은 공통점을 찾아서 친근하게 대화를 이어나갈 가능성이 높은 반면에 밀레니얼 세대인 20대는 인사를 하고 짧은 대화를 나눈 뒤 각자 애꿎은 폰만 만지작거리거나 들여다볼 것이다. 어느 쪽이 더 낫다고 말할 순 없지만 두 세대가 서로 다르다는 것만은 부인할 수 없는 사실이다.

문자랑 이메일은 느리고 답답하다고 전화 통화를 좋아하는 밀레니얼 세대도 있다.

초기 밀레니얼 세대는 대학을 졸업하고 나서야 인생에서 처음으로 폰이라는 것을 가질 수 있었다. 후기 밀레니얼 세대와 그다음 세대는 문자와 전화 통화보다 페이스타임을 더 선호한다. 밀레니얼 세대라고 다 같지 않으니 섣부르게 고정관념을 가지는 것은 금물이다.

70세 CEO를 스냅챗 사용법을 모른다는 이유로 놀리지 않듯이 28세 밀레니얼 세대를 전화를 받을 때마다 불안해한다는 이유로 놀려서는 안 된다. 성장기에 밀레니얼 세대가 경험한 세상은 이전 세대가 경험한 세상과는 달랐고 세대마다 의사소통 능력에서 서로 다른 강점과 약점이 있다.

> "[밀레니얼 세대가] 앉아서 대화하거나 혹은 전화로 통화하는 대신 웬만하면 온라인으로 소통하려는 경향은 자연스러운 거예요. 그래서 곤란하다는 게 아니라 단지 밀레니얼 세대에게는 문자와 이메일과 인스턴트 메시지로 소통하려는 성향이 있다는 말을 하는 거예요."
>
> —줄리 A., 관리자

관리자가 적응해야 하는 경우 대 밀레니얼 세대가 적응을 해야 하는 경우

거의 모든 상황에서 한 세대를 위해서 모든 것을 바꾸자는 제안은 다른 세대에게 받아들여지지 않을 것이다. 모든 세대가 변화하는 환경에 맞추어 조금씩 적응을 해야 한다. 누가 언제 적응이 필요한지를 아는 것은 매우 까다로운 문제이지만 표 10-2를 출발점으로 사용하라.

표 10-2	흔하게 일어나는 격식 관련 문제와 적응을 위한 조언	
주제	관리자가 적응해야 하는 경우	밀레니얼 세대가 적응해야 하는 경우
직업 윤리	8시 출근 5시 퇴근 업무 일과는 성과는 나오지만 직원 만족도는 낮다. 효율성을 높일 수 있는 창의적인 방법이 있다.	8시 출근 5시 퇴근 업무 일과는 고객과 동료들에게 필수적이다. 전화/컴퓨터/고객/환자에게 물리적으로 가까이 있어야만 성과를 달성할 수 있기 때문이다.
복장 에티켓	현재 회사의 복장 규정이 시대에 뒤떨어지거나 다른 경쟁사들이 복장 규정을 바꾸고 있다. 금요일을 평상복 입는 날로 정하는 제도도 더 이상 직원들에게 동기 부여가 되지 않는다. 직원에게 회사에 바라는 것을 물으면 대부분이 복장 자유를 원한다고 대답한다.	업무를 위해서 고객이 기대하는 특정한 복장이 있다. 임원진이 원하는 근무 복장이 있으며 승진하려면 임원진에게 인정을 받아야만 한다. 복장 규정이 있는 특정 행사가 있다.
유연 근무제	규칙보다 성과에 집중했더니 월등한 업무 성과가 나왔다.	성과 중심 환경에서는 업무를 하기가 힘들다. 요구하는 근무 시간을 채우는 게 낫다.
의사소통 에티켓	부하 직원이 관리자가 원하는 의사소통에 관한 기대를 충족하지 못해도 시키는 업무를 척척 해낸다면 관리자의 기대를 바꿔야 할지도 모른다.	계속 행동이 무례하고 부적절하고 무심하다는 지적을 받는다.

밀레니얼 세대 집단 안에 존재하는
개인별 차이 존중

제3부 미리보기

- 밀레니얼 세대 안에서도 아무도 관심을 가지지 않는 하위 집단에 대해 알아본다.

- -

- 전 세계의 밀레니얼 세대에 대해 알아보고 각 지역에 따른 인사 관리 접근법을 이해한다.

- -

- 밀레니얼 세대 페르소나를 힙스터형, 순교자형 등 유형별로 나누어 살펴본다.

- -

- 서로 다른 생애주기를 지나고 있는 밀레니얼 세대에게 미치는 영향을 알아본다.

- -

- 세대 담론에서 끼인 세대 집단이 얼마나 중요한지를 살펴본다.

- -

- 화이트칼라 밀레니얼 세대와 블루칼라 밀레니얼 세대의 차이점을 이해한다.

- -

- 과학을 전공한 밀레니얼 세대 인문학을 전공한 밀레니얼 세대가 직장에서 어떻게 다른지 살펴본다.

- -

chapter

11

'전 세계' 밀레니얼 세대 경영

제11장 미리보기

- 전 세계적인 관점에서 들여다본 밀레니얼 세대
- 전 세계 어딜 가나 밀레니얼 세대라면 공유하는 비슷한 세대 특성
- 지역별 밀레니얼 세대의 시각차
- 국가별 세대 이론

기업 세계가 받아들이고 싶지 않아 서로에게 미루기만 하는 통계 사실이 하나 있다. 이 통계 사실을 거부하는 이유는 단순하다. 위험 부담이 크기 때문이다. 도대체 어떤 통계 사실이길래 그럴까? 바로 2025년까지 밀레니얼 세대가 노동 인구의 75퍼센트를 차지하게 된다는 사실이다(딜로이트). 그렇다. 자그마치 75퍼센트이다. 너무 큰 숫자에 입이 다물어지지 않을 수도 있다. 다른 말로 하면 전체 노동 인구의 4분의 1만 밀레니얼 세대가 아니라는 뜻이기 때문이다. 따라서 우리 모두가 입을 다물지 못할 만큼 머릿수가 많은 이 세대 집단이 누구인지를 알아야 한다. 전 세계적으로 밀레니얼 세대가 기업 세계에서 차지하는 비율이 늘어나면서 미국의 밀레니얼 세대뿐만 아니라 전 세계의 밀레니얼 세대 또한 반드시 이해할 필요가 있다. 많은 기업이 세계 시장으로 영향력을 확장해나가고 있으므로 미국 중심 접근법만으로는 더 이상 충분

하지 않다.

이번 장에서는 전 세계적 관점에서 세대 이론을 탐구할 것이다. 전 세계적으로 공통적인 밀레니얼 세대의 특성 및 동향에 대한 통찰을 제공하고 더불어 지역별 밀레니얼 세대의 차이점을 살펴볼 것이다. 전 세계 밀레니얼 세대의 특징을 이번 장에 다 욱여넣었다고 하면 필자들 스스로나 독자 여러분을 기만하는 일일 것이다. 대신 여기서는 지역별 밀레니얼 세대의 특징을 살펴보고 국가별로 세대 이론을 적용할 수 있는 유용한 도구를 소개하려고 한다. 도구의 대부분은 해서는 안 되는 행동, 섣부른 가정을 피하는 방법, 밀레니얼 세대 부하 직원이 국적이나 출생지에 관계없이 상사에게 공통적으로 바라는 관리 방식이 무엇인지 알기 위한 올바른 질문을 하는 방법에 관한 것이다.

솔직하게 짚고 넘어가야 할 것은 필자들은 세대 전문가이지 문화 전문가는 아니라는 사실이다. 전 세계의 문화와 지역별 문화 차이의 복잡성을 이해하려고 노력하는 독자 분들은 이번 장에 거는 기대가 높을 수 있다. 그러나 이 장의 목적은 전 세계를 대상으로 한 세대 이론을 간략하게 소개하는 것이다. 혹시 모를 실수나 잘못된 정보가 있을 수 있다는 사실을 미리 고백하니 독자 여러분이 너그러이 양해해주시길 바란다.

전 세계적 관점에서 본 세대 이론

전 세계에 세대 이론을 적용할 때 자연스럽게 떠오르는 질문은… '어떻게?'이다. 제2장에서 자세히 다루었듯이 세대 이론의 핵심은 어떻게 각 세대가 인격 형성기에 함께 경험한 사건 및 조건이 세대별 특성을 형성했는가이다. 그렇다면 당연히 나라마다 각 세대 집단의 정체성 형성에 영향을 미친 정치적, 경제적, 문화적 사건이 모두 다를 것이다. 따라서 나라마다 저마다 독특한 세대 집단이 존재한다는 결론을 내릴 수 있다. 어느 정도까지는 사실이다. 그러나 미묘한 문화 차이를 고려해 모든 국가의 세대 집단을 일일이 분석하는 일은 정신 나간 짓이다. 하지만 다행스럽게도 지역별로 세대 집단이 공통적인 특성을 나타낸다는 사실이 밝혀졌다.

- » 북미 (미국과 캐나다)

- » 라틴 아메리카 (중앙 아메리카와 남아메리카)

- » 서유럽

- » 중부 유럽과 동유럽

- » 중동

- » 아프리카

- » 아시아 태평양

앞서 말했듯이 지역 및 국가별로 독특한 특성을 나타내는 세대 집단이 존재한다. 하지만 밀레니얼 세대는 특히 인터넷 접근성이 확보되면서 함께 경험한 주요한 문화적 사건이 많기 때문에 전 세계적으로 꽤 여러 특성과 가치관을 공유한다. (이와 관련해서 바로 다음 부분에서 더 자세히 다루고 있다.)

이러한 지역 구분을 기억해두고 간단한 질문을 시작으로 본론에 들어가 보도록 하자. 전 세계의 밀레니얼 세대는 모두 다 똑같이 밀레니얼 세대라고 불리는가? 대답은 그렇다일 수도 있고 아니다일 수도 있다. 서구 세계에서는 대부분 '밀레니얼 세대'라는 이름을 주로 채택하는 반면에 나머지에서는 'Y세대'라는 이름이 더 잘 알려져 있다. 특히 아시아와 남아메리카에는 밀레니얼 세대를 지칭하는 다양한 이름이 발달했다. 예를 들어 중국에서는 밀레니얼 세대를 가리켜 80/90년대 이후 (출생한) 세대라고 부른다. 단순히 호기심으로 나라마다 각 세대 집단을 어떻게 부르는지를 알고 싶다면 몇몇 국가에서 밀레니얼 세대뿐만 아니라 현재까지 생존해 있는 다른 세대 집단을 부르는 명칭을 정리해 놓은 표 11-1을 참조하면 된다.

표 11-1에서 보다시피 여섯 국가만 선택한 이유는 이들 국가의 밀레니얼 세대가 세계 경제에서 차지하고 있는 역할이 크기 때문이지만 다른 국가의 밀레니얼 세대 또한 커다란 영향력을 미치고 있다. 여기서 말하고자 하는 바는 필자들도 표본이 작다는 사실을 인지하고 있다는 점이다. 이 사실을 반드시 염두에 두고 계속 읽어나가길 바란다.

표 11-1에서 국가별로 밀레니얼 세대를 가리킬 때 사용하는 명칭은 사회적으로 통용되는 이름이라기보다는 미디어에서 통용되는 이름이라는 사실을 말씀 드려야 할 것 같다. 미국 이외의 국가에서 밀레니얼 세대를 가리킬 때는 Y세대라는 용어를 사

표 11-1	국가별 밀레니얼 세대를 부르는 명칭					
미국	인도	중국	러시아	브라질	영국
전통 세대	독립 투사들	30, 40년대 이후 세대	침묵의 세대	전통 세대	침묵의 세대
베이비부머 세대	자유 세대	50, 60년대 이후 세대	스푸트니크 세대	베이비부머 세대	베이비부머 세대
X세대	X세대/E세대	60, 70년대 이후 세대	X세대/마지막 소비에트 세대	X세대	대처의 아이들
밀레니얼 세대/Y세대	Y세대	80, 90년대 이후 세대/소황제 세대	Y세대/푸 세대	밀레니얼 세대/Y세대	밀레니얼 세대/Y세대

용하시길 권한다.

나라마다 뭐라고 부르든 간에 전 세계를 통틀어 이 젊은 세대 집단을 이해할 때 또 다른 중요한 조각은 인구수이다. 미국 밀레니얼 세대가 압도적인 인구 규모를 자랑한다는 사실을 감안할 때 전 세계적인 밀레니얼 세대 인구 현황을 알게 되면 살짝 충격으로 다가올 수 있다.

일부 동향만 살펴보면 다음과 같다. 중국에서는 1가구 1자녀 정책 때문에 밀레니얼 세대 인구수가 상대적으로 적다. 인도에서는 밀레니얼 세대 인구수가 폭발적으로 늘어나고 있다. 유럽과 일본에서는 밀레니얼 세대 인구수는 다른 세대와 비교하여 급격하게 줄어들고 있다. 이밖에 아래 통계 사실을 종합하여 수리적 상상력을 총동원해 전 세계 밀레니얼 세대 인구수를 짐작해보아라.

>> 전 세계적으로 밀레니얼 세대의 실업률은 윗세대보다 세 배가량 높다.
   (출처 : 세계청년실업동향, 2013년)

>> 밀레니얼 세대는 유럽 연합(EU)에서 소수 집단이다. (퓨리서치센터, 2015년)

>> 2020년이면 인도 인구의 절반이 25세 이하가 된다. (인적자원관리학회, 2009년)

>> 일본 인구의 26퍼센트 이상은 65세 이상이다. (일본 통계청)

국가마다 인구 동향이 천차만별인데 어떻게 결론을 이끌어낼 수 있는지 의아해하는 분들이 계실 것이다. 하지만 운 좋게도 전문가들은 전 세계 밀레니얼 세대 인구 규모에서 연결성을 찾아냈다. 인구통계학과 사회학 연구에 헌신하는 사람들이 있다는 건 얼마나 큰 축복인가!

세대 차이도 다양성의 한 형태이다. 지구상에는 성별, 인종, 심리학적 다양성까지 여러 가지 다양성 관점이 존재하고 세대 이론보다 훨씬 더 자주 담론화된다.

세계화, 인터넷, 기술 발전이 미친 영향

세계화 덕분에 세계는 실질적으로 개방되었다. 인류 역사상 비교적 최근에 등장한 인터넷은 물리적 장벽과 의사소통 장벽을 무너뜨리며 역사의 판도를 바꾸었다. 인터넷 덕분에 세계는 전례 없이 많은 정보에 접근할 수 있게 되었고 합리적인 가격에 대륙을 횡단할 수 있게 되었다. 그로 인해 전 세계를 여행하고 전 세계를 대상으로 구직 활동을 하는 것이 가능해졌다. 또한 물리적/기술적 제약이 옛말이 되면서 기업들은 나날이 세계로 시장을 확장해나가고 있다. 이전 세대가 세계 경제의 팽창을 목격하며 접근성과 세계 여행의 제약을 깨달았던 반면에 밀레니얼 세대는 그런 제약이 존재했던 세상을 경험하지 못했다. 무엇이든지 빠르게 적용한 얼리어댑터(early adapter)인 밀레니얼 세대는 거듭된 기술 혁신 속에서 지구촌이라는 말에 걸맞게 놀라울 정도로 가까워지고 다양해진 세상을 경험해왔다.

» **정보 기술－문화 경험 공유** : 밀레니얼 세대는 어느 나라 출신이든지 주머니 속에 스마트폰이 있는 것을 당연하게 생각하며 자랐다. 9/11 테러, 아랍의 봄, 7/7 런던 폭탄 테러, 일본을 덮친 쓰나미 등 전 세계에서 일어나는 일을 컴퓨터나 스마트폰으로 거의 실시간 접할 수 있었다. 이러한 사건과 조건에 함께 노출되거나 이를 함께 경험했기 때문에 밀레니얼 세대는 세계 어디를 가나 과거 다른 세대보다 더 높은 동질감을 느낀다. 어떻게 보면 유년기와 청소년기를 함께 보내고 성인이 되었다고 해도 과언이 아니다.

» **정보통신 기술－인간 관계의 확장** : 기술이 발전함에 따라 밀레니얼 세대의 소셜네트워크와 의사소통 도구도 발전했다. 이메일, 문자, 페이스북, 스카이프, 왓츠앱, 페이스타임과 함께 지구 반대편에 있는 밀레니얼 세대와도 버튼 하나만 터치하면 소통할 수 있다. 밀레니얼 세대는 훨씬 더 다양한 세계관과 의견과 문화를 접하며 자랐을 뿐만 아니라 국적이 다양한 동료와 친구도 더 많이 만나 보았다. 그래서인지 많은 밀레니얼 세대가 해외에서 한 번쯤은 일해보길 원한다. 광고 회사인 제이월터톰슨에서 실시한

설문 조사에 따르면 젊은이들은 친구들 중 25퍼센트는 비행기를 타고 가야 만날 수 있다고 답했다. 상류층이나 누릴 법한 인간 관계처럼 들리지만 사실은 그냥 펜팔 친구 같은 것이다. 단지 교류 수단이 옛날에는 손편지였던 것이 오늘날은 이메일로 바뀌었을 뿐이다.

» **교통수단 기술-문화에 대한 호기심 충족** : 9/11 테러가 있고 나서 (적어도 미국) 사람들은 비행기를 타는 것에 공포를 느꼈지만 그럼에도 불구하고 밀레니얼 세대에게 여행은 삶에서 없어서는 안 될 부분이다. 해외 유학, 배낭 여행, 해외 취업 등 밀레니얼 세대는 발달한 교통 수단의 수혜를 톡톡히 누리며 세계를 구경하고 새로운 문화를 경험한다. 전 세계에서 입학 제한이 완화되고 유로가 통용되는 등의 단순해 보이는 변화도 밀레니얼 세대가 일부 국가에서 공부하고 일하고 여행하는 것을 한결 쉽게 만들어주었다. 밀레니얼 세대가 해외에서 경력을 추구하는 것은 필요 때문이기도 하고 기본적인 욕구 때문이기도 하다.

"인터넷은 우리가 세계 전체를 보고 효율적으로 뉴스를 접하고 해외에 친구를 만드는 일을 쉽게 만들어준 것 같아요. 생활 모습이 아예 바뀌었달까요."

─밀레니얼 세대, 중국에서

높아진 접근성은 다른 문화에 대한 인식을 높이고 전 세계에 있는 밀레니얼 세대 사이가 공유하는 공통의 관심사를 확대했다. 그로 인해 밀레니얼 세대는 직장에서도 더 다양한 세대와 문화를 열린 마음으로 받아들일 수 있기를 기대하게 되었다. 특히 후기 밀레니얼 세대와 그다음 세대는 세계 곳곳에서 이와 같은 문화와 세대 다양성을 포용하기를 바란다.

기술이 놀라운 속도로 진화해왔으며 앞으로도 진화해나갈 것이라는 사실을 의심하는 사람은 없다. 지금은 아이폰이 비교적 흔해졌지만 처음 출시되었을 때만 해도 사치재에 가까웠고 쉽게 구하기 힘들었다. 그러나 기술이 발전한다고 해서 그 혜택이 더 많은 사람에게 평등하게 돌아가는 것은 아니다. 2012년 국제연합(UN) 보고에 따르면 슬프게도 지구상에는 변기에 접근할 수 있는 사람보다 핸드폰에 접근할 수 있는 사람이 더 많다고 한다. 기본적인 화장실조차 잘 갖추지 못한 국가에서 나고 자란 밀레니얼 세대와 기술의 혜택을 마음껏 누리면서 나고 자란 밀레니얼 세대는 서로 공유하는 세대 특성이 많지 않을 것이다. 중국처럼 정부가 인터넷이나 미디어 접속을 제한하는 국가에서 자란 밀레니얼 세대도 마찬가지다. 이들이 경험한 온라인 세상은 정부 제한이 없는 다른 국가에서 접속할 수 있는 온라인 세상과는 완전히 다르다. 심지어 소셜미디어조차 같지 않다.

기술 발전 이외에 전 세계의 밀레니얼 세대가 보편적으로 경험한 사건과 조건은 바로 세계 경기 침체이다. 그리스, 스페인, 이탈리아 같은 국가는 여전히 경기 침체에서 완전히 회복하지 못했기 때문에 이들 국가에서 밀레니얼 세대의 실업률은 여전히 높다. 그래서 이들은 취업할 기회를 찾아 이민을 가거나 직업적 성공보다 삶의 전반적인 균형을 추구하는 삶을 택하기도 한다.

지역별 밀레니얼 세대의 차이점

밀레니얼 세대는 국적에 관계 없이 전 세계적으로 비슷한 점이 많으며 놀라울 정도로 동질적인 집단이라는 데에는 이견이 없다. 그렇지 않다고 주장하는 것은 어리석은 일이다. 미국 내에서도 지역마다 일어나는 서로 다른 사건과 조건은 해당 지역에 거주하는 일부 밀레니얼 세대의 정체성 형성에만 영향을 준다. 그 범위를 전 세계로 넓히면 각 대륙, 각 지역, 각 나라마다 독특한 사건과 조건이 일어나 표준적인 밀레니얼 세대의 특성과는 구분되는 해당 지역의 밀레니얼 세대에서만 나타나는 특성을 형성하도록 영향을 미쳤다.

세계적 사건은 저마다 밀레니얼 세대에게 다른 영향을 미쳤다. 예를 들어 일본에서 나고 자란 밀레니얼 세대를 인터뷰해보면 삶에 가장 큰 영향을 미친 사건으로 2011년 3월에 일어난 지진 및 쓰나미와 뒤따른 방사능 유출에 대한 공포를 꼽는다. 따라서 이들이 직업을 바라보는 시각은 다를 수밖에 없다. 일본 문화와 일본에서 인격 형성기에 경험한 사건과 조건 때문에 정체성도 다르게 형성되기 때문이다. 필자들은 일본에서 나고 자란 밀레니얼 세대를 부하 직원으로 둔 관리자들과도 인터뷰를 했다. 그 결과 미국, 영국, 러시아, 브라질의 밀레니얼 세대와 일본의 밀레니얼 세대는 직장에서 완전히 다르게 행동한다는 것을 알게 되었다. 예를·들어 일본 밀레니얼 세대 부하 직원은 다른 국가의 또래 집단보다 권위에 대한 인식이 더 뚜렷하고 더 순종적이다. 서구의 밀레니얼 세대는 일반적으로 권위를 가진 인물도 자신과 동등하게 바라본다. 아무리 상사라도 맞받아치거나 질문하거나 변화를 종용하는 데 불편함을 느끼지 않는다. 그러나 일본의 밀레니얼 세대는 상사를 극단적으로 공손한 태도로 대한다. 권위에 거의 도전하지 않으며 업무 지시가 떨어지면 곧바로 착수한다. 일본의 밀레니얼 세대 인구수는 적지만 그 자체로 매우 중요하고 매력적인 정보를 제공한다.

2000년대 초반 이후로 기업과 (필자들이 근무하는 브리지웍스를 포함한) 연구소는 경제 성장 잠재력이 큰 BRIC/BRICS 국가(브릭스라고 읽으며 브라질, 러시아, 인도, 중국/남아프리카를 묶어서 일컬음-역주)의 밀레니얼 세대에게 주목하기 시작했다. 세계 경기 침체 등 여러 요인이 브릭스 국가의 궤도를 바꾸어 놓았지만 필자들은 여전히 브릭스 국가의 밀레니얼 세대에게 주목하고 있다. 그러나 브릭스 국가만이 전부는 아니며 다른 지역과 국가의 밀레니얼 세대도 똑같이 중요하다는 사실 또한 인지하고 있다. 예시로 브릭스 국가와 독일의 사건과 조건이 해당 국가의 밀레니얼 세대에게 미친 영향을 살펴보자.

> **독일의 밀레니얼 세대** : 베를린 장벽 붕괴는 독일 젊은이들에게 엄청난 영향을 미쳤다. 독일의 밀레니얼 세대는 국가가 현재 나아가고 있는 방향을 두 팔 벌려 지지하며 유럽에서 가장 큰 경제 대국으로서 재무 성과가 가장 큰 성공의 지표라고 생각한다. 독일은 흥미로운 사례 연구 대상이다. 동독과 서독 사이에는 여전히 커다란 고용률 및 소득 격차가 존재하며 독일의 젊은이들 대부분이 서구 독일에 거주하고 있다. 밀레니얼 세대의 동기 부여 요인과 리더에게 바라는 것에 대한 이상값(outlier)을 살펴볼 때 동독은 여전히 동독과 서독을 분단 국가로 놓고 대답하는 것을 볼 수 있다.

> **중국의 밀레니얼 세대** : 중국이 1980년부터 시작한 1가구 1자녀 정책은 하나뿐인 자녀에게 높은 성취를 기대하는 풍토를 낳았다. 뿐만 아니라 중국의 밀레니얼 세대는 거의 외동이기 때문에 좋든 나쁘든 엄청난 관심을 받고 자랐다. 주목해야 할 중요한 사실은 기술 발전이 80년대 이후에 출생한 밀레니얼 세대와 90년대 이후에 출생한 밀레니얼 세대에게 다르게 영향을 미쳤다는 점이다. 80년대 이후에 출생한 밀레니얼 세대는 경제가 회복될 것이라는 낙관 속에 핸드폰이 필수품이 아니었던 단순한 시절을 살았다. 반면 90년대 이후 출생한 밀레니얼 세대는 인격 형성기 초기부터 기술과의 접속이 끊어진 적이 없으며 경제의 두 얼굴 중 하나인 호황기만을 경험

하며 자랐다.

» **러시아 밀레니얼 세대** : 푸 세대라고도 불리는 러시아의 밀레니얼 세대는 소비에트 연합(구 소련)이 붕괴된 후에 성장기를 보낸 첫 세대이다. 한때 초강대국이었던 러시아가 예전의 명성을 잃으면서 많은 러시아의 밀레니얼 세대는 자국 경제를 부정적으로 내다보았다. 러시아 밀레니얼 세대의 인격 형성기 내내 재임한 푸틴 정권이 개인의 가치를 강조함에 따라 러시아의 이전 세대보다는 위험을 회피하는 성향이 약간 더 높다.

» **인도의 밀레니얼 세대** : 이전 세대와는 달리 인도의 밀레니얼 세대는 1991년 경제 자유화로 인도 경제의 급격한 성장만을 경험했다. 그 결과 인도의 밀레니얼 세대는 매우 야망이 크고 경쟁심이 강하며 이전 세대가 그토록 가치 있게 여겼던 내부적 요인보다 외부적 요인에 더 높은 가치를 부여한다. 직장에서도 인도의 밀레니얼 세대는 고속 승진을 추구한다. 게다가 성공을 원하는 여성이 인도의 밀레니얼 세대 가운데 상당한 비중을 차지한다. 하지만 실제로 여성의 경제 활동 참여율은 점점 떨어지고 있으며, 따라서 인도 기업의 인구통계는 다른 국가들과는 전혀 다르다.

» **브라질의 밀레니얼 세대** : 브라질의 밀레니얼 세대는 브라질 경제가 안정되고 성장세를 회복하며 1960년도 이후 처음으로 민주적인 절차로 대통령을 뽑자는 움직임이 한창일 때 성장기를 보냈다. 따라서 이들은 꽤 근거 있는 낙관론 속에서 성장기를 보냈다. 하지만 브라질 경제가 안정적이지만은 않으며 언제든 다시 위기가 올 수 있다는 사실을 인정하는 것도 중요하다. 어린 밀레니얼 세대와 그다음 세대에게 커다란 영향을 미칠 수 있는 요소이기 때문이다.

전 세계 밀레니얼 세대의 공통적 동향 및 주요 차이점

세계적인 관점에서 밀레니얼 세대를 이해하는 방법은 두 가지이다. 첫 번째 방법은 세계 어디에서나 밀레니얼 세대라면 보이는 공통점을 살펴보는 것이다. 두 번째 방법은 공통점을 기준으로 지역별로 확연하게 나타나는 차이점을 살펴보고 이해하는 것이다.

전반적으로 봤을 때 세계 어디에서나 밀레니얼 세대라면 비슷한 이상, 목표, 인식 등을 공유한다. 예를 들어 전 세계적으로 밀레니얼 세대는 스스로를 관용적이고 진실되고 세상에 대한 호기심이 많으며 긍정적이고 유연하다고 평가한다. 그러나 직장에서의 행동, 위계 질서 수용도, 혁신 능력 등에서는 지역별로 상당한 차이를 보였다.

전 세계 밀레니얼 세대의 유사점

전 세계적으로 밀레니얼 세대라면 공유하는 주요 유사점은 다음과 같다.

» **기술이 열쇠이다.** 기술은 세계가 진보하기 위한 열쇠이다. 밀레니얼 세대는 맡은 업무를 가장 효율적이고 효과적으로 완수하기 위해서 가장 좋은 최신 기술에 접근할 수 있기를 기대한다. 또한 밀레니얼 세대라면 소셜미디어와 이에 따르는 사회적 규범에 접근할 수 있었고 현재도 접근할 수 있다. 나라마다 플랫폼은 조금씩 다를 수는 있더라도 말이다.

» **리더가 되기를 기대한다.** 그러나 리더가 되고자 하는 이유는 다 다르다. 세계 어딜 가나 밀레니얼 세대는 모두 젊은 직업인이다. 즉 밀레니얼 세대는 경력 발전을 추구하고 현재 다니는 직장에서 승진의 기회가 없으면 미련 없이 떠난다. 그러나 유니버섬이 발간한 보고서에 따르면 동유럽의 밀레니얼 세대는 관리직으로 승진하고 싶어 하는 이유가 소득이 더 높기 때문인 반면에 중동의 밀레니얼 세대는 의사 결정을 내릴 수 있는 권한이 더 많기 때문에 승진을 원하는 것으로 나타났다. 한편 북미의 밀레니얼 세대가 승진을 원하는 이유로는 더 높은 소득과 조직에 더 큰 영향력을 끼칠 수 있는 기회가 근소한 차이로 나타났다.

밀레니얼 세대가 리더에게 원하는 것도 지역별로 달랐다. 서유럽, 북미, 아프리카의 밀레니얼 세대는 자신들에게 권력을 나눠줄 리더를 원한다. (앞서 다루었던 코치의 마음가짐 대 관리자의 마음가짐에 대입해 생각해볼 수 있다.) 아시아 태평양 지역과 중동의 밀레니얼 세대는 종사하고 있는 분야의 전문 지식을 가지고 있는 리더를 원한다. ('가라데 키드'에 나오는 스승 미야지 같은 상사 유형이라고 할 수 있다.) 라틴 아메리카의 밀레니얼 세대는 리더로 역할 모델로 삼을 수 있는 사람을 원한다. (이 또한 스승 미야지 같은 상사를 원하는 것이라고 볼 수 있다.)

» **일과 삶의 균형을 원한다.** 밀레니얼 세대는 특히 사생활에서 충분한 여가

시간을 확보하는 것을 중요하게 생각한다. 전 세계적으로 밀레니얼 세대는 일이 개인적인 삶을 포기할 만큼 가치 있다고 생각하지 않는다. 따라서 일과 삶의 균형을 더 잘 유지할 수 있도록 유연한 업무 정책을 원한다. 재미 있는 사실 하나 : 밀레니얼 세대에게 일과 삶이 균형 잡힌 삶을 위해 명예와 고소득이 보장된 직장을 포기할 수 있느냐고 질문했더니 동유럽을 제외한 모든 국가의 밀레니얼 세대가 '그렇다'고 대답했다. 일과 삶의 균형이 전 세계를 통틀어 모든 밀레니얼 세대에게 중요한 것만은 틀림없다.

» **조직 충성도가 낮다.** 밀레니얼 세대는 전반적으로 평생 직장은 고사하고 한 조직에 5년 이상 근무할 가능성도 적은 것으로 나타났다. 거의 모든 지역에서 예상 은퇴 나이가 60세 전후였다. 부분적인 이유는 일부 국가에서 정년퇴직을 법으로 정하고 있기 때문이다. 더 많은 기회에 노출될수록 자연히 기회를 좇아 떠날 가능성도 높아진다.

» **일을 사회에 긍정적인 영향을 끼칠 수 있는 수단으로 생각한다.** 밀레니얼 세대에게 일은 단순히 목적에 이르는 수단이나 생활비를 벌기 위한 수단이 아니라 세상에 영향을 끼칠 수 있는 수단이다. 세계 어딜 가나 기업 윤리와 사회적 책임은 밀레니얼 세대의 최고 관심사이다. 밀레니얼 세대는 목적 의식을 강하게 느끼며 조직의 가치와 개인적인 가치가 일치할 때 조직에 머무를 확률이 높았다.

» **경제가 최고의 관심사이다.** 경제 상황이 긍정적이든 부정적이든 경제는 밀레니얼 세대 초미의 관심사이다. 청년실업률은 전 세계적으로 여전히 높은 편이며 대침체는 비록 북미에서 일어난 사건이긴 하지만 전 세계에 있는 모든 밀레니얼 세대에게 영향을 미쳤다. 한편 밀레니얼 세대는 보편적으로 부모 세대보다는 자신들이 더 나은 상황에 있다고 믿으며 경제를 낙관적으로 전망한다.

» **팀에 기반한 문화를 원한다.** 국제적으로 밀레니얼 세대가 일하고 싶은 조직을 선택할 때 팀워크, 협력, 공동체 의식 등은 플러스 요인이 아니라 당연한 기대에 속한다. 일관되고 팀 중심적인 조직 문화를 갖춘 조직은 밀레니얼 세대 인재를 유인할 수 있다.

"저는 협력해서 일하는 걸 선호해요. 왜냐하면 회사를 만드는 건 결국 그 회사에서 일하는 사람들이니까요. 누구나 자신만의 관점을 이야기하고… 이렇게 하면 보통은 혼자 일할 때보다 훨씬 좋은 결과를 얻을 수 있어요."

―마르코스 E., 밀레니얼 세대, 브라질에서

여기서 보다시피 밀레니얼 세대는 전 세계 어디서나 비슷한 특성을 보이지만 그러한 특성 뒤에 숨은 이유는 제각기 달랐다. 유사점 뒤에 숨겨진 차이점을 보면 지역별로 다른 밀레니얼 세대의 특징이 보인다.

지역별 밀레니얼 세대의 차이점

전 세계에 있는 밀레니얼 세대를 하나로 묶어주는 공통점이 과거 어느 세대보다도 많아졌지만 어디서 나고 자랐느냐에 따라 다른 지역에서 나고 자란 사람과 구별되는 특징이 있다는 건 전혀 놀랄 일이 아니다. 다음은 지역별로 나누어 분석한 밀레니얼 세대의 특징 및 동향이다. 지나친 반복이나 교차를 피하기 위해 가장 중요한 정보만 골라서 정리했다.

- » 북미 밀레니얼 세대
  - 최우선순위는 일과 삶의 균형이다.
  - 리더 자리에 올라 조직에 영향력을 행사하고 싶어 한다.
  - 직원에게 권한을 부여하는 상사를 원한다.
  - 업무 일정의 유연성에 높은 가치를 부여한다.
  - 팀에 기반한 근무 환경을 강하게 선호한다.
- » 중앙 아메리카/남아메리카 밀레니얼 세대
  - 직함이 중요하다고 생각한다.
  - 기업의 사회적 책임이 중요하다고 생각한다.
  - (정부가 아닌) 개인이 사회에 미치는 영향이 더 크다고 생각한다.
  - 어려운 업무를 좋아한다. 새로운 것을 배울 수 있기 때문이다.
  - 리더십 자리에 오를 기회를 열망한다.
  - 경력에서 추구하는 목적을 이루지 못할 경우를 걱정한다.

» **중동 밀레니얼 세대**

- 혁신을 중요하게 생각한다.
- 싫어하는 일을 하느니 차라리 백수인 것이 더 낫다고 생각한다.
- 경력이 정체 상태에 빠질 것을 걱정한다.
- 개인적 열정과 일치하는 직업을 찾지 못할까 봐 두려워한다.

» **서유럽 밀레니얼 세대**

- 혁신을 중요하게 생각한다.
- 싫어하는 일을 하느니 차라리 백수인 것이 더 낫다고 생각한다.
- 직장에서의 인간 관계를 특히 중요하게 생각한다.
- 경력이 정체 상태에 빠지는 것을 비참한 일이라고 생각한다.

» **중부 유럽/동유럽 밀레니얼 세대**

- 혁신을 중요하게 생각한다.
- 싫어하는 일을 하느니 차라리 백수인 것이 더 낫다고 생각한다.
- 미래 소득을 올리기 위해 리더십 자리에 오르고 싶어 한다.
- 전문 지식을 제공하는 상사를 원한다.
- 안정적인 고소득 직종을 매우 선호한다.

» **아프리카 밀레니얼 세대**

- 타인에게 멘토십을 제공하고 기회를 확대하기 위해 리더십 자리에 오르고 싶어 한다.
- 더 나은 사회를 만들기 위한 수단으로서 직업에 높은 가치를 부여한다.

» **아시아 태평양 밀레니얼 세대**

- 전통적인 계층 구조를 지닌 조직 모델에 존경심을 가진다.
- **참고** : 같은 지역에 속하더라도 국가에 따라 밀레니얼 세대 특성이 극명하게 달라질 수 있다. 유니버섬의 최근 연구에 따르면 국가별로 밀레니얼 세대 특성이 가장 큰 차이를 보이는 지역은 아시아 태평양 지역이다. 중국, 일본, 인도의 밀레니얼 세대는 서로 매우 다른 세대 특성을 나타내며 직장에서 기대하는 바도 매우 다르다. 지역별로 세대 특성을 정의해 버리면 이러한 국가별 차이를 지나치게 단순화하는 오류를 저지르게 된다. 그렇다. 독자 여러분이 짐작하시는 대로 이제 조금 더 깊이 복잡하게 접근해보려고 한다.

약간의 딜레마가 있다. 지역별 밀레니얼 세대의 특성을 이야기하거나 전 세계를 통틀어 밀레니얼 세대의 특성을 이야기할 때 국적이나 태어나고 자란 문화적 배경의 중요성을 간과해서는 안 된다. 그렇다고 문화적 배경이나 출신 지역에만 의존해 밀레니얼 세대의 특성을 예측하거나 이미 정해진 틀 안에 집어넣으려고 해서도 안 된다. 문화나 세대 이론 중에 하나로만 밀레니얼 세대의 행동 및 특성을 정의하지 않도록 유의하라. 힘들겠지만 두 가지 측면을 모두 동시에 고려하는 것이 중요하다. 때때로 사람들은 편의를 위해 같은 지역 출신인 밀레니얼 세대를 한꺼번에 뭉뚱그리려고 시도하기도 한다. 그렇게 할 경우 틀릴 결론을 도출할 가능성이 있다. 이 책에 나오는 밀레니얼 세대에 대한 고정관념을 피할 수 있는 방법을 찾는 것이 모두에게 최선의 전략이다.

전 세계적으로 세대 이론 활용하는 법

아직도 여전히 독자 여러분은 이렇게 생각하실 수 있다. '그래, 세대 이론이 유용하긴 하지만 너무 광범위해서 세세하게 적용하긴 힘들어.' 가령 콜럼비아의 밀레니얼 세대와 일하는 관리자가 있다고 하자. 이 관리자는 구체적으로 콜럼비아 밀레니얼 세대 집단의 정체성 및 특성을 파악하고 이들에게 맞는 최고의 상사가 되길 원할 것이다.

세대 전문가 되는 법

어떻게 하면 내가 관리하는 특정한 인구통계학적 집단에게 맞는 더 좋은 상사가 될 수 있을까? 관리자 스스로가 준세대 전문가가 되면 된다! 준세대 전문가가 되기 위한 첫 번째 단계는 (너무 새로울 것 없는 이야기라 죄송하지만) 관리해야 하는 특정 지역이나 국가의 밀레니얼 세대에 대해 인터넷에서 검색해보는 것이다. 해당 밀레니얼 세대에게 영향을 준 요인이나 핵심 동향 등을 대강 파악할 수 있을 것이다. 그러고 나서 그다음이 훨씬 더 중요하다. 관리하게 될 밀레니얼 세대를 직접 만나보아야 한다. 밀레니얼 세대 부하 직원을 이해할 수 있는 방법을 고민한다면 다음 절차대로 진행해보길 추천한다.

1. 구글로 검색한다.

   해당 지역의 밀레니얼 세대에 대한 세대 관련 설문 조서, 연구 보고서, 논문 등을 탐독한다.

2. 다른 관리자를 인터뷰한다.

   더 많은 관리자와 인터뷰할수록 관리하려는 지역의 밀레니얼 세대를 더 빨리 파악할 가능성이 높아진다. (꼭 형식적인 인터뷰가 아니더라도 함께 점심을 먹으면서 이것저것 물어보아도 좋다.)

3. 밀레니얼 세대 부하 직원들을 인터뷰한다.

   미리 알고 있는 정보와 실제 사이에 얼마나 괴리가 있는지 확인하는 과정이다. 구글 검색은 일종의 통제 집단이 되고 나머지는 가설을 실험하기 위한 대조군이 된다. 반드시 실험실에서 하는 실험처럼 실험 환경을 지나치게 완벽하게 통제할 필요는 없다. 형식적일 필요도 없다. 그저 밀레니얼 세대 부하 직원과 커피를 마시면서 이야기를 나누거나 회의 시작과 끝에 질문하는 일을 습관화하라. 밀레니얼 세대 부하 직원에게 직접 들은 정보가 점점 쌓이면 곧 관리자로서 도움이 되는 동향을 발견할 수 있을 것이다.

밀레니얼 세대 부하 직원을 인터뷰할 질문지를 작성하다가 갈 길을 잃고 패닉에 빠졌다고 해도 걱정하지 말라. 다음에 나오는 질문의 기술을 참조하면 된다.

질문의 기술

밀레니얼 세대와 일할 때 가장 좋은 경영 관행을 찾기 위해 고심 중인 인적자원 관리자에게도, 원격으로 다른 나라에서 근무하는 밀레니얼 세대와 함께 일하는 관리자에게도 밀레니얼 세대 부하 직원을 더 잘 이해하기 위해 세대 이론을 활용하는 가장 좋은 방법은 직접 물어보는 것이다. 먼저 세계에서 전반적으로 나타나는 밀레니얼 세대 동향을 파악한 뒤에 함께 일하는 부하 직원이 속한 특정 지역 출신의 밀레니얼 세대는 어떻게 다른지를 살펴보면 된다.

밀레니얼 세대 부하 직원에게 아래와 같은 질문을 한 뒤에 동향을 파악해서 기록하라. 인터뷰와 기록을 병행하기가 번거롭다면 나중에 기억을 되살려서 기록해두어라. 이렇게 하면 유형이 보이기 시작하고 동향을 파악할 수 있다. 또한 1인 포커스 그룹의 함정에 빠지지 않게 조심하라. 일반적인 견해와는 완전히 동떨어진 어떤 한 사람의 견해를 밀레니얼 세대 전체를 대표하는 것으로 간주해서는 안 된다. 이 과정을 세대 이론의 세계를 탐험하는 일이라고 상상해보라. 필자들만의 생각일 수도 있지만 이 얼마나 재미있고 매력적인가!

다음은 관리자가 밀레니얼 세대 부하 직원을 인터뷰할 때 활용할 수 있는 질문지 예시이다. 실제에서 사용 가능한 질문도 있고 가능하지 않은 질문도 있을 것이다. 핵심은 인터뷰 동안 답변을 집중해서 경청하고 동향을 파악하는 것이다. 최선의 답변을 이끌어내야 한다는 사실도 잊지 말라. 가벼운 질문부터 시작해서 점점 더 까다로운 질문으로 넘어가라. 무엇보다 밀레니얼 세대는 항상 자신들의 목소리가 들리길 바라기 때문에 상사가 시간을 내어 자신들에 대해 더 잘 알려고 노력하는 것을 감사하게 생각할 것이다. 서로에게 윈윈인 셈이다.

» **전반적인 밀레니얼 세대 동향을 파악하기 위한 질문**
- 스스로를 협력적이라고 생각하는가? 그렇게 생각하는 이유는 무엇인가?
- 무엇에 동기 부여가 되는가?
- 어떤 방식으로 피드백을 받기를 원하는가?
- 얼마나 자주 피드백을 받기를 원하는가?
- 밀레니얼 세대에 대한 고정관념은 무엇인가?
- 관리자에게 알려주고 싶은 선호하는 근무 방식이 있는가?
- 개인적으로 바라는 상사와의 이상적인 관계는 어떤 모습인가?
- 어떤 업무가 힘들게 느껴지는가?
- 개인적으로 생각하는 일과 삶의 균형은 어떤 모습인가?
- 위계 질서가 뚜렷한 조직 구조와 수평적 조직 구조 중에 무엇을 더 선호하는가? 이유는 무엇인가?

» **해당 국가/지역의 밀레니얼 세대에게만 나타나는 동향을 파악하기 위한 질문**
- 해당 국가/지역에서 성장한 경험을 부모 세대의 경험과 비교할 때 달라진 점은 무엇인가?
- 그동안 정치적/사회적 조건은 어떻게 바뀌었는가?
- 해당 국가/지역에서 자라면서 경험한 가장 큰 사건 및 조건은 무엇이었

는가? 기술 혁신? 정치적/사회적 격변? 대중 문화?

- 스스로가 세계 시민이라는 인식보다 해당 국가/지역의 국민 또는 일원이라는 인식이 더 강한가?

- 연락을 주고받는 다른 지역이나 국가에 사는 또래 밀레니얼 세대가 있는가? 서로 어떻게 연락을 주고받는가?

- 해당 국가/지역에서 자란 경험을 세계의 다른 지역에서 자란 경험과 비교할 때 어떤 차이점이 있다고 느껴지는가?

- 자신이 속한 문화와 성장 경험이 오늘날 직장 생활에 어떤 영향을 미쳤다고 생각하는가?

- 자신과 다른 국가/지역에서 자란 또래 밀레니얼 세대의 차이점은 무엇이라고 생각하는가?

- 직장 생활에서도 두드러지는 차이점이 있는가?

가능하면 '네/아니요'로만 대답할 수 있는 질문은 피하라. 단답형 질문에서는 인터뷰 대상을 통찰하는 데 도움이 될 창의적이고 성의 있는 답변을 기대하기 힘들다. 해당 국가/지역에 국한된 사건이나 조건에 관해 질문할 때도 청소년기에 가장 좋아했던 가수가 누구였는지 같은 쉬운 질문부터 시작하라.

chapter

12

밀레니얼 세대 페르소나별
맞춤 경영 방식

밀레니얼 세대가 100퍼센트 동질적인 집단이 아니라는 이야기에 놀랄 사람은 아무도 없다. 어떤 세대 집단도 완벽하게 동질적이지 않기 때문이다! 밀레니얼 세대는 특성, 가치관, 취향 등이 많이 비슷하지만 크든 작든 세대 집단 내에 차이점은 분명히 존재한다.

밀레니얼 세대로 구성된 포커스 그룹 인터뷰를 진행한다고 가정해보자. 밀레니얼 세대 열 명이 모여서 휴가 때 먹고 싶은 음식에 대해 이야기한다. 뜻밖에도 서로의 취향이 그렇게 다를 수가 없다. 한 시간 뒤 인터뷰 진행자는 밀레니얼 세대 열 명 모두 좋아하는 음식이 제각각일 뿐만 아니라 (맙소사, 밀레니얼 세대는 너나 할 것 없이 전부 케일, 스시, 크래프트 비어라면 환장하는 거 아니었나?) 서로 다른 근무 환경과 브랜드를 선호한다는 사실 또한 깨닫게 된다. 이렇게 포커스 그룹 인터뷰를 열 차례 진행하고 나니 밀레니얼 세대 사이에 태도와 취향별로 어떤 유형이 눈에 띄기 시작한다. 이들 중에는 건강한 유기농 음식과 크래프트 맥주를 선호하는 유형이 있다. 또 다른 유형은 더 고전적인 취향을 가졌으며 여행지에서도 맥도날드를 찾거나 지하철을 이용한다. 밀레니얼 세대만을 대상으로 한다는 포커스 그룹의 전제를 부인하며 밀레니얼 세대라는 용어 자체에 거부감을 나타내는 유형도 눈에 띄었다. 이렇게 서로 다르게 나타나는 유형이 바로 밀레니얼 세대의 페르소나(persona)이다.

페르소나란 취향과 목표와 일반적인 행동 양상이 비슷한 사람들에게서 드러나는 성격이다. 이번 장에서는 직장에서 흔히 나타나는 밀레니얼 세대의 페르소나를 자세히 살펴볼 것이다. 각기 다른 페르소나를 가진 밀레니얼 세대와 함께 일할 때 겪을 수 있는 어려움이 무엇인지 살펴보고 이러한 어려움을 효과적으로 관리할 수 있는 해결 방안을 제시할 것이다. 이렇듯 밀레니얼 세대 집단을 이루는 하위 집단을 들여다봄으로써 세대 이론에 대한 지식을 한 단계 더 높일 수 있다.

여기서 밀레니얼 세대의 모든 페르소나를 다루기란 불가능하다. 따라서 일부 페르소나는 생략할 수밖에 없었다. 대신 직장에서 마주칠 가능성이 가장 높은 밀레니얼 세대 페르소나에 집중했다. 이름하여 자꾸 보채는 밀레니얼 세대, 힙스터형 밀레니얼 세대, 은둔자형 밀레니얼 세대, 밀레니얼 세대임을 거부하는 밀레니얼 세대, 순교자형 밀레니얼 세대이다.

자꾸 보채는 밀레니얼 세대 경영

아마도 업무에서 지나치게 완벽주의적 성향을 보이면서 혼자서는 일을 할 수 없는 것처럼 보이는 밀레니얼 세대 부하 직원을 경험한 적이 있을 것이다. 이들은 끝없이 질문하고 상사가 일을 맡길 때 모든 업무 과정을 하나하나 설명해주길 바란다. 어떤 관리자는 부하 직원이 손을 꼭 쥔 채 한시도 떨어지지 않으려는, 조금 심하게 말하면 자꾸 보채는 어린아이처럼 느끼기도 한다. 그러나 사실 그 직원은 실수를 피하려고 노력하는 것뿐이다. 이처럼 자꾸 보채는 유형의 밀레니얼 세대 페르소나는 파헤쳐보면 이해의 여지가 많다.

자꾸 보채는 밀레니얼 세대의 특징

건더라는 이름을 가진 야심만만한 밀레니얼 세대 부하 직원이 있다고 가정해보자. 관리자는 입사 인터뷰에서 건더가 보여준 회사에 대한 지식, 직무 역할에 대한 새로운 이해, 질문 목록을 작성해온 준비성을 높이 평가했다. 관리자는 첫 만남에 건더가 성실하고 훌륭한 직원이 될 것임을 직감했다.

건더가 입사하고 몇 달이 빠르게 흘렀다. 관리자는 이제 건더가 질문거리를 들고 나타날 때마다 동요하기 시작했다. 건더는 질문이 '너무' 많았다. 불과 지난주에 과제를 하나 맡겼는데 그사이에 한 번도 아니고 세 번도 아니고 무려 여섯 번이나 찾아와 질문을 하거나 진행 상황에 대한 점검을 요청했다. 관리자는 건더가 독립적인 업무 능력이 없는 것은 아닌지 의심하기 시작했다. 다른 직원들도 이 의심에 동의하는 듯이 보였다. 건더가 동료인 휘트니에게 "제 이메일 받으셨어요?"라고 물으면 휘트니는 이를 악물며 "네, 받았어요. 그런데 답장할 시간이 없었어요."라며 퉁명스레 대꾸하곤 했다. 관리자는 단계별로 자세한 수정 사항을 원하는 건더 때문에 한 번만 더 10분으로 예정됐던 업무 보고가 20분으로 길어진다면 폭발하는 화를 억누르기 위해 허벅지를 꼬집어야 할지도 모른다고 생각했다. 관리자는 훌륭한 상사로 남고 싶고 건더가 원하는 대로 이끌어주고 싶지만 인내심이 이제 슬슬 바닥을 드러내고 있다. 건더 때문에 관리자 자신의 업무 생산성에 투자해야 할 시간도 줄어들고 있으니 말이다.

자꾸 보채는 밀레니얼 세대 분석

휴. 건더는 상사를 과도하게 지치게 하는 부하 직원인 것처럼 보인다. 건더가 자꾸 보채는 밀레니얼 세대 페르소나를 가지고 있다는 사실은 다음 행동을 통해 알 수 있다.

> » 항상 질문을 너무 많이 한다.
> » 끊임없는 피드백을 요구한다.
> » 불필요한 중간 점검을 많이 요구한다.

>> 다른 업무 일정이나 우선 처리해야 할 업무가 있는 동료를 자신의 업무로 계속 괴롭힌다.

>> 자신에게 주어진 모든 정보를 하나하나 자세히 파악하려고 한다.

>> 자신이 일을 잘하고 있는지 올바른 의사 결정을 했는지 계속해서 확인을 요구한다.

자꾸 보채는 밀레니얼 세대 관리가 힘든 이유

밀레니얼 세대가 이것저것 요구하는 것이 많을지는 몰라도 그 이유는 팀과 회사의 기준에 맞추어 일을 제대로 하기 위해서이다. 상사 입장에서는 이 사실을 알고 있더라도 밀레니얼 세대 부하 직원이 맡은 업무나 과제마다 일일이 도움을 줘야 한다면 귀찮기는 매한가지일 것이다. 관리자로서 상사 본인이 처리해야 할 업무 목록도 산더미인데 자꾸 보채는 밀레니얼 세대 부하 직원의 요구를 들어주다 보면 시간 낭비가 이만저만이 아니다. 이쯤 되면 상사는 자신이 관리자가 아니라 그토록 혐오해 마지않았던 마이크로매니저가 된 듯한 기분이 들기 시작할 것이다.

자꾸 보채는 밀레니얼 세대의 장점

주기적으로 조르고 질문하고 확인하는 밀레니얼 세대 부하 직원을 두면 상사 입장에서는 좌절감이 들기 쉽다. 하지만 뒤집어서 이렇게 한번 생각해보라.

>> 와, 내가 만난 직원 중에 가장 업무 몰입도가 높은 걸.

>> 뭐, 적어도 업무가 어느 정도 진행됐는지 궁금해할 일은 없겠네.

>> 뭘 숨기거나 업무를 펑크낼 일은 없겠네.

자꾸 보채는 밀레니얼 세대 관리법

자꾸 보채는 밀레니얼 세대 부하 직원 때문에 헤어나올 수 없는 늪에 빠진 듯한 느낌이 들 수도 있다. 필자들도 그 괴로움을 충분히 공감하기에 (결코 불평을 늘어놓는 관리자가 '너무 보챈다'고 생각하지는 않으니 안심하시라.) 다음과 같은 해결책을 제시하고자 한다.

>> **원하는 바를 분명하게 소통한다.** 과제를 줄 때마다 관리자가 원하는 바를 명확하게 밝힌다. 중간 점검 날짜 및 시간을 분명하게 정한다. 질문을 해도

되는 경우와 해서는 안 되는 경우를 알려준다.

» **또 다시 보채는 행동을 하면 바로 제지한다.** 보채는 듯한 행동을 보이면 그 자리에서 바로 제지하는 것이 좋다. 한두 번 특정 행동을 반복하도록 내버려두지 말라. 나중에 문제 행동을 지적받으면 밀레니얼 세대는 혼란스러워하거나 심지어 분노할 수도 있다. 밀레니얼 세대는 자신이 보채고 있다는 사실을 자각하고 있지 못할 가능성이 크다.

» **때로는 손을 꼭 잡고 안내해줘야 할 때도 있음을 인정하라.** X세대와는 달리 밀레니얼 세대는 때때로 세세한 관리와 업무 지도가 필요하다. 모든 것을 일일이 감시하며 숨 막히게 하라는 것이 아니라 항상 세부적인 업무 지시를 내리라는 뜻이다. 밀레니얼 세대는 상사가 세부적인 업무 지시를 내리거나 수많은 질문에 답변을 해준다고 해서 참견받는다고 생각하지 않는다. 오히려 모든 일이 순조롭게 흘러가고 있다고 느낀다.

"[일부 밀레니얼 세대는] 좀 보채는 경향이 있긴 해요. 경험이 부족해서 그런지 혼자서 주도적으로 일을 하지 않으려고 한다는 느낌을 받았어요. 업무 지침을 주면 시킨 대로 훌륭하게 해내긴 하는데 또 그다음은 없죠."

─그레타 H., 밀레니얼 세대/관리자

» **혼자서 무언가를 해내면 칭찬해줘라.** 어디선가 미소 짓고 있는 행동심리학자가 눈에 보이는 듯하다. 단순히 잘못된 행동을 수정해주는 데서 그치지 말고 좋은 행동을 강화해주어야 한다. 자꾸 보채던 밀레니얼 세대 부하 직원이 무언가를 혼자 힘으로 해낸다면 인정해줘라. 필자들은 자꾸 보채는 유형의 밀레니얼 세대는 긍정적인 칭찬에 특별히 민감하게 반응한다는 사실을 알아냈다. 다시 말하면 칭찬이 이들을 관리하는 훌륭한 도구가 될 수 있다는 뜻이다.

» **(합리적인 범위 안에서) 실패해도 괜찮다는 사실을 경험하게 해주어라.** 실패 또는 실수는 자꾸 보채는 유형의 밀레니얼 세대의 아킬레스건이다. 밀레니얼 세대 부하 직원에게 위험 부담이 적은 과제를 단독으로 맡겨라. 혹시 실패하거나 망친다면 그래도 세상은 끝나지 않는다고 말해주면서 대신 다음번에 개선할 수 있는 부분을 가르쳐주어라. 한번 실패에 대한 두려움을 극복하고 나면 다음 과제는 상사에게 끊임없이 감독해 달라고 조르는 일 없

이 자신 있게 처리할 것이다.

» **위임하라.** 자꾸 보챌 사람이 상사밖에 없는 것은 아니다. 이들을 코치해주고 대변해주고 안내해줄 다른 팀원을 찾아라. 자꾸 보채는 밀레니얼 세대 부하 직원이 조직 내에서 더 많은 사람과 만나게 할수록 상사에게도 밀레니얼 세대 직원에게도 서로서로 좋다.

힙스터형 밀레니얼 세대 경영

힙스터형 밀레니얼 세대는 다른 세대의 미움을 독차지한다. 거의 모든 미디어의 머리기사를 장식하는 것이 바로 이 힙스터형 밀레니얼 세대의 특징이다. 예를 들어 '왜 밀레니얼 세대는 섬유 유연제를 싫어하는가', '올해 최고의 선물: 밀레니얼 세대 조카를 위한 최고의 전자 제품', '밀레니얼 세대가 가정에서 하던 전통 독서 모임을 맥주 만들기 모임으로 대체하다' 등이 있다. 밀레니얼 세대를 묘사한 모든 광고에서는 마르고 키 크고 수염이 덥수룩하고 문신을 한 모델이 등장한다. 그냥 웃고 넘길 수도 있지만 이러한 광고가 난무하는 데에는 이유가 있다. 이들 광고는 특정한 유형의 밀레니얼 세대를 겨냥하고 있다. 바로 관리자라면 꼭 한 번쯤은 만나보았을 힙스터형 유형의 밀레니얼 세대이다.

힙스터형 밀레니얼 세대의 특징

딜라일라라는 밀레니얼 세대 부하 직원이 있다고 가정해보자. 관리자라면 모르긴 몰라도 딜라일라 같은 유형의 부하 직원을 한두 번쯤 경험한 적이 있을 것이다. 딜라일라를 채용할 당시 관리자는 이렇게 생각했다. '와, 꼭 도시에 살면서 지역 특산 맥주에 열광하는 내 딸 친구들 같네.' 딜라일라는 뿔테 안경을 쓰고 겨자색, 검은색, 짙은 갈색 등 온갖 종류의 스키니진을 소유하고 있으며 보통 플란넬 셔츠, 크롭 후드티, 오버사이즈 맨투맨 등을 스키니진에 받쳐 입는다. 딜라일라는 눈에 보이는 문신이 몇 개 있는데 그중에 팔뚝 안쪽에 있는 고향인 미네소타 모양 문신을 제일 좋아한다. 딜라일라는 일 년에도 몇 번씩 머리를 자르거나 염색한다. 관리자는 한번은 우연히 딜라일라의 스포티파이 재생 목록을 보게 되었다. (그도 그럴 것이 딜라일라는 직장에서 '항상' 헤드폰을 쓰고 있다.) 자신이 아는 노래가 하나도 없다고 말하자 딜라일라는 비집고 나오는 웃음을 애써 참으며 이렇게 말했다. "별로 새삼스럽진 않네요. 다 최신 노래 거든요." 그날 퇴근길에 관리자는 주차장에 있는 자신의 미니밴을 향해 걸어가며 요 새 애들 말로 한층 '쿨해진' 듯한 느낌이 들었다.

딜라일라는 일과 삶을 통합한 전형적인 밀레니얼 세대의 모습을 보여준다. 딜라일라 는 종이 반죽과 아교풀로 직접 만든 영양 머리 조각상으로 전시회를 열거나 밴드 연 습을 가기 위해 (딜라일라는 반조 연주자이다) 업무 시간을 유연하게 사용하게 해 달라고 요구한다. 점심 시간에는 집에서 직접 달여온 홍차 버섯 차를 맛보라고 나눠주기도 하고 상사나 임원진에게 과일주의자(fruitarian; 과일만 먹는 사람)가 되라고 권유한 적도 한두 번이 아니다. 딜라일라는 항상 그랬듯이 복장 규정, 엄격하게 정해진 업무 일과 와 절차 등에 반발한다. 딜라일라의 이상주의적인 정신과 파괴적인 혁신을 위한 적 극성은 높이 살 수 있을지 몰라도 관리자는 딜라일라에게 의견을 묻기가 망설여진 다. 왜냐하면 데이비드 포스터 월리스나 데이브 에거스를 인용하며 자신의 생각이 최고라고 주장할 것이 뻔하기 때문이다.

힙스터형 밀레니얼 세대 분석

와, 힙스터형 밀레니얼 세대는 유독 관리하기가 힘들어 보인다. 예시로 제시한 딜라 일라라는 인물이 워낙 유별난 까닭이다. 딜라일라는 슈퍼 힙스터형처럼 보이지만 일 반 힙스터형에 속하는 또래 집단과 다음과 같은 공통적인 특성을 공유한다.

> » 자신의 생각이 가장 좋고 혁신적이라고 믿는다.
> » 직장에서 업무도 자신만의 방식으로 처리하길 원한다.
> » 회사에서 으레 기대하는 직업 의식은 모조리 거부한다.
> » 격식을 차려야 하는 자리에 참석할 때도 옷을 차려입지 않으려 한다.
> » 성실하게 일하지만 유연 근무제를 요구한다.
> » 보이는 곳에 문신이 있다.

힙스터형 밀레니얼 세대 관리가 힘든 이유

요약하자면 힙스터형 밀레니얼 세대는 스스로의 독특함에 자부심을 가지고 있으며 삶의 모든 면에서 세상에 하나뿐인 접근 방식을 고수한다. 타고난 밀레니얼 세대적 특성이지만 힙스터형에서는 더욱 과장되어 나타난다. 그래서 힙스터형 밀레니얼 세대는 다른 모든 사람이 하는 대로 따라야 하는 상황에서도 자신만의 독특함을 내세우고 싶어 한다. 또한 일반적인 밀레니얼 세대보다 한층 더 강화된 일과 삶의 통합을 추구한다. 직장 생활의 전통 규범을 견딜 수 없어 하기 때문이다.

힙스터형 밀레니얼 세대의 장점

이 글을 쓰는 필자들도 힙스터형 기질이 있기 때문에 힙스터형 밀레니얼 세대의 장점을 논할 때 약간 편향된 의견을 제시할 수 있다는 점을 인정한다. 힙스터형 밀레니얼 세대 부하 직원을 관리할 때는 '밀레니얼 세대가 다 그렇지 뭐'라고 생각하지 말고 이들이 조직에 가져다줄 수 있는 다음과 같은 장점을 수용하라.

> » 최소한 자신의 의견을 솔직하게 말하고 공유하고 싶어 한다.
>
> "[내가 함께 일해본 밀레니얼 세대는 전부] 팀에 공헌할 수 있는 기회가 생기면 조직의 생리에 맞추어 매우 유용한 피드백을 주곤 했어요."
>
> —제이슨 M., 관리자

> » 틀에서 벗어난 흥미로운 아이디어가 많고 업무 처리 방식도 창의적이다.
> » 새로운 방식으로 일과 삶의 통합을 추구한다. 그다음 세대인 경계 세대도 비슷한 가치관을 가지고 있을 것이다.
> » 직무 명세서에 명시된 것보다 훨씬 많은 일을 처리한다. 항상 발전하려고 노력하며 단지 좋은 성과에 만족해서 훌륭한 성과를 낼 수 있는 기회를 타협하지 않는다.

힙스터형 밀레니얼 세대 관리법

머리털을 쥐어뜯으며 포기를 선언하기 전에 다음 도움말을 읽으면서 힙스터형 밀레니얼 세대 부하 직원을 관리하기 위해 아직 시도해보지 않은 접근법이 있는지 살펴보아라. 진심으로 힙스터형 밀레니얼 세대는 훌륭한 아이디어를 많이 가지고 있다. 다만 환경에 맞게 적합한 방식으로 다듬어야 할 뿐이다.

> » 아이디어를 소통하는 방법을 알려주어라. 힙스터형 밀레니얼 세대는 독창적이고 엉뚱한 아이디어를 남들과 공유하는 것을 자랑스러워 한다. 실제

로도 이는 나쁜 것이 아니다! 하지만 아이디어를 표현하는 방식은 일반적으로 용납되는 방식과는 거리가 멀다. (기존 관행에 대해서는 눈곱만큼도 개의치 않기 때문이다.) 모두가 무례하거나 불쾌하다고 느끼거나 상처받지 않는 방식으로 아이디어를 전달하는 방법을 가르쳐주어라.

» **진정한 공통의 관심사를 찾아라.** 힙스터형 밀레니얼 세대는 관심사가 무엇이냐로 스스로를 정의한다. 좋아하는 음악, 영화, 춤(그렇다. 힙스터형 밀레니얼 세대는 예술을 사랑한다), 음식, 맥주, 추억을 떠오르게 하는 것 등을 정체성과 결부시킨다. 만약 관리자와 진정으로 공감할 수 있는 관심사가 있다면 사적인 영역에서 쌓은 상사와 부하 직원 관계를 공적인 직장 생활 영역까지 확장하는 데 도움이 될 것이다.

» **성과에 집중하라.** 옛날 이야기만큼 고리타분하게 들릴 수 있지만 성과에 집중하라는 조언은 힙스터형 밀레니얼 세대 관리에 있어서 특히나 중요하다. 힙스트형 밀레니얼 세대는 자신만의 고유한 업무 일과와 방식을 가지고 있다. 모든 방식에 동의할 수는 없더라도 팀의 성과나 분위기를 해치지만 않는다면 단지 관리자 자신의 방식과 다르다는 이유로 지나치게 간섭하지 말아라. 목표를 달성하기만 한다면 힙스트형 밀레니얼 세대가 원하는 방식대로 업무를 수행하도록 놔두어라. 비록 그 방식이 이해가 가지 않더라도 말이다.

» **괴짜 같은 면도 포용해주어라.** 힙스터형 밀레니얼 세대는 특이하다. 특이하다는 것은 창의적이라는 뜻일 수 있다. 그러니 특이한 점을 포용해주고 아이디어 회의에 초대할 것을 권한다. 힙스터형 밀레니얼 세대에게서 어떤 아이디어가 나올지는 아무도 알 수 없다!

은둔자형 밀레니얼 세대 경영

밀레니얼 세대의 페르소나를 탐구할 때 커피숍에서 일하면서 미혼이고 도시에 거주하며 주기적으로 소셜미디어를 이용하고 회사는 2~3년 이상 다니지 않으며 직장을 옮길 때마다 변화를 추구하는 유형의 밀레니얼 세대에 대한 연구를 수없이 접해보았을 것이다. 이러한 연구가 밀레니얼 세대를 이해하는 데 도움은 되지만 전체 밀레니

얼 세대 중에 일부분을 차지하고 있는 어떤 집단을 전부 무시해 버리는 결과를 초래하게 된다. 이 밀레니얼 세대 집단은 모든 면에서 전형적인 밀레니얼 세대 집단과는 정반대이다. 이들은 한 직장에 최소 십 년 이상 근무하고 기술에 그다지 밝지 않으며 (개중에 제일 기술에 밝은 사람이 그냥 익숙하게 느끼는 정도이다) 엄격한 계층 구조를 지닌 조직 모델을 선호하며 23살쯤엔 벌써 결혼을 해서 아이를 낳고 가정을 꾸려 교외에 거주한다. 이러한 은둔자형 밀레니얼 세대는 어디 가면 찾을 수 있을까? 사실 실제로는 숨어 있지 않다. 그저 언론에서 다루어지지 않을 뿐이다. 관리자는 이러한 유형의 밀레니얼 세대도 있다는 사실에 놀라며 어떻게 관리해야 할지 감이 잡히지 않을 수 있다.

은둔자형 밀레니얼 세대의 특징

데렉이라는 밀레니얼 세대 부하 직원이 있다고 하자. 관리자는 그 나이 또래답지 않은 데렉을 항상 아낀다. 관리자가 일하는 물류 센터에서 데렉은 또래 집단보다도 다른 세대 동료들과 가장 잘 어울린다. 입사 인터뷰 당시 데렉은 오랫동안 여기서 일하고 싶다고 말했다. 지금까지 관찰한 바로도 앞으로 오 년은 더 일할 듯하다. 데렉은 지각 한 번 한 적이 없고 퇴근 시간보다 일찍 자리를 뜬 적이 없으며 매일매일 성실하게 출근한다. 이로써 데렉은 자신의 업무 윤리 또한 증명했다. 관리자가 데렉에게 미래에 이직 계획이 있는지 물어보면 데렉은 안절부절못하며 지금 하고 있는 일이 익숙하고 만족스럽다며 관리자를 안심시킨다. 데렉은 명확한 지시 사항은 잘 따르지만 새로운 아이디어를 내거나 창의적으로 문제를 해결하라고 하면 당황한다. 데렉은 권위적인 상사를 선호하는 것이 확실하다. 지난 몇 개월 동안 관리자는 자식뻘인 데렉과 소셜미디어를 통해 친해져 보려고 했으나 데렉은 소셜미디어 계정도 없고 사용해본 적도 없다는 사실만 알게 되었을 뿐이다.

은둔자형 밀레니얼 세대 분석

데렉에게는 훌륭한 자질이 많이 있지만 분석하기 까다로운 유형일 수도 있다. 데렉 같은 은둔자형 밀레니얼 세대 집단의 특징은 다음과 같다.

» 전형적으로 밀레니얼 세대를 채용하고 보유하기 힘들다고 알려진 근무 환경에서 성공한다.

» 전형적인 밀레니얼 세대보다 훨씬 더 오래 한 회사에 근무하려고 한다.

> » 권위주의적 상사를 선호한다.
> » 소셜미디어 계정이 없다. (심지어 웬만한 상사도 다 가지고 있는 페이스북 계정도 없다!)

은둔자형 밀레니얼 세대 관리가 힘든 이유

은둔자형 밀레니얼 세대를 관리할 때 가장 힘든 점은 무엇에 동기 부여가 되는지를 예측할 수 없다는 점이다. (이 책 전체에서 언급하고 있는 전형적인 밀레니얼 세대와 이 장에서 앞서 언급한 자꾸 보채는 밀레니얼 세대와 힙스터형 밀레니얼 세대를 모두 포함하는) 다른 밀레니얼 세대는 대부분 비교적 정의하기도 쉽고 파악하기가 쉽다. 이들에 대한 분석 자료는 주기적으로 쏟아져 나오고 있기 때문이다. 은둔자형 밀레니얼 세대는 전형적인 밀레니얼 세대의 특성을 체화하고 있지 않기 때문에 관리자 입장에서는 축복처럼 보일 수도 있다. 하지만 보이지 않는 어려움은 이들이 밀레니얼 세대라고 불리는 것을 스스로 매우 경멸하며 직장 생활에 대해서도 매우 다른 기대를 가지고 있다는 사실이다. 에를 들어 관리자가 밀레니얼 세대의 혁신적인 본성을 인정하고 창의성을 발휘할 수 있는 프로그램을 만들었다고 하자. 다른 모든 밀레니얼 세대에게는 효과가 있을 것이다. 은둔자형 밀레니얼 세대만을 제외하고 말이다. 은둔자형 밀레니얼 세대는 어찌 보면 가장 관리하기 까다로운 밀레니얼 세대 페르소나이다.

은둔자형 밀레니얼 세대의 장점

복잡하고 독특하며 일반적인 동향과는 동떨어진 사람을 어느 누가 좋아하지 않을 수 있겠는가? 아웃사이더를 부정적으로만 바라보던 시절은 지났다. 관리자나 리더도 일반적인 밀레니얼 세대와는 다른 은둔자형 밀레니얼 세대에게 마음이 자꾸 갈지도 모른다. 은둔자형 밀레니얼 세대의 숨은 본성이 관리자나 리더에게는 다음과 같은 장점으로 생각되기 때문이다.

> » 다른 밀레니얼 세대보다 정해진 업무 일과와 규칙을 잘 지키기 때문에 예측이 쉽고 손이 덜 간다.
> » 밀레니얼 세대와 전통 세대 또는 한 조직에서 오랫동안 근무한 직원들 사이를 이어주는 자연스러운 다리 역할을 할 수 있다.
> » 특별 대우는 은둔자형 밀레니얼 세대를 동기 부여할 수 있는 요인과는 거리가 멀기 때문에 관리자의 짐을 덜어줄 수 있다.

은둔자형 밀레니얼 세대 관리법

은둔자형 밀레니얼 세대 집단에 대한 자료가 거의 없다고 해서 이들을 관리하는 상사도 어둠 속에 몸을 숨길 필요는 없다. 밝은 곳으로 나와서 다음과 같은 경영 전략을 실행에 옮겨라.

> » **모든 은둔자형 밀레니얼 세대가 비슷하다고 가정하지 마라.** 예시로 제시한 데릭의 사례는 은둔자형 밀레니얼 세대의 가장 과장된 모습조차도 제대로 대변하지 못한다. 왜냐하면 이들은 서로 너무나도 다른 개개인으로 구성된 집단이기 때문이다. 은둔자형 밀레니얼 세대 집단 안에는 개성이 많은 사람도 있고 개성이 거의 없는 사람도 있다. 이 사실을 당연하게 받아들이고 개개인으로 접근해 관리하는 것이 좋다.
>
> » **은둔자형 밀레니얼 세대가 로봇 같다고 가정하지 마라.** 은둔자형 밀레니얼 세대에 관한 흔한 오해 중 하나는 이들이 직장에서 인간적인 관계를 맺고 싶지 않아서 일과 삶의 통합을 싫어한다는 것이다. 가정이라는 것이 원래 그렇듯이 대부분의 경우에 이러한 가정은 틀렸다. 은둔자형 밀레니얼 세대는 직장에서도 인간 관계를 맺을 준비가 되어 있다. 다만 업무 일과에 방해가 되지 않도록 적당히 거리를 두는 것을 선호할 뿐이다.
>
> » **전통적인 밀레니얼 세대 경영 방식을 조금씩 적용하라.** 은둔자형 밀레니얼 세대라고 해서 흔히 알고 있는 밀레니얼 세대의 특성이나 행동이 모두 결여된 집단이라는 뜻은 아니다. 은둔자형 밀레니얼 세대도 전형적인 밀레니얼 세대의 특성을 보이지만 약간 방식이 다르거나 정도가 약할 뿐이다. 이 사실을 염두에 두고 이 책에서 제시하는 경영 방식을 조금씩 적용해보면서 어떤 방식이 효과가 있고 어떤 방식이 효과가 없는지를 기록해나가라.

은둔자형 밀레니얼 세대를 부하 직원으로 둔 밀레니얼 세대 관리자가 아마도 가장 힘든 시간을 보내고 있을 가능성이 크다. 밀레니얼 세대 관리자는 나이대가 비슷한 부하 직원과 단시간에 관계를 맺는 데 익숙할 것이다. 그런데 은둔자형 밀레니얼 세대와는 그런 관계를 맺기가 어렵다는 사실을 알고 당황할 수 있다. 혹은 또래 세대 집단을 관리하는 일에 자신감을 가지고 동일한 방식을 은둔자형 밀레니얼 세대에게도 적용했다가 실패하고 자신의 경영 방식 전체에 의문을 품을 수도 있다. 혹시 지금

이 책을 읽고 있는 독자 분이 밀레니얼 세대이자 관리자라면 앞서 제시한 도움말을 활용해 경영 방식을 살짝 비틀어보시길 권한다. 여태까지 다른 밀레니얼 세대에게 효과가 있었던 경영 방식이 은둔자형 밀레니얼 세대 집단에게는 통하지 않았다고 해서 전면 폐지할 필요는 없다.

밀레니얼 세대임을 거부하는 밀레니얼 세대 경영

이 유형의 밀레니얼 세대 페르소나는 매우 흔하다. 그 원인은? 왜냐하면 이 유형에 속하는 밀레니얼 세대는 실제로 모범적인 직원이므로 스스로를 밀레니얼 세대에 속한다고 생각하지 않기 때문이다. 이 유형의 페르소나를 밀레니얼 세대임을 거부하는 밀레니얼 세대라고 부른다. 밀레니얼 세대임을 거부하는 밀레니얼 세대도 점보새우나 유급자원봉사자와 함께 모순 어법 조어 목록에 추가할 수 있다. 이들이 밀레니얼 세대이면서 밀레니얼 세대임을 거부하는 이유는 다음과 같다. 밀레니얼 세대는 다른 세대가 싫어하는 모든 고정관념을 체화하고 있다고 생각하기 때문이다. 이 유형의 밀레니얼 세대는 밀레니얼 세대가 자기도취가 심하고 게으르고 참을성이 없고 무례하고 제 권리만 주장한다는 고정관념에 맞서 싸우기 위해서 "아, 저는 밀레니얼 세대가 아니예요. 절 믿으세요."라고 말하거나 "앗, 저는 그런 류의 밀레니얼 세대가 아니니까 그렇게 부르지 말아 주세요."라고 말한다. 재미있는 것은 이 유형의 밀레니얼 세대에게는 밀레니얼 세대의 긍정적인 특성과 가치관이 몸에 배어 있는 경우가 많다는 사실이다.

밀레니얼 세대임을 거부하는 밀레니얼 세대의 특징

트리스타라는 언제나 성실한 직원이 있다. 하지만 밀레니얼 세대에 대한 기사를 읽거나 발표를 들을 때면 곧바로 떠오르는 직원이기도 하다. 트리스타의 최대 장점 중 하나는 사무실에 있는 모든 사람과 자연스럽게 개인적인 친분을 맺고 관계를 발전시키는 친화력이다. 관리자는 트리스타가 너무 많은 업무를 맡는 것 때문에 일대일 면담을 자주 해야 한다. 트리스타는 계속해서 과제에 자원하지만 한번 균형을 잃기 시작하면 힘들어하기 때문이다. 관리자가 이 책에서 읽었던 내용 중에 트리스타에게 도움이 될 만한 정보를 알려주자 (필자들의 자기홍보가 지나치게 노골적이었다면 양해해 달라) 트리스타는 콧방귀를 뀌며 말했다. "음, 저는 밀레니얼 세대가 아니예요. 저는 세대 이론 같은 거 안 믿어요. 생애주기 이론이 더 정확하지 않나요?" 관리자는 잠시 뒤로 물러나 머릿속에 있는 다음과 같은 생각을 어떻게 입 밖으로 내지 않을 수 있을까 생각했다. "하지만 나는 세대 이론에 관한 책이랑 기사에서 트리스타 너를 관리하는 법을 배웠는걸."

밀레니얼 세대임을 거무하는 밀레니얼 세대 분석

오, 트리스타, 트리스타, 트리스타. 솔직히 말하면 트리스타 같은 밀레니얼 세대 페르소나는 가장 흔하고 가장 다루기 어려운 유형이다. (일단) 세대 이론 자체를 거부하기 때문이다. 트리스타는 다음과 같이 밀레니얼 세대임을 거부하는 밀레니얼 세대의 전형을 보여준다.

> » 놀라울 정도로 근면성실하지만 유연성을 요구한다.
> » 동료들과 가까운 유대 관계를 형성하는 데 타고난 재능이 있다. 전형적인 밀레니얼 세대 리더십의 특징이다.
> » 스스로가 특별하다고 믿는다. 이 또한 베이비부머 세대 부모에게 "너는 이 세상 누구와도 같지 않은 특별한 존재야."라는 말을 들으며 자란 전형적인 밀레니얼 세대의 특성이다.
> » 밀레니얼 세대 집단과 자신과는 공통점이 하나도 없다고 생각한다.
> » 밀레니얼 세대 조직 구성원을 제 권리만 주장하는 불량한 직원과 동일시 한다.

밀레니얼 세대임을 거부하는 밀레니얼 세대 관리가 힘든 이유

간단히 말하면 이 유형의 밀레니얼 세대는 애써 진실을 외면한다. 이들은 스스로가 가장 강력하고 유능한 밀레니얼 세대 특성을 소유하고 있으며 훌륭한 밀레니얼 세대 직원을 대표한다는 사실을 받아들이고 싶지 않아 한다. 세대에 관한 이야기 자체를 거부함으로써 세대가 다른 동료 및 상사와 더 끈끈한 관계를 맺는 데 도움을 줄 수 있는 세대 관점을 잃고 만다. 밀레니얼 세대임을 거부하는 밀레니얼 세대는 세대 이론이 사람들에 대한 고정관념을 만들어내어 (실제가 아닌) 상자 안에 가두는 수단이라고 생각한다. 밀레니얼 세대임을 거부하는 밀레니얼 세대는 동료 밀레니얼 세대에게 암적인 존재가 될 수 있다. 누구라도 밀레니얼 세대 특성을 보이면 경멸하기 때문이다.

밀레니얼 세대임을 거부하는 밀레니얼 세대의 장점

밀레니얼 세대임을 거부하는 밀레니얼 세대는 거울에서 보이는 모습(또는 인사관리 파일에 적힌 기록)을 거부하긴 하지만 밀레니얼 세대 특성이라고 알려진 것 중에 뛰어난 자질을 보유하고 있는 집단이기도 하다. 이들이 자기 스스로를 잘 알지 못한다고 해서 좌절하지 말고 다음과 같은 사실을 머릿속에 주입시켜라.

» 스스로 인식을 하든 못 하든 이 유형의 밀레니얼 세대는 밀레니얼 세대의 훌륭한 특성을 가장 잘 대변하는 집단이다.

» 밀레니얼 세대의 가장 훌륭한 자질(근면성실, 친화력, 창의성)을 가지고 있으며 상대적으로 별로 매력적이지 않은 밀레니얼 세대 특성(제 권리만 주장함, 게으름, 자기도취)은 가지고 있지 않다.

» 언젠가는 과거를 회상하며 자신들의 밀레니얼 세대 정체성을 깨닫는 날이 올 것이다.

» 관리자가 세대 이론이 결점과 약점을 꼬집어내기 위한 이론이 아니라 직장에서 사람들의 정체성과 그 형성 배경을 알려주는 이론이라고 설명해주면 수긍할 수도 있다.

밀레니얼 세대임을 거부하는 밀레니얼 세대 관리법

이 유형의 밀레니얼 세대는 관리하기 힘들 수도 있지만 (특히 다른 밀레니얼 세대의 심기를 불편하게 할 수 있다) 상사와 부하 직원 모두에게 효과적인 관리 방법도 존재한다. 다음은 밀레니얼 세대임을 거부하는 밀레니얼 세대 페르소나를 관리하는 전략이다.

» **밀레니얼 세대에 대한 애정을 표현하라.** 밀레니얼 세대와 일하기를 극도로 꺼리는 관리자도 있고 밀레니얼 세대와 일할 수 있다면 그것보다 행복한 일은 없다고 생각하는 관리자도 있을 것이다. 이같은 양극단으로 이루어진 스펙트럼상에서 어디쯤 위치해 있든지 간에 밀레니얼 세대임을 거부

하는 밀레니얼 세대 부하 직원 앞에서 관리자가 훌륭하다고 생각하는 밀레니얼 세대의 특성을 언급하라. 이 유형의 밀레니얼 세대는 밀레니얼 세대에 대한 부정적인 이야기만 들어보았을 가능성이 있기 때문에 긍정적인 이야기를 해주는 존재가 필요할 수 있다.

» **밀레니얼 세대 특성을 지적하고 싶은 충동에 저항하라.** 많은 관리자가 이 책과 같은 자료를 접하고 나면 부하 직원에게 "우와, 방금 한 행동/말은 완전 밀레니얼 세대의 전형인데!"라는 말을 하곤 한다. 관리자는 스스로가 날카롭다고 생각할지 몰라도 밀레니얼 세대임일 거부하는 밀레니얼 세대 입장에선 상사의 반응이 달갑지 않다. 관리자 눈에는 진실이 명확하고 그 진실이 긍정적으로 보일지 몰라도 스스로 밀레니얼 세대임을 거부하는 밀레니얼 세대는 그동안 직장에서 성실하게 일하며 쌓아온 평판이 순식간에 날아가는 듯한 느낌을 받을 것이다. 이들이 지닌 밀레니얼 세대 특성을 놀리거나 공공연하게 말하는 것은 밀레니얼 세대 정체성에 더 반감을 갖게 만드는 확실한 길이다. 입술이 달싹거려도 최선을 다해서 참았다가 부하 직원이 스스로 자신의 정체성을 깨닫기 시작할 때쯤 실컷 놀려 주어라.

"미디어나 기업 세계에서 아무리 밀레니얼 세대에 대한 고정관념을 떠들어도 저는 별로 신경 쓰지 않아요. '밀레니얼 세대는 문자로만 이야기하고 싶어 하지 대화를 원하지 않는다. 동기 부여와 원동력이 결여되어 있으며 제 권리만 주장하고 조직 충성도는 낮다.' 제 경험상 밀레니얼 세대는 이런 고정관념과는 정반대예요. 어쩌면 문제의 본질은 리더십 대 밀레니얼 세대 직원 간의 갈등일지도 모르겠어요."

─캐시 S., 관리자

» **밀레니얼 세대 자아를 찾을 수 있도록 도와주어라.** 으, 너무 청춘 드라마에나 나올 법한 조언이라고? 여기서 말하고자 하는 진짜 목표는 밀레니얼 세대임을 거부하는 밀레니얼 세대 부하 직원이 '나는 밀레니얼 세대예요!'라고 당당하게 외칠 수 있도록 변화하는 데 도움이 될 만한 도구와 자원과 훈련을 제공하고 함께 대화해나가는 것이다.

순교자형 밀레니얼 세대 경영

순교자형 밀레니얼 세대는 종종 일과 삶 사이를 종종걸음 치다 길을 잃고 만다. 이들은 종종 너무 바빠서 자신이 얼마나 광적으로 일을 하는지도 알아채지 못하며 의식한다고 하더라도 바쁘다는 사실을 스스로 인지하는 것만으로도 죄책감을 느낀다.

순교자형 밀레니얼 세대에 대해 알아보기 전에 세대마다 이 유형에 해당하는 집단이 존재한다는 사실을 짚고 넘어가려고 한다. 세대마다 행동 특성은 조금씩 달라질지 몰라도 본질은 같다. 이 유형의 사람들은 순교자라고 불리기도 하고 일 중독자라 불리기도 한다. 놀라울 정도로 일에 헌신적이라서 일과 결혼한 사람이라 불리기도 하고 '죄책감이 들게 만드는 가장 짜증나는 동료'라는 평판을 듣기도 한다. 순교자형 페르소나는 새로운 성격 유형은 아니지만 세대마다 조금씩 다른 모습으로 나타난다.

순교자형 밀레니얼 세대의 특징

캐서린이라는 순교자형 밀레니얼 세대 부하 직원이 있다고 가정해보자. 입사 첫날부터 캐서린은 뛰어난 업무 윤리와 일에 대한 열정으로 관리자에게 깊은 인상을 남겼다. 다른 밀레니얼 세대 직원들과는 달리 캐서린은 보상뿐만이 아니라 경력과 평판과 팀의 성과에 동기 부여가 되는 듯하다. 하지만 캐서린이 집과 사무실에서 일에 투자하는 시간은 지나칠 정도로 많다. 관리자는 일을 더 하겠다는 캐서린을 불러내 일주일에 80시간씩 일을 하거나 잠을 거르는 일을 당장 그만두라고 말한 적이 한두 번이 아니다. 관리자는 캐서린이 주말에 근무용 노트북을 집에 들고 가지 않는 동료들을 비판하거나 실망했다고 말하는 것을 목격하기도 했다.

2년 동안 캐서린은 딱 한 번 휴가를 내고 가족들과 멕시코 여행을 다녀왔다. 하지만 휴가를 가서도 비치 타월을 깔고 앉아 하버드 비즈니스 리뷰 최신호를 읽는 사진을 찍어서 인스타그램에 올리고 수많은 업무 이메일에 꼬박꼬박 답장을 했다. 휴가가 어땠냐고 묻자 캐서린은 한시라도 일을 하지 않으면 죄책감이 느껴진다고 말했다.

신입 사원이 들어오자 캐서린은 자랑스럽게 자신이 얼마나 회사를 사랑하는지를 말해주었다. 아무리 날씨가 좋지 않아도 혹은 위경련이 나도 자신은 결근 한 번 한 적 없다면서 말이다. 캐서린은 일을 너무 사랑한 나머지 때로는 육체적으로 정신적으로 고갈되어 보이며 다른 동료들로 하여금 죄책감을 느끼게 만든다.

순교자형 밀레니얼 세대 분석

캐서린은 '죽을 때까지 일했다'는 표현이 과장이 아니라고 느껴질 만큼 지독한 일벌레이다. 캐서린 같은 유형의 밀레니얼 세대를 가리켜 순교자형 밀레니얼 세대라고 부르며 다음과 같은 특성을 지닌다.

> » 일주일에 7일 24시간 일하며 '항시 대기' 상태이다.
> » 휴가를 가는 것에 죄책감을 느낀다.
> » 출근하지 말아야 할 때도 출근하는 것을 자랑스럽게 생각한다.
> » 일에 대한 열정이 대단하다.
> » 팀을 위해 더 많은 일을 해야 한다고 생각한다.
> » 근무 외 시간에 연락이 되지 않는 것을 용납하지 않는다.

순교자형 밀레니얼 세대 관리가 힘든 이유

순교자형 밀레니얼 세대는 계속해서 뛰어난 업무 성과를 내지만 그 과정에서 스스로 지치거나 다른 동료들까지 지치게 만들 위험이 있다. 이 유형의 밀레니얼 세대는 직장 동료들에게 너무 높은 업무 수준을 기대하기 때문에 끝없이 스트레스를 준다. 관리자는 순교자형 밀레니얼 세대 부하 직원이 스스로에게 주는 업무 스트레스를 완화할 수 있도록 도와주고 싶지만 절대 말을 듣지 않는다. 재미있는 모순은 순교자형 밀레니얼 세대는 더 많이 일해서 팀에 도움이 되려 할수록 팀 동료들은 스스로 일을 충분히 하고 있지 않다는 생각이 들어서 더 많은 압박을 느낀다는 사실이다.

순교자형 밀레니얼 세대의 장점

순교자형 밀레니얼 세대는 다른 유형과는 달리 힘든 시간을 보내고 있다. 20대에 번아웃되는 밀레니얼 세대 여성 근로자가 점점 더 늘어나고 있다. 높은 불안감과 우울증을 호소하는 밀레니얼 세대가 많으며 과도한 업무는 절대 이런 증상을 완화해주는 해독제가 될 수 없다. 하지만 순교자형 밀레니얼 세대가 생산성의 달인이라는 사실은 분명하며 이 유형의 장점은 다음과 같다.

» 놀라울 정도로 야망이 크고 승리욕이 강하다.

» 모든 업무를 열정적으로 수행한다.

» 다른 사람들이 추가 근무를 하고 싶어 하지 않는 극한의 날씨나 상황에서도 기꺼이 일하러 나온다.

» 언제나 최선을 다한다.

» 업무에 투자한 시간과 노력만큼 업무 능력이 뛰어나다. (적어도 번아웃되기 전까지는 말이다.)

순교자형 밀레니얼 세대 관리법

순교자형 밀레니얼 세대를 관리할 때 가장 큰 어려움은 순교자형 밀레니얼 세대가 관리자에게는 가장 귀한 직원 중 한 명일 가능성이 크다는 사실이다. 어찌 보면 당연한 일이다. 다른 밀레니얼 세대 동료들보다 더 많이 일하고 더 많은 성과를 내고 더 많은 아이디어를 제시하니까 말이다. 하지만 동료들에게 압박을 덜 주면서 공황 상태에 빠지거나 과로로 앓아눕는 횟수도 줄이면서 더 적은 시간을 일하고도 똑같은 수준의 업무 성과를 낼 수 있는 방법이 있을 것이다. 아니 그런 방법이 있다! 다음을 참고하라.

» **관리자가 앞장서서 회사에서 정한 휴가를 모두 써라.** 모든 회사에 훌륭한 휴가 정책이 있는가? 일 년에 휴가 일수가 일주일인가, 이 주인가 아니면 삼 주인가? 휴가 일수가 며칠이든지 간에 관리자는 솔선수범해서 모든 휴가를 알뜰하게 챙겨서 쓰고 휴가 중에는 업무와 완전히 단절하라. 누구나 휴가 중에 자신의 업무를 대신해줄 동료가 필요하다. 상사가 휴가를 모두 챙겨서 쓴다면 순교자형 밀레니얼 세대를 포함해 다른 직원들도 좀 더 마음 놓고 휴가를 쓸 수 있을 것이다. 또한 순교자형 밀레니얼 세대가 휴가 중에 업무에 접속할 때마다 상사로서 부정적인 입장을 표명하라.

휴가 중에 직원들이 사내 이메일에도 접속하지 못하도록 원천 차단하는 회사도 있다. 어떤 회사는 휴가 중인 직원들의 비밀번호까지 변경한다고 한다. 이런 회사 정책에 분노하고 공황 상태에 빠지는 직원들도 있겠지만 전례를 바로 세우는 일이기도 하다. 휴가를 갔으면 휴가를 즐겨야 한다. 휴가는 곧 잠시 업무에서 떨어져 완전히 재충전한 뒤에 돌아와 다시 열심히 업무에 임하라는 의미이다.

» **순교 정신을 칭찬하지 말라.** 칭찬은 과도한 업무 욕심과 열정에 불타는 순교자형 밀레니얼 세대에게 기름을 붓는 격이다. 업무 성과는 칭찬하되 그 과정은 칭찬하지 말라. 순교자형 밀레니얼 세대는 자신이 업무에 쏟는 과도한 시간과 노력을 자랑스럽게 생각한다. (하지만 아무도 그렇게 일하고 싶어 하지 않는다.) 자신의 업무 방식에 대한 보상이 갈수록 줄어들고 상사가 자신과는 다른 방식으로 일하는 동료들을 더 자주 칭찬하는 것을 목격하면 순교자형 밀레니얼 세대는 '저렇게 일해도 훌륭한 성과를 낼 수 있구나'라고 생각하게 된다. 또한 관리자가 높이 평가하는 업무 방식이 무엇인지도 깨달을 수 있다. 자신이 성공적인 일벌이 되느냐 아니면 너무 오래 날다가 배터리가 방전되어 땅에 떨어진 드론이 되느냐의 기로에 서 있다는 사실을 말이다.

» **업무의 우선순위를 정하는 일과 위임하는 일의 중요성을 알려주어라.** 우선순위를 정하는 일과 업무를 위임하는 일은 서로 밀접한 관련이 있다. 하지만 순교자형 밀레니얼 세대 부하 직원에게 당연히 이런 능력이 있으리라고 기대해서는 안 된다. 지나치게 많은 시간을 업무에 투자하거나 도움을 요청하거나 위임하는 일에 어려움을 겪고 있는 밀레니얼 세대 부하 직원이 있다면 일을 하는 목적이 더 많은 기회와 보상을 얻기 위해서인지 물어보아라. 그리고 다른 직원들에게도 똑같은 기회를 줄 수 있어야 한다는 사실을 상기시켜 주어라.

"입사하고 첫 5년은 지나치게 일만 했어요. 지난 2년은… 업무를 남겨 두고 회사를 나서야 일과 삶의 균형을 찾을 수 있다는 사실을 깨달았어요."

—사쿤 B., 밀레니얼 세대

chapter

13

나이와 생애주기를
고려한 맞춤 경영

제13장 미리보기

- 서로 다른 두 세대 사이에 끼인 세대
- 초기 밀레니얼 세대와 후기 밀레니얼 세대
- 밀레니얼 세대 부모
- 딩크족 : 자녀 없이 맞벌이하는 부부

밀레니얼 세대 경영 전문 지식을 향한 여정에서 피할 수 없는 몇 가지 질문은 다음과 같다. "지금 배우는 것이 세대 이론인가 아니면 다른 건가?" "이런 동향이 정말로 세대와 관련된 것인가 아니면 그냥 생애주기에 따른 것인가?" "세대를 가르는 기준이 되는 날짜에 태어났다면 둘 중 어느 한 세대에 속한다고 보기 어려운 것 아닌가?" 솔직히 말하자면 필자들도 한때 독자 여러분과 비슷한 의문을 품었다.

어쩌면 분명히 밀레니얼 세대인데 밀레니얼 세대 특성이 하나도 들어맞지 않는 부하 직원을 관리하고 있는 상사도 있을 수 있다. 이런 경우 아무리 세대 이론을 공부하더라도 부하 직원의 독특한 특성이나 행동을 전혀 이해할 수 없을 것처럼 느껴진다. 밀레니얼 세대인 부하 직원이 다음과 같은 비슷한 특성을 나타내는지 확인해보라.

» 밀레니얼 세대처럼 행동하지 않는다. X세대와도 비슷하지 않다.

» 사회 초년생이지만 십 년 전 입사한 밀레니얼 세대와는 전혀 닮지 않았다.

» 전통적인 생애주기를 전혀 따르지 않는 딩크족(Dual Income, No Kids의 머릿글자를 따서 만들어진 단어로 자녀가 없는 맞벌이 부부를 가리킨다-역주), 헨리족(High Earners, Not Rich Yet의 머릿글자를 따서 만들어진 단어로 아직 부자라고는 할 수 없는 젊은 고소득자를 가리킨다-역주) 등이 많다.

» 완전히 새로운 양육 방식으로 자녀를 키운다. 자녀에게 요구하는 것도 기대하는 것도 예전과는 완전히 다르다.

이 중 어느 하나라도 들어맞는다면 밀레니얼 세대 연구 가운데서도 어렵고 복잡한 밀레니얼 세대 3.0을 공부하실 차례이다. 이번 장에서는 밀레니얼 세대 집단 중에서 미묘하게 다른 특성을 지닌 집단을 이해할 수 있도록 도와드릴 것이다. 서로 다른 두 세대를 중간에서 이어주는 역할을 하며 둘 중 어느 세대에도 동질감을 느끼지 않는 중간 세대 혹은 '끼인 세대(cuspers)'를 소개할 것이다. 그런 다음 밀레니얼 세대와 끼인 밀레니얼 세대의 차이점을 살펴볼 것이다. X세대와 밀레니얼 세대 사이에 끼인 세대와 밀레니얼 세대와 경계 세대 사이에 끼인 세대를 모두 살펴볼 것이다. 또한 초기 밀레니얼 세대와 후기 밀레니얼 세대 사이에 끼인 집단의 특성도 살펴볼 것이다. 마지막으로 밀레니얼 세대가 다음 생애주기에 진입할 때 (딩크족이 되거나 부모가 되거나) 무슨 일이 일어나는지와 이들을 어떻게 잘 관리할 수 있는지를 살펴볼 것이다.

사랑스러운 꼬마 유령 같은 끼인 세대

어렸을 적 좋아했던 영화 '꼬마 유령 캐스퍼'처럼 끼인 세대(cuspers)는 누군가에게는 보이지 않는 유령 같은 존재이자 또 다른 누군가에게는 도움이 되는 고마운 친구 같은 존재이다. 끼인 세대는 세대 담론, 워크숍, 세대 중심 직원자원모임에서 간과되곤 하지만 사실 이들은 세대 간에 원활한 의사소통을 돕는 중요한 역할을 한다. 끼인 세대는 타고난 통역가이다. 두 세대의 언어를 모두 이해할 수 있기 때문이다. 그래서 때로는 끼인 세대를 가리켜 이중 세대 언어 사용자라고 부르기도 한다!

끼인 세대 판별법

끼인 세대인지 아닌지를 판별할 수 있는 몇 가지 방법은 다음과 같다.

» **출생 연도** : 끼인 세대이냐 아니냐를 가르는 주요 기준은 출생 연도이다. 다음 표를 참조하라.

출생 연도	끼인 세대
1976~1982년 사이 출생자	X세대/밀레니얼 세대 끼인 세대
1992~1998년 사이 출생자	밀레니얼 세대/경계 세대 끼인 세대

» **출생 순서** : 출생 연도에 따라 무 자르듯이 자르는 방법 말고도 출생 순서를 통해 끼인 세대를 판별하는 방법도 있다. 위로 나이 차이가 많이 나지 않는 형제자매가 있는 경우 그 영향을 많이 받아서 윗세대에 더 가까운 성향을 가지고 있을 가능성이 높다. 가령 출생 연도에 따라 세대를 구분하면 알렉시스의 오빠 션은 X세대에 속하고 알렉시스는 밀레니얼 세대에 속한다. 이런 경우에 알렉시스는 X세대의 특성이 자신과 더 비슷하다고 느낄 가능성이 높다.

반대의 경우도 가능하다. 예를 들어 어린 동생을 여럿 둔 X세대/밀레니얼 세대 끼인 세대가 있다고 하자. 동생들과 함께 MTV보다는 '풀하우스(Full House)'를 보며 자랐을 가능성이 높다. 그렇다고 해서 모든 막내나 장남/장녀가 끼인 세대라는 말은 아니지만 출생 순서가 개인의 세대 정체성에 영향을 미치는 것은 사실이다.

세대를 불문하고 자신이 끼인 세대라고 느끼는 부하 직원이 많을 수도 있다. 예를 들어 끼인 세대라는 개념에 대해 알게 된 누군가는 이렇게 말할 수도 있다. "맙소사, 음, 내 생각에 나는 반은 베이비부머 세대이고 반은 밀레니얼 세대인 것 같아. 그럼 나도 끼인 시대인가?" 면밀히 따지면 대답은 '아니요'이다. 하지만 세대 이론은 유동적이다! 윗세대든 아랫세대든 자신의 특성과 가장 들어맞는다고 생각하는 세대와 동일시하면 된다.

끼인 세대의 능력

끼인 세대는 세상에서 매우 중요한 역할을 한다. 날 때부터 윗세대와 아랫세대를 이어줄 다리 역할을 할 수 있는 능력을 타고난 집단이다. 직장에서는 훌륭한 중재자이다. 하지만 끼인 세대는 왜 그토록 많은 사람이 자신들처럼 다양한 관점을 중요하게 생각하지 않는지 이해가 안 되서 힘들 수도 있다. 끼인 세대는 직장에서 항상 서로 다른 두 세대 사이에서 양쪽의 언어적/비언어적인 정서를 모두 이해하곤 한다.

> "저는 스스로를 끼인 세대라고 생각해요. 저는 소셜미디어 세대가 아니에요. 제가 대학교에 들어간 지 한참 지나서야 소셜미디어가 등장했거든요. 저는 양쪽 세대의 좋은 점을 모두 누리고 있어요. 소셜미디어에도 익숙하지만 매여 있진 않거든요."
>
> ー카라 F., 관리자/ 밀레니얼 세대

 끼인 세대에게 때로는 자신의 능력을 활용하는 법을 가르쳐줘야 할 필요가 있다. 필자들은 자신의 능력을 제대로 활용하지 못하는 끼인 세대를 수없이 만나 보았다. 끼인 세대의 능력에 불을 지필 수 있는 몇 가지 방법을 소개하자면 다음과 같다.

1. **정체성을 깨달아라.**
   끼인 세대는 끼인 세대로서 자신의 정체성을 정확하게 알 필요가 있다. 20퍼센트는 X세대이고 80퍼센트는 밀레니얼 세대인가? 세대 정체성을 정확하게 파악할 수 있도록 격려하라. 몸에 딱 맞는 옷을 찾은 듯한 느낌을 받을 수 있을 것이다.

2. **장점을 이야기하라.**
   이 단계는 단순하다. 끼인 세대는 다른 사람에게도 끼인 세대로서의 재능이 있다는 사실을 발견하고 이야기하다 보면 편안함을 느낄 것이다. 끼인 세대끼리 경험을 공유하고 그 경험이 근무 방식에 어떤 영향을 미쳤는지를 서로 이야기하며 유대감을 형성할 수 있도록 자리를 마련해주는 것도 타고난 중재자로서의 역할을 부여하는 좋은 방법이다.

3. **장점을 발휘하며 살아라.**
   끼인 세대로서 정확한 정체성을 파악하고 익숙해지고 나면 본능에 따라 행동할 수 있도록 코치하라. 끼인 세대는 종종 다른 사람이 볼 수 없는 방식으로 현상을 관찰한다. 그럴 때 소리 내어 의견이나 생각을 공유할 수 있도록 격려하는 것이 가장 좋다.

X세대/밀레니얼 세대에 끼인 세대 : 오리건 트레일 세대

X세대/밀레니얼 세대에 끼인 세대에게 스스로를 밀레니얼 세대와 동일시하느냐고 물어보면 '아니요!'라는 대답이 돌아올 확률이 높다. 엄밀히 따지자면 이들은 밀레니얼 세대이지만 (아니면 매우 어린 X세대이거나) 자신이 어리고 성가신 밀레니얼 세대 집단과 어떠한 특성도 공유하고 있다고 생각하지 않는다. X세대/밀레니얼 세대에 끼인 세대를 찾으려면 다음과 같이 나이를 짐작할 수 있는 질문들로 구성된 스무고개를 해보면 된다. '네'가 많을 수록 점수가 높아진다. 즉 X세대/밀레니얼 세대에 끼인 세대일 가능성도 높아진다.

» 백스트리트 보이즈를 알기엔 너무 나이가 많고 런DMC를 알기엔 나이가 너무 어린가요?

» 에이즈 전염병 때문에 있었던 일을 기억하기엔 너무 어렸고 패드로 없는 '리얼월드'를 알기에는 너무 나이가 많은가요?

» 대학생 때 오바마 후보에게 투표했나요? 조지 W. 부시 시니어 대통령 당선 당시에는 너무 어려서 투표할 수 없었나요?

» 9/11 발생 당시에 이미 중학교나 고등학교를 졸업한 뒤였나요? 베를린 장벽 붕괴가 얼마나 큰 사건인지 알기에는 너무 어린가요?

» 비욘세의 '싱글레이디' 안무를 다 알기에는 너무 나이가 많지만 마이클 잭슨의 '스릴러' 안무를 알기에는 나이가 너무 어린가요?

» 대학교 때 아직 스마트폰이 나오기 전이었나요? 대학교 때 이메일을 사용했나요?

» 오리건 트레일 게임을 한 첫 세대였나요?

마지막 질문은 X세대/밀레니얼 세대에 끼인 세대가 때로는 오리건 트레일 세대라고 불리는 이유를 알려준다. X세대/밀레니얼 세대에 끼인 세대는 기술이 비로소 '소유 가능한 물건'이 되기 시작하고 교실에도 구비되기 시작하던 시절에 학창 시절을 보냈다. 이들은 학교에 처음으로 애플II가 들어왔던 때를 기억한다. 학교 컴퓨터로 오리건 트레일 초기 버전(서부 개척을 테마로 한 게임-역주)을 하며 놀았기 때문이다. X세대/밀레니얼 세대에 끼인 세대에게 오리건 트레일 게임을 기억하냐고 물으면 (게임상에서) 장티푸스에 걸리거나 뱀에 물리는 일을 피하려고 했던 이야기를 하며 한바탕 웃음을 터뜨릴 것이다. 기억해야 할 가장 중요한 점은 오리건 트레일이라는 게임이 주는 향수가 아니라 X세대/밀레니얼 세대에 끼인 세대가 기술 혁신의 과도기에 성장했다는 사실이다. 이들은 청소년기에 인터넷이 없었다가 집집마다 전화선 접속 인터넷을 설치하는 걸 목격했고 나사 과학자의 전유물이던 컴퓨터가 델이 개인용 컴퓨터를 출시하면서 집집마다 컴퓨터가 보급되는 것 또한 목격했다. 이들은 듀이 십진분류법을 배우긴 했지만 나중에 애스크 지브스(Ask Jeeves)라는 검색 엔진이 등장한 덕분에 안도의 한숨을 쉴 수 있었다. 유년 시절은 기술과는 동떨어진 채로 보냈지만 십 대 청소년기와 대학 시절에는 열정적으로 온라인 세상을 탐험하며 보냈다. 이들이 바로 오리건 트레일 세대다.

정체성 형성에 영향을 준 사건 및 조건

끼인 세대를 정의하는 기준은 약 6년이다. 한 세대를 정의하는 기준은 15~20년이다. 다음은 X세대/밀레니얼 세대에 끼인 세대가 인격 형성기에 겪은 주요 사건 목록이다.

> » LA 폭동 주동자인 로드니 킹이 경찰에게 구타를 당하자 언론에서는 앞다투어 LA 폭동을 주요 뉴스로 다루었다.
> » 1993년에 세계무역센터 폭탄 테러가 발생했다.
> » MTV에서 방영되던 '리얼월드'에 HIV 양성 반응(에이즈 보균자)을 보인 페드로라는 남성이 출연하며 동성애에 관한 역사를 새로 썼다. 페드로는 션 새서라는 남자와 결혼했고 방송에서 보도된 첫 동성 결혼이었다.
> » 콜럼바인 고등학교 총기 난사 사건은 대부분의 X세대/밀레니얼 세대에 끼인 세대가 고등학생이었을 때 발생했다.
> » O. J. 심슨 재판이 한창 화제였고 모두가 티비로 재판을 지켜보았다.
> » 파파라치를 따돌리려다가 다이애나비가 숨진 비극적인 사건을 뉴스에서 앞다투어 상세히 보도했다.

> » X세대/밀레니얼 세대에 끼인 세대가 십 대가 되었을 무렵 '심슨 가족(The Simpsons)'이나 '사우스파크(South Park)' 같은 성인용 만화 영화가 나오기 시작했다.

사건 이외에 X세대/밀레니얼 세대에 끼인 세대의 정체성 형성에 막대한 영향을 미친 조건은 다음과 같다.

> » 기술이 가파르게 혁신을 거듭할 때 성인이 되었다. 이들이 인격 형성기를 한창 지나고 있을 때 세계는 아날로그에서 디지털로 변했다.
> » 취업 시장이 호황일 때 대학을 졸업했다.
> » 낙천적이고 이상주의적인 베이비부머 세대 부모 손에 자랐다.

근무 특성

X세대/밀레니얼 세대에 끼인 세대는 X세대와 밀레니얼 세대의 근무 특성을 모두 가지고 있다. 전반적으로 이 끼인 세대는 직장에서 다음과 같은 경향을 보인다.

> » **상호의존적** : 자아존중감 운동이 한창 성행할 때 자라난 밀레니얼 세대는 협력적인 세대로 유명하다. (방과후 학교에 주로 참여했던 밀레니얼 세대와는 달리) 학창 시절에 집 열쇠를 들고 다니던 마지막 집단이기도 한 X세대/밀레니얼 세대에 끼인 세대는 밀레니얼 세대의 협력적인 성향을 고유한 방식으로 받아들였다. 이들은 적절한 비율로 함께 협력해서 일할 줄도 알고 혼자서 일할 줄도 안다.
> » **솔직함** : X세대/밀레니얼 세대에 끼인 세대는 X세대처럼 잔인할 정도로 솔직하진 않지만 밀레니얼 세대 표준보다는 더 솔직하고 단도직입적인 편이다. X세대가 도끼이고 밀레니얼 세대가 버터 바르는 칼이라고 한다면 이 끼인 세대는 수술용 메스쯤 되겠다.
> » **낙천적인 기회주의자** : X세대/밀레니얼 세대에 끼인 세대는 어른들에게 '너는 원하는 건 무엇이든 될 수 있어'라는 격려를 들으면서 자랐다. 자신의 능력에 대한 자신감을 가진 채 대학을 졸업했고 취직도 쉽게 했다. 졸업 후 전공과 능력을 살려 돈을 벌 수 있는 직업에 취직하는 일은 어렵지 않았다. 이들은 여전히 낙관적으로 경력을 전망한다.

X세대/밀레니얼 세대에 끼인 세대는 낙관적으로 경제를 전망하는 집단이라는 이야기를 들으면 절레절레 고개를 흔들지도 모른다. 이들 역시 대침체로 인한 경제적 어려움에서 자유롭지 못했기 때문이다. 대침체가 절정일 때 대학을 졸업한 밀레니얼 세대는 취업하기도 어려웠고 돈을 벌 수 있는 기회를 찾기란 윌리 웡카의 황금 티켓만큼이나 찾기 힘들었다. 그에 비해 X세대/밀레니얼 세대에 끼인 세대는 상대적으로 구직 기회도 훨씬 많았다.

핵심 차이점

X세대/밀레니얼 세대에 끼인 세대는 때때로 밀레니얼 세대와 비슷하게 행동하고 말하고 심지어 비슷한 냄새를 풍기지만 (도대체 밀레니얼 세대에게 무슨 냄새가 나는지는 어떻게 아는 걸까?) 이들은 서로 다르다는 사실을 기억하라. 이 책에서 배웠던 밀레니얼 세대를 더 효과적으로 관리할 수 있는 방법을 떠올리면서 밀레니얼 세대 특성에 완벽하게 부합하지 않는 직원이 있는지 생각해보아라. 그 직원이 바로 끼인 세대일 수 있다. 밀레니얼 세대와 구별되는 X세대/밀레니얼 세대에 끼인 세대의 특징은 다음과 같다.

» **기술 전문가가 아닐 수도 있다.** X세대/밀레니얼 세대에 끼인 세대는 최신 기술 혁신에 대해 잘 알고 있는가? 당연히 잘 알고 있다. 하지만 밀레니얼 세대나 밀레니얼/경계 세대에 끼인 세대처럼 선천적으로 기술에 밝은 것은 아니다.

» **좋은 직장에서 사회 생활을 시작했다.** 앞서 말했다시피 X세대/밀레니얼 세대에 끼인 세대가 대학을 졸업할 당시에 운이 좋았다. 밀레니얼 세대 전체 집단에 비해 대학을 졸업하자마자 신입 사원을 뽑는 회사가 많았기 때문에 비교적 쉽게 취업할 수 있었다.

» **아날로그에서 디지털로 이동했다.** X세대/밀레니얼 세대에 끼인 세대는 초등학교 때 도서관에서 책을 빌릴 때 종이로 된 도서 대출 카드를 쓰곤 했다. 중학교 때는 학교 컴퓨터실에 있는 애플 컴퓨터를 사용하기 위해서는 약간의 코딩 기술이 필요하기도 했다. 이들은 옛날 학교 방식이 최첨단 교실로 탈바꿈하는 과정을 목격하면서 자란 세대이다.

» **소셜미디어가 없던 시절 대학을 졸업한 마지막 세대 집단이다.** 다른 밀레니얼 세대에게 소셜미디어 없는 교육, 대학교 파티, 친구 관계는 상상이 불

가능하다. 별로 대수롭지 않아 보이지만 소셜미디어 노출 여부는 이 두 세대 집단의 행동과 특성 사이에 커다란 틈을 만들었다.

» **자아존중감 운동의 실험용 쥐였다.** 자아존중감이 높은 아이를 키우자는 운동은 1970년대부터 시작되었지만 열풍이 불기 시작한 때는 1990년대 초중반이었다. 이 시절 부모, 코치, 교사는 전부 합심하여 결과보다는 노력과 의도를 보상의 기준으로 삼았다. 그러나 후기 밀레니얼 세대와 경계 세대는 1등했다고 상을 주는 것이 아니라 단지 참가했다고 상을 주는 것에 대해 의문을 품기 시작했다.

인사관리 도움말

지금쯤 'X세대/밀레니얼 세대에 끼인 세대, 밀레니얼 세대/경계 세대에 끼인 세대, 초기 밀레니얼 세대/후기 밀레니얼 세대에 끼인 세대를 위한 경영 관리 도움말이라니 이거 따라가기가 너무 힘든데?!'라고 생각하며 머리에 과부하가 걸린 독자 분이 계시리라 생각한다. 그 심정을 필자들도 충분히 공감하며 이 책이 필요할 때마다 펼쳐보는 지침서가 되기를 소망한다. 하지만 머릿속에 도서 대출 카드 같은 것이 있다면 X세대/밀레니얼 세대에 끼인 세대 인사관리법이라고 쓴 카드를 만든 후 다음 도움말을 정리해서 저장해두어라.

» **뻔뻔하다 싶을 정도로 솔직하게 대하라.** 잔인하다 싶을 정도의 솔직함을 좋아하는 X세대와 마찬가지로 X세대/밀레니얼 세대에 끼인 세대도 있는 그대로 말해주는 것을 선호한다. 자아존중감 운동의 영향으로 이들도 업무에 대한 긍정적인 피드백을 기대하긴 하지만 있는 그대로 솔직하게 평가해주는 상사를 좋아한다.

» **어떤 경우에도 밀레니얼 세대와 동일시하지 마라.** 이들을 밀레니얼 세대 집단으로 뭉뚱그리지 마라. X세대와 묶어서도 안 된다. 그러면 이들뿐만 아니라 밀레니얼 세대도 모욕감을 느낄 것이다.

» **세대 갈등을 해소하는 일에 적극 활용하라.** 이 책에서 여러 차례 지적했듯이 X세대와 밀레니얼 세대 사이에는 깊은 골이 있으며 잠재적 충돌 지점도 많다. 이 두 세대를 모두 이해하는 끼인 세대를 잘 활용하면 이 세대 차이를 봉합하거나 최소한 좁힐 수 있다. X세대/밀레니얼 세대에 끼인 세대

에게 두 세대 집단이 섞인 팀의 팀장을 맡기거나 조언을 구하라. 이들을 미개발 자원인 상태로 놓아 두지 말라.

밀레니얼 세대/경계 세대에 끼인 세대 : 스냅챗 세대

밀레니얼 세대 스펙트럼의 또 다른 끝에는 태어날 때부터 온 세상이 디지털화되어 있던 집단과 디지털 기술이라면 훤히 꿰뚫고 있는 집단 사이에 끼인 세대가 있다. 간단하게 이제 갓 학사 학위를 딴 대학 졸업생들이 여기에 속한다고 생각해도 되지만 자칫 잘못된 (혹은 과도하고 포토샵된) 이미지를 얻을 수 있다. 오리건 트레일 세대를 판별하기 위해 했던 것처럼 여기서도 밀레니얼 세대/경계 세대에 끼인 세대를 찾기 위한 스무고개를 해보자. 아래 질문에 '네'라는 대답이 많을수록 점수가 높아지고 밀레니얼 세대/경계 세대에 끼인 세대일 가능성도 높아진다.

» 엔싱크를 알기에는 너무 어리고 원디렉션을 알기에는 너무 나이가 많은가? 아니면 힐러리 더프를 더 좋아했는가?

» 9/11 테러를 기억하기에는 너무 어리지만 중학교에서 스마트폰으로 비극적인 사건을 실시간을 접했던 경험이 있을 정도로 어리지는 않은가?

» 스마트폰이 없던 시절에 고등학교를 다녔을 만큼 나이가 많진 않지만 어렸을 때 부모님이 집에서 와이파이 사용을 제한한 경험이 일반적으로 느껴질 정도로 나이가 어리진 않은가?

» 어린 시절 '바나나 인 파자마(Bananas in Pyjamas)'를 시청했을 정도로 어리진 않지만 '탐험가 도라(Dora the Explorer)'를 시청했을 정도로 나이가 많진 않은가?

» 페이스북의 시작을 기억하기에는 나이가 너무 어리지만 그게 완전 옛날 이야기처럼 느껴질 정도로 나이가 많진 않은가?

» 대학 합격 통지서를 우편으로만 받던 시절을 기억하기에는 나이가 너무 어리지만 소셜미디어로 직접 대학교 기숙사 룸메이트를 골랐을 정도로 나이기 어리진 않은가?

» 스냅챗이 출시되자마자 처음으로 이용한 집단인가?

밀레니얼 세대/경계 세대에 끼인 세대의 정체성 형성에 영향을 미친 중요한 사건은 많지만 특히 기술과 소셜미디어 이용에서 밀레니얼 세대와는 확연히 구분되는 차이가 나타난다. 예를 들어 밀레니얼 세대는 소셜미디어에 대한 노하우를 가지고 있다고 자부하지만 밀레니얼 세대/경계 세대에 끼인 세대는 소셜미디어 전문가들이다. 삶에서 소셜미디어가 없었던 적은 없었다. 있었다고 해도 기억나지 않을 만큼 어린 시절이었다. 그러나 밀레니얼 세대/경계 세대에 끼인 세대는 (경계 세대와는 달리) 스마트폰이 처음 출시되었던 때는 기억한다. 다시 말해 이들은 기술에 훤하고 쿨하지만 경계 세대만큼 기술에 훤하고 쿨하지는 않다.

정체성 형성에 영향을 준 사건 및 조건

밀레니얼 세대/경계 세대에 끼인 세대는 포스트 아날로그 시대에 태어나고 자라서 대침체 이후에 직장 생활을 시작했다. 이들이 인격 형성기에 겪은 커다란 사건은 다음과 같다.

> » 오바마가 대통령에 당선됐다. 최초의 흑인 대통령이었다.
> » 샌디훅 초등학교 총기 난사와 보스턴 마라톤 테러가 일어나 미국 전역이 공포에 떨었다.
> » 유색 인종에 대한 경찰 폭력이 주요 뉴스였다.
> » 시대의 아이콘인 마이클 잭슨이 죽었다.
> » 허리케인 카트리나가 막대한 피해를 입혔다.
> » 돼지 독감으로 알려진 H1N1 독감 바이러스가 전 세계로 퍼졌다.
> » 명왕성이 행성의 지위를 상실했다.
> » 코니 2012 운동이 유튜브에서 시작되었다.

밀레니얼 세대/경계 세대에 끼인 세대의 정체성 형성에 영향을 미친 조건은 다음과 같다.

> » 낙천적인 베이비부머 세대 부모보다 회의주의적인 X세대 부모나 열정보다 현실을 강조하는 실용주의적인 존스 세대 부모 손에 많이 자랐다. (존스 세대에 대해 더 자세히 알고 싶으면 제4장 참조.)
> » 청소년기에 첫 아이폰이 출시되었고 그 이후로 더 새롭고 더 좋고 더 빠르

고 더 똑똑한 폰이 매년 쏟아져 나왔다 .

» 원할 때마다 언제든지 소비할 수 있는 시대가 열리면 보고 싶을 때 보고(넷플릭스) 사고 싶을 때 사고(아마존 프라임) 이동하고 싶을 때 이동(리프트)할 수 있는 능력이 주어졌다.

근무 특성

밀레니얼 세대/경계 세대에 끼인 세대는 직접 얼굴을 보고 소통하지 못한다는 고정관념이 있다. 하지만 이 젊은 세대 집단은 그런 고정관념이 틀렸다는 사실을 계속 증명해 보이고 있다. 밀레니얼 세대/경계 세대에 끼인 세대의 행동 특성은 다음과 같다.

» **시간 낭비는 사절** : X세대 부모 밑에서 자라서 직장 생활에 유리한 자질을 많이 배우며 자랐다. 동물 비디오나 보면서 시간을 때우는 일에 별로 관심이 없고 최대한 집중해서 다른 사람보다 한 시간 일찍 끝내기를 원한다. 열심히 효율적으로 일하며 다른 사람들보다 일찍 퇴근한다.

» **1등을 향한 열망** : 밀레니얼 세대/경계 세대에 끼인 세대에서부터 경쟁심이 나타나기 시작한다. (경계 세대는 훨씬 더 경쟁적이다.) 고등학교 때부터 치열한 경쟁을 경험했기 때문에 고등학교를 졸업하기 전부터 링크드인 프로필을 완벽하게 관리했다. 경쟁적이지만 여전히 협력적이고 팀워크에 잘 적응하기 때문에 어떤 과제라도 훌륭하게 수행한다.

핵심 차이점

스냅챗 세대를 밀레니얼 세대와 똑같이 경영하는 실수를 방지하기 위해 다음과 같은 두 집단 사이의 핵심 차이점이 있다는 사실을 명심해야 한다. (비슷한 점도 살펴볼 예정이니 너무 걱정하지는 말 것.)

» **업그레이드는 지겹다.** 스냅챗 세대는 업그레이드가 주기적으로 일어나지 않았던 시절을 경험해 본 적이 없다. 그래서 초기 밀레니얼 세대처럼 업그레이드에 열광하지 않으며 직장에서도 밀레니얼 세대처럼 모든 것을 혁신하려고 들지 않는다.

» **질문이 있으면 바로 구글 검색을 한다.** 경계 시대는 스스로 자료를 찾아서 문제를 해결하는 능력이 더 뛰어나다고 알려져 있지만 스냅챗 세대도 경계 세대 못지 않다. 어떤 정보라도 빠르게 걸러서 필요한 정보만 찾는 능력에 다른 세대는 감탄을 금치 못한다. 직장에서도 궁금한 점이 생기면 상사나 동료에게 질문하는 대신 모든 걸 스스로 알아내려고 한다. (이런 특성 때문에 가끔 문제가 생기기도 한다.)

» **'쿰바야(kumbaya; 낙천주의를 상징하는 말-역주)'와 '일단 해(just do it)'가 만났다.** 밀레니얼 세대의 협력적 본성과 자아존중감 운동이 스냅챗 세대에게도 옮아 갔다. 하지만 동시에 지나치게 솔직하다 못해 때로는 잔인하게까지 느껴지는 X세대 부모와 경쟁적인 존스 세대 밑에서 자란 탓인지 스냅챗 세대는 팀워크를 좋아하지만 자신이 속한 팀이 반드시 이기길 원한다.

» **소셜미디어는 제2의 언어이다.** 밀레니얼 세대처럼 밖에서 이웃집 친구와 뛰어놀면서 자라기도 했지만 중학교 때는 인스타그램을 하면서 자랐다. 소셜미디어가 익숙하고 편안하지만 그다음 세대만큼 능숙하게 활용하지는 못한다.

인사관리 도움말

점점 더 많은 밀레니얼 세대/경계 세대에 끼인 세대가 직장 생활을 시작하면서 이들의 특성도 점점 더 알려지기 시작했다. 이 스냅챗 세대를 관리하기 위해서는 다른 세대를 관리할 때와 마찬가지로 직원 개인에게 집중하되 세대적 관점에서도 이해할 수 있는 균형 잡힌 접근이 필요하다. 스냅챗 세대를 잘 관리하기 위해서는 다음 도움말을 참조하라.

» **가능한 한 효율적으로 의사소통하라.** 모든 세대가 효율성을 중요하게 생각한다! 스냅챗 세대와는 특히 군더더기 없이 요점만 간단히 소통해야 한다.

» **진짜로 뛰어난 성과만 보상하라.** 스냅챗 세대의 경쟁적인 본성은 쉽사리 사라지지 않는다. 관리자와 리더는 경쟁에서 이긴 사람에게 보상할 수 있는 방법을 찾아야 한다. 업무 성과를 상대 평가할 수 있는 기준을 만들어라. 다만 지나치게 경쟁적인 업무 환경이 되지 않도록 주의하라.

» **세대 갈등을 해소하는 일에 적극 활용하라.** 앞부분에 나오는 X세대/밀레

니얼 세대에 끼인 세대에 관한 내용을 읽었다면 이번 도움말은 꽤 익숙할 것이다. 당연히 스냅챗 세대에게도 해당되는 말이다. 경계 세대가 노동 인구에 대거 진입하기 시작하면 밀레니얼 세대/경계 세대에 끼인 스냅챗 세대의 역할이 중요해질 것이다. (최소한 경계 세대가 사용하는 이모티콘이 무엇인지 정도는 알려줄 수 있을 것이다.)

늙은 밀레니얼 세대와 젊은 밀레니얼 세대 인사관리법

밀레니얼 세대 부하 직원을 관리하면서 '와, 이건 또 다른 거랑 왜 이렇게 달라' 하는 생각을 해본 적이 있는가? 그렇다면 밀레니얼 세대 분할 클럽에 오신 것을 환영한다. 필자들은 책임지고 밀레니얼 세대를 두 집단으로 나누었다. 여러 특성과 자질을 공유하지만 인격 형성기에 경험한 주요 사건과 조건이 다르기 때문이다. 늙은 밀레니얼 세대를 먼저 살펴본 뒤에 상대적으로 젊은 밀레니얼 세대와 나란히 놓고 비교해서 살펴보려고 한다.

'늙은'이라는 단어가 튀어나와서 눈을 굴리고 계신 독자 분들이 있을 줄 안다. 제일 나이가 많은 밀레니얼 세대조차 아직 40세 생일을 맞이하지 않았으며 누구도 이들을 실제로 늙었다고 생각하지 않는다는 사실을 필자들도 잘 알고 있다. 그러나 나이로 두 집단을 구분하는 것이 제일 단순하고 명확한 방법이라고 생각해서 늙은 밀레니얼 세대와 젊은 밀레니얼 세대라고 이름 붙인 것이니 이해해주시길 바란다. 단지 상대적으로 '늙었다'는 의미일 뿐이다. 용어 사용에 관한 논란은 차치하고 두 집단을 정의해보자면 늙은 밀레니얼 세대는 1980년부터 1987년 사이 출생자를 가리키고 젊은 밀레니얼 세대는 1988년부터 1995년 사이 출생자를 가리킨다.

밀레니얼 세대는 얼마든지 다른 기준으로 나눌 수 있다. 늙은 밀레니얼 세대와 젊은 밀레니얼 세대로 나누는 것이 이 거대한 세대를 나누는 유일한 방법이 아니다. 그러니 혹시 이 분류법에 너무 스트레스를 받거나 절망한 독자 분이 계시다면 그만 마음을 가라앉히시길 바란다.

늙은 밀레니얼 세대와 젊은 밀레니얼 세대의 차이점

가장 분명한 차이점부터 시작해보자. 바로 생애주기이다. 늙은 밀레니얼 세대는 자녀를 낳아 가정을 꾸리고 있으며 직장에서도 승진을 해서 리더의 자리에 올라 있거나 곧 리더가 될 예정이다. 젊은 밀레니얼 세대는 이제 막 노동 인구에 진입했거나 결혼해서 가정을 꾸릴 계획을 세우는 중이다.

생애주기 이외에 이 두 집단을 나누는 주요 요인은 1) 기술 진화와 2) 경기 대침체다.

기술부터 살펴보면 늙은 밀레니얼 세대는 기술이 서서히 움트기 시작하다가 기하급수적으로 발전하는 것을 목격하며 성장했다. 젊은 밀레니얼 세대는 인격 형성기가 시작될 무렵 변화의 속도에 가속이 붙어서 혁신에 혁신을 거듭한 상품이 시장에 쏟아져 나오는 것을 목격했다. 젊은 밀레니얼 세대는 고등학교 때 터치스크린 기술을 적용한 스마트폰을 가지고 있는 것이 예외가 아니라 표준이었다. 늙은 밀레니얼 세대는 대학교 이메일 주소로 페이스북에 가입해야 했던 시절을 기억하는 반면에 젊은 밀레니얼 세대는 페이스북은 유행이 지났고 부모님이나 할머니/할아버지 세대가 이용하는 소셜미디어 정도로 취급한다. 대신 젊은 밀레니얼 세대는 할머니/할아버지가 거의 이용하지 않는 스냅챗이나 인스타그램으로 옮겨 갔다. 늙은 밀레니얼 세대는 파괴와 혁신을 기대하며 젊은 밀레니얼 세대는 현재 상태가 유지되기를 기대한다.

아마도 이 두 집단 사이에 가장 큰 차이점은 대침체와 관련한 경험일 것이다. 늙은 밀레니얼 세대는 미국 경제가 가파른 하향 곡선을 그리기 직전에 대학을 졸업했다. 학창 시절에 부모님과 선생님께 하늘에 별도 딸 수 있고 원하는 건 무엇이든 될 수 있다는 낙관적이고 이상적인 메시지를 들으면서 자란 늙은 밀레니얼 세대는 실제로 대학을 졸업해서도 쉽게 직장을 찾아 안정적인 출발을 했다. 당시 누구나 마찬가지였지만 늙은 밀레니얼 세대도 2009년 경제 위기의 여파에서 자유롭지는 못했다. 하지만 이들은 학창 시절 마음에 품었던 낙관적인 메시지를 여전히 가슴속에 고이 품고 있었다.

한편 젊은 밀레니얼 세대는 대침체가 한창 기승을 부릴 때 대학에 입학했고 대학을 졸업했다. 이들이 대학을 졸업하고 취업 시장에 나왔을 때는 기업들이 신입 사원 채용은 고사하고 경력직조차 뽑지 않으려 할 때였다. 젊은 밀레니얼 세대는 당시 대학 입시를 준비 중인 고등학생이거나 학교를 다니면서 취업 준비를 하던 대학생이었다.

당시 분위기가 이들을 향해 내포하고 있는 메시지는 다음과 같았다. '행운을 빌어. 유급 인턴 자리는 존재하지도 않고 신규 채용 요건도 전부 경력 5년 이상이야. 아, 그리고 겸손해지는 것이 좋을 거야. 부모님 집에라도 얹혀살면서 이 인생이란 문제를 어떻게 풀어나갈지 고민하려면 말이야.' 베이비부머 세대 부모가 아무리 이상을 좇아 살라고 가르쳤어도 학자금 대출로 빚을 떠안고 기회가 보이지 않는 취업 시장에 뛰어들어야 하는 암울한 현실과 마주한 젊은 밀레니얼 세대는 그럴 여력이 없었다. 결과적으로 젊은 밀레니얼 세대는 협력적이고 낙관적인 늙은 밀레니얼 세대보다 더 현실적이고 경제 관념이 뚜렷하다.

늙은 밀레니얼 세대와 젊은 밀레니얼 세대의 공통점

늙은 밀레니얼 세대든 젊은 밀레니얼 세대든 크게 보면 둘 다 밀레니얼 세대이다. 우선 대부분이 (나이대는 조금 다르지만) 베이비부머 세대 부모 손에 자랐다. 두 집단 모두 기술부터 소셜미디어 플랫폼까지 모든 것이 계속해서 업그레이드되는 세상에서 산다는 것이 어떤 것인지 잘 안다. 카세트테이프, CD, MP3파일로 음악을 들었다. 보이밴드에 열광했고 초기 버전이냐 다섯 번째 업그레이드 버전이냐 하는 차이는 있지만 어쨌든 모두 오리건 트레일 게임을 하며 자랐다. 아이폰 사용자는 아이폰 사용자끼리 안드로이드폰 사용자는 안드로이드폰 사용자끼리 강한 유대감을 느꼈다. 협업할 수 있는 환경을 좋아하고 업무에서 유연성을 중요하게 생각한다. 의미 있는 직업을 원하며 더 나은 세상을 만들기 위해 노력한다.

늙은 밀레니얼 세대와 젊은 밀레니얼 세대는 차이점이 극명하게 드러날 정도로 서로 다르지 않다. 그러니 이 두 집단이 정반대라고 생각하는 실수를 범하지 않도록 주의해야 한다! 결국 늙은 밀레니얼 세대와 젊은 밀레니얼 사이에는 차이점보다는 공통점이 훨씬 많다.

늙은 밀레니얼 세대와 젊은 밀레니얼 세대 맞춤 경영법

대부분의 경우에는 늙은 밀레니얼 세대와 젊은 밀레니얼 세대를 굳이 구분하지 말고 이 책에서 필자들이 제시한 밀레니얼 세대 전반에 대한 관리 방법이나 전략을 적용하면 된다. 밀레니얼 세대 전체를 포괄하여 적용할 수 있는 관리 방법이나 전략을 제시하려고 노력했기 때문이다. 그러나 여기서는 최고의 관리자가 될 수 있는 비법을 전수해주려고 한다. 여기서부터는 늙은 밀레니얼 세대와 젊은 밀레니얼 세대의 핵심적인 차이점을 염두에 두고 지금까지 해온 대로 이 책을 읽어나가면 된다.

» 늙은 밀레니얼 세대는 더 협력적인 성향을 지닌 직원이자 리더이다.

» 늙은 밀레니얼 세대는 금전적 보상보다는 자율성에 동기 부여가 될 가능성이 더 높다.

» 늙은 밀레니얼 세대는 모든 가능성에 대해서 조금 더 낙천적인 경향이 있다.

» 젊은 밀레니얼 세대는 자기 자신과 세상에 대해서 더 현실적이다.

» 젊은 밀레니얼 세대는 다른 기술을 다르게 사용한다.

» 젊은 밀레니얼 세대는 하루종일 집중해서 업무를 끝내고 퇴근해서 노는 것을 좋아한다. 반면에 늙은 밀레니얼 세대는 하루종일 일하다가 놀다가 일하다가 놀다가를 반복하는 것을 더 좋아한다.

"스물두 살이었을 때 저는 완전 열혈남이었어요! 세상을 바꿀 수만 있다면 뭐든지 하겠노라고 큰소리치던 시절이었죠. 지금은 그렇지 않죠. 일은 성실하게 하고 있어요. 대학 졸업하고 좋은 직장에 취직했으니까 실패할 일은 없겠죠. 서른 네 살이 되니까 우선순위가 변하더라고요."

− 소쿤 B., 밀레니얼 세대

일부 밀레니얼 세대는 '늙은'과 '젊은'이라는 용어에 민감하게 반응할 것이다. 하지만 이 책에서 필자들은 단순히 다른 대안보다 이해하기 쉽다고 판단해서 사용했다. 다른 용어를 사용하고 싶다면 초기 밀레니얼 세대와 후기 밀레니얼 세대 또는 초기 밀레니얼 세대와 대침체 세대 같은 대안도 있다.

부모가 된 밀레니얼 세대

과거 다른 세대들처럼 밀레니얼 세대도 2세를 생산하느라 여념이 없다. 다만 이전 세대와 다른 점이 있다면 엄마와 아빠가 둘 다 직장에 다니고 집안일도 나눠서 한다는 것이다. 밀레니얼 세대가 정착해서 가정을 꾸린다는 말이 진짜인지 믿을 수 없어서 고개를 젓는 사람도 있겠지만 사실이 그러하다. 현재 밀레니얼 세대의 절반 이상이 부모가 되었으며 마케팅 플랫폼인 크라우드탭의 연구에 따르면 십 년 뒤면 밀레니얼 세대의 80퍼센트가 자녀를 낳아 부모가 될 것이라고 한다. 미디어가 밀레니얼 세대에 대해 떠들어대는 것과는 정반대의 현상이다. 미디어는 섹시한 이야기를 좋아한다. 자녀를 낳고 아름다운 가정을 꾸리는 일은 의미를 찾아 호수 위에서 패들보드를 타고 요즘 가장 잘나가는 맥줏집에 들려 맥주를 한 잔 하고 천정부지로 치솟는 월세를 견디다 못해 조그만 집을 직접 지어야겠다고 결심하는 삶보다는 덜 섹시하다. 밀레니얼 세대의 새로운 자녀 양육 방식은 엄마와 아빠 모두에게 새로운 사회적 압력과 기대를 만들어내고 있다.

> » 음식은 무조건 유기농이어야 하고 케일이 들어가 있으면 이상적이다. 밀레니얼 세대 부모는 아이에게는 유기농, 친환경, 홈메이드만 먹여야 하고 생후 6개월 된 아기를 위해서는 집에서 키운 재료로 만든 이유식을 먹여야 한다는 사회적 압박에 시달린다. 과거에 아이를 키우던 방식이 그렇게 만만해 보였는지 이제는 아기에게 완벽한 음식을 먹여야 한다는 부담이 추가되었다. 그렇지 않아도 힘든 육아가 거의 불가능한 일이 되어가고 있다. 여기에 직장까지 다니는 부모라면 더 부담이 될 수밖에 없다.

> » 비밀은 없다! 이웃의 관심과 뒷담화는 언제나 존재해왔다. 하지만 요새는 소셜미디어 때문에 일상이 과거 어느 때보다도 광범위하게 노출된다. 좋은 점은 수많은 정보를 얻을 수 있다는 점이고 나쁜 점은 아이를 키우는 일이 언제나 아름다울 수 없는 일임에도 아름다운 모습만을 공유해야 한다는 점이다.

> » 모든 일을 하라. 다만 너무 완벽할 필요는 없다. 이전의 모든 세대와 마찬가지로 밀레니얼 세대 부모도 '모든 일을 한다'고 할 때 모든 일의 기준이 무엇인지를 결정해야 한다. 해야 할 일이 너무 많아지고 핀터레스트에 완벽한 생일 파티 사진을 찍어서 올려야 한다는 압박감에 시달린다면 직장과 육아를 병행하는 일은 더욱더 힘들어지기만 할 뿐이다.

시간이 지나면 지날수록 점점 더 결혼을 하고 자녀를 낳아 부모가 되는 밀레니얼 세대 부하 직원이 많아질 것이다. 이러한 변화를 관리하는 법과 새로운 유형의 일하는 부모 세대를 관리하는 방법을 고민하느라 스트레스를 받을 필요는 없다. 함께 헤쳐나가면 된다. 그 과정에서 자녀가 있는 관리자라면 삶의 지혜를 나눠줄 수도 있을 것이다. 그러나 일하는 부모는 어느 세대에나 있었지만 일하는 밀레니얼 세대 부모는 처음이기에 발생하는 문제도 있다.

밀레니얼 세대 워킹맘

세상에 준 클리버(미국 시트콤 '비버는 해결사'에 등장하는 인물로 모범 주부를 상징-역주) 같은 여성은 줄어들었고 클레어 헉스터블(미국 시트콤 '코스비 가족 만세'에 산부인과 의사로 유능한 워킹맘을 상징-역주) 같은 여성은 많아졌다니 이 얼마나 멋진 일인가? 수십 년 동안 워킹맘들은 아무도 가지 않은 장애물로 가득한 길을 용감하게 헤쳐서 지나왔다. 밀레니얼 세대 워킹맘도 이제 자신만의 길을 개척해나가는 중이다.

밀레니얼 세대 워킹맘의 특징

밀레니얼 세대 워킹맘이 이전 세대 워킹맘과 어떻게 다른지를 이해하려면 다음과 같은 특징을 살펴보아야 한다.

» **분담한다.** 예전보다는 부모 양쪽이 공평하게 가사 역할을 분담하고 있지만 여전히 여성이 가정을 위해서 경력을 더 많이 희생한다. (이성 부부만을 대상으로 한 연구 결과이다.) 퓨리서치센터에서 발행한 그림 13-1을 살펴보자.

» **소셜미디어를 이용한다.** 약 90퍼센트의 밀레니얼 세대 엄마는 자녀를 양육할 때 소셜미디어가 도움이 된다고 답했다. 최신 동향이나 육아 비법 및 조언을 얻기 위한 수단으로 블로그, 크라우드소싱, 페이스북 페이지 등을 이용한다고 답했다. (크라우드탭, 2016년)

"요새는 수많은 기술에 접근할 수 있어요. 어린이집에는 카메라가 있어서 폰에서 실시간으로 아이가 잘 있는지 확인할 수도 있고 선생님들도 문자나 이메일에 바로바로 답장해주시고요. 워킹맘의 부담을 덜어주는 기술이 많아요."

―미셸 S., 밀레니얼 세대

» **생각만큼 흔하지 않다.** 점점 더 많은 여성이 출산 후에도 직장에 복귀하고 높은 자리로 갈수록 워킹맘에 대한 고용 불평등이 줄어든다. 그러나 수많은 여성이 지금까지 이루어낸 진보가 곤두박질치려 하고 있다. 1990년도 이후로 미국은 세계에서 여성 고용률이 가장 높은 나라 가운데 하나였다.

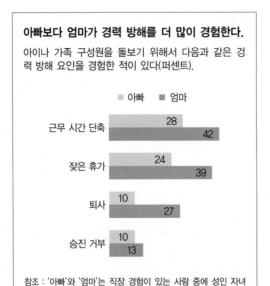

아빠보다 엄마가 경력 방해를 더 많이 경험한다.

아이나 가족 구성원을 돌보기 위해서 다음과 같은 경력 방해 요인을 경험한 적이 있다(퍼센트).

　　　　　　　　■ 아빠　　■ 엄마

근무 시간 단축　28　42

잦은 휴가　24　39

퇴사　10　27

승진 거부　10　13

참조 : '아빠'와 '엄마'는 직장 경험이 있는 사람 중에 성인 자녀를 포함해 자녀가 있는 사람을 말한다. (n=1,254)

출처 : 퓨리서치센터 2013년 10월 7~27일에 시행. N=2,002

그림 13-1

경력 방해 요인 : 엄마 대 아빠

"Women More Than Men Adjust Their Careers for Family Life" Pew Research Center, Washington, DC (September, 2015) http://www.pewresearch.org/fact-tank/2015/10/01/women-morethan-men-adjust-their-careers-for-family-life/ft_15-09-0_workchildren_1/

그러나 OECD가 조사한 자료에 따르면 1990년도에 74퍼센트였던 미국의 여성 고용률(25~54세 여성 중 직장에 다니는 여성 비율)은 이후 60년 동안 꾸준히 상승하다가 최근에 69퍼센트로 하락했다. 하락치는 소폭이지만 주목할 가치가 있다. 유연성이 부족하고 재택 근무를 허락해주지 않는 업무 환경 때문에 능력 있는 여성들이 자녀 양육과 경력은 병행할 수 없다고 생각한다.

» **야망이 있지만 걱정도 많다.** 퓨리서치센터가 2015년에 시행한 연구에 따르면 58퍼센트의 밀레니얼 세대 엄마는 자녀 양육이 경력에 영향을 미칠까 봐 걱정이 된다고 답했다. 그림 13-2를 확인하라. 같은 자리를 놓고 경쟁한다면 더 유연하게 업무 요구에 응할 수 있고 시간 제약이 더 적은 딩크족 또래가 승리할 확률이 높지 않겠는가?

워킹맘과 경력 발전

18세 이하 자녀를 둔 직장인 중에 워킹맘 또는 워킹대드는 경력을 발전시키거나 승진하는 것이 더 어렵다/더 쉽다/차이가 없다고 응답한 비율(퍼센트).

	더 어렵다	더 쉽다	차이가 없다
워킹맘	28	2	46
워킹대드	16	10	72

참조 : 현재 직장에 다니고 있거나 다닌 적이 있는 성인 가운데 18세 이하 자녀가 있는 성인을 대상으로 설문 조사를 실시했다(n=528). '상황에 따라 다르다'와 '모르겠다/응답 거부'는 결과에서 제외했다.

출처 : 퓨리서치센터, 2013년 10월 7-27일에 시행. N=2,002

그림 13-2
워킹맘과 경력 발전

"On Pay Gap, Millennial Women Near Parity — For Now"
Pew Research Center, Washington, DC (December, 2013)
http://www.pewsocialtrends.org/2013/12/11/on-pay-gapmillennial-women-near-parity-for-now/sdtgender-and-work-12-2013-5-01/

밀레니얼 세대 워킹맘 관리법

관리자는 여성 부하 직원을 위해 큰 변화를 일으킬 수 있는 능력을 가지고 있다. 밀레니얼 세대 엄마인 부하 직원이 상사에게 슈퍼맘이 되는 동시에 경력도 최대한 발전시킬 수 있도록 안내와 자원과 도구를 제공해주길 기대한다. 밀레니얼 세대 엄마인 부하 직원과 더 나은 관계를 맺을 수 있는 간단한 방법은 다음과 같다.

» 부하 직원의 사생활에 진심 어린 관심을 가진다.

» 최대한 많은 업무적 자유와 유연성을 보장해준다.

» 부하 직원이 기대하는 것을 함께 이야기하는 것을 두려워하지 않는다.

» 지원해준다. 지원할 방법을 모르겠다면 부하 직원에게 직접 물어본다.

» (한 명이든 두 명이든 세 명이든) 자녀가 생긴 후에 경력에서 어떤 선택을 할 것인지 또는 하지 않을 것인지에 대한 섣부른 가정을 하지 않는다.

» 질문한다. 밀레니얼 세대 아빠도 똑같이 대한다.

밀레니얼 세대 아빠 : #남성성의재정의

최근에 극단적인 친(pro) 여성 운동 및 친(pro) 남성 운동과 더불어 남녀 평등 운동과 '남자다움'의 의미를 재정의하자는 운동이 함께 일어나고 있다. 성격이 완전히 다른 사회 운동이 동시에 전개되면서 밀레니얼 세대 남성은 혼란스러워하고 있다. 노동 경제가 서비스 경제로 바뀌면서 남성의 성공을 좌우했던 물리적 힘과 태도는 더 이상 중요하지 않게 되었다. 밀레니얼 세대 남성은 계속해서 자신의 설 자리를 찾아가는 와중에 아빠가 되었고 자신의 아버지와는 다르게 행동하려고 계획하고 있다.

밀레니얼 세대 아빠의 특징

밀레니얼 세대 엄마와 마찬가지로 밀레니얼 세대 아빠도 파덜리(Fatherly) 같은 육아 블로그를 이용하거나 온라인에서 또래 아빠들을 만난다. 밀레니얼 세대 아빠의 특징을 엿볼 수 있는 실마리는 다음과 같다.

» **시간을 쪼개 쓴다.** 많은 밀레니얼 세대 가정에서는 엄마가 집을 관리하고 아빠가 재정을 관리한다. 아빠가 늦은 저녁에 퇴근하면 아이들은 이미 저녁을 먹고 샤워를 끝내고 잘 준비를 하고 있다. 집안에서는 이렇듯 일종의 전통적인 성 역할이 여전하지만 밖에서는 모든 종류의 변화를 포용하고자 하는 사람들로 들썩거린다. '더 애틀랜틱(The Atlantic)'에 따르면 밀레니얼 세대 아빠는 1995년도 아빠들보다 아이들과 함께 보내는 시간이 일주일에 다섯 시간 더 많다.

» **손재주가 좋다.** 젊은 밀레니얼 세대 아빠는 무언가를 하는 방법이나 아무도 고칠 수 없는 고장난 무언가를 고칠 방법을 찾을 때 언제나 공구통을 뒤지며 해답을 찾는다. 공구통에서도 해답이 나오지 않으면 직접 만드는 수밖에 없다.

"어떤 때는 그냥 너무 바빠요. 직장에서는 근무 시간을 강조하다 보니까 집에서 보낼 시간이 줄어들죠."

−베서니 B., 밀레니얼 세대

» **변화하는 세상에 갇혀 있다.** 가정 생활에서는 많은 것이 변했고 아빠도 이제 설거지를 하고 딸아이의 발톱에 매니큐어를 칠해준다. 하지만 직장에서

달라진 아빠들의 요구를 수용해주기까지는 아직 갈 길이 멀다. 관리자는 여전히 여성이 유연한 업무 일과를 원하거나 아이를 병원에 데려가기 위해 반차를 쓰기 원할 때 더 편의를 봐준다. 아빠는 가끔 바위(배우자/자녀)와 딱딱한 바닥(상사) 사이에 갇힌 듯한 느낌을 받는다.

밀레니얼 세대 아빠 관리법

밀레니얼 세대 엄마와 밀레니얼 세대 아빠를 관리할 때 균형을 잡기 위해 고심하고 있다면 다음 도움말을 참고하라. 특히 아빠들을 위해서 말이다.

» 아빠도 엄마처럼 유연성을 확보하기 위해 씨름하고 있다고 가정하라.
» 조직 충성도를 당연하게 여기지 말라.
» 아빠가 되는 것이 얼마나 힘든 일인지를 과소평가하지 말라.
» 모범을 보여줘라. (특히 이 책을 읽고 계시는 자녀를 둔 아빠 관리자들께 드리는 말씀이다.)

새로운 유형의 부모 세대를 위해 직장에 필요한 변화

아빠든 엄마든 미혼이든 기혼이든 어느 세대에 속하든 부모가 되는 일은 힘들다. 심지어 풀타임 근로자이자 풀타임 부모가 되는 일은 더 힘들다. 새로운 밀레니얼 세대 부모에 맞추어 직장이 변화하기 위해서는 다음과 같은 조언을 참조하라.

» 출산/육아 휴직이 아닌 부모 휴직 제도를 만들어라. 이러한 종류의 정책 실행은 '권한을 벗어난 일'일 수도 있지만 그렇다고 여기에서 빠뜨리면 필자들이 의무를 다하지 않은 듯한 느낌이 들 것이다. 아빠가 육아 휴직을 쓰는 일이 점점 더 표준이 되어 가면서 부모의 성별을 강조한 이런 정책이 다양한 가족 관계를 포용하지 못한다는 인식이 늘어나고 있다. 필자들이 노르웨이나 덴마크 같은 국가의 사례로 눈을 돌리게 된 이유이기도 하다. 이들 국가에서는 직원에게 출산 후에 회복할 수 있는 시간을 충분히 준다. 노동부에 따르면 미국에서 25퍼센트 이상의 여성이 출산 후 2주만에 회사에 복귀한다고 한다. 너무 급하게 복귀하는 것일 수 있다. 그리고 어쩌면 이 문제를 해소하는 데 부모 휴직 제도가 도움이 될 수도 있다.
» 유연성 정책을 다시 검토하라. 업무 유연성에 대한 기준이 정해져 있다면

준비가 된 것이다! 이제 관리자가 주기적으로 업무 유연성 정책을 검토하는 유연성을 발휘해서 모두가 일하기 좋은 근무 환경을 제공하면 된다.

자녀가 있는 직원들의 편의를 봐주느라 자녀가 없는 다른 직원들의 요구를 뒷전으로 미뤄서는 안 된다는 사실을 잊지 말라. 관리자들이 흔히 빠지기 쉬운 함정이다. 특히 관리자에게도 자녀가 있다면 더욱 그렇다. 또 하나 명심할 것은 집에 아픈 아이가 있는 직원이 있다면 업무 유연성을 허락해주는 것이 당연하겠지만 새로 인테리어한 집이 너무 좋아서 재택 근무를 하고 싶다는 직원의 요구는 단칼에 거절하는 것이 맞다는 것이다. 받아들일 것은 받아들여라.

» **부모가 된 것을 무시하지 말고 축하해주어라.** 여성이 임신을 하면 직장에서 잘리거나 불이익을 받을까 봐 임신 사실을 숨기고 쉬쉬하던 때가 있었다. 그리 오래된 이야기가 아니다. 관리자는 곧 부모가 되어 인생의 새로운 장을 맞이할 직원들에게 진심으로 관심을 가지고 축하해주어야 한다.

딩크족 : 자녀 없는 맞벌이 부부 맞춤 동기 부여법

아메리칸 드림에 관한 역사 수업이 될지도 모른다는 위험이 있지만 독자 분들에게 지금까지 삶에서 목격한 변화를 한번 찬찬히 돌아보시길 권한다. 할아버지/할머니의 삶은 내 삶과 얼마나 다른가? 동기 부여 요인은 얼마나 변하였는가? 옛날에 아메리칸 드림이라고 하면 결혼을 하고 하얀 울타리가 있는 아름다운 집을 사고 아이를 많이 낳아 배불리 먹이는 것이었지만 오늘날 아메리칸 드림은 크게 달라지지 않은 경우도 있고 혹은 먹여 살려야 하는 입 하나 늘리는 대신 조그만 집이나 아파트에 만족하면 사는 것으로 바뀐 경우도 있다.

미디어에서는 밀레니얼 세대를 결혼을 싫어하고 아이를 갖기 싫어하고 집을 소유하기 싫어하는 세대라고 묘사하길 좋아한다. 밀레니얼 세대 중에는 분명히 그런 삶을 이상적으로 생각하는 집단도 있겠지만 대다수는 결코 그렇지 않다! 더 정확한 실상은 다음과 같다.

» **결혼에 대한 환상** : 대부분의 밀레니얼 세대는 결혼을 하고 싶어 하지만 과거만큼 일찍 결혼하고 싶어 하지는 않는다. 1960년대에는 여성의 평균 결혼 연령은 20세이고 남성의 평균 결혼 연령은 23세였다. 지금은 여성의 평균 결혼 연령은 26세이고 남성의 평균 결혼 연령은 29세이다(퓨리서치센터, 2011년). 일부 밀레니얼 세대는 비용이 너무 많이 들거나 혹은 필요하지 않다고 생각해서 결혼을 미루기도 한다. 사실혼 관계나 장기간 연애만 하는 관계도 과거보다 훨씬 흔하게 찾아볼 수 있게 되었다.

» **집에 대한 환상** : 많은 밀레니얼 세대가 새로 집을 사고 싶어 한다. 첫 주택 구입자 숫자에서 밀레니얼 세대가 X세대를 앞질렀다는 사실이 이를 뒷받침한다. 대부분의 밀레니얼 세대가 집을 소유하고 싶어 하는 것으로 드러났다. 하지만 밀레니얼 세대가 새로 산 집에 채워 넣고 싶은 것, 더 정확하게는 새로 산 집에서 함께 살고 싶은 사람은 이전 세대와 비교할 때 조금 달라졌다.

» **아이에 대한 환상** : 역시나 대부분의 밀레니얼 세대가 이미 아이가 있거나 10년 후에는 아이가 있을 것으로 예상된다. 하지만 아이 없이 둘이서만 함께 살고 함께 먹고 함께 미래를 설계하는 인생을 그리는 부부도 있다. 이 말은 곧 그들은 직장에서 동기 부여 요인이 다르다는 뜻이다. 과거에는 동기를 부여하는 방법이 단순했다. 일하지 않으면 가족들을 먹여 살릴 수 없었기 때문이다. 하지만 이제는 상황이 변하고 있다.

관리자는 다른 세대 딩크족도 경험해보았을 것이다. 하지만 밀레니얼 세대 딩크족은 밀레니얼 세대 딩크족에게 맞는 방식으로 관리해야 한다는 사실을 잊어서는 안 된다. 아래에 있는 밀레니얼 세대 딩크족 관리 시 유의할 점을 참고하라.

» **책임질 가족이 적다는 이유로 추가적인 업무 부담을 요구하지 말라.** 누구나 직장 밖에서도 짊어져야 할 책임이 있다. 물론 아이를 키우는 일은 힘들고 예측 불가능한 일 투성이기 때문에 업무 유연성을 더 많이 보장해주어야 한다. 하지만 아이가 없는 밀레니얼 세대 직원에게 더 많은 책임을 부여할 자유가 관리자에게 있는 것처럼 혹은 당연히 그래야 하는 것처럼 느껴지지 않도록 주의하라. 실제로 과거에는 아이가 없는 직원이 더 많은 일을 해야 했다.

» 딩크족의 생활 방식을 비딩크족처럼 바꾸라고 강요하지 말라. 밀레니얼 세대 딩크족은 어른들에게 평생 그렇게 살지는 못할 거란 이야기를 수도 없이 들었을 것이다. 간혹 "너희 세대가 사는 방식이 다 그렇지 뭐. 안 그러니?"라는 말도 들어보았을 것이다. 개인적인 선택을 미래에 바꾸어야 하는 것으로 간주해서는 안 된다.

» 금전적 유인에 동기 부여된다는 사실을 인지하라. 많은 금융 기관이 축적해 놓은 개인 자산이 많은 딩크족을 유치하려고 한다. 딩크족 부하 직원은 가처분 소득이 늘어나면 기뻐할 가능성이 높다. 이들은 학자금 대출뿐만 아니라 다른 빚을 갚아 나가고 있기 때문에 소득이 높아지면 좋아할 것이다.

» 자유를 향한 갈망을 인정해주어라. 밀레니얼 세대 딩크족은 경험 경제를 열렬하게 소비하는 주체이다. 이들은 즉흥적인 여행을 즐기고 꿈을 위해 직장을 옮기며 직장 밖에서 열정적으로 새로운 취미 생활과 책임을 즐긴다. 관리자는 밀레니얼 세대 부모에게 자녀가 귀하고 중요하며 동기를 부여해주는 것만큼 밀레니얼 세대 딩크족에게는 이 모든 것을 즐길 수 있는 자유가 똑같이 귀하고 중요하며 동기를 부여해준다는 사실을 인정해야 한다.

【 부모님 집 지하실에서 보내는 편지 】

밀레니얼 세대는 대학을 졸업하고 다시 부모님 집으로 들어간 것 때문에 평판이 악화되었다. 세상 물정 모르는 게으름뱅이들이 스스로 인터넷 요금, 식비, 집세를 내기 싫어서 부모 집에 더부살이한다고 생각하는 사람이 많았다. 다른 세대 중에는 밀레니얼 세대가 부모 집에 얹혀사는 것을 곱지 않은 시선으로 보는 사람이 여전히 많다. 내 팔을 자르는 한이 있더라도 부모 신세를 지지 않겠다는 사람도 많지만 밀레니얼 세대의 생각은 다르다.

- 많은 밀레니얼 세대가 경기가 대침체일 때 졸업한 탓에 생활비와 학자금 대출을 충당할 만큼 안정적인 수입이 보장된 직업을 찾지 못했다. 부모님과 함께 사는 것은 스스로 독립하기 위한 저축을 할 수 있으므로 합리적인 선택이었다.

- 밀레니얼 세대는 부모와 돈독한 관계를 맺고 있다. 따라서 부모님과 함께 다시 사는 것이 전혀 곤혹스럽지 않았다.

- 밀레니얼 세대도 부모 집에 얹혀사는 것을 자랑스럽게 생각하지 않는다. 독립을 건너뛰고 부모님이랑 같이 사는 걸 첫 데이트에서 자랑스럽게 떠벌릴 수 있는 일로 생각하지 않는다. 부모님 집으로 돌아갈 수밖에 없는 상황이라면 얼마나 부끄러운 일인지 정도는 누구나 안다.

밀레니얼 세대는 점점 나이가 들고 경제가 좋아지자 부모님 집에 얹혀살 또 다른 이유를 찾아냈다. (아마도) 조금만 더 신세를 지면서 돈을 모아 자신만의 집을 마련하기로 한 것이다. 두 사람이 저축해 놓은 돈을 다 합쳐도 계약금에서 모자를 테니 당분간 부모님과 함께 살면 내 집 마련의 꿈에 한발 더 가까워질 수 있다고 생각한 것이다.

기억할 것 : 부모님 집에 다시 들어간다고 해서 반드시 철부지이거나 부모님 신세를 지지 않고는 살 수 없을 만큼 무능력한 것은 아니다. 재정적으로 현명한 선택일 수도 있고 희생을 감수하고 부모님께 월세를 내면서 독립적으로 살아가는 성숙한 행동일 수도 있다.

직종별 맞춤 밀레니얼 세대 경영

필자들이 지금부터 사용하려는 비유가 좀 이상해도 양해를 부탁드린다. 일명 '신발 판매' 비유이다. '채용(recruiting)'은 본질적으로 '판매(selling)'와 동의어이고 '보유(retaining)'는 본질적으로 '충성도 높은 고객 유지'와 동의어이다. 원하는 신발을 사려면 원하는 신발 장수를 찾아야 한다. 어떤 분야나 산업에 종사하는 관리자든지 이 책을 읽고 있다면 유망한 밀레니얼 세대 인재가 매력적으로 느끼고 입사하고 싶어 하는 근무 환경을 만들기 위한 방법을 찾기 위해서일 것이다. 시장에는 팔 수 있는 수많은 제품이 존재하는 것처럼 근무 환경도 매우 다양하며 이 중에는 분명히 더 팔기 쉬운 근무 환경이 존재한다. 색깔과 최신 기술이 접목된 깔창과 브랜드 로고까지 소비자 입맛대로 고를 수 있는 나이키 운동화를 생각해보자. 나이키 운동화는 족저근막염 예방에는 별로 도움이 안 될지 몰라도 스타일만큼은 끝내준다. 나이키는 운동화계의 애플이다. 한편 세상 모든 아빠는 다 가지고 있는 뉴발란스의 흰색 단화를 떠올려 보자. 시선을 확 잡아끄는 매력은 없지만 아무리 오래 신어도 끄떡없을 만큼 튼튼하다. 뉴발란스 흰색 단화는 아마도 쓰레기 처리 회사에서 일하는 것에 비유할 수 있을 것이다. 표면적으로만 보면 뉴발란스보다 나이키가 훨씬 더 잘 팔릴 것 같지만 언제나 그렇듯이 실제로는 보이는 대로만 흘러가진 않는다. 직업 세계도 마찬가지다. 요점은 튼튼한 신발의 판매 전략과 마찬가지로 단점은 인정하고 장점을 강조해야 하는 것이다. 어떤 조직의 근무 환경이 모든 사람의 적성과 기호를 만족할 순 없다. 하지만 누군가에게는 딱 원하던 직장일 수 있다. 따라서 중요한 것은 서로 맞는 짝을 찾는 것이다. 딱 맞는 인재를 찾기만 한다면 그 인재를 보유하기 위해서는 어떤 일이라도 할 것이기 때문이다.

산업마다 또는 직무 역할마다 밀레니얼 세대에게 잘 팔릴 수 있는 특징이 있다. 밀레니얼 세대마다 조금씩 취향이 다른 것처럼 산업마다 특징이 조금씩 다르다. 조직에 적합한 밀레니얼 세대 인재를 유인하고 보유하는 최고의 도구를 사용하기 위해서 이번 장에서는 세 가지 산업 및 분야를 각각 양분해서 다룰 것이다. 첫 번째로 실리콘밸리(기술 산업)와 월스트리트(금융 산업)를 비교 및 대조할 것이다. 두 번째로 화이트칼라 직업군과 블루칼라 직업군을 비교 및 대조하고 각 분야에서 밀레니얼 세대를 유인하고 보유할 수 있는 방법을 살펴볼 것이다. 마지막으로 인문학 전공자가 선택할 수 있는 직무 역할과 이공계 전공자가 선택할 수 있는 직무 역할을 살펴보고 관리자가 각 전공자의 강점을 활용할 수 있는 방법을 살펴볼 것이다.

이렇게 둘씩 짝지어진 산업 및 각 분야에서는 어떤 밀레니얼 세대 특성을 중요하게 생각하고 (혹은 중요하게 생각하지 않고) 어디서 세대 충돌이 일어날 수 있는지를 살펴볼 것이다. 앞서 다루었던 세대 충돌이 일어날 수 있는 지점은 다음과 같다.

> » 조직 구조
> » 협업
> » 피드백
> » 동기 부여
> » 격식

이번 장에서 제시하는 사례를 너무 문자 그대로 받아들이지 말라. 필자들은 단지 다양한 유형의 직업을 다루려고 노력했고 그렇게 함으로써 최대한 많은 직업을 포용하려고 했을 뿐이다. 월스트리트(금융 산업)라는 거대한 산업 안에는 다양한 직무 역할과 특수 분야가 포함된다. 따라서 각 사례마다 제시한 전반적인 경영 전략이나 기법을 참조해서 실제 상황에 적용하면 된다.

실리콘밸리 대 월스트리트 인사관리법

실리콘밸리(기술 산업)와 월스트리트(금융 산업)를 이어주는 끈이 하나 있다. 바로 어떤 산업 분야에서도 성공하려면 열심히 아주 열심히 일해야 한다는 사실이다. 근무 시간은 길고 기대는 높다. 이 산업군에 있는 많은 회사가 고 위험/고 보상 구조를 채택하고 있어서 불확실성이 높지만 이러한 산업 특성에 잘 맞는 직원들은 성공할 수 있다. 야심만만한 자신의 욕구를 충족시켜 줄 수 있는 직업을 찾고 있는 밀레니얼 세대는 급박하게 굴러가고 열심히 일한 만큼 보상받을 수 있는 기술 산업이나 금융 산업에 매력을 느낄 것이다. 기술 산업과 금융 산업의 인력 풀(pool)은 전문 지식을 활용하길 원하는 고학력자들로 구성되어 있다. 기술 산업과 금융 산업은 어느 정도 비슷한 부분이 있는 것도 사실이지만 실리콘밸리와 월스트리트가 확연히 다르다는 데 거의 모든 사람이 동의할 것이다. 두 산업에는 밀레니얼 세대에게 매력적으로 느껴지는 영역과 그렇지 않은 영역이 모두 존재한다.

실리콘밸리

밀레니얼 세대의 눈으로 본 금융 산업 대비 기술 산업의 특징은 다음과 같다.

» 실리콘밸리는 조직 구성원뿐만 아니라 경영진과 임원진도 금융 산업보다 훨씬 젊다. 기술 산업에 종사하길 원하는 밀레니얼 세대는 실리콘밸리에서 일하는 관리자는 최산 동향에 밝고 제품과 조직 구조를 혁신하기 위해 노력하리라는 기대를 가지고 있다.

» 유서 깊은 기업이 많은 금융 산업과는 달리 기술 산업 분야에는 신생 기업이 많다. 전통이나 엄격한 규칙이 많이 존재하지 않기 때문에 직원들은 자기 목소리를 낼 수 있는 기회가 많고 따라서 눈에 보이는 영향력을 끼칠 수 있을 가능성이 높다.

» 파괴를 기대하는 것이 당연하다. 밀레니얼 세대가 혁신을 도모할 수 있는 사무 공간이 어느 기업에 가도 다 있다. 실리콘맬리는 현재 상태를 뒤집어서 아무도 예상 못한 전례 없는 무언가를 만들어낼 수 있는 창의력 넘치는 인재를 찾고 있다.

실리콘밸리에서 밀레니얼 세대를 고용하고 인력을 유지하려고 할 때 고려해야 할 잠재적 세대 충돌 지점을 살펴보자.

» 조직 구조 : 기술 산업은 밀레니얼 세대가 바라는 것보다 더 수평적인 조직 구조를 가진다. 투명성, 진정성, 전형적인 계층 구조의 수평화는 밀레니얼 세대의 마음을 움직일 수 있다. '내 목소리가 들릴 수 있는 기회', '리더와의 소통', '투명하고 효율적인 정보 교환' 같은 문구를 회사 마케팅 자료에 삽입하라.

» 직장에서 지켜야 할 격식 : 이걸 고려해야 한다고? 애초에 실리콘밸리에 격식 따윈 존재하지 않는다! 실리콘밸리는 직원들이 업무 시간에 무슨 옷을 입는가보다 제품과 서비스에 집중한다. 멀리 갈 것도 없이 21세기에 가장 영향력 있는 CEO 중 하나인 마크 주커버그만 봐도 알 수 있지 않은가. 복장 규정이나 상사나 임원진을 부르는 호칭 등 직장에서 지켜야 할 규칙이 많지 않다는 사실은 밀레니얼 세대에게는 엄청난 장점이다.

1년도 채 안 된 신생 스타트업과 마이크로소프트 같은 유서 깊은 대기업은 당연히 다를 수밖에 없다. 구글 같은 대기업도 아니고 신생 스타트업도 아닌데 둘 중 하나인 것처럼 포장해서 홍보하지 말라. 모든 조직은 저마다 밀레니얼 세대에게 매력적으로 느껴질 만한 장점을 가지고 있다. 예를 들어 마이크로소프트의 장점은 굳이 강조할 필요는 없지만 직업이 안정적이고 경력 발전과 승진의 기회가 많다는 것이다. 스타트업의 장점은 관료주의가 덜하고 즉각적인 변화를 미칠 수 있는 기회와 개인의 목소리를 반영시킬 수 있는 기회가 많다는 점이다.

월스트리트

밀레니얼 세대의 눈으로 본 기술 산업 대비 금융 산업의 특징은 다음과 같다.

【 구글 검색은 잊어라 】

당신의 기업은 구글이 아니다. 구글이 되려고 해서도 안 된다. 때로 관리자들은 밀레니얼 세대 고용 전략을 읽으면서 이렇게 생각할 수 있다. '구글 같은 회사에게 좋겠군. 그런데 우리 회사, 아니 우리 산업은 구글이랑은 달라. 탁구 토너먼트와 낮잠을 잘 수 있는 수면 부스가 현실적으로 가당키나 하단 말인가.' 이보다 더 맞는 말은 없다. 밀레니얼 세대 인력을 유인하기 위해 구글이 될 필요는 없다. 각 조직이 지닌 고유한 강점을 홍보해야 한다.

구글 같은 기업 환경에서 성공할 수 있는 유형의 인재를 유인했다가는 낭패를 볼 수도 있다. 뒤집어 생각하면 구글과 다른 조직 구조와 조직 문화에서는 성공하기 힘든 인재라는 말도 되기 때문이다. 그뿐만 아니라 애써 유인한 밀레니얼 세대 입장에서는 낡았다고 느낄 수 있다. 구글 같은 조직이라고 홍보했는데 막상 신입 사원이 들어와서 보니 전혀 사실이 아니라면 그 조직은 큰 곤경에 처할 수도 있다. 인재를 유인할 때는 조직의 본모습을 있는 그대로 보여주는 것이 중요하다. 그래야만 조직도 원하는 인재를 찾을 수 있고 인재도 원하는 조직을 찾을 수 있다.

» 금융 산업은 수십 년간 쌓아온 전통 위에 잘 정립된 산업으로 '이게 우리가 지금까지 성공적으로 일해 온 방식이야'라는 사고방식이 깊이 뿌리를 내리고 있다. 업무를 달성할 수 있는 이미 검증을 거친 특정 방식이 있고 제도적 지식에 자부심을 가진 산업 종사자들이 있다. 이는 장점이 될 수도 있고 단점이 될 수도 있다.

» 혁신도 가치가 있지만 금융 산업에서는 경험이 거의 제일 중요하다. 어려움을 헤쳐나가려면 수년간 쌓아온 경험에 바탕한 제도적 지식이 필요하다. 밀레니얼 세대는 정해진 틀과 규칙을 지키는 일을 힘들어할 수도 있지만 막대한 제도적 지식을 갖춘 경험 많은 멘토들과 관계를 맺고 귀중한 능력을 전수받는 기회 또한 감사하게 여길 것이다.

» 다양성에서만큼은 금융 산업이 실리콘밸리를 따라잡을 수가 없다. 특히 금융 산업을 이끌어가는 리더는 거의 대부분 '창백하고 나이 많은 남성'이라는 묘사에 맞아떨어진다. (단지 의미를 재빨리 전달하려고 했을 뿐 누군가를 불쾌하게 만들 의도는 아니었다.)

» 전통이 중요하다. 금융 산업의 고객층은 연령대가 높다. (이름만 봐도 알 수 있듯이) 전통 세대가 기념식 강단에 서길 좋아한다는 것은 비밀이 아니다. 오랜 전통은 고객의 신뢰를 얻는 방법이다. 업계에 발을 디딘 지 몇 년 되지 않은 신생 기업에게 자신의 돈을 맡기고 싶어 하는 고객은 없을 테니까 말이다.

월스트리트에서 밀레니얼 세대를 고용하고 인력을 유지하려고 할 때 고려해야 할 잠재적 세대 충돌 지점을 살펴보자.

» **의미** : 의외의 충돌 지점이라는 생각이 먼저 들지도 모른다. 모든 신문의 머리기사에서 악역을 담당하고 금융 산업이 갑자기 없던 신념을 불태우며 의미를 좇아 밀레니얼 세대 직원을 동기 부여하자고 나서기라도 했단 말인가. 그것도 모두가 수수료와 더 높은 연봉을 좇고 있는 와중에 (다음 페이지에 나오는 '금융 산업 집중 조명 : 고정관념을 타파하고 인재 채용하기' 글상자 참조) 말이다. 하지만 실제로는 금융 산업에서 일하면 자신이 고객의 삶에 어떤 영향을 미치는지를 볼 수 있다. 고객과의 교류는 직접적이고 다방면으로 이루어진다. 투자한 돈을 불리고 은퇴 계획을 세우는 데 도움을 주고 스트레스를 받는 고객의 마음을 진정시켜 준다. 이런 것들은 무시할 수 없는 요인이다. 의미에 굶주린 밀레니얼 세대가 의미를 찾을 수 있도록 점을 연결하는 일이 금융 산업에서는 어렵지 않다. 무엇보다 밀레니얼 세대에게는 점을 연결해주어야만 한다.

"밀레니얼 세대[금융 매니저]가 팀원들과 점심을 먹으면서 커피를 가져다 나르는 것을 봤어요. 노력에 대한 보상이 이루어지긴 하겠지만 [밀레니얼 세대가] 원하는 만큼 충분하진 않겠죠."

—로리 D., 관리자

» **협업** : 오랜 습관은 쉽게 없어지지 않는다. 금융 업계 리더들은 오랫동안 경쟁을 장려해서 승자에게 인센티브를 주었다. 지나치게 협력적인 성향을 지닌 밀레니얼 세대는 경쟁을 통해 인센티브를 쟁취할 수 있다는 사실을 기뻐하지 않을 것이다. 개인끼리 경쟁을 붙이는 대신 더 협력적인 판매 목표를 세워서 팀에 기반한 조직 문화를 만들어갈 수 있는 방법을 고민하라. 금융 회사에서 협력적인 조직 분위기를 도입하려고 할 때 마주칠 수 있는 또 다른 장애물은 '그런데 내가 힘들 때는 아무도 안 도와줬는데'라고 생각하는 관리자들이다. 역멘토십 프로그램을 이용해서 경력직 사원과 신입 사원을 짝지어준 다음 서로 협력하게 하는 방안도 고려해볼 수 있다.

밀레니얼 세대를 채용하려 할 때 금융 산업의 전통과 격식에 대한 고집이 방해물이

【 금융 산업 집중 조명 : 고정관념을 타파하고 인재 채용하기 】

월스트리트 또는 금융 산업 전체는 자기 홍보에 약간 문제가 있다. 미디어에서 금융 산업을 어떻게 묘사하는지를 보면 밀레니얼 세대가 부정적인 이미지만을 떠올리는 것도 놀랄 일은 아니다. 월스트리트는 밀레니얼 세대의 마음속에서 고든 게코(Gordon Gecko)의 유명한 슬로건 '탐욕은 좋은 것입니다'나 영화 '월가의 늑대(The Wolf of the Wall Street)'에서 묘사된 온갖 기행과 부정부패로 대변되는 세상일 것이다. 할리우드에서 월가를 어떻게 묘사하는지는 제쳐두더라도 많은 밀레니얼 세대가 2009년 경제 위기의 책임이 월스트리트에 있다고 생각한다. '월스트리트를 점령하라' 시위와 대침체는 밀레니얼 세대에게 돈을 관리하는 사람들에 대한 극단적인 불신을 심어주었다. 고정관념은 거기서 끝이 아니다. 금융 산업 종사자는 고객의 돈을 빼돌리고 높은 수수료를 받기 위해서라면 고객에게 미치는 영향은 전혀 고려하지 않은 채 수단과 방법을 가리지 않는다는 인식도 있다. 이 모든 요소는 밀레니얼 세대 인재를 채용하는 데 장애가 된다.

금융 산업을 둘러싼 고정관념은 다음과 같다.

- 탐욕스러움
- 부정부패
- 과도한 영업(전화 영업과 중고차를 탄 영업 사원을 떠올려 보라.)
- 뒤쳐진 기술
- 지나친 격식
- 나이 든 백인
- 이기적임
- 신뢰할 수 없음
- 부정직함

일반적인 관점에서 고정관념은 대화에 해롭다. 금융 산업은 이러한 고정관념 때문에 최상위 다음 세대 인재를 유입하는 데 어려움을 면치 못하고 있다. 금융 산업에 회의적인 태도를 보이는 밀레니얼 세대의 마음을 얻기 위해서는 부정적인 고정관념을 뒤집는 것이 먼저다. 밀레니얼 세대의 마음을 한번 돌리는 데 성공하면 그 뒤로는 알아서 새롭게 얻은 지식을 또래 집단과 공유하며 금융 산업의 가장 큰 지지자가 되어줄 것이다.

금융 산업에 대한 고정관념을 타파할 수 있는 전략은 다음과같다.

- **고객이 최우선, 수수료는 나중에.** 금융 산업 종사자가 고객의 삶을 풍요롭게 해준다는 사실을 강조하라. 가장 먼저 고객의 삶에 미친 영향을 목격할 수 있다는 사실도 강조하라. 밀레니얼 세대에게 가장 좋은 동기 부여가 될 수 있다.

- **관계가 가장 중요하다.** 영혼 없는 영업용 전화 통화에 대한 고정관념은 다음 진실로 대체하라. 금융 업계의 업무는 강력한 연결과 관계를 만들고 발전시키는 것이다.

- **온 세상에 소리 높여 홍보하라.** 고정관념이 틀렸다는 사실을 대학교에 회사 홍보를 하러 갈 때 나눠주는 마케팅 자료, 웹사이트, 소셜미디어 등 가능한 한 모든 수단을 총동원하여 세상에 알려라.

될 수 있다. 금융 산업에서는 청바지와 후드티는 절대로 용납할 수 없는 옷차림일 것이다. (적어도 가까운 미래에 실현될 가망은 없다.) 그러나 밀레니얼 세대의 요구를 수용해서 옷차림과 의사소통 방식에서 약간의 격식을 덜어내는 방법을 고려하는 일을 멈추어서는 안 된다. 조금 더 캐주얼하게 입고 소통할 수 있는 방법과 때를 생각해보라. 고객과 전화 업무만 있는 날에 굳이 격식을 차려 입을 필요가 있을까? 이렇게 격식을 조금 완화할 수 있는 영역을 찾아라.

블루칼라 대 화이트칼라 인사관리법

화이트칼라와 블루칼라는 서로 다른 두 가지 직종이다. 화이트칼라 노동자는 '보통(normal)' 9시부터 5시까지 사무실에서 근무하는 직종에 종사하는 사람을 뜻하며 블루칼라 노동자는 주로 특정 분야나 산업 현장에서 교대 근무를 하는 직종에 종사하는 사람을 뜻한다. 화이트칼라 직종은 일반적으로 높은 학력을 요구하는 반면에 블루칼라 직종은 육체 노동이나 전문적인 기술을 요구한다. 화이트칼라 노동자는 주로 연봉을 받으며 블루칼라 노동자는 시급을 받거나 노조에 가입되어 있다.

제법 많은 밀레니얼 세대가 블루칼라 직종에 종사한다. 이들은 밀레니얼 세대 담론이 자신들과는 별로 관련이 없다고 생각한다. 그도 그럴 것이 밀레니얼 세대의 직장 생활에 관한 담론, 대부분 대규모 연구 기관이 수행한 연구, 그 연구를 인용하는 미디어에서는 대부분 화이트칼라 직종에만 초점을 맞추기 때문다. 화이트칼라 직종이 더 대중적인 소재처럼 보이겠지만 블루칼라 직종이 밀레니얼 세대에게 주는 가치를 무시해서는 안 된다. 하지만 대체적으로 밀레니얼 세대와 경계 세대는 성공하고 안정된 생활을 누리고 빚을 지지 않고 매일 책상에 앉아 근무하는 삶을 살기 위해 화이트칼라 직종에 종사하고 싶어 한다.

화이트칼라

밀레니얼 세대의 눈으로 본 블루칼라 직종 대비 화이트칼라 직종의 특징은 다음과 같다.

» 직업에 따라서 업무 규칙에 높은 유연성이 보장된다. 업무 시간 중간에 병원에 가거나 운동을 하는 등 일과 삶을 통합하는 것이 가능할 수 있다.

» 소득 잠재력과 경력 발전 가능성이 무한하다. 어떤 조직에서 한계점에 달하더라도 다른 화이트칼라 직종으로 옮기면 되므로 끊임없이 경력 발전을 추구할 수 있다.

» 사무실에서 일하는 직종에서만 누릴 수 있는 작은 비금전적 혜택이 있다. 협업의 기회, 사무실로 배달된 맛있는 음식 등은 작지만 밀레니얼 세대가 중요하게 생각하는 보상이다.

» 연봉을 받는 직업은 곧 성과를 중시한다는 뜻이다. 성과 중심적인 업무 환경에서 밀레니얼 세대는 상사의 간섭을 덜 받는다고 느끼므로 목표한 성과만 달성한다면 원하는 시간에 원하는 방식대로 일할 수 있다.

화이트칼라 직종에서 밀레니얼 세대를 고용하고 인력을 유지하려고 할 때 고려해야 할 잠재적 세대 충돌 지점을 살펴보자.

» 의미 : 일부 화이트칼라 직종에서는 의미를 찾는 일이 힘들 수 있다. 특히 직급이 낮을 때는 더욱 그렇다. 젊은 밀레니얼 세대 직원이 하루종일 전화를 받고 다른 사람에게 연결해주는 일만 한다면 자신이 하는 일과 회사의 큰 그림을 연결 짓기가 힘들 수 있다. 회사의 큰 목표와 거리가 먼 직무를 담당하고 있는 밀레니얼 세대 직원이 있다면 상사가 나서서 점을 연결해주어라.

» 피드백 : 화이트칼라 직종의 큰 장점은 조직 구조 안에 피드백 고리가 잘 설계되어 있다는 점이다. 어렸을 때부터 꾸준히 피드백을 받으면서 자란 밀레니얼 세대는 업무에 대한 지속적인 피드백을 받을 수 있는 기회뿐만 아니라 상대적으로 시간적 여유가 있고 경력이 있는 직원에게 멘토링을 받을 수 있는 기회에 잘 응답한다. 모든 직급의 조직 구성원에게서 지속적으로 피드백을 받을 수 있다면 가장 이상적이다.

밀레니얼 세대가 '자꾸 보챈다거나' '자기 권리밖에 주장할 줄 모른다'는 고정관념은 주로 블루칼라 직종에 종사하는 밀레니얼 세대보다 화이트칼라 직종에 종사하는 밀레니얼 세대를 겨냥한다. 이제 갓 입사한 밀레니얼 세대 신입 사원은 자신의 아이디어가 너무 뛰어나 고속 승진이 충분히 가능하다고 생각하고 벌써부터 높은 자리를 노린다거나 CEO와 일대일 면담을 원한다고 단정하기도 한다. 화이트칼라 직종이 보통 블루칼라 직종보다 규칙과 격식이 유연해서 이러한 고정관념의 표적이 되는 것일 수도 있다. 하지만 밀레니얼 세대의 열정을 자기 권리만 내세우는 것으로 호도해서 그 열정을 없애 버리는 결과를 초래해서는 안 된다. 한번 무언가를 해주면 그다음에 또 다른 것을 바랄 수도 있다. 하지만 이런 일이 모두에게 꼭 부정적인 경험일 필요는 없다. 밀레니얼 세대에게 조직에서의 현재 위치를 분명하게 알려주고 아이디어는 기꺼이 들어주어라.

블루칼라

밀레니얼 세대가 생각하는 블루칼라 직종의 특징은 다음과 같다.

» 블루칼라 직종에 종사하는 관리자와 직원 모두 밀레니얼 세대 담론에서 소외된 듯한 느낌을 받는다.

» 대부분의 블루칼라 직종에서는 타당한 이유로 업무 규칙이 유연하지 않다. 업무 규칙을 정해진 대로 철저히 따르지 않으면 직원과 고객/소비자의 안전이 위험해질 수 있으므로 사고를 미연에 방지하기 위해 엄격한 규칙은 반드시 필요하다. 간혹 모든 사람이 규칙 하나하나를 너무 철저하게 지켜서 변화가 불가능해 보이기도 한다.

» 육체 노동은 힘들다. 신체에 부담이 가고 부상을 당하거나 번아웃될 위험이 있다. 블라칼라 노동자는 근무 시간 내내 위험을 무릅쓰고 일해야 하며 때로는 근무지 바닥 상태나 날씨 등 통제 불가능한 요인 때문에 사고가 일어나기도 한다.

» 블루칼라 직종에서 시간은 곧 돈이다. 블루칼라 노동자는 시급을 받는다. 따라서 출근하지 않으면 돈을 벌 수 없다. 보상은 점진적으로 늘어나며 한 계점이 있다. 이 때문에 많은 밀레니얼 세대가 블루칼라 직종에 근무하는 것을 망설인다.

» 블루칼라 직종은 고학력을 요구하지 않는 경우가 많다. 이 점은 특히 밀레니얼 다음 세대를 유인할 때 중요하다. 경계 세대는 밀레니얼 세대가 학자금 대출 때문에 산더미 같은 빚을 진 걸 보았기 때문에 대학 학위가 필요 없는 직종을 관심 있게 지켜보고 있다.

블루칼라 직종에서 밀레니얼 세대를 고용하고 인력을 유지하려고 할 때 고려해야 할 잠재적 세대 충돌 지점을 살펴보자.

» **조직 구조** : 많은 블루칼라 직종에서는 조직이 제대로 기능하려면 작업장에서의 규칙이 철저하게 지켜져야 한다. 따라서 오랫동안 전통적인 계층 구조가 유지되었다는 사실은 별로 놀랍지 않을 뿐더러 오히려 이러한 근무 환경에서는 거의 필수적이라고 할 수 있다. 조직 구조에서 대부분의 경력과 영향력은 계층 구조의 꼭대기에 집중되어 있고 위에서 아래로 조금씩 흘러내리기 때문에 일부 밀레니얼 세대는 리더와 단절감을 느끼고 스스로를 그저 일꾼, 숫자, 얼굴도 이름도 없는 노동자로 인식할 수도 있다. 낮은 직급과 높은 직급의 조직 구성원을 연결할 수 있도록 노력하라. 관리자/소유자가 현장을 직접 방문해서 둘러보고 근로자들과 접촉하며 직접 소통할 수 있다는 사실을 알려주고 근로자들을 소중하게 생각하고 있다는 것 또한 보여주어라.

"[시급 노동자들이 알아주길 바라는 것은] 직원들이 지금 하는 일이 만족스럽지 않을 때 그냥 떠나게 내버려두기보다는 다음 직장에서 잘할 수 있도록 준비시켜 주고 싶어요. 여기를 떠나서 기대하는 것이 무엇인지 이해해주고 싶어요. 사람은 다 다르니까요."

―제이슨 M., 관리자

» **협업** : 공장에서 일하고 하루종일 기계적인 작업 하나에 집중하는 일은 외롭고 고독할 수 있다. 블루칼라 직종에 종사하는 관리자는 노동자들 사이에 협업을 장려할 수 있는 분위기를 만드는 일에 노력을 기울여야 한다. 현장 밖에서 팀끼리 친목을 다지는 행사를 주최할 수도 있고 독서 모임 같은 휴식 시간에 함께 모여서 무언가를 할 수 있는 리소스를 제공해줄 수도 있고 다같이 모여서 회의를 하며 근로자들의 의견을 경청하고 가장 효율적인 근로 방식을 논의할 수도 있다. 협력할 수 있는 순간을 만들어주는 것은 밀레니얼 세대의 요구를 만족시킬 수 있는 방법인 동시에 모든 근로자 한 명 한 명에게 지금 하고 있는 일이 모든 사람에게 영향을 미치며 그로 인해 작업 능률이 개선될 수 있다는 사실을 보여줌으로써 인력을 보유할

【 산업 혁명 2.0 : 로봇과 사라지는 블루칼라 직종 】

'우주 가족 젯슨(The Jetsons)'이나 '엑스 마키나(Ex Machina)' 같은 영화는 미래에 대한 상상을 바탕으로 하고 있지만 완전히 허구는 아니다. 기술 혁신 때문에 블라칼라 직종이 점점 사라지고 있다는 것은 사실이기 때문이다. 인공 지능과 자동화는 트럭 수송업, 제조업, 심지어 화이트칼라 직종에 속하는 고객 서비스와 영업에까지 영향을 미치기 시작했다. 머지않아 여러 직종이 기술로 대체되고 기술과 인간 사이에 지식 격차가 벌어져서 직업 학교에서 받는 교육으로는 인간이 기계를 따라잡을 수 없는 날이 올지도 모른다.

종말론처럼 들릴 수도 있다. 하지만 백기를 들고 기계에게 항복 선언을 하기 전에 새로운 직업을 찾아라. 로봇공학의 미래와 관련하여 몇 가지 생각해볼 거리는 다음과 같다.

- 모든 직업이 대체되지는 않을 것이다. 배관공, 목수, 전기 기사, 주부, 조경사 같은 직업은 로봇이 수행하기에는 직무 성격 자체가 체계가 부족하고 형체가 불분명해서 힘들다. 사람의 손이 필요한 일이다. 변기를 뚫는 로봇을 상상해보라….

- 인간이 자동화된 기계나 과정보다 잘하거나 비슷한 수준으로 해낼 수 있는 일도 있다. 기계가 스스로를 고칠 수 있도록 발전하기 전까지는 고장난 기계를 고치고 버그를 잡기 위해서는 인간이 필요할 것이다. 기술이 발전할수록 이와 관련된 훈련 및 교육 과정도 계속 발전할 것이다. 이런 분야를 찾아서 잠재적인 신입 인력을 지속적으로 개발하고 훈련시켜라.

- 로봇이 인간과 인간의 상호작용이나 관계까지 대체할 수는 없다. (무서울 정도로) 근접할 순 있지만 결코 인간의 모든 감정, 행동, 사고를 완전하게 복제하진 못할 것이다. 최소한 가까운 미래에는 말이다. 지금 또는 미래에 인공지능과 일하더라도 직장에서 맺는 관계의 중요성을 강조하는 것을 잊지 말라.

수 있는 수단이 될 수도 있다. 협력을 장려할 때 나타나는 결과는 놀라울 수 있다.

더미를 위한 팁

현실적인 조언을 하나 주려고 한다. 업무 시간의 유연성을 확보하지 못하면 밀레니얼 세대를 채용하고 고용을 유지하는 데 가장 큰 걸림돌이 될 것이다. 전 세계에 있는 밀레니얼 세대가 입을 모아 유연성과 일과 삶의 균형이 가장 중요하다고 말한다. 밀레니얼 세대는 이 두 가지가 보장되지 않는 산업에 종사하기를 주저한다. 이 사실을 무시하기보다는 있는 그대로 받아들이고 조직이 이와 관련하여 무엇을 할 수 있는지에 집중하라. 조직의 업무 시간이 유연하지 않고 재택 근무가 가능하지 않다고 하더라도 관리자가 노력한 결과 업무 시간이 끝난 뒤에 남아서 일을 하거나 일거리를 들고 퇴근하는 직원은 아무도 없다는 사실을 강조하면 된다. 아니면 조직 구성원의 웰빙을 중요하게 생각하는 조직 문화와 환경을 홍보할 수도 있다. 웰빙은 밀레니얼 세대를 유인하는 생각보다 훨씬 강력한 도구가 될 수 있다.

인문계 대 이공계 인사관리법

밀레니얼 세대는 고등학교나 대학교 때 인문계냐 이공계냐 하는 선택의 기로에 서 있던 기억이 날 것이다. 실용 노선을 택하고 과학이나 공학을 선택하였는가? 아니면 영문학이나 역사학 같은 인문학 학위를 따는 일에 헌신하기로 하였는가? 베이비부머 세대 부모는 밀레니얼 세대 자녀에게 어떤 전공이든 정말로 하고 싶은 공부를 하라고 격려했고 그 덕분에 밀레니얼 세대가 대학에 재학하는 동안에는 인문학이 폭발적인 인기를 끌었다. (대침체 이후에 꾸준히 전과하긴 했지만 말이다.) 이 두 가지 서로 다른 전공에서는 무엇을 가르치는가? 창의성 대 논리적 엄정성? 불확실성 대 직업 안정성? 언제나 그렇듯이 진실은 훨씬 더 복잡하다. 첫눈에 보기에는 인문 계열 경력이 전형적인 밀레니얼 세대에게나 그다음 세대에게 더 잘 맞을 것 같아 보인다. 아래 표는 인문계와 이공계에서 추구할 수 있는 경력 예시를 보여준다.

인문계	이공계
저널리스트	연구 과학자
마케팅 전문가	의사
의사소통 코디네이터	엔지니어
경영 컨설턴트	수학자
그래픽 디자이너	통계학자

인문계

밀레니얼 세대가 생각하는 인문계의 특징은 다음과 같다.

» 창의적인 생각이 필수적이다. 창의성이란 혁신과 독창성을 뜻한다. 창의성이란 브레인스토밍을 사랑하는 밀레니얼 세대가 생각의 고삐를 풀고 자유롭게 유영하며 경계를 확장하는 것이다.

» 인문학은 때로 불필요한 학문이라고 치부되기도 한다. 그래서 경기 침체나 불황이 닥치면 인문 계열 종사자가 제일 먼저 해고당하기도 한다. 인문학 계열은 직업 안정성 면에서는 그리 좋지 않다. 하지만 열정을 좇는 밀레

니얼 세대라면 위험을 감수할 가치가 있을 수도 있다. (게다가 직장에서는 인문계 인력을 점점 더 중요하게 생각하고 있으므로 조만간 불필요한 직종이라는 지위를 벗어날 수 있을지도 모른다.)

» 인문계 경력은 대개 더 많은 다양성에 노출됨을 뜻한다. 특히 마케팅 같은 분야는 이공계와 비교해 점점 더 많은 여성 인력을 유인하는 추세이다.

인문 계열 직종에서 밀레니얼 세대를 고용하고 인력을 유지하려고 할 때 고려해야 할 잠재적 세대 충돌 지점을 살펴보자.

» 피드백 : 밀레니얼 세대는 끊임없이 피드백을 원한다. 그러나 인문학처럼 주관적인 분야에서는 다른 사람의 결과물을 비판하는 일이 쉽지 않다. 창의성을 필요로 하는 직무 역할을 수행하는 관리자라면 시간을 들여 부하 직원의 사고 과정을 이해하고 날카로운 눈으로 개념 등을 살펴본 뒤에 결과물을 인정해주어라. 다른 분야에 있는 관리자라면 최대한 구체적으로 피드백을 주고 모르는 부분은 모른다고 인정한 뒤 질문과 개선의 여지를 남겨 두어라.

» 일과 삶의 통합 : 보통 인문 계열 직무 역할은 일과 삶의 통합을 요구한다. 사방이 막힌 책상 자리에 들어앉아서 영감을 받기란 쉽지 않다. 이 기회를 놓치지 말고 인문계에서 허락된 업무 유연성을 최대한 자주 열정적으로 홍보하라! 밀레니얼 세대와 유연성은 영화관과 팝콘처럼 떼려야 뗄 수 없는 사이이다.

창조적인 직업에서 허락하는 유연성에는 어두운 면도 있다. 과제를 분담해 각자 맡은 일을 하고 나면 나중에 합치기가 힘들 수 있다. 관리자는 유연성을 허용한답시고 전일제 직원이 계약직 직원처럼 자유롭게 일하도록 내버려 두어서는 안 된다. 물리적으로 함께 모여서 서로의 눈동자를 보며 일을 해야 할 때도 있다. 밀레니얼 세대 직원들의 협력성에 호소해 팀원들을 주기적으로 모아서 팀이 해체된 듯한 느낌이 들지 않도록 하라.

이공계

밀레니얼 세대가 생각하는 이공계의 특징은 다음과 같다.

» 경영은 부분적으로 인문학이기도 하고 과학이기도 하다. 어느 부분이 인문학이고 어느 부분이 과학인지를 알면 아마 놀랄 것이다. 이공 계열 직무 역할이 더 선형적이라고 해서 창의성이 전혀 요구되지 않는 것은 아니다. 밀레니얼 세대 신입 사원은 관리자가 창의성을 적극 북돋아 주기를 기대할 것이다.

» 이공계는 사실과 숫자와 연구에 바탕하고 있다. 어느 수준까지 확실성을 제공한다. 그러나 불확실성이 끼어들면 이공계에 종사하는 밀레니얼 세대는 길을 잃은 듯한 느낌을 받을 수도 있다. 경력 발전, 일과 삶의 균형, 미지의 영역에서 편안함을 찾는 법 등 멘토링과 지도를 통해 밀레니얼 세대가 길을 찾을 수 있도록 도와주어라.

» 이공 계열의 직업은 전통적으로 남자아이들을 대상으로 마케팅을 해왔다. 최근 들어 변화의 조짐이 있지만 여전히 일부 이공계 직업은 남성의 전유물인 듯한 경향이 있다. 다양성을 요구하는 밀레니얼 세대는 이러한 현상을 잘 받아들이지 못하며 젊은 여성 과학도에게는 진입 장벽이 될 수 있다.

» 이공 계열 직업은 신입이라도 인문 계열 직업보다 훨씬 더 안정적이고 소득도 높은 것으로 알려져 있다. 그렇다면 단점은? 복장 규정이나 실험실 안전 수칙 등 규칙이 더 엄격하다. 많은 밀레니얼 세대가 이러한 규칙을 바꾸려고 시도할 것이다. 가령 밀레니얼 세대 외과의사는 모든 문서를 불태워 과로와 문서 업무에서 해방을 시도할 수도 있다.

이공 계열에서 밀레니얼 세대를 고용하고 인력을 유지하려고 할 때 고려해야 할 잠재적 세대 충돌 지점을 살펴보자.

» **동기 부여** : 이공 계열 안에서도 적어도 표면적으로는 다른 분야보다 더 동기 부여가 잘되는 분야가 있다. 환자와 매일 소통하는 의사는 매일 의료 행위가 환자에게 미치는 영향을 직접 볼 수 있기 때문에 동기 부여가 더 잘되는 반면에 통계학자는 그렇지 않다. 밀레니얼 세대는 과학적으로 사고하고 사실 관계에 주목하지만 회사의 큰 목적에 직무가 연결되지 않으

면 동기 부여 효과가 감소하는 것은 마찬가지이다. 직무 이면에 있는 의미를 설명해주어라. 예를 들어 어떤 큰 제약 회사는 회사의 신조인 '언제나 사람 먼저'를 회의 마지막에 외치게 하고 건물 입구마다 붙여 놓는 식으로 조직 문화 곳곳에 아로새겼다. 따라서 직원들은 매일 회사의 신조를 떠올리며 자신의 직무를 연결할 수 있다.

» **격식 :** 가능하면 언제 어디서나 규칙을 완화하고 '올드 스쿨' 방식을 수정하라. 이공 계열에 종사하는 밀레니얼 세대는 인문 계열 종사자보다 옛날 방식을 더 선호할 수 있지만 그래도 여전히 청바지와 티셔츠 위에 실험실 가운을 입고 싶어 할 것이다.

어떤 특정한 분야의 전문가가 될 때 발생할 수 있는 문제점은 능력을 다각화할 수 없다는 점이다. 특정 분야에 전문화된 직무 역할에 지원할 때는 밀레니얼 세대도 이 문제점을 인지하고 있을 것이다. 하지만 이전 세대와 달리 밀레니얼 세대는 배움을 갈망한다. 새로운 능력을 학습해서 더 전인적인 인재가 되고, 하고 있는 일/알고 있는 지식에 가치를 추가하고 싶어 한다. 밀레니얼 세대가 이공 계열에서도 다양한 경험에 노출될 수 있도록 창의적인 방법을 생각해보아라. 필요한 자격 요건을 갖추고 있지 않더라도 말이다. 인문학이 포함된 훈련, 회의, 멘토십 등을 장려하는 것도 훌륭한 방법이다.

PART 4

다가올 변화에 대한 대비

제4부 **미리보기**

- 직장에서 일어날 세대와 관련한 미래 동향을 예측한다.

- 다음 세대 리더를 관리할 준비를 한다.

- 밀레니얼 세대 다음에 올 경계 세대(또는 Z세대)를 대략적으로 살펴본다.

- 향후 십 년간 밀레니얼 세대 리더가 마찰을 빚을 수 있는 영역을 예측한다.

- 변화의 물결을 견딜 수 있는 노동 인력을 구축한다.

밀레니얼 세대 리더를 맞이할 준비

이번 장의 제목을 읽고 콧방귀를 뀌는 독자 분이 계시질 않길 바란다. (만약 콧방귀를 이미 뀌셨다면 제3장을 읽고 오셔도 좋을 듯하다.) 좋든 싫든 밀레니얼 세대는 이미 리더십 자리를 향해 올라가고 있거나 이미 차지하고 있다. 독자 여러분 중에는 이미 상사가 밀레니얼 세대라며 머리를 긁적이는 사람도 있을 것이고 밀레니얼 세대가 벌써 리더십 자리에 오르다니라며 소스라치게 놀라는 사람도 있을 것이다.

훌륭한 리더라면 모두 필수적으로 경청 능력, 공감 능력, 설득 능력, 정직함, 동기 부여하는 능력을 가지고 있다. 훌륭한 리더는 어느 세대에서나 찾을 수 있다. 훌륭한 리더에게는 충성스러운 부하 직원들이 따른다. 이들은 자신의 상사가 얼마나 훌륭한 사람인지를 친구들에게 자랑하고 부러움을 한 몸에 받는다. 훌륭한 리더는 자신의 세대 특성을 잘 살려 직무를 수행한다. 세대별 리더에게만 나타나는 특징이 있기 때문이다. 이제는 밀레니얼 세대 리더가 변화의 추세에 동참할 차례이다. (마지막에는 트로피가 기다리고 있을 것이다?!) 매듭을 묶는 방법이 수백 가지가 존재하듯이 경영 및 관리를 잘할 수 있는 방법도 다양하다. 밀레니얼 세대는 벌써 밀레니얼 세대 고유의 리더십과 경영 기법을 보여주고 있다.

이번 장에서는 밀레니얼 세대가 리더의 왕좌에 앉게 되면 어떤 미래가 기다리고 있을지를 예측해볼 것이다. '왕좌(throne)'라는 단어는 밀레니얼 세대가 리더십을 바라보는 관점과는 정반대이므로 여기서부터는 왕좌 대신 리더십 '자리'나 '쿠션 소파'라는 단어로 대체하려고 한다. 미래 충돌 지점을 예상함으로써 유능한 젊은 리더와 관리자를 지속적으로 양성하기 위해 집중해야 할 영역에 대한 통찰을 얻을 수 있을 것이다. 그런 다음 밀레니얼 세대 리더십 페르소나를 자세히 살펴볼 것이다. 밀레니얼 세대 리더의 강점은 무엇인가? 어떤 영역에서는 별로 특출나지 않은가? 어떤 영역에서 고전할 가능성이 가장 높은가? 마지막에는 밀레니얼 세대 리더와 다른 세대 부하 직원 간의 조합을 차례대로 살펴볼 것이다.

미래의 리더 양성

중요한 얘기부터 먼저 하자면 이번 장은 미래 예측에 관한 장이 아니다. 밀레니얼 세대 리더십은 먼 미래의 이야기가 아니다. 늙은 밀레니얼 세대는 직장 경력이 거의 15년이 되었고 벌써 리더로서의 경력을 쌓기 시작하고 있는 단계이다. 젊은 밀레니얼 세대와 심지어 일부 경계 세대가 기업의 수장이 될 날도 멀지 않았다. 일부 회의주의자는 밀레니얼 세대의 리더십을 논의하기에는 아직 시기상조라고 이야기한다. 그러나 이미 때가 되었다. 밀레니얼 세대의 리더십을 논의할 동기 부여가 되지 않는다면 새로운 리더를 준비시키는 일이 회사에 가져다줄 이익을 생각해보면 어떠한가? 미래 밀레니얼 세대 리더를 육성하는 일은 조직의 미래를 보장해줄 뿐만 아니라 리더십 훈련을 담당하는 관리자 본인도 더 나은 리더로 만들어줄 것이다.

밀레니얼 세대 리더를 맞이하기 위해 극복해야 할 정신적 장애물

하지만 회의주의적인 시각부터 반드시 짚고 넘어가야 한다. 관리자 본인이 아무리 밀레니얼 세대 리더십에 관한 논의를 시작할 준비가 되었다고 해도 숨겨진 정신적 장애물이 있을 수 있다. 미래의 리더를 준비시키기 위한 전술을 탐구하기에 앞서 의식하고 있는 정신적 장애물과 의식하지 못하고 있는 정신적 장애물을 모두 인지해야 한다.

조직 충성도 부족

많은 현직 관리자가 다음과 같은 패배주의적 질문에 봉착한다. '내가 왜 신경을 써야 해?' 관리자들은 속으로 이렇게 생각한다. '밀레니얼 세대 사원들은 어차피 다 2, 3년 뒤면 조직을 떠날 텐데 왜 시간과 돈을 들여서 얘네 리더십 능력을 개발해주느라 신경을 써야 해?' 이러한 사고방식은 누워서 침 뱉기나 마찬가지다. 밀레니얼 세대 퇴사율은 리더십 훈련 및 승진 기회가 부족한 것과 상관 관계가 있다는 연구 결과가 있다.

정신적 장애물 제거하기 조직에서 밀레니얼 세대 직원을 미래의 잠재적인 리더로 생각하고 있다는 사실을 보여주는 것만으로도 퇴사 및 이직을 막는 효과가 있다. 빨리 투자할수록 이직하지 않고 조직에 남을 가능성이 높아진다. 밀레니얼 세대는 관리자가 생각하는 것보다 충성도가 높다. 단지 해야 할 일은 질문하는 것이다.

> "[제가 생각하는 충성도란] 조직에 뼈를 묻는 것이 아니라 조직에 머무르는 동안 직무를 성실히 수행하고 동료들을 존중으로 대하는 거예요."
>
> — 베서니 B., 밀레니얼 세대

"이건 공정하지 않아요"

세대 담론은 지난 수십 년간 계속되었지만 세대 담론의 수혜자는 바로 밀레니얼 세대이다. 누구나 이 젊고 이해하기 힘든 세대를 향해 떠오르는 질문에 대한 해답을 찾으려고 했다. 그 덕분에 밀레니얼 세대는 자신의 상사/멘토/리더가 세대 인식을 훈련 도구로 활용하는 시도의 첫 수혜자가 되었다. 베이비부머 세대와 X세대는 대체로 세대 이론에 관한 오해만 탐색했지 추가적인 혜택은 누리지 못했다. 따라서 자신들이 가지지 못했던 것을 밀레니얼 세대가 '쉽게 가져가는 것'이 좌절스럽게 느껴지는 것은 당연하다. 그러나 밀레니얼 세대에게 원한을 품을 이유는 없다. 낙천적인 밀레니얼 세대는 젊은 직원들부터는 다른 대우를 받을 수도 있겠거니 생각하면서 어린 나이에 승진을 열망하고 결과가 만족스럽지 못하면 다른 직장을 찾아 떠난다. 밀레니얼 세대가 남긴 전례를 다음 세대도 따르게 될 것이다.

> "지금 리더의 자리에 누가 있는지를 떠올려 보세요. X세대는 베이비부머가 생각보다 너무 오랜 기간 동안 조직을 떠나지 않고 리더십 자리를 차지하고 있어서 화가 날 거예요. X세대는 [리더십 역할을] 맡을 기회가 없었어요. 이제서야 조금씩 그 기회가 열리기 시작하고 있죠. 개인적으로는 마치 조직이 물밑 경쟁을 붙이려고 무대를 마련해 놓은 것 같은 느낌이에요. X세대는 밀레니얼 세대가 리더십 자리를 차지하기를 원치 않거든요."
>
> — 앤 M., 관리자

정신적 장애물 제거하기 X세대는 벌써부터 밀레니얼 세대의 리더십을 논의하는 것은 부당하다고 외치며 밀레니얼 세대에게만 새로운 길이 열리는 것을 참을 수 없으니 들고일어나자며 다른 직원들을 선동한다. 그러나 밀레니얼 세대가 리더가 되는 것을 부당한 승진이라고 생각하지 말고 발전으로 보아야 한다. 밀레니얼 세대에게는 X세대 관리자 본인이 얼마나 힘든 시간을 겪었는지를 지나치게 순교자 이야기처럼 각색하지 말고 있는 그대로 이야기해주면 된다. 그러면 자연스럽게 멘토나 코치 역할을 해줄 수 있을 것이다.

제 권리만 주장하는 세대

밀레니얼 세대가 제 권리만 주장하는 세대라는 정신적 장애물은 극복하기가 힘들 수 있다. 열정적인 비버 같은 밀레니얼 세대는 끊임없이 자신이 언제쯤 승진할 수 있느냐고 물어본다. 이들은 끊임없이 더 많은 기회를 요구하고 더 편안한 사무실 가구를 요구하고 더 많은 업무 유연성을 요구하고 휴게실에 더 많은 홍차 버섯 차를 구비해 달라고 요구한다. 밀레니얼 세대의 요구는 끝이 없다. 이 열정적인 성격을 마주할 때마다 본능적으로 내쫓아 버리고 싶은 생각이 들 때도 있다. 밀레니얼 세대가 제 권리만 내세운다라는 생각이 잠시 사라졌다가도 또 다시 문득 이들에게 최상의 조언을 해주고 관심을 쏟는 것이 최고의 인재를 키우는 것이 아니라 그렇지 않아도 버

【 리더십 부트 캠프 : 왜 다음 세대는 직무 능력 개발에 추가적인 도움을 필요로 하는가 】

지난 수십 년간 어린이를 위해 계획된 모든 구조화된 놀이가 예상치 못한 결과를 가져왔을 수도 있다는 사실이 밝혀졌다. 콜로라도대학과 덴버대학이 공동으로 수행한 한 연구에 따르면 고도로 규제된 놀이가 고도의 실행 능력(high executive function)이 발달하는 것을 방해한다고 한다. 아이들은 놀이가 규제당하고 감시당하면 공상할 자유, 스스로 목표를 세울 자유, 심지어 무리 가운데 자연스럽게 리더를 출현시킬 수 있는 자유까지 박탈당한다. 이 연구가 관리자에게 주는 중요한 시사점은 다음과 같다. 밀레니얼 세대가 리더십 능력을 개발하는 데 약간의 도움을 필요로 할 수도 있다는 사실이다. 리더십 개발에도 '손을 잡아달라는' 밀레니얼 세대의 요구에 화를 내기 쉽지만 서로 다른 세대는 서로 다른 어린 시절을 보냈기 때문에 직장에서도 서로 다른 특성을 가진 집단이 될 수밖에 없다는 사실을 기억하라. 각 세대 집단이 지닌 특성에는 장단이 골고루 섞여 있다. 밀레니얼 세대가 리더가 되기 위해서는 더 구조화된 교육이 필요하다.

릇없는 애들을 더 망쳐 놓는 게 아닌가 하는 생각도 든다.

정신적 장애물 제거하기 밀레니얼 세대에게 어디까지가 현실적인 요구이고 어디까지가 과도한 요구로 느껴지는지를 분명히 말해주는 걸 두려워하지 말라. 동시에 밀레니얼 세대의 고삐 풀린 열정이 제 권리에 대한 주장이나 자기도취의 반영이라기보다는 더 열심히 일하고 능력을 갈고닦게 해주는 원동력이기도 하다는 사실을 이해해주어라.

"그냥 철부지 어린애들이에요"

밀레니얼 세대, 그중에서도 특히 늙은 밀레니얼 세대는 직장 생활 경력이 꽤 된다. 더 이상 신입 사원도 아니고 젊은 친구들도 아니고 어린아이도 아니다. (사실상 이들 중에는 어린 자녀를 둔 부모도 많다.) 심지어 어린 밀레니얼 세대도 '어린애(kids)'라고 무시해서는 안 되고 성장하고 있는 미래의 리더로 보아야 한다. 필자들은 진심으로 '어린애'라는 단어를 독자 여러분의 사전에서 영구히 삭제하기를 제안하는 바이다. 어떤 세대가 '어린애'라고 불리는 것을 좋아하겠는가? 사람들은 조직 내에서 밀레니얼 세대의 위치를 과소평가하는 경향이 있다. 조직에 기여하는 어엿한 경력직 사원으로 보기보다 이제 막 대학을 졸업한 신출내기로 보는 것이다.

정신적 장애물 제거하기 밀레니얼 세대를 막내 세대로 보는 대신에 그냥 밀레니얼 세대로 보아라. 나중에 나이가 들어도 밀레니얼 세대는 여전히 지금과 비슷한 특성과 가치관을 지닌 밀레니얼 세대일 테니까 말이다.

변화에 대한 두려움

대부분의 환경에서 변화는 불편하다. 밀레니얼 세대가 들떠서 리더십 자리에 오르기만을 고대할 때 풍기는 에너지와 야망은 파괴적이고 위협적이기까지 하다. 밀레니얼 세대는 노동 인구에 진입할 때부터 새로운 방식을 찾아서 업무를 수행해야겠다는 생각을 하고 있었지만 그렇다고 해서 기존 세대가 일을 하는 방식이 얼마나 무가치한지를 증명하려는 의도는 없었다. 밀레니얼 세대는 자신을 도와줄 선배 관리자의 리더십이 필요하다고 생각한다.

정신적 장애물 제거하기　변화는 곧 진보이다. 가장 진보적인 기업이 업계에서 가장 성공적인 기업이기도 하다. 밀레니얼 세대의 강점과 기존 세대의 강점을 잘 활용하면 매끄럽게 변화를 이끌어낼 수 있다.

미래 리더십을 맞이하기 위해 지금 당장 해야 할 일

실수하지 마라. 기회는 지금이다. 아니면 이미 지나갔을지도 모른다. 베이비부머 세대는 곧 은퇴하거나 두 번째 경력을 추구할 것이다. 백전노장 X세대는 밀레니얼 세대가 남기고 떠난 빈자리를 메울 것이다. 밀레니얼 세대는 X세대가 남긴 빈자리를 채울 것이다. (때로는 개인적으로 승진이 너무 이르다고 생각하는 밀레니얼 세대도 있을 것이다.) 게다가 베이비부머 세대의 공백을 메우기에 X세대만으로는 머릿수가 모자라다. 따라서 직무 역할을 변경 및 조정하거나 아니면 더 가능성 높은 시나리오는 밀레니얼 세대가 베이비부머 세대의 공백도 일부 메워야 할 수도 있다. 이처럼 예정된 많은 변화 때문에 불안하고 초조하다면 앉아서 차나 커피를 마시며 자신이 가고 싶은 길은 무엇인지 솔직하게 자문해보아라.

독자 여러분을 두렵게 만들까 봐 필자들도 두렵지만 백 퍼센트 솔직하게 이야기하려고 한다. 아직까지도 미래의 리더 양성을 아직 시작하지 않은 조직이 있다면 뒤처진 것이 맞다. 이대로 가다간 그리 멀지 않은 미래에 경영 및 관리의 세계로 도약할 실질적인/심적인 준비가 되지 않은 밀레니얼 세대를 리더 자리에 앉혀 놓아야 할 수도 있다. 겁쟁이 사자가 숲속의 왕이 된 모습을 상상해보아라. 훌륭하고 능력 있는 리더가 될 가능성은 충분하지만 실제로 리더 역할을 수행할 준비는 전혀 되지 않은 리더를 상상해보아라. 상상 속 모습이 완벽하지 않더라도 사자를 여전히 숲속의 왕으로 만들 수는 있다. 지금부터라도 늦지 않았다. 아래 네 가지 영역에 집중해서 밀레니얼 세대에게 미래의 리더가 될 준비를 시켜라. 모든 것을 한 번에 해야 한다는 압박은 느끼지 않아도 되지만 두세 영역씩 묶어서 실행하는 것은 도움이 될지도 모른다.

훈련

밀레니얼 세대는 '잘난 척쟁이'라는 고정관념이 있지만 사실은 새로운 능력을 배우기를 누구보다 열망하는 집단이기도 하다. 과제 관리, 감정 지능, 전화 통화 예절 등 밀레니얼 세대는 모든 분야에서 더 나아지기를 원하고 (대부분은) 스스로의 부족한 점이 무엇인지도 인지하고 있다. 다음에 나오는 문장 가운데 몇 개나 현재 조직의 상황과 일치하는가? 일치하지 않는 것은 몇 개인가? 일치하지 않는 문장에 대해서 논리적인 변명을 생각해낼 수 없다면 다시 집중해야 할 때이다.

» **그렇다/아니다** : 전문적인 업무 능력과 대인관계 및 의사소통 능력 향상을 위한 내부 훈련 기회를 제공하고 있다.
» **그렇다/아니다** : 내부 훈련 프로그램은 참여도도 높고 유익하다.
» **그렇다/아니다** : 가능할 때마다 외부 전문가를 초빙해 훈련 기회를 제공한다.
» **그렇다/아니다** : 가능할 때마다 젊고 유망한 직원들이 학회에 참석할 수 있는 기회를 제공한다.

코칭

제7장에서 자세히 살펴보았듯이 밀레니얼 세대는 멘토의 조언을 매우 잘 받아들이고 상사나 리더에게 코치를 받고 지혜를 얻을 수 있기를 기대한다. 일대일 멘토십 관계에서 멘토는 밀레니얼 세대가 현재 직무를 더 잘 수행할 수 있게 도와주어야 할 뿐만 아니라 스스로를 리더로 바라볼 수 있도록 격려해주어야 한다. 관리자들이 이제 멘토로서의 능력을 발휘해야 할 시간이 왔다. 아래 질문에 답을 해보아라. 모든 질문에 '그렇다'라고 대답할 수 없다면 또는 '아니다'가 '그렇다'보다 더 많다면 멘토링 방

식을 다시 한 번 점검해보아야 한다.

> » **그렇다/아니다** : 조직 내부에 멘토십 프로그램이 있다.
> » **그렇다/아니다** : 멘토십 프로그램은 공식적으로도 비공식적으로도 잘 운영되고 있다.
> » **그렇다/아니다** : 나(관리자)는 항상 모범을 보여 직원들을 따라오게 한다.
> » **그렇다/아니다** : 나(관리자)는 모든 단점/어려움/충돌을 코칭 기회로 삼는다.

다양성과 포용

밀레니얼 세대와 그다음 세대는 직장에서 다양성을 존중하고 포용하는 문화가 매우 중요하다고 생각한다. 다양성을 무시하면 젊은 세대는 조직을 떠날 것이다. 밀레니얼 세대와 그다음 세대는 다양한 세상을 대변하는 조직에서 성공하기를 바란다. 예를 들어 조직에서 여성 리더가 보이지 않는다면 여성 직원은 이 조직에 계속 남아도 경력을 발전시킬 수 있을 것인지를 의심하게 될 것이다. 양성 평등 이외에 다른 다양성 관점에서도 마찬가지다. 필자들의 조언을 새겨들으시길 바란다. 다양성 관점을 논의하는 일을 피해서는 안 된다. 다양한 관점을 포용하는 걸 잊지 말라. 다음 질문에 답을 한 뒤에 '아니다'라고 대답한 문항에 대해 논리적인 변명을 제시할 수 없다면 조직의 포용 정책을 재고해야 할 때이다.

> » **그렇다/아니다** : 조직에 다양성 및 포용 부서/팀/중점 과제가 있다.
> » **그렇다/아니다** : 경영진이 밀레니얼 세대가 조직에서 기대하는 다양성을 대변하고 있다.
> » **그렇다/아니다** : 모든 다양성 관점을 투명하게 다루며 모두에게 안전한 근무 환경을 조성한다.
> » **그렇다/아니다** : 다양성을 포용하며 서로 다름을 기쁘게 받아들인다.

인간은 다 같은 인간일 뿐 다양성에 집중하는 것이 오히려 차이를 강조해서 서로를 멀어지게 만든다고 생각할 수도 있다. 이러한 관점을 이해할 순 있지만 동의할 순 없다. 다양성에 집중하지 말고 인간이라는 공통점에 집중하는 방법은 다양성과 포용이 존중되는 조직 문화를 만들기에 덜 생산적인 방법이라는 사실을 많은 연구가 증명했다. 그러니 이제 그만 차이점을 받아들이시라.

마케팅

리더십 개발 프로그램이나 중점 과제를 실행하는 것을 부끄러워하지 말라. 당당하게 가슴을 내밀고 자랑해도 좋다. 밀레니얼 세대는 조직의 리더 및 임원진이 자신들의 능력을 개발하는 일에 적극적인 관심을 가지고 있다는 사실을 알길 원한다. 이러한 리더십 개발 노력을 회사의 홍보 도구와 다음 세대 인재 채용을 위한 인센티브로 활용할 수 있는 방안을 생각해보라. 조직의 리더십 개발 노력을 당당하게 자랑할 준비가 되었다면 다음을 참조하라.

> » 회사 홍보팀과 협력하여 회사의 리더십 개발 노력을 적극 홍보하라. (적어도 여기서는) 나쁜 홍보라는 것이 존재할 수 없다.
> » '가장 일하기 좋은 회사'
> » 직장에서 소셜미디어 사용을 장려하라. 밀레니얼 세대는 회사의 리더십 개발 프로그램이 얼마나 멋진지 공유할 수 있게 허락해주면 자발적으로 회사의 대변인이 되어줄 것이다.

【 리더십 개발 프로그램에 관심 있어요? 당연하죠. 】

유니레버, GE, 맥킨지 같은 조직은 다음 세대 리더를 양성하기 위한 공식적인 프로그램을 매우 잘 갖추고 있다. 이들 조직에서 제공하는 리더십 개발 프로그램(LDP; Leadership Development Program)은 종종 밀레니얼 세대를 염두에 두고 설계되었으며 결코 수료하기가 쉽지 않다. 보통 발표, 과제, 성과 입증 등으로 구성되어 있으며 미래의 리더에게 가장 필수적인 능력을 개발할 수 있도록 훈련시킨다. 가끔 리더십 개발 프로그램을 통과하지 못하는 사람도 나오지만 그래도 괜찮다! 만약 현재 조직에 공식적인 리더십 개발 프로그램이 없다면 이들 기업 사례를 참조해서 다음 단계에 따라 비공식적인 프로그램이라도 만들면 된다.

1 프로그램을 설계하라. 누가 프로그램을 이끌어갈 것인가? 모든 경영진이 참석하는가? 수료하려면 얼마나 걸리는가? 어떤 자원이 필요한가? 참가자는 어떤 훈련을 받게 되나? 참가자들의 멘토는 누구로 할 것인가? 프로그램의 마지막 단계는 무엇인가?

2 프로그램을 홍보하라. 회사 내부에 (혹은 외부에도) 참가자 모집 공고를 내라. 회사 홍보에 매우 좋은 수단이 될 것이다.

3 프로그램 참가자를 모집하라. 동료들에게 잠재적인 리더를 지목하게 하든지 관심이 있는 사람이 직접 지원하게 하든지 어떤 방식이로든 잠재력이 뛰어난 인재가 프로그램에 참여하도록 유인하라.

리더를 개발하는 것도 다 좋지만 오랜 경력을 가진 직원들의 지식을 상대적으로 경력이 얼마 되지 않는 젊은 직원들에게 전수해주지 못하면 리더십 개발 프로그램도 별로 효과를 보지 못할 것이다. 지식 전수 시 중요한 점은 지식과 정보를 보유하고 있는 직원이 퇴사하기 전에 그 지식과 정보를 보유할 수 있는 가장 좋은 방법을 찾는 것이다. 지식 전수가 말이 쉽지 실제로 실천하기는 어렵다. 여기서는 밀레니얼 세대가 자연스럽게 지식을 전수받을 수 있는 몇 가지 도움말을 제시하고자 한다.

- 겸손하라. 스스로를 사막 횡단할 때 남은 마지막 코카콜라라고 가정하지 말라. 베이비부머 세대의 지식을 당연히 전수받을 '가치가 있다'고도 가정하지 말라.

- 정보를 구하라. 그러나 성문을 열 수 있는 열쇠를 내놓으라고 해서는 안 된다.

- 아는 것과 들은 것을 문서화하라.(할머니의 환상적인 초코칩 쿠키를 떠올려 보라. 할머니는 따로 적어 둔 레시피 없이도 매번 똑같은 계량과 절차로 똑같은 맛의 초코칩 쿠키를 만들어내신다. 할머니가 돌아가시고 난 뒤에도 초코칩 쿠키를 먹으려면 레시피를 전수받아 적어서 보관해두는 것은 내 몫이다.)

미래의 리더가 겪게 될 어려움

리더십 훈련 프로그램을 구성했으면 이제 밀레니얼 세대가 미래에 리더 역할을 수행할 때 어려움을 겪을 수 있는 영역을 고려할 차례이다. 모든 세대와 모든 사람에게 적용 가능한 가장 간단한 방법은 자신의 특성과 가치관을 나열한 뒤 리더가 되었을 때 이러한 특성과 가치관이 어떤 형태로 나타날지를 생각해보는 것이다. 표 15-1에는 밀레니얼 세대의 공통적인 특성과 가치관이 정리되어 있다. 5분 동안 (생각을 오랫동안 하는 편이라면 10분 동안) 표 15-1의 맨 오른쪽 빈칸을 채워보아라. 밀레니얼 세대 특성에서 나온 리더십 행동을 알고 나니 미래에 밀레니얼 세대가 리더로서 겪을 어려움이 예상되는가? 이러한 잠재적 어려움에 잘 대처할 수 있도록 어떻게 미리 준비시킬 수 있는가? 어떻게 나중에 리더가 되었을 때 잠재적 능력을 최대한 발휘할 것이라고 확신할 수 있는가?

협력적인 리더 양성

뛰어나게 협업을 잘하는 밀레니얼 세대가 이 협력 정신을 경영 및 관리 방식에도 적용하고 싶어할 것이라는 사실은 놀랍지 않다. 리더라면 누구나 알고 있듯이 조직의 정상 자리는 언제나 외롭다. 중요한 의사 결정, 예산 편성, 직무 위임 등 혼자 해야

표 15-1　밀레니얼 세대 리더를 세우기 위한 준비

	특성/가치관	미래 밀레니얼 세대 리더는…	내가 할 수 있는 일은… (빈칸을 채우시오)
특성	협력적	민주적으로 의사 결정을 내릴 것이다.	
	기술에 밝음	기술 플랫폼을 통해 조직하고 경영할 것이다.	
	사회적 포용성	다양성과 포용을 매우 중요하게 생각할 것이다.	
	파괴적	끊임없는 변화를 추구하고 보상할 것이다.	
가치관	개인별 맞춤	접근 방식을 개인별로 맞춤화할 것이다.	
	진정성	격식을 차리지 않을 것이다.	
	속도	좋든 나쁘든 빠른 업무와 경영 속도를 선호한다.	
	유연성	유연성을 허락하고 싶어 하지만 유연성이 높아질수록 경영 및 관리가 쉽지 않다는 사실을 깨닫게 될 것이다.	

하는 일이 많기 때문이다. 밀레니얼 세대 리더는 최종적인 책임을 홀로 져야 한다는 사실을 받아들이기 힘들 수 있다. 밀레니얼 세대가 리더가 되었을 때 조직의 근무 환경이 보편적 민주주의와 유사하게 변하거나 독립적인 직원들이 고독한 산지기 신세가 되는 것을 방지하기 위해서는 이들이 단독으로 의사 결정을 하는 데 어려움을 느끼지 않도록 각별한 코치가 필요하다.

격식은 이제 그만

복장 규정에 대해서 할 말이 있다. '지금 다니는 직장이 아니라 미래에 원하는 직장을 위해서 옷을 갖춰 입어라'라는 오래된 격언은 격식을 갖춘 옷차림이 곧 그 옷을 입은 사람의 권력과 영향력을 짐작할 수 있게 해준다는 뜻을 내포하고 있다. 미식 축구 선수들이 얼굴에 검은색을 칠하는 경우를 생각해보자. 이 검은색 칠은 햇빛을 반사시켜 눈을 보호해주는 기능적 측면도 있지만 예전부터 보편적으로 상대에게 위협감을 주기 위한 수단으로도 사용되어 왔다. 밀레니얼 세대 리더가 '일단 커피부터'라고 적힌 티셔츠를 입고 출근한다면 다른 세대에게 존중이나 인정을 받을 수 있을까? 밀레니얼 세대 리더는 윗세대에게 신뢰를 얻고 젊은 세대에게 친근감을 잃지 않도록 옷차림에서도 균형을 잃지 않는 방법을 배워야 한다.

피드백 중독자

밀레니얼 세대는 세대 이론에 익숙하지 않다. 세대 이론을 속성으로 수강하지 않았다면 자신들이 피드백을 받기를 원하는 대로 다른 직원들에게 피드백을 주는 황금율의 함정에 빠질 수 있다. (X세대 상사가 밀레니얼 세대 부하 직원을 관리할 때처럼) 상사가 피드백을 충분히 주지 않는 경우도 문제지만 상사가 요구하거나 원하지도 않는 피드백을 끊임없이 주거나 계속해서 중간 점검을 요구하는 것도 문제다. 상사가 지나치게 피드백을 주면 부하 직원은 누군가 끊임없이 관심을 끌기 위해 자기 옆구리를 찌르고 있다는 (또는 일일이 간섭받고 있다는) 느낌이 들 것이다. 밀레니얼 세대는 세대마다 다른 방식으로 피드백을 주는 법을 배워야 한다. 바로 코앞까지 줌인(zoom-in)을 하기보다 때로는 4만 피트 상공에서 관망할 줄도 알아야 한다.

항상 근무 중

밀레니얼 세대는 기술이 제공한 자유를 받아들이고 잘 운영하며 살고 있지만 기술 때문에 지나치게 일과 삶이 통합된 것 같은 징후가 있다. 밀레니얼 세대는 항상 스마트폰을 들고 다니기 때문에 연락에 응답하지 않으려고 해도 변명거리가 없다. 순식간에 모든 것이 응급 상황으로 돌변했다. "어제 저녁 7시에 이메일을 보냈는데 읽지 않았다고? 어떻게 그럴 수가 있어!" 밀레니얼 세대 리더는 연락을 꺼두는 일을 힘들어할 수 있다. 중요한 것은 조직 구성원도 바로바로 연락에 응답하리라고 기대하는 것은 비현실적이라는 사실이다.

밀레니얼 세대 순교자

세대마다 좋아하는 좀비 영화가 있는 것처럼 세대마다 좀비 직원도 있기 마련이다. 좀비 직원이란 과로로 지쳐서 번아웃 직전인 직원을 뜻한다. 베이비부머 세대 좀비 직원은 일주일에 80시간을 일했다. X세대 좀비 직원은 점심도 거르고 숨 쉬는 것도 잊을 정도로 효율적인 근무 방식을 자랑했다. 밀레니얼 세대 좀비 직원은 한시도 이메일 알림음을 끄지 않고 (새벽 3시에도 업무 이메일이 날아오게 두고) 휴가를 가지 않는 것을 명예롭게 생각한다. 이런 방식의 지나친 업무 습관은 직원일 때도 해롭지만 더더구나 리더일 때는 절대적으로 해롭다.

> "인생을 누려야 할 때 인생을 누릴 수 있는 자유와 유연성을… 저는 중요하게 생
> 각해요. 그런 삶을 살 수 있다는 건 정말 기분 좋은 일이에요. 마지막 직장에서는
> 일하지 않는 것을 수치스럽게 생각했지만요."
>
> — 클레이튼 H., 밀레니얼 세대

밀레니얼 세대가 지닌 최고의 리더십 기술 끌어내는 법

새로운 리더는 새로운 리더십 능력을 가지고 있다. 밀레니얼 세대는 다른 세대와 마
찬가지로 타고난 재능이 있다. 이 중 일부는 선천적인 재능이고 일부는 성장기에 겪
은 조건 때문에 생긴 후천적 재능이다. 당연한 얘기지만 밀레니얼 세대는 리더 역할
을 수행할 때 이러한 세대 특성을 드러낼 것이다. 다음 세대 리더를 양성할 때 집중
적인 훈련과 도움이 필요한 부분이 어디인지를 파악하려면 우선 밀레니얼 세대가 뛰
어난 영역, 그럭저럭 괜찮은 영역, 부족한 영역을 이해해야 한다.

관리자 자신이 훈련받고 싶은 대로 훈련시키고 싶은 것이 당연하지만 밀레니얼 세대
를 자신의 젊은 날과 동일시하지 말라. 동그란 구멍에 네모난 못을 억지로 박아 넣으
려고 해서는 안 된다. 그랬다가는 좌절감만 느끼고 괜히 관계만 망치는 결과를 낳을
수 있다. 대신 밀레니얼 세대만이 가진 재능을 어떻게 최대한 활용할지에 집중하라.
밀레니얼 세대에게도 자신의 세대 특성을 이해하고 (특히 다른 세대를 관리할 때) 부족한
영역을 찾아서 적절히 보완해나갈 수 있도록 해야 한다.

밀레니얼 세대가 리더로서 뛰어난 영역

어떻게 하면 잠재적인 밀레니얼 세대 리더들이 지닌 최고의 자질을 끄집어낼 수 있
을까? 다음과 같은 밀레니얼 세대가 지닌 훌륭한 자질을 이끌어내는 최선의 방법을
찾는 일은 현재의 리더와 관리자에게 달려 있다.

- » **협력** : 밀레니얼 세대 리더는 팀의 합의를 이끌어내는 능력이 탁월하다.
- » **코칭** : 밀레니얼 세대 리더는 '상사' 노릇을 하기보다 (채찍이 아니라) 당근 중심의 공감하는 리더십을 보여줄 것이다.
- » **혁신/파괴** : 밀레니얼 세대 리더는 부하 직원들에게 새롭고 예상 불가능한 방식으로 사고하며 아무도 가지 않은 길을 택하라고 격려할 것이다.
- » **접근성** : 밀레니얼 세대 리더는 일과 삶의 통합을 지향하기 때문에 시간적 관점(항상 연락 가능)에서도 의사소통 관점(비격식)에서도 극단적으로 높은 접근성을 보여줄 것이다.
- » **차별화** : 밀레니얼 세대 리더는 차별화의 가치를 이해하고 조직 구성원마다 개별적으로 접근하려고 노력할 것이다.
- » **열린 마음** : 밀레니얼 세대 리더는 포용적인 조직 문화를 조성할 것이다. 의견의 다양성은 조직 구성원의 다양성만큼이나 중요하기 때문이다.

"[밀레니얼 세대는] 세상을 살면서 많은 변화를 목격했기 때문에 리더 자리에도 아마 잘 적응할 거예요. 변화를 더 잘 받아들이기도 하고요."

— 알렉사 S., 밀레니얼 세대

- » **직원 최우선주의** : 밀레니얼 세대 리더는 이익보다 사람이 더 중요하다고 생각하고 부하 직원의 복지에 높은 우선순위를 부여한다.
- » **전체주의적 접근법** : 밀레니얼 세대 리더는 조직 구성원의 웰빙(신체적, 정신적, 감정적 건강)을 주목할 것이다. 직원들의 웰빙이 기업의 이익에도 큰 영향을 미친다는 사실을 알고 있기 때문이다. 그말인즉슨 머지않아 창문 앞에 트레드밀 책상이 놓이고 직장에도 명상이나 요가 전용 공간이 생긴다는 뜻이다.
- » **팀 만들기** : 밀레니얼 세대 리더는 끈끈한 팀(#오피스가족)을 중요하게 생각하기 때문에 직원들 간의 유대감을 높이기 위해 많이 노력할 것이다.

밀레니얼 세대는 어떤 세대를 가장 잘 관리할 수 있을까? 밀레니얼 세대 리더는 밀레니얼 세대 직원을 관리할 때 능력을 가장 잘 발휘할 수 있을 것이라는 사실은 별로 놀랍지 않다. 밀레니얼 세대끼리는 문화적 관점에서 서로에게 쉽게 다가갈 수 있는 접점이 많고 직장과 직업에 관해서도 똑같은 특성과 가치관을 가지고 있다. 협업과 피드백 교환 방식도 비슷하며 격식에 대한 생각도 거의 일치할 것이다.

그러나 밀레니얼 세대가 인과응보의 시간을 겪게 될 가능성도 없진 않다. 같은 밀레니얼 세대 부하 직원을 관리하는 일은 밀레니얼 세대 리더를 혼란의 소용돌이에 휩싸이게 만들 수도 있다. 밀레니얼 세대에 대한 (때로는 사실인) 고정관념의 실체를 마주하고 관리하다 보면 "와, 이거 생각보다 힘드네."라는 소리가 절로 나올 수도 있다.

밀레니얼 세대가 리더로서 보통인 영역

다른 세대와 마찬가지로 밀레니얼 세대도 리더십 능력 가운데 B학점을 받는 영역도 있을 것이다. 현재 미래의 밀레니얼 세대 리더를 관리하는 상사로서 적절한 순간에 필요한 조언을 해주어라. 하지만 개선하려면 너무 많은 시간과 에너지가 드는 영역보다 이미 가지고 있는 강점을 더 개발할 수 있도록 도와주는 데 집중해야 한다는 사실을 기억하라.

> » **비격식** : 복장 규정과 의사소통 방식에 대한 느슨한 태도는 밀레니얼 세대 리더로 하여금 다른 세대의 존경을 받지 못하는 원인이 될 수도 있다.

> » **기술** : 기술에 밝다는 것은 일반적으로는 큰 자산이 되지만 업무에서 기술 의존성이 높아지면서 적응하지 못하고 소외당한 직원들의 사기를 떨어뜨릴 위험이 있다.

> » **#오피스가족** : 부하 직원과 가깝고 솔직하고 열린 관계를 유지하다 보면 특정 직원을 편애한다는 이야기가 나오거나 필요할 때 비판적인 피드백을 줄 수 있는 능력이 없다는 이야기가 나올 수 있다.

> » **의사소통** : 밀레니얼 세대 리더는 문자와 인스턴트 메시지와 이메일을 사랑한다. 하지만 다른 세대와 소통할 때는 면대면 소통이 중요하다는 사실을 깨달아야 할 것이다.

> » **번아웃 관리** : 밀레니얼 세대 관리자는 번아웃을 예방하기 위해 최선을 다하겠지만 모범을 보이는 데 실패할 수도 있다. (가령 휴가를 포기하거나 퇴근 후 밤에도 이메일은 보낼지도 모른다.)

> » **보상** : 밀레니얼 세대 리더는 각 세대에게 맞는 방식으로 보상을 하는 데 어려움을 겪을지도 모른다. (자신이 받고 싶은 보상을 줄 수도 있기 때문이다.)

밀레니얼 세대가 그럭저럭 별다른 어려움 없이 관리할 수 있는 세대는 누구일까? 밀레니얼 세대와 베이비부머 세대 사이에는 확실히 접점이 존재한다. 실제로 이 두 세대는 이모와 조카, 아빠와 딸 등 일상에서 자연스러운 관계를 맺고 있기 때문이다. 게다가 밀레니얼 세대와 베이비부머 세대는 둘 다 낙천적이며 긍정적이다. 다만 베이비부머 세대는 밀레니얼 세대가 복장, 의사소통, 일반적인 직장 에티켓에서 너무 격식을 차리지 않는 부분과 경쟁적인 업무 방식을 피하는 부분에서는 멈칫할 수 있다.

밀레니얼 세대가 리더로서 부족한 영역

밀레니얼 세대 리더를 양성할 때 약점에 집중하지 말라고는 했지만 밀레니얼 세대가 모든 리더십 영역에서 뛰어나지 않다는 현실을 완전히 외면할 수는 없다. 밀레니얼 세대가 리더로서 뛰어난 점을 이끌어내는 데 집중하고 리더로서 부족한 점에는 시간과 에너지를 너무 많이 쏟지 말라. 하지만 부족한 영역이 무엇인지는 알고 있어야 적절하게 이끌어줄 수 있다.

» **독자적인 업무 능력** : 협업은 밀레니얼 세대의 전문 분야지만 다른 세대, 특히 X세대에게는 심각한 동기 부여 저하 요인이 될 수 있다.

» **피드백 포화 상태** : 밀레니얼 세대가 중요하게 생각하는 끊임없는 피드백과 중간 점검이 다른 세대에게는 지나친 간섭과 참견으로 느껴질 수 있다.

» **민주주의 과부하** : 집단사고로 모든 의사 결정을 할 수는 없다. 밀레니얼 세대 리더는 때때로 팀의 동의 없이 혼자서 의사 결정을 내려야 한다. 그게 불편하게 느껴지더라도 말이다.

» **존경을 받는 일** : 윗세대는 젊은 세대가 자신의 상사라는 사실에 분노를 느낄 수도 있다. 이들은 밀레니얼 세대 상사에게 그 자리에 합당한 능력이 있다는 사실을 증명해 보이라고 요구할 것이다.

"가장 힘든 점은 승진하면서 한때 친구였던 사람들과 선을 그어야 한다는 사실이에요. 어떻게 그 사람들이 나를 존경하게 만들 수 있을까 하는 문제죠."

—로렌 W. , 밀레니얼 세대

» **즉각성에 대한 기대** : 밀레니얼 세대 리더는 항상 인터넷에 접속해 있기 때문에 의사소통을 할 때도 빠른 응답을 기대한다. 그게 밤 11시일지라도 말

이다.

» **기강 세우기** : 밀레니얼 세대 리더는 착하고 다정한 주인공이 되고 싶어 하지 악역을 맡고 싶어 하지 않는다. 밀레니얼 세대 리더는 의식적으로라도 더 노력해야 겨우 악역을 소화할 수 있을 것이다.

밀레니얼 세대 리더가 가장 관리하기 힘들어 할 세대는 누구일까? 아마도 X세대와 경계 세대일 가능성이 높다. X세대 부모는 경계 세대 자녀를 키울 때 독립심을 가르치고 (참가상이 아니라) 1등상을 노리라고 가르쳤다. 밀레니얼 세대 리더는 자신이 속한 세대보다 훨씬 더 실용적이고 현실적이고 직접적인 세대 집단과 접점을 찾기가 힘들다고 느낄 수 있다.

밀레니얼 세대를 위한 윗사람 관리법

마이클이라는 55세 직원이 있다고 상상해보자. 마이클은 25년째 같은 직장을 다니고 있다. 마이클은 충성도가 높고 야심만만하며 현재 경력에 만족한다. 뛰어난 성과를 내고 받은 상패도 몇 개 있고 회사 야유회를 위해 맞춰 입은 단체 티셔츠도 자랑스럽게 입고 다닌다. 작년에 마이클은 라이언이라는 나이가 자신의 직장 경력보다도 적은 새로운 상사가 부임한다는 소식을 들었다.

무슨 이유에선지 몰라도 이 상황이 마이클은 불편하기도 하고 주눅이 들기도 한다. 라이언 같은 밀레니얼 세대 리더는 이런 상황을 흔하게 겪게 될 것이다. 이런 상황에 대비할 수 있도록 준비시키는 것이 다음 세대 리더십 개발 훈련의 핵심이다. 밀레니얼 세대에게 마이클 같은 오래된 경력 사원이 '젊은 상사' 밑에서 일하는 것이 어떤 기분일지 이해하도록 가르치는 것은 매우 중요하다.

잠재적인 부정 여론에 대처할 수 있는 능력

마이클은 혼자가 아니다. 점점 더 많은 베이비부머 세대와 X세대가 새롭게 피어나는 밀레니얼 세대를 상사로 맞이하고 있다. 쉬운 일이면 좋으련만 경영 및 관리는 결코 쉽지 않다. 특히 '윗세대를 관리'해야 할 때는 더욱 그렇다. 전통적인 관리 흐름을 거슬러 밀레니얼 세대를 리더로서 준비시킬 때 스스로 다음 사항을 점검하라.

'신입생 군기 잡는다'는 마음가짐 버리기

새로운 집단이 조직에 들어올 때마다 모두들 촉각을 곤두세운다. 새롭고 낯설고 익숙하지 않은 것에 대한 불편함 때문이다. 불행히도 이러한 불편함이 분노로 이어지는 경우도 있다. '나는 여기까지 올라오려고 손발이 닳도록 일했는데'라는 투덜거림이 '나는 누구의 도움도 없이 여기까지 나 혼자 올라왔다고! 어디 한번 두고보자!'라는 포효로 바뀐다. 독자 여러분 가운데 이제 갓 관리자로 승급한 밀레니얼 세대에게 이런 반응을 보인 관리자가 있다면 너무 자책하지 말라. '불속에 뛰어들래 말래' 혹은 '가라앉을래 수영할래' 식의 접근법은 신입이 존경받는 자리에 앉을 자격이 있는지를 스스로 증명하도록 하기 위해 수 세기 동안 이어져 온 관행이었다. 하지만 다음을 명심하라.

> » 스스로에게 물어보아라. 그런 관행이 누구에게 도움이 되는가? 효율적인 관리를 도울 수 있는 지혜와 경험이 있다면 왜 감추고만 있는가? 자신이 옳다는 사실을 증명하기 위해서? 아무에게도 도움이 안 되는 태도이다.
> » 부정적인 감정은 혼자 조용히 짧게 삭히고 넘어가라. 이제 마음을 가라앉히고 새로운 세대 관리자를 이끌어주어라. 여태까지 쌓아온 지혜를 가르쳐주는 데 망설이지 말라.
> » 자랑스러운 엄마곰/아빠곰/리더곰이 될 준비를 하라. 리더로서 성취할 수 있는 가장 높은 성과 중 하나는 다음 세대 리더를 책임지는 사람이 되는 것이다.

'신입 상사 증후군'에 대처하기

'신입 상사 증후군'의 주의하라. 젊은 상사가 나타나면 나이 많은 부하 직원은 항상 신입 상사 증후군에 시달릴 위험이 있다. "내 상사랍시고 나타난 이 새파랗게 어린 놈은 뭐지? 얘가 나보다 나은 게 뭐야? 내가 왜 얘 말을 들어야 해? 어디 얼마나 잘났나 두고보자." 모든 사람에게 해당되는 것은 아니겠지만 일부라도 이런 생각을 한다면 밀레니얼 세대 상사는 시작부터 난관에 부닥치게 될 것이다. 그러니 마음을 너그러이 가지시라.

398

>> **밀레니얼 세대 상사를 준비시켜라.** 솔직한 통찰과 도구를 제공해서 잠재적인 난관을 극복하도록 도와줄 수 있다.

>> **겸손의 중요성을 강조하라.** 밀레니얼 세대가 스스로를 위해 할 수 있는 최선은 자기 자신의 말과 행동 하나하나를 항상 예민하게 인지해서 겸손한 분위기를 풍기는 것이다. '상사'다워야 한다는 압박감을 느낄 수도 있지만 상사답게 행동하려다가 주변에 있는 모두에게 외면받을 수 있다. 밀레니얼 세대 신입 리더에게 직원들의 참여와 관심을 이끌어내는 방법과 무능력하게 보이지 않으면서 지도를 부탁하는 방법을 코치해주어라.

현직 관리자가 잠재적 또는 현직 밀레니얼 세대 리더에게 줄 수 있는 가장 큰 선물은 세대 관리 훈련 및 노하우이다. 이 책을 읽고 있다는 것은 곧 세대 이론 인식을 중요하게 생각한다는 뜻일 테니 박수받아 마땅하다. 비밀 클럽은 아니지만 세대 이론 중독자 모임에 오신 걸 환영한다. 세대 이론에 관한 지혜를 밀레니얼 세대에게 전수해주어라. 그래서 밀레니얼 세대 리더에게 베이비부머 세대 및 X세대 부하 직원과 함께 일할 수 있는 최선의 방법을 알려주어라.

베이비부머 세대 직원 관리법

이제 마음을 누그러뜨릴 시간이다. 최선을 다해서 다른 세대의 마음을 들여다보려고 노력해보아라. 그림 15-1에서는 밀레니얼 세대 상사에게 베이비부머 세대 부하 직원이 쓴 피드백을 볼 수 있다. 연례 평가 때 베이비부머 세대 직원이 최대한 솔직하게 예의를 갖춰서 작성한 것이다. 읽으면서 세대 간 충돌 지점을 찾아보면서 배웠던 내용을 복습해도 좋다.

그림 15-1에서 알 수 있는 점은 다음과 같다.

밀레니얼 세대 상사가 베이비부머 세대 부하 직원 관리에서 A+학점을 받아야 하는 이유

>> 베이비부머 세대 직원에게 긍정적이고 낙관적인 경력 전망을 제시했다.

>> 베이비부머 세대 직원이 계속 기술을 익힐 수 있도록 도왔다.

밀레니얼 세대 상사가 베이비부머 세대 부하 직원 관리에서 어려움을 느끼는 이유

관리자용 피드백 : 상사에 관한 피드백을 자유롭게 작성하시오.
평가자 : 베이비부머 세대 직원 브릿짓
관리자 : 밀레니얼 세대 관리자 리라

의사소통이 명확하다.

리라는 언제나 소통할 준비가 되어 있습니다. 업무 성과에 대해서는 칭찬을 아끼지 않고 성과를 향상시켜 줄 수 있는 리소스나 도구가 있으면 알려줍니다. 리라는 (인스턴트 메시지나 이메일 같은) 기술적인 도구를 저보다 좀 많이 좋아하는 것 같습니다. 페이스타임으로 대규모 회의를 할 때도 리라는 나무랄 데가 없지만 일대일 로 직접 의사소통할 수 있는 기회가 좀 더 많았으면 좋겠습니다.

내 관리자는 협력적인 팀 분위기를 조성하고 갈등을 효율적으로 중재한다.

매우 그렇습니다. 협력적인 팀 분위기 조성은 관리자로서 리라의 가장 큰 강점 중 하나일 겁니다. 팀원들 끼리 매우 끈끈하게 연결되어 있는 느낌이 듭니다. 리라가 팀을 이끄는 방식에는 고무적이면서도 열정적 인 무언가가 있어요. 하지만 리라가 갈등을 중재하는 모습을 본 적은 없습니다. 제가 관찰한 바로는 리라 가 이 문제와 관련하여 본인의 상사에게 도움을 요청한 것 같습니다. 갈등만 잘 관리된다면 문제없다고 생 각합니다.

좋은 피드백이든 나쁜 피드백이든 시의적절하고 공정하다.

리라가 피드백을 너무 자주 바로바로 주는 것 같습니다. 시의적절성에 대해서 평가하라면 시의적절하지요. 하지만 솔직히 말해서 피드백을 듣고 나서 한숨 돌릴 시간도 없다고 느껴질 만큼 빈도가 너무 잦습니다. 가 끔 리라는 너무 격식을 차리지 않아서 제가 어떤 입장을 취해야 할지 혼란스러울 때도 있습니다. 리라처럼 '친구 같은' 상사가 저에게는 익숙하지 않은 것 같습니다. 때로는 격의 없이 지내는 게 좋을 때도 있지만 상 사로 대해야 할지 친구 같은 동료로 대해야 할지 어디서 선을 그어야 할지 알기가 힘듭니다. 예전에 수없이 겪었던 '독재적인' 상사들과는 너무 다릅니다. 제 예전 상사들이 업무를 시킬 때는 상사가 의미하는 것이나 원하는 것이 무엇인지 다시 한 번 생각해볼 필요가 없었어요. 지금은 가끔 헷갈립니다.

존중받고 있고 내 성과가 인정받고 있다는 느낌이 든다.

처음 밀레니얼 세대 상사를 겪었을 때는 약간 받아들이기 힘들었습니다. 이 분야에서 30년을 넘게 일했는 데 제 나이의 반도 안 되는 사람을 상사로 모신다는 게…. 뭔가 한 대 얻어맞은 듯한 느낌이었습니다. 각자 힘든 점이 있겠지만 계속 긍정적인 피드백을 주니까 (위에서 말했다시피 가끔 제가 원하는 것보다 많이 주는 게 문제이긴 하지만) 고맙게 생각합니다.

추가로 하고 싶은 말

고정관념을 가지려는 건 아니지만 리라는 기술 중독입니다. 한편으로는 훌륭한 최신 도구를 뒤쳐지지 않고 쓰고 있어서 좋은 한데 다른 한편으로는 끊임없는 변화와 업그레이드를 좇아가기가 힘이 듭니다. 제가 새로 운 기술을 잘 다루지 못해서가 아니라 실제로 저는 꽤 잘 다루는 편입니다. 하지만 조금 더 자주 중간 점검 을 해주었으면 좋겠습니다. 또 저는 기술 말고도 새로운 것을 배우기를 좋아합니다. 내년에는 학습 기회가 더 많아지길 바랍니다.

그림 15-1
베이비부머 세 대 직원이 밀레 니얼 세대 상사 에게 준 연례 평가

> » '내 자식뻘이야' 부류의 편견/불편함을 극복해야 한다.
> » 베이비부머 세대 부하 직원이 무슨 기술을 얼마나 자주 사용할지에 관해 서 고압적인 자세를 취했다.
> » 베이비부머 세대 부하 직원과의 관계에서 너무 격식을 차리지 않았다.

X세대 직원 관리법

많은 사람이 베이비부머 세대와 밀레니얼 세대 간의 관계가 제일 어려울 것이라고 예상하지만 실제로는 X세대와 밀레니얼 세대 사이에 갈등이 가장 많이 일어난다. 특히 상사와 부하 직원 관계일 때 충돌이 자주 일어난다. 그림 15-2에는 이 두 세대 사이에 일어나는 흔한 갈등 상황이 잘 나타나 있다.

관리자용 피드백 : 상사에 관한 피드백을 자유롭게 작성하시오.
평가자 : X세대 직원 스콧
관리자 : 밀레니얼 세대 관리자 카밀라

의사소통이 명확하다.

의사소통은 충분히 명확합니다. 가끔은 불필요한 의사소통이 비효율적으로 과도하게 일어나고 있는 것 같습니다. 아직도 여전히 왜 내 자리로 직접 와서 말하지 않고 인스턴트 메시지를 보내는지는 이해하지 못하겠습니다. 지시사항도 때로 더 명확해질 수 있다고 생각합니다. 기대치는 분명하게 전달합니다. 카밀라는 제가 방어적으로 받아들이는지 아니면 예민하게 받아들이는지까지는 신경 쓸 필요가 없습니다.

내 관리자는 협력적인 팀 분위기를 조성하고 갈등을 효율적으로 중재한다.

팀으로 으샤으샤 하자는 분위기가 있는데 저는 때때로 불편합니다. 협업도 좋고 브레인스토밍도 가끔 필요하다는 건 알겠는데 저는 혼자 일할 때 제일 성과가 좋습니다. 아이디어 회의나 팀 회식은 좀 줄이고 혼자서 업무에 집중할 수 있는 시간을 주었으면 좋겠습니다. 또 카밀라는 저 말고 다른 팀원들이 낸 아이디어만 다 실행해 보고 싶어 한다는 느낌을 받았습니다. 정말로 의욕이 사라집니다. 카밀라는 제 업무 능력을 인정하지 않는 것 같습니다. 이게 카밀라와 저 사이에 가장 큰 문제입니다. 갈등 중재에 관해서는 카밀라는 사실을 있는 그대로 말하는 법을 배워야 할 것 같습니다. 그만 좀 빙빙 둘러 말하고 핵심만 간단히 말했으면 좋겠습니다. 무슨 뜻인지 그냥 대놓고 말하세요.

좋은 피드백이든 나쁜 피드백이든 시의적절하고 공정하다.

카밀라가 능력 있는 관리자라는 데에는 완벽하게 동의합니다. 하지만 가끔씩 지나치게 참견받고 있다는 느낌이 듭니다. 피드백이 중요하다는 건 알겠는데 가끔은 먼지도 쌓일 시간이 필요합니다. 발표를 약간 망친 적이 있는데 바로 직후에 카밀라가 복도에서 절 불러 세워놓고 피드백을 주었습니다. 과제마다 카밀라는 일주일에도 최소 몇 번씩 저랑 중간 점검을 합니다. 솔직히 불필요하다고 생각합니다. 선호의 차이지 카밀라를 나쁘게 말하려는 의도는 아니지만 '나쁜 피드백'을 줄 때 이메일에 느낌표가 너무 많습니다. 그냥 무엇을 잘못했는지를 말해주면 다음에는 고치겠습니다. 이 칭찬 샌드위치 기법이 저를 지치게 만듭니다.

존중받고 있고 내 성과가 인정받고 있다는 느낌이 든다.

대체로 그렇습니다. 팀원으로 가치를 인정 받고 있다고 느낍니다. 카밀라는 좋은 성과에 대한 칭찬은 아끼지 않습니다. 또 제게 필요한 일과 삶의 균형과 업무 유연성도 충분히 허락해줍니다.

추가로 하고 싶은 말

가끔은 카밀라가 기술의 한계에도 주목했으면 좋겠습니다. 작년에 새로운 시스템/프로그램/앱을 너무 많이 도입해서 따라가기가 힘듭니다. 저도 보통 사람들만큼 새로운 기술을 좋아하지만 정말로 효과가 있을까요? 밖에서 검증되지 않은 기술을 업무에 도입하는 건 우리를 실험용 생쥐로 삼겠다는 것처럼 보입니다. 따라가기도 힘들 뿐만 아니라 원하는 대로 안 될 때는 시간 낭비를 하고 있다는 느낌도 듭니다. 새로운 기술을 도입하기 전에 검증 절차를 거쳤으면 좋겠습니다.

그림 15-2
X세대 직원이 밀레니얼 세대 상사에게 준 연례 평가

그림 15-2에서 알 수 있는 점은 다음과 같다.

밀레니얼 세대 상사가 X세대 부하 직원 관리에서 A+학점을 받아야 하는 이유

- » 회사의 의사 결정과 경영 지침을 투명하게 공개했다.
- » 업무 흐름을 끊임없이 효율적으로 개선했다.
- » 모두에게 유연한 업무 환경을 조성했다.

밀레니얼 세대 상사가 X세대 부하 직원 관리에서 어려움을 느끼는 이유

- » 유용성이 검증되지 않은 새로운 기술을 너무 많이 도입했다.
- » 필사적으로 개인 시간을 사수하고자 하는 X세대를 고려하지 않고 협업을 기본 업무 방식으로 정하고 팀 행사나 회식 등을 계획했다.
- » 밀레니얼 세대 상사가 느끼기에만 중간 점검 횟수가 적당했으며 X세대 직원 입장에서는 업무 몰입을 방해하고 일일이 참견받고 있다고 느낄 정도로 과했다.

밀레니얼 세대를 위한 동료 및 부하 직원 관리법

때로는 자기보다 나이가 두 배나 많은 윗세대 부하 직원을 관리하는 일은 밀레니얼 세대 관리자에게 분명히 쉽지 않을 것이다. 현명한 리더라면 이러한 리더십 문제가 밀레니얼 세대가 또래 세대나 아랫세대를 관리한다고 해서 사라지지 않는다는 사실을 안다. 하지만 또래 세대와 아랫세대를 관리하는 일에는 또 다른 종류의, 가끔은 전혀 예상치 못한 어려움이 뒤따른다.

밀레니얼 세대 직원 관리법

밀레니얼 세대는 밀레니얼 세대 상사의 리더십 방식을 묘사할 때 제일 친한 친구, 평생 갈 친구, 코치 등의 단어를 사용할 것이다. 밀레니얼 세대 관리자가 자기와 같은 세대의 부하 직원을 관리할 때 어떤 일이 벌어질까? 많은 늙은 밀레니얼 세대가 자신의 어린 버전을 관리하는 일이 결코 만만하지 않다는 사실을 절감할 것이다. 미디

관리자용 피드백 : 상사에 관한 피드백을 자유롭게 작성하시오.
평가자 : 밀레니얼 세대 직원 레이첼
관리자 : 밀레니얼 세대 관리자 아메드

의사소통이 명확하다.

네, 의사소통은 아주아주 명확합니다! 아메드는 문자를 보내도 뭐라고 안 하는 몇 안 되는 관리자 중에 한 명이라 좋습니다. 아메드는 제가 질문이 있을 때마다 항상 바로바로 대답해줍니다. 저녁 8시에도요. 언제 어느 때나 아메드가 제 질문에 바로바로 답해주어서 감사하게 생각하고 있습니다. 가끔은 업무 방법에 대해서 구조화된 지시 사항은 충분히 받지 못한다고 느낄 때도 있으니까 무엇을 원하는지 제가 뭘 해야 하는지 분명하게 말해주었으면 더 좋겠습니다.

내 관리자는 협력적인 팀 분위기를 조성하고 갈등을 효율적으로 중재한다.

직장에서 이렇게 많은 시간을 함께 보내는데 개인적으로 좀 더 깊이 알아가지 않고 직장 동료로만 남는다는 게 우습다는 생각이 듭니다. 아메드는 팀 분위기를 만드는 데 탁월한 능력을 가지고 있습니다. 제가 자신 있게 좋은 친구를 많이 만들었다고 말할 수 있을 정도입니다. 저희 팀원들은 제게 직장 동료 그 이상입니다. 저는 팀원들을 존중하고 매일 볼 수 있어 좋은지 모릅니다! 제 상사인 아메드에게 협업하고 아이디어를 나누고 (아무리 멍청해 보이는 아이디어일지라도) 우리 모두에게 혜택이 돌아가는 공동의 목표를 향해 함께 일할 수 있는 안전하고 재미있는 환경을 만들어준 공을 돌립니다. 제가 여기서 일하는 게 좋은 이유예요. 솔직히 갈등이 발생할 때는 조금 어색합니다. 아메드나 저나 말을 분명하게 해야 할 때도 빙빙 돌려 말하거나 눈치만 보는 경향이 있는 것 같습니다.

좋은 피드백이든 나쁜 피드백이든 시의적절하고 공정하다.

앞에도 말했지만 아메드는 항상 연락 가능하고 피드백도 빠릅니다. 그게 격려가 됐든 다음번에 고칠 점이 됐든지 말입니다. 6개월 뒤나 1년 뒤에 피드백을 받는 것보다 (제가 뭘 했고 뭘 안 했는지 기억이나 할 수 있을런지 모르겠네요!) 그때그때 바로 피드백을 주니까 반응하기가 훨씬 쉬운 것 같습니다. 아메드는 피드백을 줄 때 전혀 격식을 차리지 않는다는 점도 마음에 듭니다. 직장 상사가 아니라 코치랑 이야기하고 있는 듯한 기분이 듭니다. 아메드의 긍정적인 접근법을 존경하고 건설적인 피드백을 줄 때도 어떻게 하면 성과를 향상할 수 있는지 구체적으로 알려주는 점이 좋습니다.

존중받고 있고 내 성과가 인정받고 있다는 느낌이 든다.

의심할 여지가 없습니다. 아메드한테 존중받고 인정받고 있다는 느낌이 가장 크게 드는 순간은 회사에서 제 미래에 대해 솔직한 대화를 나눌 때입니다. 제 가능성을 봐주고 제가 나중에 리더나 관리자가 되었을 때 (그날이 빨리 왔으면 좋겠네요!) 귀중하게 사용할 수 있는 능력을 개발할 수 있도록 많은 시간을 투자해줍니다. 단지 업무 유연성을 조금만 더 허락해주었으면 합니다. 재택근무도 시간 문제인 것 같지만 입사하고 첫 몇 달간 재택근무가 가능했더라면 하는 아쉬움이 있습니다. 재택근무가 왜 안 된다는 건지 모르겠네요. 아무튼 그냥 덧붙이는 말이었습니다.

추가로 하고 싶은 말

여기다가 이런 말을 하는 게 맞는지는 잘 모르겠지만 아메드가 한 가지 개선할 수 있는 부분은 아마도… 음, 조금 복잡해요. 아메드랑 저는 아주 좋은 상사와 부하 직원 관계를 유지하고 있어요. 아메드는 정말정말 진정성 있고 재밌는데 가끔 제 상사라는 걸 잊을 때가 있어요. 그래서인지 가끔 아주 가끔이지만 아메드가 강경하게 나오거나 누군가를 훈계하거나 하면 불편해요. 뭘 꼭 바꾸어주길 바라는 건 아닌데 그냥 그렇다고요. 하지만 전반적으로 아메드의 관리 방식은 신선하고 재미있어서 아메드 팀의 일원이라는 사실이 기쁩니다!

그림 15-3
밀레니얼 세대 직원이 밀레니얼 세대 상사에게 준 연례 평가

어에서 묘사하는 밀레니얼 세대도 그 이유에 한몫한다. 그림 15-3은 밀레니얼 세대 상사와 밀레니얼 세대 부하 직원 간의 관계에 대한 통찰을 제공해준다.

그림 15-3에서 알 수 있는 점은 다음과 같다.

밀레니얼 세대 상사가 밀레니얼 세대 부하 직원 관리에서 A+학점을 받아야 하는 이유

> » 공동의 이해와 공동의 역사를 바탕으로 진정성 있는 #오피스가족 같은 관계를 키워나갔다.
> » 쉽고 효율적으로 의사소통했다.
> » 변화를 포용했다.

밀레니얼 세대 상사가 밀레니얼 세대 부하 직원 관리에서 어려움을 느끼는 이유

> » '쿨한 상사' 증후군에 빠져서 '엄격한 상사' 카드를 꺼내 보이기가 망설여지는 지경이 되었다.
> » 모든 부하 직원과 지나치게 진정성 있는 관계를 추구하다 보면 그중에서도 특정 직원을 편애한다는 오해가 생길 수 있다.
> » 다른 관리자들이 모두 관리하기 힘들어했던 영역이 있다는 사실을 배워가고 있다. 가령 유연한 업무 환경은 원한다고 해서 다 들어주기 힘들다.

밀레니얼 세대임을 거부하는 밀레니얼 세대 관리자에 주목하라. 이 유형의 관리자는 '밀레니얼'이라는 꼬리표를 무시한다. 밀레니얼 세대를 둘러싼 모든 부정 여론만 보았기 때문에 적극적으로 밀레니얼 세대라는 이름에서 벗어나려고 노력한다. 이 유형의 상사는 다른 사람이 밀레니얼 세대 특성이나 행동을 보이면 과도하게 억누르려고 하며 결과적으로 조직에 좋은 영향보다 나쁜 영향을 더 많이 끼친다.

경계 세대 직원 관리법

모든 관심이 밀레니얼 세대에게 쏠린 가운데 또 다른 세대가 떠오르고 있다. 밀레니얼 세대 입장에서는 눈엣가시가 될지도 모른다. 역사적으로 후임자와 가장 첨예한 갈등을 빚은 것은 전임자였다. 그림 15-4는 그 갈등에 대한 증거가 될 수 있다.

그림 15-4에서 알 수 있는 점은 다음과 같다.

평가자 : 경계 세대 직원 후안

관리자 : 밀레니얼 세대 관리자 에릭

의사소통이 명확하다.

네! 하지만 아니요이기도 합니다. 작고 전술적인 과제에서는 의사소통이 명확하지만 더 복잡한 과제에서는 필요한 정보를 다 얻지 못하는 것 같습니다. 에릭은 저한테 과제에 대한 접근법을 스스로 결정할 수 있는 자유를 주려는 것 같지만 대부분은 혼란스럽기만 합니다. 더 명확한 지시와 지침이 있어야 실제로 더 자유로울 수 있을 것 같습니다. 일단 틀이 잡혀야 그다음에 창의성을 발휘할 수 있으니까요. 솔직히 신입이기 때문에 파란 하늘조차 편하게 느껴지지 않습니다. 제가 아무것도 망치고 있지 않다는 사실을 확신할 수 있게 해주면 좋겠습니다. 틀이 있어야 더 안전하게 느껴질 것 같습니다.

내 관리자는 협력적인 팀 분위기를 조성하고 갈등을 효율적으로 중재한다.

에릭은 팀 분위기를 최우선으로 생각하고 저도 만족합니다! 전반적으로 제가 생각했던 것보다 특히 부모님께 들었던 직장 생활과 비교하면 더 팀 중심적인 것 같습니다. 협력적인 사람들과 함께 일할 수 있어서 좋지만 가끔은 우리가 서로를 얼마나 좋아하는지 따위는 잊고 개인적 경력에 집중할 시간이 있었으면 좋다는 생각이 들기도 합니다. 가끔은 개인 업무 시간과 경쟁이 조금 더 있었으면 하는 바람이 있습니다. 혼자 하면 더 잘할 수 있을 것 같은 업무도 있다고 생각합니다. 잘난 척하는 것처럼 들릴 수도 있지만 제 능력을 뽐낼 수 있는 기회가 있었으면 좋겠습니다!

좋은 피드백이든 나쁜 피드백이든 시의적절하고 공정하다.

피드백을 굉장히 많이 받았습니다. 한편으로는 거의 실시간으로 업무에 접근하는 방식을 수정할 수 있어서 좋지만 동시에 조금 산만하다는 느낌도 듭니다. 에릭은 피드백을 주면서 저를 코치해주고 싶어 하지만 그냥 혼자서 제 속도에 맞춰서 습득하고 활용할 수 있는 도구나 온라인 리소스만 제공해주어도 좋을 것 같습니다.

존중받고 있고 내 성과가 인정받고 있다는 느낌이 든다.

말로 항상 존중해주고 인정해줍니다. 에릭은 커피숍 기프트 카드나 팀 회식으로 고급 식당에서 점심을 사주기도 하는 등 작은 보너스를 많이 줍니다. 이런 보상은 재미있지만 혹시라도 전혀 감사하게 생각하지 않는다는 오해는 하지 않으셨으면 좋겠습니다만 차라리 그냥 돈이나 월급을 올려주는 게 낫지 않나 하는 생각을 합니다. 연봉 인상이나 금전적 보너스는 목적을 가지고 모을 수 있지만 경험적인 보상이나 커피 같은 건 마시고 나면 끝이니까요. 그 순간엔 좋을지 몰라도… 잘 모르겠습니다. 제 생각엔 미래에 별로 도움이 안 되는 보상처럼 느껴진달까요? 아니면 차라리 자선 단체에 기부하거나 자원 봉사를 하면 세상을 좀 더 나은 곳으로 만드는 데 기여할 수 있지 않을까 생각합니다.

추가로 하고 싶은 말

이곳에서의 경력과 능력 개발은 저에게 매우 중요합니다. 추가적인 비금전적 보상을 좋아하지만 에릭이 팀 활동에 참여할지 (혹은 참여하지 않을지) 여부를 선택할 수 있게 해주었으면 좋겠습니다. 개인적으로 팀 소풍을 가는 것보다 새로운 능력을 습득하는 데 시간을 쓰는 것이 더 나을 것 같습니다.

그림 15-4
X세대 직원이 밀레니얼 세대 상사에게 준 연례 평가

밀레니얼 세대 상사가 경계 세대 부하 직원 관리에서 A+학점을 받아야 하는 이유

» 최신 기술을 도입하고 업무 흐름을 개선할 수 있는 새로운 도구를 도입할 수 있는 방법을 찾았다.

» 업무 전환의 중요성과 필요성을 이해한다. 경계 세대 부하 직원이 업무 시

간에 페이스북이나 스냅챗을 한다고 해서 일을 하고 있지 않다는 뜻이 아니라는 것을 알기 때문이다.

밀레니얼 세대 상사가 경계 세대 부하 직원 관리에서 어려움을 느끼는 이유

» 직장 생활에서 이상주의보다 실용주의를 추구하는 경계 세대의 마음을 사로잡지 못했다.
» 자기주도적 연구와 학습 시간을 허용하는 대신 대인 관계 활동과 팀 훈련에 지나치게 집중했다.
» 업무 시간 중 일부를 재미를 위한 팀 활동에 할애함으로써 경계 세대가 추구하는 일과 삶의 균형을 깨뜨렸다.
» 적당한 구조화된 틀을 제공하는 데 실패했다.

chapter

16

다음 세대 신입 사원을 맞이할 준비 : 경계 세대

제16장 미리보기

- 경계 세대의 정체성 형성에 영향을 미친 사건과 조건
- 경계 세대의 특성이 업무에 미치는 영향
- 경계 세대의 가치관을 수용한 경영 방식
- 잠재적 세대 충돌 지점

시간과 파도는 사람을 기다려 주지 않는다. 또다시 또 다른 세대가 십 대 시절을 지나 고유한 특성을 지닌 어린 사회인으로 성장하고 있다. 모두들 궁금해한다. 이 신입 사원들은 누구이며 직장에 어떤 변화를 몰고 올까? 관리자들도 궁금해한다. 이 세대는 밀레니얼 세대와 얼마나 다르며 경영 방식을 얼마나 수정해야 할까? 밀레니얼 세대를 어떻게 훈련시켜서 이 새로운 세대를 이끌어나가게 해야 할까? 많은 연구자가 이 새로운 세대의 정체성을 오랫동안 예측해왔으며 이들이 세대 선상에서 차지하는 위치는 흥미롭다. 경계 세대는 지금까지 가장 많이 연구된 세대이지만 (그리고 아마도 가장 논쟁이 되고 있는 세대이지만) 경계 세대가 새로운 밀레니얼 세대라고 주장할 수 있는 근거는 거의 없다. 경계 세대는 대침체, 사이버 공격, 국내외 테러 같은 사건

을 겪으며 정체성을 형성했다. 이들은 미국 첫 흑인 대통령 당선과 성소수자 공동체가 일군 커다란 진보와 초등학교 때부터 폭발적으로 늘어난 기술과 정보에 대한 접근성을 경험하며 자랐다.

현재로선 경계 세대에 대해 모든 것을 알 수 없다고 인정한 사람은 아마 필자들이 최초일 것이다. 사실은 아직 이 세대의 이름조차 확실히 정해지지 않았다. (이 부분에 대해서는 나중에 더 자세히 다루겠다.) 경계 세대는 아직 인격 형성기 중반을 지나고 있기 때문에 앞으로 더 많은 사건과 조건에 영향을 받을 것이다. 젖은 시멘트처럼 자국이 아직 다 마르지 않았기 때문에 현재로선 경계 세대가 누구인지를 확실하게 단언할 수 없다. 필자들이 할 수 있는 일은 지금까지 목격한 사실에 기반해 예상한 결과를 말씀드리는 것뿐이다.

밀레니얼 세대 인사관리법도 아직 아리송한데 경계 세대까지 이 책에 굳이 추가하는 이유를 모르겠다는 독자 분도 있으실 줄 안다. 그러나 최고의 관리자는 평균보다 앞서간다. 경계 세대가 이미 인턴이나 전일제 직원으로 노동 인구에 진입하고 있다는 사실을 기억하시길 바란다. 게다가 밀레니얼 세대는 경계 세대와 함께 일하거나 경계 세대를 관리하게 될 것이다. 따라서 현재 밀레니얼 세대를 관리하는 관리자가 결국 두 세대 간의 충돌을 관리할 책임을 짊어지게 될 것이다. 아직 밀레니얼 다음 세대에 대한 정보를 엿본 적도 없다면 단언컨대 지금이 시작하기에 딱 좋은 때이다.

이번 장에서는 먼저 '경계 세대'가 왜 '경계' 세대인지부터 확실히 알아보려고 한다. 그리고 나서 인구 규모나 생애주기 같은 다른 영향 요인을 살펴볼 것이다. 경계 세대의 성격과 특성과 가치관 형성에 영향을 미친 사건과 조건을 살펴보면서 관리자가 리더십과 경영 방식을 경계 세대에 맞추어 변화시키는 데 도움이 되는 목표를 제시할 것이다. 마지막으로 경계 세대와 나머지 세대 간에 발생할 수 있는 잠재적 세대 충돌 지점에 대한 통찰을 제공할 것이다.

이번 장에서 경계 세대를 차차 알아갈수록 유념해야 할 중요한 메시지가 하나 있다. 경계 세대의 등장이 '온고지신'을 의미하지 않는다는 사실이다. 밀레니얼 세대를 구석으로 밀어버리고 새로운 세대를 맞이하고 싶은 유혹을 느끼는 관리자나 리더가 있을 수 있다. 밀레니얼 세대에 관한 온갖 부정적인 머리기사에 지쳐서 또는 새로운 무언가를 향한 열망 때문에 그런 유혹이 들 수도 있다. 하지만 기억해야 할 점은 경계 세대에 대한 정보가 (밀레니얼 세대를 세대 연대표에서 어디에 놓느냐에 따라 혹은 밀레니얼 세대에 관한 독자 여러분의 지식 수준에 따라) 과거 또는 현재와 연결되어 소비될 때 가장 가치가 있다는 사실이다. 어떤 세대도 윗세대나 아랫세대 없이 진공 상태에서 살아갈 순 없기 때문이다.

경고 : 아직 성장 중인 경계 세대

오늘날 근무 환경에서 일하는 세대 집단이 누구인지에 대해서는 확실한 이해가 형성되어 있지만 이러한 통찰은 하루아침에 나온 것이 아니다. 제2장에서 언급했듯이 세대 이론은 뇌 발달 이론에 기초하고 있다. 인격 형성기에 일어난 사건이나 조건이 세대 집단의 정체성 형성에 영향을 미친다. 경계 세대는 여전히 인격 형성기를 지나고 있기 때문에 이들이 누구인지 정확하게 안다고 주장할 수는 없다. 마치 친구를 새로 사귄 다음에 몇 번 같이 어울리면 그 친구가 누구인지를 꽤 잘 알 수 있고 앞으로도 같이 놀고 싶은지 아닌지 정도의 판단은 할 수 있지만 아직 세세한 성격이나 버릇까지는 파악하지 못한 상태와 비슷하다. 필자들도 여전히 경계 세대를 알아가고 있고 베프라고 부를 수 있을 만큼 가까워지고 있지만 아직 경계 세대가 가장 좋아하는 아이스크림이 무엇인지까지는 알지 못하는 단계라고 할 수 있다. 다만 약속할 수 있는 것은 다음에 나올 이 책의 3판에서는 필자들과 경계 세대 사이의 우정이 훨씬 발전해 있을 거라는 사실이다.

독자 여러분께 이런 말을 하는 이유가 무엇이냐고? 솔직히 말하자면 필자들은 과거에 섣부른 세대 예측을 했다가 틀렸던 경험이 있기 때문이다. 꼬리를 내리고 떠났다가 다시 돌아오는 일이 즐거울 순 없다. 하나만 예를 들자면 필자들이 9/11이 밀레니얼 세대의 정체성 형성에 가장 큰 영향을 미친 사건이라고 주장하던 시절이 있었다. 물론 밀레니얼 세대가 아직까지도 가장 선명하게 회상하는 사건 가운데 하나이긴 하지만 밀레니얼 세대의 특성과 가치관에 더 큰 영향을 준 사건은 소셜미디어의 등장과 기술 혁신이었다. 경계 세대에 대해서는 아직 완벽한 결론을 내리고 책 한 권을 쓸 만큼 준비가 되지 않았다. 하지만 지금까지 목격한 동향에 대한 중요한 통찰은 독자 여러분께 제공해드릴 수 있다.

늘어나는 경계 세대

"경계 세대도 거대한 세대 집단일 것 같은데 맞나요?"라고 물으신다면 대답은 "꼭 그렇지는 않을 거예요."이다. 필자들이 추정한 바에 따르면 경계 세대 인구수는 미국 X세대 인구수와 비슷할 것이다. 경계 세대의 실제 인구 규모를 아직 정확하게 알 순 없다. 경계 세대의 기준이 되는 마지막 출생 연도가 아직 확실히 정해지지 않았기 때문이다. 세대별 출생 연도는 궁극적으로 세대 집단이 경험하는 중요한 사건과 조건에 따라 결정된다. 미래에 어떤 일이 벌어질지는 아무도 모르기 때문에 경계 세대를 정의하는 중요한 사건과 조건이 무엇이 될지도 아직 확실히 알 수 없다. 그래도 독자 여러분께 약간의 명확함을 드리자면 필자들은 경계 세대를 2010년도 출생자까지로 보고 있다는 사실이다. 과거 다른 세대 집단의 출생 연도 범위는 14년에서 20년 사이이고 기술이 급속도로 발전하고 있다는 사실을 감안할 때 경계 세대의 출생 연도 범위는 그리 넓지 않을 것이라는 논리적인 추측이 가능하다.

제1장에서 다루었듯이 세대별 인구 규모는 정점을 기준으로 다음과 같다.

- » 전통 세대 – 7천5백만 명
- » 베이비부머 세대 – 8천만 명
- » X세대 – 6천만 명
- » 밀레니얼 세대 – 8천2백만 명

경계 세대의 인구 규모는 미국질병통제예방센터(CDC)가 집계한 1996년에서 2010 사이 출생자 수를 기준으로 했을 때… 6천1백만 명 정도이다. 그러나 여기서 고려하지 않은 요소가 하나 있다. 바로 이민자 수이다. 과거 이민 추세에 근거해서 이민자 수까지 고려하면 경계 세대 인구수는 최대 6천8백만 명 정도로 추산된다.

경계 세대는 인구수가 작기 때문에 밀레니얼 세대가 입사했을 때와 비교해서 상대적으로 영향력이 크지 않다고 느껴질 수도 있다. 하지만 경계 세대를 맞이할 준비를 소홀히 해서는 안 된다. 경계 세대는 베이비부머 세대가 대거 은퇴하는 시기에 노동 인구에 진입하고 있다. 따라서 최상위 경계 세대 인재를 발빠르게 채용하고 보유하는 것이 매우 중요하다.

경계 세대의 또 다른 이름

세대를 '분류(해주는) 모자'('해리포터'에서 기숙사를 배정해주는 마법의 분류 모자를 인용한 것-역주)는 아직 밀레니얼 세대 다음 세대를 뭐라고 부를지를 결정하지 못했다. 많은 연구소, 인구통계학자, 저널리스트, 정치인, 필자들 같은 세대 이론 중독자가 후보를 제시했지만 아직 합의가 이루어지지 않았다. 다음은 밀레니얼 다음 세대를 부를 이름으로 거론되고 있는 후보들이다. 괜찮은 이름도 있고 괜찮지 않은 이름도 있고… 흥미로운 이름도 있다.

> » 홈랜드(Homeland; 미국 국토를 뜻하는 말-역주) 세대
> » i세대
> » Z세대
> » 무지개 세대(무지개는 성소수자 인권 운동을 상징한다-역주)
> » 다원주의 세대(Plurals)
> » 백년 세대(Centennials)
> » 창립자 세대(Founders)
> » 매트릭스 세대(The Matrix Generation)
> » (차별이나 비관용적 태도에) 예민한 세대(The Offend Generation)

이번 장의 제목을 보만 알겠지만 필자들은 (더사운드리서치에서 제일 처음 제시한) '경계 세대(Generation Edge)'라는 이름을 제일 좋아한다. 이유는? 후보로 거론되는 다른 이름과 비교해서 경계 세대라는 이름이 더 나은 이유는 다음과 같다.

> » 인구통계학적으로 경계(edge)를 이룬다. 경계 세대는 '백인이 과반 이상을 차지하는 마지막 세대 집단이다. 따라서 인종 변화의 '경계(edge)'에 있는 세대라고 할 수 있다.
> » (다른 세대보다 경쟁) 우위(edge)가 있다. 경계 세대는 '과하다의 기준이 무엇일까'라는 철학적 질문에 대한 답을 좇는 투명한 세상에서 자랐다. 어릴 때부터 경기 침체, 정치 스캔들, 국제적 트라우마, 난민 사태, 시위, 총기 난사 등을 손바닥 위에서 실시간으로 보면서 자랐다. 그 결과 경계 세대는 평정심을 잘 잃지 않고 위기 회복 능력이 뛰어나다.
> » 다른 명칭은 이 세대의 '경계에 서 있고 (경쟁) 우위가 있음(edginess)'을 잘

담아내지 못한다. 비판하려는 것은 아니지만 아니 비판하려는 것이 맞다. 아무튼 다른 이름들은 경계 세대 자체의 본질이나 의미를 잘 담아내지 못한다. 먼저 'Z세대'는 다른 이름을 생각하기 귀찮아서 알파벳순으로 (X세대, Y세대 다음이니까 Z세대) 지은 것뿐이다. X세대처럼 의미를 담고 있는 이름이 아니다. i세대는 기술이라는 요인만으로 세대 집단을 정의하고 있기 때문에 고정관념을 강화한다. 홈랜드 세대는 클레어 데인즈가 출연한 드라마 '홈랜드'에서 영감을 받은 듯하다. 경계 세대는 세대 집단의 성격을 암시하는 이름이면서 동시에 고유하고 약간 아리송하기도 하면서 쿨하다. (세대 이론 연구자도 약간은 쿨해도 된다.)

다른 세대도 물론 (경쟁) 우위(edge)가 있다. 다른 세대 집단도 저마다 자라면서 겪은 사건에 대응하고 변화와 어려움에 맞서 회복할 수 있는 길을 찾아야 했다. 하지만 경계 세대는 아주 아주 어린 나이부터 위기 대응 능력과 회복 능력이 발달할 수밖에 없었고 이로 인해 생긴 (경쟁) 우위는 시간이 지날수록 더 분명해질 것이다.

그렇다면 언제쯤 경계 세대를 부르는 이름이 확실히 정해질까? 자동차로 장거리 여행을 할 때 부모님께 언제 도착하냐고 물으면 돌아오는 대답처럼 가보면 알게 될 것이다! 보통 다음 세대의 이름을 최종적으로 결정하는 주체는 미디어이다. 경계 세대가 직장 생활을 시작하면 미디어에서 이들을 점점 더 많이 다루게 될 것이고 그때 가장 많이 쓰이는 이름이 최종 승자가 될 것이다.

경계 세대가 경험한 사건 및 조건이 관리자에게 주는 시사점

경계 세대가 자라난 세상은 경계 세대가 독특한 성격을 형성할 수밖에 없도록 만들었다. 경계 세대의 출생 연도가 1996년부터 2010년 사이라고 할 때 인격 형성기는 대략 2009년에서 2028년이다. 따라서 경계 세대의 정체성 형성에 영향을 미친 역사적인 사건과 동향은 대략 이 사이에 일어났거나 일어날 것이라고 보면 된다. 다음은 또래 집단에게 '후유, 어리네/내가 늙긴 늙었네/시간 참 빠르네'라는 반응을 이끌어 낼 수 있는 경계 세대와 관련된 흥미로운 사실들이다.

» 아이폰이 처음 출시되었을 때 가장 나이가 많은 경계 세대는 열 살이었다.

» 오바마 대통령은 대다수 경계 세대가 기억하는 첫 대통령이다. 미국 최초의 흑인 대통령 이전에 다른 대통령이 백악관에서 재임했던 시절은 기억하지 못한다.

» 이 책이 출간된 해(2017년)에 고등학교 1학년에 재학 중인 아이들은 2001년 9/11이 일어났을 당시에 아직 태어나지 않았다. 이들은 9/11을 직접 경험한 것이 아니라 역사 교과서에서 배웠다.

» 경계 세대는 명왕성이 행성 지위를 상실했을 때 사람들이 느꼈던 분노를 이해하지 못한다. 정말로 가슴 아픈 일이었는데도 말이다.

경계 세대가 자라면서 목격한 많은 사건은 가히 충격적이었다. 미국 본토에서 일어난 각종 테러 및 총기 난사, 경기 대침체, 사회 정의 운동, 뉴스에서 연일 보도되는 국제적인 테러는 심지어 TV나 컴퓨터나 스마트폰을 켜기도 전에 전해지며 경계 세대의 삶을 뒤흔들었다. 한편 경계 세대가 자라난 세상은 이러한 혼란과 맞물려 급격한 기술 혁신이 일어났고 사회적 불평등에 끊임없이 대항했던 변화의 시대이기도 하다.

예측할 수 없는 미래는 두렵다. 특히 리더들에게는 더욱 그러하다. 그러나 다음에 올 것을 대비할 수 있는 가장 좋은 방법은 지금 알고 있는 것에 대해서 파악하고 아직 결정되지 않은 것을 이해하는 것이다. 다음 표가 좋은 출발점이 될 수 있다. '요새 애들'에 대해서 농담을 해도 되지만 윗세대가 수용하고 모방해야 할 유행을 결정하는 주체는 바로 그 요새 애들이다. 밀레니얼 세대가 직장을 뒤흔들었던 것처럼 경계 세대도 모두가 일하는 방식에 도전장을 내밀 것이다. 지금부터 준비를 시작하기를 권한다. 먼저 조직의 의사소통 표준과 기대를 점검하라. 신입 사원에게 나눠줄 업무 목록을 점검하라. (경계 세대는 쉽게 싫증을 낼 수 있다.) 새로운 세대에게 집중하느라 밀레니얼 세대를 방치하지 말라. 경계 세대의 인격 형성기에 일어난 사건과 조건을 이해하는 일은 정보에 바탕해 미래의 모습을 예측할 수 있게 해준다. 하지만 그렇게 예측한 '미래의 모습'이 확정적이지는 않다는 사실을 잊어서는 안 된다.

우리가 알고 있는 것	우리가 모르는 것
경계 세대는 밀레니얼 세대와는 다르다.	경계 세대의 인격 형성기에 일어난 모든 사건과 조건에 대한 구체적인 정보
경계 세대는 밀레니얼 세대보다 덜 협력적이고 더 포용적이고 더 체계적이다.	경계 세대와 나머지 다른 세대 사이에 일어날지도 모르는 모든 충돌 지점
기술은 경계 세대의 삶과 의사소통 방식에 커다란 영향을 미쳤다.	경계 세대의 기술에 대한 전문 지식이 기업에게 이익이 될지 해가 될지 여부
경계 세대는 직장에 변화를 몰고 올 것이다.	경계 세대가 입사해서 단지 물보라를 일으키는 데 그칠지 아니면 쓰나미를 일으킬지 여부
경계 세대(일명 Z세대)	와이파이와 스마트폰을 끼고 자람

경계 세대의 정체성 형성에 영향을 준 사건

세대마다 정체성 형성에 결정적인 영향을 미치는 순간이 있었다. 베이비부머 세대는 존 케네디 대통령이 암살 당하던 순간 자신이 어디에 있었는지, 닐 암스트롱이 달에 착륙하던 순간이 언제였는지, (그리고 아마도 부끄러운 기억으로 남아 있겠지만) '소울 트레인'에 나오는 장면을 처음으로 따라해보던 순간을 정확하게 기억한다. X세대는 챌린저 호가 폭발하던 장면, O. J. 심슨의 재판 결과를 초조하게 지켜보던 순간, 레이건 대통령이 "고르바초프 씨, 당장 이 벽을 허무시오!"라고 외치던 것을 기억한다. 경계 세대는 조금 다르다. 기술이 시공간의 정의를 확장한 덕분에 과거 다른 세대는 단일한 순간에 영향을 받았지만 경계 세대는 연속적으로 일어나는 사건의 집합에 영향을 받고 있다. 더 중요한 사실은 경계 세대는 아직 인격 형성기에 있다는 점이다. 경계 세대에게 큰 영향을 미친 몇몇 특정 사건에 대해서는 잘 알고 있지만 (올랜도 나이트클럽 총기 난사, 브렉시트, 도날드 트럼프 대통령 당선 등) 이러한 사건이 경계 세대 집단 전체에 어떤 영향을 주었는지 알 수 있을 만큼 충분한 시간이 지나지 않았다.

대침체

대침체가 닥쳤을 때 경계 세대는 교실에서 4교시 시작 종이 울리길 기다리고 있었다. 밀레니얼 세대는 불가능은 없으니 이상을 좇으라고 배웠다. 경계 세대는 부패한 제도는 물론이고 그 누구의 약속도 신뢰해서는 안 된다고 배웠다. 경계 세대는 부모나 이웃이 집이나 직장을 잃는 모습을 보았을 수도 있고 아니면 적어도 허리끈을 졸라매는 모습은 본 적이 있을 것이다. 이제 막 성인이 된 밀레니얼 세대 형제자매가 무거운 마음과 빚을 안고 다시 집으로 돌아오는 모습도 보았다.

의미

리더라면 경계 세대가 밀레니얼 세대와는 달리 경력과 경제력에 대해 더 실용적인 태도를 보일 것이라는 사실을 알아야 한다. 경계 세대의 사명은 안정성이고 전술은 소비 대신 저축이다. 그러니 경계 세대 직원과 퇴직금, 연봉 인상, 경쟁적인 인재 시장에서 협상하는 법 등에 대해 솔직한 대화를 나눌 준비를 하라.

영향

시간이 진실을 말해주겠지만 필자들의 연구를 포함해 각종 연구에 따르면 이리저리 이직을 서슴지 않는 밀레니얼 세대(고정관념이다)보다는 한 직장에 오래 근무할 것이다.

경계 세대의 정체성 형성에 영향을 준 조건

여러 조건이 경계 세대의 현재 정체성과 미래의 정체성에 영향을 미친다. 기술과 정치와 국내에서 발생한 테러 및 폭력부터 경계 세대의 부모 세대가 누구냐까지 영향 요인은 종류도 매우 다양하다.

틱, 택, 테크

경계 세대에게 가장 큰 영향을 미친 기술을 하나만 꼽기에는 너무나 수많은 기술적 진보가 일어났기에 필자들은 대신 그중에 여섯 개를 선정했다. (과잉성취자라고 욕해도 좋다.)

> » 유튜브 : 밀레니얼 세대는 춤 동영상을 보기 위해 처음으로 유튜브를 이용했지만 경계 세대는 학습하고 관점을 공유하고 다른 사람의 관점을 퍼뜨리기 위해 유튜브를 이용했다. 유튜브는 일종의 비공식적인 교육 기관이 되었다. 거의 모든 주제에 대한 학습 동영상이 제공되고 원하는 시간에 원하는 방식대로 원하는 속도로 배울 수 있다. 원할 때마다 교육 프로그램과

학습 자료를 제공받을 수 있기를 기대하는 경계 세대를 위한 준비가 되어 있어야 한다.

» **와이파이** : 사랑하는 (혹은 원수 같은) 전화선 접속 모뎀이 없어도 인터넷에 접근할 수 있게 되었다는 것은 곧 경계 세대가 유례 없이 빠른 속도로 정보와 인맥 네트워크에 무한정 접속할 수 있게 되었음을 뜻한다. 경계 세대는 과거 어느 세대보다도 빠르게 내용을 훑고 처리할 수 있으며 멀티태스킹은 거의 본성이나 다름없다. 밀레니얼 세대가 직장에서 일을 할 때 헤드폰을 쓰는 습관 때문에 게으르고 제 권리만 주장하는 세대라는 고정관념을 뒤집어썼듯이 경계 세대도 이러한 습관 때문에 산만하다는 오해를 받을 수 있다. 실제로는 그렇지 않은데 말이다.

» **원할 때 소비하는 미디어** : 경계 세대는 정주행(binge; 예능이나 드라마 등 여러 회차를 한꺼번에 연달아서 보는 행위를 이르는 말-역주)으로 원하는 TV 프로그램을 한 번에 몰아서 보곤 한다. 이러한 미디어 소비 습관은 나중에 경계 세대가 직장 생활을 할 때 업무 습관으로 고스란히 이어질 것이다. 업무를 순식간에 연달아서 해치우고 다음 과제로 재빨리 넘어갈 것이다. (좋은 습관이다.)

» **소셜미디어** : 소셜미디어는 너무 자주 바뀌기 때문에 경계 세대가 어떤 플랫폼을 제일 좋아하는지를 알기가 힘들다. 경계 세대의 소셜미디어 이용 행태만 다루어도 책 한 권을 쓸 수 있으므로 여기서는 말을 아끼려 한다. 물론 사이버 왕따, 자책, 정신 건강에 좋지 않은 사회적 비교 등을 이유로 소셜미디어 사용을 부정적으로 바라보는 여론이 있다. 하지만 긍정적으로 보면 경계 세대는 소셜미디어 플랫폼을 이용해 관심 있는 문제에 대한 사회적 인식을 높이고 자기 홍보를 어떻게 해야 하는지를 배운다. 경계 세대는 입사하기도 전에 이미 대외적으로 보여지는 자신의 이미지를 잘 다듬어 놓을 것이다. 고용주를 겨냥한 것이든 아니든 말이다.

» **영상 통화** : 스카이프나 페이스타임 같은 영상 통화 기술의 발달로 경계 세대는 온라인으로 면대면 의사소통을 할 수 있는 축복을 누리게 되었다. 전자 기기에 정신이 팔려 산만해 보이거나 온라인에서 보여지는 자신의 페르소나를 좋아하지 않을진 몰라도 경계 세대는 다른 세대들이 경험하지 못한 의사소통 방식을 습득하고 통달했다.

» **마인크래프트** : 마인크래프트(네모난 블록으로 이루어진 가상 공간에서 원하는 대로

지형을 바꾸고 건축물을 지으면서 몬스터를 피해 생존하는 게임-역주)가 비디오 게임이라는 단어를 대체해버렸다. 마인크래프트는 창의력을 요구하는 게임이다. 비록 경계 세대는 창의력이 전혀 없는 세대라는 고정관념이 있지만 말이다. 마인크래프트는 경계 세대가 성공할 수 있는 근무 환경에 대한 통찰을 제공해준다. 경계 세대는 구조화되고 논리적이지만 규칙은 없는 환경에서 무언가를 창조할 수 있는 자유가 주어질 때 성공할 수 있다. 전략은 선택 사항이다.

첨단 기기는 경계 세대에게 세 번째 팔이라고 할 수 있다. 경계 세대는 최신 전자 제품이 갖추어진 근무 환경에서 일하고 싶어 할 것이다. 그런 환경이 갖추어지지 않는다면 앱이나 과제 관리 도구 등 업무 효율과 성과를 개선할 수 있는 자원을 사용할 수 있는 기회를 원할 것이다. 경계 세대는 회사에서는 업무에 집중하고 퇴근해서는 삶에 집중할 것이다. 경계 세대는 정보를 빠르게 훑고 걸러내며 빠르게 업무를 전환하는 데 전문가들이다. 경계 세대의 소셜미디어 이용은 줄어들 수도 있지만 끊을 일은 없으니 아예 기대하지 않는 것이 좋다.

주요 정치적 사건

이토록 역사에 길이 남을 정치적 변화를 많이 경험한 세대라니! 과거 다른 세대는 노동의 결실을 보려고 수십 년을 일했지만 경계 세대는 벌써 열매를 맛보았다. 정치적 견해와는 별도로 다음과 같은 기념비적인 정치적 진보를 무시할 순 없다.

» **미국 최초로 흑인이 대통령에 당선되다.** 버락 오바마 대통령은 가장 나이가 많은 경계 세대가 초등학생일 때 재임했다. 선거에 직접 참가하지는 않았지만 경계 세대가 인격 형성기에 경험한 유일한 대통령이 흑인 대통령이었다.

» **동성결혼이 합법화되다.** 동성애자 인권 운동가들이 반세기에 걸친 벌인 길고 힘든 싸움 끝에 마침내 동성결혼이 합법화되는 것을 경계 세대는 초등학교, 중학교, 고등학교 교실에서 지켜보았다.

» **일부 주에서 마리화나가 합법화되다.** 마리화나는 현재 역대 가장 많은 주에서 합법화되었다. 따라서 경계 세대는 대화 금기 주제 목록에서 또 하나를 제거할 수 있게 되었다.

【 사이버 왕따 】

왕따 문제는 새로운 현상은 아니다. 사실 왕따 문제는 어느 세대에나 있었다. 그러나 경계 세대에 이르러서는 소셜미디어가 모든 종류의 공격에서도 벗어날 수 없는 튼튼한 벽을 쌓았다. 심지어 더 최악인 것은 성인이 개입해서 왕따 문제를 중재하기가 힘들어졌다는 사실이다. 무슨 일이 일어나고 있는지 전혀 알 수 없기 때문이다. 어린 소녀들이 외모와 옷차림과 몸매와 매력에 대해 모욕적인 말을 듣는다. 초등학생들이 성정체성이나 성적 기호 때문에 협박을 받는다. 필자들은 양육 전문가나 아동심리학자가 아니므로 문제를 분석하거나 진단할 순 없지만 문제를 해결하기 위한 첫걸음은 문제를 인식하고 공감하는 것이다. 다른 세대는 왕따를 당했을 때 도망쳤고 성인이 되었고 과거와는 분리되었다. 하지만 경계 세대에게 왕따 문제는 더 무겁고 지속적으로 이어지며 대부분 지나친 자기인식을 동반한다. 언제나 대중에게 완벽하게 보이는 사진을 찍어야 한다는 압박감에 시달리는 경계 세대는 직장에서 아이디어를 낼 때도 입 밖으로 꺼내기 전에 신중하게 생각하고 말을 고른다. 회의에서도 혹시 좋은 질문이 아니면 어쩔까 걱정이 돼서 질문하기를 주저한다. 관리자는 경계 세대에게 아이디어를 편안하게 표현하기 위해 필요한 시간과 리소스를 제공해야 한다.

【 코딩 열풍 】

실리콘밸리는 오랫동안 기술 발전과 천재의 산실이었다. 그 결과 청소년들은 코딩 캠프를 가라는 권유를 받거나 13살부터 사교육비를 지불하고 코딩 교육을 받기 시작했다. 그러면 19살부터는 코딩 기술로 (많은) 돈을 지불하게 될 테니까 말이다. 코딩 능력은 직장 생활을 시작할 때 유리한 출발선상에 설 수 있게 해준다. 그러나 미국은 점점 더 기술 강국으로 유명해지고 있지만 스템(STEM; 과학(science), 기술(technology), 공학(engineering), 수학(math)을 한꺼번에 이르는 말-역주) 교육에서는 세계에서 뒤쳐지고 있다. 세계경제포럼에 따르면 미국의 수학 및 과학 교육의 질은 세계 51위 정도에 머물러 있다. 여기에는 모순이 작용한다. 경계 세대는 풍족한 미래를 누리기 위해 필수적이라는 이유로 코딩 교육을 받았지만 코딩 교육을 뒷받침하는 스템 교육은 소홀히 했다. 독자 여러분이 혹시 스템 분야나 조직에서 스템 직종에 종사하고 있다면 또는 스템 교육을 중요하게 생각한다면 스스로에게 다음과 같은 질문을 해보아라.

● 조직에 좋은 스템 프로그램이 존재하는가?

● 이 프로그램을 위해 나는 어떤 도움을 주고 있는가? 또는 스템 프로그램이 성공하기 위해서 내가 무엇을 더 할 수 있는가?

● 회사에 스템 분야에 소수 집단(minorities; 유색 인종, 여성 등 상대적으로 규모나 영향력이 적은 집단-역주)에 속하는 직원이 있는가?

● 좋은 멘토가 있는가?

모든 질문에 '그렇다'라고 답했다면 스스로에게 하이파이브를 해주고 할 수 있는 만큼 원하는 만큼 기존 프로그램에 참여하라. '아니요'라고 대답했다면 스템 분야의 변화를 위한 촉매제 역할을 하라. 관리자가 현재 스템 분야에 종사하는 경계 세대에게 더 헌신할수록 더 많은 인재가 조직에 들어오고 또 남을 것이다.

» **새로운 형태의 #사회운동이 출현하다.** 소수 집단의 권리를 위한 투쟁은 여전히 계속되고 있다. 타인에 대한 사회적 인식을 제고하고 중요한 곳에 효과적으로 사회적 변화를 창출하기 위해서이다. 경계 세대는 자신만의 방식으로 사회운동을 펼치며 정치적 담론에 영향을 미치고 있다. 페이스북에 그저 '좋아요'를 누르기보다 트위터 같은 플랫폼이나 #블랙라이브즈매터(Black Lives Matter; 흑인의 목숨도 소중하다는 뜻-역주) 같은 해시태그를 이용해 사람들을 운동에 동참시키고 체계적인 변화를 추구한다. 양성 평등 운동에서도 #페미니스트나 #대장노릇금지(#banbossy) 같은 해시태그로 자신의 신념을 선포한다. 경계 세대에게 사회운동을 시작하는 방법은 자신의 신념을 온라인 네트워크에 알리고 대화의 장을 열고 행동으로 옮기는 것이다. 점점 더 많은 경계 세대가 온라인과 오프라인에서 자신의 입장을 명확하게 밝힘에 따라 밀레니얼 세대 때 유행했던 '슬랙티비즘'은(사회운동을 뜻하는 영어 단어 '액티비즘(activism)'과 게으름을 뜻하는 '슬랙(slack)'을 합성한 단어로 온라인에서 정치적 운동이나 사회적 운동을 지지하지만 시간과 노력은 많이 들이지 않는 느슨한 형태의 사회 참여를 일컬음-역주) 쇠퇴하고 있다.

» **시민 저널리즘이 부상하다.** 경계 세대는 또래 집단의 생각을 중요하게 생각하고 다른 누구보다 더 많이 신뢰한다. 경계 세대는 대기업, 정치인, 언론을 신뢰하지 않는다. 누군가의 꼭두각시에 불과하다고 생각하기 때문이다. 경계 세대는 실시간 중계와 당사자의 발언을 통해 진실과 불평등을 고발하고자 한다. 많은 뉴스와 미디어도 이러한 출처에 의존해 보도를 하는 추세이다.

간단히 말하자면 이러한 정치적 변화의 결과로 경계 세대는 포용(acceptance)을 기대하게 되었다. 경계 세대는 자신이 중요하게 생각하는 사회적 문제에 대해서 개인적인 입장을 밝히기를 주저하지 않는 혹은 당당히 밝히는 리더를 위해 일하고 싶어 한다.

일상이 된 미국 내 폭력과 테러

경계 세대는 폭력과 테러가 표준인 시대에 성장했다. 이전 세대에게 폭력은 외따로 일어나는 사건이었으나 경계 세대에게 폭력은 그 빈도가 훨씬 잦아지면서 일상적인 조건이 되었다. 샌디훅 초등학교 총기 난사, 보스턴 마라톤 폭탄 테러, 올랜도 나이트클럽 총기 난사, 찰스턴 교회 총기 난사, 셀 수 없이 많은 유색인종에 대해 경찰이 휘두른 폭력…. 경계 세대의 성장기에 일어난 폭력 사건을 나열하자면 이 장 전체를 채우고도 남을 것이다. 연구에 따르면 경계 세대는 다른 세대보다 스트레스와 불안감이 더 높다. 높은 불안감과 스트레스에는 많은 요인이 있을 것이다. 하지만 근본적인 진실은 경계 세대는 매일같이 보고 듣는 폭력 사태에 나름의 방식으로 잘 대처하고 있다는 것이다. 대처 방식은 제각각이다. #욜로(한 번뿐인 인생 즐기자는 뜻-역주)를 생활 신조로 삼고 살아가기도 하고 변화를 위해 끝없이 투쟁하기도 하고 아니면 단순하게 자기 삶에서만큼은 세상에는 존재하지 않는 균형과 안정을 창조하며 살아가기도 한다.

조직 차원에서도 비극적인 사건이 국내나 국외에서 일어날 때를 대비하라. 비극이 일어나면 무슨 말을 할 것인가? 조직 구성원들이 비극적인 사건에 어떻게 대처하기를 기대하는가? 대화와 소통이 자유롭게 일어날 수 있는 조직 문화가 조성되어 있는가?

X세대 부모

베이비부머 세대가 헬리콥터 부모라면 X세대 부모는 제트 전투기 부모라고 할 수 있다. X세대 부모는 베이비부머 세대 부모처럼 자녀들의 삶의 모든 부분에 관여하고 배회하지 않는다. 독립심과 실패의 필요성을 중요하게 생각하기 때문이다. 그러나 필요할 때는 마치 제트 전투기처럼 돌진해서 자녀의 문제를 해결해준다. 그게 농구팀을 그만두고 싶어 하는 자녀의 입장을 대변해주는 일이든 성적에 항의하는 일이든 말이다.

경계 세대는 정직한 부모 밑에서 자랐기 때문에 자기 자신에 대해서 솔직해지는 방법을 배웠다. 경계 세대는 가능한 것과 가능하지 않은 것, 가질 수 있는 것과 가질 수 없는 것, 취미로 하는 것과 경력에 도움이 되는 것에 관해서 솔직하게 의사를 표현한다.

X세대는 완벽하게 독립적으로 자랐다. 부모님의 부재로 어른의 감독 없이 혼자 보내는 시간이 많았다. 덕분에 오늘날의 X세대가 탄생했지만 동시에 이들은 부모의 양육 방식과는 다른 양육 방식을 선택했다. X세대는 자녀들 곁에 있어 주려고 노력하고

학교나 취업 시장에서 벌어지는 치열한 경쟁에서 자녀들이 살아남을 수 있도록 체계를 잡아준다. 그 결과 경계 세대는 체계적으로 하루와 일주일과 시간을 관리하려고 한다. 경계 세대는 회사에서도 빡빡하게 계획된 업무 일정을 소화하길 원한다. 그러니 일정을 중요하게 생각하는 새로운 세대의 기대와 요구에 대비하라.

경계 세대의 특성을 수용한 인사관리법

수정 구슬로 세대의 미래를 들여다보자. 셀 수 없이 많은 가치 있는 특성을 가진 어린 세대가 보일 것이다. 경계 세대의 특성을 일일이 다 헤아리기는 힘들 테니 필자들이 직장 생활에 가장 큰 영향을 미칠 것 같은 경계 세대의 특성 네 가지를 추려 보았다.

경계 세대가 X세대 부모의 일부 특성을 고대로 흡수했다는 점이 흥미롭다. 경계 세대는 실용적이고 단도직입적이고 경쟁적이다. 참가상 트로피를 기대하는 경계 세대는 찾을 수 없을 것이다. 승자가 모든 것을 차지한다. 이번에 승자가 되지 못했다면 다음을 기약하며 더 열심히 노력하는 것이 경계 세대의 특성이다.

경계 세대에 관해 고정관념을 가지거나 부정 여론을 찾기는 어렵지 않다. 아직 성장하고 있어서 세대 정체성이 다 형성되지도 않았는데 말이다. 다음과 같은 생각이 머리를 스친다면 당장 멈추시길 바란다.

> » "주의 지속 시간이 0이군."
> » "창의력이 떨어지는군."
> » "쓰기 능력과 말하기 능력을 거의 상실했군."
> » "다른 사람 눈을 못 쳐다보는군."
> » "절대로 요구하는 것 이상은 안 하는군."

이런 생각이 든다면 잠깐 멈추고 본래 자신이 속한 세대의 관점은 내려놓고 경계 세대의 눈으로 세상을 보시기 바란다. 고정관념은 생산성을 떨어뜨린다.

표 16-1   경계 세대의 특성

특성	의미	맞춤 경영 방식
회복탄력성	어려움에서 금방 회복한다. 비판적인 피드백도 흡수하고 해야 할 일을 한다. 관리자 앞에서는 담담한 듯 보여도 자신만의 공간에서는 약한 모습을 보이기도 한다.	피드백을 줄 때는 칭찬 샌드위치 기법을 피하고 있는 그대로 말하되 조롱하지는 말라. 아무리 회복탄력성이 높다고 해도 감정을 드러낼 수 있는 자신만의 공간이 필요하고 나쁜 피드백에 대해서는 미리 경고를 주는 투명한 환경을 원하는 것은 똑같다. 경계 세대를 채용하기 전에 어떻게 피드백을 줄 것인지를 생각하라.
이미지를 통한 학습	이미지를 사용해 의사소통한다. (예 : 스냅챗, 인스타그램, 이모티콘) 페이스타임을 매우 익숙하게 생각하므로 업무에 활용할 수 있는 방법을 찾을 것이다.	시각 자료를 주로 활용해 신입 사원 교육 과정을 설계하라. 음성과 이미지를 동시에 활용해 의사소통하라. 이모티콘, 짤(meme), 움짤(gif)의 힘을 과소평가하지 말라.
실용주의	의사 결정이 논리적이며 반드시 혁신적이지는 않다. 체계와 질서를 중시한다. 목표한 성공을 이루기 위해 항상 경쟁과 업무를 의식한다. 직장 내 부가적인 혜택보다 월급이 중요하다는 사실을 알고 있다.	인터뷰 때 조직에서 5년에서 10년차가 되면 어떤 경력 경로가 기다리고 있는지 물어올 수 있으니 대비하라. 승진 경로에 대해 명확히 이야기해주어라. 경계 세대에게는 구조를 명확히 설명해 주는 것이 투명하게 소통하는 것이라는 사실을 인정해 주어라.
자급자족	'내 일은 내가 한다'는 정신을 가지고 있기 때문에 업무에서도 독립성을 추구할 것이다. 관리자(특히 밀레니얼 세대 관리자)가 원하는 것보다 질문을 훨씬 더 적게 할 것이다. 본질적으로 '디지털주의자(digitarian)'이기 때문에 성공적인 직장 생활을 위해 정보 소비에 의존할 것이다. 필요한 내용만 걸러 내는 능력에 자부심을 가지고 있으므로 대부분 독립적으로 일하려고 할 것이다.	빠른 시간 안에 업무를 완수한다. 더 원하는 것이 있다면 아주 분명하게 말해야 한다. 경계 세대가 질문을 하길 원한다면 미리 기대치를 밝혀라. 조직 내에서 기업가 정신을 발휘할 기회를 주어서 '내 일은 내가 한다' 정신을 실천할 수 있게 해주어라. (아니면 그런 기회를 주는 회사를 찾아 떠날지도 모른다.)

경계 세대의 가치관

세대마다 지닌 가치관을 알면 조직 구성원들에게서 최선을 끌어낼 수 있다. 그러나 절대 깨기 쉬운 호두는 아니다. 경계 세대에게 변화를 이끄는 동기 부여 요인과 자극제는 무엇인가? 표 16-2를 참조하자.

표 16-2	경계 세대의 가치관	
가치관	**의미**	**맞춤 경영 방식**
일과 삶의 분리	효율성과 독립성을 북돋우는 업무 환경에서 일하는 것을 선호한다. 유연성과 정확하게 원하는 시간에 출퇴근할 수 있는 업무 일과를 열망한다.	경계 세대의 주의가 흐트러지지 않게 하려면 가능한 한 주제에 집중하라. 여러 화면을 동시에 오가며 일하는 것이 산만해 보일지 몰라도 주어진 시간 안에서 효율적으로 일을 끝마치는 경계 세대만의 방식이니 받아들일 것. 업무 하나에만 집중=지루함. 업무 일정과 변경 가능한 날짜에 대한 기대치를 설정하라.
안정성	경계 세대의 업무 만족도를 결정하는 한 가지는 예측 가능성이다. 경제적 안정을 확보하는 것이 우선순위이다.	일일이 참견하고 간섭한다는 느낌을 주지 않으면서 경계를 관리할 수 있는 균형을 찾아 전략을 짜라. 안정성에 관한 대화로 동기 부여하라.
차별화	무리 가운데 하나로 보이길 원치 않는다. 또래와 비교해서 특별한 경력 경로를 추구한다.	경계 세대 직원 개개인과 상의해서 경영 방식을 맞춤화하라. 그 과정에서 지도를 해주고 체계를 잡아주어라. '자신만의 경력을 설계'하도록 해주어라.
포용	직장에서 모든 형태의 다양성을 기대한다. 배타적인 단어나 행동에 극도로 민감하다.	다양성 중점 과제를 열린 마음으로 점검하라. 누구나 똑같다는 식의 다양성을 저해하는 어떠한 말이나 행동도 피하라. 가령 '(피부색에) 색맹인 것처럼 굴지 마세요'보다는 '(차별이 일어나지 않도록) 피부색을 항상 의식하세요'라고 말하는 것이 좋다.
차이 만들기	과거 모든 세대가 젊었을 때 그랬던 것처럼 경계 세대도 직장에서 차이를 만들고 싶어 한다. 힘들지만 이성과 감성을 모두 갖춘 관리자가 되고자 노력한다.	관리자 개인적으로나 조직 차원에서나 사회적 문제에 대한 입장을 표명하는 것이 최선이다. 경계 세대 대부분은 회사가 자신의 정치적/개인적/직업적 신념을 공유해주길 바란다. 정치적/사회적 운동을 최우선으로 생각한다. 변화를 위해 일어설 수 있는 기회를 주어라.

경계 세대에게 맞는 근무 환경 조성하는 법

경계 세대를 위해 사무실 환경을 모조리 바꿀 이유는 없다. 필자들을 믿어라. 그건 정말 좋지 않은 생각이다. 노력에 'A학점'을 주는 것을 좋아하는 류의 관리자라면 (혹은 남들보다 앞서가는 것을 좋아하는 관리자라면) 경계 세대 친화적인 근무 환경을 조성하려고 할 때 다음 지침을 따르라.

» **기술을 업그레이드하라.** 기술을 마지막으로 바꾼 때가 언제인가? 매년 기술 투자에 적정한 예산을 책정하는가? 그렇지 않다면 지금 당장 전략 회의를 실시하라. 왜냐하면 6년 된 컴퓨터에서 일을 할 수는 있지만 해야 한다는 뜻은 (혹은 동기 부여가 되어야 한다는 뜻은) 아니기 때문이다. 일부 경계 세대는 '기술전문성'이 떨어지면 절망할 수 있다. 학교에서 경계 세대는 클라우드 환경에서 교육을 받았다. 리포트, 시험, 과제 등 모든 것을 온라인에서 제출했다. 성능 좋고 안전한 클라우드 기반 시스템이 구축되어 있는가?

» **퇴근 정책을 재검토하라.** 밀레니얼 세대가 유연성의 전형이라고 생각한다면 다시 생각해야 한다. 경계 세대는 자신이 유연성을 요구하고 있다는 인식 자체를 못하고 유연성을 요구한다. 경계 세대는 일과 삶의 균형을 위해 치열하게 싸운 X세대 부모 밑에서 자랐기 때문에 개인 시간과 업무 시간에 대한 기준이 이미 정해져 있다. 경계 세대는 8시에 출근하고 4시에 퇴근하는 것이 가능한지를 묻는 것이 바보 같다고 생각한다. 당연히 요구할 수 있고 그렇게 살아야 한다. 경계 세대에게는 8시 출근 4시 퇴근이 가장 효과적인 업무 일정이기 때문이다.

» **조직 구성원의 인구통계를 확인하라.** 앞서 언급했듯이 다양성이 필수적이다. 조직의 다양성 및 포용 중점 과제에 주목하라. 이루 말할 수 없이 중요하다. 왜냐하면 경계 세대가 조직에 입사할 것이냐를 선택할 때 그리고 그보다 더 중요한 조직에 계속 남을 것이냐를 선택할 때 다양성과 포용을 중시하는 조직 문화가 선택의 기준이 되기 때문이다.

» (금전적 보상을 강조한) **보상 체계를 논의할 준비를 하라.** 경계 세대에게 빠른 경력 발전을 제안하는 것은 그리 효과가 크지는 않다. 경계 세대는 빠른 경력 발전, 자신의 재능을 발휘할 수 있는 직무, 의미 있는 일, 빠르게 돌아

가는 업무 환경, 혁신적인 기회 그리고 두둑한 연봉을 원한다. 밀레니얼 세대는 앞서 말한 모든 보상에 비해 돈은 부차적이라고 생각했지만 경계 세대는 아직 나이가 어린데도 일과 삶에서 원하는 모든 것을 갖기 위해서는 꾸준히 월급을 받는 것이 가장 중요하다고 생각한다. 밀레니얼 세대는 회사가 지원해주는 해피 아워나 칼라런 같은 재미있는 보상을 선호하지만 경계 세대는 한 번 재미있고 마는 것보다 금전적 보너스와 더 많은 책임을 추구하는 경향이 있다.

» **메트릭스와 이미지를 활용해 업무 지시를 할 수 있는 방법을 브레인스토밍하라.** 좌뇌가 발달한 사람들은 흔히 '측정할 수 없다면 사실이 아니다'라고 말한다. 경계 세대는 아마 이 말을 '조사할 수 없다면 사실이 아니다'라고 바꾸어 말할 것이다. 여기서 조사(research)는 퓨리서치센터의 최신 자료를 끌어올리는 것을 뜻하지 않는다. 검색 엔진을 이용해 의사 결정을 내리는 데 필요한 모든 자료를 수집하는 것을 뜻한다. 넥타이 매는 법을 몰라서 아빠한테 물어보아야 했던 때를 기억하는가? 수강 과목을 선택할 때 누가 선생님인지 다른 학생들의 강의 평가는 어떤지 알지도 못하고 되는 대로 골라야 했던 때를 기억하는가? 경계 세대는 초등학생일 때부터 무엇이든 물어볼 것이 있을 때는 구글과 유튜브부터 찾았고 그러면 시청각 교육을 받을 수 있었다. 이렇듯 풍부한 리소스와 구조에 익숙한 새로운 세대를 맞이하기 위해 어떻게 준비할 것인가? 경계 세대가 얻을 수 있는 정보에는 한계가 없기 때문에 근무 환경에서 접근성이 제한되면 분명히 좌절감을 느낄 것이다. 정보, 의사 결정 맥락, 학습을 위한 시청각 도구를 제공할 수 있는 방법을 고민하라. 예시 : 경계 세대에게 읽어야 할 논문을 줄 때 관련 논문 링크 주소와 교차 비교를 위한 인포그래픽을 함께 주어라.

» **스스로에게 '있는 그대로 말하자, 있는 그대로 말하자'라고 세뇌시켜라.** 관리자가 '한계는 하늘이다(한계는 끝이 없다는 뜻-역주)'라는 격언에 바탕해 업무 지침을 내린다면 경계 세대는 그 자리에 얼어붙고 말 것이다. 의도와 지침을 있는 그대로 전달하라. 의문의 여지를 남기지 말라.

» **경계 세대와 밀레니얼 세대의 차이점에 익숙해져라. 다음 표를 참조하라.**

	밀레니얼 세대	경계 세대
협업	사랑한다.	좋아한다(특히 온라인으로 할 때). 하지만 독립적인 시간도 필요하다.
차이 만들기	매우 중요하다.	중요하다.
비금전적 보상 : 회식, 해피 아워, 아이스크림 회식 등	거의 언제나 사랑한다.	괜찮다. 하지만 개인적 시간을 빼앗기면서까지 참여하고 싶진 않다.
경력 발전	고속 승진을 원한다.	열정을 쏟을 수 있는 일을 할 수 있게 허용해준다면 조금 더 기다릴 수 있다.
경영 방식	민주적이고 인간적	자신감 있고 명확한 방향 제시

미래 예측 : 경계 세대와 다른 세대의 잠재적 충돌 지점

경계 세대가 직장 생활을 시작하면 다른 세대와는 별다른 어려움 없이 잘 지낼 것이다. 하지만 밀레니얼 세대와는 가장 큰 세대 충돌을 빚을 수도 있다는 의혹이 강하게 든다. 과거의 세대 갈등 양상에 비추어봤을 때 다음과 같은 가설을 세웠다. 전임 세대는 바로 뒤에 오는 후임 세대와 좋은 관계를 맺는 것을 가장 힘들어할 것이다. 그 말인즉슨 밀레니얼 세대도 예외가 아니라는 뜻이다.

세대 충돌 : 밀레니얼 세대 대 경계 세대

경계 세대는 협력과 끊임없는 중간 점검을 최고로 중요하게 생각하는 밀레니얼 세대에게 충분한 질문을 하지 않을 수 있다.

> 에드워드, 밀레니얼 세대 관리자 : 안녕, 엘리너. 지난번에 준 과제는 어떻게 되어가고 있어?
>
> 엘리너, 경계 세대 사원 : 아, 잘되가고 있어요. 퇴근하기 전에 드릴 수 있을 것 같아요.
>
> 에드워드 : 그렇게 빨리? 우와…
>
> 엘리너 : 네! 그러면 이제 다른 과제도 맡을 수 있어요.

에드워드 : (잠시 생각하더니) 그런데 뭔가 네가 실수하거나 잘못한 부분이 있을 것 같다는 생각이 드네. 나한테 그 과제에 대해서 한 번도 질문을 한 적이 없잖아…

행간 읽기 경계 세대는 업무에 집중해서 마감 기한을 지키는 능력에 자부심을 가지고 있다. 밀레니얼 세대와는 달리 경계 세대는 끊임없는 질문 세례를 퍼붓지 않는다. 사내 네트워크를 이용해 필요한 리소스를 얻거나 동료에게 물어보면 되기 때문이다. 이러한 독립성은 칭찬할 만하지만 동네에 새로 이사 온 꼬맹이가 자기가 가진 물건에 (지나친) 자신감을 보이면 문제가 될 수 있다. 질문을 하는 것을 무엇보다 중요하게 생각하는 밀레니얼 세대는 의아해할 수 있다. "정말로 혼자서 모든 걸 다 잘 해낼 수 있다고 생각하는 건가? 오해는 하지 말고. 나도 구글 검색 좋아하니까. 그래도 직장에서는 업무 과정에서 나랑 다른 사람들이랑 협업해서 훨씬 더 많은 걸 배울 수 있을 텐데."

세대 충돌 : X세대 대 경계 세대

X세대는 경계 세대가 너무 극단적으로 기술에 의존한다고 생각하거나 경계 세대와의 면대면 의사소통이 힘들 뿐만 아니라 정말로 어색하다고 느낄 것이다.

조단, X세대 관리자 : 아침에 새로운 의사소통 시스템에 관한 메시지 받았어…. 솔직히 다 읽진 않았어. 무슨 내용이었어?

닉, 경계 세대 사원 : 생각해봤는데 더 쉽게 의사소통할 수 있는 방법이 있을 것 같더라고요. 그런데 마침 과제 관리를 도와주는 이 새로운 시스템을 나온 거예요. 다른 플랫폼끼리 대화도 지원해서 좋을 것 같아요.

조단 : 그래, 다른 사람들은 다 뭐라고 하나?

닉 : 제가 말해본 사람들은 다 좋은 생각인 것 같대요. 도입하는 게 좋을 것 같아요. 그러면 모든 게 다 훨씬 수월해지거든요.

조단 : 그래 그렇단 말이지. (잠시 생각하더니) 너랑 비슷한 사람들한테만 물어본 건 아니고? 내 생각엔 직접적인 대인 관계를 방해하는 또 다른 시스템이 될 것 같아서 걱정스러운데.

행간 읽기 조단은 기술 변화에 완벽하게 대처할 수 있고 모든 걸 변화시키려는 밀레니얼 세대의 열망도 인내했던 X세대이다. 그러나 경계 세대 부하 직원인 닉은 양해도 구하지 않고 경계를 더 확장시키려고 하고 있다. 조단은 변화를 도입해도 괜찮은 부분과 괜찮지 않은 부분에 대한 기대치를 재설정해야 한다. 그 과정에서 경계 세대 직원에게 면대면으로 개인적인 관계를 쌓을 때 가장 필요한 가르침을 줄 수 있다.

세대 충돌 : 베이비부머 세대 대 경계 세대

베이비부머 세대는 경계 세대에게 다음과 같은 트집을 잡을 수 있다. "항상 너무 산만해요. 어느 하나라도 집중을 할 순 없는 건가?!"

> 게일, 베이비부머 세대 관리자 : 캇, 잠깐 헤드폰 좀 벗어줄래?
>
> 캇, 경계 세대 사원 : (아이폰에서 멈춤 버튼을 누르며) 네, 무슨 일이세요?
>
> 게일 : 어제 회의에 대해서 잠깐 하고 싶은 얘기가 있어서.
>
> 캇 : (컴퓨터, 아이패드, 아이폰을 만지작거리며) 좋아요. 회의실에서 이야기할까요?
>
> 게일 : (속으로) 도대체 이야기하러 가는데 그 기계는 왜 세 개나 들고가는 건데? (회의실로 함께 걸어감)
>
> 캇 : 그래서 하실 말씀이 뭐예요?
>
> 게일 : 피드백을 줄 게 있어. 어제 회의실에 컴퓨터 말고도 전자 기기를 더 들고 들어왔잖아. 회의에서 논의한 중요한 정보를 놓쳤을 수도 있다는 생각이 들어.
>
> 캇 : (속으로도 실제로도 크게 한숨을 쉬며) 인스타그램 보거나 뭐 그런 거 아닌데요…
>
> 게일 : 어쨌든 실제로 뭘 하는지 알 수가 없잖아. 그리고 다른 시니어 파트너들도 자네가 딴짓하는 게 아니라는 걸 어떻게 알겠나. 더더구나 자네가 그분들 눈을 못 쳐다보는 것처럼 느껴졌단 말일세.

행간 읽기 캇은 쉽게 여러 화면을 오가며 업무를 수행할 수 있는 능력은 있지만 소란을 피우지 않고 얌전하게 일할 수 있는 능력은 없는 것 같다. 게일은 캇이 똑똑하다는 건 알지만 감성 지능에는 의문을 품는다. 캇이 현장에 나가서 실제 고객들과 대면할 때 무슨 일이 벌어질까? 캇이 관계를 맺는 방법을 알기나 할까? 경계 세대는 밀레니얼 세대가 전자 기기 때문에 한바탕 소동을 벌였던 것보다 한층 더 악화된 상황을 연출할지도 모른다. 하지만 그 과정에서 완전히 새로운 수준의 의사소통 능력이 추가될 것이다.

chapter **17**

미지에 대한 예측

제17장 미리보기

● 지난 세대 정보를 활용하여 미래 세대에게 정보를 주는 법

● 기술 혁신과 경제 주기의 영향 분석

● 다음 세대 유행을 반영하는 법

● 우리가 아는 것과 모르는 것에 대한 현실적인 접근

여러 리더와 관리자가 필자들에게 미래를 보여주는 수정 구슬을 들여다보고 세대에 대한 예측을 해달라고 부탁하곤 한다. 이들은 다음에 어떤 일이 일어날지, 직장의 미래는 어떻게 될지, 밀레니얼 세대 다음 세대는 (그리고 경계 세대 다음 세대는) 어떤 집단일지 등 끝없는 호기심을 가지고 있다. 놀랄 일은 아니다. 리더와 관리자는 미리 생각하는 사람들이다. 동향을 예측하고 경쟁에서 앞서 나가기 위해 최선을 다한다. 가능한 한 미래에 일어날 모든 가능성을 미리 예측하고 대비한다. 그래야만 조직 문화에 변화가 일어날 때 정면으로 마주할 수 있기 때문이다.

이 주제에 대해 이야기할 때 제기되는 질문이 있다. 세대 지식을 이용해 과거의 주기를 관찰하고 미래를 예측할 수 있습니까? 짐작하시다시피 선뜻 대답하기에는 너무

많은 요인이 복잡하게 얽혀 있다. 부족하지만 필자들의 경험에 비추어보면 어느 정도까지는 예측할 수 있다. 하지만 예측이 빗나갈 가능성도 약간 있다. 아니 어쩌면 아주 많이 있다. 필자들은 점성술가도 아니고 시간 여행자도 아니고 미래학자도 아니다. 미래는 기하급수적인 변화를 예고한다. 그 변화는 혁명 수준일 때도 있고 진화 수준일 때도 있다. 미래는 예측할 수 없는 아무도 가보지 않은 땅이다. 미지의 세계를 탐험하는 일은 두렵다. 하지만 세대 이론에 기반해서 미래에 어쩌면 일어날지도 모르는 일을 예측해보는 것은 가능하다.

역사를 통한 미래 예측

(누가 한 말인지는 몰라도) 역사는 반복된다는 말이 있다. 수년 동안 세대 역학을 자세히 관찰해보면 이 말은 사실이라는 것을 알 수 있다. 주기적 패턴이 나타나고 있기 때문이다. 특정 행동, 특성, 태도가 세대 연대표 상에서 나타났다 사라졌다를 반복한다. 필자들은 과거가 어떻게 미래에 대한 정보를 주는지를 관찰했다. 그 결과 현재를 이용해 미래에 대한 조심스러운 예측을 할 수 있다는 결론에 도달했다. 이번 장에서는 세대별 역사와 현재 상황을 활용해 미래를 예측해볼 것이다.

순환하는 세대 특성

세대 이론을 접한 적이 있다면 한 번쯤 이런 생각을 해보았을 법하다. '이거 가만히 보니까 세대 특성 같은 것이 돌고 도는 것 같은데?' 기본적인 핵심만 놓고 보면 맞다, 세대는 순환한다. 인간의 행동과 행위에는 일정한 패턴이 존재하기 때문이다. 세대 이론의 순환성을 깊이 파고든 연구는 수없이 많다. 현대 세대 이론의 조상이라고 할 수 있는 윌리엄 스트라우스와 닐 하우는 이 분야에서 한 획을 긋는 『세대(Generations)』, 『네 번째 전환기(The Fourth Turning)』, 『떠오르는 밀레니얼 세대(Rising Millennials)』 같은 저술을 남겼다. 스트라우스와 하우의 이론은 놀라울 정도로 복잡해서 한입에 삼킬 수 있는 너겟 같은 정보로 압축하기란 거의 불가능하다. 하지만 필자들이 최선을 다해서 세대의 순환적 특성에 대해 꼭 알아야 하는 정보만 정리했다.

세대는 네 가지 패턴을 나타내며 순환한다(그림 17-1 참조). 여기서 바탕이 되는 생각은 세대는 일정 수준까지는 태어난 사회와 조건의 산물이라는 것이다. 사회적인 정점에서 각성기를 지나 해체기와 위기를 거쳐 다시 정점으로 돌아오는 시대 상황 속에서 시대마다 겪은 경험에 반응하여 서로 다른 세대별 정체성이 나타난다.

1. 이상주의 세대(베이비부머 세대)

   범죄가 드물고 정신이 드높았던 시대에 태어난 베이비부머 세대는 이름 그대로 낙천적이고 이상적인 에너지를 세상을 더 나은 곳으로 만들고 긍정적인 사회 변화를 일으키는 데 쏟으며 살았다.

2. 반작용 세대(X세대)

   X세대는 자기 자신에 집중하는 사회 분위기와 범죄율이 급증한 시대 조건에서 성장했다. 이전 세대에 범죄율이 낮았기 때문에 딱히 부모는 자녀를 보호해야 할 필요성을 느끼지 못했기 때문에 관심이 다른 데 가 있었다. 이러한 새로운 시대 조건에 대한 반작용으로 X세대는 실용적인 생존 능력을 발전시켰고 회의적이고 독립적인 성향을 보인다.

3. 시민 세대(밀레니얼 세대)

   사회가 본격적으로 해체기에 접어들면서 밀레니얼 세대는 고장난 것처럼 보이는 사회를 어떻게 고칠 수 있는지에 집중한다. 밀레니얼 세대는 재건과 개선에 에너지를 집중하며 낙천적이고 자기 자신보다 팀워크를 중요하게 생각한다.

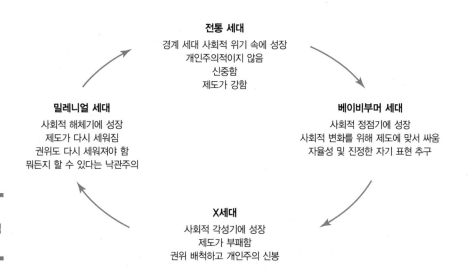

그림 17-1
세대의 순환적 특성

전통 세대
경계 세대 사회적 위기 속에 성장
개인주의적이지 않음
신중함
제도가 강함

밀레니얼 세대
사회적 해체기에 성장
제도가 다시 세워짐
권위도 다시 세워져야 함
뭐든지 할 수 있다는 낙관주의

베이비부머 세대
사회적 정점기에 성장
사회적 변화를 위해 제도에 맞서 싸움
자율성 및 진정한 자기 표현 추구

X세대
사회적 각성기에 성장
제도가 부패함
권위 배척하고 개인주의 신봉

4. 적응 세대(전통 세대/경계 세대)

전통 세대/경계 세대는 위기의 시대에 태어났기 때문에 (질식할 정도로) 부모의 과보호를 받으며 자랐다. 실용주의적 사고가 강하고 위험을 회피하며 규칙을 준수한다.

양육 방식 동향을 통한 미래 예측

세대별 부모마다 자신이 갖지 못한 것을 자녀 세대에게 주고 싶어 하는 경향이 있다. 또한 자녀가 더 나은 세상에서 자랄 수 있게 하려고 최선을 다한다. 이러한 목표를 달성하기 위해 부모는 때때로 자신을 키워낸 부모의 양육 방식과 반대되는 양육 방식을 선택한다. 그 결과 부모 세대와 자녀 세대는 표 17-1에서 보다시피 서로 다른 특성을 나타낸다.

표 17-1	세대별 자녀 양육 방식 및 자녀 세대에게 주입한 가치관			
	전통 세대	베이비부머 세대	X세대	밀레니얼 세대
양육 방식 : 자녀를 어떻게 대우했나	아이들은 눈에 띄는 곳에 있되 소리는 내면 안 된다.	자아존중감 운동	정직이 최선의 정책이다.	우리가 이루지 못했던 못했던 변화를 너희는 이뤄낼 수 있다.
양육 방식 : 자녀를 어떻게 보호했나	자전거 타는 법 가르쳐 주는 사람	헬리콥터	제트 전투기	잔디깎이 기계
자녀의 가치관	베이비부머 세대 + X세대 "내 무릎이 까진다고 다른 사람에게 피해가 가는 것은 아니다." "(어른이) 말을 걸 때만 말을 해요." "실수는 인생의 일부예요."	밀레니얼 세대 "제 의견도 중요해요." "(부모님이라는) 안전망이 있어서 감사해요." "부모님은 제 치어리더예요."	경계 세대 "부모님은 제가 현실을 직시할 수 있게 해주세요." "저는 미래에 어떤 직업을 갖든 적용 가능한 능력이 있어요." "부모님은 제 친구예요."	아직 아기인 알파 세대* 아직 모르지만 예상하기로는, "저는 안전해요."

*알파 세대는 경계 세대 다음 세대를 지칭하기 위해 벌써 생겨난 이름이다.

밀레니얼 세대의 자녀 양육 방식이 미래 노동 인구에 미칠 영향

왜 밀레니얼 세대 부모에게만 현미경을 들이대려고 하는가? 청춘물에나 나올 법한 대사일 수도 있지만 밀레니얼 세대 부모는 미래를 키워내고 있기 때문이다. 밀레니얼 세대 대부분이 생애주기에서 부모가 되는 단계로 진입하기까지는 시간이 많이 걸리겠지만 벌써 가정을 꾸리고 20년을 전후해 노동 인구에 편입될 다음 세대 인재를 키우고 있는 밀레니얼 세대도 많다. X세대가 경계 세대 자녀를 키우는 방식이 다음 세대 인재에 대해 시사하는 바가 직접적이었듯이 (더 자세한 이야기는 제16장 참조) 밀레니얼 세대의 자녀 양육 동향을 살펴보면 경계 세대 다음에 올 세대의 특성을 예측해볼 수 있다.

다음은 밀레니얼 세대의 자녀 세대에 대한 예측이다.

» **밀레니얼 세대의 자녀는 현미경 아래서 자라고 있다.** 밀레니얼 세대의 자녀는 부모의 얼굴을 인식하는 동시에 스마트폰에서 얼굴을 인식하는 법도 배웠다. 이들에게 기술은 태어나는 순간부터 삶의 일부이다. 부모가 폰을 들이대면 자동으로 미소를 짓는다. 시간이 조금 지나면 인터넷에 존재하는 수많은 자기 사진과 이야기를 발견한 청소년들이 부들부들 떨면서 내지르는 비명 소리를 들을 수 있을 것이다.

» **소셜미디어 세상에서 자녀 양육이란 곧 남들과의 끊임없는 비교이다.** 구글에 '#PinterestFail'(#핀터레스트실패)이라고 검색하면 일이 계획대로 되지 않은 상황을 포착한 수많은 사진을 볼 수 있다. 밀레니얼 세대 엄마와 아빠는 최고의 부모가 되어야 한다는 압박에 시달린다. 자녀에게 유기농만 먹이고 가장 믿을 만한 곳에서 조달한 종합비타민을 먹이고 성별을 드러내지 않는 삼으로 만든 옷만 입혀야 한다는 압박이 존재한다. 남들과 비교해 완벽한 부모가 되려는 요구는 자녀가 학교에 들어갈 때도 이어져 매우 경쟁적인 개인으로 이루어진 세대 집단을 탄생시킬 수 있다.

» **밀레니얼 세대는 늦은 나이에 부모가 되고 있다.** 나이와 지혜가 비례한다고 한다면 늙은 밀레니얼 세대의 자녀 세대는 평균적인 부모보다 자녀에게 인생을 살아가는 데 필요한 능력을 더 많이 전수해주는 부모를 둔 집단이다. 경험이 많은 부모라는 것은 자녀에게 안전한 세상을 만들어주기 위

> 해 할 수 있는 모든 일을 다하는 부모라는 뜻도 된다… 밀레니얼 세대는
> 잔디깎이 기계 같은 부모다. 자녀의 삶에서 모든 가능한 장애물을 없애주
> 려고 한다.

기술과 경제와 유행

오지 않은 미래를 탐구할 때 예측 불가능한 요인이 있다는 것은 곧 재미난 상상거리
가 있다는 뜻이기도 하다. 그때 그 시절에는 무슨 기술이 빠르게 발달했었지. 그때
그 시절에는 경제가 매우 좋았지(혹은 매우 안 좋았지). 그때 그 시절에는 뭐가 최신 유
행이었지. 모호하게 보이는 이 문장들이 시대마다 어떻게 완성되느냐에 따라 한 세
대 집단이 정의된다. 비록 기술, 경제, 대중의 취향은 예측 불가능하지만 패턴이 없기
때문에 마음껏 미래를 상상할 수 있다.

기술

세대마다 커다란 기술의 변화를 목격했다. 베이비부머 세대는 최초의 프린터기와 팩
스와 컴퓨터를 목격했다. X세대는 최초의 개인용 컴퓨터와 이메일과 핸드폰을 목격
했다. 밀레니얼 세대는 애플 제품의 업그레이드 주기에 따라 성장했으며 초조하게
다음 기술과 사회 혁신을 기다린다. 미국 시트콤 '우주 가족 젯슨(The Jetsons)'에서는
2062년을 아주 먼 미래로 상정하고 미래 사회를 그려냈지만 그 날짜는 점점 더 가까
워지고 있다. (이 책의 출판일을 기준으로 했을 때 이제 50년도 채 남지 않았다!) 시트콤에서처럼
하늘을 나는 차를 운전하고 로봇 로지가 집안일을 다 해주는 일은 일어나지 않을지
몰라도 일부 기술 변화는 미래를 완전히 뒤바꿔 놓고 직장 생활에 커다란 영향을 미
칠 수 있다.

운전의 미래

어린 세대일수록 점점 더 자동차와 운전에 흥미를 잃어 가고 있다. 베이비부머 세대
는 첫 번째 차를 사기 위해 손발이 닳도록 열심히 일했지만 밀레니얼 세대와 경계 세
대는 자동차를 성가신 필수품이라고 생각하거나 심지어는 골칫거리로 여기기도 한

다. 멀리 갈 것도 없이 이웃에 사는 아이들이 어디에 갈 때 자신이 직접 운전할 생각은 하지 않고 부모님에게만 의존하거나 (미국에서는 만 16세부터 합법적으로 운전할 수 있다-역주) 우버를 이용하는 것만 봐도 이러한 경향을 알 수 있다. 운전에 흥미가 없는 젊은 세대가 늘어나고 있지만 자율주행차가 도로를 점령하게 될 날도 점점 더 빠르게 다가오고 있으며 사회는 이러한 변화를 받아들일 준비가 (대부분) 되었다.

운전의 미래가 직장 생활에 가져다줄 잠재적 변화는 다음과 같다.

> » 일하는 부모에게 유연성이 높아진다. 아이들을 학교나 학원에 데려다주고 데리러 갈 필요가 없어진다.
> » 업무 시간이 짧아진다. 직원들은 차에서 내리자마자 일을 시작할 수 있다.
>   (업무 시간에 출퇴근 시간이 포함된다는 사실을 감안하면 업무 시간을 효과적으로 줄일 수 있다.)

웨어러블 기술의 미래

최근에 웨어러블 기술이 크게 발전했다. 웨어러블 기술 시장에는 스마트워치, 활동 추적 팔찌/귀걸이/허리띠 등이 등장해 삶에 관한 정보를 계속 알려주거나 추적해주거나 혹은 두 기능을 모두 지원한다.

웨어러블 기술의 미래가 직장 생활에 가져다줄 잠재적 변화는 다음과 같다.

> » 직장에서도 정보에 놀라울 정도로 효율적으로 접근할 수 있다.
> » 직장에서 공지사항 및/또는 업무 요청을 끊임없이 알려준다. '항상 켜져 있음(Always on)' 이라는 말이 이제 비유적 표현이 아니라 문자 그대로의 표현이 될 것이다.
> » 사람들을 이용해 매일 지속적인 피드백을 기반으로 데이터를 추적할 수 있게 되면서 지속적인 데이터 추적이 강조될 것이다.

직장의 미래

일반적으로 기술 변화는 업무 장소와 업무 시간에 계속해서 영향을 미칠 것이다. 또한 기술 변화로 인해 새로이 생겨나는 직업도 있고 사라지는 직업도 있을 것이다. 기술이 업무 환경에 미치는 영향이 광범위해지면 직장 생활에 다음과 같은 잠재적 변

【 창의력과 호기심을 저해하는 기술 】

텔레비전 채널이 일곱 개뿐이고 부모님이 해가 지면 무조건 집으로 불러들이던 시절에 자란 많은 어른들은 과거에 재미를 즐기기 위해서는 필수적이었던 상상력을 기술이 대체해버릴까 봐 두려워한다. 기술 발전 때문에 상상력을 발휘할 수 있는 기회가 없어졌다고 주장하는 사람들이 있다. 이제는 상상력이 이끄는 대로 따라가는 대신 모든 문제에 대한 답을 온라인에서 찾기 때문이다. 이러한 두려움이 근거가 전혀 없는 것은 아니지만 한번 상상력을 다른 시각으로 보기를 권한다. 기계를 집어들고 어떤 정보를 검색할 때도 창의력이 필요하다. 불평등이 없는 세상을 상상할 때도 상상력이 필요하다. 경계 세대는 항상 불평등 없는 세상을 위해 투쟁한다. 경계 세대는 구조에 의존해 상상한다. 좋은 특성이다! 선형적인 세상 안에서 상상하는 능력을 인정하고 경계 세대가 상상하고 싶은 것을 상상하게 내버려두어라. 자신이 창의력을 발휘하는 방식과 다르다고 해서 창의성이 아닌 것은 아니라는 사실을 잊지 말라. 경계 세대는 이미 다음과 같은 업적을 이루어냈다.

- 15세에 제일린 블레드소(Jaylen Beldsoe)는 자신이 창업한 IT회사를 350만 달러의 글로벌 회사로 키웠다.

- 7세에 조라 볼(Zora Ball)은 모바일 비디오 게임을 만들었다.

- 18세에 덴젤 톰슨(Denzel Thompson)은 필라델피아에서 도심 지역을 재활성화하고 건강한 식재료를 재배하는 지속가능한 정원을 조성하기 위해 비영리 기업을 공동 창립했다.

- 15세에 잭 안드라카(Jack Andraka)는 췌장암 진단법을 발명했다.

- 17세에 말랄라 유사프자이(Malala Yousafzai)는 역사상 가장 어린 노벨상 수상자가 되었다.

화가 일어날 수 있다.

> » 새로운 기술 변화가 일어날 때마다 새로운 직업이 생겨날 것이다. 한계는 없다.
> » 언제 어디서나 일할 수 있다.
> » 업무를 완수할 수 있는 더 혁신적인 방법이 항상 나타날 것이다.
> » 잠재적인 업무 방해 요소가 훨씬 다양해질 것이다.

경제

경제는 변덕스럽고 호황기가 있으면 불황기가 있다는 사실을 필자들은 경험해보았기 때문에 안다. 경제학자라도 되는 것처럼 다음 불황이 언제 닥칠지 이론을 세우고 예측할 의도는 없다. 하지만 각 세대 집단이 경제 순환 주기를 나타내는 포물선에서 어디를 지나왔느냐가 세대별 근무 방식에 어떤 영향을 미쳤는지는 설명할 수 있다.

» **호황기** : 경제 호황기에 인격 형성기를 보낸 세대는 낙천적이다. 늙은 밀레니얼 세대를 예로 들 수 있다. 비록 대다수가 경제 침체기에 대학을 졸업하긴 했지만 인격 형성기의 대부분은 경제적으로 안정된 시기였기 때문에 돈에 관한 대화도 흔하지 않았다.

» **불황기** : 경제 불황기에 성인이 된 세대는 미래를 비관적으로 보며 인생에서 더 실용주의적인 선택을 하고 지출 대신 소비를 하는 경향이 있다. 경계세대를 예로 들 수 있다. 경계 세대는 중학교에 입학했을 때 주변 사람들이 경기 침체 때문에 고통받는 것을 보고 저축이 중요하다는 사실을 깨달았다. 그래서 오늘날 저축을 하는 세대 집단이 탄생했다.

전반적으로 경제가 침체되고 회복되고를 반복할 때 직원의 업무량에 미치는 영향을 주의하라. 1973년에서 2013년 사이에 임금은 9퍼센트 증가한 반면에 업무 생산성은 74퍼센트나 급등했다. 오늘날 젊은 세대 근로자들이 향후 5년에서 15년간 언제 어디서나 원하거나 필요할 때 일을 할 것이라는 사실을 감안하면 업무 시간은 엄청나게 늘어나고 임금은 소폭만 상승할 가능성이 있다.

유행

'쿨함'의 기준은 영원하지 않지만 한 가지 변하지 않는 사실은 최신 유행을 결정하는 힘을 가진 주체는 청소년이라는 것이다. 세대가 변할 때마다 새로운 은어와 이념과 윗세대에 대한 불만이 생겨났다. 유행은 대부분 대중 문화와 연결되어 있기 때문에 별로 중요해 보이지 않을 수도 있지만 함께 일할 집단이 누구인가에 대해 언뜻 생각하는 것보다 훨씬 많은 것을 말해준다.

유행을 뒤쳐지길 원치 않는다면 가장 쉬운 방법은 젊은 사람에게 물어보는 것이다. 멘토와 멘티로서 신뢰할 수 있는 관계를 쌓은 다음 물어보아야 할 것을 물어보아라. 가장 중요한 것은 대답을 듣고 나서 시멘트에 발을 담근 채 시간이 지나도록 내버려두는 것처럼 변화를 거부해서는 안 된다는 것이다! 최선을 다해서 유행을 흡수하고 자신에게 어떻게 적용할지를 생각한 다음 좇아가라. 표 17-2를 보면 유행이 얼마나 빨리 변하는지를 알 수 있다.

유행	전통 세대	베이비부머 세대	X세대	밀레니얼 세대	경계 세대

은어	Hip(좋다, 멋지다)
	no sweat(뭘 그런 걸 가지고)
	crusing for a bruising(네 무덤 네가 파는구나)
		Groovy(좋다, 멋지다)
		outta sight(좋다, 멋지다)
		far out(좋다, 멋지다)
			Fly(좋다, 멋지다)
			fresh(좋다, 멋지다)
			total Barnie(완전 거짓말)
			What's your damage?(뭐가 문제야?)
				Talk to the hand!(너는 떠들어라 나는 관심없다)
				Whatever!(어쩌라고)
				As if!(난 관심 없어)
				Tight(좋다, 멋지다)
					On fleek(완벽하다)
					#ratchet(기분 최악이야)
					Lit(좋다, 멋지다)
					turnt(파티가 신날 때 쓰는 표현)
					yaaaas(그래)

패션	후프 스커트 스리피스 정장 포마드	폴리에스테르 정장 고고부츠 나팔바지	어깨 뽕 풍성한 머리 형광색 옷 단체 재킷	골반바지 곱창 머리끈과 나비 핀 트레이닝 바지 스냅백 모자	레깅스 애슬레져 복 스키니진
음악	더 랫 팩(The Rat Pack) 대형 밴드	록앤롤 버블검 팝 비틀스 글램 록	그런지 힙합 대안 록	틴 팝-보이밴드/걸 그룹 펑크 록 R&B	매시업 오토튠 어쿠스틱
음악 방송	라디오 방송	아메리칸 밴드 스탠드(American Bandstand)	MTV	MTV BET CMT VH1	유튜브 비메오(Vlimeo)
문신과 피어싱	문신은 해군이나 하는 것	히피 귀걸이 히피 타투	한쪽 귀만 뚫는 건 남자 여러 군데 뚫는 건 여자	모든 문신은 자기 개성의 표현	아직 모름

표 17-2 세대별 유행

우리가 아는 것과 모르는 것

결국 우리 인간은 아는 것이 거의 없다. 합리적이고 논리적으로 생각해보면 알 수도 있다고 생각하는 모든 것에 비해 실제로 아는 것은 미미하다는 사실을 이해하게 될 것이다. 그림 17-2를 참조하자.

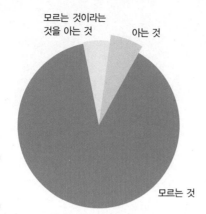

그림 17-2
인류 지식의 합

모르는 것이라는
것을 아는 것

아는 것

모르는 것

BridgeWorks. Minneapolis, MN. (October, 2016)

정리하면 다음과 같다. 필자들은 세대 지식이 많고 이 책에서 예측한 동향이 밀레니얼 세대가 누구인지를 알려줄 것이라고 장담할 수 있다. 하지만 미래가 어떻게 펼쳐질지, 새로운 대통령이 어떻게 미래를 바꿀지, 새로운 기기가 어떻게 근무 방식을 변화시킬지는 알 수 없다. 필자들이 할 수 있는 최선은 이미 알고 있는 것과 다른 사람들이 예측하는 것에 기대어 미래를 예상하는 것이다. 그것을 가지고 무엇을 하느냐는 독자 여러분께 달렸다.

기억해야 할 열 가지 목록들

제5부 미리보기

- 금전적 보상 이외에 밀레니얼 세대를 동기 부여할 수 있는 요인 열 가지를 알아본다.

- 조직에 귀중한 자산이 될 수 있지만 충분히 활용하고 있지 못하는 밀레니얼 세대의 열 가지 강점을 알아본다.

- 밀레니얼 세대에 관한 고정관념 열 가지가 어디서 왔는지를 알아보고 이 고정관념이 왜 틀렸는지를 이해한다.

- 밀레니얼 세대에게 #최고의상사가 될 수 있는 열 가지 비법을 알아본다.

----

chapter **18**

금전적 보상 이외에 밀레니얼 세대를
동기 부여할 수 있는 열 가지

밀 레니얼 세대처럼 복잡한 세대 집단을 마주하면 수수께끼 같은 이들의 정체를
풀어줄 성배가 있다고 믿어 버리기 십상이다. 세대 연구자로서 필자들은 이
책이 바로 그 성배라고 기쁘게 말할 수 있다. 방금 이 책을 성배에 비유했냐고? 그렇
다. 하지만 밀레니얼 세대를 해독할 수 있는 '비밀(secret)'은 사실 전혀 비밀이 아니
다. 단지 밀레니얼 세대가 누구이며 어디에서 왔고 직장에서 무엇에 가장 동기 부여
되는지만 이해하면 되는 일이기 때문이다. 게다가 밀레니얼 세대에게는 과거 다른
세대를 동기 부여했던 방식이 통하지 않는다는 사실도 전혀 놀라운 일이 아니다. 연
봉은 훌륭한 동기 부여 요인이다. 어른이 된다는 것은 절반은 생활비를 내는 일에 관
한 것이기 때문이다. 그러나 피도 눈물도 없는 돈만 가지고서는 밀레니얼 세대가 모

든 잠재력을 발휘해 일하도록 만들어주거나 조직에 기쁜 마음으로 남을 수 있도록 동기 부여할 수 없다.

이번 장에서는 밀레니얼 세대 직원의 마음에 불을 붙일 수 있는 비금전적 보상 방법을 탐구한다. 밀레니얼 세대에게 관리자로서 적당한 경계를 유지하면서 적절한 보상을 주어 동기 부여하는 방법을 살펴볼 것이다. 마지막으로 때때로 이러한 보상이 어떻게 관리자와 밀레니얼 세대 모두에게 윈윈이 되어 투자 대비 최상의 결과를 얻을 수 있는지를 보여줄 것이다.

다른 조직 구성원과 어울릴 수 있는 기회 주기

밀레니얼 세대는 네트워크로 서로 연결되는 것을 당연하게 생각한다. 고등학교 교장 선생님에게도 이메일을 보내고 미국 대통령에게도 트윗을 날리며 자란 세대이기 때문이다. 밀레니얼 세대는 무엇을 아느냐보다 누구를 아느냐가 중요하다는 사실을 누구보다 잘 알고 있다. 다양한 조직 구성원들과 관계를 맺을 수 있는 기회를 주는 것은 밀레니얼 세대를 동기 부여할 수 있는 훌륭한 방법이다. 회사가 밀레니얼 세대 직원들의 성장에 투자하고 있다는 사실을 (추가로 예산을 들이지 않으면서) 보여주는 방법이기도 하다.

밀레니얼 세대가 자신만의 네트워크를 구축할 수 있도록 도와주는 방법 중 하나는 멘토십 프로그램을 개발하는 것이다. 반드시 공식적인 프로그램일 필요는 없다. 상사라면 밀레니얼 세대 부하 직원과 이미 내부적으로도 외부적으로도 관계를 맺고 있거나 관계를 맺을 준비가 되어 있을 것이다. 밀레니얼 세대 부하 직원을 다른 부서의 관리자에게도 소개해주어라. 밀레니얼 세대가 능력을 확장할 수 있게 도와줄 사람들과 함께 점심 먹는 자리를 마련해도 좋다. 새로운 사람을 만나 새로운 관점을 배우면 밀레니얼 세대가 점을 연결하여 자신이 회사라는 커다란 수레바퀴를 구성하는 하나의 부품에 지나지 않는다는 생각을 떨칠 수 있게 도와줄 수 있다.

밀레니얼 세대 부하 직원들이 CEO와 점심을 먹을 수 있는 기회를 마련해야 한다는 부담을 느끼지 말라. 밀레니얼 세대는 어느 누구를 만나더라도 상사에게 고마움을 느낄 것이다. 다른 지사 다른 부서에서 일하는 직급이 같은 직원이라도 상관없고 공장에서 일하는 사람이라도 개의치 않을 것이다. 결국 누구를 만나 무엇을 배우든 밀레니얼 세대가 조직의 큰 그림을 보는 데 도움이 될 것이기 때문이다.

성과를 인정해주고 감사를 표현하기

'설마 이게 통할까' 의심하는 것은 자유다. 믿거나 말거나지만 진심이 담긴 인정이야말로 가장 간과되는 (그리고 비용도 안 드는) 동기 부여 전략 중에 하나이다. 너무나 자주 관리자들은 굳이 연례 평가 시즌이나 연말 행사를 기다렸다가 직원들에게 열심히 일하고 과제를 성공하고 매일 성실히 출근해줘서 고맙다는 표현을 한다. 이런 기념 행사도 좋지만 직원들은 전혀 예상치 못한 순간에 받는 감사 인사를 연말에 공식 행사에서 받는 상패보다 더 가치 있게 느끼기도 한다. 게다가 밀레니얼 세대는 감사함이 행복의 열쇠 중 하나라고 말한다. 그러므로 평소에 부하 직원들에게 고마움을 자주 표현한다면 관리자의 기분도 좋아질 것이다.

고맙다고 말할 때는 고마워하는 내용이 있어야 한다는 사실을 기억하라. 아무 의미 없는 감사 표현의 남발보다 최악인 것은 없다. 밀레니얼 세대 부하 직원의 어떤 점이 고마운지를 구체적으로 생각한 다음에 감사를 표현하라.

'나는 내 할 일 내가 한다고 감사 인사 받은 적 없는데'라고 생각하는 관리자가 있을 수 있다. 그러면 뒤집어서 이렇게 물어보자. 감사를 받지 못해도 괜찮았는가? 왜 감사를 받지 못한 일이 다른 사람을 칭찬하는 일도 하지 않도록 만들었나? 잘한 일에 대해 인정해주는 것은 직원들에게 비가 오나 눈이 오나 근무 성과를 눈여겨보고 있으며 그 성과가 회사의 전반적인 목표를 이루는 데 기여하고 있다는 사실을 보여주는 것이다.

성과를 인정해주고 감사를 표현하는 것은 비단 밀레니얼 세대에게만 효과가 있는 동기 부여 방식은 아니다. 감사 인사는 세대를 불문하고 사람들에게서 최선을 이끌어 낼 수 있는 보편적인 방법이다.

맞춤화된 보상 제공하기

밀레니얼 세대는 맞춤 생산 및 소비 시대에 성장했다. 이들은 한 사이즈가 모두에게 맞는다는 개념에 동의하지 않는다. 밀레니얼 세대 부하 직원들을 알아가기 위해 시간을 내어 이들의 이야기에 귀를 기울인 관리자라면 들은 정보를 이용해 개별 밀레니얼 세대 직원에게 더 잘 맞는 보상이 무엇인지 알 수 있다. 물론 보상을 개인별로 맞춤화하는 것은 완전히 비용이 들지 않는다고 할 수는 없지만 결과적으로는 더 큰 비용 절감 효과를 낳을 수 있다.

부하 직원이 좋아하는 동네 커피숍이 있는가? 신맛 나는 사탕을 좋아하는가? 회사의 보상 구조 내에서만 무언가를 주려고 하지 말고 창의력을 발휘하라. 쓸 수 있는 예산이 10달러밖에 없다고 하자. 같은 10달러짜리라도 타깃 기프트 카드는 직원이 가장 좋아하는 『해리포터』 인용문이 새겨진 머그잔만큼 보상 효과가 없을 것이다. (타깃 기프트 카드는 결국 식료품을 사거나 화장실 휴지를 사는 데 쓰이고 말 것이기 때문이다.)

이러저러한 조언을 듣고 맞춤화된 보상을 제공하려면 부하 직원의 사생활을 캐내야 한다는 뜻인가 고민하고 있다면 그럴 필요 없다. 밀레니얼 세대 부하 직원에게 꼭 맞는 인센티브를 제공하고자 개인적으로 정해놓은 사생활과 직장 생활의 경계를 허물지 말라. 매일 함께 일하면서 나누는 잡담만으로도 맞춤화된 보상에 대한 아이디어를 얻기에는 충분하다.

동료(그리고 상사)와 재미있는 경험 쌓을 기회 제공하기

많은 직장인이 깨어 있는 시간 대부분을 직장에서 보내고 직장 동료를 친구나 가족보다 더 자주 본다. 밀레니얼 세대는 이 사실을 속상하게 여기기보다 신나게 받아들인다. 동료들과 함께 즐겁게 양질의 시간을 보내는 것이 일과 삶의 균형보다 통합을 선호하는 밀레니얼 세대에게는 커다란 동기 부여가 된다. 무엇보다 밀레니얼 세대가 일을 바라보는 시각에 커다란 영향을 미친다. 사람이 커다란 자산이라고 생각하지 않는 조직 환경에서 일주일에 40시간을 일하고 싶어 하는 사람은 없다.

관리자는 밀레니얼 세대를 빈둥빈둥거리는 한 무리의 어린애들로 보기가 쉽다. 결국 진행 중인 일과 완료된 일에 대한 최종적인 책임을 져야 하는 사람은 관리자이다. 지나침의 기준을 설정할 필요는 있지만 직장 동료들과 함께 보내는 시간을 즐긴다는 것은 단순한 재미와 여가 이상의 의미가 있다는 사실을 인지하라. 실제로 동료와 함께 일하는 것을 좋아하는 직원이 힘든 상황에서도 과제를 추진해나갈 가능성이 더 높다. 또한 관리자가 '상사'이기 때문에 재미있는 활동에 동참할 수 없다는 것은 아니다. 부하 직원들과 스스럼없이 어울리는 것은 밀레니얼 세대에게 더 진정성 있게 다가갈 수 있고 업무 성과를 이끌어낼 수 있을 뿐만 아니라 관리자 본인도 즐거운 시간을 보낼 수 있다.

얼마나 많은 '재미있는' 시간을 보상할지는 관리자에게 달렸다. 관리자마다 부하 직원들 앞에서 얼마나 풀어진 모습을 보여도 되는지에 대해서는 경험에 따라 다른 기준을 가지고 있다. 자기 자신과 부하 직원들 앞에서 솔직해져라. 결국 자신의 본모습을 보여주느냐의 문제이다. 억지로 재미있는 척을 하면 밀레니얼 세대 부하 직원들은 바로 알아챌 것이다. 신입 사원과 페이스북 친구가 되고 싶지 않다면 하지 마라. 해피 아워에 20분만 참여하고 떠나고 싶다면 그렇게 하라.

승진 경로 보여주기

밀레니얼 세대는 공통적으로 승진이 더딘 것을 괴로워한다. 원하는 만큼 빨리 승진하지 못하면 미래에 경력이 위태로워진다고 생각한다. 관리자에게 밀레니얼 세대 부하 직원이 원할 때 승진시켜 줄 권력이나 권한이 없다면 밀레니얼 세대 부하 직원의 계속된 승진 요구 때문에 좌절감이 들 수 있다. 예산, 회사 연간 계획, 인사관리부 등 관리자가 부하 직원을 승진시키는 일을 종종 어렵게 만드는 요인이 많다. 그렇다면 관리자는 무엇을 할 수 있는가?

밀레니얼 세대 부하 직원을 지금 당장 승진시켜 줄 수는 없더라도 승진 경로를 보여주어라. '여기'에서 '저기'까지 가려면 무엇이 필요한지를 이해하기 쉽게 설명해주어라. 상사가 자신의 능력에 확신을 가지고 있고 미래의 리더로 생각한다는 사실을 아는 것만으로도 밀레니얼 세대에게는 보상이 될 것이다.

시간 단위를 줄여라. 관리자가 십 년 단위로 계획을 이야기한다면 밀레니얼 세대 부하 직원은 멍한 표정을 지을 것이다. 밀레니얼 세대는 대부분 단기적으로 사고한다. 일생 동안 너무 많은 변화를 목격해온 세대이기 때문에 십 년짜리 장기 계획을 세운다는 개념 자체를 이해하기 힘들어할 수도 있다. 주 단위나 월 단위 혹은 아무리 길어도 일을 연 단위로 말하라.

화를 내지 말라. 이 조언은 청춘 드라마에나 어울릴 법하지만 여기에도 적용이 된다. 너무 많은 관리자가 화를 주체하지 못해서 밀레니얼 세대 인재를 보유하는 궁극적인 목표를 달성하는 일에 실패한다. 관리자라면 다음과 같은 생각을 한 적이 있는지 자문해보아라.

> » 밀레니얼 세대에게 승진 경로를 보여주는 게 왜 내 일이야?
> » 끽해야 3년 일하다가 떠날 텐데 왜 내가 이 모든 에너지를 투자해야 해?
> » 정말로 승진을 원한다면 승진 경로도 스스로 알아내야지.
> » 차선책에 대해서는 신경 끄고 그냥 지금 하고 있는 일에 집중할 순 없는 건가?

만약 이런 생각을 하고 있는 관리자가 있다면 상황에 감정이 개입하도록 내버려두고 있는 것이다. '겨울왕국'의 엘사 말마따나 '렛잇고(let it go)' 하라. 그리고 밀레니얼 세대는 승진 자체를 원하는 것이 아니라 단지 회사에 긍정적인 변화를 더 많이 미칠 수 있는 길을 열망하는 것임을 기억하라. 상사가 방어적으로 나온다면 밀레니얼 세대 부하 직원은 현재 직장에서는 경력이 얼어붙었다고 생각하고 승진할 수 있는 다른 회사로 이직할 것이다.

더 많은 책임 부여하기

앞에서 말했듯이 관리자가 언제나 부하 직원을 승진시켜 줄 능력을 가지고 있는 것은 아니다. 그러나 의외로 밀레니얼 세대에게 추가적인 책임을 주는 것만으로도 동기 부여를 할 수 있다. 땡전 한 푼 들이지 않고 과제나 중점 과제, 심지어는 회사 전체에 추진력을 불어넣을 수 있는 것이다.

많은 밀레니얼 세대가 상당한 수준의 리더십 경험을 가지고 회사에 입사한다. 비영리 기업에서 자원봉사를 했을 수도 있고 대학교 비밀 사교 클럽에서 이사진으로 활동했을 수도 있고 스포츠 팀의 주장을 맡았을 수도 있다. 밀레니얼 세대는 직장 생활 경험은 부족할지 몰라도 책임을 맡아본 적이 없는 집단은 아니다. 단순히 신입이고 '말단직부터 경력을 쌓아야' 한다는 이유만으로 성적이 높은 학부생을 신입 자리에 고용한다면 최선의 경우에 단순히 동기 부여를 빼앗는 결과를 낳고 최악의 경우에는 일할 의욕조차 떨어뜨리는 결과를 낳을 수 있다.

관리자는 정신이 똑바로 박힌 직원이라면 똑같은 월급을 받으면서 일을 더 하고 싶어 하진 않을 거라고 가정하지만 밀레니얼 세대는 예외다. 밀레니얼 세대 부하 직원에게 위원회 일을 맡겨라. 새로운 태스크포스 팀이나 과제에 참여시켜라. 아니면 지역 사회 봉사 활동 같은 직무랑 직접적인 관련이 없는 일에라도 참여시켜라. 밀레니얼 세대에게 더 많은 책임이란 곧 더 높은 직무 몰입을 의미한다.

이 모든 책임을 맡기고 난 뒤에서 밀레니얼 부하 세대 직원이 승진할 자격이 되는지가 의심스럽다면 단일 업무나 단기 과제를 맡긴 다음 성과를 관찰하라. 공식적으로 승진을 시키거나 더 어려운 고객을 맡기기 전에 이러한 추가적인 책임을 맡기면 밀레니얼 세대 입장에서도 직무 훈련이 되고 관리자 입장에서도 직원의 능력을 시험할 수 있다.

밀레니얼 세대 부하 직원에게 잡무나 상사가 하기 싫은 일을 '리더십' 혹은 '기회'라는 말로 포장하여 떠넘기지 말라. 동기를 부여하는 책임과 직무 이탈을 유발하는 책임은 다르다. 밀레니얼 세대가 상사가 시간만 낭비하게 하는 업무를 맡긴다는 냄새를 맡게 되면 미련 없이 조직을 떠날 것이다.

반차 활용하기
- - - - - - - - - - - - - -

9시 출근 5시 퇴근은 과거 세대에게는 효과가 있었던 근무 방식이었을지 모르나 세상은 이른바 미친듯이 돌아가고 있다. 직급에 상관없이 사람들은 언제 어디서나 일할 수 있고 실제로도 그렇게 한다. 모든 세대가 습관처럼 퇴근하면서도 집에 남을 일

거리를 가져왔지만 밀레니얼 세대는 항상 다음과 같은 질문으로 상사를 몰아붙인다. "제가 유연성을 발휘해서 퇴근 후에도 집에서 일하기를 기대하신다면 관리자 님도 업무 일과 중에 저에 대해서 유연성을 발휘해주실 순 없으신가요?"

밀레니얼 세대는 점심 시간에 요가를 하러 가거나 일찍 퇴근해서 아름다운 날씨를 즐기고 싶어 한다는 이유로 너무 많은 것을 요구한다는 나쁜 평판을 얻었다. 그러나 좋든 싫든 밀레니얼 세대에게는 업무 유연성이 매우 중요하다. 브리지웍스에서 전국적으로 실시한 설문 조사에 따르면 실제로 최상위 밀레니얼 세대 인재들은 점심 시간에 요가를 하러 가거나 날씨가 좋은 날 일찍 퇴근할 수 있는 종류의 업무 유연성을 가장 큰 동기 부여 요인으로 꼽았다.

경고 : 관리자는 이렇게 생각할 수도 있다. '그렇지만 우리 분야는 [소매업, 헬스케어, 제조업 등]이란 말이야. 그런 종류의 유연성을 제공할 수 있는 방법이 없다고.' 그 말도 맞다! 물론 이 조언을 적용할 수 없는 산업도 존재한다. 만약 그렇다면 업무 유연성은 무시하고 나머지 아홉 가지 보상 방법에 집중하라.

'내가 신입 사원일 때는 그런 거 없었어'의 함정을 피하라. 관리자 본인이 노동 인구에 진입했을 때 업무 유연성을 보장받지 못했다고 해서 밀레니얼 세대가 업무 유연성을 요구하는 것이 미친 짓이라고 할 수는 없다. '우리 때는 말이야'로 시작하는 말을 꺼내고 싶다면 괜히 떼를 쓰고 있는 것일 수도 있다. 말했듯이 세상은 미친듯이 돌아가고 있다! 억울해하지 말고 시대 변화를 받아들여야만 한다.

열정 과제에 투자하기

열정 과제(passion project)는 포춘지가 선정한 500대 기업 가운데 일부가 시행하고 있는 새로운 관행이다. 직원들에게 무엇이든 자신이 원하는 일에 일정 비율의 시간을 투자할 수 있도록 허락해주는 것이다. 업무와 관련된 일이어도 좋고 (그렇다면 매우 감사한 일이다) 개인적인 일이어도 좋다. 충분한 시간이 없어서 가려운 채로 두었던 부분을 긁어주는 발전적인 일이기만 하다면 말이다. 역사를 돌아보면 가장 혁신적인 아이디어는 때때로 직원들에게 완전한 자유를 주고 스스로 탐험하게 할 때 탄생하곤 했다.

열정 과제라는 개념은 모든 세대가 좋아하겠지만 밀레니얼 세대는 자신들이 자라온 환경 때문에 유독 매력적이라고 생각할 것이다. 밀레니얼 세대는 우버와 리프트가 택시 산업을, 넷플릭스가 케이블TV를, 심지어 트위터와 페이스북이 전통적인 의사 소통을 전복시키는 것을 보고 자란 집단이다. 파괴와 혁신은 밀레니얼 세대의 본성 이며 이를 잘 활용하면 기업에 이득이 될 수 있다. 열정 과제는 밀레니얼 세대에게는 혁신적인 정신을 만족시킬 수 있는 기회를 주고 관리자에게는 신선한 아이디어를 가 져다줄 수 있다. 또한 관리자는 밀레니얼 세대에게 회사가 이들을 돈 벌어다 주는 기 계가 아니라 사람으로 보고 투자한다는 사실을 보여줄 수 있다.

복장 규정 완화하기

복장 규정이라는 단어만 들어도 밀레니얼 세대는 등골이 서늘해질 것이다. 복장 규 정은 곧 규칙과 격식을 의미하기 때문이다. 밀레니얼 세대는 티셔츠나 후디를 입고 화장실 슬리퍼를 신은 채 매일 출근하는 인물(누군지 다들 짐작하실 것이다)을 우상으로 삼으며 자랐다. 게다가 '시간이 아니라 결과로 말하라'를 신조로 삼고 자랐기 때문에 업무를 완수하거나 잘 완수하면 됐지 왜 맨투맨 티를 입고 일하느냐가 문제가 되는 지를 이해하지 못한다.

밀레니얼 세대에게 '그날그날 업무 성격에 따라 옷'을 입을 수 있는 자유를 최대한으 로 허락하라. 애슬레져 룩을 입고 오든 정장을 입고 오든 이런 유형의 자유는 밀레니 얼 세대를 동기 부여할 수 있을 뿐만 아니라 직장에서도 집에서와 같은 진정성을 추 구하는 욕구를 충족시켜 줄 수 있다. ("제가 입은 티셔츠는 지역 예술가가 디자인했어요. 양복에 넥타이보다 저에 대해 훨씬 많은 것을 말해주죠.") 옷보다 중요한 것은 밀레니얼 세대 부하 직 원이 업무 성격에 따라 적절한 옷을 입을 것이라는 관리자의 믿음이다.

다른 동기 부여 방법과 같이 복장 규정에 대해서도 경계를 설정하라. 밀레니얼 세대 부하 직원에게 얼마나 격식을 차리지 않아도 되는지를 정확하게 말해주어라. 잠옷에 담요를 뒤집어쓰고 출근하고 싶어 하는 밀레니얼 세대도 있고 정장만을 고집하는 밀 레니얼 세대도 있을 것이다. 복장 규정을 바꿀 수 있는 직접적인 권한이 없더라도 솔 직하게 직원들에게 기대하는 옷차림과 미래에 변화할 수도 있는 부분을 말해주어라.

팀의 성과를 보상하기

이 책에서 필자들은 밀레니얼 세대와 협업이라는 단어의 동의어란 동의어는 다 소진해버렸다. (그만큼 많이 언급했다.) 학창 시절에 밀레니얼 세대는 그룹 과제를 하고 나면 농구 연습을 하러 달려갔고 농구 연습이 끝나면 집에 돌아와 인터넷에 접속해 채팅방에서 친구들과 만나서 놀았다. 밀레니얼 세대는 유별나게 그룹을 사랑한다. 팀으로 일하는 능력은 과제를 할 때만 나오는 것이 아니라 과제가 전부 끝나고도 나온다. 업무 성과를 축하할 때도 밀레니얼 세대는 팀의 승리를 축하하길 원한다. 과제가 끝나면 전체 팀이 고급 레스토랑에서 식사를 하거나 또는 영업 목표를 달성하면 모두가 보너스를 받길 원한다. 연봉 인상 같은 단독 플레이도 필요하지만 집단 보상은 밀레니얼 세대에게 팀과 회사에 대한 자부심을 심어줄 수 있다.

팀을 경쟁으로 몰아 넣지 않도록 주의하라. 팀끼리 경쟁시키지 말라.

활용해야 할 밀레니얼 세대의 강점 열 가지

빛이 있는 곳에는 어둠도 있기 마련이다. 웬 멜로 드라마 대사냐고 하겠지만 거의 모든 강점은 양날의 검인 경우가 많다는 의미로도 해석할 수 있다. 밀레니얼 세대를 조직의 자산으로 만드는 강점은 때때로 관리자를 가장 귀찮게 만드는 특성이기도 하다. 태어날 때부터 자연스럽게 기술을 접하며 성장한 밀레니얼 세대는 기술에 중독되기도 쉽다. 팀을 중시하는 경향은 의존적이고 요구 사항이 많다는 고정관념과도 맞닿아 있다. 남을 돕고자 하는 열망은 제 권리를 주장하는 것으로 오해받기도 한다. 관리자가 밀레니얼 세대의 긍정적인 특성을 부정적인 특성으로 받아들이지 않으려 할 때 직장에서 밀레니얼 세대의 자연스러운 강점을 진정으로 활용할 수 있다.

이밖에도 훨씬 더 많겠지만 잘만 개발하고 활용하면 기업에 실질적인 이익을 가져다 줄 수 있는 밀레니얼 세대의 열 가지 강점은 다음과 같다. 두구두구두구두구, 기대하시라….

이 장에서 강점이라고 열거한 밀레니얼 세대의 특성이 다른 세대의 약점이라는 뜻은 결코 아니다. '밀레니얼 세대만 여기서 유일하게 혁신적인 집단이 아니다'라거나 '그 나이 때에는 다 그렇다'고 생각하는 관리자가 있다면 필자들도 동의하는 바이다. 다만 여기서 소개하는 밀레니얼 세대의 특성은 더 많은 기업이 무시하기보다는 장려해야 할 숨은 강점이라고 생각하라.

기술에 관한 전문 지식 활용하기

밀레니얼 세대가 아닌 사람에게 밀레니얼 세대는 기술을 선천적으로 타고났다고 말하면 보통 반응이 "누구나 다 아는 사실인데 뭘 새삼스럽게 그러세요!"와 "밀레니얼 세대가 아니라고 해서 다 기계치는 아니거든요!"로 나뉜다. 이 두 가지 반응을 하나씩 살펴보자.

'뭘 새삼스럽게' 반응

그렇다. 대부분의 사람들은 밀레니얼 세대가 기술에 밝은 집단이라는 사실을 인지하고 있다. 그러나 동시에 많은 사람들이 이러한 밀레니얼 세대의 강점을 제대로 활용하는 법을 정확하게 이해하지 못하고 있기도 하다. 기술에 밝다는 것을 기술에 중독되어 있다는 뜻으로 받아들이기 때문이다. 밀레니얼 세대가 이전 세대보다 기술에 훨씬 더 의존적인 것은 사실이다. 하지만 기억해야 할 사실은 밀레니얼 세대가 기술 산업이 꽃피우던 시절에 성장기를 보냈기 때문에 진보한 기술을 일상 속에서 사용할 수 있는 방법을 찾으려 한다는 사실이다. 기술 의존도가 높다는 것은 분명히 단점이 될 수도 있지만 기술을 제대로 활용하면 더 효율적으로 더 창조적으로 더 세계적으로 일할 수 있다는 사실을 부인할 수는 없다.

새로운 기술이나 시스템으로 전환하는 일은 누구에게나 힘들다. 바로 여기서 밀레니얼 세대가 해답이 될 수 있다. 밀레니얼 세대는 새로운 기술이 나오면 누구보다 먼저 사용해보는 얼리어답터이자 새로운 시스템도 빨리 배울 뿐만 아니라 기술 변화를 받아들이기 힘들어하는 사람을 기꺼이 도와주고 싶어 한다. 업무에 신기술을 도입할 때 밀레니얼 세대가 도울 수 있는 부분을 잘 찾아서 활용하면 팀원들 전체에게 이익이 될 뿐만 아니라 밀레니얼 세대 부하 직원도 자신이 팀에서 가치 있는 자산이 되었다는 사실에 뿌듯함을 느끼게 될 것이다.

많은 진보적인 조직은 밀레니얼 세대의 이러한 강점뿐만 아니라 다른 세대의 강점까지 동시에 활용할 수 있는 탁월한 방법을 찾아냈다. 바로 역멘토십 프로그램이다. 젊은 직원과 상대적으로 경력이 많은 직원을 짝지어준 다음 서로서로 양방향으로 학습하고 지식을 주고받도록 하는 것이다. 관리자가 역멘토십 프로그램에 참여하는 경우 지금까지 쌓아온 경험과 지식을 토대로 밀레니얼 세대 부하 직원을 이끌어주면 된다. 대신 밀레니얼 세대 부하 직원은 최신 CRM 시스템이나 회사 내부 이메일 시스템 사용법을 속속들이 알려주거나 혹은 스냅챗 사용법을 알려줄 수도 있다. 부하 직원을 이끌 때 항상 '이 밀레니얼 세대 직원이 나에게 무엇을 가르쳐줄 수 있을까'를 생각한다면 관리자의 지식도 늘어나고 밀레니얼 세대 부하 직원의 업무 몰입도도 높아질 것이다.

'나도 기술에 밝은데' 반응

물론 그럴 것이다. 지난 20년간 직장에서 어느 수준의 성공을 이루었다면 분명히 웬만한 기술은 편안하게 잘 다룰 줄 알거나 최소한 변화하는 기술의 본성에는 불편함을 느끼지 않을 것이다. 하지만 다른 세대가 국도에서 정보의 고속도로로 진입해 들어왔다고 한다면 밀레니얼 세대는 태어났을 때부터 고속도로 1차선에 있었다고 할 수 있다. 밀레니얼 세대는 기술의 업그레이드 주기가 존재하지 않는 세상을 살아본 적이 없다. 물론 이 때문에 인내심이 부족하고 끊임없는 변화를 원한다는 약점도 있다. 하지만 기술을 '모국어'처럼 사용하는 세대 집단은 조직 입장에서는 커다란 이득이다. 밀레니얼 세대는 관리자나 조직이 한 번도 생각해보지 못한 방식으로 기술을 사용하는 방법을 제안할 수 있고 최신 동향이나 혁신을 잘 알고 있으며 소셜미디어 플랫폼이나 네트워크 시스템도 훨씬 더 잘 이해한다. 관리자 본인이 기술에 얼마나 정통한지를 방어적으로 뽐내며 밀레니얼 세대를 관리하게 되면 이러한 강점을 이끌어내기가 힘들다. 모르는 것은 모른다고 인정하고 밀레니얼 세대가 그 틈을 메울 수 있는 기회를 주어라.

팀 기반 문화 만들기

밀레니얼 세대는 그룹 과제/토론/스포츠/클럽 활동의 시대에 성장했다. 학교에서는 협업이 필요하지 않은 과제가 드물었다. 많은 밀레니얼 세대가 중학교 내내 성공적인 팀워크를 구축하는 방법과 갈등을 해결하는 방법에 대한 수업을 들었다. (특히 학교에서 리더로서 책임을 맡고 있었다면 선생님이 또래 갈등을 중재하는 역할도 맡겼을 것이다.) 밀레니얼 세대 때 학교에서 팀워크가 꿈을 이루어준다는 점을 강조했던 것과는 다르게 이전 세대는 '일이 제대로 되길 원한다면 스스로 하라'를 모토로 삼으며 자랐다. 전통 세대와 베이비부머 세대는 부모님의 말이 곧 법이고 명령과 통제가 세상 돌아가는 원칙이었던 엄격하고 구조화된 환경에서 성장했다. 반면 밀레니얼 세대는 훨씬 더 민주적인 가정에서 성장했다.

따라서 밀레니얼 세대는 직장에 입사해서도 탁월한 팀원이자 자신보다 팀을 먼저 생각하는 리더로서의 면모를 유감없이 발휘했다. 밀레니얼 세대는 모든 구성원이 목소리를 내고 의견을 개진할 수 있도록 장려하는 능력과 동료들 사이에 창의적으로 합의를 이끌어내는 능력도 탁월하다. 관리자는 팀에서 밀레니얼 세대가 이러한 능력을 가장 잘 활용할 수 있는 전략을 세워야 한다. 예를 들어 여태까지 팀워크가 잘 이루어지지 않았던 팀에 밀레니얼 세대를 투입하면 성공적인 결과를 얻을 가능성이 높다. 과제에 대한 지식은 제일 부족해도 숨겨진 팀워크를 끌어내는 촉매제 역할을 할 수 있기 때문이다.

시간이 지나 점점 더 많은 밀레니얼 세대가 리더 역할을 맡게 된다고 해도 팀 정신은 변하거나 사라지지 않을 것이다. 밀레니얼 세대는 민주적인 리더가 될 가능성이 높고 팀원들을 편애하는 리더가 될 가능성은 낮다. 밀레니얼 세대를 리더로 준비시킬 때 핵심은 의사 결정을 내리는 방법을 가르쳐주는 것이다. 그 결정이 과반수의 의견과는 일치하지 않더라도 말이다.

의미로 동기 부여하기

낙천적이지만 지나치게 일을 열심히 했던 베이비부머 세대 부모는 밀레니얼 세대 자녀에게 종종 "나만큼 열심히 일을 할 거라면 꼭 너 자신에게 의미 있는 일을 하면서 살거라."라는 조언을 하곤 했다. 이 주문은 밀레니얼 세대의 마음속에 콕 박혔다. 밀레니얼 세대는 오직 숫자나 재무제표에만 관심을 두지 않는다. 밀레니얼 세대는 보다 큰 그림을 중요하게 생각한다. 그렇다고 오해는 하지 마시라. 밀레니얼 세대에게 연봉도 여전히 중요하다. 금전적 보상 대신 딱지나 아기 토끼 인형을 쥐어 주어서는 안 된다. 나중에 앨범을 뒤적일 때는 재미있는 추억거리로 남을 수도 있겠지만 말이다. 밀레니얼 세대가 직업에서도 의미를 중요하게 생각한다는 사실은 관리자가 밀레니얼 세대가 하는 일이 회사에 얼마나 의미가 있는 일인지를 알려주고 인정해줄 기회이다. 밀레니얼 세대는 자신이 하는 일이 회사 공동체와 주변 세상에 직접적이고 긍정적인 영향을 미친다는 사실을 알면 의식을 하든 하지 못하든 깊이 동기 부여가 된다. 밀레니얼 세대의 이러한 특성은 자연스럽게 고용주에게 다음과 같은 이익을 준다.

» **비용을 절감할 수 있다.** 의미 있는 일에서 내재적 가치를 발견할 수 있는 집단에게는 비금전적인 방식으로도 승진이나 '연봉 인상' 효과를 낼 수 있다. 그러면 관리자는 굳이 불편하게 (특히 관리자의 권한 밖인 경우는 더 불편하다) 돈에 관한 이야기를 하지 않아도 된다. 밀레니얼 세대 직원에게 자선위원회 위원 일을 맡기거나 지역 사회에 봉사할 수 있는 기회를 찾아달라고 부탁하는 것만으로도 '승진'과 맞먹는 동기 부여 효과를 줄 수 있다. 일석이조가 아닐 수 없다.

밀레니얼 세대는 관리자가 단순히 자기에게 사탕을 쥐어 주며 달래려고 하는 의도인지 아닌지를 바로 알아차릴 것이다. 의미 있는 일을 하고자 하는 밀레니얼 세대의 욕구를 정당한 대가를 지불해야 할 때 비용을 아끼는 수단으로 악용해서는 안 된다. 그러한 의도는 바로 들통날 것이다. 밀레니얼 세대를 동기 부여할 때 활용할 수 있는 보너스 정도로만 생각하라.

» **효율적인 훈련 기회로 활용할 수 있다.** 밀레니얼 다음 세대도 입사하면 신입 사원 교육과 지원이 필요한 것은 당연하다. 이 일에 밀레니얼 세대를 투

입하라. 밀레니얼 세대는 다음 세대 인재를 키우고 자신들이 저지르지 않았더라면 좋았을 거라고 생각하는 실수담을 바탕으로 조언을 해주는 일에서 의미를 찾을 것이다.

» **동기 부여에 불을 붙이는 성냥이 될 수 있다.** 밀레니얼 세대를 동기 부여할 때 얻을 수 있는 가장 긍정적인 결과는 그 영향이 널리 퍼져 나간다는 사실이다. 밀레니얼 세대의 협력적이고 부족적인 성향 덕분에 밀레니얼 세대 직원 한 명에게만 불을 점화하고 업무에 동기를 부여해도 다른 밀레니얼 세대 직원 전체에게 그 불이 봉송될 가능성이 높다. 마치 들불처럼 소규모의 열정적인 밀레니얼 세대 집단만으로도 번아웃 직전인 다른 세대의 열정에도 빠르게 불을 붙이는 것이 가능하다. (참고로 이 비유에서 불길로 인한 숲이나 재산 손실은 발생하지 않는다.)

기업 차원에서 지역 사회 활동에 참여할 때 밀레니얼 세대를 적극 활용하라. 집 짓기 운동인 해비타트 운동에 참여할 팀을 꾸린다든지 사내 유나이티드 웨이 자선 활동을 책임질 담당자를 찾을 때 밀레니얼 세대는 적극 참여하고 싶어 할 것이다. 이런 활동에 적극적으로 참여하는 일은 밀레니얼 세대 직원에게 활기를 불어넣어 줄 뿐만 아니라 활력을 잃은 중점 과제에도 새로운 생명을 불어넣어 줄 것이다.

다양성 포용하기

통계를 보면 미국은 해를 거듭할수록 점점 더 다양성이 높은 국가가 되어 가고 있다. 하지만 조직의 리더는 여전히 '나이 든 백인 남성'이 절대 다수인 듯하다. 다양성을 존중할 뿐만 아니라 당연하게 생각하는 밀레니얼 세대와의 기대와는 어긋난다. 미래 인재 집단의 다양성은 계속해서 높아지고 있기 때문에 이들을 유인하기 위해서는 조직을 이끄는 리더 집단의 다양성도 높아져야 한다. 밀레니얼 세대가 조직의 다양성을 높이는 일에 어떻게 도움이 될 수 있을까?

밀레니얼 세대는 다양성의 정의를 엄청나게 확장했다. 밀레니얼 세대에게 다양성이란 인종, 나이, 성별, 성적 취향, 심지어 생각의 다양성까지 포함하는 개념이다. 밀레니얼 세대는 직장에서 직원자원모임을 시작하고 포용적인 근무 환경을 만들기 위한 중점 과제에 참여하는 일에 열정적이다. 이러한 열정을 이용해 조직을 진보시키고 밀레니얼 세대뿐만 아니라 그다음 세대 인재도 오고 싶어 하는 조직으로 만들어라.

물론 생각이 다양한 인재 집단과 일하다 보면 (인정하고 싶진 않은 만큼) 일이 진행되는 속도가 더뎌질 때가 있다. 이미 생각이 같은 사람만 있다면 일을 끝내기가 훨씬 수월하다. 그러나 쉽다고 해서 꼭 좋은 것은 아니다. 밀레니얼 세대는 누구보다 그렇게 믿는다. 밀레니얼 세대는 자라면서 끊임없이 자신의 의견을 소리내어 말하고 모든 사람의 관점을 존중해주라고 배웠다. 가장 작은 목소리에서 혁신과 파괴가 나올지도 모르기 때문이다. 밀레니얼 세대 직원이 의견의 다양성을 수호하는 로빈 후드가 되게 하라.

돕고자 하는 마음 부추기기

밀레니얼 세대는 '모든 방면에 두루 뛰어난(well-rounded)' 이력서를 갖춰야 원하는 대학에 들어갈 수 있는 시절에 성장했다. 일단 원하는 대학에 들어가야 나중에 원하는 직장에도 들어갈 수 있었다. 고등학교 때 운동 선수였다고 하더라도 능력을 확장해서 학교 토론팀 활동도 병행해야 두 배로 매력적인 지원자가 될 수 있었다. 운동 선수였고 토론팀이었고 성적 우수자였고 남는 시간에 봉사 활동을 했다면… 아무 대학이나 걸어들어 갈 수 있었다. 성공적인 미래를 위해서 할 수 있는 최악의 일은 당연히 3시에 학교가 끝나면 그냥 집에 돌아가는 것이었다. 이런 학창 시절을 보낸 탓에 밀레니얼 세대는 직장에서도 '그건 내 일이 아니야'라고 말하지 않고 기꺼이 다른 직책에 대해서도 배우고 자신의 직무 기술서에 포함되지 않는 업무도 맡는다.

관리자가 회의에 참석할 자원자나 새로운 중점 과제 및/혹은 위원회를 도와줄 자원자를 구할 때 밀레니얼 세대 부하 직원이 손을 번쩍 들고 참여하겠다고 말할 가능성이 높다. 이러한 '열정적인 비버' 정신을 아직 직장 생활의 현실에 지치지 않아서 가능한 어리고 미숙한 행동으로 보이거나 맡은 일은 하지 않고 엉뚱한 일만 너무 많이 하는 것처럼 비칠 수도 있다. 극단적인 고정관념을 가지고 있는 경우라면 남을 돕고자 하는 밀레니얼 세대의 열정을 위선이라고 생각할 수도 있다. 그러나 이러한 열정을 방치하는 것은 심각한 실수이다. 조직 안에서 밀레니얼 세대의 이러한 에너지를 어떻게든 활용할 방안을 마련하는 것이 좋다.

혁신의 기회 잡기

속보 : 밀레니얼 세대가 성장할 때 급속한 기술 발전도 함께 일어났다. 지금까지 이 이야기를 백 번도 넘게 들었을 것이다. 너무나도 당연한 이 사실에 눈이 가려 밀레니얼 세대가 산업 파괴와 업그레이드 주기라는 두 가지 주목할 만한 방식으로 혁신이 일어나는 것을 목격했다는 중요한 현실을 놓쳐서는 안 된다.

> » **산업 파괴** : 세대마다 주요 혁신을 목격했지만 밀레니얼 세대가 자라면서 목격한 기술혁신은 수십 년간 건재하던 산업을 파괴했다. 크게는 스마트폰 등장부터 단순하게는 우버 등장까지 밀레니얼 세대는 어떤 제품이나 제도의 역사가 얼마나 오래되었는지와는 상관없이 그대로 머물러 있는 것은 아무것도 없는 현실을 목격했다. (밀레니얼 세대가 곧 발명가/파괴자는 아니라는 사실을 잊지 말 것. 밀레니얼 세대 인격 형성기에 탄생한 발명/혁신은 주로 X세대 손에서 탄생했다.)

> » **업그레이드 주기** : 오래된 매우 이상한 표현을 빌리자면 때때로 아기와 목욕물을 동시에 버릴 필요는 없다. 혁신이 아니라 개선만으로도 충분할 때가 있다. 밀레니얼 세대가 첫 컴퓨터 갖게 된 순간부터 버전 2.0으로 바꿀 준비가 되어 있었고 그다음에는 버전 3.0으로 또 그다음에는 버전 10.1.4로 바꿀 준비가 항상 되어 있었다. 밀레니얼 세대는 끊임없는 발전을 기대하게 되었고 직장에서도 마찬가지다. 누군가 "이게 우리가 일하는 방식이야."라고 말하면 밀레니얼 세대는 "좋네요. 그럼 이제 어떻게 하면 더 나은 방법으로 개선할 수 있을까요?"라고 대답할 가능성이 높다. 관리자가 주기적인 업그레이드에 길들여진 밀레니얼 세대의 사고방식을 거부하지 않고 포용한다면 조직이 놀라울 정도로 더 나은 방향으로 변화되는 모습을 볼 수 있을 것이다.

소셜네트워크 활용하기

중학교 때부터 만난 모든 사람이 내 롤로덱스(회전식 명함 정리기-역주)에 저장되어 있다고 상상해보라. 여름 방학 캠프에서 만났던 친구들이나 크로스컨트리 스키를 같이 탔던 친구들과도 단 한순간도 연락이 끊이지 않았다고 상상해보라. 해외에서 교환학생으로 딱 한 학기 다녔을 뿐인 대학에서 만난 사람과도 연락이 끊인 적이 없다고 상상해보라. 밀레니얼 세대라면 어떤 기분일지 굳이 상상할 필요가 없다. 현실이기 때문이다. 소셜미디어와 함께 성장한 밀레니얼 세대는 아주 어렸을 때부터 엄청난 연락망을 축적했다. 열한 살 때부터 쌓인 연락처는 가장 경력이 오래된 기업 임원조차 수십 년 전부터 그저 꿈만 꾸던 수준이다.

게다가 밀레니얼 세대는 소셜네트워크로 연결된 사람들과 연락할 수 있는 능력을 가졌을 뿐 아니라 실제로 연락을 하는 것도 두려워하지 않는다. 다른 세대는 고등학교를 졸업한 이후로 한 번도 본 적이 없는 사람에게 연락하는 것을 어색하게 생각하겠지만 밀레니얼 세대는 그렇지 않다. 곁눈질하면 보이는 곳에 항상 소셜네트워크가 있기 때문에 회사 신입 사원을 뽑기 위한 새로운 아이디어가 필요하다거나 하면 아무런 거리낌 없이 연락한다. 알게 모르게 밀레니얼 세대는 회사의 가장 귀중하고 가장 저렴한 인재 채용 도구가 될 수 있다.

밀레니얼 세대가 업무 목적으로 소셜네트워크를 사용하길 원하는 만큼이나 관리자도 직장에서 소셜미디어를 사용해도 적절한 경우가 언제인지에 관해 명확한 지침을 제공해야 한다. 밀레니얼 세대가 기밀 과제에 대한 아이디어를 크라우드소싱하고 있진 않은가? 지적 재산권이 걸린 시스템이나 장비 사진을 소셜미디어에 올리고 있진 않은가? 이런 일이 발생할리가 없다며 웃고 넘길 일이 아니다. 실제로 이런 일이 발생하는 것을 필자들은 보았다. 밀레니얼 세대에게 소셜미디어에 공유해도 되는 것과 공유해서는 안 되는 것을 분명히 알려주어라. 또 하나 잊지 말아야 할 것은 상사로서 일과 중 소셜미디어 사용에 대한 개인적인 기준 또한 명확하게 소통해야 한다는 점이다.

실패에 대한 두려움 감싸주기

실패에 대한 두려움은 밀레니얼 세대의 강점이라기보다는 약점이라는 사실을 필자들도 인정한다. 그러나 잠시만 더 이야기를 들어 달라. 밀레니얼 세대는 실패를 좋아하지 않는다. 더 정확하게 말하면 실패에 능숙하지 않다. 밀레니얼 세대가 어린 시절 쓰던 책장에 진열된 7등 리본이나 참가상 트로피를 가지고 놀리기는 쉽지만 기억해야 할 사실은 밀레니얼 세대는 단 한 번도 그런 상을 달라고 요구한 적이 없다는 것이다. 회사에서 관리자들은 종종 밀레니얼 세대 직원이 다른 사람에게 부족한 점을 지적받고 감정적으로 심하게 동요하는 모습을 보면 (때로는 눈물을 흘리기도 한다) 당황하곤 한다. 직장에서 비판을 받아도 평정심을 유지하는 것은 매우 중요하다. 그렇지 못한 사람은 빠른 시일 내에 그러한 능력을 키워야 한다.

전혀 강점처럼 보이지 않는 이 강점을 활용하길 원한다면 밀레니얼 세대의 실패에 대한 두려움은 무엇이든 올바른 방법으로 할 수 있는 일을 하고자 하는 의지라고 바꾸어 생각해보라. 밀레니얼 세대는 실패하는 것을 극도로 싫어한다. 실패하는 일에 익숙하지 않고 지금 와서 실패를 경험해보길 원하지도 않는다. 실패에 대한 두려움은 밀레니얼 세대의 경쟁 의식을 자극해 훌륭한 업무 성과를 달성하도록 만들 수 있다.

밀레니얼 세대 부하 직원의 능력을 최대로 끌어내기 위해서는 성공으로 향하는 분명한 길을 보여주어라. 추측하게 내버려두지 말라. 관리자는 다음과 같은 말로 피드백을 줄 수도 있다. "여기서 얼마나 성공하고 싶어 하는지도 알고 얼마나 다른 사람을 실망시키고 싶어 하지 않는지도 안다. 정말로 그렇게 진지하다면 여기 해야 할 일이 있다." 이러한 유형의 피드백은 밀레니얼 세대로 하여금 예민함은 내려놓고 상사의 말에 귀를 기울이고 더 나아지기 위해 열심히 일하게 만든다.

비격식 장려하기

이번 조언은 관리자들을 충격에 빠뜨릴 수도 있다. 많은 리더가 믿을 수 없다면서 필자들에게 밀레니얼 세대가 저지른 말이나 행동을 전해주었다. 입사 첫날 얼굴에 피어싱을 하거나 밝은색으로 염색을 한 채로 출근하는가 하면 월요일 아침에 숙취 때문에 힘들다는 말을 아무렇지도 않게 하고, 심지어 상사를 '듀드(dude; 친한 또래 남자끼리 서로를 부르는 말-역주)'라고 부르는 밀레니얼 세대 사원도 있었다고 한다. 밀레니얼 세대가 직장에서 허용되는 비격식의 한계를 허물어뜨리고 있는 것만큼은 분명하지만 거기에는 그만한 이유가 있다. 격식은 곧 가식이자 거짓일 수 있기 때문이다.

그렇다면 비격식이 왜 좋은가? 먼저 상사 입장에서는 밀레니얼 세대 부하 직원의 업무 진행 상황에 대해 지레짐작을 할 필요가 없다. 많은 밀레니얼 세대는 상사에게 수시로 업무 중간 보고를 한다. 반대로 말하면 보다 격식을 차린 근무 환경을 선호했던 윗세대를 관리할 때는 부하 직원들의 속마음을 알아차리가 힘들 수도 있었다. 연례 평가 때 혹독한 상사 평가나 직원의 사직서를 받아들고서야 진심을 알게 되기도 했다. 밀레니얼 세대 부하 직원과는 이런 일이 일어날 가능성이 적다.

밀레니얼 세대는 자신들이 민감한 세대 집단이라는 평가를 받고 있다는 사실을 알고 있다. 밀레니얼 세대 부하 직원을 고정관념에 비추어 동일하게 생각하지 않도록 최선을 다하라. 개개인마다 직장에서 얼마만큼 격식을 내려놓기를 원하는지를 물어보아라.

둘째로 어떻게 의사소통해야 하는지를 과도하게 고민할 필요가 없어지기 때문에 시간을 절약할 수 있다. 밀레니얼 세대는 갑작스럽게 피드백을 받거나 기본적인 문법을 무시한 이메일로 피드백을 받아도 크게 개의치 않는다. 오히려 관리자가 밀레니얼 세대 부하 직원에게 언제 어디서 이러한 피드백이 용납되는지를 알려주어야 한다. 하지만 솔직해지자. 모든 이메일을 업무 전문 용어로 작성하고 승인까지 반드시 넣어야 할 필요는 없다. 대신 관리자의 성격이나 유머를 표현할 수 있는 기회로 삼아서 밀레니얼 세대와 친밀한 관계를 쌓을 수도 있다. 궁극적으로 격식을 내려놓은 경영 및 관리를 통해 시간을 절약하고 직장에서 더 진정성 있는 관계를 형성할 수 있다.

직장을 재미있는 곳으로 만들기

밀레니얼 세대는 직장에서 흐트러진 모습을 보이는 걸 두려워하지 않는다. 전통 세대 상사들은 "평상복 입는 날은 일요일입니다."라고 농담 삼아 말하곤 했다고 한다. 왜냐하면 (지금은 옛날 이야기가 됐지만) 당시에는 직장에 반드시 정장과 넥타이를 입고 출근해야 했고 청바지를 입고 출근하는 것은 꿈도 못 꿀 일이었기 때문이다. 전통 세대와 베이비부머 세대는 직장과 집 사이에 지금보다 훨씬 분명하게 선이 그어져 있던 시대에 성장했다. 그렇다면 밀레니얼 세대는? 집이 직장이고 직장이 집이다. 밀레니얼 세대는 '사무실에서 일주일에 40시간 이상을 보내는데 개인적인 시간도 즐기고 동료들과도 즐겁게 지내야지'라고 생각한다. 밀레니얼 세대는 금요일 다섯 시가 될 때까지 기다렸다가 겨우 마음을 놓는 세대가 아니다. 밀레니얼 세대는 청바지나 요가 바지를 입고 화요일에 출근하는 것 이상을 기대하는 그런 세대이다.

밀레니얼 세대는 사무실에 제발 푸스볼 테이블이나 엑스박스 게임기를 놓아 달라고 사정하는 세대로 유명하다. 이러한 요청을 받고 당황하거나 충격을 받은 관리자가 있다면 스스로에게 이렇게 물어보아라. '이게 누구한테 도움이 될까? 해를 입는 사람은 없지 않은가?' 이런 오락거리가 생산성을 방해한다면 (혹은 직원에게 물리적인 상해를 입힌다면) 당연히 관리자가 나서서 제지해야 한다. 그러나 많은 회사가 근무 환경에 재미를 불어넣는 일이 막내 세대뿐만 아니라 모든 세대에게 혜택이 된다는 사실을 발견했다.

식당에 농구장을 설치하거나 안마당에 있는 나무 위에 집을 지을 준비가 되지 않았다면 하지 않아도 된다. 그렇다고 밀레니얼 세대가 들고일어나진 않을 것이다. 하지만 조직 문화에 어울리는 방식으로 업무 환경에 재미 요소를 도입하는 방법을 찾아보아라.

관리자라면 '이제 원래 내가 하던 업무랑 밀레니얼 세대 부하 직원들 관리하는 일로도 모자라서 직장을 어떻게 하면 재밌게 만들지도 고민해야 된다는 거지. 내가 뭐, 캠프 상담 교사인가?'라는 생각을 할 수도 있다. 아니다. 관리자는 캠프 관리자가 아니다. 아무도 상사가 레크리에이션 강사 역할을 해주기를 기대하지 않는다. 다행히도 관리자가 아이디어를 낼 필요는 없다. 밀레니얼 세대 부하 직원에게 시켜라! 기본적인 지침과 예산만 주면 관리자가 제일 신나는 경험을 하게 될지도 모른다.

chapter

20

밀레니얼 세대에 대한
잘못된 고정관념 열 가지

제20장 미리보기

● 밀레니얼 세대에 관한 고정관념에서 사실만을 분리하는 법
● 미묘한 단어 차이로 유용한 통찰이 위험한 고정관념으로 바뀌는 과정
● 고정관념 타파를 위한 관리자의 역할

다양성과 표용에서 여러 영역이 존재하지만 세대 다양성만큼 고정관념과 오해로 가득한 주제를 찾기는 힘들다. 사람들이 밀레니얼 세대(또는 다른 세대)에게 얼마나 많은 꼬리표를 붙이고 싶어 하는지를 알면 깜짝 놀랄 것이다. 그것도 등 뒤에서뿐만 아니라 아예 눈앞에서 대놓고 말이다. 점점 더 겉으로는 차별적 언어를 사용하지 않으려고 쉬쉬하는 세상에서 때로 솔직함은 신선하게 다가온다. 세대 이론이 강력해질 수 있는 까닭도 세대 간에 서로를 어떻게 바라보는지를 공개적으로 논의할 수 있는 능력 덕분이다. 하지만 어느 누가 고정관념으로 정의되기를 원하겠는가? 장담하건데 아무도 없을 것이다. 노동 인구에 진입하던 순간부터 고정관념 속에 가두어진 밀레니얼 세대는 특히 더 원하지 않을 것이다.

여기서 다루게 될 고정관념 열 가지는 모두 완전히 거짓은 아니다. 동의하든 동의하지 않든 간에 대부분의 고정관념이 최소한 일말의 진실에서 출발한다. 이 장에서는 밀레니얼 세대와 얽힌 고정관념과 이러한 고정관념이 흔히 어떻게 잘못 해석되는지를 살펴본 다음 이에 긍정적이고 영향력 있는 방향으로 맞설 수 있는 방법을 알아볼 것이다.

면대면 의사소통을 혐오한다

밀레니얼 세대는 면대면 의사소통을 좋아하지 않을 것이라고 가정할 수는 있다. 요즘은 어느 커피숍, 바, 사무실에 걸어 들어가도 독자 여러분을 반겨주는 것은 고개 숙인 뒤통수와 모니터 화면 불빛이 어린 얼굴과 침묵뿐일 것이다. 가끔 테이블에 홀로 앉은 누군가가 호탕한 웃음소리를 내기도 하지만 말이다. 더 최악인 것은 밀레니얼 세대가 자리에서 인스턴트 메시지를 동료와 '이야기하기' 위한 도구로 사용한 첫 번째 세대라는 사실이다. 자리에서 일어나 1.5미터 떨어진 상사의 사무실로 들어가 이야기하는 대신 말이다.

밀레니얼 세대는 모니터 화면을 통해 의사소통하는 데 많은 시간을 쓰고 편안함을 느끼지만 그렇다고 해서 얼굴을 마주 보고 교류하는 것을 싫어한다는 뜻은 아니다. 밀레니얼 세대는 멘토십 기회를 달라고 조르고 사람들과 상호작용하고 네트워크를 맺고 어울리는 것을 좋아하는 세대이다. 심지어 많은 밀레니얼 세대가 회사 임원진의 강연을 듣기 위해서라면 기꺼이 스마트폰을 내다 팔 것이다. (그래 뭐, 내다 팔진 않겠지만 아마도 몇 시간 동안 포기하긴 할 것이다.)

밀레니얼 세대가 면대면 의사소통을 싫어하진 않지만 어려워할 수는 있다. 이때 상사의 도움이 필요하다. 특히 젊은 밀레니얼 세대는 면대면 의사소통을 힘들어한다. 문자와 인스턴트 메시지가 기본 의사소통 방식이다 보니 여기에 너무 익숙해져 있기 때문이다. 심지어 반대편에서 인간의 기척을 아주 살짝 느낄 수 있는 전화 통화도 힘들어한다. 이를 고정관념화하고 꾸짖기보다는 코치해주어라! 교정 치료 같이 보일 수도 있지만 밀레니얼 세대 부하 직원에게 관리자가 화상 회의나 회의를 할 때 참관할 의사가 있는지 물어보아라. 그보다 더 간단한 방법도 있다. 관리자가 밀레니얼 세대 부하 직원에게 바라는 행동을 먼저 솔선수범하여 보여주는 것이다. 밀레니얼 세대 부하 직원이 상사에게 할 말이 있을 때 인스턴트 메시지를 보내지 말고 직접 와서 이야기하길 바란다면 관리자가 먼저 할 얘기가 있을 때 부하 직원의 자리로 가서 이야기하라. 만약 이 방법이 실패한다면 그때는 단도직입적으로 무엇을 기대하고 선호하는지 알려주어라. 밀레니얼 세대를 묘사하는 수많은 단어가 있지만 '독심가'는 거기에 해당되지 않는다.

가장 나이가 많은 밀레니얼 세대는 이제 삼십 대 중반이며 면대면 소통에 꽤 익숙하다. 이들 중 대다수도 직장에서 서로 다른 화면 다섯 개를 오가면서도 성공적으로 업무를 수행하고 와이파이 없이 인격 형성기를 보낸 적이 없는 세대를 관리하느라 어려움을 겪고 있다. 이들 밀레니얼 세대에게는 한때 다른 식으로 배웠던 능력을 다시 훈련시켜 줄 상사가 필요할지도 모른다.

집중력이 금붕어만도 못하다

회사에서 일하고 있는 밀레니얼 세대 직원 옆을 지나가다 보면 브라우저에 열일곱 개 탭을 한꺼번에 띄워 놓고 스크롤을 내려 트위터 피드를 훑어보고 폰은 계속해서 진동하고 헤드폰을 쓰고 있는 모습을 볼 수 있다. 그러면 관리자는 이렇게 생각할 것이다. 커피에 레드불을 타서 이 많은 업무를 한꺼번에 할 수 있는 것이거나 아니면 그냥 체계도 없고 규율도 없고 집중력도 없는 것이거나 둘 중 하나라고. 그런 생각이 들면 이제는 좌절감을 느낄 일밖에 남지 않았다.

밀레니얼 세대가 집중력이 떨어지는 것은 사실이다. 밀레니얼 세대는 아마도 여덟 시간 동안 한 가지 업무만 수행하진 못할 것이다. 하지만 멀티태스킹이나 업무 전환 능력을 집중력이 없는 것으로 오인하지는 말라. 이전 세대와는 달리 밀레니얼 세대는 무한하고 끊임없이 변하는 인터넷에 힘입어 급변하는 세상에서 자랐다. 밀레니얼 세대는 끊임없이 최신, 역대 최고, 역대 가장 미친 무언가에 관심이 쏠릴 수밖에 없다. 소설은 기사가 되고 기사는 목록이 되고 목록은 이제 140자짜리 트윗이 되었다. 무작정 화를 내기보다는 스스로에게 다음 두 가지 질문을 해보아라. 밀레니얼 세대의 멀티태스킹 습관이 왜 나쁜 일인가? 이 습관을 어떻게 나한테 유리하게 활용할 수 있을까?

물론 멀티태스킹이 좋지 않은 직업도 있다. 아무도 외과 의사가 수술대에 환자를 눕혀 놓은 채로 책을 읽거나 이메일을 확인하기를 바라진 않을 것이다. 예시가 별로였을지는 모르겠지만 멀티태스킹이 용납되는 직업에서는 관리자가 과정보다 결과에 더 신경을 쓴다면 주의를 신속하고 효율적으로 전환하는 능력이 전혀 나쁘지 않다는 사실을 깨닫게 될 것이다. 멀티태스킹도 일종의 기술이다.

직업 윤리라고는 눈 씻고 찾아봐도 없다

재무 컨설팅 회사에서 채용을 담당하는 관리자 한 분은 첫 인터뷰에서 8시 출근 5시 퇴근을 반드시 엄수해야 하냐고 묻는 밀레니얼 세대 지원자가 있다면 그 즉시 합격 후보자 명단에서 지워버릴 거라고 말했다. 게으르고 제 권리밖에 주장할 줄 모르고 업무 윤리라고는 없는 '그런' 밀레니얼 세대는 절대 직장에서 성공하지 못할 것이라는 게 이유였다. 이런 고정관념이 어디서 나왔는지 (대충) 짐작은 가지만 이 채용 담당 관리자가 놓치고 있는 것은 요즘 세대가 열심히 일하는 모습은 예전과는 다르다는 아주 단순한 진실이다. 밀레니얼 세대는 폰이나 태블릿으로도 일을 하며 사무실에서만큼이나 커피숍에서도 많은 일을 할 수 있다. 한때는 일을 하고 있는지 아닌지 한눈에 명확하게 구분할 수 있었지만 요즘은 그렇지 않다.

이 시점에서 속으로 이렇게 비명을 지르는 관리자도 있을 듯하다. '그래서 결론은 밀레니얼 세대가 업무 윤리가 있다는 거야 없다는 거야?!' 첫째, 진정하시라. 둘째, 있다. 밀레니얼 세대에게도 업무 윤리가 있다. 다만 겉으로 드러나는 방식이 다를 뿐이다. 그러니 밀레니얼 세대 부하 직원을 해고하기 전에 다음 사실을 유념하라.

> » **결과에 주목하라** : 이쯤되면 하도 똑같은 말을 반복하는 통에 필자들의 말이 고장난 레코드처럼 들리겠지만 반복할 만한 가치가 있기 때문이니 참고 들으시길 바란다. 관리자라면 스스로에게 이렇게 한번 질문해보아라. 관리자가 출근하면 이미 출근해서 자리에 앉아 있고 거의 매일 야근을 하며 매우 열심히 일하는 것처럼 보이지만 성과는 기대에 못 미치는 밀레니

얼 세대 부하 직원을 원하는가 아니면 사무실을 들락날락거리며 한시도 제자리에 앉아 있지 않고 점심 시간에도 멋대로 요가를 하러 나가버리고 업무 시간에 개인적인 일을 처리하지만 그럼에도 불구하고 업무 성과에서 만큼은 언제나 홈런을 치는 밀레니얼 세대 부하 직원을 원하는가? 개인적으로 필자들은 언제나 후자를 선호한다.

» **최선을 가정하라** : 너무 많은 관리자들이 부하 직원이 집에서 일한다고 하면 일은 안 하고 몰래 과자나 먹으면서 예능이나 볼 것이라고 생각한다. 혹은 근무 시간 중에 소셜미디어를 하는 동료를 보면 직장보다 개인적인 사회 생활이 더 중요한 사람이구나라고 가정한다. 필자들의 경험에 비추어보면 실제로 그런 직원은 드물다. 단지 몇몇이 규칙을 지키지 않는다고 해서 모두에게서 자유를 박탈한다면 효과적으로 일하는 관리자가 될 수 없다. 어떤 직원의 업무 윤리가 의심된다면 앞서 말했던 것처럼 업무 성과에 주목하길 바란다.

반전 : 밀레니얼 세대보다는 X세대가 더 재택근무를 원한다. 하지만 밀레니얼 세대만 재택근무를 하면 열심히 일하지 않을 것이라는 누명을 쓰고 있다. 만약 독자 여러분 가운데 집에서 일하기 좋아하지만 남들이 농땡이 부린다고 수근대는 소리는 듣기 싫어하는 X세대가 있다면 밀레니얼 세대도 같은 입장일 것이라고 생각하라.

하루종일 놀고 싶어 한다

대부분의 사람들이 부모나 조부모에게 직장에 대해서 불평을 늘어놓았다가 본전도 못 찾고 다음과 같은 핀잔만 들은 일이 있을 것이다. "그럼 괜히 직장을 놀이터(fun place)가 아니라 일터(workplace)라고 부르겠니?!" (독자 여러분이 눈알을 굴리는 모습이 눈에 선하다.) 사실 밀레니얼 세대(뿐만 아니라 바라건대 모든 세대)는 일과 재미가 배타적일 필요는 없다고 생각한다. 아니, 밀레니얼 세대는 근무 시간 중에 언제라도 게임을 하거나 맥주를 마셔도 된다고 생각한다. (업무 시간 내내 그랬다가는 성공하지 못한다는 사실 정도는 알지만 말이다.) 하지만 밀레니얼 세대는 가끔씩은 직장에서도 약간의 재미를 기대한다.

그럼 여기서 밀레니얼 세대에 대해 오해하는 부분은 무엇인가? 재미있게 보내는 시간이 많을수록 실제로 일하는 시간은 짧아진다고 가정하기 쉽다. 제자리에 진득하게 앉아서 업무를 끝내야 할 때도 있지만 직장에서 재미있는 시간을 보내는 것이 동료들과의 유대감을 높여줄 뿐만 아니라 기업의 재무제표도 개선해준다는 연구 결과가 있다.

» 2013년에 설문 조사 및 연구 전문 기관인 타이니펄스(TINYpulse)에서 전 세계 30개 회사에서 4만 명의 직장인을 대상으로 시행된 한 설문 조사에 따르면 자신의 직장을 좋아하는 가장 큰 이유는 같이 일하는 사람들이 좋기 때문이라고 한다.

» 구글에서 직원 만족도를 높이기 위한 중점 과제를 시행한 결과 직원 만족도가 37퍼센트나 상승했다. 금전적 유인만으로는 직원들의 업무 생산성을 높이기에는 충분치 않다는 사실이 드러났다.

» 워윅대학교(Warwick University) 경제학자들은 직장 생활에 대한 만족도가 높이지면 업무 생산성이 12퍼센트나 급증한다는 연구 결과를 내놓았다. 반면 직장 생활에 대한 만족도가 낮은 직원들의 업무 생산성은 10퍼센트 낮게 나왔다.

» 링크드인의 조사 결과 밀레니얼 세대의 57퍼센트가 직장 동료와 친구로 지내는 것이 자신들의 업무 생산성을 높여준다고 답했다.

'수준이 떨어지는' 일은 하지 않으려고 한다

X세대가 끝내 자신들을 끈질기게 따라붙던 '게으름뱅이'라는 꼬리표를 떼어내지 못했던 것처럼 밀레니얼 세대에게도 늘 '제 권리만 주장하는 집단'이라는 꼬리표가 그림자처럼 따라다닌다. 왜 이런 꼬리표가 따라붙게 되었을까? 아마도 밀레니얼 세대가 끊임없이 '왜요?'라는 질문으로 상사를 괴롭혔기 때문인 것으로 보인다.

과거 다른 세대들은 상사가 업무 지시를 하면 큰 일이든 작은 일이든 무조건 하는 것이 불문율이었다. 질문 따위는 허락되지 않았다. 그러나 밀레니얼 세대는 당연히 과거 다른 세대가 했던 것과 똑같이 행동하지 않는다. 그러나 뒤로 물러나 수도 없이

'왜'라고 질문한다고 해서 밀레니얼 세대가 일을 하고 싶어 하지 않는다거나 그런 일을 하기에는 자신이 너무 '뛰어나다거나' 잘난 척하는 것은 아니다. 밀레니얼 세대는 그저 상사가 자신에게 그 일을 맡기는 이유가 궁금하고 자신이 그 일을 맡았을 때 상사와 팀과 조직 전체에 어떻게 보탬이 되는지가 궁금할 뿐이다.

밀레니얼 세대 부하 직원에게 임금 수준에 비하여 가치가 떨어지는 업무를 맡길 때는 시간을 들여 그 이유를 설명하라. 큰 성장 기회가 될 수도 있고 회사에 꼭 필요한 과제일 수도 있고 아니면 때로는 누군가는 반드시 해야 하지만 아무도 시간이 되는 사람이 없기 때문일 수도 있다. 모두 타당한 이유이다. 그러나 주의할 점은 명령조로 말하지 말고 해당 업무가 필요한 이유를 논리적으로 설명해주어야 한다는 것이다. 그러면 밀레니얼 세대 부하 직원은 기꺼이가 아니라 열정적으로 업무를 도우려고 할 것이다.

어리고 미숙하다

신입 사원이 80년대나 90년대에 태어났다고 말하면 놀라서 입을 다물지 못하는 관리자가 많다. 많은 관리자가 "애들이 '회사'에서 놀고 있다고 무시해 버리기 일쑤다."라고 고백한다. 이는 새로운 현상은 아니다. 누구나 신입을 놀리기를 좋아하고 신입 사원이 들어오면 서로 골려 먹지를 못해 안달이다. 그러나 이러한 신입의 군기를 잡으려는 사고방식을 바꿔야 하는 이유가 있다.

> » 밀레니얼 세대는 더 이상 '애들'이 아니다. 물론 젊은 밀레니얼 세대는 아직 20대 초중반이지만 초기 밀레니얼 세대는 벌써 30대 중반이다. 불과 몇 년 후면 40세 생일을 맞이하게 될 것이다. 많은 밀레니얼 세대가 벌써 자식을 낳아 기르고 있다. 대중 매체에서 '밀레니얼'이라는 용어를 일상적으로 사용하게 된 이래로 이 용어 자체가 모든 젊은이를 가리키는 말로 사용되고 있는 것은 사실이다. 하지만 밀레니얼 세대는 1980년에서 1995년 사이에 출생한 집단이라는 사실과 이미 많은 직장에서 막내가 아니라는 사실을 잊지 말라.
> » 밀레니얼 세대는 세상 물정을 잘 모른다. 밀레니얼 세대는 청소년 때 마트

계산대에서 일을 해보거나 햄버거를 뒤집어본 경험이 별로 없을 것이다. 하지만 무급으로 여름에 인턴을 해본 밀레니얼 세대는 많을 것이다. 밀레니얼 세대는 이전 세대와는 다른 유형의 경험을 많이 해보고 직장에 입사했다. 바로 인생 경험이다. 주택 대출금을 상환했다거나 전형적인 어른의 삶을 살아왔다는 뜻이 아니다. 밀레니얼 세대는 고등학교 때 대학교 수준의 수업을 미리 듣고 해외 여행을 가고 해비타트 운동에 참여해 집을 짓고 지역 공동체에서 리더 역할을 하는 등의 경험을 해보았을 가능성이 크다. 어떤 산업 분야나 조직에서 몇 년을 일했다 같은 경력을 더 선호하는 관리자도 있겠지만 밀레니얼 세대의 이러한 인생 경험을 어떻게 활용할 수 있을지를 한 번 생각해보아라.

혼자서 일하는 것을 두려워한다

밀레니얼 세대는 선천적으로 협력적인 집단이기 때문에 '단독 업무를 두려워한다'는 고정관념은 특히 더 깨기가 까다롭다. 그러나 '혼자 일할 필요가 없었다'와 '혼자 일하기 싫어한다'와 '혼자 일하는 것의 가치를 모른다' 사이에는 커다란 차이가 있다. 하나씩 살펴보자.

» **혼자서 일할 필요가 없었다.** 여러 번 말했지만 밀레니얼 세대는 협동적인 집단이다. 밀레니얼 세대는 진심으로 머리 두 개가 하나보다 낫고 '팀'에 '나'는 없다고 믿으면서 자랐다. 팀 스포츠와 그룹 과제를 하면서 학교를 다녔고 민주적인 가정 분위기에서 많이들 자랐다. 관리자라면 밀레니얼 세대 부하 직원에게 단독 업무를 맡기면 주저하는 이유가 업무를 맡기 싫어서가 아니라는 사실을 깨닫는 것이 중요하다. 단지 익숙하지 않아서일 뿐이지 할 수 있는 능력이 없다는 뜻은 아니다. 다만 단독으로 과제를 맡는 일이 익숙해지기까지는 상사의 추가적인 코칭이 필요할지도 모른다. (만약 밀레니얼 세대 부하 직원이 '전 못해요'라고 변명한다면 좋지 않은 신호이므로 더 노력을 기울여야 한다.)

» **혼자서 일하기 싫어한다.** 앞에서도 말했지만 일반적으로 밀레니얼 세대

는 무조건 팀으로 일하는 것을 더 선호한다. 개방형 사무실과 그룹 아이디어 회의 시간은 밀레니얼 세대 덕분에 생긴 거나 마찬가지다. 그러나 밀레니얼 세대도 독립적으로 업무를 수행해야 할 때가 올 것이다. 스스로도 이사실을 잘 알고 있다. 그러나 팀으로 일하는 것을 선호하고 팀으로 일해서 나쁠 것이 없는 상황이라면 말릴 이유가 없지 않겠는가? 관리자는 단지 밀레니얼 세대가 함께 어울릴 목적이 아니라 일을 할 목적으로 모였음을 상기시켜 주면 된다.

» **혼자서 일하는 것의 가치를 모른다.** 전반적으로 밀레니얼 세대는 협업을 하면 더 나은 성과를 낼 수 있다고 믿는다. 밀레니얼 세대는 합의와 진보와 더 나은 성과를 낼 수 있다는 희망으로 친구를 크라우드소싱하고 동료들과 브레인스토밍을 하고 전지전능한 구글을 이용한다. 머리 둘이 하나보다 낫고 머리 스무 개가 머리 둘 보다 낫다.

혼자 일하기를 기피하는 것은 생애주기/나이와 관련이 있을 수도 있다는 사실을 기억하라. 젊은 밀레니얼 세대는 여전히 직장에서는 상대적으로 신입이다. 젊은 밀레니얼 세대는 아직 경험이 부족하므로 뒤에서 받쳐 줄 팀이 있을 때 더 편안하게 일에 집중할 수 있다. 반대로 초기 밀레니얼 세대는 혼자서 일하거나 회의가 없는 것을 선호할 가능성이 있다. 관리자라면 이러한 성향을 잘 파악하고 관리해야 한다.

독립적으로 일하는 성향과 협업해서 일하는 성향은 단순히 개인적인 선호의 차이일 수도 있다. 세대 이론을 신중하게만 적용한다면 아무 문제 없을 것이다.

밀레니얼 세대는 전부 똑같다

관리자는 밀레니얼 세대와 같이 협력적이고 사회적으로 연결된 집단은 모든 세대 구성원이 비슷할 것이라고 생각할 수 있다. 전반적인 특성을 공유하는 것은 사실이지만 "밀레니얼 세대는 하나같이 다 똑같아."라는 말은 밀레니얼 세대 부하 직원에게 가장 모욕적인 말일 것이다. 그런 말을 들으면 밀레니얼 세대 부하 직원은 상사를 쏘아보며 이를 악물고 "저는 정말로 모든 밀레니얼 세대가 다 똑같다고 생각하지 않는데요."라고 대답할 것이다. 한 세대에 속하는 모든 구성원을 동일한 상자에 넣어버리고 개성을 말살해버리는 것은 세대 이론이 저지를 수 있는 가장 위험한 일 중 하나이다.

솔직하게 말해보자. 어떤 집단을 작은 특성 하나로 몽땅 정의해버리는 일은 가장 피해야 할 일이다. 부디 밀레니얼 세대 전체가 (혹은 다른 세대 전체가) 찍어낸 듯이 똑같은 개개인으로 구성되어 있다고 생각하는 독자 분은 없길 바란다. 불행히도 세대 이론을 깊이 공부하지 않으면 모든 집단을 한통속으로 묶어서 생각해버리기 십상이다. 그러나 밀레니얼 세대를 비슷한 집단으로 묶어주는 모든 요인을 넘어서 밀레니얼 세대 개개인을 고유하게 만들어주는 많은 차이점이 존재한다. 벌써 부모가 된 밀레니얼 세대도 있고 한 회사에서 25년 동안 근무하고 싶어 하는 밀레니얼 세대도 있고 성장기에 저보다 나이가 많은 형제자매에게 엄청난 영향을 받아서 X세대의 정체성에 더 동질감을 느끼는 밀레니얼 세대도 있다. 이밖에도 일반적인 밀레니얼 세대의 속성에서 벗어나는 두드러진 특징을 가진 수많은 밀레니얼 세대가 존재한다.

핵심은 세대 이론을 집단 전체를 뭉뚱그리는 제한된 목록이나 정의가 아니라 하나의 지침으로만 이용하는 것이다. 밀레니얼 세대 부하 직원 개개인에게 호기심을 가지고 관심을 기울이며 계속 질문을 하라.

참조 : 서로 다른 유형의 밀레니얼 세대에 대해 더 자세히 알고 싶다면 이 책 제3부를 참조하라.

야망이 없다

밀레니얼 세대가 야망이 없다니 혼란스러울 것이다. 한편에서는 밀레니얼 세대를 가리켜 야망이 없다는 사람들이 있고 다른 한편에서는 입사한 지 3년도 안 된 밀레니얼 세대 부하 직원이 계속해서 승진을 요구한다고 불평하는 관리자들이 있다.

도대체 무엇이 진실인가? 답은 둘 다이다.

물론 때때로 밀레니얼 세대는 일상적인 업무를 수행하고 보상을 바라기도 한다. 관리자는 밀레니얼 세대 부하 직원을 대할 때 투명성과 명확함을 추구해야 한다. 원하는 자리까지 올라가기 위해서 어떤 과정을 거쳐야 하는지 보여주어라. 보여준 길대로 가기를 거부한다면 조직과는 맞지 않는 인재일 수도 있으니 자를 각오도 해야 한다.

또한 관리자나 관리자가 속한 세대 집단이 생각하는 야망은 밀레니얼 세대가 생각하는 야망과 아주 다를 수 있다는 점을 명심해야 한다. 어떤 산업 분야에서는 야망을 실현할 수 있는 길은 오직 하나밖에 없다. 경력도 하나 직업도 하나 목표도 하나이다. CEO가 되느냐 은퇴하느냐의 문제인 것이다. 밀레니얼 세대에게 야망이란 그렇게 단순하고 직접적이지 않다. 밀레니얼 세대의 야망은 꿈의 직장에 다니는 것, 돈을 많이 버는 것, 더 많은 영향력을 발휘하는 것, 업무 유연성이 확보되는 것, 잠시 일을 그만두고 여행을 떠나는 것, 혹은 그저 다양한 직장과 분야를 경험하는 것 등 개인별로 천차만별이다. 이러한 목표는 한자리에만 머물러서는 달성할 수 없다. 아마 서너 개를 경험해도 모자랄 것이다. 밀레니얼 세대 부하 직원이 얼마나 야망이 큰지를 판단하기 전에 야망이라는 단어를 너무 개인적인 기준으로 정의하고 있지는 않은지 돌아보아라.

엄마 아빠에게 모든 걸 의존한다

X세대는 사회 생활을 시작하면서 부모님 집으로 다시 들어가느니 팔다리를 잃는 것이 낫다고 생각했다. 극단적이긴 하지만 X세대의 독립성이 어느 정도인지를 잘 보여준다. 밀레니얼 세대는 분명히 다른 길을 선택했다. 이들은 엄마 아빠와 유별나게 친하기로 유명한 세대이다. 자아존중감 운동이 한창일 때 자라난 밀레니얼 세대는 종종 부모님이 자신에게 가장 위대한 영웅이며 가장 큰 영향력을 끼친 인물이라고 말하곤 한다. 많은 밀레니얼 세대가 여전히 부모 명의의 핸드폰 요금제나 건강 보험에 가입되어 있다.

부모의 지원은 여기서 멈추지 않는다. 밀레니얼 세대의 부모는 자녀가 다니는 직장까지도 쫓아온다. (가끔은 진짜로 '직장에 부모님 모시고 오는 날'이어서 방문할 때도 있지만 말이다.) 필자들이 인터뷰한 관리자들은 자녀의 면접 일자를 조정한 부모, 자녀의 연례 평가에 참여하기를 원한 부모, 상사에게 전화를 걸어 자녀가 직장에서 잘하고 있는지를 묻는 부모 등의 이야기를 들려 주었다.

상상도 못했다고 놀라는 관리자가 많을 것이다. 밀레니얼 세대의 부모는 자녀의 직장에 전례 없던 방식으로 예고 없이 나타나며 때로는 절망감을 안겨 주기도 한다. 그렇다면 관리자는 어떻게 대처해야 하는가?

» **선을 그어라.** 밀레니얼 세대 부하 직원이 관리자가 불편하게 느껴지는 방식으로 직장 생활에 부모를 개입시킨다면 직설적으로 말하라. 불편한 이유와 그러지 말았으면 하는 이유를 설명하라. 밀레니얼 세대가 회사 정책을 알고 있다고 가정하지 말라. 관리자 본인이 알고 있다고 해서 부하 직원도 알고 있을 것이라고 가정해서는 안 된다. 또한 밀레니얼 세대가 부모의 개입 사실을 알고 있다고 가정하지 말라. 때때로 자녀에게 알리지도 않고 자녀의 동의를 구하지도 무작정 끼어드는 부모도 있다.

» **엄마 아빠에게 의존하는 것과 엄마 아빠를 활용하는 것은 다르다는 사실을 인지하라.** 밀레니얼 세대는 부모를 목발이 아니라 코치로 바라본다. 밀레니얼 세대는 부모가 지침을 주거나 호의를 베풀어주길 바라지 않고 길을 안내해주고 위로해주길 기대한다. 그렇다면 부모가 경력 코치나 친구와 무엇이 다른가? 밀레니얼 세대의 부모는 수십 년의 경험과 직장 생활 등에서 우러나온 건전한 조언을 해주곤 한다. 관리자는 밀레니얼 세대 부하 직원의 부모를 적이 아니라 동맹이라고 생각하라. 엄마가 손수 만들어주신 빵이 회사 탕비실에 놓이게 될 수도 있다.

밀레니얼 세대가 부모와 가깝긴 하지만 상당수가 독립을 했다. 바로 앞의 고정관념처럼 모든 밀레니얼 세대가 똑같다고 가정하지 말라.

chapter

21

#최고의상사 되는 비법 열 가지

제21장 미리보기

- 진정성의 중요성
- 부하 직원을 지원하는 일과 시험하는 일 사이에 균형 맞추는 법
- 마이크로매니저의 저주 피하는 법
- 관리자 본인이 원하는 방식대로 부하 직원 대하기의 덫 피하는 법

가장 좋아하는 상사를 떠올려 보라. 마음속에 누군가가 떠오르는가? 좋다. 그 럼 이제 부하 직원들이 같은 질문을 받았을 때 관리자 본인을 떠올린다면 얼 마나 기쁠까 생각해보라. 리더들은 크게 신경 쓰지 않는 것 같아 보여도 최고의 상사 라고 불리는 것을 영광스럽게 생각한다. 밀레니얼 세대에게 인기 있는 상사나 리더 가 되는 최선의 방법을 찾는 길은 쉽지는 않지만 결코 달성할 수 없는 일은 아니다. 부하 직원들이 잠재력을 최대한 발휘할 수 있도록 밀어붙이든지 개인적으로 친밀한 관계를 맺는다든지 간에 '최고의 상사'라는 명예를 획득할 길은 얼마든지 있다. 쉽진 않겠지만 일단 되고 나면 성공적인 팀을 꾸릴 수 있을 것이다.

이 장에서는 훌륭한 상사에서 #최고의상사로 도약할 수 있는 실천 목록 열 가지를 소개한다.

항상 먼저 물어보아라

경력이 풍부한 많은 리더가 '아이들은 눈에 띄는 곳에 있되 소리를 내서는 안 된다'는 양육 방식이 유행하던 시절에 자랐다. 노동 인구에 진입해서도 업무를 수행할 때는 듣고 배우고 고개를 숙여야 했다.

 밀레니얼 세대는 베이비부머 세대나 X세대와는 엄청나게 다른 상황에서 성장했다. 어른들이 아이들도 보이고 들리는 삶을 살길 바랐기 때문이다. 부모, 교사, 코치, 상담 교사 등 어른들은 밀레니얼 세대에게 끊임없이 질문을 했고 진심으로 대답을 듣고 싶어 했다. 집에 어떤 신제품을 사야 할지부터 9/11 테러의 여파에서 안전하다고 느끼는지까지 어른들은 밀레니얼 세대에게 일상적이든 극단적이든 모든 일에 대한 생각과 느낌을 공유하도록 격려했다.

관리자와 리더가 가진 가장 강력한 도구 가운데 하나는 바로 질문이다. 밀레니얼 세대에게 주말을 어떻게 보냈는지 물어보아라. 진행 중인 과제에 대해 물어보아라. 관리자 본인이 진행하고 있는 과제에 대해 피드백을 달라고도 요청해보아라. 반드시 밀레니얼 세대 부하 직원의 피드백을 받아들일 필요는 없지만 단지 물어보는 것만으로도 상담가 역할을 자처하길 좋아하는 밀레니얼 세대에게 큰 점수를 딸 수 있을 것이다.

진심으로 밀레니얼 세대를 좋아하는 법을 배워라

회사 사람들과 소소한 잡담을 나누는 일은 어렵지 않다. 몇 년간 큰 어려움 없이 해오고 있는 일이기도 할 것이다. 동료들에게 아이들 안부를 묻거나 지난주에 했던 발표를 칭찬하는 일이 얼마나 쉽게 큰 노력을 들이지 않으면서 상대편에게 존재감을 인정받고 있다는 느낌을 주는지 알지 못할 것이다. (실제로 질문한 사람 자신은 이야기에 크게 관심이 없는 경우라도 말이다.) 이러한 능력은 수십 년간 직장 생활에서 필수적이었다. 잠시 책에서 눈을 떼고 생각해보아라. 만약 진심으로 좋아하는 상대방과 소소한 이야기를 나눌 때는 어떤 모습인가? 직장에서 오래 일한 직원들은 회사 사람들과 잡담을 할 때 상대방을 진심으로 생각하고 있다는 분위기를 풍기는 데 능숙하다. 이러한 능숙함은 긍정적으로 받아들이든 부정적으로 받아들이든 승진을 위해서는 반드시 필요한 능력이기 때문이다. 하지만 이 말은 곧 관리자가 부하 직원들과의 사소한 대화에서 진정성을 꾸며낼 때 들키기 쉽다는 이야기이기도 하다. 만약 밀레니얼 세대가 이 사실을 눈치챈다면 엇나갈 가능성이 높다. 밀레니얼 세대는 상사의 진정성을 무엇보다 중요하게 생각하는 세대이기 때문이다.

여기서 핵심은 부하 직원 한 명 한 명을 실제로 아끼고 좋아하는 법을 터득하는 것이다. 어떤 사람의 모든 면을 좋아할 수 없을 때도 있지만 그 사람의 장점을 찾아 집중하라. 인간은 서로가 서로를 아끼고 있다는 사실을 보여주는 데 능숙하지만 때로는 너무 최소한의 노력만을 기울인다. 관리자가 10퍼센트 정도의 관심과 애정만 투자한다면 부하 직원들은 금방 눈치챌 것이다. 밀레니얼 세대 부하 직원을 데리고 나가 커피를 사주기도 하면서 직장 밖에서는 어떤 모습인지 알기 위해 노력을 기울여라. 강력한 상사와 부하 직원 관계를 구축할 때 얻을 수 있는 축복을 경험할 수 있을 것이다.

밀레니얼 세대는 어렸을 때 '바니와 친구들'을 보면서 '나는 너를 사랑해, 너도 나를 사랑해…'로 시작되고 '너도 나를 사랑한다고 말해주지 않을래?'로 끝나는 노래를 따라 부르며 자란 세대이다. 상사의 대답을 무작정 기다리게 만들지 말고 실제로 애정을 (최소한 호감이라도) 표현해주어라.

밀레니얼 세대마다 다르게 접근하라

일부 관리자는 '공평한 것이 공정한 것'이라는 경영 방식을 택하기도 한다. 그러나 이러한 접근법은 개개인의 개성을 축하하는 세상에서 자란 밀레니얼 세대에게는 역효과를 가져올 수 있다. 불공정한 대우를 받고 싶어 하는 사람은 아무도 없다. 하지만 사람마다 공정하다의 기준은 다 다르며 밀레니얼 세대는 개인별로 맞춤화된 접근법을 원한다.

관리자가 밀레니얼 세대 부하 직원마다 접근법을 달리하는 것은 매우 중요하다. 밀레니얼 세대는 노래 재생 목록부터 운동화 색깔에 이르기까지 모든 것을 개인의 취향에 맞추어 차별화할 수 있었던 세대이기 때문이다. 만약 상사나 모두에게 획일화된 경영 방식을 적용한다면 밀레니얼 세대는 직무에 몰입하지 못하거나 최악의 경우에는 조직을 떠날 것이다. 밀레니얼 세대는 다른 밀레니얼 세대, 특히 미디어에서 쉴 새 없이 묘사하는 밀레니얼 세대와 똑같이 취급받는 것을 좋아하지 않는다.

합리적인 범위 안에서 모든 부하 직원을 획일하게 관리하는 방식을 바꿀 수 있는 방법을 고려하라. 관리자는 심령술사가 아니니 괜히 추측하려 들지 말라. 부하 직원에게 가장 적합한 접근 방법이 떠오르지 않으면 직접 물어보아라.

> » 피드백을 어떻게 받는 것이 가장 좋은가?
> » 과제를 수행할 때 상사가 어떻게 도와줄 때 가장 결과가 좋은가?
> » 하루 중 언제 가장 업무가 잘되는가?
> » 팀으로 일하는 것과 개인으로 일하는 것 중에 무엇을 더 선호하는가?
> » 더 나은 직장 생활을 위해 관리자가 해줄 수 있는 일이 무엇인가?
> » 어떤 보상이 가장 이상적이라고 생각하는가?

노력에 대해 'A'를 주어라(결과가 B일지라도)

보상은 밀레니얼 세대의 평판을 떨어뜨리고 관리자의 신경을 긁는 주된 문제 가운데 하나이다. 그렇다. 밀레니얼 세대는 7등을 해도 트로피를 받고 참여하는 모든 활동마다 참가상을 받으면서 자란 세대이다. 밀레니얼 세대가 실질적인 성과나 승리를 쟁취하려는 욕구를 이해하지 못하는 것은 아니다. 밀레니얼 세대도 당연히 이러한 경쟁 욕구를 이해한다. 그저 성과뿐만 아니라 그 과정에서 들이는 노력에도 내재적인 가치가 있다고 믿는 것이다.

관리자로서의 직감을 완전히 무시할 필요는 없다. 결국에는 모든 것이 성과로 귀결된다. 그러나 판단이 애매한 밀레니얼 세대 직원을 만날 기회를 찾아서 노력을 인정해줘라. 기대치보다 훨씬 잘했을 때와 힘들어했을 때를 구체적으로 말해주어라. 노력하는 것을 관리자가 알고 있다는 사실을 보여주고 더 개선될 수 있는 부분을 건설적으로 비판해주면 무기력하게 만드는 대신 동기를 부여할 수 있을 것이다.

좋은 소식은? 밀레니얼 세대 다음 세대는 노력에 대한 인정을 바라지 않는다. 경계 세대는 훨씬 업무에서도 경쟁적인 성향을 보이며 진심으로 참가상 따위는 진짜 상이 아니라고 생각한다.

더 많은 도전 과제를 주어라

인생에서 만난 최고의 선생님이나 교수님을 떠올려 보라. 아마도 쉽게 'A 학점'을 주거나 수업에 참가하는 모든 학생들을 칭찬하는 그런 선생님을 떠올리진 않았을 것이다. 아마도 처음에 생각했던 자신의 능력보다 훨씬 더 큰 능력을 발휘하도록 밀어 붙이는 선생님이었을 가능성이 크다. 당시에는 짜증이 나더라도 나중에 돌이켜 보면 성장할 수 있었던 경험이기 때문이다. 많은 관리자와 리더가 밀레니얼 세대 부하 직원의 삶을 쉽게 만들어주는 일이 이들을 돕는 길이라고 생각한다. 정말 힘든 상황이 닥칠 때마다 밀레니얼 세대 부하 직원에게 책임을 감당하게 하기보다는 '내가 대신 해줄게'라고 말하는 리더가 너무 많다.

밀레니얼 세대는 고등학교 때부터 대학교 수준의 수업을 수강하고 시간이 많이 소요되는 과외 활동을 하면서 자랐다. 밀레니얼 세대는 더 많은 일도 능히 감당해낼 수 있다. 이들은 관리자에게 자신의 능력을 증명해 보일 뿐만 아니라 점점 더 어려운 업무도 믿고 맡길 수 있다는 신뢰감을 줄 것이다.

(직장에서의 모습 말고) 본모습을 더 많이 보여주어라

밀레니얼 세대 직원의 능력을 최대한으로 활용하려면 시간을 들여서 이들의 '진짜 모습'을 알아내야 한다. 하지만 그전에 먼저 관리자도 '본모습'을 보여줄 수 있어야 한다. 어떤 리더들은 자신의 진짜 모습을 보여주기를 꺼린다. 부하 직원들이 소셜미 디어에서 친구 요청이나 팔로우 요청을 하거나 가족에 대한 이야기가 나오거나 점심을 먹다가 우연히 과거나 현재나 미래에 관한 개인적인 이야기가 나오거나 하면 불편하게 느낄 수 있음을 충분히 이해한다. 이러한 상황을 맞닥뜨렸을 때 다음과 같이 2단계로 접근하라.

1. 밀레니얼 세대 부하 직원이 상사의 사생활에 참견하려는 의도가 아님을 이해한다.

   밀레니얼 세대는 상사가 진지하게 죄를 고백하기를 바라는 것이 아니다. 소셜미디어가 등장하면서 밀레니얼 세대는 목사님부터 대통령에 이르기까지 주변 사람들의 개인적인 면에 많이 노출되었다. 소셜미디어에는 단순히 이번 주 설교 내용이나 다음 정치적 안건만 올라오는 것이 아니라 키우는 강아지 사진이나 추억을 떠올리게 하는 과거 사진도 올라온다. 밀레니얼 세대가 직장 상사의 개인적인 이야기를 궁금해하는 것도 무리가 아니다. 상사로서 개인적인 가치관을 고수하면서 직장 밖에서의 진짜 모습을 공유할 수 있는 방법을 찾아라.

2. 개인적으로 편안하게 나눌 수 있는 이야기의 경계가 어디인지를 파악한다.

   회사에서 사생활을 공공연하게 떠들고 다닐 필요는 없다. 정치적 견해나 종교적 신념은 밝히고 싶지 않지만 야외 활동을 좋아한다는 사실이나 다큐멘터리 영화 취향은 공유해도 괜찮다면 그걸로 충분하다! 시간을 내어 직장에서도 공유할 수 있는 개인적인 이야기가 무엇인지 생각해보고 부하 직원들과 나누어라.

애정을 쏟되 강하게 키워라

밀레니얼 세대는 노력에도 불구하고 정신력이 약하다는 평판을 받고 있다. 애써 부인하려고 하지만 밀레니얼 세대는 상명하달식 명령과 지휘 체계가 분명한 권위주의적인 환경에서 자란 전통 세대나 베이비부머 세대나 X세대와는 다를 수밖에 없다. 밀레니얼 세대는 더 수평적이고 민주적인 환경에서 자랐기 때문에 상사를 장군처럼 바라보기보다는 상담 교사로 바라보는 경향이 있다.

즉 애정을 담되 강하게 키워야 하는 상황과 때가 있다. 밀레니얼 세대의 능력을 최대한 끌어내고 싶다면 채찍과 당근을 적절히 섞어야 한다. X세대 관리자는 보통 직접

적이고 솔직한 피드백을 주곤 한다. 아니면 일부러 힘든 과제를 주기도 한다. 비판적인 피드백을 주는 것이 당장은 힘들 수도 있고 밀레니얼 세대 부하 직원이 울음을 터뜨릴 상황을 대비해 휴지를 준비해야 할 수도 있지만 결국에는 서로에게 도움이 될 것이다.

비판적인 피드백을 줄 때에는 부하 직원에게 '왜' 이 비판을 이해하고 받아들이는 것이 중요한지를 설명해주는 것이 효과적이다. 전후 맥락을 설명해주면 밀레니얼 세대 부하 직원은 비판에 귀 기울여야 할 이유를 깨닫고 상사가 단순히 과민하게 반응하는 것이라고 치부해버리지 않을 것이다.

기대를 저버리지 말라

어떤 상사도 부하 직원을 처음으로 마주할 때 '내가 이 관계를 망쳐버리겠어!'라는 생각으로 관계를 시작하지 않는다. 대부분의 상사와 부하 직원 관계는 좋게 시작한다. 부하 직원은 가장 좋은 인상을 남기려고 노력하고 관리자도 부하 직원에게 관심과 지원을 아끼지 않는다. 문제는 시간이 지날수록 관리자가 부하 직원을 지원해주지 않거나 기대를 저버릴 때 발생한다. 더 이상 신입이 아니라는 이유만으로 밀레니얼 세대 부하 직원을 방치하지 말라. 여전히 상사의 지원이 필요할 때가 있다.

초반에는 성실하게 임했던 일주일에 한 번 있는 중간 점검을 취소하지 않도록 최선을 다하라. 상사 본인이 계속해서 관리자 훈련을 받거나 밀레니얼 세대 부하 직원에게 지속적인 지도를 해줄 수 있는 멘토를 붙여주어라. 업무 캘린더에 매달 '기대를 저버리지 말 것'이라고 표시해두고 까먹지 않도록 노력하는 것도 좋은 방법이다.

한 번(혹은 두 번쯤은) 부하 직원의 기대를 저버릴 때도 있다. 당연히 있을 수 있는 일이다. 다만 그런 일이 일어날 때 모른 척 넘어가기보다는 상황을 인정하고 부하 직원과 이야기하라. 솔직하게 이번에는 기대를 저버렸지만 다음번에는 더 잘하겠다고 말하고 구체적인 계획도 말해주어라. 이렇게 하면 신뢰를 회복할 수 있을 뿐만 아니라 밀레니얼 부하 직원들이 그토록 바라는 상사의 인간적인 모습을 보여줄 수 있는 기회가 된다.

무엇을 기대하는지 명확하고 체계적으로 말해주어라

관리자가 일일이 간섭하고 참견하는 것과 명확한 기대치를 설정하는 것은 종이 한 장 차이이다. 관리자가 적절한 선을 찾기를 가장 힘들어하는 영역 중에 하나이지만 주도권을 쥐고 통솔해나가면 된다.

밀레니얼 세대는 필수적인 도구 없이 무인도에 떨어져 있는 것 같은 느낌을 제일 싫어한다는 사실을 잊지 말라. 매우 독립적인 X세대는 스스로 과제를 해결해나갈 수 있는 자유를 사랑하지만 밀레니얼 세대는 상사가 명확한 업무 지침을 제시해주기를 원한다. 밀레니얼 세대 부하 직원에게 과제를 배정하기 전에 스스로에게 다음과 같이 질문해보아라.

> » 밀레니얼 세대가 얼마나 독립적으로 일하기를 기대하는가?
> » 언제 중간 점검을 실시할 예정인가?
> » 중간 점검을 한다면 구체적인 계획이 있는가?
> » 과제 마감일은 언제인가? 과제 진행 상황은 어떻게 점검할 것인가?
> » 최종 과제물을 어떤 형식으로 제출하길 원하는가? 일일이 참견하고 간섭한다는 느낌을 주지 않으면서 어떻게 부하 직원에게 업무 지시를 내릴 것인가?

관리자는 대부분의 과제에서 (마감일이나 과제 제출 형식 같은) 명확한 기대치와 (발표할 때 PPT를 사용하느냐 Keynote를 사용하느냐 또는 중간 점검 안건 같은) 유연한 기대치를 가지고 있을 것이다. 과제 평가 요소 중에 명확한 기대치에 해당하는 항목은 무엇이고 유연한 기대치에 해당하는 항목은 무엇인지 분명하게 알주어라. 왜 어떤 항목은 타협이 불가능한지를 설명해주는 동시에 어떤 항목에서는 유연성을 발휘해도 되는지 강조해주어라.

참여를 유도하라

리더나 관리자의 직무 중 하나는 부하 직원의 업무에 대한 피드백을 제공하는 일이다. 그러나 상사가 부하 직원에게 자신에 대한 피드백을 달라고 요구하는 경우는 덜 일반적이다. 이러한 쌍방향 피드백을 기꺼이 수용해 성공적인 경력을 쌓는 관리자도 있을 것이고 최고의 상사가 되는 비법 열 가지 목록 중에 이 열 번째를 가장 실천하기 힘들어하는 관리자도 있을 것이다.

비단 혼자만 부하 직원에게 피드백을 받는 일이 힘들다고 느끼는 것은 아닐 테니 안심하시라. 부하 직원이 어떤 말을 할지 두려워하거나 자신의 리더십에 어떤 영향을 미칠 것인가를 두려워할 수도 있다. 부하 직원의 조언을 신뢰할 수 있을까? 평가가 지나치게 가혹한 것은 아닐까? 감성 지능이 떨어져서 상황을 제대로 직시하지 못하는 게 아닐까? 계속 이러한 걱정이 앞선다면 다음 사실을 기억하라.

> » 밀레니얼 세대는 상사가 피드백을 요구한다고 해서 이를 상사의 약점으로 생각하지 않는다. 밀레니얼 세대 부하 직원은 상사가 피드백을 요구하면 자부심을 느낀다. 밀레니얼 세대는 책, 호텔, 식당 등 기억할 수 있는 모든 경험에 후기를 작성하는 세대이기 때문이다. 밀레니얼 세대는 피드백을 남기지 못하게 해 놓은 웹사이트는 신뢰하지 않을 가능성이 높다. 상사도 마찬가지다. 상사가 자신에 대한 피드백을 요청하는 일은 밀레니얼 세대 부하 직원의 신뢰를 얻는 일이다.
> » 밀레니얼 세대는 자유롭게 건설적인 피드백을 제공하겠지만 칭찬도 아끼지 않을 것이다. 밀레니얼 세대는 자아존중감 운동이 한창일 때 성장했기 때문에 어떻게 하면 다른 사람의 기분을 좋게 만들 수 있는지를 잘 안다. 관리자는 밀레니얼 세대 부하 직원에게 피드백을 받으면 개선해야 할 영역을 생각할 수 있을 뿐만 아니라 뜻밖에 자신감도 얻을 수 있다. 무엇보다 알아차리기도 전에 이미 #최고의상사가 되어 있을 것이다.

지은이

한나 우블(Hannah Ubl)

뼛속까지 정보 중독자인 한나 우블은 브리지웍스에서 단기간에 연구 이사 자리에 올랐다. 현재 브리지웍스의 국가 연구 과제를 책임지고 있다. 가장 최근에 맡아 진행한 연구는 초기 밀레니얼 세대, 후기 밀레니얼 세대, 경계 세대를 비교하는 과제였다. 포커스 그룹 인터뷰, 데이터 분석, 임원 인터뷰, 세대별 일대일 인터뷰를 막론하고 한나는 세대 다양성이 높은 직장이나 그러한 환경에 노출된 고객을 위해 가치 있는 도움말, 실천 가능한 해법, 핵심 마케팅 전략을 발굴해낸다. 특히 정량적/질적 데이터를 종합해 대중적인 메시지를 도출하고, 브리지웍스의 기조 연설 전반을 관리 감독하고, 여러 매체에 세대 관련 통찰력을 제공하는 능력이 탁월하다. 또한 아디다스, 딜로이트, 로레알, 록히드마틴 등 유수의 기업과 함께 일하는 행운을 누렸다. 보스턴대학을 우수한 성적으로 졸업한 뒤 첫 직장으로 비영리 의료 기관에 입사해 마케팅 및 인적자원 부서에서 일하다가 2012년부터 브리지웍스에 합류했다. 여가 시간에는 주로 아지트에서 책을 읽거나 동네에서 예술 지원 활동을 하거나 친구들을 꼬드겨 과학박물관에서 열리는 밤 행사에 참여하곤 한다.

리사 왈든(Lisa Walden)

리사 왈든은 브리지웍스 커뮤니케이션 이사이다. 잔뼈가 굵은 세대 전문가로서 경영과 마케팅에서 직설적이고 혁신적이며 예리한 통찰력의 한 축을 담당하고 있다. 전국적으로 많은 언론에 소개된 유명한 전문가로 리사는 브리지웍스가 맡은 굵직굵직한 과제에서 전문지식을 아낌없이 나눠주고 있다. 팀장으로서 유명 투자자문사를 위해 세대 포털을 개발하는 프로젝트를 이끌었으며, 밀레니얼 세대 친화적 동네 환경을 조성하는 종합 계획 프로젝트에도 참여했고, 여러 조직과 긴밀히 협력해 영향력 있는 인재 채용 및 유지 전략을 다수 개발했다. 브리지웍스에 합류하기 이전에는 인적자원 관리 분야에서 일하면서 새롭게 노동 인구로 편입한 밀레니얼 세대의 인사관리 및 현재 노동 인구 급변으로 생긴 어려움을 일선에서 경험했다. 리사는 세대 연구부터 고전 문학과 만화 소설에 이르기까지 장르를 가리지 않는 독서광이기도 하다. 보스턴대학에서 비교종교학을 전공했다.

데브라 아르비트(Debra Arbit)

데브라 아르비트는 브리지웍스의 CEO이자 총책임자이자 동기 부여 담당자이다. 인턴으로 시작해 브리지웍스의 두 번째 저서『더 엠 팩터(The M-Factor)』에서 세대 목소리를 대변하는 중추적인 역할을 담당했다. 이 책은 밀레니얼 세대와 이들의 직장 생활을 이해하는 데 필요한 필수적인 정보를 다루고 있다. 데브라의 뛰어난 사업 감각과 타고난 리더십을 눈여겨본 브리지웍스의 창업자들이 2009년에 CEO 및 대주주 자리를 제안했다. 지금은 브리지웍스의 단독 소유주로서 회사와 고객을 성장시키는 일에 헌신하고 있다. 데브라는 조직들이 세대 격차를 좁힐 수 있도록 돕고 있으며 해답이 잘 보이지 않는 복잡한 문제를 떠안고 있는 고객을 가장 좋아한다. 모든 세대 관련 주제에 열정을 가지고 있지만 그중에서도 특히 부모의 양육 방식이 베이비 부머 세대, X세대, 밀레니얼 세대, 경계 세대에게 미친 영향에 가장 큰 관심을 가지고 있다. 브리지웍스에 합류하기 전에는 제네럴밀스 홍보 및 마케팅 부서에서 성공적인 경력을 쌓았다. 미네소타대학에서 MBA를 취득했고 각종 언론에서 세대 전문가로 활약하고 있다. 현재 미네통카에서 남편과 세 자녀와 말도 안 되게 복슬복슬한 강아지 데이지와 함께 살고 있다.

옮긴이

김지연

KAIST 경영과학과 졸업 후 미국 듀케인대학교 커뮤니케이션학과를 졸업하였다. 다년간 번역가로 활동하였으며, 현재 번역에이전시 엔터스코리아에서 전문 번역가로 활동하고 있다.